主　编　张幼文　黄仁伟

副主编　李安方　吴雪明

China's International Status Report *2014*

中国国际地位报告

（2014）

人民出版社

策划编辑:郑海燕
责任编辑:郑海燕
封面设计:肖 辉
责任校对:吕 飞

图书在版编目(CIP)数据

中国国际地位报告(2014)/张幼文 黄仁伟 主编 .-北京:人民出版社,2014.10
ISBN 978-7-01-013953-1

Ⅰ.①中… Ⅱ.①张…②黄… Ⅲ.①中国经济-经济发展-研究报告-2014②外交关系-研究报告-2014 Ⅳ.①F124②D822

中国版本图书馆 CIP 数据核字(2014)第 218932 号

中国国际地位报告(2014)
ZHONGGUO GUOJI DIWEI BAOGAO 2014

张幼文 黄仁伟 主 编
李安方 吴雪明 副主编

人民出版社 出版发行
(100706 北京市东城区隆福寺街 99 号)

北京瑞古冠中印刷厂印刷 新华书店经销

2014 年 10 月第 1 版 2014 年 10 月北京第 1 次印刷
开本:787 毫米×1092 毫米 1/16 印张:25
字数:550 千字

ISBN 978-7-01-013953-1 定价:58.00 元

邮购地址 100706 北京市东城区隆福寺街 99 号
人民东方图书销售中心 电话 (010)65250042 65289539

目　录

Contents

表、图、大事记索引

表 索 引

图 索 引

大事记索引

导论　追梦中国：
提升国际地位推动世界共赢

2013 年，中国媒体与亿万百姓日常交谈中出现的一个最有影响力的关键词就是"中国梦"。"中国梦"这一充满激情与理想的词汇，集中体现了中华民族 170 多年以来的历史追求，也充分表达了 14 亿人民未来 35 年的奋斗目标。

中国梦的内涵就是实现"中华民族的伟大复兴"①，即"国家富强、民族振兴、人民幸福"的崇高目标②。这些目标的实现意味着中国国际地位的根本变化。回顾中华民族的屈辱史，追溯 170 多年以来无数志士仁人的浴血奋斗，无不凝聚在国家的繁荣、民族的崛起以及国民尊严的重塑之中。可见，中国梦与中国国际地位的提升有着深刻的内在联系，国际地位的提升是国人追求伟大梦想的核心主题与集中表现。

一、提升国际地位是中国梦的集中
体现——中国梦的核心主题

国家由贫穷落后转变为繁荣富强，民族从遭受侵略压迫转变为平等共赢，人民由饥寒交迫转变为幸福安康，这一切归结为中华民族的伟大复兴，即国家、民族与人民在这个世界上地位的根本变化。民富国强是中国梦的本质内涵，国际地位提升是中国梦的集中体现。

国际地位提升与实现中国梦之间存在着深刻的内在联系：

1. 中国梦在于谋求国家独立、民族解放，从一开始起就是追寻一个历史大国应有的国际地位

正是因为遭受帝国主义列强的侵略与压迫，激发了国人摆脱民族屈辱，改变国家地位的激情与梦想，写下了现代中国悲壮的历史。对于一个国际上没有地位和饱受欺凌的

---

① 《习近平在参观〈复兴之路〉展览时强调，承前启后　继往开来　继续朝着中华民族伟大复兴目标奋勇前进》，新华网北京 2012 年 11 月 29 日电。
② 习近平：《在第十二届全国人民代表大会第一次会议上的讲话》，新华社北京 2013 年 3 月 17 日电。

民族来说，站起来实现民族平等就是最大的梦想。

鸦片战争以后，中国沦为半殖民地半封建国家，中国人民争取国家独立、民族解放的现代史也从此拉开序幕，这是中国梦的历史起点。这部悲壮历史的主旋律就是国家争取与世界各国平等的国际地位。在被列强瓜分和欺凌的情形下，摆脱屈辱的国际地位，站起来与世界各国平等相处，这就是国人的最高梦想。

辛亥革命结束了中国被列强欺凌的一个重要根源，即清王朝的统治，然而中国人民仍然深受三座大山的压迫。贫穷落后的国家没有国际地位，日本帝国主义的侵略更为民族带来了深重的灾难。抗日战争的胜利使中国的国际地位显著提升，而中国共产党领导的新民主主义革命的胜利才使中国人民真正站立起来，实现了国家独立，中华民族解放和人民革命的梦想，使中华民族真正屹立于世界民族之林。

2. 中国梦在于追求国家富强、民族振兴，其核心是建设强国，实现中华民族自立于世界民族之林的伟大目标

1949 年起，中国人民开始了民富国强的新的追梦历程。新中国成立前 30 年艰难探索成就集中表现为国家国际地位的提升。赢得世界绝大多数国家的承认正是建立在经济建设与外交战略等广泛成果基础之上。尽管经济发展等各方面经历了曲折，但人民的追梦理想从来没有淡忘。正是这种追梦的理想，使中国实现了一个大国应有的国际地位。

新中国成立六十多年，从冷战到和平与发展时代，前 30 年就以赶上和超过世界先进水平作为发展目标，特别是 20 世纪 70 年代末清醒看到不发展就会被开除"球籍"后，更以强烈的忧患意识把实现比其他国家更快发展作为目标。2010 年成为世界第二大经济体标志着中国国际地位的历史性变化。正是在这个意义上我们有理由说中国梦比以往任何时候都更加接近于实现。国际地位的提升体现了实现中国梦中自身发展与对外发展的统一性：自身发展是条件，国际地位提升是结果。

改革开放开启了中华民族追梦史的新阶段。中国终于找到了一条真正适合于国情的崛起之路①，以经济建设为中心，以发展求强盛，以致富谋幸福。35 年经济建设的惊人成就使中国梦的最终实现之日日益临近，同时也以其对世界广泛深刻影响证明了中国梦与中国国际地位之间的深刻联系。

3. 中国梦是亿万人民摆脱贫困实现小康之梦，在人类共同的追求幸福的理想中走向前列

中国梦就是国人以先进国家人民生活为目标，以靠自身努力实现生活的幸福安康从而得到世人尊重为自豪。在西方国家发展超越中国后的几百年来，中国人民从来没有安于贫穷，甘于落后，始终以自强不息的追求赢得世人的尊重。近代史上国家的不

① 《习近平在主持政治局第二次集体学习时强调以更大的政治勇气和智慧深化改革》，《人民日报》2013 年 1 月 2 日第 1 版。

幸也使国人在世界上被歧视，低人一等。国人受到的屈辱使之更能体会到国家强大与个人地位之间的联系。人民的幸福以历史发展和国际水平为对照。经济的快速发展为人民带来幸福感，而走上和超过世界先进水平更为人民带来自豪感。亿万人民实现幸福是中国梦的目标，也是中国梦的根本动力。通过国际比较可以发现，中国奇迹般发展的一个重要原因在于亿万人民追求幸福的愿望被释放，不论是与安于历史成就的民族相比，还是与安于贫穷落后的民族相比，正是人民不断的幸福追求构成了实现中国梦的根本动力。

国家、民族的梦与人民的梦相通，追梦以国家国际地位提升为标志，以人民的幸福为内涵。人民追求自身的翻身解放与幸福生活是国家独立、民族解放的根本动力，而国家强盛、民族振兴又是人民幸福的前提与保障。国家的梦与人民的梦相通，国家的国际地位与国人自豪感相通。全球华人对国家的向心力、凝聚力汇成了一股巨大的力量推动了国家的强盛。一个国家与民族的梦想如何得以实现，与这个国家的历史、文化、政治与经济制度等广泛因素存在着深刻的联系。与以个人自由和个人价值为基础和核心的美国梦相比，中国梦以国家梦与个人梦的紧密联系为特点，深刻体现了基于现代历史的国家定位与基于国家定位的战略特点。美国的繁荣与发达在于一个高度自由的制度环境为无数追求梦想的个人创造了最大的奋斗空间，千百万人的成就也就汇聚成一个国家的奇迹，而中国梦的逻辑结构则在于，前一百年国家独立、民族解放是每一个国人梦想的前提，中华人民共和国成立以后，发展道路的选择是每个人发展的前提，决定了个人的前途与梦想。迄今为止中国不断在探索这样一种制度，以寻求建立一种具有最大优势的制度唤起个人实现梦想的最大活力。国家梦与个人梦的相通性也在于这两者之间的内在联系与逻辑。

二、中华民族复兴是中国梦的目标
追求——中国梦的丰富内涵

习近平主席提出的"中国梦"，不仅在中国人民心中引起强烈的共鸣，而且在国际社会引起强烈的关注。这是一种强大的精神力量。"中国梦"之所以强大，在于它与"中国特色社会主义"的本质一致；在于它是中国道路、中国精神、中国力量的浓缩；在于它是中华民族复兴之梦，是全体中国人、海内外中华同胞的共同之梦。"中国梦"来自中国人民的巨大能量，来自中国的志士仁人的理想追求；来自中国共产党人的精神支柱；来自中国历史的记忆升华，体现了中华民族的崇高境界和伟大胸怀。

1. "中国梦"是"和平崛起梦"

不断延长中国和平发展的时间，扩展中国和平发展空间，这是实现"中国梦"的根本条件。不断拓宽和加深中国与各国的共同利益，应是实现"中国梦"的国际战略内涵。不断提升中国参与全球化和全球治理的能力，是"中国梦"的巨大动力来源。不断促进中国和外部世界的文化、价值和制度融合，实现"中国梦"的软实力崛起。

2. "中国梦"是"国家统一梦"

没有国家统一，就没有"中国梦"。两岸走向统一的经济基础、社会基础、文化基础和政治基础正在形成，两岸对话正在政治、安全、外事等领域展开。台湾民心正在重新认同"中华民族"，达成"两岸和平协定"条件逐步显现。亚洲地缘环境变化为中国统一创造新的条件；两岸共同维护海上权益。美国将不得不调整政策，以降低在台湾问题上的战略成本，与中国达成新的战略妥协。

3. "中国梦"是"经济超强梦"

其中包括人民币实现国际货币目标；具备结算、储备和本位货币等功能。中国GDP达到人均1万—1.5万美元的规模，与美国的经济总量相当甚至超过。中国形成世界最大的国内市场，进出口总规模为美国的两倍左右。中国在全球分工体系中进入产业链的高端，特别是亚洲产业链围绕着中国市场需求和中国制造业而展开。

4. "中国梦"是"可持续发展梦"

中国的自主创新能力在未来20至30年间将全面进入国际先进水平，并掌握若干科技创新的世界制高点；高等教育普及率达到90%以上。这个可持续发展梦就是"生态优化梦"，随着中国的重化工业化和基础设施现代化的基本完成，高碳峰值阶段将逐步下行而进入生态显著好转的阶段。中国将成为世界新能源革命的引擎之一，实现内外、新旧资源组合，清洁能源、可再生能源、循环能源成为主体能源。

5. "中国梦"是"均衡发展梦"

在未来30年中，中国大部分地区的城乡之间将实现公共服务均质化、社会保障均衡化、可支配收入均等化。地区平衡发展是实现"中国梦"的关键，中部、西部与东部差距显著缩小，出现一系列中部和西部的发展高地，某些方面优势甚至超过东部，形成欧亚大陆腹地新的国际交通枢纽。西部崛起将彻底改变中国面貌。

6. "中国梦"是"新型大国梦"

"新兴大国"和"新型大国"二者既同又不同。"新兴大国"很可能是传统思维的后起大国，而"新型大国"则是具有新理念、新思维的崛起大国。只有运用新的思想方法来认识中国与其他大国关系的复杂性，认识中国具有的多重大国身份，认识中国成为一流世界强国的一系列制约因素，才能把握好守成大国与崛起大国的关系危险期。只有成为"新型大国"，才能构建不对抗不冲突、扩大共同利益、协同推动世界和平发展的新型大国关系。

7."中国梦"是"亚洲崛起梦"

中国需要在崛起过程中调整与周边中小国家的关系。亚洲市场的核心在于中国市场，已成为不可逆转的趋势。但是，以中国为核心的亚洲地缘经济和美国主导的亚洲地缘政治二元结构将长期存在，亚洲地区的域外大国、域内大国和次区域大国共存的格局将长期存在。这种二元结构并非决然对立，而是相互渗透、相互转换。中国将通过"一带一路两廊"加大对亚洲基础设施网络和经济走廊的投入力度，进而形成一系列利益汇合点、一批利益共同体、若干战略支撑点。中国和平崛起的亚洲战略目标并不是要、也不可能恢复古老的朝贡体系，而是要实现亚洲的共同和平崛起。

8."中国梦"是"全球治理梦"

全球化和全球治理是实现"中国梦"的历史条件和重大机遇；使"中国梦"与国际旧秩序到新秩序的演进同步展开。中国是传统大国与新兴大国共同参与全球治理的联结枢纽；以此破解"大西方"战略，实现"金砖机制"的长远构建。中国将在不同的全球治理领域拥有不同的话语权和规则创制权。总体上处于守势但可争取个别突破，全球治理与国内治理逐步结合，与国内体制转型互为条件。

9."中国梦"是传统与非传统相结合的"安全强国梦"

中国必须成为海洋强国：不仅确保近海的国家权益和主要航道通行安全，而且要能进入全球远洋海面和深海海底。中国必须成为太空强国、网络强国和极地强国，在全球公域的虚拟与实体、治理与自由、通道与资源方面获得和中国国力相匹配的地位。在其他非传统领域，如预防流行疾病、管理国际人口流动、打击国际犯罪、管控生态危机等等，中国将提供越来越充分的公共品。

10."中国梦"是"软实力强国梦"

其中包括"文化复兴梦"和"制度优势梦"。中华文明复兴具有文化包容性与亲和力，并非独遵孔孟之道。随着中国融入国际社会的程度加深，主流核心价值与西方价值的共性将不断增加，形成"价值共同体"。不断提升文化传播能力和国家形象塑造能力，使世界各国更认同中国制度和中国道路的优势所在，是存量和增量、共性和个性、近期和远期的结合，最终是为人民谋长远、谋整体。中国的制度优势在于自我修复能力，通过不间断创新保持制度的可持续性；在于"自上而下"和"自下而上"结合，在于党和人民的天然联系；在于开放性，吸收各国制度先进性，不断增强其普适性。

三、推动合作共赢是中国梦的战略
定位——中国梦的国际特征

中国梦与世界各国人民的梦同样是相通的①，是中国梦完全能被国际社会接受与认同的根本。实现国家发展与人民幸福是人类进步思想的共同价值观，各国之间的目标不是冲突或对立的，而是共存与互补的。因此，中国梦越是实现，中国与世界各国就越是和谐，实现共同发展、共同进步。中国国际地位的提升与世界的共同利益完全一致，这就是中国所追求的国际地位的内涵。

在国人追梦的过去一百七十多年中，前一百多年追求的是国家独立与民族解放，后六十多年追求的是经济发展及其在此基础上的人民福祉。实现国际地位的提升是中国梦的主题，而以经济发展实现国际地位的提升则是实现中国梦的道路。这一道路尤其在改革开放以后更为清晰。因此，以发展实现中国梦的过程也就是中国与世界合作扩大利益融合的进程。

1. 中国梦的和平性：靠国内改革营造发展的制度活力而不是对外扩张

中国梦以追求国家的崛起为主题，这也使一些国家容易产生对中国梦的担忧甚至恐惧。然而如果理解中国实现崛起梦想的道路就可以清晰地发现这条道路的和平特征，因为这是一条靠国内改革来营造国家发展制度活力的道路，与历史上一些国家靠扩张实现崛起有着根本的区别。

新中国成立后的前30年，独立自主、自力更生实现四个现代化是国家发展的基本战略，其目标是赶上和超过世界先进水平。这种非开放型的发展战略既是当年冷战时代无奈的选择，也是落后国家发展道路的积极探索。靠自己国内的力量改变一穷二白面貌超越世界先进水平，国家的这一梦想为亿万中国人构建了精神力量，是无数发展奇迹的原因。在国内发展任务仍然很重的时期，中国对一大批发展中国家提供了力所能及的援助，最后实现了在联合国中常任理事国地位的恢复，与一大批国家包括发达国家建立了外交关系。立足国内发展，获得国际社会普遍承认和在第三世界国家赢得尊重，体现了新中国前30年追梦主题，也体现了追梦的和平性。

改革开放开启了当代中国追梦的新历程，这一历程的最显著标志就是不断优化国内体制，营造发展的自身活力，这决定了发展道路的和平性。20世纪80年代起，中国认真学习西方国家的体制优点和发展经验，推进发展，从而构建了中国特色市场经济体制——政府发展导向型市场经济。这一体制既有效利用了市场的活力，又充分发挥了政

---

① 《习近平同美国总统奥巴马共同会见记者》，新华网美国安纳伯格庄园2013年6月7日电（记者陈贽、钱彤）。

府在推动发展中的积极作用，形成了市场配置资源和政府战略推进的双引擎，创造了世界经济史上的发展新奇迹。在中国成为世界第二大经济体后，人们可以从历史对比中清晰发现，中国这条崛起之路完全不同于帝国主义和殖民主义国家当年的道路，既没有殖民扩张，也没有为争夺市场和资源的战争，国内的体制优势与焕发出来的民众致富动力，是中国崛起最重要的原因。中国也因自己社会主义市场经济的制度优势赢得了国际社会的赞叹。

改革开放后的历史表明中国梦追寻中的三个战略要素：一是走中国道路；二是弘扬中国精神；三是凝聚中国力量。① 走中国道路就是基于自己的文明传统和历史方位形成中国自己的战略优势与发展模式；弘扬中国精神依靠爱国主义的民族精神和改革创新的时代精神，以此作为实现国家富强民族振兴的力量源泉；凝聚中国力量就是依靠亿万人民为圆梦而团结奋斗的力量，使每个人追求人生出彩的努力汇聚成国家整体崛起的不竭动力。这三个战略要素是过去三十多年中国崛起之谜，也是未来实现梦想的本质特征，综合体现了中国梦追寻道路的和平性质。

2. 中国梦的共享性：开放中发展的道路使中国发展成为世界的机遇而不是我兴你衰的零和博弈

开放与改革一样是当代中国崛起的根本原因。中国开放对世界的重大意义在于，中国追梦的历史进程成为世界共享一个大国的发展机遇②，而不是世界市场蛋糕重新分割的零和博弈。

传统意义上的贸易发展本身就显示了比较优势对各国互利的规律，中国在开放中贸易的大发展同样是这一规律的体现。在这一进程中，中国没有简单地走历史上各国纯粹竞争的路，而是注重市场的开放性和国际市场规则，通过积极加入世界贸易组织和参加各类区域合作，降低和消除贸易障碍，解决贸易争端，推进公平贸易，最大限度地开放国内市场，使高增长转变为对各国产品的高需求，拉动了各国的出口和经济增长。

在商品市场开放的同时，更体现中国追梦与世界共享的是投资领域对世界的开放。引进外资是中国对外开放的主旋律，从全国范围构建对外资的激励政策，到各级地方政府营造有利于外资的服务环境，各国资本在中国得到了广泛的发展机遇。由于中国对外资开放国内市场，使高速增长直接成为外资在华企业的市场机遇。特别是由于中国成功适应了经济全球化推进下的价值链国际分工，外商投资使中国通过加工贸易等方式参与了更深的分工体系之中，中国的出口增长直接成为外资企业分享中国成本优势、政府服务、制度活力和发展战略的途径。

随着中国的进步，越来越多的国际友人在中国找到了发展机遇，实现了自己的人生辉煌。在世界近代史上，人们总是把实现个人发展理想与美国梦联系在一起，并且把它

---

① 习近平：《在第十二届全国人民代表大会第一次会议上的讲话》，新华社北京 2013 年 3 月 17 日电。
② 《习近平在印度尼西亚国会的演讲》，新华社 2013 年 10 月 3 日电。

看作美国梦的核心价值。不少人也把中国梦仅仅看作为国家的梦，尤其是中国的强政府特点，发展的国家发展战略特点和实现中国梦的国家顶层设计特点等，中国梦往往被只看作是中国国家的梦，而不是中国人个人的梦，更不是任何意义上外国人的梦。但是，65年，特别是近三十五年来中国的发展却为世界无数外国平民提供了实现人生价值的绝佳机会，他们在中国实现了人生的辉煌与价值，一个个谱写了不亚于当年美国梦的美好乐章，他们的人生与中国梦联系在了一起，体现了中国梦与世人共享的内涵。

3. 中国梦的和谐性：以开放促改革实现发展使国内体制与国际体系形成和谐兼容而不是对立抗争

发展面对竞争，尤其是当代世界的发展，实现赶超的发展。但是，中国梦的追求过程选择的不是对抗式的竞争方式，而是合作式的共赢方式，以对外合作创造发展环境，以激发内在潜力营造发展动力，从而形成了一条和谐的崛起之路。

开放是中国崛起之路的基本出发点，也构成了与历史上一些国家崛起的显著区别。在世界现代史上，发达国家的崛起呈现出三个特点。一是在发展初期保护国内市场中实现工业化和竞争力的提升；二是在超越他国后主导制定有利于自身发达经济体需要的国际经济体制，为自己创造更有利的发展环境；更有甚者是第三种，即老牌帝国主义国家通过占领控制他国为自己开辟更广阔的发展空间。然而中国在追求崛起的进程中所走的道路却与此完全不同。

新中国成立后的最初30年往往被看作是闭关锁国的历史。然而仅仅把这一段历史看作是中国走与世界对立的发展道路却是错误的。两大阵营的世界格局决定了中国对外经济关系主要集中在与苏联东欧的有限贸易，冷战的时代背景决定了广泛的经济合作的不现实性，而且还导致了经济发展战略需要高度重视国家政治与军事安全的需要。因此，封闭式的发展道路是时代所决定的，一个独立的现代工业体系和国民经济体系是国家安全的需要。

1979年中国发展新阶段开始之时，也就是世界发生历史性变化之时。和平与发展成为时代的特征与世界的主流，特别是苏联解体后冷战时代的结束更开始了一个和平的发展环境。这时，中国可以选择继续在保护国内市场的体制下发展，但实际上却选择了开放式的发展道路。经济特区的建立与各地对外资的特殊政策集中体现了发展模式的开放性，1986年申请加入关税与贸易总协定，在此后15年的谈判中不断加大市场开放的承诺，最后加入世界贸易组织更加体现了发展道路的开放性。

发展道路的开放性从两个方面决定了中国梦的和谐性。一是中国接受现有国际规则，而不是拒绝或对抗国际规则；二是致力于通过国内改革使自己适应国际规则，靠自身的潜力与活力实现发展，而不是固守体制维持差异导致摩擦。

以特区与特殊政策为标志的对外开放从一开始起就注重政策与管理上的国际规范。中国政府注意到自己经济体制与国际的差异，在改革尚未完成全面建设市场经济之前，对外资营造一个特殊的环境与政府服务，遵循国际规范，适应跨国公司需要。超国民待遇常常是国内对过去 35 年外资政策的批评，但却忽略了这一现象的原因和意义。由于体制整体转型的困难与滞后，特殊政策有效弥补了这种制度缺陷，减少了跨国公司在中国发展的障碍。事实上，适应外资需要的开放过程也对经济体制向市场化转型和政府职能转变起了重要的作用。这一机制体现了中国追求发展与世界的和谐性。

加入世界贸易组织的进程更直接体现了中国梦的这种和谐性。加入世界贸易组织是中国谋求成为"经济联合国"成员的一个重大目标，与国际"接轨"是为加入世界贸易组织进行自身改革的集中表现。加入世界贸易组织承诺不仅包括关税大幅度减让，而且涉及国内一大批法律法规的废除、修订与新立。知识产权保护等一系列与规范市场经济建设相关的法律法规的完善与执行，形成了加入世界贸易组织对国内经济体制的巨大推动。一个对世界十分重要的市场以改变自己完成接轨，是中国追梦与世界和谐性的典型案例。

党的十八届三中全会后，新一届中央政府把改革开放推进到一个新的阶段，中央关于全面深化改革的决定把全面体制改革提上了日程，其中包括构建开放型经济新体制。顺应全球化新趋势，推动中美双边投资协议（BIT）谈判，并致力于参与跨太平洋战略合作（TPP），是中国谋求在参与国际合作中追求强国梦想中的一个重要步骤。中美 BIT 和 TPP 等将形成高标准的经济全球化。在适应这种高标准全球化中，中国再次采取了自身改革的道路，中国（上海）自由贸易试验区把体制创新作为根本任务，是国家战略的集中体现。特别是自贸区试验要求提出全国可复制可推广经验更体现了试验的国家意义和自身改革的道路特征，以开放倒逼改革既是国家战略的顶层设计，也体现了中国追梦进程的和谐性。

4. 中国梦的包容性：科学发展道路选择为各国开辟共同发展空间而不是以邻为壑相互排斥

尽管当代世界的发展以激烈的国际竞争为特点，中国梦也以赶上和超过世界先进水平为目标，然而中国梦却绝不以只求自身发展为唯一目标。兼顾各国共同发展的包容性是中国梦的又一重要国际特征。[①]

中国的快速发展迅速引起了国际社会的强烈反响，这种反响是不可避免的。由于中国经济规模大，加上体制活力与战略科学，发展成就形成了对世界的各种冲击。廉价优质的商品挤占了他国市场，巨大的资源需求拉高了国际市场大宗商品价格，强大的竞争力对周边国家构成了压力。一句话，由于大国效应，中国自身追求富强梦想的同时产生了对其他国家的竞争压力。中国无意于挤占他国的发展空间，但当中国因崛起而开始影响世界的时候，全球化条件对各国的发展能否相互包容的现实问题提了出来。正是在这个时候，中国作为一个负责任大国及时提出了"包容性发展"的战略理念，举起了

---

① 习近平：《共同创造亚洲和世界的美好未来——在博鳌亚洲论坛 2013 年年会上的主旨演讲》，新华社 2013 年 4 月 7 日电。

"和平、发展、合作、共赢"的旗帜，体现了中国梦对世界其他国家的包容性，体现了中国梦的共赢内涵。

经济全球化在促进世界经济迅速发展的同时，也为人类带来了一系列新课题：气候变暖、环境污染、资源不足、能源紧张、粮食短缺、金融风险、危机传导、发展差异等等。这些问题同样也与各国的发展模式相关，显示了一国发展可能导致的对他国的不包容。在这一历史条件下中国及时提出以包容性发展作为亚太地区合作战略，使回答人类共同问题成为实现中国发展目标的一个组成部分，也体现了中国梦的国际内涵。

在提出包容性发展之前，中国已经提出了科学发展观的发展指导思想。直接看，科学发展观在于提升国内的发展水平与发展质量，改变发展的规模导向与资源环境破坏现象。然而从科学发展的实际影响看，这一发展理念同时又具有极大的国际意义。由于中国经济的国际影响力大，中国的发展模式对世界的影响广泛而重大。中国对资源的节约和环境的保护对整个世界应对发展中问题的意义是决定性的。中国提升发展结构也将大大有利于形成与处于初级发展阶段国家的错位竞争，形成共赢。因此，科学发展观也是实现包容性发展的指导方针和发展战略，是中国梦体现包容性的现实选择。

四、全球格局优化是中国梦的历史影响——中国梦的世界意义

以中华民族伟大复兴为目标的中国梦必然会改变世界政治经济格局，这就是中国梦的世界意义。以单纯的个人梦想，中国梦的国家梦性质，个人梦与国家梦相联系特点，中国梦的强国梦目标，都决定了必然具有深刻而广泛的世界历史影响。当中国梦日益接近成为世界现实的时候，分析其可能产生的世界历史影响，无疑具有深刻的理论意义与实践意义。

1. 体制道路影响：成功发展实践有力证明社会主义制度与市场经济体制结合的现实性与优越性

众所周知，中国是依靠了经过长期艰难探索，最终选择了中国特色社会主义道路而走上了一条成功实现中国梦的道路的。因此，道路的选择，体制的选择对于中国梦的实现具有决定性的作用，而从世界历史看也必然产生深刻的体制道路意义上的国际影响。

在世界现代史上，资本主义和社会主义成为两种基本的社会制度，市场与计划则成为两种基本的经济体制，而资本主义与市场经济相联系，社会主义必须搞计划经济一度成为铁的规则不可动摇。然而，中国梦的实现其最为根本的体制道路选择恰恰在于社会主义与市场经济的有机组合，坚持了社会主义道路而利用了市场经济的优势。这是理论上的巨大突破，也是实践上的伟大创举，当中国梦实现之时，社会主义市场经济体制的制度优势也将最终为世界所承认。

然而，当中国选择了社会主义市场经济道路的时候，也并不认为这应当是世界所有国家都应当采用的体制模式。中国所相信的是从国情出发选择自己的发展道路与政治经济制度，只有这一原则才是根本具有世界普遍价值的，然而也正是这一点更体现了中国追梦之路对世界其他国家与民族的借鉴意义。可以相信，在未来中国梦不断展现的过程中，各国对中国道路的思考与研究也将与日俱增。中国不仅因建成一个经济大国和强国在经济上拉动世界增长，而且因走出一条从国情出发的道路而对各国发展提供启示。人类理想的社会公平正义等社会主义目标不是与市场经济的发展模式相对抗的，市场经济并不必然导致资本主义。

更重要的还在于，十八届三中全会后的中国已经开始了新一轮的改革开放，一方面，市场配置资源的地位将从基础性的作用上升到决定性的作用，市场经济将更加完善；另一方面，围绕着社会公平正义，缩小贫富差别，坚决遏制腐败等改革也将全面推进。当中国实现两个一百年目标之时，市场经济的活力和社会主义的优越性也将更清晰地展现，国际社会将进一步看到社会主义市场经济制度的意义，看到基于国情选择发展道路的意义，这也将是中国对世界的更深远的贡献。

2. 发展模式影响：政府与市场关系的动态演进表明发展导向型模式的国情依据与效率优势

当中国这样一个大国从贫穷落后迅速发展为繁荣富强以后，世界各国必然对中国的发展模式产生极大的兴趣。事实已经表明而且还将继续表明，中国的发展模式有着其他国家未曾出现过的特殊构造与丰富内涵。

在发展模式上首先要解决的问题是政府与市场的关系问题。在资源配置上是由政府决定还是由市场决定，是模式选择的根本问题。中国没有固执地坚持计划经济下政府决定一切的体制模式，也没有一步到位地引进西方国家的发达市场经济体制模式，而是走出了一条政府逐步培育市场，市场逐步从补充作用，到基础作用，最后到决定性作用的动态模式，而政府则在不抵制市场的前提下积极发挥了发展导向的作用，这就是被称为"发展导向型"的体制模式。

这一模式的形成有它的大历史原因和路径依赖，因为中国改革开放是从此前的政府包揽一切的集中式计划经济开始的，一方面改革逐步突破了原体制的束缚，另一方面，政府本身就是改革的设计者与执行者，因而市场本身就是由政府培育的。中国经济的整个发展过程也是市场逐步成长的过程、政府逐步退出的过程，这种渐进的、稳健的、动态的发展模式，对世界各国发展模式选择的借鉴意义是巨大的，它甚至还将改变发展经济学和经济体制理论的基本定式而显示出其巨大的实践与理论意义。理论与实践上，人们常常把政府看作是与市场相对立的两种力量，但在中国，市场恰恰是由政府培育的。

当中国梦日益接近的时候，中国的改革又进入了一个新的历史时期，即进一步培育市场，形成市场发挥决定性作用体制的时期。表面上看，这是政府的完全退出，其实不然。政府将不在资源配置中影响市场，但会在国家整体与长远发展战略上依然发挥决定性的作用。这种作用将通过基于体制优势的科学决策和尊重市场规律的政策调控来实现。

事实上，中国经济高速发展的另一个制度关键是各级地方政府在发展中的积极作用。由于以经济建设为中心方针的确定，激励地方政府把实现经济发展作为首要使命，不断营造有利于经济发展的各种条件，在很大程度上拥有政策调控手段与能力，从而使一个大国的发展采取了多引擎的动车组模式，实现了高速发展。政治制度又确保了这种体制的有效运行与发展规划的稳定持续。在中国的发展机制下，中央顶层设计与地方积极探索相结合，使全国的总体科学决策有效转变为地方的发展定位与思路，进而有效实施。在这一体制下，全党对中央负责，中央对人民负责，使国家发展的根本利益能够最有效地转变为各级政府的高效行动，既最大限度地防止错误决策，又根本上避免了议而不决、争论不休从而延误发展机遇。

从以经济建设为中心到经济、政治、社会、文化和生态五大建设，中国走过的发展道路既是稳健的，又是全面的。以经济建设为中心既启动了长期发展，又稳定了全面发展的基础，为政治社会的全面进步创造了条件，为文化建设提供了物质基础与市场条件。生态建设的及时提出，使发展更加完善，质量更加提高，也使发展的根本是为人民的福祉和对子孙后代负责的原则得到完全体现。中国从点到面的发展道路是摸着石头过河中找到的，而中国梦的实现将为各国寻找发展道路提供有益的借鉴。当一些发展中国家在经济发展优先还是引进西方民主优先所困扰时，中国梦实现所体现的发展模式的意义是显而易见的。

3. 开放战略影响：参与全球化的开放型发展战略回答了世界发展难题，走出了阶段推进轨迹

中华民族追梦一百七十余年，近三十五年是经济实力迅速提升的时期，经济发展实行开放战略是国力提升的最重要原因之一。开放战略既是世人理解中国圆梦秘诀的要点，也是认识中国梦对世界影响的关键。

以开放战略实现崛起梦想对世界广大发展中国家乃至新兴经济体都具有深刻的启示，甚至对于发达国家来说也是一个需要深思的主题。发展中国家走什么样的发展道路是当代世界经济史的重大课题，发展内涵是工业化和更广义上的现代产业结构优化，最基本的问题是积极参与国际分工还是靠自己实现工业化。前35年中国通过外资引进构建了出口产业，深化了国际分工，参与了国际价值链，并以此促进了相关产业发展和整个国民经济进步。进入新世纪以来，中国开始强调自主创新，致力于在现有外资型发展的基础上发展起自己的高新技术产业和战略性新兴产业。一旦这一目标达到，也就从实践上证明了一条稳健、现实而又迂回的发展道路：以开放和引进实现发展的起步，建立起规模化增长和发展基础，进而又在这一基础上推进开放型发展模式的转型，最终实现自主创新下的产业结构进步。除了经济全球化历史条件提供的机遇外，先增长后发展，先规模后实力构成了国力最终提升的轨迹。这一过程回答了发展经济学中的难题，也提供了当代发展中国家发展的有用模式。

35 年的发展使中国以发展速度走到了新兴经济体的前列，也因其经济规模超越了发达国家，又因其开放型模式使中国成为影响世界经济的重要因素，成为对整个世界经济增长贡献度最高的一个经济体，最重要的市场、投资目的地和投资来源地之一。深入参与全球价值链分工使中国与世界各国构成了命运共同体，开放型的模式决定了中国发展的每一个方面都会深刻影响世界经济，让世界感受到中国梦的意义。

今天，中国正在启动着新一轮的对外开放，从政策性开放转变为制度性开放，从国内改革而不只是对外资外贸的税收优惠来构造更加开放的制度环境，国际资本将在中国获得更接近于发达国家的投资与发展环境。随着中国体制改革的推进，国际资本将在中国发现更理想的发展环境和更广泛的发展机遇，世界各类人才将在中国找到更大的空间，打造人生的奇迹。目前中国正在从注重引进外资到同时注重对外投资转型，中国资本将走向世界，直接推动各国的增长。中国梦的世界影响将越来越具体、现实。

4. 国际格局影响：作为最大新兴经济体改变世界增长格局，创新全球发展机制

中国以改革开放实现了发展。从改革上讲，中国从国情出发借鉴了各国的经验；从开放上讲，中国从世情出发抓住了全球化的机遇。在很大程度上可以说，前 35 年的发展特征是中国利用外部环境，使自己与世界的发展相适应。然而，作为一个多重意义上的世界大国，中国的崛起又产生了对世界经济格局的重大影响，从增长与发展双重意义上影响着世界。因为国家规模大且发展迅速，其战略推进的每一步都对世界经济产生着广泛而重大的世界影响。

在经济增长上，中国改变了世界增长格局。尽管按汇率计算目前中国国内生产总值仅约占世界八分之一，但对世界经济增长的贡献度却达到三分之一，在金融危机期间甚至达到二分之一。中美两国成为拉动世界经济的双引擎。中国正日益从贸易与投资两方面影响着世界经济的增长。一方面，中国国内的巨大市场所形成的巨大购买力通过进口影响各国增长，包括居民的消费能力与企业的投资能力，以及巨大的旅游消费；另一方面，中国已经形成了巨大的对外投资能力，国内充裕的资本积累加巨额外汇储备为企业对外投资提供了坚实的条件，过剩的生产能力转移和全球供应链建设的需求有力地推动着企业的对外投资，积极地影响着各国的经济增长。正在推进中的人民币国际化不但促进了与各国的贸易，而且为世界货币流通与储备开辟了新空间。

从全球增长格局看，随着新兴经济体的崛起，世界原来的发达国家与发展中国家两极世界转变为包括新兴经济体在内的三重结构。新兴经济体在世界经济中的比重迅速提升，在功能上既承接了发达国家的产业转移，又开始了对发展中国家的投资，特别是近年来相互贸易发展迅速，改变了对发达国家市场的依赖。在这一历史性的格局变动中，中国作为最大的且相对较早起步的新兴经济体，在新的格局中具有举足轻重的地位，代表了新兴经济体在世界经济中的影响力。中国正在积极推进金砖五国的合作，这是一种跨地区的对世界有影响力的新兴大国的合作，也将改变世界经济由发达国家主导的格局与走向。① 在亚太地区，中日韩自由贸易区、东盟"10+6"合作等都将改变区域合作模式与世界经济版图。

在经济学严格意义上，增长是指规模的扩大，而发展是指产业结构的进步。在开放型的发展中，中国以接受国际产业转移和参与全球价值链分工为特征，标志着发展的路径与特点，而这种发展特点又反过来影响着世界的发展格局。传统产业通过跨国公司直接投资在中国迅速形成，低成本构成了竞争优势，国际分工格局发生变化，中国的产业获得了升级，而发达投资国国内形成了新的发展空间。在传统认识上，由比较优势导致的分工将产生分工的利益。而在现代意义上，中国的产业引进式的发展却构成了一种新的发展路径与利益来源。发达国家投资者的技术、品牌、管理和国际市场销售网络等生产要素流入中国，与中国土地、劳动力与政府管理等生产要素相结合，转移了生产地，创造了比较优势，扩大了贸易分工，改变了两类国家的发展路径。

在过去二十年左右世界经济分工格局的重大变动中，中国是最重要的一个参与者。价值链分工是跨国公司在全球布局生产加工链，中国以廉价劳动力优势承接了这种分工的低端，在这种分工模式深化中扮演了重要角色。在中国的出口总值中很大的一个比重是来自其他国家的增加值进口，这使表现为中国巨大出口能力的事实上是全球的价值链分工。各国在贸易中的收益被模糊了、掩盖了，世界的发展日益成为各国发展的一个有机整体。

中国以对发展中国家的投资影响了世界的发展格局。随着综合实力的增强，中国对外投资能力迅速上升，同时保障资源供给和承包重大建设工程的能力也不断提高。重要的是中国把对外投资与国家的国际战略联系在一起，把发展是硬道理的原则推广到了对非洲等发展中国家的关系上，通过经济发展实现对这些国家的有效帮助，与一些发达国家推行西方民主价值观并未给这些国家带来稳定与福利形成明显对照。中国的这种以投资与建设为内容的互利共赢代表了一种新型的发展机制。

无论是产业转移还是价值链分工，中国的发展都改变了世界的分工格局，从而也改变了贸易格局与发展格局。中国追梦进程与世界的紧密联系更加清晰可见。

5. 全球治理影响：作为发展中大国参与全球治理将使未来世界体制更有利于均衡发展

当代的全球经济治理体系主要由发达国家在第二次世界大战后建立，世界银行、国际货币体系与世界贸易组织常被认为是当代世界经济治理体系中的三大支柱。随着近70年来世界经济的变化，这三大支柱虽然也进行了改革，但与世界的发展要求却并不适应。全球经济治理体系的改革与完善已经是当代世界经济的重大主题。作为新兴经济大国，中国的参与及其所代表的发展中国家诉求，对这一体系的走向具有决定性的

---

① 《习近平答金砖国家记者问：增进同往访国人民友好感情》，《人民日报（海外版）》2013年3月21日。

影响。

刚刚过去的这场国际金融危机是中国崛起的一个历史转折点，其重要表现是中国在国际经济协调中作用的显著体现。20国集团的国际政策协调体现了全球经济治理的机制，而中国被认为是与美国同样重要的一个成员。虽然危机会过去，但全球政策协调却仍然需要且还要继续加强，中国将在这一机制的发展中发挥作用。

经济全球化的发展是全球经济治理课题大量呈现的根本原因。全球化不仅使第二次世界大战后建立起来的世界经济体制显得滞后，而且导致了一系列新的全球性问题产生。从世界经济现行体制看，第二次世界大战后的国际货币体系以美元为中心，随着美国经济地位的相对下降凸显了其原有的弊端。这一货币体系尤其不能反映新兴经济体全面崛起后新的国际经济格局。国际货币体系改革，特别是像中国这样的新兴经济体货币国际地位的上升，将改变现行货币格局。中国外汇储备的大量积累常常被人们看作中国内需不足，进口市场不开放的结果，却忽略了全球化产业转移，投资单向流动阶段性特征等因素。一个基于传统商品贸易进出口平衡的国际收支标准和汇率体制显然是与经济全球化所不相适应的。现行国际货币体系反映了发达市场经济规律与要求，却不能反映全球化发展阶段性不平衡特征。与中国国力提升相联系的人民币国际化进程将影响国际货币体系的现状。

世界贸易组织发展受阻是经济全球化深化的反映。基于商品贸易为主的公平贸易体制适应和推动了贸易自由化，但是面对投资自由化这一全球化深化的趋势却显得不相适应。除了自由贸易碎片化外，双边投资协议已经成为全球化发展的新特点。这类协议以投资准入为核心，以国内体制透明公平高效等为特征，反映了投资超越贸易后的全球化新阶段的要求。美国正在推动的跨太平洋与跨大西洋两大合作组织都以投资自由化为核心。这些合作与组织的制度性质反映了全球经济治理的新趋势。对于中国来说，完成中美BIT谈判的意义和对国家的影响不亚于当年加入WTO。而这又与加入TPP密切相关。当前中国正在推进的这些谈判表明，中国将不再像当年加入WTO那样是既有国际规则的接受者，而是未来国际规则制定中的参与者。中国国内市场经济体制建设的条件为参与这种高标准的经济全球化创造了条件，而中国的经济规模与实力则将对治理规则的形成产生积极的影响，有利于包括新兴经济体和广大发展中国家在经济全球化新进程中获得平等的发展条件。

气候变化与碳排放控制已经成为全球治理面对的核心问题之一。中国是碳排放最大的国家，也深受其害，对此有着不可回避或推卸的责任。但是，中国的碳排放水平不但与自身的发展模式、发展阶段相关，而且也与在全球化中的分工地位相关。接受传统高排放产业的流入，承担价值链低端高消耗生产的分工，是问题严重的重要原因。减排是中国的转型重点，也是中国的国际责任与义务。但是如何形成一个基于全球化分工现实，符合经济发展阶段可能性的全球治理体系，是新兴经济体的普遍需要，中国的参与和主张十分关键。从国内发展而言，彻底改变技术水平低下环保意识落后限排制度缺失等种种成因，坚持走科学发展道路，是改变现状的根本，也是中国从大国走向强国的题中应有之义。在中国饱受排放之苦之时，绿色发展已经成为中国梦的重要内容之一。

五、统筹两个大局是中国梦的必然
要求——中国梦的战略路径

如此绚丽多彩的"中国梦"要得以实现，需要一条可操作的国际战略路线图和时间表。中国从未像今天这样接近实现自己的梦想。越是接近实现，中国人民越要谨慎，更要防止"行百里者半九十"，更需要一个与亚洲各国共享"亚洲梦"的路线图。为此，我们要从内外两个战略的统筹来确保这个路线图的实现。对此，我们大致上可以有两种战略路线选择。路线图一：集中力量推进体制改革和结构转型；以中国市场为第一战略资源，开放倒逼改革，参与国际治理带动国内治理；以国内区域平衡改变结构失衡和财富失衡；实现大国战略妥协，周边合作共建战略支点，最终改变国际力量对比。路线图二：大国对抗加剧，周边冲突激化；内部控制强化，利益集团化凸显，在亚洲成为"孤独的崛起者"。显然，路线图二不符合"中国梦"的需要，我们只能选择路线图一。

在选择路线图一的前提下，实现"中国梦"的时间表也可以大体上勾画出来。第一阶段为 2013—2022 年：内部负能量基本得到控制；制度建设框架明确、主体完成；两岸统一方向确定；中美新型大国关系稳定；周边次区域机制形成。第二阶段为 2022—2035 年：国内民主和法治形成完整体系；达到财富平衡和地区平衡；实现国家统一；GDP 达到世界第一，全球治理话语权与西方基本相当。第三阶段为 2035—2050 年：高科技和文化教育达到世界先进水平；低碳经济基本实现；亚洲共同体顺利运作；中国发展与全球资源配置同步。

这个路线图和时间表是空想还是可行的，取决于对世界大势的总判断。十八大报告指出，战略机遇期依然存在，但内涵和条件发生了深刻改变。这是一个相当重要的判断。在中国和平发展的过程中，我们与世界的联系也越来越紧密。国际环境就不仅仅是实现"中国梦"的外部条件，而且是"中国梦"不可分割的组成部分。

中国经济总量上升到世界第二位，使我们站在一个新的历史坐标上。《当中国统治世界》一书作者、英国时评家马丁·雅克称，2000 年是中国现代化的重要分水岭，此前中国现代化本质上是个国内问题，中国快速崛起，但世界影响力不大；此后，中国进入新的现代化阶段——在完成自己现代化的同时将完成对世界的改造。他认为，中国的崛起和英美不同，中国需要思考并向世界阐述，自己想变成一支怎样的全球力量。这种想法有一定的国际代表性。

"中国梦"与"世界梦"是共通的：中国梦的所有外延性特点，都依存于世界可持续发展的客观需要：中国梦的实现以追求和平发展、合作和谐为先决条件，必须要在一个友好的外部环境中、在与世界各国的密切合作中予以实现。从更深的层面看，中国梦与世界梦密切互动的背后，是中国与世界的关系走向。在全球化的大背景下，"中国

梦"必然属于世界，但也会深切感受到来自世界的各种影响。

"和平发展"的时代主题是"中国梦"可能得以实现的主要外部条件。30 年前邓小平判断和平与发展的时代主题，主要是指世界大战打不起来。现在的国际体系变化更加深刻，世界的"和平"与"发展"主要取决于大国关系，目前的大国力量对比不仅不会引发世界大战甚至不会导致全面"冷战"。当今世界正在发生巨大的变化，国际金融危机改变"冷战"后的世界格局，西方整体实力下降，经济增长动力明显削弱。尽管西方经济仍占世界经济比重的 2/3 左右，但其增长率低下并普遍出现严重债务危机，国内福利制度难以维持，国际公共品的供应能力更弱。新的国际力量对比平衡正在形成，新兴力量不可能全面超越老牌大国，传统大国也挡不住新兴经济体的上升势头。这种新的平衡会保持很长一段时间，并决定了不可能在世界范围内发生大国之间非和平的战略冲突。

与 30 年前相比，世界市场体系更加完整了，要素和信息流动更加充分了，"和平"与"发展"在世界范围内更有条件了。尽管西方大国在全球经济治理中仍拥有主要话语权，但是他们不能不和新兴大国商量。新兴大国的金砖五国协商机制也在形成之中。未来是新老大国共同进行世界经济调控，而非西方主宰世界经济。在微观层面，跨国公司的全球布局带动了生产体系的巨大变化，全球性企业已经不能区分西方和非西方，利益链条也打破了原来制度、国界和意识形态的边界。全球性问题如气候能源生态问题、人员流动带来的疾病问题等，需要各国合作、共同面对。这些问题越来越凸显其世界性、全球性，而不能简单地划分为西方问题或东方问题。这些都是世界历史上从未有过的和平与发展的新条件。

然而，在这种背景之下，我们更需要冷静分析机遇和挑战，清醒地认识到实现"中国梦"的任务还极为艰巨。当前，整个世界格局呈现为西方地位下降，但依然是世界经济政治文化的主体；非西方的新兴大国迅速崛起，但未来二三十年在经济结构、发展质量、综合实力上还与西方国家差距很远。随着我国经济总量达到世界第二位，越来越多的国家认为中国应该承担更大的国际责任。实际上，这种责任超越我们可以承受的能力。中国经济总量占世界经济约 10%，人口占世界的 20%，土地和资源的人均占有量都远远低于世界平均水平，经济结构、综合竞争力和文化软实力与发达国家相比差距更大。

国际经济环境变化对"中国梦"给我国发展带来新的压力和挑战。由于金融危机以来西方市场的严重萎缩和我国比较优势的显著变化，我国的出口导向产业陷入困境。这是外部经济环境的最大变化，影响我国增长率达 3 个百分点。这个严峻挑战也是实现"中国梦"的重大机遇。这会迫使我国改变廉价劳动力为主要比较优势的出口导向，把增长动力从外需为主转到更多地依靠内需上，从低端商品市场开放转向高端服务业市场开放，从浅度开放转向深度开放，从沿海开放转向内陆开放。另一个挑战是西方正在进入以新制造技术、新能源、新材料等为主要内容的新一轮产业革命，若西方实现这一轮"再工业化"，将拉开我们追赶的距离。反过来看，在这一轮产业革命上，中国与发达经济几乎站在同一起跑线上，这是以往历次产业革命中所没有的现象。如果我们紧紧抓住这一轮世界产业变革，那么实现"中国梦"就可能提前。西方经济的动力缺失，同时西方进入新的产业革命周期，这是我们面对国际经济环境的两大变化和两大挑战。"中国梦"能否实现，取决于我们能否应对这两大挑战。

国际安全环境变化对实现"中国梦"也产生深刻的负面影响。从地缘政治来看，美国战略重点转到亚洲，搅动亚洲安全环境，很多亚洲国家在安全战略上重新选择，中国周边的海洋争端、领土争端浮现出来，这是最近三十多年来所没有的挑战。地缘经济环境则是另一幅图景。现在所有亚洲国家发展的第一动力不是美国市场而是中国市场，中国与东盟、南亚、中亚、俄罗斯的经贸往来不断加大。金融危机时期，世界经济萧条但亚洲经济不萧条，主要是取决于中国市场的繁荣。只要中国市场保持稳定、不断增长，亚洲国家都会受益，随着中国与周边地区的互联互通基础设施网络建成，将会形成一个由中国市场带动的繁荣圈。在此情况下，美国也不得不调整自己的亚太战略，开始减少其军事对抗成分，增加与中国合作的内涵等。美国的军事力量和中国的市场力量，究竟哪个对亚洲地缘环境的影响更大更长远，不言自明。亚洲安全环境虽然出现一些负面因素，我们必须重视并认真应对，但不能把它们判断为地缘环境的主流。换言之，"中国梦"是亚洲地缘环境的主要正能量。只要中国坚持和平发展道路不变，亚太地区（包括美国）与中国市场的相互依存就将成为本地区和平与发展的根本前提。只要中国坚持构建利益共同体、深化利益汇合点，"中国梦"就可以带动"亚洲梦"，实现亚洲国家共享的发展空间，最终也将塑造中美新型大国关系。

国际政治和舆论环境的挑战较为严峻。当中国迅速崛起或"中国梦"实现的过程中，我们面对着一个不很有利的舆论环境。这是一个悖论、一个矛盾现象，似乎中国越是崛起、舆论环境越是走向负面。为何会出现这种错位、曲解的舆论环境？一是我国的软实力与硬实力发展极不平衡，与西方相比我们的文化传播能力远远没有跟上。这种反差使中国形象明显处于不利地位。二是我国的国际传播话语还难以转化为国际舆论的通行语言，因而难以得到更大的国际认同。三是国内制度建设还存在诸多缺陷和不足。如环境生态问题、食品安全问题、腐败问题等，某些突发事件在国际上传播开来，把我们的很多努力和成绩都抹杀掉了，使中国形象被以偏概全地遭到损害。四是金融危机后西方制度弊病显现，政治上出现两极化等。在这种情况下，他们以攻为守，抹黑中国制度，转移国际舆论视线，使中国的国内问题更为突出、更加尖锐。当前"中国梦"深入人心，国际舆论环境出现转变的机遇。如果我国改善制度本身存在的问题，国际舆论环境就会大大改善。与西方制度的困境进行比较，我们的问题是局部的、暂时的。从长远来看，只要坚持实现"中国梦"的正确方向，国际舆论环境可以向有利方向转变。

可见，实现"中国梦"，必须促进国际环境的转型。国际环境对中国总体有利还是不利，既受外部因素的影响，也受内部主观因素的影响。我们自己的问题处理得好，对中国的国际环境就越来越有利；如果处理得不好，国际环境就会出问题。几年前美国战略重点向亚洲转移，我们周围的矛盾纷争一时激化，如果当时我们采取全面对抗的战略选择，亚洲的国际环境就会长期恶化。但我们应对适当、沉着冷静，一场新的亚洲冷战就得以避免。可见，外部环境不是一成不变的，而是复杂多变的。国际环境的好坏，很大程度上取决于我们怎样判断、怎样处理，怎样进行战略选择。人们往往根据历史经验来判断未来趋势，但实际上世界发生的变化都是历史经验所没有的。我们必须用新思维来观察新变化，而不是仅仅用老经验来对待新变化。"老经验"就是冷战、大国对抗、守成国家和崛起国家的零和博弈。用"老经验"来衡量国际环境肯定得出对抗、对立、负面的判断，而用新的思维方法，用合作互利共享的标准就会推动形成积极有利的国际环境。有基于此，推动国际合作的双赢多赢是我们的基本选择。坚持走和平发展道路，坚持构建利益共同体，这些战略方针要反复地、持续地向世界各国和国内各界说明。

塑造有利国际环境的具体做法，首先是与亚洲国家分享发展成果。如建立整个亚洲的自贸区，让亚洲国家通过向中国出口带动其国内经济发展；又如加速人民币国际化，为亚洲市场提供稳定的货币公共品；再如与亚洲国家实现基础设施互联互通，以中国投资带动他国的经济社会发展。亚洲经济一体化越紧密、亚洲各国与中国的相互依存度越高，我国的发展空间就越大、亚洲发生地区安全问题的几率就越小。

同时，我们也要与发达国家共享发展空间。目前我国很多服务业领域还没有向美国开放，美国也有很多投资和技术领域没有向中国开放。如果中美双方都有更大程度的开放，就会使中美经贸关系上升到一个更高的结构上，带来双方的巨大收益。我们与欧洲也存在这个问题，要避免无限制地发展某个产业如光伏产业，造成产能过剩；我国的出口方式应更加合理，适当提高出口价格，避免低价倾销，防止受到双重打击。发达国家处在高端、领先地位，双方共享发展，发达国家应有更多改变。总的来说，必须打开思路，我们不能一家独享发展空间，不能绝对地追逐利益最大化，学会共享共赢，坚持互尊互利，就会获得更加有利于实现"中国梦"的国际环境。

现在中国经济的体量不断增加，国内发展的任何变化都会影响世界发展，而过去国内发展就是国内发展，与世界关系不大。同时，随着"中国梦"进入世界范围，国内问题的解决也变得更加复杂了。以前只要进行国内调控就能够解决自身的经济、政治和社会问题，但是现在大量外部因素进来，国内治理的难度也加大了。例如，世界的热钱流动我们难以控制，世界的原料能源价格我们难以决定，世界市场的需求我们也无法决定。这些都使宏观经济调控比过去难度大多了。社会管理也一样，过去我们统一思想比较容易，现在信息高速流动，思想多样、渠道多样，社会管理的难度不断加大。马丁·雅克讲对了一半，他从外部感受到中国发展对外部的影响，但是没有感受到中国国内受到的外部冲击。"中国梦"正在逐步进入内外一体化的阶段，不仅是外部世界能不能承受中国发展的问题，也提出了中国内部能不能承受外部冲击的问题。"中国梦"在这个条件下发展和实现，就不能仅仅停留在30年前的管理办法上，需要有更高层次的综合协调管理体制机制和能力。

"中国梦"从国内走向世界，确实是两个截然不同的阶段。这也给我们带来了更大的挑战。这要求"中国梦"能被世界接受而不是被抵触，中国话语要世界通行，中国大进大出的发展方式，对世界要形成正能量的带动而不是过分的冲击。这就需要从内部治理做起，不断构建现代化国家的治理体系。到 2020 年全面建成小康社会，是实现"中国梦"第一个一百年的阶段性标志。在这个阶段上，我们要承受和化解内外压力，通过改革、创新和跨越，全面提升中国的国家治理能力和全球治理参与能力，为最终进入世界强国行列打下坚实的基础。有了这个基础，到 2050 年即第二个一百年时，"中国梦"就可能基本实现，即达到全面现代化的发展目标，成为世界一流强国。

总的来说，"中国梦"是中华民族从苦难中开始的追求，在崛起中规划的目标，其道路与趋势都表明，国际地位的提升是它的集中标志。对于世界其他国家，超越是它的核心内涵，而共赢则是它的本质特征。

第一章　稳中有为：
释放改革红利重塑竞争优势

2013 年，面对错综复杂的内外部形势，中国政府坚持稳中求进的工作总基调，坚定不移推进改革开放，科学创新宏观调控方式，主动调控经济增速，国民经济呈现稳中有进，稳中有为，赢得了经济运行的良好势头。与此同时，这一年，中国政府通过深化经济体制改革，综合运用多种宏观经济调控手段推进经济结构改革，中国经济航船穿越激流、动力强劲，速度、结构、效益同步改善。持续增长的中国经济不仅为早日实现中国梦奠定坚实的经济基础，同时也为世界经济的繁荣与发展注入强劲的中国信心，成为拉动世界经济增长的一支强心剂。

一、质量效益稳步提升实现国民经济换挡升级

金融危机之后，伴随着世界经济深度调整和国内经济结构转型，驱动经济高速发展的旧有红利因素正在逐渐衰退乃至丧失，中国保持数十年的连续两位数传奇式经济增长已经难以为继。进入 2013 年后，在中央政府启动全面深化改革，实施科学调控下，中国经济增长速度开始放缓步伐，稳健而行，呈现出由规模型增长转向质量和效益递增的良性发展态势。

1. 经济发展平稳有序，增速处于预期目标区间

根据国家统计局公布的统计数据，2013 年中国经济实现国内生产总值为 568845 亿元，按可比价格计算，比 2012 年增长 7.7%，成功完成年度 7.5% 的增长目标[①]。在世界经济增长整体趋缓的大背景下，虽然中国经济增长的速度近 3 年来连续放缓，并且创下近 14 年来的增速新低，但中国经济经过最近两三年的探索，经济运行和宏观调控体系都进入平稳可持续的状态和模式，中国经济从过去 10% 的增长平台经过连续调整，已基本稳定在 7% 到 8% 新的增长区间。从季度数据来看，2013 年中国国内生产总值一

[①]　国家统计局：《中华人民共和国 2013 年国民经济和社会发展统计公报》，2014 年 2 月 24 日，国家统计局网站。

季度同比增长 7.7%，二季度增长 7.5%，三季度增长 7.8%，四季度增长 7.7%。分产业看，第一产业增加值 56957 亿元，增长 4.0%；第二产业增加值 249684 亿元，增长 7.8%；第三产业增加值 262204 亿元，增长 8.3%。

（单位：%）

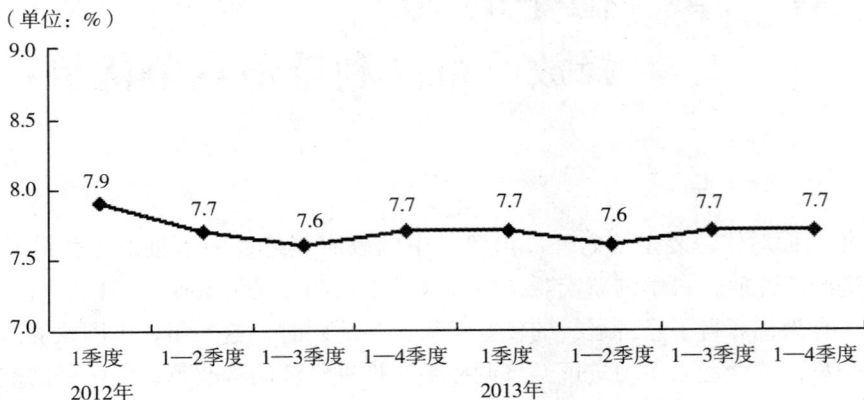

图 1-1　2012—2013 年中国国内生产总值季度增长速度

数据来源：国家统计局：《2013 年国民经济和社会发展统计公报》。

　　针对 2013 年中国经济增长速度回落，国内外专家学者对此也进行了多方面的解读。国家统计局局长马建堂在 2014 年 1 月 24 日国务院新闻办公室举行的新闻发布会上表示"2013 年中国经济运行总体平稳，稳中有进，稳中向好"[①]。马建堂认为，2013 年中国经济增长成绩来之不易。要清醒认识到，我国经济正处于发展转型的关键时期，长期积累的深层次矛盾尚待缓解，经济企稳回升的基础仍需巩固。下一阶段，要坚持稳中求进，改革创新，把改革贯穿于经济社会发展各个领域各个环节，以改革促发展进步、促转型升级、促民生改善，推动经济社会持续健康发展。

　　国务院发展研究中心宏观经济部张立群研究员认为，2013 年，中国经济增速在一、二季度均连续下滑，落至年初目标 7.5%，市场一度弥漫悲观气息。关键时刻，中央明确提出经济运行的"上限"和"下限"，在保持定力的同时有针对性地采取了稳增长措施，市场信心明显提振，经济增速在三季度回升至 7.8%，四季度保持在 7.7%。中国经济运行和宏观调控体系在 2013 年都进入平稳可持续的状态和模式。中国经济从过去 10% 的增长平台经过连续调整，已基本稳定在 7% 到 8% 新的增长区间，结合其他经济数据表现来看，这个区间比较适宜。

2. 国民经济增长更加强调质量与效益

　　2013 年的数据表明，中国经济已经进入了提质增效升级的新阶段。一方面，经济增长保持一定的合理速度，另一方面经济增长速度放缓并没引发就业减少或经济通胀或

---

① 王希等：《2013 年中国经济增长 7.7%，增速与上年持平》，新华网，2014 年 1 月 20 日。

滞胀等不利局面。根据国家统计局公布的数据，2013年中国的就业持续增加，年末全国就业人员 76977 万人，其中城镇就业人员 38240 万人。全年城镇新增就业 1310 万人。年末城镇登记失业率为 4.05%，略低于 2012 年年末的 4.09%。全国农民工总量为 26894 万人，比 2012 年增长 2.4%。其中，外出农民工 16610 万人，增长 1.7%；本地农民工 10284 万人，增长 3.6%。全年居民消费价格比 2012 年上涨 2.6%，其中食品价格上涨 4.7%。固定资产投资价格上涨 0.3%。工业生产者出厂价格下降 1.9%。工业生产者购进价格下降 2.0%。农产品生产者价格上涨 3.2%。

（单位：万人）

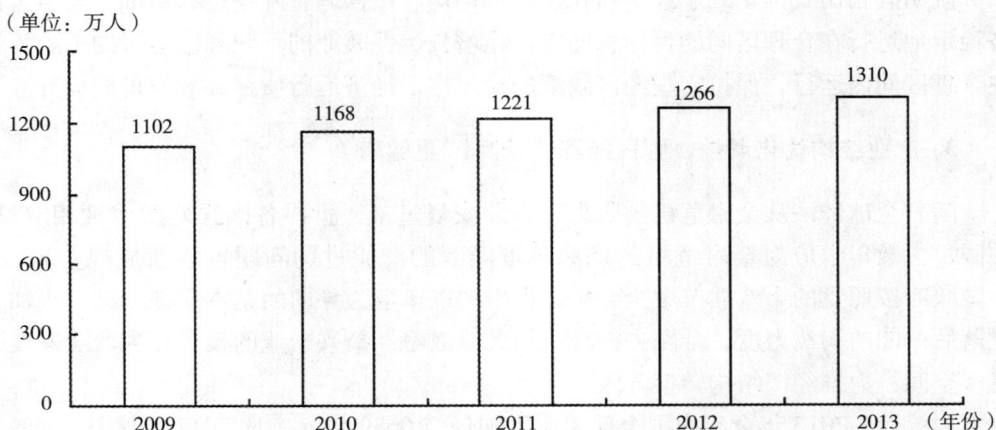

图 1-2　2009—2013 年中国城镇新增就业人数

数据来源：国家统计局：《2013 年国民经济和社会发展统计公报》。

（单位：%）

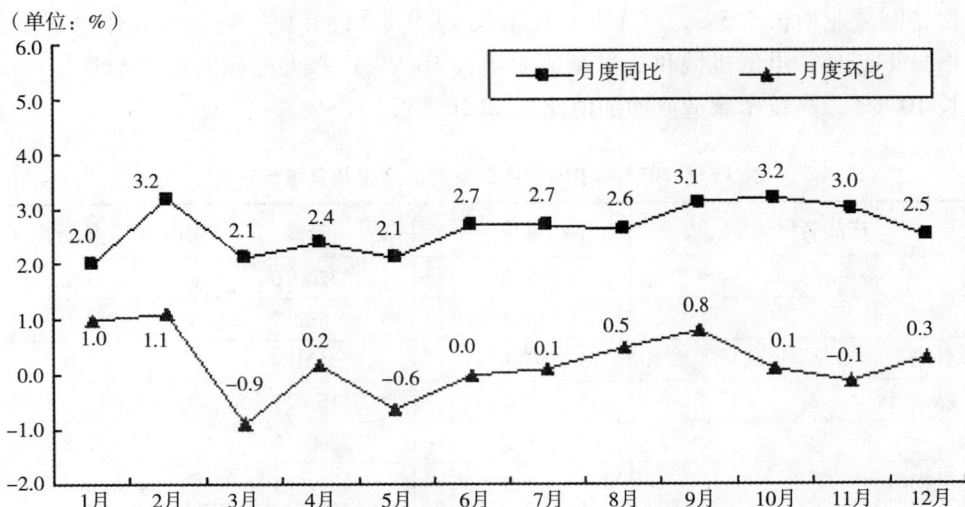

图 1-3　2013 年中国居民消费价格月度涨跌幅度

数据来源：国家统计局：《2013 年国民经济和社会发展统计公报》。

2013 年中国经济增长质量和效益的提升还体现在国际收支平衡和经济数据水分下降方面。据统计，中国全年货物进出口总额 258267 亿元人民币，以美元计价为 41600 亿美元，比 2012 年增长 7.6%。其中，出口 137170 亿元人民币，以美元计价为 22096 亿美元，增长 7.9%；进口 121097 亿元人民币，以美元计价为 19504 亿美元，增长 7.3%。进出口差额（出口减进口）16072 亿元人民币，比 2012 年增加 1514 亿元人民币，以美元计价为 2592 亿美元，增加 289 亿美元。

国家统计局副局长谢鸿光认为，2013 年面对极为错综复杂的形势，新一届党中央、国务院明确指出我国正处于经济增长速度换挡期、结构调整阵痛期，明确了要努力使经济稳定地运行在合理区间的目标，即守住稳增长、保就业的下限和防通胀的上限，经济在合理区间内运行，保持宏观经济政策的稳定性，经济运行质量和效益得到提升。

3. 产业结构优化调整，国民经济"瘦身"更健康

随着全球经济从金融危机的阴影中逐渐恢复过来，世界各国强刺激政策相继退出。中国过去数年中应对金融危机的刺激政策导致的产能过剩问题也逐渐显现。2013 年，中国政府按照党的十八届三中全会决定提出的以市场为导向的基本原则，进一步加大工业落后产能的淘汰力度，金融去杠杆，加大对战略性新兴产业的投资，为产业发展腾出更多空间，力推经济结构转型升级。

据统计，2013 年全年中国全部工业增加值 210689 亿元，比 2012 年增长 7.6%。规模以上工业增加值增长 9.7%。其中，国有及国有控股企业增长 6.9%；集体企业增长 4.3%，股份制企业增长 11.0%，外商及港澳台商投资企业增长 8.3%；私营企业增长 12.4%。从产业类别来看，2013 年全年规模以上工业中，通用设备制造业增长 9.2%，专用设备制造业增长 8.5%，汽车制造业增长 14.9%，计算机、通信和其他电子设备制造业增长 11.3%，电气机械和器材制造业增长 10.9%。六大高耗能行业增加值比 2012 年增长 10.1%，高技术制造业增加值比 2012 年增长 11.8%。

表 1-1　2013 年中国主要工业产品产量及其增长速度

产品名称	单位	产量	比 2012 年增长（%）
纱	万吨	3200.0	7.2
布	亿米	882.7	4.0
化学纤维	万吨	4121.9	7.4
成品糖	万吨	1589.7	12.8
卷烟	亿支	25604.0	1.8
彩色电视机	万台	12776.1	-0.4
其中：液晶电视机	万台	12290.3	4.5
家用电冰箱	万台	9261.0	9.9
房间空气调节器	万台	13057.2	5.3

续表

产品名称	单位	产量	比 2012 年增长（%）
一次能源生产总量	亿吨标准煤	34.0	2.4
原煤	亿吨	36.8	0.8
原油	亿吨	2.09	1.8
天然气	亿立方米	1170.5	9.4
发电量	亿千瓦时	53975.9	7.5
其中：火电	亿千瓦时	42358.7	7.0
水电	亿千瓦时	9116.4	5.6
核电	亿千瓦时	1106.3	13.6
粗钢	万吨	77904.1	7.6
钢材	万吨	106762.2	11.7
十种有色金属	万吨	4054.9	9.7
其中：精炼铜（电解铜）	万吨	649.0	12.7
原铝（电解铝）	万吨	2205.9	9.2
氧化铝	万吨	4437.2	17.7
水泥	亿吨	24.2	9.3
硫酸（折 100%）	万吨	8122.6	3.1
纯碱	万吨	2434.9	1.6
烧碱（折 100%）	万吨	2859.0	6.0
乙烯	万吨	1622.6	9.1
化肥（折 100%）	万吨	7037.0	3.0
发电机组（发电设备）	万千瓦	12572.8	−3.3
汽车	万辆	2211.7	14.7
其中：基本型乘用车（轿车）	万辆	1210.4	12.4
大中型拖拉机	万台	58.7	11.4
集成电路	亿块	866.5	11.2
程控交换机	万线	3115.7	10.1
移动通信手持机	万台	145561.0	23.2
微型计算机设备	万台	33661.0	5.8

数据来源：国家统计局：《2013 年国民经济和社会发展统计公报》。

　　全年规模以上工业企业实现利润 62831 亿元，比 2012 年增长 12.2%，其中国有及国有控股企业 15194 亿元，增长 6.4%；集体企业 825 亿元，增长 2.1%，股份制企业 37285 亿元，增长 11.0%，外商及港澳台商投资企业 14599 亿元，增长 15.5%；私营企业 20876 亿元，增长 14.8%。

国务院发展研究中心产业经济部部长冯飞认为 2013 年经济最大的亮点其实是结构改善。第三产业超越第二产业，战略性新兴产业加快发展，钢铁等落后产能加快淘汰。加快淘汰落后产能成为全国上下共识，取得初步成效，但也付出了代价。部分行业产能严重过剩仍是当前制约中国经济发展的突出问题，要做好长期、艰苦努力的准备。要从体制机制入手，充分发挥市场的决定性作用，通过优胜劣汰解决产能过剩问题。

4. 新的经济增长动力逐步形成，创新驱动成为新常态

面对世界经济仍处于深度调整期的重大挑战和新一轮科技与产业革命处于孕育期的重大机遇，2013 年中国大力推进科技创新和战略性新兴产业发展，积极培育参与国际合作竞争新优势，创新驱动成为推动中国经济发展、转型和升级的根本动力。

2013 年中国的教育科技文化事业持续发展。全年研究生招生 61.1 万人，在学研究生 179.4 万人，毕业生 51.4 万人。普通本专科招生 699.8 万人，在校生 2468.1 万人，毕业生 638.7 万人。全年研究与试验发展（R&D）经费支出 11906 亿元，比 2012 年增长 15.6%，占国内生产总值的 2.09%，其中基础研究经费 569 亿元。全年国家安排了 3543 项科技支撑计划课题，2118 项"863"计划课题。累计建设国家工程研究中心 132 个，国家工程实验室 143 个，国家认定企业技术中心达到 1002 家。

2013 年，中国全年新兴产业创投计划累计支持设立 141 家创业投资企业，资金总规模近 390 亿元，投资了创业企业 422 家。中国全年受理境内外专利申请 237.7 万件，其中境内申请 221.0 万件，占 93.0%。受理境内外发明专利申请 82.5 万件，其中境内申请 69.3 万件，占 84.0%。中国全年授予专利权 131.3 万件，其中境内授权 121.0 万件，占 92.2%。授予发明专利权 20.8 万件，其中境内授权 13.8 万件，占 66.6%。截至 2013 年年底，有效专利 419.5 万件，其中境内有效专利 352.5 万件，占 84.0%；有效发明专利 103.4 万件，其中境内有效发明专利 54.5 万件，占 52.7%。全年共签订技术合同 29.5 万项，技术合同成交金额 7469.0 亿元，比 2012 年增长 16.0%。

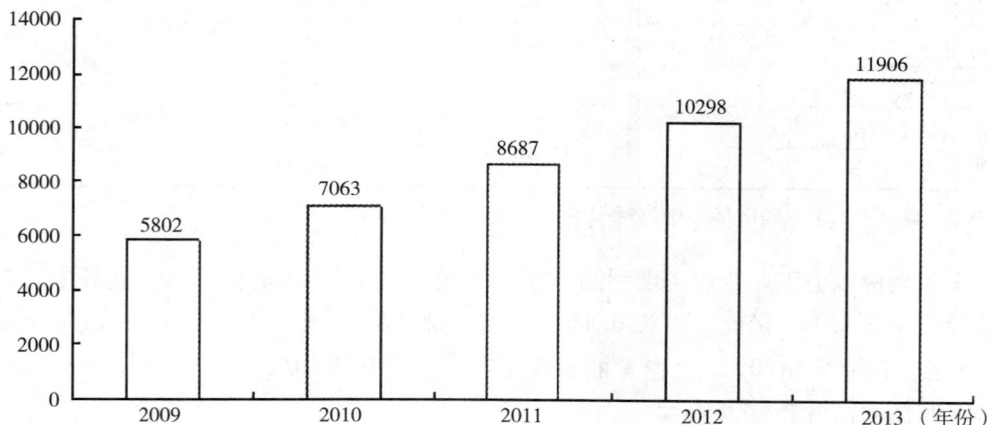

图 1-4　2009—2013 年中国研究与试验发展（R&D）经费支出

2013 年，中国成功发射卫星 14 次。神舟十号载人飞船与天宫一号目标飞行器成功实施首次绕飞交会试验，嫦娥三号探测器顺利实现首次在地外天体软着陆和巡视勘查，"蛟龙号"载人潜水器实现从深潜海试到科学应用的跨越。全年制定、修订国家标准 1870 项，其中新制定 1161 项。

总体来看，中国在 2013 年不断加大对创新的投资力度，并在科技创新体制机制方面进行全面改革部署，加大科技成果应用与转化，提高全要素生产率，让创新成为中国发展的强音、实现经济升级的强大动力。科技创新成为提高社会生产力和综合国力的关键支撑。

二、完善经济治理体系打造"升级版"中国经济

升级宏观调控新思维，打造中国经济升级版，并用升级版的中国经济续写中国梦是 2013 年中国经济发展的核心主题。2013 年 11 月 9 日至 12 日在北京召开的中共十八届三中全会对全面深化改革作出了战略部署。经济改革是全面深化改革的重点，也是发挥市场在资源配置中起决定作用、更好发挥政府作用的主要攻坚领域。回顾 2013 年，中国在一些具体领域推出一系列重大改革举措，为中国经济成功转型升级奠定了坚实的基础。

1. 出台深化经济体制改革的顶层设计

2013 年 5 月 18 日，国务院批转国家发展改革委《关于 2013 年深化经济体制改革重点工作意见》的通知①，意见结合中共十八大提出加快完善社会主义市场经济体制、深化重要领域改革的要求，就 2013 年深化经济体制改革重点工作进行系统的部署。《意见》的总体要求是正确处理好政府与市场、政府与社会的关系，处理好加强顶层设计与尊重群众首创精神的关系，处理好增量改革与存量优化的关系，处理好改革创新与依法行政的关系，处理好改革、发展、稳定的关系，确保改革顺利有效推进。

国务院提出 2013 年中国大力推进年度重点改革工作包括 7 个领域、22 个方面。具体包括深入推进行政体制改革，深化政府机构改革，简政放权，严格控制新增审批项目，创新政府公共服务提供方式，出台行业协会商会与行政机关脱钩方案，深化公务用车制度改革等。

深化财税体制改革包括完善财政预算制度，完善财政转移支付制度，扩大营业税改征增值税试点范围，合理调整消费税征收范围和税率，扩大个人住房房产税改革试点范围。将资源税从价计征范围扩大到煤炭等应税品目，开展深化矿产资源有偿使用制度改革试点。建立健全覆盖全部国有企业的国有资本经营预算和收益分享制度等。

---

① 《国务院批转发展改革委关于 2013 年深化经济体制改革重点工作意见的通知》（国发〔2013〕20号）。

深化金融体制改革包括稳步推进利率汇率市场化改革，逐步扩大存贷款利率浮动幅度，建立健全市场基准利率体系，完善人民币汇率形成机制，稳步推进人民币资本项目可兑换。完善场外股权交易市场业务规则体系健全投资者尤其是中小投资者权益保护政策体系。推进制定存款保险制度实施方案，加快和规范发展民营金融机构和面向小微企业、"三农"的中小金融机构。

深化投融资体制改革包括抓紧清理有碍公平竞争的政策法规，推动民间资本有效进入金融、能源、铁路、电信等领域。改革铁路投融资体制，为社会资本进入铁路领域创造条件，支线铁路、城际铁路、资源开发性铁路所有权、经营权率先向社会资本开放。

深化资源性产品价格改革包括推进电价改革，简化销售电价分类，推进天然气价格改革，推进大用户直购电和售电侧电力体制改革试点。在保障人民群众基本生活需求的前提下，综合考虑资源节约利用和环境保护等因素，建立健全居民生活用电、用水、用气等阶梯价格制度。

深化基本民生保障制度改革包括健全全民医保体系，整体推进城乡居民大病保险。健全保障性住房分配制度，有序推进公租房、廉租房并轨。整合社会救助资源，逐步形成保障特困群体基本生存权利和人格尊严的长效保底机制。建立最严格的覆盖生产、流通、消费各环节的食品药品安全监管制度。建立健全最严格的环境保护监管制度和规范科学的生态补偿制度，研究制定生态补偿条例。

深化城镇化和统筹城乡相关改革包括研究制定城镇化发展规划，开展中小城市综合改革试点。优化行政层级和行政区划，有序推进城乡规划、基础设施和公共服务一体化，创新城乡社会管理体制。根据城市综合承载能力和转移人口情况，分类推进户籍制度改革。积极稳妥推进土地管理制度、投融资体制等促进城镇化健康发展的改革。建立健全农村产权确权、登记、颁证制度。

2013 年继续深化已出台的各项经济体制改革主要是对已经部署并正在推进的各项改革按职能分工，切实抓好落实。包括继续推进国有企业改革、继续深化开放型经济体制改革、加快教育、文化、医药卫生等社会事业各项改革、加快完善科技创新体制机制、深化收入分配制度改革等五个方面。国务院同时要求各地区、各部门完善改革协调推进机制，进一步加强组织领导和统筹协调工作，把推进改革作为领导干部业绩考核的重要内容，及时将改革进展情况和重要问题报告国务院。

2. 深化体制改革升级宏观经济调控新思维

2013，中国政府根据中共十八大和十八届三中全会的部署，积极深化经济体制改革，努力探索宏观经济调控方式创新。这一年中，中国政府的一系列宏观调控理念创新，被学界概括为"克强经济学"①。"克强经济学"这一概念包含三个主要的构成部

---

① "克强经济学"是外资机构巴克莱资本公司于 2013 年 6 月底提出的概念，主要概括李克强总理为中国制定的经济增长计划。

分，也被解读为"克强经济学"的三大支柱：一是政府不推出刺激经济的政策，而是通过逐步缩减国家主导的投资行为；二是经济去杠杆化，以大幅削减债务，降低借贷与产出比；三是推行结构改革，以短痛换取长期的可持续发展。"克强经济学"的精髓和宗旨可归结为一句话的话，那就是李克强总理多次强调的经典之言："打造中国经济的升级版。"

在 2013 年 9 月召开的大连夏季达沃斯论坛上，李克强对中国宏观经济调控方式进行系统阐述，提出宏观调控要兼顾当前和长远，经济下行的时候，用短期刺激政策把经济增速推高也不失为一种办法，但无助于深层次问题的解决。因而，中国选择了既利当前，更惠长远的策略，保持宏观政策的稳定。要根据经济发展潜力和当前实际，科学确定经济运行的合理区间。所谓合理区间，就是有一个"下限"和一个"上限"。李克强强调的"上限"有一个核心指标：就是防通胀，控制物价涨幅，尤其是 CPI。"下限"有两个核心指标：稳增长和保就业。

中国政府领导人多次谈到经济的"上限"和"下限"，并告诫大家要有"底线思维"。所谓"底线思维"就是要对经济下行可能到什么水平，有一个基本的预估和预案；一旦突破"底线"，政府要果断出手。李克强强调，只要经济运行处于合理区间，宏观经济政策就要保持基本稳定，主线是转变经济发展方式、着力调整经济结构、推动改革创新，打造中国经济升级版①。

在关于宏观经济调控理论阐述中，李克强多次指出，把握好合理区间和政策框架，必须增强宏观调控的科学性、预见性和针对性，既要深入研究战略性、规律性的问题，也要敏锐捕捉苗头性和倾向性问题。既不能因经济指标的一时变化而改变政策取向，影响来之不易的结构调整机遇和成效；也不能对经济运行可能滑出合理区间出现大的起伏缺乏警惕和应对准备。

应该说"克强经济学"基本反映或大致把握了 2013 年中国政府的经济思路和经济政策取向。首先，中国政府已经非常清醒地认识到中国经济潜伏着的必须避免、必须化解的深层次经济风险。其次，中国政府也已经找到了解决这些问题的政策路径，就是真正实现经济结构调整、经济发展方式转型。第三，中国政府也真正推进一系列宏观调控政策工具，积极实践"克强经济学"，并且取得了一系列重要进展。包括研究扩大小微企业所得税优惠政策实施范围、部署进一步发挥开发性金融对棚户区改造的支持作用、确定深化铁路投融资体制改革等。

3. 依靠改革推进经济结构战略性调整

2013 年，中国经济结构调整取得积极进展，引领中国经济发展步入提质增效的"第二季"。这一年，国家主要从优化供给和需求两个方面精准发力，主要运用市场化

---

① 李克强：《以改革创新驱动中国经济长期持续健康发展——在第七届夏季达沃斯论坛上的致辞》，2013 年 9 月 11 日，2013 年夏季达沃斯论坛网站。

手段并辅之以差别化政策，有控有扶、有保有压、有进有退，既大力支持新兴产业发展，促进传统产业升级改造，又积极化解部分行业产能严重过剩矛盾。相继出台了信息消费、养老和保健服务业发展政策，推进铁路投融资体制改革，加大棚户区改造、城市基础设施，特别是地下管线等薄弱环节投资。这些措施对推动需求结构调整、产业结构升级、城乡和区域结构优化等发挥了积极作用，体现了中国宏观调控新思维的科学性。

从统计数据来看，2013 年中国第三产业增加值占国内生产总值比重达到 46.1%，首次超过第二产业，产业结构发生历史性变化。国家信息中心经济预测部宏观研究室主任牛犁评价指出，第三产业即服务业的发展壮大，不仅有利于吸纳大量就业人口，而且对资源能源消耗较少，有利于节能减排，这对于提高经济发展的质量和效益至关重要①。

2013 年，中国第二产业压缩产能"倒逼"转型升级，产业结构进一步优化。年初，中国产业结构调整面临"两难"困境：一方面，经济下行压力增大，一些地方和部分行业为保增长急于铺摊子、上项目；另一方面，国内产能过剩问题突出，需要拿出"壮士断腕"的决心淘汰落后产能。面对复杂形势，中央科学决策，顶住压力，保持定力，以化解产能过剩为"抓手"，积极推进产能过剩行业调整，坚决遏制产能过剩和重复建设，着力调整产业结构。中共中央政治局常务委员会召开会议明确提出，扎实推进产业转型升级，推动战略性新兴产业发展，支持服务业新型业态和新型产业发展。国务院常务会议先后就治理大气污染、支持光伏产业、加大对先进制造业和战略新兴产业信贷支持、加快发展养老服务业和健康服务业等作出部署。在这些政策措施综合作用下，传统制造业质量效益明显提升，新兴服务业得到快速发展。

4. 力推上海自贸试验区构建开放型经济新体制

以开放促改革是中国参与经济全球化的成功经验。在上一轮对外开放中，中国以接受国际规则、融入全球市场的方式，通过开放倒逼国内体制机制改革，突破了国内与市场经济不相适应的制度瓶颈，实现了经济大国的发展目标。在中国经济由大走强发展新阶段，再次通过扩大对外开放推进深化改革成为一项重要的战略选择。2013 年中国在涉外经济体制改革方面取得重大进展，其中最为重要的是 9 月 29 日历经数月筹备的中国（上海）自由贸易实验区正式挂牌设立。标志着中国新一轮的改革开放在上海 28.78 平方公里的面积的"试验田"上再次拉开大幕。

中国（上海）自由贸易实验区又称上海自由贸易区或上海自贸区，是中国境内第一个自由贸易区。上海自贸区是在中国新一届领导集体的直接推动下建立起来的。2013 年 1 月，上海市启动研究规划建立中国大陆首个自由贸易区——上海浦东自由贸易园区可行性方案，希望在 2013 年内启动。2013 年 3 月，刚刚接任国务院总理的李克强赴上海等地调研，并表示：鼓励支持上海积极探索，在现有综合保税区基础上，研究如何试

---

① 张晓松等：《结构调整新进展——2013 年中国经济回望之二》，新华网，2014 年 1 月 22 日。

点先行，建立一个自由贸易试验区，进一步扩大开放，推动完善开放型经济体制机制。

2013 年上半年，商务部、上海市人民政府会同国务院有关部门拟定了《中国（上海）自由贸易试验区总体方案》（草案），上报国务院审批。2013 年 7 月 3 日国务院常务会议原则通过《中国（上海）自由贸易试验区总体方案》，在上海外高桥保税区等 4 个海关特殊监管区域内，建设中国（上海）自由贸易试验区。

2013 年 8 月 22 日，国务院正式批准设立中国（上海）自由贸易试验区。试验区范围涵盖上海市外高桥保税区、外高桥保税物流园区、洋山保税港区和上海浦东机场综合保税区等 4 个海关特殊监管区域，总面积为 28.78 平方千米。8 月 25 日，上海市出台 42 条实施意见。意见明确提出上海要结合中国（上海）自由贸易试验区建设的要求，争取先行先试，使国家金融改革、创新有关部署在上海最先落地。8 月 26 日，为解决有关法律规定在上海自贸区内的实施问题，提请全国人大常委会审议的相关决定草案，《外资企业法》、《中外合资经营企业法》、《中外合作经营企业法》、《文物保护法》这 4 部法律的有关规定在上海自贸区范围内暂停实施。2013 年 9 月 29 日，中国（上海）自由贸易试验区正式挂牌成立，中共中央政治局委员、上海市委书记韩正为自贸区揭牌，上海市市长杨雄和商务部部长高虎城出席，上海市委常委、副市长艾宝俊出任第一任中国（上海）自由贸易试验区管委会主任。

中国（上海）自由贸易实验区正式挂牌成立前后立即引起了各方高度关注，挂牌后首个业务受理日就有 577 人次申请入驻。2013 年十一长假期间上海自贸区综合服务大厅在长假期间日平均接待 700 人次，自贸区官网日平均点击量也高达 100 万次。国内外观察者认为中国（上海）自由贸易实验区对中国经济的意义堪比 30 年前深圳经济特区的设立，显示出中国新一届领导人推动经济改革的决心，将再次开启中国以开放倒逼国内改革，探索开放型经济发展新模式的征程。中国（上海）自由贸易实验区不仅仅是为上海而设立，其用意重在着眼全国，即国家在这 28.78 平方公里的试验区内所实施的措施，都是为了形成可复制、可推广的经验，倒逼区域外的改革，进而打破固有的利益格局，为新一轮全面深化改革注入强劲的推动力。

三、中国经济发展红利成功维稳世界经济

2013 年中国经济发展的一举一动都在牵动世界的神经，特别是十八届三中全会通过的《中共中央关于全面深化改革若干重大问题的决定》向世界展示了一个中国经济全面深化改革与发展的蓝图。同时，中国持续增长的经济规模，为国际社会提供容量巨大的国内市场。中国积极参与国际事务，推进国际经济治理体系民主化改革。中国持续推进国内产业结构调整，高新技术产业迅猛发展引领世界经济结构变革升级。在整个 2013 年，中国经济的稳定与信心、增长与改革、发展与合作，为世界经济的整体持续健康发展注入巨大的"中国力量"。

1. 经济持续增长为世界提供巨大发展机遇

当前，世界经济正在从低迷中走向复苏。2013 年中国经济增长虽然有所放缓，增长速度仍然领先全球主要经济体，在 G20 国家中继续名列前茅。中国作为一个规模超过 9 万亿美元的经济体，在加快调整经济结构进程中，仍然实现了 7.7% 的快速增长，这一增长对世界经济总体增长的贡献巨大。据推算，中国只要保持 7% 的增长率，将会拉动全球经济增长一个百分点。2013 年 9 月 5 日，新华社列举了中国经济对世界经济的贡献"清单"。包括增长火车头、全球平衡器、需求支撑者、汇率压舱石、资本新源头、治理鼎新篇、减贫大手笔、贸易反保护等八个方面①。

2014 年 1 月，中国外交部部长王毅在达沃斯世界经济论坛年会中国专场发表演讲，阐述中国对世界发展的重要贡献②。王毅指出 13 亿人口的中国快速走向现代化既符合中国人民的利益，也符合世界各国的需求。中国加快转变经济发展方式，强化提质增效升级，跨越中等收入陷阱，实现可持续发展。一个深化改革、日益繁荣的中国将为世界发展提供更多"中国机遇"。一是市场机遇。在全球有效需求不足背景下，中国的市场吸纳力却在不断扩容。二是投资机遇。在实体经济面临融资难题背景下，中国企业成为国际投融资新的生力军。三是增长机遇。在世界经济增速低迷背景下，中国保持较长时间的中高速增长，这对世界经济无疑是重大利好。四是合作机遇。在全球治理改革举步维艰背景下，中国新一轮改革将维护开放型世界经济和自由贸易体制，有利于经济全球化的健康发展，有助于各国经济政策的相互协调。

中国经济对世界的贡献得到国际广泛认可。加拿大媒体评价说："中国经济闪耀了30 年，从一个平凡之辈成长为世界最重要的增长引擎。令人震惊的是，中国目前靠一己之力带动全球近 1/3 的经济增长，贡献率是美国的 3 倍。"③ 德国《法兰克福汇报》网站 2013 年 2 月 6 日刊登题为《中国真正的分量》的文章称，按额外增加的经济实力计算，亚洲在过去 4 年中实际上创造出了另一个德国。而中国对此的贡献达到 70%。澳大利亚新闻网 2013 年 3 月 28 日载文《中国凭一己之力拉动世界经济增长》，文章认为中国是几乎凭一己之力拉动过去 10 年全球增长的世界最大的国家。

2. 全面深化改革引领世界经济结构变革

党的十八大之后，中国启动新一轮的全面深化改革，特别是党的十八届三中全会通过《中共中央关于全面深化改革若干重大问题的决定》之后，经济体制改革列为全面深化改革的重点。明确了以经济建设为中心，发挥经济体制改革牵引作用，推动生产关系同生产力、上层建筑同经济基础相适应，推动经济社会持续健康发展的目标方位。中

---

① 刘丽娜等：《中国对世界经济贡献"清单"》，新华网，2013 年 9 月 5 日。
② 王毅：《中国新发展、世界新机遇——王毅外长在世经论坛 2014 年年会上的演讲》，外交部网站。
③ 韩超等：《中国带动全球近 1/3 经济增长，贡献率是美 3 倍》，《环球时报》2013 年 8 月 9 日。

国新一轮的全面深化改革是一次来自内部的、适应国际国内经济发展形势新变化的伟大觉醒和伟大创造，中国未来的全面深化改革举措必将会改变世界发展的历史进程以及全球经济的战略格局。

在 2014 年 4 月 10 日召开的博鳌亚洲论坛上，中国总理李克强发表题为《共同开创亚洲发展新未来》的主旨演讲，对中国全面深化改革的政策方向以及对国际社会特别是亚洲地区的引领作用进行阐述①。李克强表示，中国经济具备持续发展的不竭动力，中国经济体量大，外汇储备多，协同推进新型工业化、信息化、城镇化、农业现代化，回旋余地很大，市场空间广阔。今后中国将着重从改革、调结构、改善民生寻求经济发展新动力。中国将加大简政放权力度，建立政府权力清单制度，探索实行负面清单管理模式，创造更好的营商环境，鼓励公平竞争，建设法治经济，也会更多释放改革红利，激发社会创造活力，稳定市场预期。中国将与国际市场更深度融合，不断提升对外开放的层次和水平，在发展自己的同时，为世界经济的发展提供机遇。

中国的经济的结构调整既是中国未来全面深化改革的主要方向，也是实现中国与世界互利共赢的主要契机。中国将重点围绕缩小城乡、区域差距和解决产业结构不合理等问题，以结构改革推动结构调整。加快弥补服务业这块"短板"，用税收等杠杆来培育壮大生产性和生活性服务业。推动沿海向内地梯度发展，依托长江黄金水道和重要陆路交通干线，培育新的经济支撑带。推进中西部地区铁路、公路等交通基础设施建设，为产业转移创造有利条件。积极推动绿色工业、新能源、节能环保技术和产品开发，坚决淘汰落后产能，缓解资源环境的瓶颈约束。扩大国家新兴产业创投引导资金的规模，发挥创新驱动发展的作用，促进我国产业从中低端向中高端迈进，着力提高生产要素产出率。所有这些政策的实施，都将会改变中国参与国际经济合作与竞争的模式，中国成功实现产业升级和可持续增长对世界经济来说绝对是一大利好，将会带动全球经济体系进一步完善，世界各国经济进一步全面、均衡和可持续发展。

中国正在进行的经济体制改革受到国际社会的高度关注。著有《二十年后的中国和世界》一书的法国中国问题专家皮埃尔·皮卡尔先生认为："中国的改革关乎世界各国，因为中国已经是世界第二大经济体，它不仅需要通过改革推动自身发展，而且要为世界各国做出榜样，调整策略应对国家快速发展下的新挑战。这些挑战不仅来自市场经济、市场竞争力、科技创新、环境保护，还来自社会发展的各方面问题等等。这次推出的改革方案是一次大胆而且全面的探索。"② 哈萨克斯坦总统战略研究所中国问题研究专家伊济莫夫也认为中国的全面深化改革将会影响到世界经济的发展，他认为中国近年来已经成为全球经济大国，对世界许多地区的经济稳定发挥着举足轻重的作用。中国经济政策的改变将对世界经济发展产生一定影响。国际货币基金组织亚太部门地区主管史

33

---

① 李克强：《共同开创亚洲发展新未来——在博鳌亚洲论坛 2014 年年会开幕式上的演讲》，2014 年 4 月 10 日。

② 张哲等：《全面深化改革的中国将与世界共赢发展》，国际在线专稿，2013 年 12 月 28 日。

蒂文·巴尼特表示，随着经济发展，中国将朝着全球产业链的更高端迈进，这将为全球经济增长作出重要贡献。南非前总统府部长帕哈德表示，中国的结构化改革将使中国经济更健康，为世界经济作出更大的贡献。中国和非洲国家在许多领域有着广泛、深入的合作，中国的崛起有助于非洲国家的发展①。

3. 中国模式为世界各国探索新的发展路径

2013 年，除对中国经济增长和中国改革的关注之外，国际社会关于中国模式的研究与争论也是年度焦点之一。近年来国内外对"中国模式"或中国发展道路关注主要有国内、国外两方面的原因。从国内来看，主要是中国经济由大到强，中国发展道路从探索到成型，经济发展从跟随战略转向领跑新兴国家，区域发展从试点开放转向区域发展战略协同，产业发展从工业优先战略向"三化"融合协调发展转换。从国外来看，主要原因在于西方国家对中国发展战略和发展模式的重新审视，特别是危机之后中国经济表现背后的体制因素优势显现，再加上"华盛顿共识"失败，"中国奇迹"引发国际社会对中国发展模式的关注。

一般认为，"中国模式"这个概念首先是由美国《时代》周刊高级编辑乔舒亚·库珀·雷默于 2004 年 5 月在题为《北京共识：提供新模式》提出的。2013 年，由于中国启动新一轮的全面深化改革开放，有关中国模式的研究再次受到普遍关注。2013 年 3 月，《环球时报》发表美国耶鲁大学教授、摩根士丹利亚洲区前主席斯蒂芬·罗奇的文章，认为中国模式或中国道路的精髓在于中国的战略思维。他认为长期以来，中国擅长将战略性思维应用于经济政策的设计中。从 20 世纪 70 年代第五个五年计划引入邓小平的"改革开放"，到最近第十二个五年规划确定一套广泛的以消费为主导的经济再平衡大政方针，战略一直是中国现代发展奇迹中的精髓。中国领导层在过去 6 年里用了不少时间来领导一场关于"不平衡、不稳定、不协调、不可持续"的中国经济下一步怎么走的辩论。现在是中国及其新领导层发挥其战略谋划的特长，对经济进行一次重大调整的时候了。一个平衡的中国经济将给中国自身和世界提供巨大机遇②。

伦敦经济与商业政策署前署长、高级研究员罗思义认为，2013 年数据表明，尽管全球经济形势低迷，但中国经济并没有放缓，中国经济的表现不仅在过去 6 年远超西方经济，而且这一趋势仍将继续。这可能会让人们得出这样的结论：即中国的经济模式要比西方的更为优越。另一英国学者艾伦·麦克法兰也认为：解决当今世界重要问题都可从中国取经。他列举了包括国际关系和战争、生态和能源问题、人口问题、如何维系一个庞大的社群、政治统治方式以及世界的全球化和多元化等六方面的重要问题，解决其中任何一个问题，中国都可提供大量的经验③。

---

① 苑基荣等：《国际社会关注三中全会：对中国改革前景充满信心》，《人民日报》2013 年 11 月 14日。

② 斯蒂芬·罗奇：《战略思维是中国发展奇迹的精髓》，《环球时报》2013 年 3 月 11 日。

③ 艾伦·麦克法兰：《现代化并非只有一种途径》，《中国改革》2013 年第 12 期。

　　国内外学者普遍认为，中国已经找到了自己的成功之道。中国是世界上人口最多的国家，其人口总量超过北美、欧洲、俄罗斯和日本等国家和地区的人口之和。过去30年中，中国总体上的绩效表现好于大多数采用西方政治模式的国家。中国如今已经形成了巨大的"发达板块"，其总体的繁荣程度和人均预期寿命等方面已经与发达国家不相上下。中国模式或者中国道路开启了国家治理体系和治理能力建设的新方向，必将为世界的发展和国际治理体系完善发挥重要的促进作用。

第二章　创新体制：
绘就改革蓝图完善国家治理

在 2013 年 11 月 9—12 日召开的中国共产党第十八届中央委员会第三次全体会议上审议通过的《中共中央关于全面深化改革若干重大问题的决定》（以下简称《决定》）①，是新一届中央领导集体和中央政府产生后首次面向国内外描绘中国下一步改革蓝图，事关全球第二大经济体未来发展大势。国际社会对本届三中全会和全会的《决定》给予了高度关注和热烈解读。三中全会为何受到国际社会如此关注，关注点究竟集中在哪些方面？国际社会又是如何看待三中全会《决定》的亮点及其落实力度的，这些改革决定又能在哪些方面影响世界？对这些问题的梳理和解读有助于我们深刻把握中国新一轮改革开放的世界意义。

一、中国改革加速吸引全球关注目光

2013 年 11 月 9—12 日，中共十八届三中全会在北京举行，会后发布的《中国共产党第十八届中央委员会第三次全体会议公报》（以下简称《公报》）、《中共中央关于全面深化改革若干重大问题的决定》（以下简称《决定》）、习近平总书记《关于〈中共中央关于全面深化改革若干重大问题的决定〉的说明》（以下简称《说明》）等文件都引起了世界各国的热烈解读。海外媒体认为②，这次在中国改革开放事业进入关键时刻召开的会议，将在政府职能转变、城镇化、金融开放、财政税收、资源定价等领域作出重要决策，就中国全面深化改革进行总体部署。

——美国《华尔街日报》报道说，十八届三中全会将开启金融体系重大变革，建

---

① 《决定》由 16 章 60 条（不含序言和结束语）组成，其内容涉及经济、政治、文化、社会、生态文明、国防及军队六个领域。经济方面的讨论分布于下述各章中："坚持和完善基本经济制度"（第二章）、"加快完善现代市场体系"（第三章）、"加快转变政府职能"（第四章）、"深化财税体制改革"（第五章）、"健全城乡发展一体化体制机制"（第六章）、"构建开放型经济新体制"（第七章）。这篇《决定》的全文有 2 万多字，涉及了 15 个领域，总共有 60 点，是中国 20 年来最有雄心的改革方案。

② 施洋、王雅楠、蒋国鹏、张大成、冷彤、李丹：《中国深化改革牵动世界目光——海外媒体热议十八届三中全会》，新华网：http://news.xinhuanet.com/politics/2013-11/10/c_118076776.htm，2013 年 11 月 10 日。

立存款保险制度将成为切口。建立存款保险制度是推动更深层次金融改革的先决条件，有助于抵御改革产生的各种风险。这项举措有望位列中国领导层政策规划清单的显要位置，成为中国建立市场化银行的关键。

——美国《福布斯》双周刊报道说，中国领导层将在十八届三中全会上提出核心改革框架，指导未来 10 年决策。这次会议将是 1978 年邓小平让中国踏上经济改革开放之路以来最重要的三中全会。此次会议的重要性在于，中国正处在一个拐点上，而这个拐点是中国领导人所不能忽视的。

——俄罗斯《独立报》报道说，十八届三中全会具有划时代意义。会议将对中国经济政策，特别是对出口型经济发展模式作出重大修正，这将涉及土地的自由流通，以及允许私人资本从事银行金融业务等。这些举措将大大激发国内市场，而 13 亿人口的国内市场又将带动国家经济发展。

——英国《金融时报》报道说，十八届三中全会将成为中国经济、社会与政治全面发展的新里程碑。下一阶段，中国需要通过调控经济增长速度实现更好、更可持续的发展，通过转变经济结构实现高质量的增长，以及通过改善分配结构，营造公平合理的竞争环境等措施来弱化社会矛盾。

——英国《每日电讯报》报道说，十八届三中全会将掀起飞跃式大发展，带动中国摆脱"中等收入陷阱"，迈入高科技富裕国家之列。这次会议将带来深刻变革，其意义不亚于 35 年前召开的十一届三中全会。实行改革将使中国摆脱对投资的过度依赖，并使中国人民从国民生产中获得更多益处。

——德国《世界报》报道说，全世界都在关注中国经济的增长速度。中国经济的增速不再只同中国人民的生活密切相关，就连德国也从未如此依赖中国的经济发展。中国领导层承诺将在新的历史起点上全面深化改革。十八届三中全会将会作出受到中国人民欢迎、世界投资者期待的改革决策。

——加拿大《环球邮报》报道说，在十八届三中全会上，与会者将讨论解决经济不平衡和社会不稳定问题，他们将向中国人民和世界证明，他们有足够的意志和能力推动这个第二大经济体继续向前发展。这次会议成功召开，将使中国朝着更好满足人民需要的方向前进，而且将令其他国家获益。

——智利《信使报》报道说，十八届三中全会是自 1978 年中国启动改革开放以来最重要的一次经济社会改革会议。本次会议通过的措施有助于保持中国经济增长并在中期内提高生产力水平。

从媒体分布面看，不同国家和地区的媒体均对十八届三中全会进行了广泛关注与报道。路透社、美联社、法新社、共同社、彭博社、俄新社、韩联社，美国《纽约时报》、《华尔街日报》、《华盛顿邮报》、《时代》周刊网站，英国《金融时报》、《每日电讯报》、《卫报》，俄罗斯《独立报》，日本《读卖新闻》、《朝日新闻》、《产经新闻》，新加坡《联合早报》、《海峡时报》，以及英国广播公司、美国有线电视新闻国际公司等均迅速反应，播发相关分析评论。

相比前几届三中全会召开前的平静，十八届三中全会在媒体上早早预热。外媒对十八大会议的热情和关注甚至超越了国内媒体，他们比国内媒体更早参与到十八届三中全会和中国改革的报道中。会议召开前，外媒对三中全会抱有较高期待，并分析预期将出台多领域改革举措。公报公布后，媒体聚焦公报中的新亮点和新表述。

1. 外界何以对中共十八届三中全会如此关注

中共十八届三中全会，会期不过四天，外界何以如此关注？

首先正如许多分析家所言，三中全会在中国政治语汇中，一直是释放改革方向性信号的平台。35 年前，发端于中共十一届三中全会的改革开放①，改变了中国，影响了世界。此后 35 年间，7 次三中全会，改革，是不变的主题词。也正因此，在中国的政治语汇中，"三中全会"几乎成为改革开放的代名词。35 年后的今天，执政的中国共产党迎来十八届三中全会。

从十一届三中全会到十八届三中全会，三十多年改革开放，让中国从昔日大而弱且与国际主流社会若即若离的国家，变成今天政治、经济地位举足轻重，和国际社会关联度极高的国度，国际社会对中国执政党一次例行代表大会的关注，在某种程度上也折射出这种变化。

尽管国际社会对三中全会在中国政治生活中的重要性并无疑义，但究竟释放怎样的改革信号，或者换言之，"中国向何处去"，则歧见纷纭。鉴于中国目前在全球格局中的分量和地位，国际间必然会首先关注，改革究竟是给中国社会、经济进程提速，还是减速；通过新的改革措施，中国未来可持续性发展、增长的潜力是会进一步提高，还是会有所损耗。自 2012 年以来，国际间针对中国的"唱衰"声此起彼伏，而相反的声音也不时传出，这种针锋相对的"多空博弈"，势必在三中全会这个关键性话题上，得到淋漓尽致的发挥。

2. 外界对十八届三中全会的关注点何在

"来者熙熙，皆为利来，去者攘攘，皆为利往"。外界关心中国的事，说到底是因

① 提到三中全会，人们很容易想到十一届三中全会。因为，1978 年 12 月 18—22 日举行的中国共产党第十一届中央委员会第三次中央全会（简称十一届三中全会）以后，我国开始改革开放。这是新中国成立以来党的历史上具有深远意义的转折。它完成了中国共产党的思想路线、政治路线和组织路线的拨乱反正，是改革开放的开端。从此，中国历史进入社会主义现代化建设的新时期。三十多年来，按照历届中央全会的规律一般都是：一中、二中全会部署人事，三中全会研究经济，历届三中全会都承担着经济发展和经济体制改革的使命。如：（1）1984 年 10 月 20 日召开的十二届三中全会：标志着改革由农村走向城市，确立以公有制为基础的有计划的商品经济。（2）1988 年 9 月 26—30 日召开的十三届三中全会：当时适逢新旧两种体制转换，因此治理和整顿了经济秩序。（3）1993 年 11 月 11—14 日召开的十四届三中全会：提出建立社会主义市场经济体制。（4）1998 年 10 月 12—14 日召开的十五届三中全会：提出建设中国特色社会主义新农村。（5）2003 年 10 月 11—14 日召开的十六届三中全会：对完善社会主义市场经济体制提出了新的思路和举措。（6）2008 年 10 月 9—12 日召开的十七届三中全会：通过了《关于推进农村改革发展若干重大问题的决定》，完善土地流转，激活农村金融。

为中国改革开放后和国际社会在许多经济领域更加接轨，中国改革的走向，关乎更多国家和外国实体的切身利益；他们关注中国，说到底是关注自己的利益。正如《芝加哥论坛报》所云①，如果中国能自本届全会后走向一个更自由的市场经济机制，芝加哥也好，西方世界也罢，都会从中大有收获。如果三中全会如某些人所猜测的，对私人资本和外资开放更多经济领域，西方企业就会从中受益良多。1978 年邓小平在十一届三中全会上的果断决定，让美国经济从中受益，如今美国人当然期望习近平和本届三中全会也能复制这一幕。

正因如此，外界对三中全会的关注点，将在很大程度上集中于诸如金融体制和货币体制改革、国企改制，以及关键性经济领域外资准入等方面，因为这些领域的改革走向，关乎众多外商、外企、外资的利益，乃至关乎许多和中国有密切经济交往和利益关联国家的经济、就业景气度。此外，中国产业结构、消费结构和福利体制的调整，也会引发不少外界关注，因为这同样关系到相关国际市场产—供—销的利益链条。

近年来人们普遍认为，中国的"人口红利"已行将耗尽，产业结构大调整势在必行。同时，中国拥有的巨额外汇储备，在美联储政策走向不明、美国"财政悬崖"令全世界捏把冷汗的背景下，将如何调整投向，也是外界所普遍关注的。细心的观察家们当然希望，借三中全会这个难得的机会，"窥一斑而知全豹"，得以从细微处更多领会上述领域中中国政策的未来走向。

上海自贸区是中国近期所推出的最引人注目的区域性改革试点，但迄今为止，这个"高度涉外"、探索色彩很强的试验区题材，在政策细节方面仍有许多待澄清、待补充之处，外界普遍将上海自贸区当作中国新一代领导核心的"改革阶段性目标"，和十一届三中全会时推出的经济特区相提并论，自然期待自贸区概念的细节，可以在十八届三中全会上进一步明朗化。

国际间同样关心的，自然还有"超经济"方面的信息，如新一届中共领导团队核心是否坚强，凝聚力和执行力是否强大，中央和地方、中枢和部门间的关系是否协调，在外界看来，这些都同样会对中国未来的走向尤其在国际间的表现，产生至关重要的影响。

值得一提的是，这些外界关注虽都可理解，但未必都落在实处。正如一些更冷静的国际分析家所指出的，十八届三中全会是中国共产党的会议，只能在改革方向性问题上给出指导性、纲领性意见，而更多细节性、操作性的问题，只能期待今后"两会"平台上有所阐述和表现。

二、全面深化改革绘就经济强国梦想

十八届三中全会审议通过了《中共中央关于全面深化改革若干重大问题的决定》，

---

① 陶短房：《十八届三中全会，世界关注什么》，中国文化传媒网，http://www.ccdy.cn/xinwen/pinglun/201311/t20131111_ 799358. htm。

《决定》涵盖15个领域、60个具体任务，亮点多，引发海外专家学者及媒体热议。其中最受关注的亮点集中在以下几方面：

1. "推进国家治理体系和能力现代化"丰富中国现代化的内涵

在全面深化改革的总目标中，全会首次提出，推进国家治理体系和治理能力现代化。外国专家学者纷纷表示，这一提法丰富了中国现代化的内涵。国家治理体系和能力现代化，是从制度层面提出的现代化目标，把发展的目标与制度的目标衔接起来了。

（1）政府部门服务将更加公开透明[①]

德国杜伊斯堡—埃森大学东亚研究所所长托马斯·海贝勒教授表示，《决定》强调国家治理体系和能力现代化。中国在国家治理体系和能力现代化方面已经取得了巨大成就，这意味着国家治理"理性化"。许多政府部门的业务办理更加公开透明，专设的服务中心方便公民办理一些业务，部分业务办理不需再找政府部门。但是，中国在治理体系方面目前还缺乏有效的监督机制，不能及时发现并终止管理部门不当使用权力。互联网和媒体在这一方面可以发挥重要作用。现有的考核评价体系应进一步发展和深化，以及时发现并解决不良发展趋势。

南非非洲人国民大会豪登省爱库鲁莱尼市秘书长莫亚义表示，《决定》体现出中国共产党的领导力和决策力，提出推进国家治理体系和能力现代化是很有前瞻性的，这对完善和发展中国特色社会主义制度有积极意义。

俄罗斯社会政治研究中心主任弗拉基米尔·叶夫谢耶夫表示，《决定》清晰地界定了中国政府的职能和作用，标志着一个制度逐步走向成熟，意义非常重大。目前，改革对中国而言已成常态，绝非一省一县、一朝一夕之事，而是需要全国人民戮力同心、坚持不懈的努力。要确保可持续发展、坚持不偏离轨道，就需要加大市场调节的力度。

西班牙 ESADE 商学院教授、与中国对话项目主席奥古斯都·索托表示，中共十八届三中全会提出的推进国家治理体系和能力现代化是从制度层面上对中国特色社会主义建设的重要补充，与中国共产党和政府一贯的治国理念是相通的。中国的国家治理体制已经被证明具有包容性、高效和长远眼光，国家治理体系和能力现代化有助于进一步提高中国治理体制的效率，也能够帮助中国共产党更好地团结更多力量共同推动中国发展。

印度尼赫鲁大学教授狄伯杰表示，自1978年以来，随着中国建立市场经济体制以及社会更加开放，中国的治理方式也日益透明，比如废除农业税以及对贪腐行为的重拳打击。这次深化改革的措施将会使得当前的治理方式更为完善，不仅将改善中国社会管理方式、结构和能力，同时也将对全球经济和政治体系产生深远影响。

[①] 《推进国家治理体系和治理能力现代化——国际社会高度评价〈中共中央关于全面深化改革若干重大问题的决定〉》，《人民日报》2013年11月18日，第3版。

（2）中国的民主政治将更加完善①

托马斯·海贝勒认为，《决定》指出治理主体多元、方式法治化。公民参与是现代治理体系的重要组成部分。随着社会日趋发达，政府本身很难管理所有事务，而需要将公民和社会组织更多地纳入社会问题的解决中来。公民和社会组织由于更贴近社会生活，对很多社会问题的解决要比政府官员更有效。这要求公民有一定的生活保障，有参与治理的机会，在面对国家时其利益能够得到保障。同时，公民要形成公民责任和公民意识，能够维护社会整体利益和弱势群体的利益。在改革开放过程中，中国一直致力于让公民参与到治理中来，例如城市社区建设、乡村社团组织建设等。由于历史原因，公民意识在中国发展还不完善。公民和政府要在平等的基础上建立长期的交流对话机制，以及时发现社会问题并共同寻找解决方案，这些做法可以从基层社区做起。

莫亚义表示，治理主体多元、方式法治化意味着中国的民主政治更加完善，在政府的领导下，每个国民都可以通过广泛参与为社会贡献自己的力量。中国有很好的治理和改革经验值得南非非洲人国民大会学习，"我们非常欢迎《决定》的推出和中国改革的进一步深化，相信中国的发展会更有活力。"

弗拉基米尔·叶夫谢耶夫认为，当然，国家治理体系中的行政化管理模式也有其优势，可调动集体力量与资源，发挥整体效能和作用，这在救灾等非常时期作用尤为明显。从长远来看，简单命令式、完全行政化的管理必须让位于法治化治理方式，而且需要通过法律将其固定下来，这样才能使其成为人人遵循的制度。

日本立命馆大学教授周玮生表示，改革开放三十多年来，中国的经济发展有目共睹，同时也带来贫富差距加大、环境污染等问题。在物质生活水平发展到一定阶段后，民众对社会的公平正义提出更高要求。政府职能要跟随人民需求的转变而转变，建立一个公平、法治、高效、透明的行政服务体系。行政体制改革包括多方面内容，如公共财政和监督机制。要简政放权，将直接干预经济转变为创造公平市场竞争环境，将直接行政管理转变为鼓励多元主体参与。要鼓励地方政府更多为人民提供安全、健康、公平等公共服务产品。

美国亚利桑那州立大学国际战略研究院副教务长丹尼斯·西蒙表示，《决定》这份"全面"的改革计划，彰显了中国新一届中央领导集体对中国社会和经济作出重大改变的决心。改革将转变政府目前对经济的整体优势，市场将起到决定性的作用。在国家和地方层面，国家治理体系和能力现代化将增加政府活动和决定的透明度，提升社会公平正义，同时赢得更多的民众信任。

2. 市场的作用从"基础"变为"决定"成为《决定》最大亮点和重大理论创新

这一论断明确了经济体制改革的主线和路线图，改革有了原则和检验尺度，使市场

① 《推进国家治理体系和治理能力现代化——国际社会高度评价〈中共中央关于全面深化改革若干重大问题的决定〉》，《人民日报》2013年11月18日，第3版。

在资源配置中由过去的基础性作用变为起决定性作用。从"基础"到"决定"，两个字的改变，意义十分重大，是《决定》最大亮点和重大理论创新，迅速成为海外媒体热议的话题①。

美国《华盛顿邮报》报道说，在外界对中国经济增长模式可持续性的疑虑加深之际，中国领导层在十八届三中全会上承诺改善政府治理，让市场在资源配置中发挥决定性作用。为了更有效推动改革，中国共产党决定成立全面深化改革领导小组。这个决定在一定程度上反映出中国改革形势的复杂性和长期性。

新加坡《联合早报》2013 年 11 月 13 日发表长篇评论称，中共十八大报告中将市场在资源配置中的功能仍定调为"基础性作用"，三中全会报告则将之提升为"决定性作用"。表述上的加强反映出，当局希望借助市场的信号，为企业提供更公平的竞争平台，同时完善由市场决定价格的机制，建立城乡统一的建设用地市场及完善金融市场体系，"这在一定程度上回应了外界对市场化改革的期盼"。《联合早报》还分析，关于市场在资源配置中的作用，十六届三中全会公报的提法是"更大程度地发挥市场在资源配置中的基础性作用"，十八大报告的提法也是"基础性作用"。当前的提法是"决定性作用"和"更好发挥政府作用"，比过去进了一步，显示市场化改革将进一步深入。

智利《信使报》报道说，"2020 年目标"反映出中国共产党在本届政府任内进行更加彻底改革的决心。中国共产党强调市场在资源配置中发挥决定性作用，这是令人鼓舞的举措。发挥市场决定性作用的第一步将是建立一个开放和统一的经济，引入有序的竞争机制，消除壁垒以促进经济的活力和创造力。

"俄罗斯之声"说，在之前的中共文件描述中，市场在资源配置中发挥的是"基础性"作用。俄纽带新闻网 12 日报道称，"中国选择了市场改革方针"。分析人士认为，一些改革计划将会受到强大阻力，包括地方政府或国家垄断部门。

俄罗斯科学院远东研究所副所长、中国问题专家安德烈·奥斯特洛夫斯基指出，十八届三中全会提出的改革方案将给世界经济带来显著影响。"中国是世界经济增长的火车头，中国的进出口订单影响着世界经济的发展"。

美国智库布鲁金斯学会研究员李成认为，中国的改革措施，将促进中国中等收入者投资和消费。"全球经济都会因中国经济转型和升级版的经济改革而获益，因为中国已经成为全球最大规模的中等收入阶层消费市场，并会继续保持增长。"

西班牙《国家报》称，30 年前，中国揭开了改革开放的序幕，30 年后，中国共产党借本次会议的召开，宣布将进一步深化经济体制改革，其目的是在公有化经济为主导的前提下，确保市场在资源配置中所起的"决定"作用。

3. 清晰界定"政府职能和作用"使市场在资源配置中发挥决定性作用

把市场在资源配置中的基础性作用改为决定性作用，绝不是否定或弱化政府作用。

---

① 王雅楠等：《海外媒体聚焦中国市场"决定性"转型》，环球网：http://finance.huanqiu.com/data/2013-11/4564323.html。

在现代经济中，市场和政府的作用同样重要，没有市场或没有政府，经济发展都会孤掌难鸣。要建立完善的社会主义市场经济，没有市场在资源配置中起决定性作用不行，没有政府的作用也不行。但是，要认识到市场作用与政府作用内涵的不同。就资源配置而言，政府是引导和影响资源配置，而不是直接配置资源。

只有界定好政府的职能和作用，政府不越位，才能使市场在资源配置中发挥决定性作用，才能解决目前政府职能越位、缺位和不到位并存的问题。《决定》清晰界定了政府职能和作用，可以概括为五项职能，即宏观调控、市场监管、公共服务、社会管理、保护环境。

《决定》尤其强化了政府在环境保护方面的职责，具有鲜明时代特点和针对性。理论上说公共服务可以包括环境保护，但在目前我国生态环境形势十分严峻的情况下，有必要单独列出。在这一问题上，政府干预不是太多了，而是太少了，不是越位，而是远没有到位。

俄罗斯高等经济学院东方学教研室主任阿列克谢·马斯洛夫认为[1]，中共十八届三中全会的核心思想是以减少国家对经济活动干预为途径，释放更大的经济活力，会议着眼各领域，出台一系列措施，会议对中国经济发展具有长远意义。

莫斯科大学亚非学院副院长安德烈·卡尔涅耶夫说[2]，十八届三中全会的改革思路是推动完善市场体系、转变政府职能、创新企业体制的"三位一体"新改革思路。同时改革也将涉及司法体系。他认为，这一系列重要改革措施实施之后，将促中国经济向去垄断化和自由化方向迈出一大步。

尼加拉瓜中美洲大学政治经济学教授吉列尔莫·科尔特斯表示[3]，无论是现在还是将来，中国无疑在世界政治、经济舞台上扮演着越来越重要的角色。中共十八届三中全会的召开及相关公报的发布，为中国在今后 10 年间的发展前景带来很大期许。可以说，这是自中国改革开放以来最吸引人眼球的一次会议。

4."公有制经济和非公经济都是重要组成部分"再次助推非公有制经济迅猛发展

中国政府对公有制经济和非公有制经济地位和作用的认识，是随着改革的深化而不断深化的。过去，中国政府认为个体私营经济等非公有制经济是社会主义经济的补充，后来承认是组成部分，但加了"在法律规定范围内"这个前提，似乎总有一部分是违法的。目前民营经济发展中的一些障碍，"玻璃门"、"旋转门"等，根子在于思想上，没有把非公有制经济放在与公有制经济同等地位上。在完善基本经济制度方面，《决定》有很多新的突破和创新，主要体现了一个基本精神和理念，就是更加公平地对待和认识各种所有制经济。一是公有制经济和非公有制经济都是社会主义市场经济的重要

---

① 常天童：《海外专家媒体热议中国改革新篇章》，新华网：2013 年 11 月 14 日。
② 常天童：《海外专家媒体热议中国改革新篇章》，新华网：2013 年 11 月 14 日。
③ 常天童：《海外专家媒体热议中国改革新篇章》，新华网：2013 年 11 月 14 日。

组成部分，都是中国经济发展的重要基础。过去也讲过"非公有制经济是我国社会主义市场经济的重要组成部分"，但从来没有与公有制经济放在一起讲，而这次放在一起，十分鲜明。二是在保护产权、使用生产要素、参与市场竞争、法律保护、市场监管、依法监管等各方面，强调各种所有制经济平等、公平、公正、统一等关键词。三是积极发展混合所有制经济。这不是新概念，但有新的内涵和定位。今后，既要发展国有资本控股的混合所有制经济，也要鼓励发展非公有制资本控股的混合所有制经济。

瑞穗证券亚洲公司董事总经理、首席经济学家沈建光撰文指出[1]，三中全会在理念方面将市场的作用空前强化，首次表述为发挥市场在资源配置中的"决定性"作用，相比于此前的"基础性"作用是个重大进步。非公有制经济方面，首次强调"公有制经济和非公有制经济都是社会主义市场经济的重要组成部分"，将非公有制经济与公有制经济放在一起强调也是首次，强化了非公有制经济的地位。

5. "城乡二元结构"谋变，赋予农民更多财产权利

近年来，城市和乡村的差距更加明显地被感知。虽然政府一直在努力缩小城乡差距，中国乡村变化也日新月异，但仍赶不上城市的飞速发展。被寄予厚望的十八届三中全会提出城乡二元结构是制约城乡发展一体化的主要障碍，强调让广大农民平等参与现代化进程、共同分享现代化成果，赋予他们更多财产权利。

英国《金融时报》称[2]，目前中国的土地所有权制度使农民不能出售自己的土地。这制约了农民家庭在中国欣欣向荣的城市开始新生活的能力。公报表示，要"让广大农民平等参与现代化进程、共同分享现代化成果"。

英国《金融时报》称[3]，十八届三中全会闭幕之际，中共阐述了多项改革举措，承诺让市场起到"决定性"作用、解决"城乡二元结构"，为中国在未来10年的发展方向制定了路线图。

6. "划定生态保护红线"建立可持续发展长效机制

十八届三中全会《决定》首次提出要健全自然资源资产产权制度和用途管制制度，并重申划定生态保护红线，实行资源有偿使用制度和生态补偿制度，改革生态环境保护管理体制。

《华尔街日报》认为[4]，这说明中国政府相信到一定阶段保护环境要比开采自然资

---

[1]　沈建光：《三中全会后可能出现新一轮"官员下海潮"》，http://blog.sina.com.cn/s/blog_642c02e30101fxze.html，2013年12月12日。

[2]　米强、韩碧如：《让市场"起决定性作用"》，http://m.ftchinese.com/story/001053416，2013年11月13日。

[3]　米强、韩碧如：《让市场"起决定性作用"》，http://m.ftchinese.com/story/001053416，2013年11月13日。

[4]　勾雅文：《外媒热议中国改革部署 关注三中全会公报多个亮点》，中国新闻网，2013年11月13日。

源更加重要。

美国得克萨斯州南方大学终身教授乔凤祥指出①，建立生态文明体系，不仅是维护中国广大人民群众及其子孙后代根本利益的重大措施，也是中国作为负责任大国对世界文明与发展的重大贡献。"在改革走向深入发展的关键时刻提出建立生态文明的问题，体现了中国党和政府高瞻远瞩的战略眼光和时代气魄。"

三、中国全面深化改革给世界带来新机遇

十八届三中全会为中国全面深化改革作出系统部署，不仅将为中国经济发展注入新活力，同时也将给世界带来新的发展机遇。

1. 新改革，新机遇②

十八届三中全会指出，要紧紧围绕使市场在资源配置中起决定性作用深化经济体制改革，坚持和完善基本经济制度，加快完善现代市场体系、宏观调控体系、开放型经济体系，加快转变经济发展方式，加快建设创新型国家，推动经济更有效率、更加公平、更可持续发展。

此次会议规划的改革方向，对于释放中国经济增长潜力，推动中国经济发展进入更加注重质量的"第二季"具有重大而深远的意义。而中国的改革红利也将惠泽世界，为推动全球经济可持续增长提供强劲动力。对此，多国官员或专家发出了肺腑之言。

欧洲智库组织马达里亚加基金会执行主任皮埃尔·德福安指出，十八届三中全会勾勒出中国未来深化改革的重点和路线图。中国的领导人具备这样的能力：善于从大处着眼，规划长远，并在短期内对具体领域、具体问题作出改革尝试。中国在关键问题上作出的选择和确定的发展方向至关重要，十八届三中全会将成为影响世界未来的一次会议。

俄罗斯科学院远东研究所副所长、中国问题专家安德烈·奥斯特洛夫斯基指出，十八届三中全会提出的改革方案将给世界经济带来显著影响。"中国是世界经济增长的火车头，中国的进出口订单影响着世界经济的发展。"

据国际货币基金组织预测，如果中国 2013 年实现 7.5% 的经济增长，对全球经济增长的贡献率将达到 27.76%。35 年来的改革开放，早已使中国与世界紧密相连。中国新一轮改革产生的红利，世界也必然会分享。

美国智库布鲁金斯学会研究员李成认为，中国的改革措施，将促进中国中等收入者

① 赵卓昀等：《国际观察：十八届三中全会对世界意味什么》，凤凰网：http://finance.ifeng.com/a/20131113/11074095_ 0. shtml。

② 陈效卫等：《国际社会热评十八届三中全会：给世界带来新机遇》，《人民日报》2013 年 11 月 15 日。

投资和消费。"全球经济都会因中国经济转型和升级版的经济改革而获益，因为中国已经成为全球最大规模的中等收入阶层消费市场，并会继续保持增长。"

新加坡南洋理工大学拉惹勒南国际问题研究院高级研究员胡逸山表示，十八届三中全会向全世界展示了中国领导人锐意进取、深化改革的决心。此次会议提出了许多重要的纲领性政策，这些政策体现了中国继续推动改革、保持经济稳健发展的决心，也必将对东南亚经济和全球经济产生积极而深远的影响。

哈萨克斯坦总统战略研究所研究员伊兹莫夫说，十八届三中全会作出全面深化改革的决定，毫无疑问将影响世界经济走势。中国已跻身世界经济大国之列，日益成为地区经济的稳定器，这是不争的事实。从全会发布的公报看，既有高屋建瓴的总体设计，也有明确清晰的措施，这体现出中国新一届领导人坚持改革的决心和能力，这也正是实现中国梦、提高人民生活水平的重要一步。有理由相信，随着改革的推进，中国经济将驶入更稳健持久的发展车道，世界各国特别是周边国家亦会从中受益。

十八届三中全会还发出了进一步推进开放的信息，这对其他国家而言同样是机遇。

全会提出，适应经济全球化新形势，必须推动对内对外开放相互促进、引进来和走出去更好结合，促进国际国内要素有序自由流动、资源高效配置、市场深度融合，加快培育参与和引领国际经济合作竞争新优势，以开放促改革。要放宽投资准入，加快自由贸易区建设，扩大内陆沿边开放。

习近平主席指出：中国越发展，就越开放，中国开放的大门不可能关闭。

"世界上的国家都希望在中国投资，这将产生双赢局面。中国应该允许更多海外投资，尤其是向国家的西部地区，那里更需要发展和就业"，巴基斯坦前驻华大使阿克拉姆·扎基说。

捷克最大投资集团 PPF 下属捷信集团新闻发言人大卫·萨胡拉表示，自中国改革开放后，大批外资企业进入中国市场，得到中国政府的有力支持，这也是它们在中国取得成功的关键因素。捷信集团 10 年前在中国设立代表处，公司发展一直得益于中国的改革开放政策。中共十八届三中全会宣布将全面深化改革，市场作用将得到进一步增强，相信这将给公司在中国的互惠合作提供更多机遇。

2. 全方位，影响广①

十八届三中全会提出的是全面深化改革的顶层设计方案，除经济外，还涉及民主政治、先进文化、和谐社会、生态文明等各个领域。这些全方位改革措施的协同推进，有利于中国经济社会的协调发展，也将对世界产生多重影响。

——全会提出，要维护宪法法律权威，深化行政执法体制改革，确保依法独立公正行使审判权检察权，健全司法权力运行机制，完善人权司法保障制度。

---

① 陈效卫等：《国际社会热评十八届三中全会：给世界带来新机遇》，《人民日报》2013 年 11 月 15 日。

法治是保障市场有效运转与社会公平正义的必要条件，法治的完备也将有利于中国经济社会的稳定与中外经贸合作的推进。

美国哈佛大学商学院荣退教授沃伦·麦克法伦说："中国改革的每一步都令其他国家在与中国合作时更加容易。此前外国投资者对在中国使用法律手段心存疑虑，随着中国法律制度的逐渐健全，投资者来中国投资会更加放心。"

——全会提出，建立健全现代公共文化服务体系、现代文化市场体系，推动社会主义文化大发展大繁荣。

"植根于数千年历史的中国现代文化，在复兴和发展过程中将产生新的重大影响力"，美国大都会博物馆亚洲艺术部中国艺术主任、著名汉学家何慕文说。

专家认为，中华文化的兴盛既增强了中国发展的软实力，也可以促使中国与世界增进理解、加强共识，为世界文化发展提供支持。崇尚"和而不同"的中华文化更将为构建和谐世界，为人类和平与发展的崇高事业作出新的、更大的贡献。

——全会提出，要更好保障和改善民生、促进社会公平正义，深化社会体制改革，改革收入分配制度，促进共同富裕。

可以预见，社会与经济两大领域改革的协同推进将使中国普通百姓的腰包变得越来越鼓。

在耶鲁大学高级研究员、前摩根士丹利亚洲区主席史蒂芬·罗奇看来，中国人消费能力的增强对世界经济发展具有十分重要的意义，"为中国消费者提供货物尤其是服务，给美国等正在寻找新增长点的国家带来了巨大机遇"。

——全会提出，要加快建立生态文明制度，健全国土空间开发、资源节约利用、生态环境保护的体制机制，推动形成人与自然和谐发展现代化建设新格局。

美国得克萨斯州南方大学终身教授乔凤祥指出，建立生态文明体系，不仅是维护中国广大人民群众及其子孙后代根本利益的重大措施，也是中国作为负责任大国对世界文明与发展的重大贡献。

"在改革走向深入发展的关键时刻提出建立生态文明的问题，体现了中国党和政府高瞻远瞩的战略眼光和时代气魄"，乔凤祥说。

在奥斯特洛夫斯基看来，十八届三中全会提到把"引进来"和"走出去"更好结合，意味着中国将进一步扩大海外投资。

"与中国保持密切双边关系的国家首先将成为中国投资的受益者，投资合作将为中国同这些国家的双边关系带来积极影响。由于中国是世界第二大经济体，中国实施扩大对外投资的政策不仅有利于中国经济良性增长，同样将为世界经济增长带来动力"，奥斯特洛夫斯基说。

中国政府鼓励企业"走出去"，同时也为外国资本提供了很多优惠政策，促进了资本在世界范围内流动。虽然不断引进外国资本会加剧企业间的竞争，但这同时也会提升产品质量和降低价格，最终的受益者是全世界消费者。

"这是一个互利共赢的政策，对中国和世界经济发展都大有益处"，前阿拉伯国家联盟驻华大使、中国问题专家穆罕默德·萨基特说。

3. 新探索，世界鉴[①]

当前，世界经济在复苏的道路上依然步履蹒跚，无论是发达国家还是发展中国家都期盼通过改革找到出路。

十八届三中全会提出的新一轮综合改革思路，除了会给其他国家带来实实在在的机遇和红利外，还将为它们提供可资借鉴的宝贵经验。

"过去几十年中国取得巨大成功，原因就在于中国能够不断变革，不断适应形势的变化"，美国投资家、贝格鲁恩治理研究会主席贝格鲁恩这样总结"中国经验"。

世界银行行长金墉说，尽管面临经济增速下滑的局面，中国依然坚持推进改革，这样的决心让人印象非常深刻，这为新兴市场和发展中国家树立了良好榜样。

突尼斯国际问题专家阿利尼·福艾德表示，中共十八届三中全会不仅对中国过去35年改革开放的历程进行了总结，而且在此基础上确定了下一步深化改革的大方向，让世界更加看好中国的经济繁荣，这对全球经济的发展都是利好的消息。相信十八届三中全会确定的一系列政策将对中国经济持续发展产生长久的影响力，而中国改革历程和经验也值得非洲和阿拉伯国家研究和借鉴。

毫无疑问，中国人在追求中国梦的过程中所展现的改革决心、所探索的改革道路、所取得的改革经验，不仅是中国自身的宝贵财富，对于同样急需变革而又阻力重重的世界其他国家来说，对于整个人类文明发展进步的路径探索来说，同样具有重大启示意义。

"中国正在试图找到自己的经济发展模式。如果中国取得成功，这很可能开启世界经济思想的一个新纪元"，新加坡东南亚研究院高级访问研究员约尔根·厄斯德姆·默勒说。

前墨西哥驻华大使李子文认为，尽管每个国家都有自己不同的发展道路，但中国寻求可持续发展模式的经验仍值得世界各国借鉴，就如同中国在改革开放之初学习其他国家的经验一样。

中国的新一轮改革指向一个梦想——中国梦。中国梦，又推动着持久和平、共同繁荣的世界梦。

正如习近平所说，中国人民正在努力实现"两个一百年"的奋斗目标和中华民族伟大复兴的中国梦。中国梦与中国人民追求美好生活的梦想是相连的，也是与各国人民追求和平与发展的美好梦想相通的。

---

① 陈效卫等：《国际社会热评十八届三中全会：给世界带来新机遇》，《人民日报》2013 年 11 月 15 日。

四、中国新一轮改革的执行力令世界感叹[①]

改革贵在落实。正如英国路透社发表文章指出的：中国拉开三十年来最大胆的经济社会改革序幕，"改革若落实，中国将迎来翻天覆地的变化"。

在外界对会议《决定》展示的改革蓝图充满期待的同时，仍有媒体对中国新一轮改革的力度抱有疑虑，指出中国推进改革面临诸多"困难"以及来自"既得利益集团"的阻力，指出"落实改革的细节仍有待观察"。具体而言，各类质疑声如下[②]：

其一，落实改革缺乏细节。

澳大利亚《悉尼先驱晨报》2013年11月13日报道，中国新的"改革总体规划"有很多鼓励性的语言和暗示，但是缺乏具体细节，让外界难以猜测。

法新社2013年11月12日报道，分析人士认为，中共十八届三中全会的决议只是一个十分宽泛的"路线图"，具体的措施和日程表将在此后公布。一些专家认为，相关的准备工作至少需要几个月的时间。

改革之路是艰难的"上坡路"。南非《星期日独立报》2013年11月10日报道，中国的新领导集体在习近平的带领下正制定改革计划，许多人期待该计划能缓解国内超越忍耐极限的高压政策，同时为"已步入下行通道"的中国经济再度注入活力。

《澳大利亚金融评论报》2013年11月14日报道，中国改革取得成果还有很长的路要走。尽管十八届三中全会后不久将出台改革的具体细节方案，但当今中国的现实是所有改革具体方案出台前需要经过许多专家学者层层过滤，然后才能成为日益复杂的经济环境下出台的新政。

其二，经济改革需消除体制障碍。

美国《纽约时报》2013年11月9日报道，三中全会还未开，中国媒体就已经在称赞这次会议取得成功了。但中国最著名的经济学家之一预先发出警告：除非有伴随经济改革的政治改革，否则中国会面临一场危机。吴敬琏是中国最知名的自由派经济学家之一，他建议的改革良药对谨慎的党的领导人来说可能很难下咽。

改革面临既得利益集团抵制。《澳大利亚金融评论报》2013年11月11日报道，中国新一届领导集体的改革举措面临党内阻力。会议讨论的争议性议题包括土地改革、放松户籍制度管理、打破国有企业垄断以及开放金融市场。在这些领域，党内既得利益集团能从现有体制内获得更多好处。尽管存在诸多阻碍，习近平主席和李克强总理已经为

49

[①] 蒋彦鑫、李丹丹：《十八届三中全会60项改革任务至少已启动31项》，《新京报》2014年2月24日。

[②] 张林：《国际舆论多角度解读中共十八届三中全会公报》，新闻中心—中国网，news.china.com.cn，2013—11—16。

制定长期改革计划打下保票。

日本《东京新闻》2013年11月9日发表社论称，三中全会最重要的看点是中国共产党能否毅然阻止既得利益者反对，推出能够消除贫富差距、防止腐败等具体的对策。

其三，政策能否取得实际效果待观察。

日本《读卖新闻》2013年11月12日报道，在北京召开的中国共产党中央委员会全会闭幕，决定设立面向国内治安强化的"国家安全委员会"，通过了以推进市场经济为主干的"决定"。这表明了习近平政权对维持社会稳定与经济增长显示出的决心。今后能否推出具有实际性效果的政策成为焦点。

英国广播公司2013年11月12日报道，中国领导人日前揭晓了未来10年旨在改革中国经济的一系列举措。中国高层如今必须说服下级官员执行这些改革措施，这些改革意义重大，有关经济和社会领域的具体改革方案预计将在未来几天或数周内陆续公布。这些改革能获得多大成功仍有待观察，其影响还得接受时间检验。尽管在经济和社会改革方面达成了一致，但地方官员和既得利益集团执行起来可能并不积极。

英国《金融时报》2013年11月14日报道，值得记住的是，即便在邓小平1978年主持召开具有突破意义的十一届三中全会之后，人们也是过了很多年后才意识到那次会议的历史意义有多么重大。习近平计划的历史意义也可能需要时间才能显现。但是，迅速落实某些措施，例如允许农民出售或抵押土地，或者放开能源价格，将至少表明他的改革决心。实质性的国企改革尽管难度更大，但也将产生更大的影响。过去的35年改变了中国经济的面貌，也扭转了普通中国人的人生前景。如果习近平和他的同事们想让未来的10年也同样成就不凡，他们就需要言行一致：拿出真正果断的行动，来兑现有关经济自由化的承诺。

尽管质疑声不断，但是事实胜于雄辩，中国新一轮改革的执行力正令世界侧目。截止到2014年2月，十八届三中全会通过了全面深化改革60项改革任务，三个多月来，全会部署的多项改革已现雏形或已经启动，据公开报道不完整统计，包括出台规定和涉及部委主要领导的表态在内，已有至少31项陆续出台了相关措施或已着手细化改革内容。

为何中国新一轮改革的落实力度如此之大？中国新一届中央核心领导集体有着强烈的改革意愿和强大的行动能力，有能力克服歧见达成共识，有能力破除和超越利益集团掣肘去推行符合国家人民长久利益的改革，对自身的惰性和病灶开刀革命①。三中全会前《环球时报》所作民意调查结果显示，多数受访者认为"中央政令在地方执行不畅"、"既得利益集团的阻挠"是改革的最大阻力。全社会都看到了这些阻挠，但最终仍然能够通过力度空前的改革方案，全会《公报》指出要"发挥经济体制改革牵引作用，推动生产关系同生产力、上层建筑同经济基础相适应，推动经济社会持续健康发

---

① 梅新育：《十八届三中全会最大的利好是什么》，海外网，http：//opinion.china.com.cn/opinion_ 86951.html，2013—11—19。

展"；并宣布将成立全面深化改革领导小组，负责改革总体设计、统筹协调、整体推进、督促落实，都表明了敢啃硬骨头的改革决心。

而且，与许多国家必要的改革受制于宗教、文化传统和政治意识形态而步履维艰不同，中国的改革可以从文化传统、官方意识形态和民意中得到相当普遍的支持。中国数千年来就有"周虽旧邦，其命维新"（《诗经·大雅·文王》）的思想传统。在官方意识形态方面，中国共产党的官方意识形态——辩证唯物主义认为，发展和变动才是永恒的、绝对的，静止只是相对的、暂时的，因此，中国强调基本政治制度和政策的连续性不等于排斥必要的改革调整。在民意方面，这种支持同样是广泛的。中央政府在民众当中保持着较为良好的形象和威信，多数民众并不将生活中的不如意归咎于中央，而是归咎于地方执行层。这样一个结果，一方面加大了地方政府的压力，另一方面有利于全国大局稳定。

第三章　民富国强：
创新发展理念寻求全面进步

党的十八大和十八届三中全会进一步丰富和深化中国的发展理念，更加明确建设社会主义现代化强国的目标与路径。"中国梦"的实现过程将是人民更加富裕、社会全面进步、国家由大走强的过程。民富国强水平的评估应更加注重效益指标、质量指标和可持续发展指标，可从国家财富、国民福利、国际地位、国际竞争力和国际影响力等多个维度综合分析中国建设经济大国取得的成就与水平以及迈向经济强国具备的条件与存在的不足。

一、创新发展理念，拓展评估思路

党的十八大报告进一步明确了中国"两个一百年"的奋斗目标，而且在提出 2020 年全面建成小康社会发展目标的同时，从经济、政治、文化、社会、生态文明五个方面提出了全面深化改革开放的制度目标。十八届三中全会对全面深化改革做了系统部署，包括提出要完善发展成果考核评价体系和总体思路。国家新的发展目标、发展理念和评价体系，对于如何更加科学、客观、全面地评估中国的国际地位和建设经济强国的进程也提出了新的要求。

1. 全面建成小康社会和全面深化改革的新目标

党的十八大报告一方面指出，我国仍处于并将长期处于社会主义初级阶段的基本国情没有变，人民日益增长的物质文化需要同落后的社会生产之间的矛盾这一社会主要矛盾没有变，我国是世界最大发展中国家的国际地位没有变；另一方面提出，我们要坚定道路自信、理论自信、制度自信，要在中国共产党成立一百年时全面建成小康社会，在新中国成立一百年时建成富强民主文明和谐的社会主义现代化国家。

党的十八大报告提出了到 2020 年全面建成小康社会的具体目标，相较于十六大、十七大报告中的全面建设小康社会目标又有了新的要求。一是经济发展目标上，强调要在发展平衡性、协调性、可持续性明显增强的基础上，实现国内生产总值和城乡居民收入比 2010 年翻一番，科技进步对经济增长的贡献率要大幅上升、进入创新型国家行列，

"新四化"（工业化、信息化、城镇化、农村现代化）水平和质量大幅提升，对外开放水平进一步提高、国际竞争力明显增强。二是在政治发展上，强调要把制度建设摆在突出位置，进一步完善民主制度和丰富民主形式，发展更加广泛、更加充分、更加健全的人民民主，更好地发挥人民的积极性、主动性和创造性。三是在文化发展上，强调要显著增强文化整体实力和竞争力，加强社会主义核心价值体系建设，建设社会主义文化强国。四是在社会发展上，强调要以保障和改善民生为重点，在学有所教、劳有所得、病有所医、老有所养、住有所居方面持续取得新进展，全面提高人民生活水平和质量，特别是在收入水平和分配上，提出要努力实现居民收入增长和经济发展同步、劳动报酬增长和劳动生产率提高同步，要提高居民收入在国民收入分配中的比重、提高劳动报酬在初次分配中的比重，再分配要更加注重公平，缩小收入分配差距，扩大中等收入群体。五是在生态发展上，强调要倡导生态文明理念，把生态文明建设放在突出地位，将其融入经济建设、政治建设、文化建设、社会建设各方面和全过程，提出要把资源消耗、环境损害、生态效益纳入经济社会发展评价体系，建立体现生态文明要求的目标体系、考核办法和奖惩机制，使资源节约型、环境友好型社会建设取得重大进展，具体指标包括单位 GDP 能耗和二氧化碳排放要大幅下降、主要污染物排放总量要显著减少、森林覆盖率要逐步提高等。

为了确保全面建成小康社会这五个方面发展目标能如期实现，十八大报告还提出了与之配套的五个方面深化改革和制度建设目标：一是加快完善社会主义市场经济体制，转变经济发展方式，注重提高质量和效益，完善宏观调控体系，完善开放型经济体系，推动经济更有效率、更加公平、更可持续发展。二是加快推进社会主义民主政治制度化、规范化、程序化。三是加快完善文化管理体制和文化生产经营机制，基本建立现代文化市场体系。四是加快推进社会体制改革，加快形成科学有效的社会管理体制、基本公共服务体系、社会组织体制、社会管理机制。五是加快建立生态文明制度，健全国土空间开发、资源节约、生态环境保护的体制机制。

2. 完善发展成果考核评价体系的新要求

十八届三中全会是落实党的十八大描绘的改革与发展蓝图、推进"两个一百年"和中华民族复兴宏伟目标实现进程的关键性会议。全会通过的《中共中央关于全面深化改革若干重大问题的决定》，阐明了全面深化改革的重大意义和未来方向，提出了全面深化改革的重大意义、目标任务、重大原则，描绘了全面深化改革的新蓝图、新愿景、新目标，合理布局了深化改革的战略重点、优先顺序、主攻方向、工作机制、推进方式和时间表、路线图。

十八届三中全会把完善和发展中国特色社会主义制度、推进国家治理体系和治理能力现代化确定为全面深化改革的总目标，强调更加注重改革的系统性、整体性和协同性，提出到2020年，要在重要领域和关键环节改革上取得决定性成果，完成一系列改革任务，形成系统完备、科学规范、运行有效的制度体系，使各方面制度更加成熟、更加定型。

　　《中共中央关于全面深化改革若干重大问题的决定》根据全面建成小康社会的要求，分析总结推进科学发展中存在的问题，认为要把中央和地方抓发展的注意力转到更加注重人的发展，更加注重发展的质量、效益和可持续性，十分强调要完善发展成果评价体系和考核机制。具体而言，一是针对近些年有些地方和部分官员简单以 GDP 增长速度论英雄的不良倾向和严重后果，提出要纠正以经济增长速度评定政绩的偏向，改革和完善干部考核评价制度，比如对于限制开发区域和生态脆弱的国家扶贫开发工作重点县，就明确提出取消地区生产总值考核。二是为了更好地实现发展速度与质量、效益和可持续性的统一，提出要加大资源消耗、环境损失、生态效益、产能过剩、科技创新、安全生产、新增债务等指标的权重，提高这些指标的约束性。三是突出以人为本，强调要更加重视劳动就业、居民收入、社会保障、人民健康状况，或者说要更好地反映发展成果由人民共享的水平与程度。四是从技术层面，强调要加快建立国家统一的经济核算制度，编制全国和地方资产负债表，建立全社会房产、信用等基础数据统一平台，推进部门信息共享，以更加全面、真实客观反映经济社会发展实际，为完善发展成果考核评价体系创造基础条件。

　　2013 年 12 月召开的中央经济工作会议明确要求，要全面认识持续健康发展和生产总值增长的关系，不能把发展简单化为增加生产总值，提出要努力实现经济发展质量和效益得到提高又不会带来后遗症的合理增速。

　　国际上其实也一直有很多关于 GDP 指标是否适用于衡量各国经济发展水平和国际地位的探讨。《自然》杂志 2014 年 1 月 16 日刊载了澳大利亚国立大学公共政策学院教授罗伯特·科斯坦萨（Robert Costanza）等的评论文章《是时候抛弃 GDP 了》[①]。该文认为，当今世界与 GDP 诞生之初的时代已迥然不同，以 GDP 作为衡量国家经济发展状况的唯一标准已经无法适应全球社会的发展，国际社会亟待建立新的评估体系，多方面地衡量社会进步的程度。文中还分析了 GDP 指标的几种可替代方案：（1）客观修正方案，即依然采用经济指标，但将环境、社会成本因素纳入其中，其中有代表性的是真实发展指数（Genuine Progress Indicator，简称 GPI）；（2）主观替代方案，即以人们对幸福的主观感受为衡量标准，其中有代表性的是世界价值观调查（World Values Survey，简称 WVS）以及国民幸福指数（Gross National Happiness Index，简称 GNH）等；（3）综合加权方案，即兼顾主客观因素的综合加权评价法，其中有代表性的是快乐星球指数（the Happy Planet Index，简称 HPI）。该文认为，围绕联合国的可持续发展目标（Sustainable Development Goals，简称 SDGs）进行指标体系设计，或许可以找到替代 GDP 指标的最佳方案。

3. 经济强国建设评估框架的再探索

　　2003 年我们推出第一本《中国国际地位报告》时，就尝试建立一个经济强国指标

[①]　Robert Costanza，etc.Time to leave GDP behind.*Nature*，16 January 2014，Vol.505.

体系，在后续报告中也进行过调整和完善，包括对中国国际经济影响力的评估与分析等。根据党的十八大和十八届三中全会关于发展理念和发展目标的新内涵以及完善发展成果评价指标体系的新要求，我们认为，很有必要对中国建设经济强国的评估框架与指标体系做进一步探索，以更加科学地记录中国国际地位的不断提升，更好地描绘中华民族复兴梦想的实现历程。为此，我们提出一个初步的在新形势下中国建设经济强国的综合评估框架（见图3-1）：按照科学发展观提出的以人为本、全面、协调、可持续发展的基本要求，全面深化国内改革，寻求经济、政治、社会、文化和生态领域的全面进步，构建开放型经济新体制，全面提升开放型经济发展水平，提高参与和引领国际经济合作竞争新优势，以开放促改革、促发展，逐步实现由大走强，以国家财富的多寡、国际地位的强弱、国民福利的多少、国际竞争力的高低、国际影响力的大小等来系统反映中国建设经济强国的历史条件、现有水平和未来趋势。

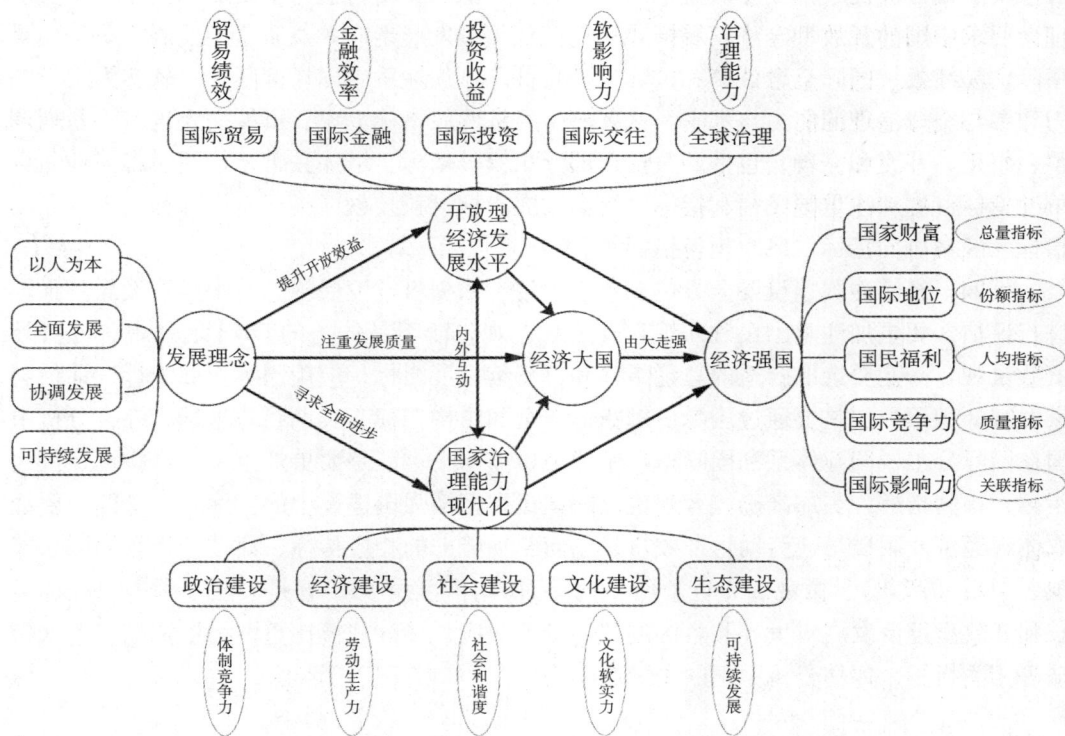

图3-1　中国建设经济强国的综合评估框架

第一，经济强国建设要体现科学发展理念。一是要坚持以人为本，也即发展成就的衡量和检验标准应当是国民福利的提升，国内发展和对外开放都要更多地关注福利指标、民生指标、人均指标；二是要寻求全面发展，实现经济建设、政治建设、文化建设、社会建设、生态文明建设五位一体总体布局的整体推进，实现发展成果由人民共享、促进人的全面发展；三是要注重协调发展，实现城乡发展、区域发展、经济社会发展、人与自然和谐发展、国内发展和对外开放的统筹推进与协调互动；四是要实现可持续发展，改变高投入、高产出、高消耗、高污染的发展模式，更加注重资源消耗、环境损害、生态效益等体现生态文明建设状况的指标。

第二，经济强国建设要寻求国内全面进步。总的目标是实现国家治理体系与治理能力的现代化：一是要体现我们国家的制度优势，增强体制竞争力；二是实现经济发展方式转型，着力增强创新驱动发展新动力，提高劳动生产力和经济发展质量；三是以保障和改善民生为重点，加强社会建设和创新社会管理，实现社会和谐稳定；四是提高文化软实力，扎实推进社会主义文化强国建设；五是着力推进绿色发展、循环发展、低碳发展，改变资源瓶颈约束、环境污染严重、生态系统退化的现状，形成节约资源和保护环境的空间格局、产业结构、生产方式和生活方式，提高可持续发展能力与水平。

第三，经济强国建设要注重提升开放效益。实施对外开放政策、提高开放型经济发展水平、以开放促改革促发展是中国建设经济强国的鲜明特色与重要驱动力。科学发展理念要求中国的开放型经济发展模式从规模数量型发展走向效益质量型发展，更加注重国际贸易绩效、国际金融效率和国际投资收益，更加注重中国在国际上的软实力、影响力和参与全球治理的能力与水平。从开放型经济发展指标上说，可能需要进行一系列调整、修正、补充和完善，包括调整优化部分规模类指标，增加完善结构性、趋势性、竞争性指标，更加注重国民福利指标、社会发展指标、科技创新指标，设计补充内外联动指标、区域协同指标、风险预警指标等。

第四，经济强国建设要全方位多角度评估。依据科学发展理念对中国建设经济强国进行评估，要更加注重国民收入观和开放效益观，而不是传统的 GDP 地理观、外资外贸数量观。一是要选取合适的总量指标和可持续发展指标，应用国际权威统计，评估国家财富的积累；二是要通过国际份额指标、全球结构指标、长期趋势指标，综合分析中国在国际分工、国际体系和国际格局中的地位与水平；三是要更加重视人均指标、民生指标、福利指标，更加准确、客观地反映国民在经济强国建设中的实际收益；四是要选取体现经济发展质量、劳动生产效率、创新驱动能力的相应指标，评估分析我们国家宏观、中观（产业）、微观（企业）等不同层面的国际竞争力；五是关注中国国内经济增长和开放型经济发展对世界和各国的拉动带动效应，设计规模比重、增量贡献、关联带动等相关指标，评估分析中国的国际影响力。

二、实现新的发展，巩固大国地位

2013 年，中国经济总量突破 9 万亿美元、占全球 1/8 左右，中国货物贸易总量突破 4 万亿美元，超过美国成为全球货物贸易第一大国。在总量规模实现新突破、占全球总量份额有了新提升的同时，中国仍是全球经济增量的主要贡献者之一，对全球主要经济体的经贸发展也发挥了明显的拉动带动效应，中国作为经济大国的国际影响在不断扩大。

1. 总量规模有突破，国际份额新提升

首先，2013 年中国经济总量实现新增长，GDP 突破 9 万亿美元。根据 IMF《世界经济展望（2014 年 4 月）》的数据，2013 年全球 GDP 总量约为 74 万亿美元，美国、中国和日本分别为 16.8 万亿美元、9.2 万亿和 4.9 万亿美元，分别占全球 GDP 的 22.7%、12.4% 和 6.6%。我们用图 3-2 简要描绘一下中国经济总量不断跨越的历程。中国 GDP 自 1998 年跨越 1 万亿美元以来实现了持续攀升，分别于 2005 年、2010 年和 2013 年突破 2 万亿、5 万亿和 9 万亿美元，最近几年几乎每年都有新的突破。从突破 1 万亿美元到突破 2 万亿美元，美国、日本和中国均用了 7 年时间，但从突破 1 万亿美元到突破 5 万亿美元的累计所用时间，美国用了 18 年（1970—1988 年），日本用了 16 年（1979—1995 年），而中国只用了 12 年（1998—2010 年）。2013 年，中国 GDP 超过了 9 万亿美元，从突破 5 万亿美元到突破 9 万亿美元，中国只用了 3 年（2010—2013 年），而美国则用了 10 年时间（1988—1998 年）。

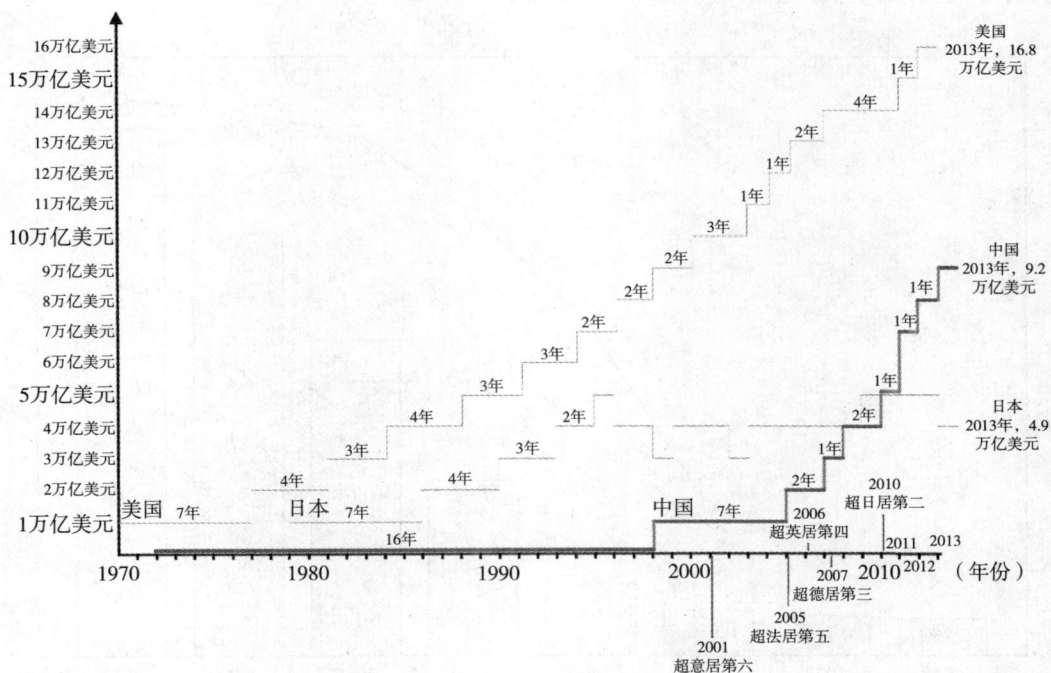

图 3-2　中国经济总量不断跨越示意图

资料来源：World Bank，World Development Indicators，May 6，2014. IMF，World Economic Outlook，April 2014.

其次，2013 年中国货物贸易总量突破 4 万亿美元，并超过美国成为全球货物贸易第一大国。1948 年，我国货物贸易总量为 9.07 亿美元，占世界货物贸易总量的

0.76%；美国为 207.3 亿美元，占 17.3%。1978 年，我国货物贸易总量有一定幅度增加，为 211 亿美元，占世界货物贸易总量的比重则与 1948 年差不多，只有 0.79%，排在世界第 29 位。此后中国货物贸易发展迅猛，占世界的比重不断扩大，居世界位次不断提升。1980 年，中国占世界的比重为 0.93%，居世界第 26 位；1990 年，比重提高到 1.65%，居世界第 15 位；2000 年，比重上升到 3.6%，居世界第 8 位；2005 年，比重进一步提高到 6.66%，居世界位次上升为世界第 3 位，随后三年中国占世界之比稳步上升。2009 年，在金融危机影响下，中国货物进出口贸易出现了负增长，但与世界及主要贸易大国相比，中国的下降幅度是最小的，所以中国货物进出口贸易总额占世界的比重进一步上升到 8.87%，超过德国成为世界第二货物贸易大国，同时跃升为世界第一货物出口大国。2010 年以来的四年，中国货物贸易总量持续提升，2011 年突破 3 万亿美元，2013 年突破 4 万亿美元，超过美国成为全球货物贸易第一大国（见图 3-3）。加入世界贸易组织以来的十多年是中国货物贸易快速发展的黄金时期。从 2000 年到 2013 年，中国的进出口货物贸易总量从 4743 亿美元大幅增长到 4.16 万亿美元，占世界比重从 3.6% 上升至 11.05%，同期美国的进出口货物贸易总量虽从 2.04 万亿美元增长到 3.91 万亿美元，但占世界比重却从 15.5% 逐步下降至 10.4%。

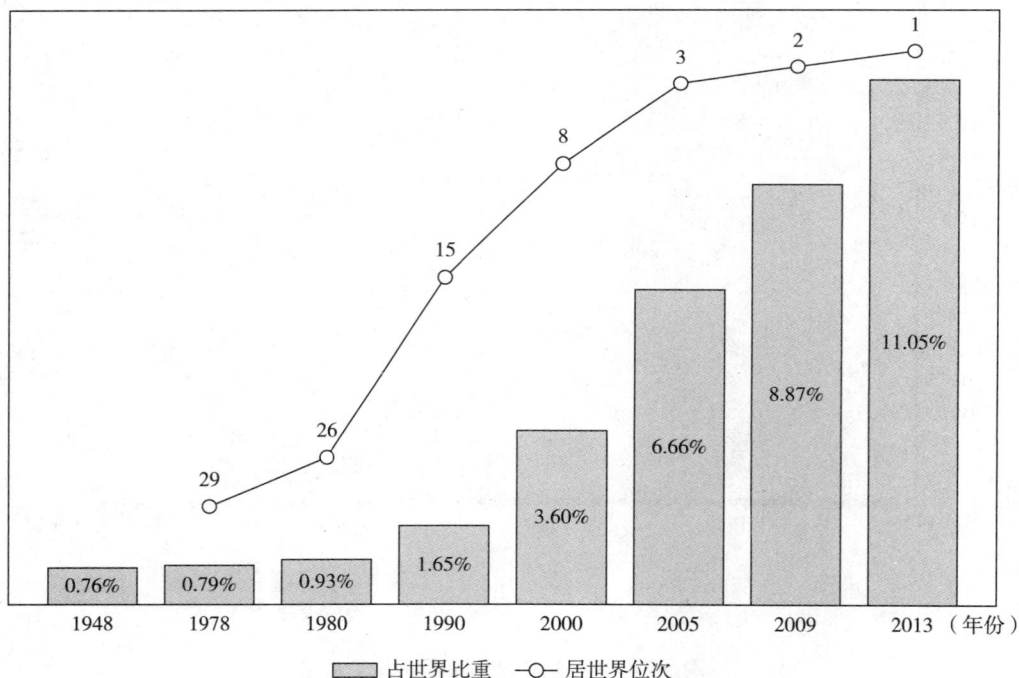

图 3-3 主要年份中国货物进出口贸易总量的国际地位

资料来源：中国统计局，《国际统计年鉴（2013）》；WTO 贸易统计数据库。

第三，在引资动力不减的同时，对外投资规模不断扩大，2013 年中国双向投资流量规模均超千亿美元。根据 UNCTAD 的初步统计数据①，2013 年，中国 FDI 流入量达到了 1270 亿美元，占全球 FDI 流入总量的比重为 8.7%，同期美国 FDI 流入量为 1590 亿美元，占全球比重为 10.9%。中国在全球的引资地位不断提升，中国与美国的差距逐步缩小（见图 3-4）。另外，根据 UNCTAD 对于 2013—2015 年跨国公司投资意向的抽样调查显示，中国仍是全球投资的首选地，有 60% 的受访者认为中国是最有吸引力的投资地区之一。② 与此同时，中国对外投资规模也持续扩大。根据 UNCTAD 发布的数据，2013 年中国 FDI 流出量已突破 1000 亿美元，达到了 1010 亿美元，占全球 FDI 流出总量的比重为 7.12%，排在全球第三位。排在全球前两位的美国和日本的 FDI 流出量分别为 3380 亿美元、1350 亿美元，占全球比重分别为 23.8%、9.5%。③

（单位：亿美元） （单位：%）

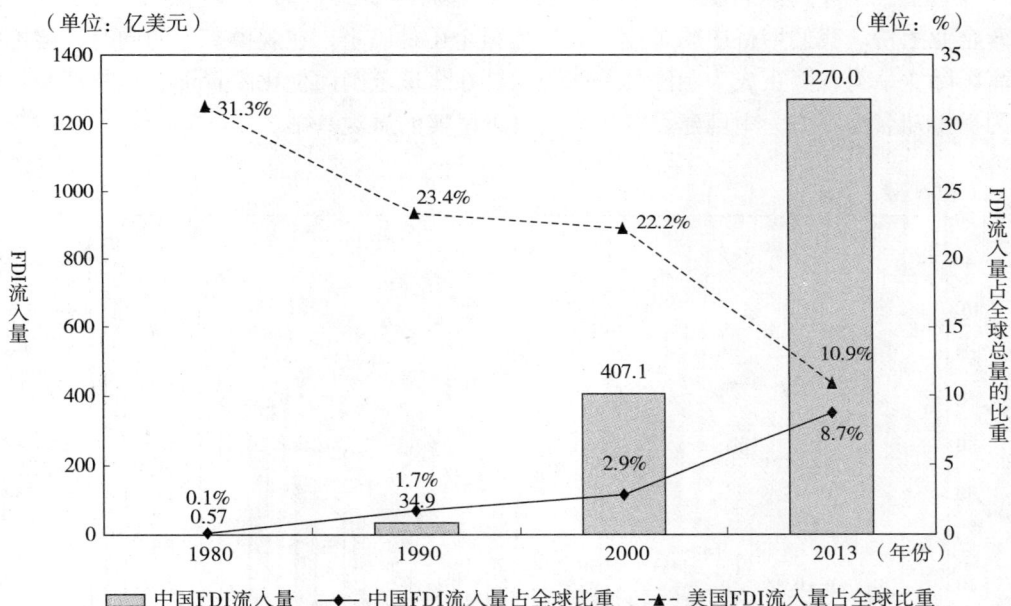

图 3-4 主要年份中国货物进出口贸易总量的国际地位

资料来源：UNCTAD，贸易、投资数据库，2013 年；UNCTAD, Global Investment Trends Monitor（No.15），28 January，2014。

第四，在微观层面上，中国企业的规模和实力也进一步增大。美国《财富》杂志全球企业 500 强榜单中的中国企业数量及所占份额可作为一个参考。中国内地从 1996 年起开始有企业入围全球企业 500 强，当时只有两家内地企业入围。随着中国经济快速发展，中国企业也不断成长，在《财富》全球企业 500 强中的席位和营业收入所占份额呈逐年上升趋势。在 2013 年 7 月《财富》杂志发布的全球企业 500 强榜单中，中国

① UNCTAD, Global Investment Trends Monitor（No.15），28 January，2014.
② UNCTAD, World Investment Prospects Survey 2013-2015，October 2013.
③ UNCTAD, Global Investment Trends Monitor（No.16），28 April，2014.

（包括台港澳地区）共有 95 家企业入围，比 2012 年又大幅增加了 16 家。其中，中国内地企业为 85 家，中国台湾企业 6 家，中国香港企业 4 家。中国内地入围企业的营业收入总额占全球 500 强企业营业收入总额的比重从 1996 年的 0.16%大幅提高到了 2013 年的 15.64%（见图 3-5）。中国在企业规模上与发达国家的差距正在逐步缩小。1996 年，美、日、法、德四国占据了全球 500 强席位中的 377 席，营业收入合计占比高达 88.3%，到 2013 年已大幅减少到 254 席和 53.3%。中国内地则是席位增加最多的国家，从 1996 年的 2 家大幅增加到 2013 年的 85 家，排名从 1996 年的第 18 位跃升至 2013 年的第 2 位，仅次于美国（132 家）。不过，我们也注意到，中国内地进入全球 500 强榜单的主要以大型国有企业为主，多数还不是全球型的跨国公司，还缺乏在全球市场布局、吸纳整合全球资源的能力。同时，我们又欣喜地看到，2013 年中国内地已有 7 家民营企业上榜。我们期待中国企业，无论是国企还是民企，在规模扩大的同时，能不断提高国际竞争力，真正成为中国的跨国公司，在全球范围内优化配置资源，并逐步打造成为世界知名品牌，为中国建设经济强国打下坚实的微观基础。

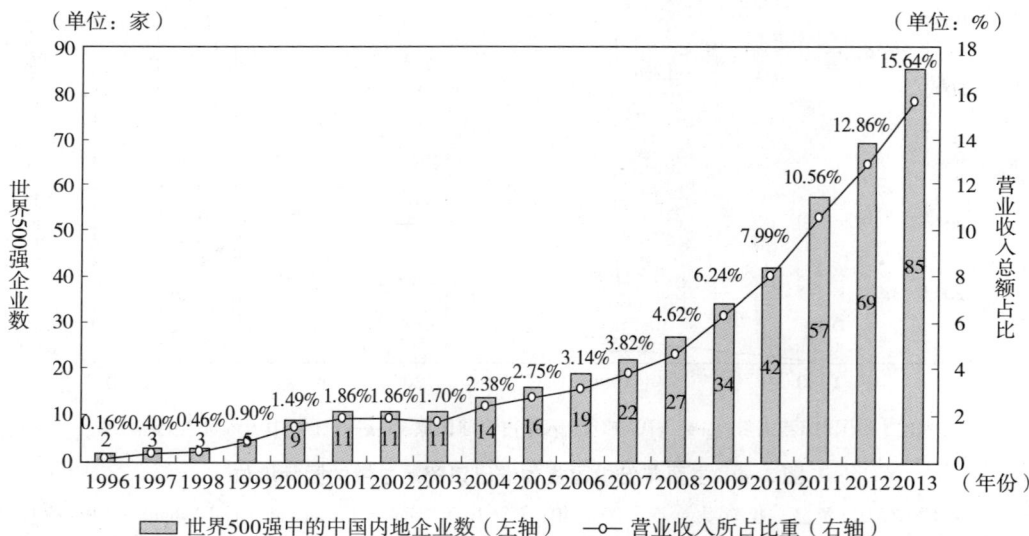

图 3-5　1996—2013 年全球企业 500 强中的中国内地企业

资料来源：《财富》杂志 1996—2013 年发布的全球企业 500 强榜单。

2. 增量贡献有提升，国际影响在扩大

第一，2013 年，中国经济实现平稳增长，对全球经济总量的增量贡献达到 26.8%，是主要经济体中增量贡献最大的。从总体趋势看，中国对世界经济的增量贡献实现了持续提升。如图 3-6 所示，以每个 10 年对世界经济增量的平均贡献来计，中国呈直线上升趋势，从 20 世纪 60 年代的-0.04%，上升到 70 年代的 2.1%，再到 80 年代的 5.6% 和 90 年代的 9.8%，再到 21 世纪头十年的 16.8%，一直上升到最近四年的 23.6%，成

为世界经济增量的主要来源。从图 3-6 中可看出，20 世纪六七十年代，世界经济增量的主要来源是欧洲（以欧元区国家的数据来表征）和美国。20 世纪 80 年代，日本的增量贡献大幅提升，与欧洲国家一起成为世界经济增长的火车头。20 世纪 90 年代，美国进入"新经济"发展的黄金时期，年均增量贡献达全球的 1/3 左右，是当时全球经济最主要的增长引擎，欧洲也保持了较高的增量贡献率，而日本经济则逐步失去增长动力，对全球经济的增量贡献率锐减。进入 21 世纪以来，欧洲、日本对全球经济的增量贡献率持续下降，美国的增量贡献也明显下降，而中国等新兴经济体增势迅猛，与美国同时成为世界经济增长的主要动力来源。金融危机后的这四年（2010—2013 年），中国经济增速虽有所回调，但对全球经济的增量贡献率仍持续提升，分别是 17.9%、23.9%、25.9% 和 26.8%。美国在危机后逐步复苏，2012 年对全球经济的增量贡献率一度回升到 30.5%，2013 年略有回落，为 20.6%。

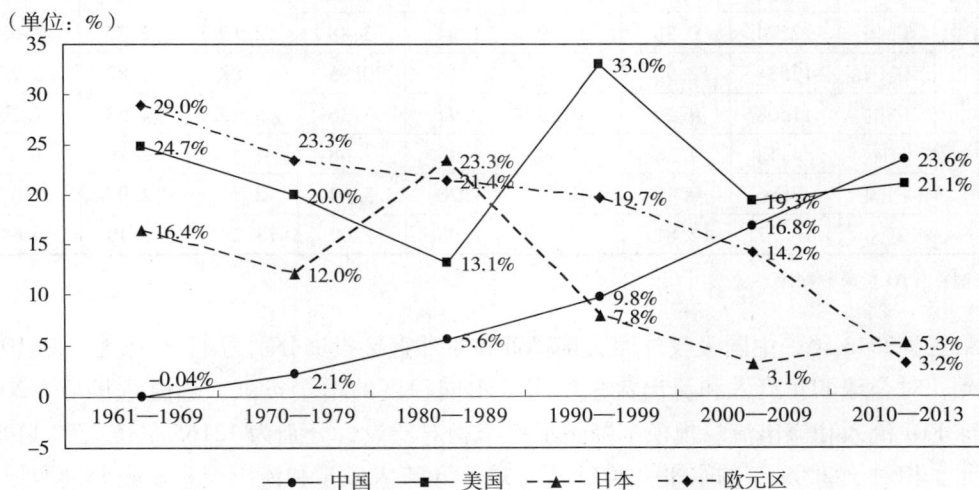

（单位：%）

图 3-6 主要经济体对世界经济总量的增量贡献率比较

注：根据 2005 年不变价的 GDP 计算得到，包括六个时间段的平均增量贡献率：1961—1969 年、1970—1979 年、1980—1989 年、1990—1999 年、2000—2009 年以及 2010—2013 年。

数据来源：World Bank，World Development Indicators，May 6 2014。

第二，2013 年，中国成为首个货物贸易总额超过 4 万亿美元的国家，对世界贸易增量作出了新的贡献。表 3-1 列出了 1950 年以来中国、美国、日本和韩国在不同时间段对全球货物出口、进口和进出口贸易的增量贡献率。从 1950 年到 2013 年，世界货物出口、进口和进出口贸易总额分别从 620 亿、640 亿和 1260 亿美元增长到 18.8 万亿、18.9 万亿和 37.7 万亿美元，中国分别从 5.5 亿、5.8 亿和 11.3 亿美元增长到 2.21 万亿、1.95 万亿和 4.16 万亿美元，对全球贸易的出口、进口、进出口的总增量贡献率分别为 11.8%、10.37% 和 11.08%。从每个十年以及最近四年的增量贡献率的变化趋势看，自 20 世纪 70 年代以来，中国对世界贸易的增量贡献率在不断提升。2000—2009 年和 2010—2013 年这两个时期，中国的出口、进口和进出口贸易增量贡献率都是主要经济体中最高的。

表 3-1　中国对世界货物进出口贸易的增量贡献（1950—2013 年）　　（单位:%）

指标	国家	总贡献率（1950—2013 年）	不同时期的增量贡献率						
			1950—1959 年	1960—1969 年	1970—1979 年	1980—1989 年	1990—1999 年	2000—2009 年	2010—2013 年
出口增量贡献	中国	11.80	4.68	-0.10	0.84	3.24	5.87	15.86	18.05
	日本	3.82	4.70	8.12	6.18	13.49	5.75	1.69	-1.56
	韩国	2.99	0.01	0.40	1.06	4.22	3.48	3.19	2.66
	美国	8.38	13.14	11.86	10.66	12.99	13.35	4.58	8.58
进口增量贡献	中国	10.37	3.92	-0.49	0.98	3.48	4.74	13.18	16.44
	日本	4.42	4.47	7.02	6.66	6.08	3.15	2.89	4.13
	韩国	2.74	0.28	0.99	1.34	3.48	2.10	2.75	2.68
	美国	12.34	12.50	14.74	13.18	20.95	22.88	5.82	10.74
进出口增量贡献	中国	11.08	4.29	-0.29	0.91	3.36	5.29	14.53	17.26
	日本	4.12	4.58	7.56	6.43	9.68	4.42	2.29	1.23
	韩国	2.86	0.15	0.70	1.20	3.84	2.77	2.97	2.67
	美国	10.37	12.81	13.32	11.93	17.09	18.23	5.19	9.64

数据来源：WTO 贸易数据库。

第三，2013 年，中国吸收外商直接投资和对外直接投资分别为 1270 亿美元和 1010 亿美元，对全球 FDI 流入和流出流量作出了不同程度的增量贡献。金融危机后，2009 年全球 FDI 流入和流出流量规模都降到了一个相对低点，分别为 12165 亿美元和 11498 亿美元。相对于 2009 年的水平，2013 年全球 FDI 流入流量和流出流量规模分别增加了 2445 亿美元和 2682 亿美元，中国分别增加了 320 亿美元和 445 亿美元，增量贡献率分别为 13.1% 和 16.6%。我们还可对比看一下 20 世纪 80 年代以来全球 FDI 流入流量增长较快的几个时期里的中国增量贡献变化趋势（见表 3-2）。1983—1990 年，全球 FDI 流入增量为 1571.2 亿美元，发达国家的增量贡献率为 89%，其中美国为 23.5%，法国为 8.9%；而发展中国家的增量贡献率仅为 11%，其中中国为 1.6%，印度为 0.1%，同期中国、印度对发展中国家 FDI 流量的增量贡献率分别为 14.9% 和 1.3%。1991—2000 年，中国对全球 FDI 流量的增量贡献率上升到 2.9%，印度为 0.3%，中国和印度对发展中国家 FDI 流量的增量贡献率分别为 16.2% 和 1.6%。2003—2007 年，发展中国家对全球 FDI 流量的增量贡献率提高到了 28.2%。其中，中国和印度对全球 FDI 流量的增量贡献率分别为 2.1% 和 1.5%，对发展中国家 FDI 流量的增量贡献率分别为 7.6% 和 5.3%。2009—2011 年，发展中国家对全球 FDI 流量的增量贡献率达到了 47.1%，与发达国家的总体贡献率已非常接近。其中，中国和印度对全球 FDI 流量的增量贡献率分别为 6.7% 和 0.1%，对发展中国家 FDI 流量的增量贡献率分别为 14.1% 和 0.3%。

表 3-2 若干时期部分国家（组）对全球 FDI 流入流量的增量贡献率 （单位：%）

项目		1983—1990	1991—2000	2003—2007	2009—2011
FDI 流量增量规模 （亿美元）	全球	1571.2	12593.7	14014.5	4350.4
	发展中国家	172.2	2249.9	3956.8	2049.2
对全球 FDI 流量增量 的贡献率	发达国家	89.0	81.6	66.5	47.5
	其中：美国	23.5	23.1	11.6	19.2
	法国	8.9	2.2	3.8	3.3
	发展中国家	11.0	17.9	28.2	47.1
	其中：中国	1.6	2.9	2.1	6.7
	印度	0.1	0.3	1.5	0.1
对发展中国家 FDI 流 量增量的贡献率	中国	14.9	16.2	7.6	14.1
	印度	1.3	1.6	5.3	0.3

资料来源：根据 UNCTAD 贸易投资数据库的有关资料整理。

3. 拉动带动显效应，相互依存促发展

近一二十年来，中国与美国、欧盟和日本等主要贸易伙伴的贸易依存度不断加深，中国对主要贸易伙伴的影响力大大增强，对世界主要经济体的经济拉动与带动作用明显增大。

第一，中国是美国第二大贸易伙伴、第三大出口目的地和第一大进口来源地。近二十多年来，特别是 2001 年中国加入 WTO 后，中美贸易迅猛发展，相互依存关系不断加深。2013 年，美国与中国双边货物进出口总额为 5624.5 亿美元，增长 4.9%。中国是美国越来越重要的出口市场，美对华出口额占美出口总额的比重（美对华出口依存度）从 1991 年的 1.5% 上升到了 2013 年的 7.7%。同时，美国对中国市场和中国商品的需求很大，美国从中国进口额占美进口总额的比重（美对华进口依存度）从 1991 年的 4.0% 上升到了 2013 年的 19.4%。相比之下，日本市场和日本商品对美国的重要性明显下降，日本曾一度是美国第二大出口目的地和第一大进口来源地，但近二十多年来，美国对日本的进口、出口依存度都明显下降，这个地位逐渐被中国所取代，美对华进口依存度和出口依存度分别于 2002 年和 2007 年超过了日本（见图 3-7）。

第二，中国是欧盟第三大出口贸易伙伴和第一大进口来源地。据欧盟统计局统计，2013 年中欧双边贸易额为 5659.9 亿美元，增长 1.6%。欧盟对中国市场和中国商品的依存度也较高。与 2000 年相比，2013 年欧盟对华出口依存度和进口依存度都翻了一番多，分别从 3.0% 和 7.5% 上升到了 8.5% 和 16.6%，其中欧盟对华进口依存度在 2010 年时曾高达 18.9%。目前，美国仍是欧盟最重要的出口市场，但与十年前相比，美国市场的绝对优势明显下降。2000 年，欧盟对美出口总额占到了欧盟出口总额的 28%，是中国的近十倍，而到了 2013 年，欧盟对美出口依存度已下降到了 16.4%，仅为欧盟

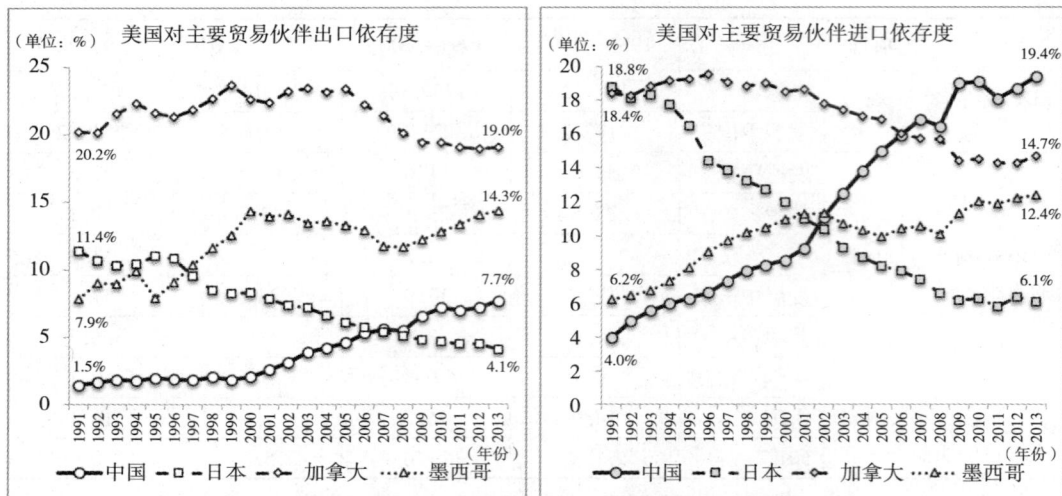

图3-7　美国对主要贸易伙伴出口和进口依存度（1991—2013年）

数据来源：UNCTAD贸易投资数据库，中国商务部《国别贸易报告：美国》。

对华出口依存度的2倍左右。2000年，欧盟从美国进口的比重高达20.8%，是中国的近3倍，而到了2013年，欧盟对美的进口依存度大幅下降至11.6%，与欧盟对俄进口依存度相近，明显低于欧盟对华进口依存度（见图3-8）。

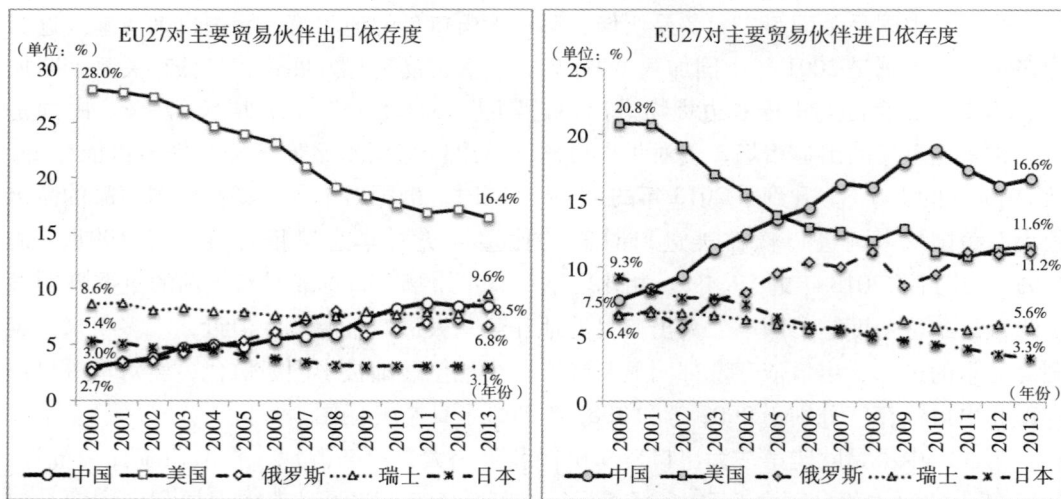

图3-8　EU 27对主要贸易伙伴出口和进口依存度（2000—2013年）

数据来源：UNCTAD贸易投资数据库，中国商务部《国别贸易报告：欧盟27国》。

第三，中国是日本第一大贸易伙伴、第二大出口目的地和第一大进口来源地。据日本海关统计，2013年日本与中国的双边贸易额为3098.9亿美元，下降6.8%，出口到中国和从中国进口的贸易额都有所下降。2009年，中国一度超越美国成为日本最重要的出口市场，日对华出口额占其出口总额的比重在 2011 年时高达 19.7%，高出美国 4.4 个百分点。不过，近两年来，由于中日关系趋于紧张，中日贸易受到极大影响，美日贸易有明显回升，2013 年日对华贸易出口依存度降到了 18.1%，对美出口依存度则回升到 18.5%。日本对中国的进口依存度一度直线上升，从 1988 年的 5.3% 大幅上升至 2009 年的 22.2%，近几年则略有回调，2013 年为 21.7%。与之对应，日本对美国的进口依存度的下降幅度很大，从 1998 年的最高点 24.0% 直线下降至 2013 年的 8.4%（见图 3-9）。

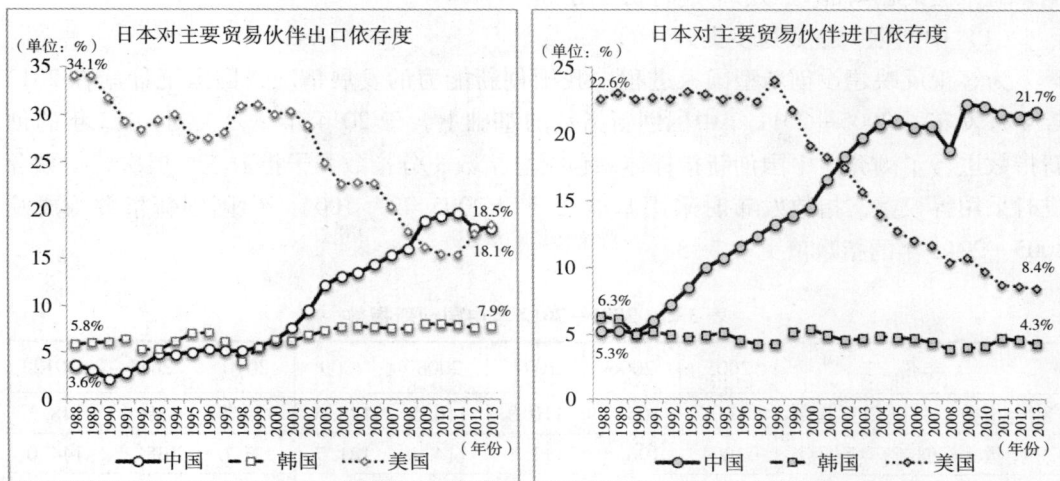

图 3-9　日本对主要贸易伙伴出口和进口依存度（1988—2013 年）

数据来源：UNCTAD 贸易投资数据库，中国商务部《国别贸易报告：日本》。

此外，中国现在还是韩国、澳大利亚、新西兰、巴西、南非、泰国、智利和秘鲁等国的第一大出口市场，是印度尼西亚、马来西亚、哈萨克斯坦、哥伦比亚等国的第二大出口市场，是印度、乌克兰等国的第三大出口市场。中国的发展为贸易伙伴提供了广阔市场。而且中国工业化、城镇化还在快速推进，内需持续增长，不断扩大和开放的市场将为贸易伙伴提供越来越多的发展机会。

三、寻求全面进步，迈向经济强国

通过改革开放以来三十多年的快速发展，中国已成为在全球有一定地位和较大影响的经济大国，从经济大国走向经济强国，需要坚持科学发展理念，更加注重发展质量，提升开放效益，实现全面进步。

1. 发展方式须转型，创新驱动是关键

科技是国家强盛之基，创新是民族进步之魂。党的十八大强调科技创新是提高社会

生产力和综合国力的战略支撑，必须摆在国家发展全局的核心位置。科技实力在一定意义上决定着世界政治经济力量对比的变化。中国经济发展需要加快从要素驱动、投资规模驱动发展为主向以创新驱动发展为主的转变，为实现全面建成小康社会、实现中华民族复兴提供持续和强大的动力。

我们运用欧洲工商管理学院（INSEAD）与世界知识产权组织（WIPO）联合发布的《全球创新指数》报告和中国统计局发布的《中国创新指数》报告的相关指标与数据，对中国的创新能力与水平进行初步分析。

（1）中国创新指数稳步提升

为客观反映建设创新型国家进程中我国创新能力的发展情况，国家统计局在2013年4月发布了2005—2011年中国创新指数的基础上，于2014年2月又对2012年的创新指数进行了测算。中国创新指标体系包括总指数、分指数和子指数三个层次，指数合成时采用等权重，指数发布时采用基准法（以2005年为100）。中国创新指数构成及2005—2012年的指数值见表3-3。

表3-3　2005—2012年中国创新指数

年份	2005	2006	2007	2008	2009	2010	2011	2012
综合指数：中国创新指数	100	105.7	110.8	116.5	125.5	131.8	139.6	148.2
分指数1：创新环境指数	100	106.4	112.1	114.4	121.7	131.0	138.1	144.0
子指数1—1：经济活动人口中大专及以上学历人数指数	100	111.9	121.2	123.7	134.3	161.7	184.7	194.7
子指数1—2：人均GDP指数	100	112.1	127.3	138.9	150.9	165.9	180.4	193.8
子指数1—3：信息化指数	100	103.7	107.4	111.1	115.7	120.0	124.3	128.4
子指数1—4：科技拨款占财政拨款的比重指数	100	106.2	107.9	104.8	107.4	116.4	114.1	113.0
子指数1—5：享受加计扣除减免税企业所占比重指数	100	98.7	99.0	98.2	106.0	103.0	106.3	113.5
分指数2：创新投入指数	100	103.1	107.8	113.5	130.5	132.7	140.7	152.2
子指数2—1：每万人R&D人员全时当量指数	100	109.5	125.9	141.8	164.5	182.5	205.0	229.7
子指数2—2：R&D经费占GDP比重指数	100	105.3	106.1	111.4	129.2	133.3	139.2	150.0
子指数2—3：基础研究人员人均经费指数	100	104.2	110.8	125.7	143.6	163.5	187.0	206.2
子指数2—4：R&D经费占主营业务收入比重指数	100	101.8	104.9	108.3	107.2	112.8	115.9	119.7

续表

年份	2005	2006	2007	2008	2009	2010	2011	2012
子指数 2—5：有研发机构的企业所占比重指数	100	99.8	102.6	103.4	132.3	117.6	124.4	142.7
子指数 2—6：开展产学研合作的企业所占比重指数	100	98.3	98.6	96.0	114.6	103.7	100.9	102.5
分指数 3：创新产出指数	100	109.0	113.4	123.2	127.4	137.2	150.0	164.2
子指数 3—1：每万人科技论文数指数	100	111.8	119.9	124.5	147.8	152.8	154.5	155.6
子指数 3—2：每万名R&D人员专利授权数指数	100	118.5	138.2	142.6	174.2	230.6	243.8	284.9
子指数 3—3：发明专利数授权数占专利授权数的比重指数	100	92.9	87.8	109.6	108.0	89.3	105.4	102.5
子指数 3—4：每百家企业商标拥有量指数	100	98.7	99.0	102.3	94.7	100.1	112.0	125.2
子指数 3—5：每万名科技活动人员技术市场成交额指数	100	127.0	130.6	142.9	127.8	155.3	171.7	211.1
分指数 4：创新成效指数	100	104.4	110.0	114.7	122.3	126.4	129.5	132.4
子指数 4—1：新产品销售收入占主营业务收入的比重指数	100	101.3	107.4	109.7	118.7	115.2	113.9	111.5
子指数 4—2：高技术产品出口额占货物出口额的比重指数	100	101.4	99.5	101.4	109.5	109.0	100.9	102.5
子指数 4—3：单位GDP能耗指数	100	102.8	108.2	114.2	118.5	123.5	126.1	130.6
子指数 4—4：劳动生产率指数	100	114.5	131.0	138.6	158.5	177.1	210.1	225.8
子指数 4—5：科技进步贡献率指数	100	102.5	106.5	113.0	112.0	117.8	119.7	120.8

数据来源：国家统计局：《2012 年中国创新指数》，2014 年 2 月 18 日。

　　中国创新指数（CII）评价指标体系包括创新环境、创新投入、创新产出、创新成效 4 个方面，共 21 个评价指标。测算结果显示，2012 年中国创新指数（CII）为 148.2（以 2005 年为 100），比 2011 年增长 6.2%。自 2005 年以来，中国创新指数持续稳步增长，年均增幅为 5.8%。2012 年创新环境指数、创新投入指数、创新产出指数和创新成效指数分别为 144.0、152.2、164.2 和 132.4，分别比 2011 年增长 4.3%、8.2%、9.5%和 2.2%。2005—2012 年间，这四个分指数的年均增速分别为 5.5%、5.9%、7.0%和 4.4%。总体上，我国创新环境继续优化，创新投入力度不断加大，创新产出能力明显提高，创新成效稳步增强。不过，中国的创新能力还存在很多薄弱环节，比如开展产学研合作的企业所占比重、高技术产品出口额占货物出口额的比重、发明专利数授权数占专利授权数的比重等指标在这些年里的总体进展不大，部分年份还出现过下滑。

（2）中国创新能力的国际比较

2013年7月，欧洲工商管理学院（INSEAD）与世界知识产权组织（WIPO）联合发布了《全球创新指数（2013）》（GII）年度报告，对全球142个经济体的创新能力与创新效率进行了评估与排名。GII报告设计了两个综合指数——全球创新指数与创新效率指数，以及两个分指数——创新投入分指数与创新产出分指数。其中，创新投入分指数评估各国的创新投入、创新环境与创新活动，具体包括体制机制、人力资本与研发、基础设施、市场成熟度以及商业成熟度等支柱指标；创新产出分指数评估创新活动的实际产出，包括知识与科技产出、创造性产出等支柱指标。全球创新指数是创新投入分指数与创新产出分指数的平均值。创新效率指数是创新产出分指数与创新投入分指数的比值，以表征哪些国家最善于将创新投入转化为创新产出。

全球创新指数（2013）的评估结果显示，全球创新指数得分排名前十位的分别是瑞士、瑞典、英国、荷兰、美国、芬兰、中国香港、新加坡、丹麦和爱尔兰，中国排在第35位，得分是44.66。创新效率指数排在前十位的分别是马里、摩尔多瓦、几内亚、马耳他、斯威士兰、印度尼西亚、尼日利亚、科威特、哥斯达黎加和委内瑞拉，中国位列第14位（见表3-4）。

表3-4　2013年全球创新指数与创新效率指数排行榜

全球创新指数			创新效率指数		
排名	经济体	得分	排名	经济体	得分
1	瑞士	66.59	1	马里	1.13
2	瑞典	61.36	2	摩尔多瓦	1.08
3	英国	61.25	3	几内亚	1.07
4	荷兰	61.14	4	马耳他	1.06
5	美国	60.31	5	斯威士兰	1.06
6	芬兰	59.51	6	印度尼西亚	1.04
7	中国香港	59.43	7	尼日利亚	1.03
8	新加坡	59.41	8	科威特	1.03
9	丹麦	58.34	9	哥斯达黎加	1.02
10	爱尔兰	57.91	10	委内瑞拉	1.02
35	中国	44.66	14	中国	0.98

资料来源：INSEAD，The Global Innovation Index 2013。

我们再对比看一下中国在全球创新指数各项具体指标上的得分与排名（见图3-10）。2013年，中国创新投入分指数的得分是45.2，排在第46位，比2012年上升了

9 位；创新产出分指数的得分是 44.1，排在第 25 位，比 2012 年下降了 6 位。在七个支柱指标中，中国的"知识与科技产出"指标表现较好，排在第 2 位，而"创造性产出"、"体制机制"两个指标表现较差，分别排在第 96 位和第 113 位，另外四个指标的表现较好，处于中上游水平。在 21 个子指标中，表现较好的是"知识外溢"（第 2 位）、"知识创造"（第 3 位）、"基本的基础设施"（第 13 位）、普通教育（第 20 位）等，而表现不理想的有"商务环境"（第 98 位）、"监管环境"（第 116 位）、"高等教育"（第 120 位）、"政治环境"（第 126 位）、"互联网创意"（第 136 位）等。

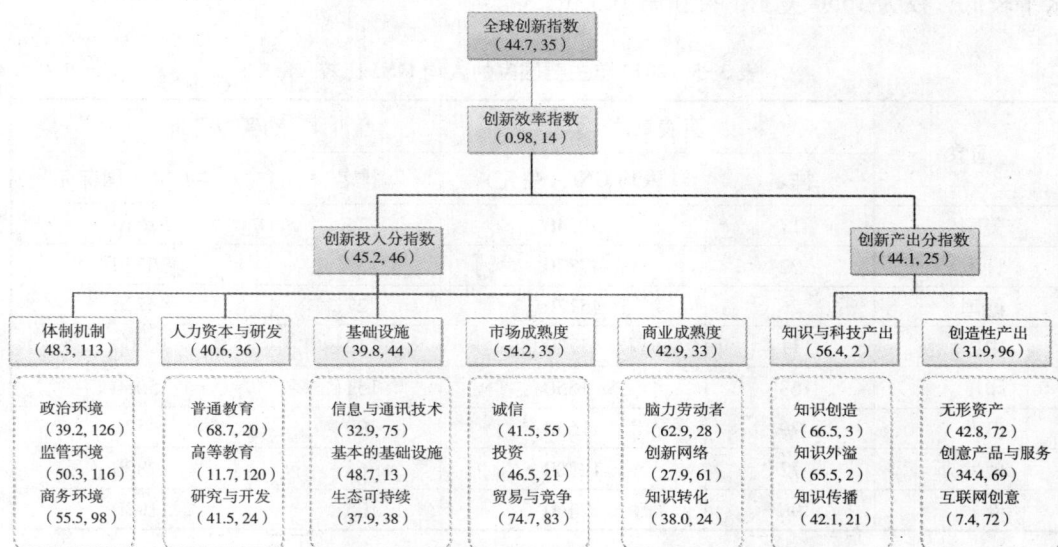

图 3-10　中国全球创新指数及各项指标得分与排名

注：图中各指数/指标下的括号内，前项数值为得分，后项数值为排名。

资料来源：INSEAD, The Global Innovation Index 2013。

2. 收入倍增新目标，民生改善谋福利

党的十八大报告提出了中国的收入倍增计划，描绘了城乡收入水平不断提高、民生和福利状况不断改善的美好前景。下面运用人均国民收入、人类发展指数以及地区发展与民生指数等指标对中国在民生方面的现状及趋势做初步分析。

（1）人均国民收入水平的国际比较

在对国内生产总值（GDP）或国民收入（GNI）进行国际比较时，一般有两种方法，一种是按照世界银行的图表集方法（Atlas）对官方汇率进行换算；另一种是按照联合国、世界银行联合开展的"国际比较项目（ICP）"方法进行购买力平价（PPP）折算。[①] 世界银行每年都会按这两种方法公布各国（地区）的人均 GNI 水平和世界排

---

① 王国实：《对人均 GDP 国际比较两种方法的思考》，《财经理论与实践》2001 年第 1 期。

名。根据世界银行 2014 年 5 月更新的数据（见表 3-5），按照图表集法（Atlas）换算，中国 2012 年的人均 GNI 是 5720 美元，排在第 111 位；按照购买力平价（PPP）衡量，中国 2012 年的人均 GNI 是 10900 国际元，排在第 113 位。美国 2012 年的人均 GNI 是 52340 美元，排在第 17 位，中国的人均 GNI 仅为美国的 11%。日本、德国等发达经济强国 2012 年的人均 GNI 均超过了 4 万美元，分别排在第 22 位和第 26 位。在金砖国家中，俄罗斯和巴西的人均 GNI 水平较高，2012 年分别为 12700 美元和 11630 美元，分别排在第 72 位和第 79 位；南非的人均 GNI 为 7460 美元，排在第 96 位；印度人均 GNI 水平较低，仅为 1550 美元，排在第 163 位。

表 3-5　2012 年主要国家的人均 GNI 比较

国家	图表集法		购买力平价	
	排名	人均 GNI（美元）	排名	人均 GNI（国际元）
美国	17	52340	15	52610
日本	22	47870	37	36750
德国	26	45170	27	43720
中国	111	5720	113	10900
印度	163	1550	151	5080
巴西	79	11630	99	14320
俄罗斯	72	12700	65	22800
南非	96	7460	105	11930

数据来源：World Bank，World Development Indicators，May 6 2014.

从国际横向比较可以看出，中国的人均 GNI 水平还是相当低的，排名还在 100 名之外。不过，从纵向比较看，改革开放以来的三十多年，我国人均 GNI 实现了大幅增长与突破。如图 3-11 所示，1978 年，中国的人均 GNI 仅为 190 美元，低于印度（210 美元），处于低收入国家行列，距离中等收入国家的最低水平（360 美元）还差一大截。1990 年以后，我国的人均 GNI 水平开始呈加速提升的态势，1992 年达到 390 美元，超过印度并开始逐步拉开差距。1998 年，我国人均 GNI 突破世界银行设定的低收入国家人均 GNI 水平上限，进入下中等收入国家行列。进入新世纪后，中国的人均 GNI 连上台阶，2001 年突破 1000 美元，2006 年突破 2000 美元，2008 年突破 3000 美元，2010 年突破 4000 美元，2012 年突破 5000 美元。从 1978 年到 2012 年，中国的人均 GNI 从 190 美元大幅提升到 5720 美元，占世界人均 GNI 平均水平的比重从 10.0% 上升到 57.1%，居世界的位次从第 175 位上升到了第 111 位。从 1978 年到 2012 年，中国人均 GNI 大幅增长了近三十倍，而印度只增长了六倍多一点，印度到 2007 年才刚刚突破世行设定的低收入国家人均 GNI 水平上限，而中国 2010 年已超过世行设定的上中等收入国家人均 GNI 水平下限，2012 年已接近世界人均 GNI 平均水平的 60%。

（单位：美元）　　　　　　　　　　　　　　　　　　　　　　　　　　　　　　　（单位：%）

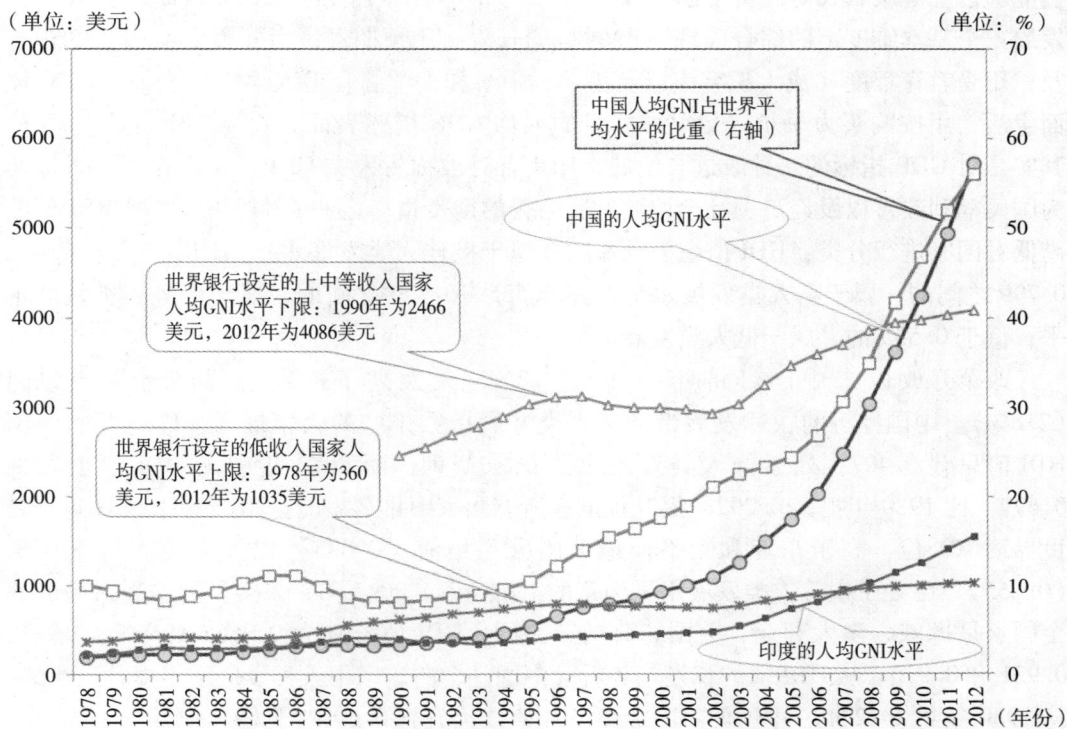

图 3-11　中国人均 GNI 水平的国际比较（1978—2012 年）

数据来源：World Bank，World Development Indicators，May 6 2014.

（2）人类发展指数水平的国际比较

根据科学发展观提出的以人为本、全面、协调、可持续发展的要求，单用人均 GNI 来衡量国民福利水平显然是不够的。当代人类发展理念认为，发展的目标不仅仅是经济增长和国民收入的增加。发展意味着为全体社会成员创造一个能够充分发挥自身潜力、能够过上符合自身需要和利益的生活环境，使他们对于自己认为有价值的生活有更多的选择空间。人类发展理念强调均衡协调的经济与社会发展，强调既要使当代人的各种需要得到满足，又要保护资源和生态环境，保障后代人的生存和发展。[1] 正是根据这个理念，联合国开发计划署（UNDP）提出了人类发展指数（HDI）的概念，并作为一个核心的综合指标从 1990 年开始应用到《人类发展报告》（HDR）的编制中。

关于"人类发展的目标"，UNDP 在 1990 年第一本《人类发展报告》中是这样表述的：人民是国家真正的财富。发展的基本目标就是要创造一个良好的发展环境，使人

---

[1]　联合国开发计划署编：《中国人类发展报告 2007—2008：惠及 13 亿人的基本公共服务》，对外翻译出版社 2008 年版，第 4 页。

们能够过上健康、长寿和富于创造性的生活①。HDI 用于衡量一个国家（地区）在人类发展三个基本维度上的综合表现：（1）健康长寿，用预期寿命指标表征；（2）知识普及，用受教育程度（成人识字率以及小学、中学和大学综合毛入学率）表征；（3）体面生活，用按购买力平价（PPP）衡量的人均 GDP 指标表征。人类发展指数（HDI）其实是对 GDP 指标的一种改进与发展，HDI 有时被称为人文 GDP，一定程度上可以作为国民福利改善以及经济、社会协调发展与否的衡量指标之一②。UNDP 根据 HDI 值的高低对国家进行分类：HDI 值高于 0.8 的，属于极佳人类发展水平；HDI 值在 0.710—0.799 之间的，属于高人类发展水平；在 0.535—0.709 之间的，属于中等人类发展水平；低于 0.535 的，属于低人类发展水平。

改革开放以来中国经济年均增长 9.8%，大大高于同期世界经济年均增速（2.8%）。中国经济的快速发展带动了人类发展指数排名的大幅提高。1980 年，中国 HDI 值只有 0.407，处于低人类发展水平国家行列；而 2012 年中国 HDI 值上升到 0.699，比 1980 年提高 0.292，提升幅度在所有国家中排名靠前。2012 年中国 HDI 排名世界第 101 位，高于东亚和太平洋地区国家平均值（0.683）以及金砖 5 国平均值（0.655），已处于中等人类发展水平国家的上游位置。2012 年，人类发展水平最高的五个国家是挪威、澳大利亚、美国、荷兰和德国，HDI 值分别为 0.955、0.938、0.937、0.921 和 0.920。从 HDI 值的长期趋势看，中国是金砖国家中人类发展水平提升最快的。从 1980 年到 2012 年，中国的 HDI 从 0.404 直线上升到 0.699（见图 3-12）。

从分项指数来说（见表 3-6），按照世界银行用 PPP 法计算的结果，1980 年中国人均国民收入只有 524 美元，到 2012 年增长到 7945 美元（2005 年不变价），提高 14 倍。特别是 1990 年以后，中国人均 GNI 年均增长率达到 9%，是所有 187 个国家中增速最快的国家。1990 年到 2008 年间，我国有 5.1 亿人摆脱绝对贫困，为世界减贫作出巨大贡献。在健康和教育方面，中国也取得了显著成绩。2012 年中国的人口出生时预期寿命比 1980 年增加近 6.7 岁，平均受教育年限和学龄儿童预期受教育年限分别提高了 3.8 年和 3.3 年。目前基本能够实现小学学龄儿童入学率 100%、中学入学率 80%，居民素质得到大幅提高。

表 3-6 1980—2012 年中国人类发展指数分项指标

指标 ＼ 年份	1980	1985	1990	1995	2000	2005	2010	2011	2012
人类发展指数	0.407	0.452	0.495	0.548	0.590	0.637	0.689	0.695	0.699
预期寿命（岁）	67.0	68.3	69.4	70.4	71.2	72.1	73.2	73.5	73.7
预期受教育年限（年）	8.4	8.0	8.9	9.2	9.5	10.5	11.7	11.7	11.7

---

① UNDP (1990). *Human Development Report 1990*, Chapter 1 Defining and Measuring Human Development, http://hdr.undp.org/reports/global/1990/en/pdf/hdr_1990_ch1.pdf.

② 吴雪明：《多维视角下的中国国际地位分析》，《上海行政学院学报》2004 年第 4 期。

续表

指标＼年份	1980	1985	1990	1995	2000	2005	2010	2011	2012
平均受教育年限（年）	3.7	4.3	4.9	5.7	6.6	7.1	7.5	7.5	7.5
人均 GNI（2005 年 PPP 美元）	524	812	1108	1819	2638	4090	6785	7404	7945

资料来源：UNDP，Human Development Report 2013.

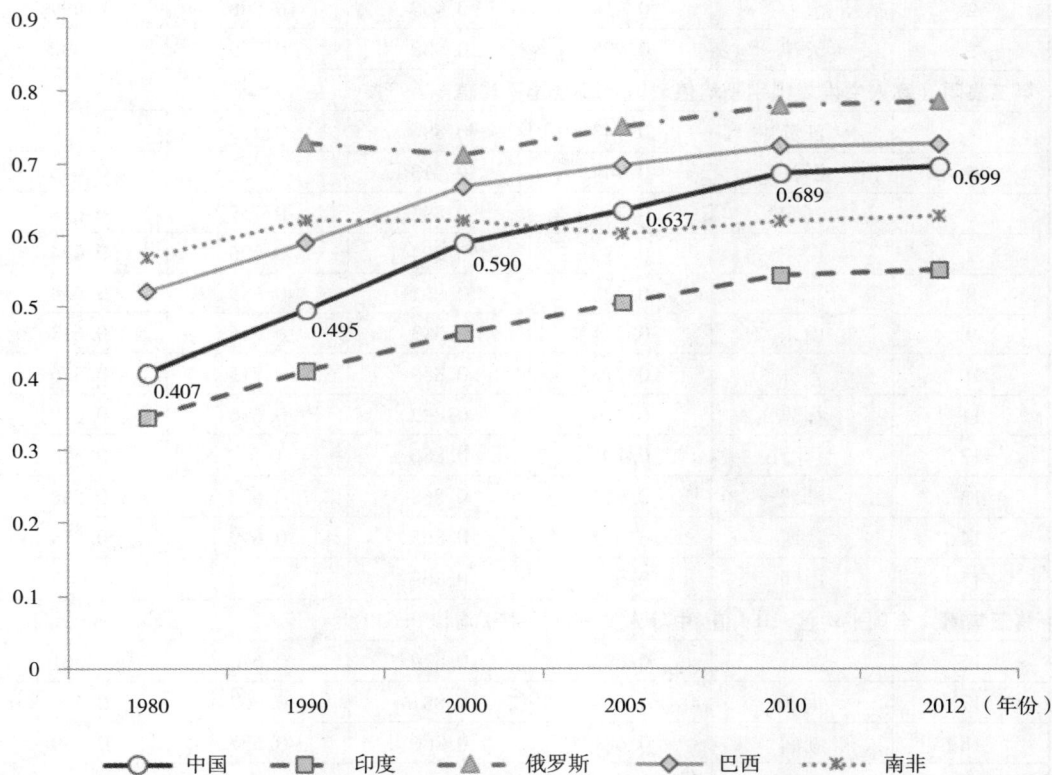

图 3-12　金砖国家 HDI 长期走势（1980—2012 年）

资料来源：UNDP，Human Development Report 2013.

　　不过，对国内各地区人类发展水平的评估显示，东部发达省份的 HDI 值要比内陆经济欠发达省份高出很多，存在显著的地区不平衡现象。表 3-7 显示，中国大陆社会发展存在 4 个区间：最发达的京、沪、津可以达到高人类发展组别水平，与欧洲国家葡萄牙的水平相当。而排名靠后的青海、甘肃、云南、贵州、西藏 5 省份则属世界低人类发展组别，仅相当于加纳、赤道几内亚等非洲国家的水平，两极分化极为严重。从分项指数看，发达省份如京、津、沪的人均 GNI 是全国平均水平的两倍多，比排名垫底的省份高出近六倍。地区经济发展水平的巨大差异也反映在教育资源、教育水平、医疗卫生等社会发展的各个层面。

表 3-7 2010 年中国大陆 31 个地区人类发展指数排名

排名	地区	人文发展指数	健康指数	教育指数	收入指数
	全国	0.693	0.868	0.676	0.569
第一集团（HDI 值>高人文发展组别平均值 0.758）					
1	北京	0.821	0.952	0.837	0.694
2	上海	0.814	0.953	0.808	0.699
3	天津	0.795	0.932	0.779	0.692
第二集团（高人文发展组别平均值>HDI 值>全国平均值 0.693）					
4	江苏	0.748	0.896	0.719	0.650
5	浙江	0.744	0.913	0.7	0.645
6	辽宁	0.740	0.892	0.737	0.618
7	广东	0.730	0.894	0.696	0.624
8	内蒙古	0.722	0.861	0.689	0.634
9	山东	0.721	0.893	0.686	0.613
10	吉林	0.715	0.889	0.715	0.576
11	福建	0.714	0.882	0.676	0.610
12	黑龙江	0.704	0.886	0.71	0.554
13	湖北	0.696	0.868	0.696	0.558
14	陕西	0.695	0.865	0.699	0.554
15	山西	0.693	0.869	0.699	0.547
第三集团（全国平均值>HDI 值>中等人文发展组别平均值 0.640）					
16	河北	0.691	0.870	0.676	0.561
17	重庆	0.689	0.881	0.667	0.556
18	湖南	0.681	0.866	0.677	0.539
19	海南	0.680	0.891	0.660	0.536
20	河南	0.677	0.864	0.664	0.540
21	宁夏	0.674	0.845	0.658	0.552
22	新疆	0.667	0.828	0.660	0.542
23	江西	0.662	0.866	0.645	0.520
24	四川	0.662	0.860	0.651	0.519
25	安徽	0.660	0.871	0.640	0.516
26	广西	0.658	0.872	0.634	0.516
第四集团（HDI<中等人文发展组别平均值）					
27	青海	0.638	0.791	0.613	0.537
28	甘肃	0.630	0.826	0.631	0.480

续表

排名	地区	人文发展指数	健康指数	教育指数	收入指数
29	云南	0.609	0.784	0.604	0.476
30	贵州	0.598	0.809	0.586	0.452
31	西藏	0.569	0.762	0.498	0.487

资料来源：UNDP：《2013 中国人类发展报告》，中国对外翻译出版有限公司 2013 年版，第 89 页。

（3）地区发展与民生指数监测结果评析

《地区发展与民生指数》是中国统计学会、国家统计局统计科学研究所在原《综合发展指数》基础上修改完善的。2011 年，这两家机构组织专家研究制定了《综合发展指数编制方案》，并发布了《2000—2009 年地区综合发展指数报告》和《2010 年地区综合发展指数报告》。考虑到我国地区经济社会发展中一些新情况，特别是党的十八大提出的新要求，为更加突出反映民生改善情况，这两家机构在原《综合发展指数编制方案》的基础上，调整和补充了部分指标，将其修订为《地区发展与民生指数编制方案》，并依据此方案测算了 2000—2011 年各地区发展与民生指数，于 2013 年 2 月第一次正式发布。2013 年年底发布了 2012 年地区发展与民生指数统计监测结果。

地区发展与民生指数旨在从总体上对各地区的经济发展、民生改善、社会发展、生态建设、科技创新等方面的情况进行监测（见图 3-13），将发展导向引导到质量效益改进和民生福祉提高上来，充分体现了十八大提出的"五位一体"的指导思想。2012 年国内 31 个地区的发展与民生指数及其各项分指数的得分情况如表 3-8 所示。指数排在前十名的地区分别为北京、上海、天津、江苏、浙江、广东、福建、重庆、辽宁和山东，指数均在 65% 以上。指数增速排在前十名的地区分别为青海、云南、宁夏、广西、西藏、山西、甘肃、贵州、新疆和陕西。

表 3-8　2012 年各地区发展与民生指数及其分类指数　　　　（单位：%）

地区/省份	发展与民生指数	一级指标				
		经济发展指数	民生改善指数	社会发展指数	生态建设指数	科技创新指数
东部地区	**71.57**	**81.77**	**75.71**	**69.75**	**72.82**	**47.20**
北京	90.18	99.60	91.22	83.70	80.51	92.65
天津	78.65	94.88	80.68	73.93	76.28	58.03
河北	60.27	66.47	67.59	69.87	65.06	13.03
上海	85.53	99.80	85.49	79.33	79.79	71.38
江苏	77.02	84.82	77.01	71.49	74.14	76.81
浙江	75.43	81.79	83.15	67.61	74.61	62.99
福建	68.54	79.29	73.48	69.66	76.29	27.92
山东	65.67	74.42	71.92	68.16	69.99	28.35

续表

地区/省份	发展与民生指数	一级指标				
		经济发展指数	民生改善指数	社会发展指数	生态建设指数	科技创新指数
广东	72.85	87.86	75.51	65.52	74.49	51.71
海南	61.44	69.64	68.03	69.81	68.12	11.60
中部地区	**60.35**	**65.74**	**66.04**	**68.16**	**65.83**	**19.64**
山西	59.77	66.86	64.89	70.23	59.71	20.66
安徽	60.09	64.35	64.77	66.04	68.74	21.96
江西	60.46	65.28	68.05	69.46	67.46	12.91
河南	59.04	62.56	64.79	67.93	65.58	18.17
湖北	62.41	69.75	68.97	67.23	64.10	26.75
湖南	60.88	67.73	65.68	69.19	67.26	17.46
西部地区	**58.22**	**66.73**	**61.81**	**66.45**	**62.07**	**18.02**
内蒙古	59.14	76.31	62.63	65.01	63.23	7.97
广西	57.55	63.97	62.49	65.61	66.98	10.74
重庆	65.87	76.04	68.52	66.80	72.49	32.67
四川	61.54	67.63	62.53	68.47	65.33	32.83
贵州	54.07	62.17	58.22	65.47	58.92	6.89
云南	56.20	63.03	58.64	69.92	63.19	7.89
西藏	50.65	58.02	54.70	68.95	48.80	3.03
陕西	61.63	68.90	62.41	70.70	63.77	30.17
甘肃	52.40	60.98	59.95	61.34	51.17	10.02
青海	51.93	64.39	58.51	62.80	46.95	6.99
宁夏	53.88	66.89	61.17	61.03	50.93	9.79
新疆	52.10	65.86	63.38	57.18	46.23	6.14
东北地区	**62.04**	**75.86**	**67.67**	**68.22**	**62.61**	**16.66**
辽宁	65.84	80.01	69.28	70.24	71.19	20.47
吉林	60.28	73.26	67.31	69.68	57.91	12.32
黑龙江	58.96	72.96	66.08	64.85	56.15	15.41

资料来源：中国统计学会、国家统计局统计科学研究所，《2012年地区发展与民生指数（DLI）统计监测报告》，国家统计局网站。

自2000年以来，我国四大区域发展与民生指数均稳步提高（见表3-9）。2012年与2000年相比，东部地区由46.39%提高到71.57%，中部地区由36.85%提高到60.35%，西部地区由34.18%提高到58.22%，东北地区由40.32%提高到62.04%。从2000—2012年四大区域发展与民生指数年均增长看，西部地区最快，为4.54%；中部地区次之，为4.20%；东部地区和东北地区分别为3.68%和3.66%。

一级指标　　　二级指标　　　　三级指标

```
                经济增长 ─── 人均GDP、GDP指数

        经济     结构优化 ─── 服务业增加值占GDP比重、居民消费占GDP
        发展                  比重、高技术产品产值占工业总产值比重

                发展质量 ─── 全社会劳动生产率


                收入分配 ─── 城乡居民收入占GDP比重、城乡居民收入比

        民生     生活质量 ─── 城镇居民人均可支配收入、农村居民人均纯
        改善                  收入、城乡居民家庭恩格尔系数等10项

                劳动就业 ─── 城镇登记失业率


                公共服务支出 ─── 人均基本公共服务支出

                区域协调 ─── 地区经济发展差异系数

发展与           文化教育 ─── 文化产业增加值占GDP比重、平均受教育年
民生指数  社会                  限
          发展
                卫生健康 ─── 5岁以下儿童死亡率

                社会保障 ─── 基本社会保险覆盖率、农村低保占农村居民
                              人均消费支出比例、城镇低保占城镇居民人
                              均消费支出比例

                社会安全 ─── 社会安全指数


        生态     资源消耗 ─── 单位GDP能耗、单位GDP水耗、单位GDP建
        建设                  设用地占用

                环境治理 ─── 环境污染治理投资占GDP比重、工业"三
                              废"处理达标率、城市生活垃圾无害化处理
                              率、城镇生活污水处理率、环境质量指数


        科技     科技投入 ─── 万人研发人员全时当量、研发经费占GDP比
        创新                  重

                科技产出 ─── 高技术产品出口占总出口比例、万人专利授
                              权数
```

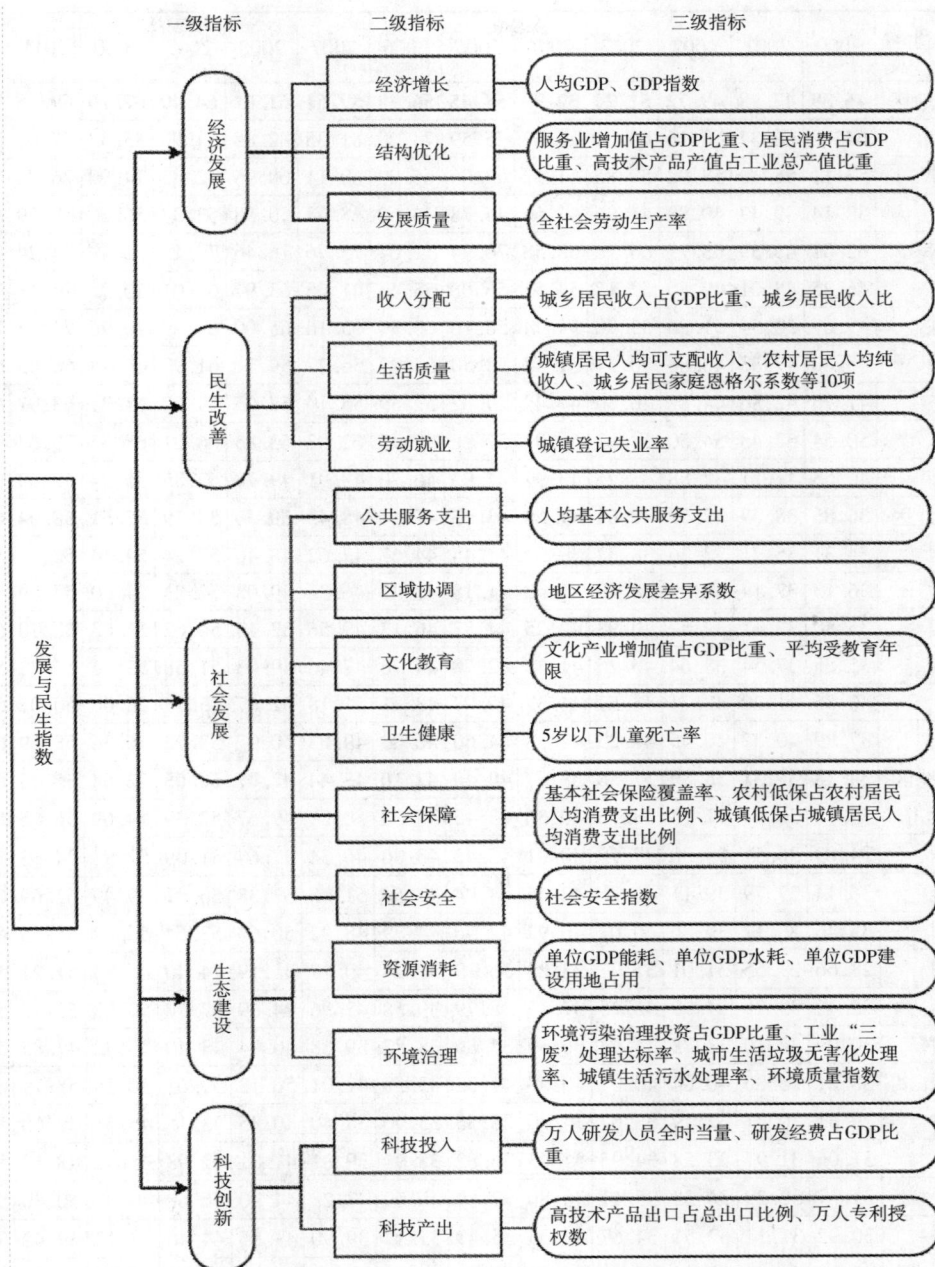

图 3-13　发展与民生评价指标体系

资料来源：中国统计学会、国家统计局统计科学研究所，《2012 年地区发展与民生指数（DLI）统计监测报告》。国家统计局网站，http://www.stats.gov.cn/tjsj/zxfb/2013 12/t2013123_ 492765. html。

表 3-9　2000—2012 年各地区发展与民生指数

地区＼年份	2000	2001	2002	2003	2004	2005	2006	2007	2008	2009	2010	2011	2012
东部地区	**46.39**	**47.98**	**49.72**	**51.20**	**52.73**	**54.45**	**56.90**	**59.61**	**61.62**	**64.49**	**67.10**	**69.38**	**71.57**
北京	64.08	66.37	68.16	69.51	73.52	75.59	78.20	81.35	82.85	84.90	85.33	87.64	90.18
天津	53.11	56.12	58.92	59.85	61.52	63.05	65.90	68.11	69.95	72.83	74.90	76.74	78.65
河北	38.14	39.47	40.88	41.86	42.66	44.78	46.62	48.68	50.58	53.37	56.60	58.79	60.27
上海	62.01	63.39	63.75	66.78	68.58	70.34	72.64	75.76	76.46	79.12	82.49	84.24	85.53
江苏	46.25	48.01	49.80	52.17	54.85	56.08	58.46	61.65	63.97	68.01	70.95	74.11	77.02
浙江	49.07	50.54	51.86	53.70	54.94	58.10	60.90	63.16	65.00	67.69	70.96	72.56	75.43
福建	45.80	47.33	48.86	50.31	51.47	52.58	54.27	56.77	59.71	61.99	63.73	66.43	68.54
山东	41.76	42.86	44.82	46.60	47.47	49.32	52.39	55.19	57.05	59.72	61.71	63.92	65.67
广东	50.54	52.43	54.50	54.82	56.31	57.28	59.45	62.03	63.85	66.21	68.75	70.64	72.85
海南	40.55	41.71	42.88	43.25	43.97	44.93	46.70	48.91	49.78	52.85	55.54	58.63	61.44
中部地区	**36.85**	**38.39**	**39.59**	**40.61**	**41.80**	**43.45**	**45.54**	**48.42**	**50.30**	**53.19**	**55.51**	**58.04**	**60.35**
山西	34.31	35.71	38.36	38.87	39.52	41.44	44.67	47.62	48.46	52.24	54.54	56.57	59.77
安徽	36.13	37.14	37.99	38.49	40.48	41.18	43.42	46.31	49.08	52.24	54.60	57.89	60.09
江西	35.80	37.41	39.52	40.98	42.25	44.83	46.13	49.56	52.13	54.62	56.63	58.70	60.46
河南	35.85	37.54	38.64	40.26	41.30	42.70	44.76	47.46	49.03	51.58	53.76	56.72	59.04
湖北	40.35	41.20	42.71	43.53	44.37	45.97	48.41	51.18	53.67	55.75	58.08	60.02	62.41
湖南	37.89	40.32	40.45	41.23	42.38	44.60	46.23	49.03	50.97	53.72	56.36	58.69	60.88
西部地区	**34.18**	**35.31**	**36.80**	**37.58**	**38.57**	**40.40**	**42.10**	**45.44**	**47.07**	**50.05**	**52.64**	**55.43**	**58.22**
内蒙古	35.78	36.64	37.73	38.73	40.36	43.15	45.38	50.21	49.67	52.39	54.69	56.85	59.14
广西	34.83	36.51	38.30	39.15	40.01	42.42	43.86	46.34	47.64	51.09	52.93	54.33	57.55
重庆	36.14	37.79	39.11	40.36	42.45	44.94	47.50	51.08	53.38	56.41	59.49	63.69	65.87
四川	35.46	38.17	39.86	40.02	40.92	42.56	44.79	48.92	50.63	53.64	55.92	58.95	61.54
贵州	28.66	29.55	31.01	31.97	33.23	36.29	37.24	40.17	41.19	44.40	47.93	51.21	54.07
云南	35.42	33.79	34.99	36.25	37.15	38.79	39.58	42.96	44.69	47.77	50.13	52.95	56.20
西藏	30.09	32.10	33.72	34.94	36.39	35.80	38.82	39.88	40.94	43.40	46.32	47.85	50.65
陕西	38.21	38.86	40.04	40.01	40.57	41.32	43.59	47.01	50.12	52.67	56.14	58.79	61.63
甘肃	29.31	30.41	32.19	33.07	34.30	35.33	35.90	38.40	40.35	43.15	45.58	49.60	52.40
青海	31.06	31.97	33.58	34.95	35.43	36.82	38.91	39.81	41.01	42.93	45.82	48.68	51.93
宁夏	31.37	32.29	34.33	35.41	36.86	37.89	40.09	43.28	44.90	46.68	49.92	50.80	53.88
新疆	30.92	31.11	32.51	34.67	34.35	35.49	37.17	39.90	41.54	44.46	47.12	49.42	52.10
东北地区	**40.32**	**41.48**	**43.01**	**44.43**	**45.51**	**46.56**	**48.68**	**51.18**	**53.11**	**55.63**	**57.97**	**60.03**	**62.04**
辽宁	42.42	43.59	44.90	46.88	48.04	49.89	52.29	54.44	56.41	58.81	61.21	64.07	65.84
吉林	40.18	41.78	43.18	44.46	45.83	45.85	47.66	50.67	52.59	55.01	57.21	58.77	60.28
黑龙江	38.11	38.94	40.79	41.70	42.49	43.37	45.37	47.88	49.76	52.47	54.82	56.32	58.96

资料来源：中国统计学会、国家统计局统计科学研究所，《2012 年地区发展与民生指数（DLI）统计监测报告》。

3. 提质增效高标准，国际竞争看水平

（1）IMD 国际竞争力评估与排名

瑞士洛桑国际管理学院（IMD）在《世界竞争力年鉴（2014）》中对全球 60 个国家和地区的综合国际竞争力进行了排名，美国排在第一位，中国排在第 23 位，比 2013年下降了 2 位（见图 3-14）。

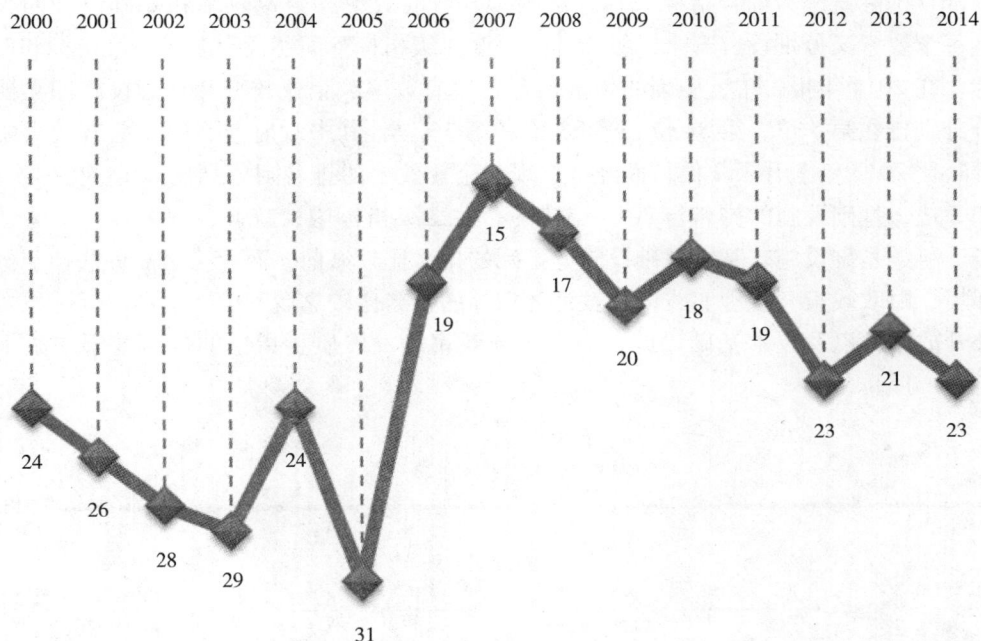

图 3-14　中国 IMD 国际竞争力排名变化趋势（2000—2014 年）

数据来源：IMD，IMD World Competitiveness Yearbook（2000—2014）。

在金砖国家中，中国的国际竞争力排名仍是最高的（见表 3-10）。在 2014 年报告中，印度、俄罗斯、巴西、南非分别排在第 44 位、第 38 位、第 54 位和第 52 位。与2013 年相比，俄罗斯、南非分别上升了 4 位和 1 位，印度、巴西则分别下滑了 4 位和3 位。

表 3-10　2000—2012 年金砖国家国际竞争力排名比较（IMD）

国家	2000	2001	2002	2003	2004	2005	2006	2007	2008	2009	2010	2011	2012	2013	2014
中国	24	26	28	29	24	31	19	15	17	20	18	19	23	21	23
印度	41	42	41	50	34	39	29	27	29	30	31	32	35	40	44

续表

国家	2000	2001	2002	2003	2004	2005	2006	2007	2008	2009	2010	2011	2012	2013	2014
俄罗斯	47	43	44	54	50	54	54	43	47	49	51	49	48	42	38
巴西	38	40	37	52	53	51	52	49	43	40	38	44	46	51	54
南非	39	37	39	47	49	46	44	50	53	48	44	52	50	53	52

数据来源：IMD，IMD World Competitiveness Yearbook（2000—2014）。

　　IMD 国际竞争力综合指标包括经济表现、政府效率、企业效率和基础设施四大要素，每个要素又分别设有五个二级指标，每个二级指标下面还设有若干三级指标和四级指标。在 2014 年报告中，中国的经济表现、政府效率、企业效率和基础设施四大要素得分分别排在第 5 位、第 34 位、第 28 位和第 26 位，其中政府效率的排名有较大幅度上升，比 2013 年上升了 7 位。而经济表现与企业效率的排名则分别比 2013 年下降了 2 位和 3 位，基础设施的排名与 2013 年持平。在二级指标中，就业、国内经济、劳动力市场、科学基础设施、基本基础设施等指标的排名比较靠前，而价格、商务法律、健康与环境、财政政策、管理实践以及教育等指标的排名比较靠后，国际贸易、国际投资等对外开放指标以及技术基础设施、生产力与效率等发展质量指标的排名处于中游水平（见图 3-15）。

国际竞争力综合排名（23）

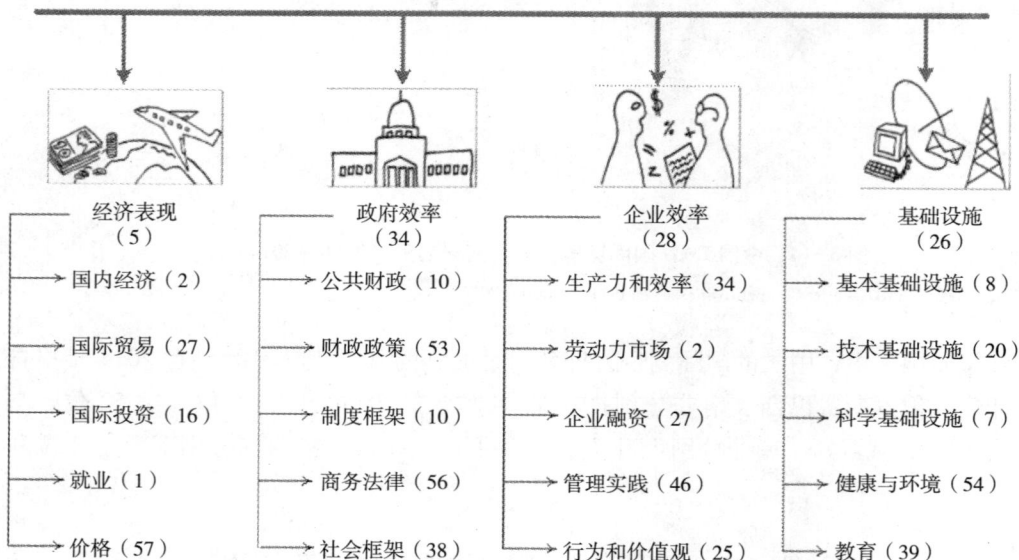

经济表现（5）	政府效率（34）	企业效率（28）	基础设施（26）
国内经济（2）	公共财政（10）	生产力和效率（34）	基本基础设施（8）
国际贸易（27）	财政政策（53）	劳动力市场（2）	技术基础设施（20）
国际投资（16）	制度框架（10）	企业融资（27）	科学基础设施（7）
就业（1）	商务法律（56）	管理实践（46）	健康与环境（54）
价格（57）	社会框架（38）	行为和价值观（25）	教育（39）

图 3-15　中国在 IMD 2014 年国际竞争力报告中的主要指标排名

（2）WEF 全球竞争力评估与排名

世界经济论坛（WEF）的《全球竞争力报告（2013—2014)》对 148 个国家和地区

的全球竞争力指数（GCI）进行了排名，瑞士、新加坡、芬兰、德国和美国分列前五位。中国排在第29位，与上年持平。近年来，中国全球竞争力排名一直位列金砖国家之首（见表3-11）。2013年，南非、巴西、印度、俄罗斯分别排在第53位、56位、60位和64位，与上一年相比，俄罗斯上升了3位，巴西下降了8位，印度和南非下降了1位。

表3-11　2006—2013年金砖国家全球竞争力排名比较（WEF）

国家	2006	2007	2008	2009	2010	2011	2012	2013
中国	35	34	30	29	27	26	29	29
印度	42	48	50	49	51	56	59	60
俄罗斯	59	58	51	63	63	66	67	64
巴西	66	72	64	56	58	53	48	56
南非	36	44	45	45	54	50	52	53

数据来源：WEF, The Global Competitiveness Report（2006—2013）。

　　根据中国近两年全球竞争力的得分表现，WEF认为中国已经完成了从要素驱动阶段向效率驱动阶段的过渡，现在已进入效率驱动型发展阶段。从全球竞争力指数的构成上看（见表3-12），2013年，中国的基本条件、效率改进以及创新与高级要素三个分指数分别排在第31位、第31位和第34位。与2012年相比，中国排名有明显提升的支柱指标有劳动力市场效率（上升7位）、技术准备度（上升3位）和制度（上升3位），排名出现较大幅度下滑的支柱指标有高等教育与培训（下滑8位）、健康与基础教育（下滑5位）等。

表3-12　2013年中国全球竞争力各项指标的排名与得分

指标	排名	得分（1—7分）
全球竞争力指数	29	4.8
基本条件分指数	31	5.3
支柱1：制度	47	4.2
支柱2：基础设施	48	4.5
支柱3：宏观经济稳定性	10	6.3
支柱4：健康与基础教育	40	6.1
效率改进分指数	31	4.6
支柱5：高等教育与培训	70	4.2
支柱6：商品市场效率	61	4.3
支柱7：劳动力市场效率	34	4.6
支柱8：金融市场发展	54	4.3
支柱9：技术准备度	85	3.4

续表

指标	排名	得分（1—7分）
支柱 10：市场规模	2	6.9
创新与高级要素分指数	34	4.1
支柱 11：商业成熟度	45	4.3
支柱 12：创新	32	3.9

数据来源：WEF, The Global Competitiveness Report 2013—2014。

从中国参与全球竞争的相对优劣势来看，在 12 大支柱指标中，中国在支柱 10（市场规模）和支柱 3（宏观经济稳定性）等指标上有较大优势，而在支柱 9（技术准备度）、支柱 5（高等教育与培训）、支柱 6（商品市场效率）、支柱 8（金融市场发展）等指标上有明显劣势。从具体指标的排名看，排名进入前十位的共有 7 项指标：国外市场规模指数（第 1 位）、通货膨胀率（第 1 位）、国内市场规模指数（第 2 位）、PPP GDP（第 2 位）、航班座位数（第 2 位）、小学入学率（第 4 位）、国民储蓄率（第 6 位）；排名在 100 位之后的共有 10 项指标：开办企业所需手续（第 135 位）、进口占 GDP 比重（第 135 位）、总税率（第 131 位）、裁员成本（第 120 位）、贸易关税（第 123 位）、互联网带宽（第 118 位）、每百人移动电话用户（第 116 位）、开办企业所需天数（第 112 位）、出口占 GDP 比重（第 111 位）和拥有的最新科技（第 105 位）。我们注意到，在这十项具有明显劣势的指标中，有五项是支柱 6（商品市场效率）下的具体指标，这表明中国的市场化程度与市场效率还相对较低，可通过进一步推进市场化进程，特别是在为企业注册、发展与对外贸易等方面还需要提供更大便利、降低进入门槛、减少壁垒和障碍。这些也正是中国构建开放型经济新体制的重要任务。

4. 生态发展可持续，环境绩效需提升

随着我国经济社会发展不断深入，生态文明建设地位和作用日益凸显。党的十八大把生态文明建设纳入中国特色社会主义事业总体布局，使生态文明建设的战略地位更加明确，有利于把生态文明建设融入经济建设、政治建设、文化建设、社会建设各方面和全过程（见图 3-16）。十八大报告和十八届三中全会《决定》对于我国加强生态文明建设的基本定位、目标内涵、主要内容以及制度体系、考核要求等进行了系统阐述。应该说，未来几年中国能否实现可持续发展，是关乎"两个一百年"目标和中华民族复兴进程是否能顺利推进和实现的关键所在。

关于各国的可持续发展水平，国际上已开发了很多评估方法、指标体系和综合指数进行度量评估和国际比较。我们这里采用美国耶鲁大学、哥伦比亚大学和世界经济论坛开发的"环境绩效指数（EPI）"进行比较分析。EPI 是这几家机构在 2000—2005 年连续发布四份《环境可持续指数（ESI）》报告基础上发展而来的，自 2006 年开始每两年发布一份 EPI 评估报告，2014 年年初正式发布了第五份《环境绩效指数（EPI）》报

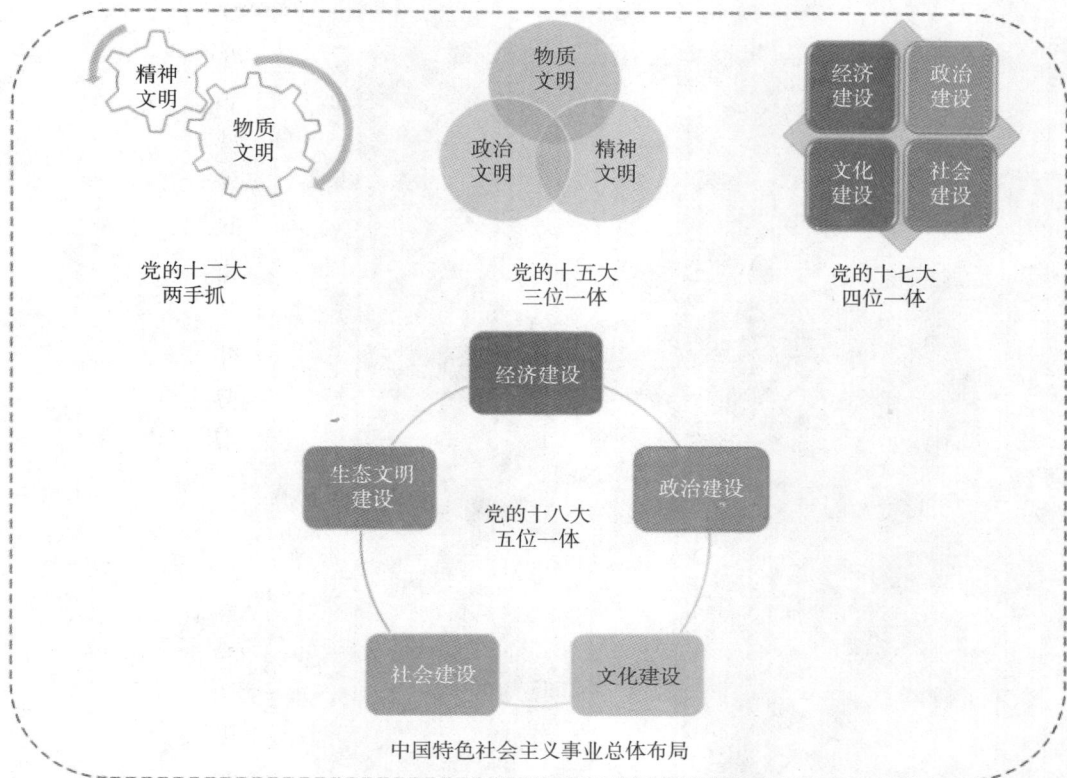

图 3-16　中国特色社会主义事业总体布局不断完善

告。在 EPI 2014 中，主办机构对环境绩效指数的指标体系、评估方法等做了进一步的调整与完善，形成了一个相对较为完整的可持续发展评估系统，并根据新的评估方法对 178 个国家和地区 2002—2012 年的 EPI 及各项指标进行了评估与比较。①

　　EPI 在指标设计时主要是依据"驱动力（D）—压力（P）—状态（S）—影响（I）—响应（R）"的分析模型，在研究大量环境政策文献、围绕多个环境协议展开的环境政策争论以及"千年发展目标"、"气候变化的政府间专门小组"和"全球环境展望 IV"等其他对话达成的共识基础上逐步形成。如图 3-17 所示，EPI 2014 包含两大目标：环境质量改善和生态系统活力，其得分在 EPI 综合指数中各占 50%。在环境质量范畴下，包含三大问题领域：健康影响、空气质量以及饮用水与公用卫生，权重各占 1/3。在生态系统范畴下，包含六大问题领域：水资源、农业、林业、渔业、生物多样性和栖息地以及气候变化与能源利用，权重分别为 25%、5%、10%、10%、25%、25%。在每个问题领域下，又分别选取若干指标来表征，这些指标都采用等权重方式计算。

---

　　①　关于 EPI 指标体系与评估方法的演进，可参考：Yale Center for Environmental Law & Policy, Measuring Progress：A Practical Guide from the Developers of the Environmental Performance Index（EPI）。

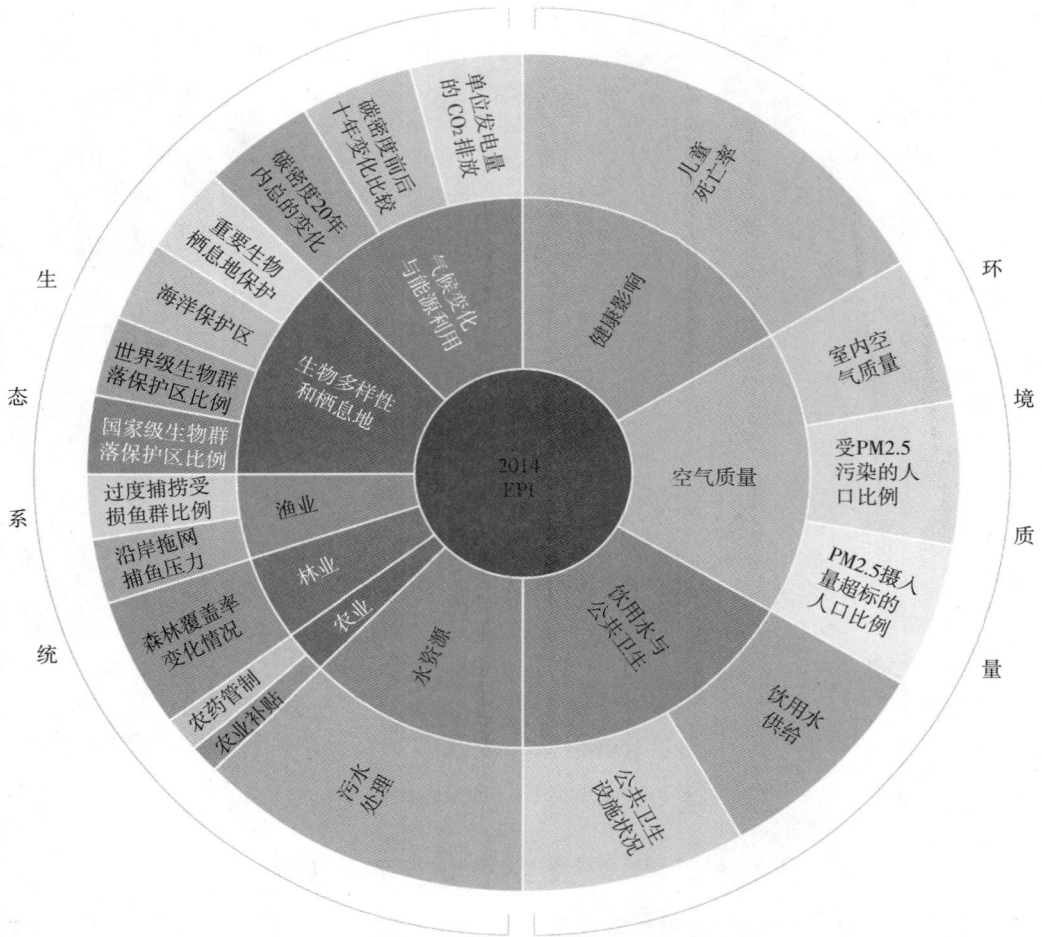

图 3-17 2014 年环境绩效指数的指标体系与权重结构

资料来源：Yale Center for Environmental Law & Policy, Yale University, Center for International Earth Science Information Network, Columbia University, 2014 *Environmental Performance Index*, http://epi.yale.edu/。

　　根据 EPI 2014 评估，2012 年排在 EPI 得分排行前十位的分别是瑞士、卢森堡、澳大利亚、新加坡、捷克、德国、西班牙、奥地利、瑞典和挪威，日本和美国分别排在第 26 位和第 33 位，南非、俄罗斯、巴西、中国和印度分别排在第 72 位、第 73 位、第 77 位、第 118 位和第 155 位。与 2002 年相比，2012 年主要发达国家和新兴经济体的 EPI 得分都有不同程度的提升（见表 3-13）。

表 3-13 2002—2012 年主要国家环境绩效指数（EPI）

国家	2002	2003	2004	2005	2006	2007	2008	2009	2010	2011	2012	十年变化
瑞士	87.0	86.7	86.6	86.4	86.0	86.7	88.4	88.8	88.6	88.2	87.7	0.80%
德国	79.0	78.4	78.4	78.7	78.7	79.1	80.4	80.6	80.8	80.2	80.5	1.89%
日本	70.8	70.7	71.0	71.2	71.5	71.3	71.2	71.5	72.0	72.2	72.4	2.17%

续表

国家	2002	2003	2004	2005	2006	2007	2008	2009	2010	2011	2012	十年变化
美国	66.1	66.3	66.1	66.1	66.7	66.6	67.0	67.0	67.5	67.4	67.5	2.23%
韩国	59.4	59.5	60.5	60.6	61.3	61.6	62.5	62.9	63.4	63.6	63.8	7.37%
南非	50.5	49.6	50.2	49.9	50.2	50.5	50.6	52.5	53.0	53.2	53.5	6.04%
俄罗斯	51.3	51.4	51.3	51.4	50.8	51.6	52.9	53.2	53.3	53.3	53.5	4.21%
巴西	51.1	50.8	51.2	51.6	51.6	51.7	52.1	52.5	52.7	52.9	53.0	3.72%
中国	41.9	42.1	42.6	42.8	43.1	42.8	44.0	43.0	43.1	43.0	43.0	2.60%
印度	29.6	29.6	29.9	29.9	30.0	30.0	31.4	30.7	31.0	31.2	31.2	5.40%

2012 年，中国 EPI 得分为 43，排在第 118 位，比十年前增长 2.6%。其中，环境质量改善方面的得分为 42.73，排在第 134 位，比十年前增长 9.93%；生态系统活力方面的得分为 43.19，排在第 74 位，比十年前下降 1.68%。在九个问题领域指标得分上，只有"气候变化与能源利用"指标排名比较靠前，排在第 21 位，"空气质量"和"农业"指标排名非常靠后，分别排在第 176 位和第 166 位，而且与十年前相比都有比较大幅度的下降。"饮用水与公共卫生"指标虽然排名依然比较靠后，但这十年来的改进幅度是相当大的，2012 年的得分比 2002 年大幅上升了 59.07%（见表 3-14）。在具体指标的表现上，"空气质量"下的三项指标、"饮用水与公共卫生"下的两项指标以及"农业"下的两项指标的得分都较低，排名都在 100 位以后。特别是"空气质量"下的"受 PM2.5 污染的人口比例"指标排在了 178 个国家的最后一位，凸显了中国在空气污染治理方面的严峻性。

表 3-14　2012 年中国环境绩效指数（EPI）的主要表现

指标	得分	排名	2012 年与 2002 年比较
EPI	43	118	2.60%
环境质量	42.73	134	9.93%
健康影响	76.23	80	3.22%
空气质量	18.81	176	−14.15%
饮用水与公共卫生	33.15	109	59.07%
生态系统	43.19	74	−1.68%
水资源	18.18	67	—
农业	33.85	166	−22.31%
林业	25.34	80	—
渔业	14.68	89	−20%
生物多样性与栖息地	66.63	76	0.66%
气候变化与能源利用	65.16	21	—

资料来源：Yale Center for Environmental Law & Policy，Yale University，Center for International Earth Science Information Network，Columbia University，*2014 Environmental Performance Index*，http：//epi.yale.edu/。

第四章 贸易夺魁：
扩大市场规模提高竞争实力

世界经济走出金融危机的阴影，但低速增长的态势仍在延续。国际贸易在大幅下挫后恢复增长，但增速趋缓，贸易保护主义不断抬头。中国对外贸易发展面临严峻的外部环境。危机爆发后，中国积极采取措施促进贸易转型升级，应对贸易保护主义，保持贸易持续增长。中国对外贸易的强劲复苏及稳步增长提升了中国在全球贸易中的地位，也成为危机后推动世界经济复苏的重要因素。

一、培育竞争新优势，促进贸易转型升级

危机后，中国对外贸易发展形势严峻复杂。国际分工体系面临巨变，低碳经济模式引领的低碳贸易对传统贸易优势的影响不断凸现，国际市场需求持续低迷，各国对市场的争夺日益激烈。中国适时调整对外贸易战略，稳定出口、扩大进口，推进外国贸易平衡发展，大力培育贸易竞争新优势，促进对外贸易转型升级，实现危机后新形势下对外贸易的可持续发展。

1. 调整出口退税政策，优化贸易结构

出口退税政策是对出口产品退还在国内生产、流通等环节征收的间接税，以避免在国外重复征税而影响国际竞争力的中性政策。但该政策在中国的实施过程中被赋予了一定的政策目标，主要包括两个方面：一是促进出口，带动经济增长；二是促进出口结构、产业结构调整，转变经济增长方式。

危机前中国出口退税政策侧重于促进出口结构、产业结构调整。2007 年 6 月 18 日，中国财政部、国家税务总局等部门发布《财政部、国家税务总局关于调低部分商品出口退税率的通知》。该通知自 2007 年 7 月 1 日起实施，调整内容主要包括：进一步取消了 553 项"高耗能、高污染、资源性"产品的出口退税；降低了 2268 项服装、鞋帽、箱包、玩具、纸制品、植物油、塑料和橡胶及其制品等容易引起贸易摩擦的商品的出口退税率；将花生果仁、油画、雕饰板、邮票和印花税票等 10 项商品的出口退税改为出口免税政策。这次出口退税政策调整涉及的产品较多，共 2831 项商品，约占海关

税则中全部商品总数的 37%，具有明显的抑制"高耗能、高污染、资源性"产品出口，优化出口产品结构，促进外贸增长方式转变的目标。

危机爆发后，为了应对出口大幅下滑对经济的影响，中国频繁调整出口退税政策，以保持出口增长。在 2008 年 7 月至 2009 年 6 月短短一年内，中国发布七次通知，调整出口退税政策。这期间出口退税政策的调整基本上是对 2007 年退税政策的反操作，将降低的出口退税率又调整回来，主要包括提高部分纺织、服装、玩具等传统优势产品的退税率，提高部分橡胶制品、塑料制品、家具等劳动密集型产品的退税率，提高部分机电产品、电子信息产品的出口退税率，提高部分深加工农产品、药品、钢材等产品的出口退税率。

在出口退税等多项政策的作用下，中国对外贸易进入 2010 年后开始强劲恢复，中国政府再次调整出口退税政策，政策目标开始重新回归侧重调整产业结构，扩大退税适用的企业范围，取消部分高能耗产品的出口退税。2010 年 6 月，中国财政部、国家税务总局发布《关于取消部分商品出口退税的通知》，规定自 2010 年 7 月 15 日起，取消部分钢材、部分有色金属加工材等 6 类行业 406 种商品的出口退税率。2011 年 3 月，国家税务总局公布《关于扩大适用免抵退税管理办法企业范围有关问题的公告》，规定自 2011 年 5 月 1 日起，工商登记时间两年以上的集成电路设计、软件设计、动漫设计企业及其他高新技术企业从事部分出口业务，可实行"免、抵、退"税管理办法。主要包括自主研发、设计由其他企业生产加工后进行收购或委托国内其他企业生产加工后收回的货物出口；委托境外企业加工后进口再使用本企业品牌的货物出口；自主研发、设计软件，加载到外购的硬件设备中的货物出口。

2. 提高海关效率，推进贸易便利化

贸易便利化是指通过简化程序、增强透明、完善规范、减少限制等一系列的措施，提高货物、服务等跨境流通的效率，降低国际贸易的交易成本，从而促进货物、服务等的跨境流动。提高贸易便利化作为推进贸易发展的一个重要手段，成为危机后中国促进贸易稳定发展的政策目标。中国贸易在经历 2009 年的大幅下挫及之后的强劲复苏后，2011 年 8 月以后对外贸易增长速度出现逐渐回落的趋势。中国政府出台多项政策，推进贸易便利化，降低贸易成本，促进贸易稳定增长。

2012 年 5 月，中国财政部、国家税务总局下发《关于出口货物劳务增值税和消费税政策的通知》，2012 年 6 月，国家税务总局发布《出口货物劳务增值税和消费税管理办法》。通知和管理办法对原政策中不清楚或未明确的条款进行了清理，对反响强烈和过期的文件进行了调整，本次清理后有效文件剩下 60 余份，解决了文件繁琐、管理不便的问题。同时，对出口退税货物的条件、范围、计税依据、退税率、申报期限、申报资料和要求等做了明确规定，有利于出口企业和税务人员实务操作。

2012 年 9 月，中国国务院办公厅发布《关于促进外贸稳定增长的若干意见》，明确从提高通关效率、落实外汇管理制度改革措施、调减法定检验检疫目录、规范和减少进出口环节收费四个方面提高贸易便利化水平。随后，为了落实《关于促进外贸稳定增长的若干意见》，中国多部门出台实施细则，促进外贸稳定增长。2012 年 9 月 18 日，中国财政部和国家发改委联合发布《关于取消和免收进出口环节有关行政事业性收费的通知》，通知规定，自 2012 年 10 月 1 日起，取消海关监管手续费，2012 年 10 月 1 日起至 2012 年 12 月 31 日，对所有出入境货物、运输工具、集装箱及其他法定检验检疫物免收出入境检验检疫费。中国国家质检总局 2012 年 10 月 1 日前在其网站向社会公布了免收 2012 年第四季度法定出入境检验检疫费的具体措施和相关要求。2012 年 9 月 28 日，中国海关总署出台包括减少进出口环节收费、简化手续、优化服务等 16 项措施。其中包括，自 2012 年 10 月 1 日起，一律停止收取进出口货物进口付汇、出口收汇、出口退税报关单证明联打印费、报关单条码费及海关监管手续费等 3 项费用。

3. 扩大进口，促进贸易平衡发展

在全球经济密切联系的今天，一国在出口的同时，也需要进口产品以弥补经济发展中的要素制约。扩大进口有利于促进竞争、提高经济效率，弥补国内资源缺口，不仅是实现稳定出口的重要保障，也是促进中国技术进步和经济增长的重要因素。

促进贸易平衡是危机后中国对外贸易的重要目标之一。2009 年，中国商务部全国商务会议明确指出扩大国内有需求的产品进口是 2010 年全国商务工作的重要任务之一，指出要稳定进口促进政策，清理进口环节的不合理限制，敦促美欧放宽高技术出口管制，扩大先进技术、装备、关键零部件和国内紧缺物资进口，增加战略资源的进口和储备，着力扩大自发展中国家进口。① 2012 年 3 月，中国国务院召开国务院常务会议，研究加强进口促进对外贸易平衡发展的政策措施。中国国务院紧接着在 4 月发布《关于加强进口促进对外贸易平衡发展的指导意见》，进一步明确扩大进口的具体措施，包括加大财税政策支持力度，调整部分商品进口关税，增加进口促进资金规模等。中国商务部 2012 年 4 月发布《对外贸易发展"十二五"规划》，这是中国对外贸易发展史上第一个五年规划。规划确定中国"十二五"期间对外贸易的主要目标是"坚持在稳定增长的同时促进贸易平衡，实现外贸可持续发展"，并明确指出从"进一步扩大进口规模、增进进口主动权、完善进口促进体系"三个方面促进贸易平衡发展。

实施进口贴息政策，鼓励先进技术设备、重要原材料、关键零部件等的进口。2007 年 9 月，中国财政部、商务部发布《进口贴息资金管理暂行办法》，规定国家财政对企业以一般贸易方式进口《鼓励进口技术和产品目录》中的产品、技术，以贴息的方式给予支持，促进贸易平衡发展，推动产业结构调整和经济增长方式转变。中央财政 2008 年设立进口贴息资金，2008—2012 年，中央财政已累计拨付资金 95 亿元，带动鼓励产品进口额 1113.52 亿美元，平均 1 元人民币拉动近 12 美元进口。② 2012 年 6 月，

---

① 数据来源：中国商务部网站，http：//www.mofcom.gov.cn/article/ae/ai/200912/20091206696630.shtml。
② 数据来源：中国中央人民政府网站，http：//www.gov.cn/gzdt/2012-10/10/content_2240579.htm。

中国财政部、商务部针对进口贴息资金在申报、审核及管理中存在的问题，发布《进口贴息管理办法》，进一步规范进口贴息资金管理。2013 年，中央财政共下拨进口贴息资金 28 亿元，对符合国家《鼓励进口技术和产品目录》的产品和技术进口给予财政专项贴息，资金规模比 2012 年增长 12%，平均贴息率比 2012 年增长 58.8%。①

免征关税和进口环节增值税，促进重大技术装备进口，提高中国企业竞争力。2009 年，为了促进装备制造业的发展，提高中国企业的核心竞争力及自主创新能力，推动产业结构调整和升级，中国财政部、国家发改委等部门发布《关于调整重大技术装备进口税收政策的通知》及《国家支持发展的重大技术装备和产品目录》、《重大技术装备和产品进口关键零部件、原材料商品清单》，规定 2009 年 7 月 1 日起，对国内企业为生产国家支持发展的重大技术装备和产品而确有必要进口的关键零部件及原材料，免征进口关税和进口环节增值税。之后根据经济发展的需要，中国多次调整《国家支持发展的重大技术装备和产品目录》、《重大技术装备和产品进口关键零部件、原材料商品清单》，并对符合条件的进口免征关税和进口环节增值税。

4. 促进加工贸易转型升级

加工贸易是中国参与国际分工的重要方式，在中国国际贸易中占有重要地位，对开拓国际市场、吸纳就业、促进技术进步、推动区域经济发展等发挥了积极的作用。然而，中国加工贸易在快速发展的同时，存在问题也日渐凸显。中国的加工贸易处在国际分工产业链的低端，对国内相关产业的联动效应较低，技术含量和附加值较低，加工贸易获得的收益较低，这也是引发贸易摩擦的重要因素之一。但加工贸易仍然是今后中国国际贸易的重要方式。危机后，中国积极推进多项政策，促进加工贸易转型升级。

调整加工贸易禁止类目录，促进加工贸易结构升级。2007 年，中国商务部、海关总署和环保总局联合发布《2007 年加工贸易禁止类商品目录》，共有 990 种加工贸易类产品被列入禁止名单，首次将重柴油、其他柴油及燃料油、重油等多种能源列入名单。受危机后贸易增长受挫的影响，中国在 2008 年、2009 年两次调整加工贸易禁止类商品目录，删除部分禁止类和限制类的商品编码。2010 年，中国再次调整加工贸易禁止类商品目录，自 2010 年 11 月 1 日起，将 44 个高耗能、高污染的商品增列入加工贸易禁止类目录，其中，多晶硅等 22 种商品禁止出口，热压铁块、铸铁废碎料、废汽车压件等 22 种商品禁止进出口。

培育加工贸易梯度转移重点承接地，优化加工贸易地区结构。2007 年起，中国商务部等部门培育认定加工贸易梯度转移重点承接地，截至 2012 年已培育认定三批重点承接地。2011 年 12 月，中国商务部、人力资源社会保障部、海关总署联合下发《关于促进加工贸易梯度转移重点承接地发展的指导意见》，明确加工贸易梯度转移的目标、

---

① 数据来源：中国财政部网站，http://qys.mof.gov.cn/zhengwuxinxi/gongzuodongtai/201310/t20131021_1001017.html。

基本原则及政策支持和引导等，引导推进加工贸易梯度转移，促进加工贸易转型升级。

推进加工贸易转型升级试点、示范区建设。2010年11月，中国商务部、海关总署等部门发布《关于在苏州、东莞开展加工贸易转型升级试点工作的通知》，并先后在江苏苏州和广东东莞开展加工贸易转型升级试点，确定58家转型升级示范企业①。2011年8月，中国商务部、海关总署等部门发布《关于建设珠江三角洲地区全国加工贸易转型升级示范区的指导意见》，在珠江三角洲地区开展全国加工贸易转型升级示范区建设，争取用3年左右的时间使示范区加工贸易初步实现四个转变：一是产品加工由低端向高端转变，提高产品的技术含量和附加值；二是产业链由短向长转变，加工贸易配套体系向研发设计、品牌创建、营销服务等产业链上下游延伸；三是经营主体由单一向多元转变，实现内外资企业共同发展；四是营销市场由出口为主向国内外两个市场并举转变，拓展企业发展空间。

制定纲领性文件，引导加工贸易转型升级。2011年11月，中国商务部等部门发布《关于促进加工贸易转型升级的指导意见》，这是"十二五"时期指导加工贸易转型升级工作的纲领性文件。指导意见确定推动转型升级的指导思想、原则、目标及相关政策，明确指出从优化加工贸易产品结构、提高技术含量和附加值，促进加工贸易向产业链高端发展、延长加工贸易国内增值链，提高加工贸易企业水平、优化加工贸易企业结构三个方面促进加工贸易转型升级。

5. 加强品牌建设，提高贸易竞争力

随着中国经济的发展及产业竞争力的提高，品牌的影响力也不断提升，但仍然处于较低水平。2006年，华通明略（Millward Brown）首次发布的BrandZ最具价值全球品牌百强榜中，入选的中国品牌仅中国移动一家，明显偏离中国贸易大国的形象。当年，中国对外贸易总额仅次于美国和德国，位居全球第三位。促进外贸品牌建设，是危机后中国在严峻的世界经济形势下转变贸易方式、增强国际竞争力的重要手段，也是树立"中国制造"良好形象的核心途径。

采取多项措施，促进品牌建设。2011年3月，《中国国民经济和社会发展第十二个五年规划纲要》提出"推动自主品牌建设，提升品牌价值和效应，加快发展拥有国际知名品牌和国际竞争力的大型企业"的要求。2011年7月，中国工信部、国家发改委、财政部、商务部等部门联合印发《关于加快我国工业企业品牌建设的指导意见》，明确工业企业品牌建设的基本原则、主要任务，并确定品牌建设的总体目标，即到2015年，中国工业企业创新能力和品牌培育能力显著增强，工业企业品牌成长的市场环境明显改善。50%以上大中型工业企业制定并实施品牌战略，品牌产品市场占有率和品牌附加值显著提高。重点培育一批具有国际影响力的自主品牌。2013年，中国工信部发布《关于加强2013年工业质量品牌建设工作的通知》，确定2013年在全国工业和信息化系统

---

① 数据来源：中国商务部网站，http：//www.mofcom.gov.cn/aarticle/ae/ai/201210/20121008407335.html。

组织实施工业质量品牌能力提升专项行动，重点围绕提升企业品牌培育能力、质量管理能力和食品药品企业质量安全保障能力，明确目标、开展活动，解决突出问题。

加强知识产权保护，优化品牌建设环境。品牌保护是品牌建设的重要一环，知识产权保护是品牌成长发展的基础条件，没有强有力的知识产权保护，自主品牌难以发展。中国不断加强知识产权保护力度，整治假冒伪劣，优化品牌建设环境，促进品牌建设。2008年，中国国务院发布《国家知识产权战略纲要》，提出在2020年实现进入创新型国家行列的目标，明确中国知识产权保护的指导思想、基本原则、主要内容和重点任务。2010年10月至2011年6月，国务院部署开展打击侵犯知识产权和制售假冒伪劣商品的专项行动，集中整治侵权和假冒伪劣突出问题。2011年11月，中国国务院发布了《关于进一步做好打击侵犯知识产权和制售假冒伪劣商品工作的意见》，从"依法严厉打击侵权和假冒伪劣行为"、"建立健全打击侵权和假冒伪劣的约束激励机制"、"动员社会力量参与打击侵权和假冒伪劣工作"、"完善打击侵权和假冒伪劣工作的保障措施"四个方面提出建立建全长效机制的指导意见。2012年，中国政府根据打击侵权假冒工作需要，对相关法律、行政法规关于罚款数额的规定进行了修订，完成商标法、专利法修改草案，并将打击侵权假冒纳入了社会管理综合治理考评范围。2012年7月，中国国家版权局、公安部、工信部等部门联合启动为期4个月的"剑网行动"，针对提供作品、表演、录音录像制品等内容的网站、提供存储空间或搜索链接服务的网站以及提供网络交易平台的网站，围绕网络文学、音乐、影视、游戏、动漫、软件等重点领域以及图书、音像制品、电子出版物、网络出版物等重点产品展开专项治理。2012年9月，中国国务院常务会议通过《关于做好打击侵犯知识产权和制售假冒伪劣商品工作中行政执法与刑事司法衔接的意见》，进一步规范了相关领域的行政执法与刑事司法衔接工作，加大打击力度，有效惩治侵犯知识产权和制售假冒伪劣商品犯罪。

6. 发展战略性新兴产业，培育贸易竞争新优势

战略性新兴产业是引导未来经济社会发展的重要力量。发展战略性新兴产业已成为世界主要国家抢占新一轮经济和科技发展制高点的重大战略。加快培育和发展以重大技术突破、重大发展需求为基础的战略性新兴产业，对于推进中国产业结构升级和经济发展方式转变，提升自主发展能力和国际竞争力具有重要意义。

危机后，中国大力发展战略性新兴产业，培育竞争优势。中国《国家"十二五"规划纲要》明确提出，"要把战略性新兴产业培育发展成为先导性、支柱性产业"。中国国务院2010年10月发布《国务院关于加快培育和发展新兴战略性产业的决定》，确定节能环保产业、新一代信息技术产业、生物产业、高端装备制造产业、高端装备制造产业、新能源产业、新材料产业、新能源汽车产业七大战略性新兴产业的发展方向和主要任务。2011年9月，中国商务部、发改委等10部委发布《关于促进战略性新兴产业国际化发展的指导意见》，进一步明确七个战略性新兴产业国际化的定位和方向。2012年7月，中国国务院又发布了《"十二五"国家战略性新兴产业发展规划》，对《国务院关于加快培育和发展战略性新兴产业的决定》进一步完善和细化。该规划制定各战略性新兴产业的发展路线图，从加大财税金融政策扶持、完善技术创新和人才政策、营造良好的市场环境三个方面明确对战略性新兴产业的政策支持，并确定战略性新兴产业的总体发展目标，即"到2020年，力争使战略性新兴产业成为国民经济和社会发展的重要推动力量，增加值占国内生产总值比重达到15%，部分产业和关键技术跻身国际先进水平，节能环保、新一代信息技术、生物、高端装备制造产业成为国民经济支柱产业，新能源、新材料、新能源汽车产业成为国民经济先导产业"。

7. 发展低碳经济，应对新的贸易壁垒

减少碳排放作为危机后应对气候变化的基本途径，已得到主要经济体的普遍认同，也是发达经济体在世界范围构筑新一轮产业和技术竞争优势、重振本国经济的希望所在。危机后，发达经济体不仅通过征收碳税或其他措施，促使国内企业节能减排，而且积极推动减排义务向国际贸易领域扩展，主张对来自减排标准低的经济体的进口产品征收"碳关税"。美国2009年6月众议院通过的《美国清洁能源法案》规定，美国有权对从不实施温室气体减排限额的国家进口的能源密集型产品征收碳关税。法国2009年11月通过2010年财政法案关于开征碳税的第五条款，决定从2010年1月1日起，对石化能源的使用按照每排放一吨二氧化碳付费17欧元的标准征税，并希望将此发展为针对欧盟以外国家的"碳关税"。

中国不仅减排技术明显落后于发达经济体，各行业的碳密度均大幅高于发达经济体，而且碳密度较高的产业在经济中占有较高的比重。危机后，中国积极采取措施，转变高能耗、高排放的粗放经济发展模式。

确定目标，制定减排措施。2007年6月，中国制定《中国应对气候变化国家方案》，明确减排目标，即到2010年，中国单位国内生产总值能源消耗将比2005年降低20%左右，相应减缓二氧化碳排放。2009年8月，中国人大常委会通过《关于应对气候变化的决议》，决议指出，应对气候变化是中国经济社会发展面临的重要机遇和调整，中国采取切实措施应对气候变化。2012年8月，中国国务院发布《节能减排"十二五"规划》制定"十二五"期间的减排目标，到2015年，全国万元国内生产总值能耗下降到0.869吨标准煤，比2010年的1.034吨标准煤下降16%。"十二五"期间，实现节约能源6.7亿吨标准煤，并从优化产业结构、提高能效水平、强化主要污染物减排等方面采取措施切实推进节能减排。

采取具体措施，促进节能减排。2007年开始，中国环保部牵头开始制定"环境保护综合名录"，2014年1月，中国环保部公布《环境保护综合名录（2013年版）》，主要包括"高污染、高环境风险"产品722项，重污染工艺92项、环境友好工艺83项，环境保护重点设备35项。综合名录的主要作用是为国家相关经济政策制定提供环保依据。2013年1月，中国国务院印发了《循环经济发展战略及近期行动计划》，指出发展循环经济是中国的一项重大战略决策，确定中国循环经济发展的基本原则和主要目标，

并从构建循环型的工业体系、农业体系、服务业体系，推动社会层面循环经济发展等方面确定具体行动计划。这是我国首部国家级循环经济发展战略及专项规划。2013 年 2 月，中国国务院办公厅发布《关于加强内燃机工业节能减排的意见》，确定到 2015 年，节能型内燃机产品占全社会内燃机产品保有量的 60%，与 2010 年相比，内燃机燃油消耗率降低 6%—10%，减少二氧化碳排放 6200 万吨，减少氮氧化物排放 10%，并明确节能减排的重点领域、重点工程和政策措施。2013 年 9 月，中国国务院发布《大气污染防治行动计划》。计划提出了通过以下税收措施强化大气污染防治：第一，研究将部分"两高"行业产品纳入消费税征收范围；第二，完善"两高"行业产品出口退税政策和资源综合利用税收政策；第三，积极推进煤炭等资源税从价计征改革；第四，符合税法规定，使用专用设备或者建设环境保护项目的企业和高新技术企业，可以享受企业所得税优惠。

二、积极应对保护主义，营造公平贸易环境

危机后，在全球经济增长乏力的压力下，贸易保护主义明显抬头，保护本国产业、产品利益的措施被频繁采用。中国在贸易强劲复苏并实现增长的同时，也频繁遭遇外国贸易保护主义措施，成为贸易保护主义措施的主要对象。中国采取措施积极应对，为贸易发展营创公平的竞争环境

1. 贸易保护措施呈高发态势

危机后，各种伤害外国商业利益的保护措施被频繁采用，贸易保护措施频发常态化。2009 年 3 月，世界贸易组织的第二份《金融和经济危机及与贸易有关的进展报告》指出，各国为应对危机采取的临时性措施明显增加，2008 年 9 月至 2009 年 3 月，各成员采取的措施达到 211 项，并对目前各国应对经济衰退的临时性措施，最终演变成保护本国落后产业的贸易保护主义表示担忧。事实证明，世界贸易组织的担忧成为现实。2009 年至 2013 年期间，全球保护性措施呈高发态势。根据全球贸易预警（Global Trade Alert，GTA）的数据，2013 年，全球采取的保护措施①达到 472 项，虽然比 2009 年有所下降，但仍然处于较高水平（见图 4-1）②。

G20 国家是全球贸易保护措施的主要实施者。在危机爆发后的 2008 年 G20 华盛顿

---

①　GTA 报告中的保护主义措施肯歧视性措施，既包括直接影响贸易的措施，也包括其他不直接影响贸易的措施。

②　这一数据是 GTA 根据各国向其提供的信息统计得出，仅能反映全球贸易保护主义的大概情况，各国实际采取的措施可能远远超过这个数量。"The 8th GTA Report（November 2010）"指出，2009 年第一季度全球实际实施的保护主义措施是其统计结果的两倍多。GTA 每一份新的报告会根据最新统计信息，对报告涉及的数据进行更新。后续 GTA Report 所报告的 2013 年的保护措施将比目前的数值更大。2013 年数据来源：GTA，"The 14th GTA Report on Protectionism"，June 2012。

（单位：项）

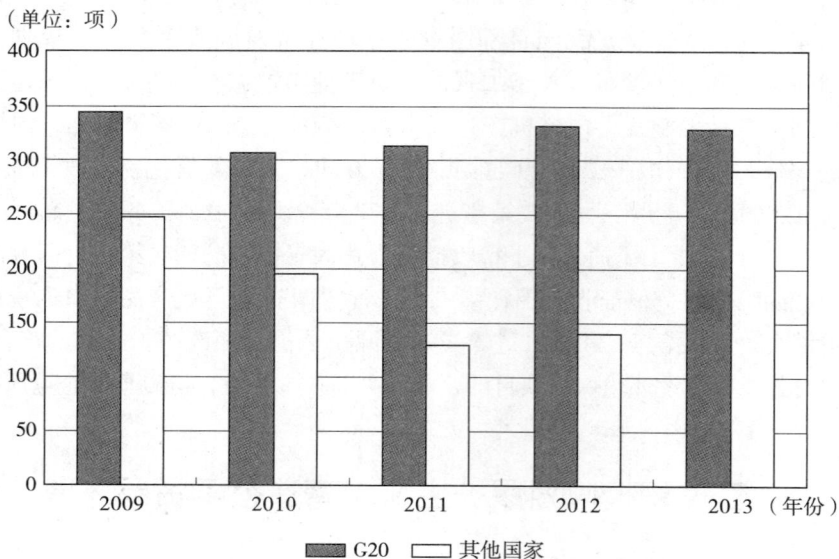

图 4-1　危机后各国实施的保护措施数量

峰会上，与会国家强调在世界经济和国际金融市场面临严重挑战之际，应加强协作、共同应对金融危机，承诺坚持自由贸易，反对保护主义。在之后的 G20 峰会上，坚定支持开放的贸易和投资，抵制各种形式的贸易保护主义是峰会的重要议题和与会国家的基本承诺。但各国为了提振本国经济，保护本国产业免受来自国外的竞争，仍然频繁采取各种形式的限制措施。2009 年以来，G20 国家实施的保护主义措施所占的比例均超过50%，2011 年和 2012 年这一比例均超过 70%。

G20 国家采取的保护主义措施影响广泛。根据 OECD、WTO 和 UNCTAD 2013 年 12月发布的《G20 国家贸易投资限制措施报告》，2009 年 4 月至 2013 年 11 月期间，G20国家共实施了 935 项贸易限制措施①，其中主要是贸易救济措施，所占的比例为 54%。2008 年 10 月至 2013 年 11 月期间，G20 国家实施贸易限制措施的累积效应影响到 G20国家进口额的 5.0%，全球进口的 3.9%。2009 年到 2013 年 5 年期间，G20 国家 60% 至70% 商业利益损害来自 G20 国家采取的歧视性措施②。

2. 中国是贸易主义措施的主要针对对象

在这次贸易保护主义抬头的浪潮中，中国作为世界第一大出口国③，成为贸易保护

---

① 《G20 国家贸易投资限制措施报告》中的贸易限制措施指贸易救济措施、边境措施、出口措施等直接影响贸易的限制性措施。

② 数据来源：OECD, WTO and UNCTAD："The 14th Report on G20 Trade and Investment: Mid-May to Mid-November 2013", December 2013, http://www.oecd.org/daf/inv/investment-policy/g20.htm。

③ 中国在 2009 年超过德国成为世界第一大出口国。数据来源：中国国家统计局编：《中国统计年鉴（2010）》，中国统计出版社 2010 年版。

主义措施的最大受害国。根据 GTA 2013 年 12 月发布的报告，2008 年 11 月以来，中国遭遇的保护性措施共计 1760 项，其中，1263 项仍然有效，是遭遇保护性措施最多的国家。[①] 中国也是全球遭遇贸易救济调查最多的国家。2009 年，针对中国的贸易救济调查案件明显增加，达到 119 起，比 2008 年增长了 10.2%，之后有所下降，但仍然保持较高水平（见表 4-1）。除发达经济体立案继续大幅度上升以外，新兴工业国家和发展中国家立案也呈增长趋势。

表 4-1 危机后涉华贸易救济调查案件数量变化

分类	2009 年	2010 年	2011 年	2012 年	2013 年
案件总数	119	75	72	84	92
其中：反倾销	76	45	49	58	71
反补贴	13	6	9	9	14
保障措施	23	23	13	15	7
特别保障措施	9	1	1	2	0

数据来源：2009 年、2010 年、2011 年、2012 年数据来自《国外对华贸易救济案件综述》，中国贸易救济信息网；2013 年数据来自《2013 年中国依然是贸易保护主义的最大受害国》，中国贸易救济信息网，http://www.cacs.gov.cn/。

2014 年伊始，对华贸易保护措施及贸易救济措施呈严峻势头。2014 年 1 月 15 日，美国国会、参议院通过的《2014 财年综合拨款法案》包含限制美国部分政府机构采购中国的信息技术产品等内容。1 月 8 日，美国商务部对原产于中国的次氯酸钙发起"双反"调查。1 月 17 日，美国国际贸易委员会宣布，对中兴、三星等在美销售的手机和平板电脑发起"337 调查"。1 月 23 日，美国商务部对中国光伏产品发起"双反"调查。与此同时，新兴工业国家和发展中国家的贸易保护举动也呈增长趋势。印度、巴西、阿根廷和墨西哥也都对包括中国在内的许多国家不同出口商品或发起反倾销调查，或征收反倾销税[②]。

3. 积极应对，为贸易发展营创公平的竞争环境

第一，引导、支持涉案企业积极应对。企业应对国外的贸易救济调查及其他带有保护性质的诉讼，不仅程序烦琐，需要耗费大量费用和精力。但如果企业不应诉，一旦作出对中国不利的裁定，将给中国出口企业带来沉重打击，已有的市场份额将转为其他国家的企业所有，以后也难以进入该国市场。更为严重的是，如果不去应诉，反倾销将会产生多米诺骨牌效应。中国政府注重对外交涉，指导企业的应诉工作，在应诉技巧、法律服务等方面给应诉企业提供必要的帮助和协调，并督促行业协会等组织企业积极应

---

① 数据来源：GTA，"The 14th GTA Report on Protectionism"，December，2013.
② 数据来源：根据中国商务部网站资料整理，http://www.mofcom.gov.cn/。

诉。2009 年 4 月，中国商务部部长在广州调研时表示，"商务部门、商会、企业要共同做好应对贸易保护主义的工作，商务部门将支持企业积极应诉，维护自身正当权益"。企业如果积极应诉，据理力争，充分举证，不仅有获胜的可能，而且可以为中国企业进行必要的市场调整赢得时间。

在政府的引导和支持下，近年中国涉案企业更倾向采取积极态度应诉，并在一些案件上取得积极结果。2009 年欧盟对中国产无线数据卡发起的反倾销和保障措施调查，最终申诉方和中国涉案企业达成和解协议，调查终止。2010 年 9 月，中国通领科技集团在商务部公平贸易局等部门的见证下宣布，公司依法诉讼美国联邦国际贸易委员会取得完胜，创造了中国企业状告美国政府机构胜诉的经典案例。

在中国商务部的指导下，中国企业应对美国 337 知识产权调查的能力也明显提高。仅 2009 年中国企业在 8 起"337 调查"应对中取得胜利。2013 年，在华为、中兴两公司的"337 调查"中，中国政府与美国多方交涉，并对华为、中兴、三一重工等涉案企业提供法律服务，使得华为、中兴两公司在无线 3G 设备和无线消费性电子设备"337 调查"中初裁获胜。

第二，完善产业损害预警机制。产业损害预警机制是指通过对国际经济发展变化、重点或敏感产品进出口数量、价格及国内生产情况等重要参数变化的连续监测，分析其对国内产业已造成或可能造成的影响，并及时发布相关预警信息，为政府、产业和企业提供预警信息。

2001 年，中国建立产业损害预警系统。2005 年中国商务部发布《关于进一步加强产业损害预警机制指导意见》，就开展产业损害预警工作的指导思想和目标、工作的方法及步骤、商务部与地方商务主管部门、行业协会和商会、WTO 事务研究、咨询机构及有关企业的分工与合作机制做了规定。中国产业损害预警机制不断完善，逐步形成了政府、协会、专家和企业共建共享的预警工作体系。根据商务部 2010 年 3 月发布的信息，已经建成 9000 家监测企业产业损害预警直报系统，以及重点行业海关进出口数据库、宏观经济数据库、企业直报数据库、海外竞争对手数据库和专家评估数据库等 5 大数据库，监测行业包括汽车、钢铁、纺织等 16 个重点行业，监测范围涵盖重点敏感商品 456 个大类、近 5000 个税号①。2011 年中国商务部发布《关于加强产业损害预警工作的指导意见》，以进一步加强产业安全数据库建设，做好产业损害预警分析和信息服务，完善产业损害预警工作体系，建立产业损害预警长效机制。

完善产业损害预警机制，为中国企业避免及应对外国贸易救济措施提供重要信息。产业损害预警机制可以有效监控中国出口增长的态势，规范企业出口秩序，及时发现并制止中国企业之间的恶性低价竞争，避免遭受外国的贸易救济调查。在外国对中国产品发起贸易救济调查时，产业损害预警机制可以依据国外对华贸易救济调查的情况，为企

---

① 中国市场秩序网：《商务部：9000 家企业产业已建损害预警直报系统》，http：//www. 12312. gov. cn/article/zonghe/buwei/201003/1343121_ 1. html。

业应诉提供充分的依据。

　　运用产业损害预警机制，对本国受损害的产业发起贸易救济调查，是对外国滥用贸易保护措施的一种威慑。在危机后世界经济低速增长态势仍在延续的情况下，各国有实施贸易保护主义的强烈动机。而各国之间经济的密切联系，以及遭遇贸易保护措施国家的报复则是全球化不断深化条件下避免大规模贸易战的一个重要约束。完善产业损害预警机制，可以及时发布重要或敏感产业受到实质性损害、实质性损害威胁或阻碍发展的预警，可以针对外国对华贸易保护措施，有针对地发起贸易救济调查提供合法、有效的依据。截至 2013 年 12 月 24 日，中国共对外发起反倾销调查 11 起，反补贴调查 1 起，涉案金额 24.03 亿美元，涉案产品为：浆粕、高温承压用合金钢无缝钢管、四氯乙烯、葡萄酒、单膜光纤和特丁基对苯二酚。作出贸易救济调查初裁裁决 5 起、终裁裁决 4 起、期中复审裁决 1 起、期终复审裁决 3 起和新出口商复审裁决 1 起。此外，启动对进口丙酮反倾销期终复审；终止涂布白卡纸反倾销案调查。①

　　在滥用贸易救济措施成为贸易保护的一种主要手段的情况下，有针对性地发起贸易救济调查无疑成为一种最为直接有效的应对措施。这从中欧光伏产业的交锋中可见一斑。2012 年 9 月，欧盟委员会对从中国进口的光伏板、光伏电池以及其他光伏组件发起反倾销调查；2012 年 11 月 1 日，中国商务部对原产于欧盟的太阳能级多晶硅进行反倾销和反补贴立案调查；欧盟委员会 11 月 8 日对中国光伏产品发起反补贴调查，2013 年 12 月 5 日，欧盟正式发布反补贴终裁，并接受 121 家中国企业的价格承诺。2014 年 1 月 24 日，中国商务部公布初裁决定，原产于欧盟的进口太阳能级多晶硅产品存在倾销，使中国多晶硅产业受到实质损害。但考虑到本案特殊市场情况，调查机关决定在初步裁定后暂不实施临时反倾销措施。

　　第三，加强政府层面的磋商谈判。中国在危机后遭遇的贸易保护措施中，部分涉及中国经济、政策等国家层面的问题，应由政府磋商解决。即使在以企业为主体应对的贸易保护措施中，如果中国政府出面磋商，可以促使其在处理过程中更加公开、公正。

　　加强政府间磋商谈判，促使更多的国家承认中国的市场经济地位。"非市场经济地位"是中国在加入 WTO 时接受的限制性条款之一。按照世界贸易组织（WTO）规则，中国加入 WTO 15 年后即 2016 年将自动获得完全市场经济地位。目前已经有近 150 个国家承认中国的市场经济地位②，但中国的三大贸易伙伴——欧盟、美国和日本都未承认中国的完全市场经济地位。欧盟、美国和日本是中国最为重要的贸易伙伴，是否承认中国的市场经济地位，是这些国家在对华贸易谈判中的重要筹码。早在 2004 年，中美就开始关于承认中国市场经济地位的谈判。承认中国市场经济地位，也是 2009 年启动的中美战略与经济对话的重要议题之一。美国多次承诺要尽快承认中国的市场经济地位，但在具体操作中，却迟迟未采取行动。是否承认中国的市场经济地位，成为美国在

---

① 数据来源：中国商务部网站，http://www.mofcom.gov.cn/article/ae/ai/201312/20131200439667.shtml。
② 曾培炎：《中国改革开放成功的领导者和实践者》，《求是》2011 年第 11 期。

对华贸易谈判中一张重要的牌。中国的"非市场经济地位"，使得中国企业在应诉国外反倾销调查时处境极为不利，败诉率高，而且被裁定的倾销税率极不合理。这也引发一些国家针对中国的"非市场经济地位"，滥用贸易救济措施。

强化政府作用，化解贸易摩擦。中国政府旗帜鲜明地反对贸易保护主义，同时把维护中国企业正当利益放在首位，在贸易摩擦应对中，强化政府作用，化解贸易摩擦。在中国政府及涉案产业界的积极应对下，中国在特保调查、反补贴等方面效果突出，成功化解大部分由美国、土耳其、哥伦比亚等国家发起的特保调查案；促使美国首例对华铜版纸反补贴案以无措施结案；促使美国对华紧固件双反案被美国国际贸易委员会裁定无损害结案，成为美国对中国第一例以初裁无损害结案的"双反"案。中欧光伏产品贸易争端的和解，中欧高层领导的磋商发挥了至关重要的作用。2012 年，欧盟对原产于中国的晶体硅光伏组件及关键零部启动反倾销、反补贴立案调查。2013 年 6 月 4 日，欧盟委员会宣布将从 6 月 6 日至 8 月 6 日对产自中国的光伏产品征收 11.8% 的临时反倾销税，如果两个月双方未能协商一致，税率将升至 47.6%，经过艰难谈判，在最高政治层面领导人介入斡旋之下，中欧双方就光伏反倾销一案达成"价格承诺"协议，2013 年 8 月 3 日欧委会正式发布官方公告，决定接受中方的"价格承诺"。2013 年 12 月 5 日，欧盟正式发布反补贴终裁，并接受 121 家中国企业的价格承诺。该措施将于 2013 年 12 月 6 日正式生效，2015 年 12 月 7 日到期。中欧有史以来涉案金额最大的贸易摩擦通过谈判暂时得以解决。

加强沟通和协调，和贸易伙伴建立贸易救济合作机制。危机后，中国不断加强与有关国家贸易救济调查机构的交流与对话。中国已经与南非、埃及、韩国、巴基斯坦、阿根廷、巴西、美国、澳大利亚、俄罗斯、乌兹别克斯坦、欧盟、印度等贸易伙伴正式建立双边贸易救济合作机制。中国和主要贸易伙伴定期召开会议，就贸易救济领域的相关问题展开讨论和交流。到 2012 年，中美商贸联委会项下贸易救济工作组已连续召开八次会议，双方就各自在贸易救济领域关心的话题进行了深入的讨论和交流。到 2013 年，中加经贸联委会项下贸易救济工作组已召开三次会议。中加双方就贸易救济案件的立案标准及程序、程序公正等一系列共同关心的贸易救济议题展开了深入交流和讨论。2012 年 9 月，金砖国家首次贸易救济国际研讨会在北京召开，与会国家交流各自国家贸易救济立法和实践，推进政府间、产业间和企业间的沟通与合作。2013 年，中国和墨西哥签署《关于建立贸易救济合作机制的谅解备忘录》，积极推动并促成在《金砖国家第三次经贸部长会议联合公报》及《金砖国家贸易投资合作框架》中纳入贸易摩擦协商解决机制和贸易救济机构交流合作内容。

第四，推进自贸区战略。中国的自由贸易覆盖程度较低。在危机后贸易保护主义抬头，并将持续高发的情况下，中国积极推进自贸区战略，创造宽松自由的贸易环境，应对纷至沓来的贸易摩擦。

区域贸易协定可以有效抵制贸易保护主义的蔓延。尽管区域贸易协定的排他性和歧视性使得其对全球贸易自由化的影响存在一定的争议，但区域贸易协定降低了区域内成员方的贸易壁垒，在一定程度上促进全球贸易自由化的进展。区域贸易协定和多边贸易体制的全球参与不同，参与方较少，更容易在多个领域达成一致。区域贸易协定不仅包括贸易政策，而且越来越倾向于将投资政策、竞争政策、劳工标准等纳入其规范范围。区域贸易协定不仅从制度安排上限制了成员方实施贸易保护措施的可能性，而且降低了成员方之间要素、产品等的流动成本，强化了经济联系，使得针对成员方实施保护措施最终危及自己的风险进一步增加。危机后，各国采取的各种保护主义措施几乎都有一个共同的前提，即不损害区域贸易协定成员方的利益。如美国承诺经济刺激方案中的"购买美国货"条款不会损害北美自由贸易协定成员方的利益。

中国自 2007 年 10 月第一次明确提出"实施自由贸易区战略"后，自贸区建设成为中国加入 WTO 后促进贸易发展、应对贸易保护新的平台和战略。危机后中国收获了多个区域贸易自由化成果。中国—东盟自由贸易区于 2010 年 1 月 1 日全面建成启动，中国和秘鲁自贸协定于 2010 年 3 月 1 日正式实施，中国和哥斯达黎加于 2010 年 4 月 8 日签订自贸协定。2012 年 9 月，中国和智利正式签署《中智自由贸易协定关于投资的补充协定》，标志着中智自由贸易区全面建成。2013 年 4 月 15 日，中国和冰岛签署了中国—冰岛自贸协定。该协定是中国与欧洲国家签署的第一个自贸协定，涵盖货物贸易、服务贸易、投资等诸多领域。2013 年 7 月 6 日，中国和瑞士正式签署中瑞自贸协定。中瑞自贸协定是我国与欧洲大陆国家及西方重要经济体签署的第一个自贸协定，协定覆盖面广、开放水平高，是一个高质量、宽领域、互利共赢的协定，也是近年来中国对外达成的最高水平、最为全面的自贸协定之一。截至 2013 年，中国已签署 12 个自贸协定。

积极推进自贸区谈判。2013 年自贸区谈判取得新的进展。中韩自贸区举行了八轮谈判，就货物贸易降税模式达成共识，顺利进入要价谈判阶段。中日韩三方共举行了三轮谈判，就谈判的基本模式和框架范围进行了讨论，基本完成了货物贸易模式文本的磋商工作。RCEP 举行两轮谈判，确定了谈判的职责范围，并成立了货物、服务和投资工作组以及原产地规则及海关程序与贸易便利化两个小组。各方还就经济合作、知识产权和竞争政策等议题展开了磋商。倡议启动中国—东盟自贸区升级版谈判，中方已向东盟方提交升级版倡议草案，获得东盟方的积极评价。2013 年 8 月，中国—斯里兰卡启动自贸区协定联合可行性研究，10 月，双方举行了第一次可行性研究工作组会议，就工作机制、报告框架及主要内容等交换了意见。2013 年 11 月，中巴双方在北京召开中巴自贸区第二阶段降税谈判第二次会议，就深化中巴自贸区建设交换了意见。

三、贸易稳定增长，结构趋于优化

危机后，中国政府稳增长、调结构的措施成效显著。中国对外贸易强劲复苏并实现稳定增长，在全球贸易中所占的地位明显上升，进口的稳定增长为贸易伙伴提供巨大市场。私营企业的贸易竞争力不断提高，产品结构趋于优化，外贸品牌优势不断增强。

1. 对外贸易国际地位明显上升

危机后，中国对外贸易的国际地位明显上升。中国对外贸易尽管受金融危机影响在2009 年出现下滑，但下滑幅度相对较小，进出口额占世界贸易的份额不断提高。中国出口额占世界的份额从 2008 年的 8.86% 提高到 2012 年的 11.18%；进口额占世界的份额从 2008 年的 6.9% 提高到 2012 年的 9.79%。对外贸易在世界上的位次明显上升。2009 年，中国出口和进口均超过德国成为世界第一大出口国和第二大进口国，进出口总额仅次于美国，成为世界上第二大贸易大国，并连续四年稳居世界第一大出口国和第二大贸易国的地位（见表 4-2）。2013 年，中国进出口总额首次超过 4 万亿美元，超过美国，成为世界上第一大贸易国。

表 4-2　危机后中国贸易额占世界贸易份额的位次变化

年度	2008	2009	2010	2011	2012
世界出口额（亿美元）	161270	125220	152380	182910	183230
中国出口额（亿美元）	14285	12016	15778	18984	20488
所占比例（%）	8.86	9.60	10.35	10.38	11.18
居世界位次	2	1	1	1	1
世界进口额（亿美元）	164150	127180	153760	184870	185670
中国进口额（亿美元）	11330	10059	13951	17435	18181
所占比例（%）	6.90	7.91	9.07	9.43	9.79
居世界位次	3	2	2	2	2

数据来源：历年《中国统计年鉴》。

中国进口稳定增长为贸易伙伴提供巨大的市场，成为推动世界经济增长的重要力量。中国已经是日本、韩国、澳大利亚、东盟、巴西、南非等国家第一大出口市场，是欧盟的第二大出口市场，是美国和印度的第三大出口市场。危机后，这些国家对中国出口在其总出口中所占的比重有不同程度的增长。中国是对最不发达国家开放市场程度最大的发展中国家之一。截至 2010 年 7 月，中国已经对 36 个已建交最不发达国家原产的4700 多个税目商品实施进口零关税，约占全部税则税目的 60%。中国已承诺将继续扩大对已建交最不发达国家的给惠范围，使实施零关税商品达到全部税则税目的 97%。零关税措施促进了最不发达国家对中国的出口。自 2008 年以来，中国一直是最不发达国家第一大出口市场。2010 年，中国来自最不发达国家的货物进口额比 2009 年增长58%，约占这些国家出口总额的四分之一①。

---

① 数据来源：中国国务院新闻办公室：《中国的对外贸易》白皮书，人民出版社 2011 年版。

2. 贸易强劲复苏并实现稳定增长，失衡情况有所改善

中国对外贸易强劲复苏并实现稳定增长。中国对外贸易在 2009 年大幅下滑，但在中国各项政策的作用下，2010 年强劲复苏，2010 年，中国出口、进口分别比 2009 年增长 31.3% 和 28.7%，均超过 2008 年的水平。2011 年中国对外贸易仍然保持强劲增长，增长速度超过 20%。2012 年以来，受世界需求持续低迷及国内经济增速放缓等因素的影响，中国对外贸易形势严峻，但仍保持超过 5% 的增长率。2012 年和 2013 年，中国对外贸易总额分别增长 6.2% 和 7.6%。

中国在世界低速增长的背景下积极采取措施扩大进口的措施成效明显，进口保持较快增长，贸易平衡有所改善。2013 年，中国进口总额 19502.9 亿美元，比 2008 年增长了 72.2%①。贸易顺差在 2009 年至 2011 年期间出现持续下降趋势。2012 年以来，受国内经济增速放缓的影响，中国进口增长速度有所放慢，贸易顺差有所反弹，但仍然低于危机前的水平。

（单位：百亿美元）

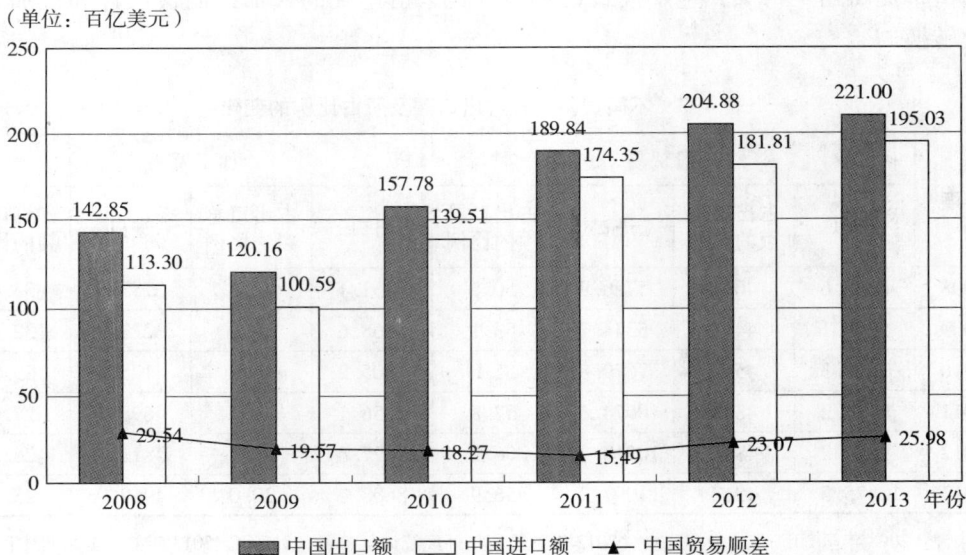

图 4-2　中国进出口额及贸易顺差的变化

数据来源：2008 年至 2009 年数据来自《中国统计年鉴》，2013 年数据来自中国海关总署网站，www.customs.gov.cn。

3. 一般贸易份额明显提升，加工贸易升级成效明显

危机后，一般贸易强劲复苏并保持较快增长，进出口额所占份额明显提高。2013

---

① 数据来源：2008 年数据来自《2008 年中国统计年鉴》，2013 年数据来自中国海关总署网站，www.customs.gov.cn。

年，中国一般贸易出口、进口分别比2008年增长64.1%和94.0%，明显高于加工贸易。一般贸易出口在出口总额中所占的比例从2008年的46.4%提高到2013年的49.2%，进口所占的比例2008年自1995年以来首次超过50%，2013年进一步提高到56.9%。一般贸易进出口额在进出口总额中所占比例在2010年超过了50%，这是1995年以来一般贸易进出口额所占比例首次超过50%。

加工贸易增速放缓，在进出口总额中所占的比例持续下降，但升级成效明显。2013年加工贸易出口、进口分别比2008年增长27.5%和31.3%，增长速度明显低于一般贸易的增长速度，在中国进出口额中所占的比例明显下降。2008年，加工贸易出口在出口总额中所占的比例为47.3%，这是1995年以来加工贸易出口占比首次低于50%。2013年，加工贸易出口在出口总额中所占的比例降至39.0%。加工贸易进口在进口总额中所占的比例从2008年的33.4%降至2013年的25.5%（见表4-3）。加工贸易在份额下降的同时，转型升级取得明显成效。加工贸易产业链向上下游延伸，从过去的简单加工向深加工配套深化。2012年前三季度，按照单位出口拉动计算，加工贸易国内配套增值率提高到44.2%；生产模式进一步优化，由单纯的代加工向代设计和代加工一体化转换。[①]

102

表4-3　不同贸易方式进出口额及所占比例的变化　　　（单位：亿美元;%）

年度	一般贸易				加工贸易			
	出口	占出口总额的比例	进口	占出口总额的比例	出口	占出口总额的比例	进口	占进口总额的比例
2008	6628.6	46.4	5720.9	50.5	6751.1	47.3	3783.8	33.4
2009	5298.1	44.1	5344.7	53.1	5868.6	48.8	3222.9	32.0
2010	7207.3	45.7	7679.8	55.0	7405.2	46.9	4175.6	29.9
2011	9171.2	48.3	10074.6	57.8	8356.1	44.0	4698.7	27.0
2012	9880.2	48.2	10218.2	56.2	8627.8	42.1	4811.7	26.5
2013	10875.3	49.2	11097.2	56.9	8608.2	39.0	4969.9	25.5

数据来源：2008年至2011年的数据来自《2012年中国贸易外经统计年鉴》，2012年、2013年的数据来自中国海关总署网站，http://www.customs.gov.cn。

4. 外商投资企业主导态势有所变化，私营企业出口竞争力明显提高

外商投资企业主导中国对外贸易的情况出现变化。外商投资企业进出口贸易主要通过加工贸易方式实现，2013年，外商加工贸易出口占其出口额的82.9%。危机后，由于土地成本、商务成本和用工成本等的持续上涨，中国加工贸易竞争力不断下降，增长

---

① 中国商务部网站：《十六大以来商务成就综述之二：加工贸易转型升级取得明显成效》，http://www.mofcom.gov.cn/article/ae/ai/？3。

趋缓，在贸易中所占的份额明显收缩。受此影响，外商投资企业进出口额在进出口总额中所占的比例也明显持续下降。2011年，外商投资企业进口额在进口总额中所占比例自1996年以来首次低于50%，2012年，外商投资企业出口额在出口总额中所占的比例自2001年以来首次低于50%。2013年，外商投资企业出口、进口所占份额进一步降至47.3%和44.9%。

私营企业进出口的快速增长是危机后中国对外贸易的一个重要特点。以私营企业为主要构成的其他企业出口竞争力不断增长，在中国对外贸易中的地位和作用日渐提高。和2008年相比，2013年，其他企业的出口增长了164.8%，进口增长了234.8%，在进出口贸易总额中所占的比例也明显提高。2013年，其他企业出口占出口总额的比例达到39.1%，比2008年增长了16个百分点，其他企业进口所占比例达到22.4%，比2008年增长了11个百分点。

表4-4　不同性质企业进出口额及所占比例的变化　　（单位：亿美元；%）

年度	国有企业				外商投资企业				其他企业			
	出口	占出口总额的比例	进口	占进口总额的比例	出口	占出口总额的比例	进口	占进口总额的比例	出口	占出口总额的比例	进口	占进口总额的比例
2008	2572.3	18.0	3538.1	31.2	7906.2	55.3	6199.6	54.7	3260.3	22.8	1304.4	11.5
2009	1909.9	15.9	2884.7	28.7	6722.3	55.9	5452.1	54.2	2979.2	24.8	1453.6	14.5
2010	2343.6	14.9	3875.5	27.8	8623.1	54.7	7380.0	52.9	4314.1	27.3	2343.4	16.8
2011	2672.4	14.1	4939.4	28.3	9948.9	52.4	8643.3	49.6	5807.9	30.6	3445.2	19.8
2012	2562.8	12.5	4954.2	27.2	10227.5	49.9	8712.5	47.9	7190.2	35.1	4158.4	22.9
2013	2489.9	11.3	4989.9	25.6	10442.6	47.3	8748.2	44.9	8633.4	39.1	4367.6	22.4

注：其他企业的统计口径有所变化。2008年和2012年，其他企业指私营企业和不包括国有企业、外商投资企业、集体企业和私营企业的其他企业，2013年，其他企业指私营企业。

数据来源：中国国务院发展研究中心信息网"对外贸易统计"。

5. 产品结构趋于优化

机电产品、高新技术产品出口保持较快增长。中国机电产品、高新技术产品出口在中国出口总额中所占的比例保持在55%、25%以上的水平。随着中国机电产业、高新技术产业的发展及技术水平的不断提高，国产产品对进口产品的替代性也逐渐提高，机电产品、高新技术产品进口的增长速度趋缓，在进口总额中所占的比例不断下降，机电产品出口所占比例从2008年的47.5%降至2013年的43.1%，高新技术产品所占比例从2008年的30.2%下降至2013年的28.2%。民营企业是机电产品、高新技术产品的主要推动力量。2012年1月至10月，民营企业机电产品出口、进口分别增长26.1%和19.8%，高新技术产品的进出口额增长34.1%，均大幅度高于同期外商投资企业和国有企业的增长速度①。

表4-5　机电产品及高新技术产品进出口额及所占比例的变化

（单位：亿美元；%）

年度	一般贸易				加工贸易			
	出口	占出口总额的比例	进口	占出口总额的比例	出口	占出口总额的比例	进口	占进口总额的比例
2008	8229.3	57.6	5386.6	47.5	4156.1	29.1	3419.4	30.2
2009	7131.1	59.3	4914.2	48.9	3769.1	31.4	3098.4	30.8
2010	9334.3	59.2	6603.1	47.3	4924.1	31.2	4126.7	29.6
2011	10855.9	57.2	7532.9	43.2	5487.9	28.9	4629.9	26.6
2012	11794.2	57.2	7823.8	43.0	6012.0	29.3	5067.5	27.9
2013	12655.3	57.3	8400.8	43.1	6603.3	29.9	5581.9	28.6

数据来源：2008—2012年数据来自中国国务院发展研究中心信息网"对外贸易统计"，2013年数据来自中国海关总署网站，http://www.customs.gov.cn。

高能耗产品进出口所占比例有所下降。危机后，在国际减排压力不断增加，国内污染日益加剧的情况下，中国实施了一系列节能减排措施。节能减排的政策效应开始显现，"黑色金属冶炼及延压业"、"石油加工及炼焦业"、"非金属制造业"、"化学原料及化学制品业"四个能耗最高②的行业产品的进出口额所占比例有所下降。这四个高能耗产业的出口占中国出口总额的比例从2008年的11.8%下降至2012年的9.6%，进口所占比例从2008年的13.1%下降至2013年的12.1%。

6. 外贸品牌优势不断增强

危机后，中国政府采取一系列措施鼓励中国企业在国际市场上打造自己的品牌，品牌建设取得积极进展，外贸品牌产品的出口竞争力不断提高。2011年，占不到全国出口企业总数的1%的外贸品牌企业出口了全国5%的商品。2013年第113届"广交会"上，品牌展区成交129.2亿美元，品牌企业平均成交额是非品牌企业的5.8倍。2013年商务部抽样调查统计显示，参与调查的630家企业中，2012年拥有自主品牌的超过70%，自有外贸品牌出口总额占到了全部出口额的39.7%，其中，合资企业自有外贸品牌出口额占其出口总额比重为61.4%，自有品牌出口平均利润率达到12.4%③。

---

① 数据来源：中国商务部网站，《2012年商务工作年终述评之十二：推动机电和高新技术产品进出口平稳增长和发展方式转变》，http://www.mofcom.gov.cn/article/ae/。

② 四个能耗最高的行业根据2010年制造业单位产值消耗的以标准煤为计量单位的能量的排序确定。各行业的标准煤消耗量和各产业产值数据来自《中国统计年鉴》。

③ 中国商务部：《2013年商务工作年终述评之十四：加强品牌建设 加快培育外贸竞争新优势》，中国商务部网站。

国际知名品牌持续增加。2004 年世界品牌实验室（World Brand Lab）依据品牌的世界影响力首次发布的《世界品牌 500 强》排行榜①中，中国品牌仅海尔入选。而在其2013 年发布的 500 强排行榜中，中国有 25 个品牌入选，入选品牌总数居全球第 5 位。华通明略（Millward Brown）2006 年首次发布的 BrandZ 最具价值全球品牌百强榜中，中国品牌仅中国移动 1 家，而在 2013 年的百强榜中，中国品牌上升到 13 个。

大事记 4-1　2013 年中国贸易地位提升与贸易发展主要事件

时间	事件
2013 年 3 月 26—28 日	中日韩自贸区第一轮谈判在韩国首尔举行
2013 年 4 月 15 日	中国—冰岛自贸协定在北京签署
2013 年 5 月 9—13 日	《区域全面经济伙伴关系协定》（RCEP）第一轮谈判在文莱举行
2013 年 6 月 3—6 日	中美投资协定第九轮谈判在山东青岛举行
2013 年 6 月 4—6 日	中国—澳大利亚自贸区第十九轮谈判在北京举行
2013 年 7 月 6 日	中国—瑞士自贸协定在北京签署
2013 年 8 月	中国—斯里兰卡正式启动自贸区协定联合可行性研究
2013 年 8 月 29 日	《〈内地与香港关于建立更紧密经贸关系的安排〉补充协议十》在香港签署
2013 年 8 月 30 日	《〈内地与澳门关于建立更紧密经贸关系的安排〉补充协议十》在澳门签署
2013 年 9 月 5 日	中韩自贸区第七轮谈判顺利结束。至此，双方完成自贸区模式阶段谈判
2013 年 9 月 23—27 日	《区域全面经济伙伴关系协定》（RCEP）第二轮谈判在澳大利亚举行
2013 年 9 月 29 日	"中国（上海）自由贸易试验区"正式挂牌
2013 年 10 月 21—25 日	中美投资协定第十轮谈判在华盛顿举行
2013 年 12 月 25 日	欧盟正式发布中国光伏产品反补贴终裁，接受 121 家中国企业的价格承诺
2013 年 12 月 30 日	中国成为世界第一大货物贸易国

---

①　世界品牌实验室发布的排行榜评判的依据是品牌的世界影响力。品牌影响力（Brand Influence）是指品牌开拓市场、占领市场并获得利润的能力。

第五章　结构优化：
完善投资环境提升综合效益

根据联合国贸发会议发布的《2013 世界投资报告》，"2013 年 FDI 将与 2012 年保持同一水平，最高达 1.45 亿美元，与危机前（2005—2007 年）的平均水平大致相当。在宏观经济形势企稳回升，投资者对中期经济走向重拾信心的背景下，跨国公司会将持有现金转化为新建投资。预计 2014 年 FDI 流量达到 1.6 万亿美元，2015 年达到 1.8 万亿美元。但是，增长预测存在重大风险，例如全球金融体系的结构性缺陷、宏观经济环境的恶化风险，以及会对投资者信心造成严重影响的地区性重大政策变动，都将导致FDI 流量的进一步降低"[①]。虽然 2013 年全球直接投资的状况并无多大起色，但中国仍然是全球投资者心目中的最佳投资地之一；同时，中国对外直接投资的不断增长，也为中国通过双向投资提升中国的国际经济地位提供了条件。

一、外资政策调整，全球投资者继续看好中国

2013 年 1 月 14 日，中国外商投资企业协会举行 2013 年第一次会长办公会议，时任商务部部长、中国外商投资企业协会会长陈德铭在讲话中指出，中国政府将继续致力于优化投资环境，鼓励外商投资企业在华投资。[②] 投资环境的优化、政策透明度的提高将为中国吸收外资提供长期利好。

1. 外资政策调整，中国放宽各领域投资准入

（1）金融领域的对外开放

2013 年 1 月 1 日，由中国证监会在 2012 年 12 月 20 日发布的《关于股份有限公司境外发行股票和上市申报文件及审核程序的监管指引》（［2012］45 号）生效。该指引指出，"为更好地适应境内企业特别是中小企业的融资需求，服务实体经济发展，中国证券监督管理委员会将进一步放宽境内企业境外发行股票和上市的条件，简化审核程

---

① 联合国贸发会议：《2013 世界投资报告》中文版，经济管理出版社 2013 年版，第 1 页。
② 短讯：《我国政府将继续优化投资环境鼓励外商投资》，《外资信息》2013 年 1 月 25 日。

序，提高监管效率。依照《中华人民共和国公司法》设立的股份有限公司在符合境外上市地上市条件的基础上，可自主向中国证监会提出境外发行股票和上市申请"①。2013 年 3 月 6 日，中国证监会、中国人民银行、国家外汇管理局发布《人民币合格境外机构投资者境内证券投资试点办法》（第 90 号令）和《关于实施〈人民币合格境外机构投资者境内证券投资试点办法〉的规定》。有关文件扩大了试点机构类型，放宽了投资范围限制。主要包括：（1）扩大试点机构类型。由试点初期的基金管理公司、证券公司的香港子公司扩大到境内商业银行、保险公司等香港子公司或注册地及主要经营地在香港地区的金融机构均可以参与试点。（2）放宽投资范围限制。由试点初期只能发行债券类产品或 A 股 ETF 产品，放宽到允许机构根据市场情况自主决定产品类型。此外，修订的法规进一步明确了人民币合格境外机构投资者（RQFII）投资范围和持股比例等相关要求，简化了申请文件。2013 年 5 月，中国人民银行发布《关于实施〈人民币合格境外机构投资者境内证券投资试点办法〉有关事项的通知》，对人民币合格境外机构投资者（RQFII）开立存款账户的事宜进行了规定。以上法律法规的修改完善和便利了试点机构的投资运作，增强了政策透明度。

（2）放宽投资准入

2013 年 9 月 29 日，中国（上海）自由贸易试验区正式挂牌。2013 年 11 月，党的十八届三中全会顺利召开，公布了《中共中央关于全面深化改革若干重大问题的决定》（以下简称《决定》）。《决定》指出，"构建开放型经济新体制。适应经济全球化新形势，必须推动对内对外开放相互促进、'引进来'和'走出去'更好结合，促进国际国内要素有序自由流动、资源高效配置、市场深度融合，加快培育参与和引领国际经济合作竞争新优势，以开放促改革"。②《决定》特别强调，"放宽投资准入。统一内外资法律法规，保持外资政策稳定、透明、可预期。推进金融、教育、文化、医疗等服务业领域有序开放，放开育幼养老、建筑设计、会计审计、商贸物流、电子商务等服务业领域外资准入限制，进一步放开一般制造业。加快海关特殊监管区域整合优化"③。党的十八届三中全会进一步为中国的外资政策调整指明了方向。

2. 全球投资规则重构中国加快中美双边投资谈判进程

（1）全球投资规则重构，美式高标准在全球推行

目前，全球投资规则基本形成，美式高标准在全球推行，中国如果不能充分利用全

---

① 中国证监会：《关于股份有限公司境外发行股票和上市申报文件及审核程序的监管指引》（〔2012〕45 号），2012 年 12 月 20 日。

② 中共中央：《中共中央关于全面深化改革若干重大问题的决定》，2013 年 11 月 12 日中国共产党第十八届中央委员会第三次全体会议通过，《中国共产党第十八届中央委员会第三次全体会议文件汇编》，人民出版社 2013 年版。

③ 中共中央：《中共中央关于全面深化改革若干重大问题的决定》，2013 年 11 月 12 日中国共产党第十八届中央委员会第三次全体会议通过，《中国共产党第十八届中央委员会第三次全体会议文件汇编》，人民出版社 2013 年版。

球投资规则重构的窗口期，参与国际投资规则的制定，不仅将失去在全球投资规则制定中的话语权，而且容易被周边国家边缘化，中美共同主导世界经济格局的可能性大大减少。一句话，不开放的话，中国的风险很大。

一方面，要吸引更多的跨国公司地区总部、运营总部进入中国，必须以国民待遇为外资准入管理的基本原则，加强长三角、珠三角、环渤海等沿海地区对外开放的深度，通过自由贸易区进行试点，率先达到全球投资规则的要求，获得经验后在全国推广。

另一方面，在国际投资规则的谈判中，我们必须遵循对等原则。中国要培育本土跨国公司，必须通过加入 TPP 参与全球投资规则的制定，在知识产权保护等方面遵循对等原则，从而为本土跨国公司建立相应的投资规则保护，避免本土跨国公司在东道国受到歧视，为中国企业走出去奠定基础。

在此背景下，双边和区域自由贸易协定的谈判成为全球投资规则重构的主要平台。中美双边投资协定的签署将有助于中国加入 TPP，进而参与全球投资规则的制定，因此，签署中美双边投资协定的必要性和紧迫性日益增强。

（2）中美双边投资协定有助于推动中美双向投资的发展

近年来，中美双向投资发展迅速。目前，美国在华企业超过 6 万家，投资规模超过 700 亿美元。2012 年，美国在中国的直接投资达到 31.3 亿美元。根据中国美国商会在 2013 年 3 月公布的营商报告，68% 的在华美国企业仍然把中国作为投资首选地的第三位。

同时，党的十八大提出，加快"走出去"步伐，增强企业国际化经营能力，培育一批世界水平的跨国公司。目前，中国企业在美国的投资累计也将近 200 亿美元。随着中国企业"走出去"步伐的不断加快，中国对美国的投资也会不断增多。但是由于受到意识形态和国家经济安全等因素的影响，中国企业在美国的经营或多或少受到一定的歧视。

因此，签署中美双边投资协定有助于进一步完善双边法律法规的合作，为中国企业在美国的运营提供投资保护，减少其经营过程中受到的歧视；同时也进一步完善中国在知识产权保护、透明度等方面的法律法规，进一步提高中国市场的竞争力，进而推动中美双向投资的发展。

（3）中美双边投资协定的前景

2013 年 4 月 13 日，习近平同志在会见美国国务卿克里时强调，中美要探索构建平等互信、包容互鉴、合作共赢的新型大国关系之路。在这一背景下，中美经贸关系的新格局对中美双边关系具有十分重要的影响。一方面，中美贸易的发展有助于支撑双边关系的发展。目前，中美双边贸易规模已经超过 4800 亿美元，两国互为第二大贸易伙伴。另一方面，中美贸易逆差也是双边关系的纷争之源。中美双边投资谈判旨在加强投资者权益保护、积极促进双向投资发展。中美双边投资协定的签署在一定程度上可以形成一种平衡机制，通过中美经济关系的发展来推动促进两国新型大国关系的建立。

在 2013 年 7 月举行的第五轮中美战略与经济对话中，中美双方同意以准入前国民待遇与负面清单为基础开展 BIT 谈判，双边投资谈判的进程在此次对话中有所推进。鉴于目前中国已经和 130 多个国家签订了双边投资协定，中美两国能否在双边投资协定问题上达成一致意见无论对于巩固和发展中美双边经贸关系，还是全面加强中美双边关系，都是非常重要的一个砝码。

3. 部分企业向外投资转移但跨国公司在华投资总趋势未变

（1）成本上升，部分企业实施投资转移

由于生产成本上升，部分跨国公司正在考虑将生产基地转向周边国家。2013 年 3 月，《日本经济新闻》指出，"越来越多的中小制造业企业开始逐步分散在亚洲的生产基地。由于中国的人工成本上升，这些企业开始转向缅甸、柬埔寨等国寻找投资机会。除纤维等劳动密集型产业外，一些机械制造企业出于防止技术外流的考虑也不得不谋求更多的生产基地。……大型帐篷制造企业太阳工业将在柬埔寨生产物流包装材料，目前已经在郊外的工业区内开始兴建工厂，计划于 11 月开始生产。而其在中国的委托加工将逐步减少，直至全部转移至柬埔寨"[①]。

德国《法兰克福汇报》网站也发表文章指出，"劳动力成本上涨在给中国经济制造麻烦。生产力进步无法补偿劳动力成本增加的情况日益增多，因此企业考虑转移它们的工厂。渣打银行的一项调查显示，在中国南部工业发达的珠江三角洲地区，30% 的企业正计划向成本相对较低的内陆搬迁，另有 9% 的企业打算彻底离开中国。而 2012 年这一比例甚至还达不到目前水平的一半。最受欢迎的外国替代投资地是柬埔寨，那里的工资比中国低 10% 到 30%。紧随其后的是孟加拉国和越南"[②]。

同时，部分企业正在考虑将成本转嫁到消费者身上，以消化成本上升带来的利润减少，以便继续其在中国的投资。2013 年 10 月，德国《经济周刊》发文指出，"由于生产成本上升，中国正在越来越多地失去其作为西方廉价工作台的角色。在中国采购商品的德国企业用 3 种战略对此作出反应：第一，在各自的销售市场附近建立更短的新供应链。这会提高生产成本，但会带来时间优势；第二，采购商开辟除中国之外的其他生产场所，例如像埃塞俄比亚和缅甸这样一些国家，或者越南等与中国相邻的国家；第三，对中国保持忠诚，尝试把提高的生产成本转嫁到顾客身上。"[③]

（2）调查表明全球投资者继续看好中国

虽然成本上升导致利润减少，但全球投资者仍然把中国视为最佳投资地之一。2013 年 1 月，在"亚洲金融论坛 2013"上，与会者就目前哪个地区拥有最好的投资回报进行现场投票：中国得票 48.9%，东南亚得票 30.2%，美国 10%，印度 7.6%，西

---

① 《日报说日本中小企业因中国劳动力成本上升而转向其他国家》，《日本经济新闻》2013 年 3 月 18 日。

② 克里斯蒂安·盖尼茨：《中国不再是廉价产地》，德国《法兰克福汇报》网站，2013 年 3 月 15 日。

③ 弗罗里安·维勒斯豪森、亨里克·希尔舍：《再见，中国》，德国《经济周刊》网站，2013 年 10 月 16 日。

欧 3.3%。①

2013 年 10 月，《俄罗斯商业咨询日报》也发文指出，"西方公司不满中国生产成本的提高，越来越频繁地将工厂迁到其他费用更低的市场或更靠近最终消费者的市场。离开中国的西方公司首先跑到越南、印度、孟加拉国、巴基斯坦和印度尼西亚。德国 Valueneer 公司的分析师认为，对俄罗斯的兴趣也在增长。……德国的 Valueneer 公司和美国凯洛格管理学研究生院的分析师对专家们就全球采购问题进行了一项调查，调查结果表明，中国仍旧是世界主要的生产中心之一，但许多公司打算在今后 3 年增加从印度、马来西亚、印度尼西亚、越南和菲律宾的采购"。② 以上通过调查和投票得出的结论显示，虽然跨国公司对于在中国投资的成本上升十分不满，但它们仍然承认，中国是世界主要的生产中心之一，在中国会拥有最好的投资回报。可见，全球投资者依旧看好中国。

（3）规模增加结构优化，西部地区吸收外资上升趋势明显

据统计，"2013 年 1—12 月，全国设立外商投资企业 22773 家，同比下降 8.63%；实际使用外资金额 1175.86 亿美元，同比增长 5.25%。2013 年 1—12 月，亚洲十国/地区（中国香港、中国澳门、中国台湾、日本、菲律宾、泰国、马来西亚、新加坡、印尼和韩国）对华投资新设立企业 18407 家，同比下降 7.46%，实际投入外资金额 1025.23 亿美元，同比增长 7.09%。美国对华投资新设立企业 1111 家，同比下降 19.14%，实际投入外资金额 33.53 亿美元，同比增长 7.13%。欧盟 28 国对华投资新设立企业 1523 家，同比下降 10.41%，实际投入外资金额 72.14 亿美元，同比增长 18.07%。2013 年 1—12 月，对华投资前十位国家/地区（以实际投入外资金额计）依次为：中国香港（783.02 亿美元）、新加坡（73.27 亿美元）、日本（70.64 亿美元）、中国台湾（52.46 亿美元）、美国（33.53 亿美元）、韩国（30.59 亿美元）、德国（20.95 亿美元）、荷兰（12.81 亿美元）、英国（10.39 亿美元）和法国（7.62 亿美元），前十位国家/地区实际投入外资金额占全国实际使用外资金额的 93.15%"③。

从结构来看，2013 年农、林、牧、渔业以及制造业实际使用外资呈现负增长，其中农、林、牧、渔业实际使用外资比 2012 年减少了 12.7%，制造业实际使用外资比 2012 年减少了 6.8%。在出现增长的行业中，增长最快的是电力、燃气及水的生产和供应业，实际使用外资较 2012 年增长了 48.2%，其次是租赁和商务服务业，实际使用外资较 2012 年增长了 26.2%。同时，虽然服务业实际使用外资的总量出现了增长，但信息传输、计算机服务和软件业以及居民服务和其他服务业却出现了较大幅度的下降，且外商投资企业的家数也同时出现负增长，这一现象需要引起重视。

---

① 短讯：《全球投资者依旧看好中国》，《外资信息》2013 年 1 月 25 日。

② 亚历山大·波洛茨基：《西方厂商寻找中国的替代者》，《俄罗斯商业咨询日报》2013 年 10 月 23 日。

③ 资料来源：国家商务部网站"2013 年 1—12 月全国吸收外商直接投资情况"。

表 5-1 2013 年非金融领域外商直接投资及其增长速度

行业	企业数（家）	比 2012 年增长（％）	实际使用金额（亿美元）	比 2012 年增长（％）
总计	22773	−8.6	1175.9	5.3
其中：农、林、牧、渔业	757	−14.2	18.0	−12.7
制造业	6504	−27.5	455.5	−6.8
电力、燃气及水的生产和供应业	200	7.0	24.3	48.2
交通运输、仓储和邮政业	401	1.0	42.2	21.4
信息传输、计算机服务和软件业	796	−14.0	28.8	−14.2
批发和零售业	7349	4.6	115.1	21.7
房地产业	530	12.3	288.0	19.4
租赁和商务服务业	3359	4.0	103.6	26.2
居民服务和其他服务业	166	−13.5	6.6	−43.6

资料来源：《2013 年国民经济和社会发展统计公报》，国家统计局 2014 年 2 月 24 日公布。

从地区分布来看，虽然 2013 年的数据尚未公布，但从 2008—2012 年东部、中部、西部吸收外资的情况来看，西部地区吸收外资的规模上升较快，但企业数量有下降趋势，这从侧面说明外资大企业落户数量在增加，这对西部地区而言也是一个利好；同时，西部地区外商投资企业的进出口总额、进口总额和出口总额都在增加，且总体上升速度要超过东部和中部，说明中国近几年来实施鼓励外商投资西部的地区倾斜政策正在取得成效，这也有利于中国吸收外资逐步走向地区平衡。

表 5-2 2008—2012 年东、中、西部外商投资情况表

区域	指标	2008	2009	2010	2011	2012
东部	外资企业数（个）	350767	344712	352656	358429	355864
	外资企业投资总额（亿美元）	19259.7	20289.0	21708.8	23954.5	25974.9
	外资企业进出口总额（亿美元）	13499.1	11629.2	15200.5	17357.7	17261.8
	外资企业出口总额（亿美元）	7641.2	6497.0	8294.7	9375.6	9351.5
	外资企业进口总额（亿美元）	5857.9	5132.2	6905.8	7982.1	7910.3
中部	外资企业数（个）	48201	49229	50145	49089	47833
	外资企业投资总额（亿美元）	2005.7	2231.0	2521.8	2872.7	3149.2
	外资企业进出口总额（亿美元）	377.0	335.4	496.5	704.2	936.8
	外资企业出口总额（亿美元）	169.4	137.4	206.5	312.5	446.3
	外资企业进口总额（亿美元）	207.5	197.9	290.0	391.7	490.5

区域	指标	2008	2009	2010	2011	2012
西部	外资企业数（个）	35733	40068	42203	38747	36686
	外资企业投资总额（亿美元）	1596.5	1764.0	1989.7	2245.5	2567.4
	外资企业进出口总额（亿美元）	223.2	210.3	309.2	537.0	742.6
	外资企业出口总额（亿美元）	94.3	86.3	121.1	264.2	428.4
	外资企业进口总额（亿美元）	128.9	124.0	188.0	272.9	314.2

资料来源：国家统计局：《国家数据》在线数据库，http：//data. stats. gov. cn。

二、体制开放，上海自由贸易试验区放宽外资准入

根据国务院公布的《中国（上海）自由贸易试验区总体方案》（以下简称《总体方案》），建立自贸区的总体目标是："经过两至三年的改革试验，加快转变政府职能，积极推进服务业扩大开放和外商投资管理体制改革，大力发展总部经济和新型贸易业态，加快探索资本项目可兑换和金融服务业全面开放，探索建立货物状态分类监管模式，努力形成促进投资和创新的政策支持体系，着力培育国际化和法治化的营商环境，力争建设成为具有国际水准的投资贸易便利、货币兑换自由、监管高效便捷、法制环境规范的自由贸易试验区，为我国扩大开放和深化改革探索新思路和新途径，更好地为全国服务。"① 中国（上海）自由贸易试验区的建立是中国进一步扩大开放和深化改革的重大举措。

从《总体方案》来看，建立自贸区的主要任务之一是扩大投资领域的开放，具体包括：扩大服务业开放、探索建立负面清单管理模式和构筑对外投资服务促进体系。对于外商投资企业来说，服务业扩大开放在一定程度上放宽了外资准入，为外国投资者提供了更好的投资环境。

1. 上海自由贸易试验区服务业扩大开放的主要措施

根据《总体方案》，扩大服务业开放是中国（上海）自由贸易试验区（以下简称"上海自贸区"）的一项重要开放措施，主要包括金融服务领域、航运服务领域、商贸服务领域、专业服务领域、文化服务领域、社会服务领域等六个方面。主要内容详见表5-3。

---

① 详见《中国（上海）自由贸易试验区总体方案》，上海市人民政府网站，http：//www.shanghai.gov. cn/shanghai/node2314/node2319/node12344/u26ai37023. html。

表 5-3　上海自贸区服务业扩大开放的主要措施

开放领域	主要措施
金融服务领域	（1）允许符合条件的外资金融机构设立外资银行，符合条件的民营资本与外资金融机构共同设立中外合资银行。在条件具备时，适时在试验区内试点设立有限牌照银行。（2）试点设立外资专业健康医疗保险机构。（3）融资租赁公司在试验区内设立的单机、单船子公司不设最低注册资本限制。（4）允许融资租赁公司兼营与主营业务有关的商业保理业务
航运服务领域	（1）放宽中外合资、中外合作国际船舶运输企业的外资股比限制，由国务院交通运输主管部门制定相关管理试行办法。（2）允许设立外商独资国际船舶管理企业
商贸服务领域	（1）在保障网络信息安全的前提下，允许外资企业经营特定形式的部分增值电信业务，如涉及突破行政法规，须国务院批准同意。（2）允许外资企业从事游戏游艺设备的生产和销售，通过文化主管部门内容审查的游戏游艺设备可面向国内市场销售
专业服务领域	（1）探索密切中国律师事务所与外国（含中国港澳台地区）律师事务所业务合作的方式和机制。（2）允许设立外商投资资信调查公司。（3）允许设立中外合资人才中介机构，外方合资者可以拥有不超过 70% 的股权。（4）外资人才中介机构最低注册资本金要求由 30 万美元降低至 12.5 万美元。（5）允许设立股份制外资投资性公司。（6）对试验区内为上海市提供服务的外资工程设计（不包括工程勘察）企业，取消首次申请资质时对投资者的工程设计业绩要求。（7）对试验区内的外商独资建筑企业承揽上海市的中外联合建设项目时，不受建设项目的中外方投资比例限制
文化服务领域	（1）取消外资演出经纪机构的股比限制，允许设立外商独资演出经纪机构，为上海市提供服务。（2）允许设立外商独资的娱乐场所，在试验区内提供服务
社会服务领域	（1）允许举办中外合作经营性教育培训机构。（2）允许举办中外合作经营性职业技能培训机构。（3）允许设立外商独资医疗机构

资料来源：《中国（上海）自由贸易试验区总体方案》，上海市人民政府网站。

从《总体方案》来看，投资领域扩大开放不仅有利于外商对于金融服务、航运服务、商贸服务、专业服务、文化服务、社会服务等领域的投资，而且能够通过上述领域的投资开放为外资制造业企业入驻中国提供更好的投资软环境，因此，服务业领域的开放对于制造业领域的投资也具有推动作用。作为中国改革开放的"试验田"，上海自贸区的建立对于中国国际经济地位的提高具有深远的意义。

2. 上海自贸区服务业扩大开放的相关政策调整

自上海自贸区建立以来，国家、各部委和上海市政府联合出台了一系列政策法规，对《总体方案》的内容制定实施细则，并对部分原先存在的政策法规进行了调整。目前，《中国（上海）自由贸易试验区中外合作经营性培训机构管理暂行办法》、《中国（上海）自由贸易试验区外商独资医疗机构管理暂行办法》、《国务院关于在中国（上海）自由贸易试验区内暂时调整有关行政法规和国务院文件规定的行政审批或者准入特别管理措施的决定》等规定已经正式发布，主要内容可归纳为以下四个方面：一是医疗业务的对外开放；二是经营性合作培训机构的对外开放；三是金融配套支持方案；四是暂时调整有关行政审批以及有关资质要求、股比限制、经营范围限制等准入特别管理措施。主要内容详见表5-4。

表5-4　上海自贸区服务业扩大开放的相关政策调整

相关法规或管理措施	颁布机构和时间	主要措施
《中国（上海）自由贸易试验区外商独资医疗机构管理暂行办法》	上海市卫生和计划生育委员会、上海市商务委员会、上海市工商行政管理局，2013年10月24日	进一步落实国务院印发的《中国（上海）自由贸易试验区总体方案》
《中国（上海）自由贸易试验区中外合作经营性培训机构管理暂行办法》	上海市教育委员会、上海市商务委员会、上海市人力资源和社会保障局、上海市工商行政管理局，2013年10月30日	落实《总体方案》中关于"允许设立中外合作经营性培训机构"的规定，进一步扩大培训服务业对外开放，加强培训服务业对外交流与合作
《关于金融支持中国（上海）自由贸易试验区建设的意见》	中国人民银行，2013年12月2日	（1）创新有利于风险管理的账户体系。（2）探索投融资汇兑便利。（3）扩大人民币跨境使用。（4）稳步推进利率市场化。（5）深化外汇管理改革。（6）监测与管理
《国务院关于在中国（上海）自由贸易试验区内暂时调整有关行政法规和国务院文件规定的行政审批或者准入特别管理措施的决定》	国务院，2013年12月21日	（1）改革外商投资管理模式，对国家规定实施准入特别管理措施之外的外商投资，暂时调整有关行政审批。（2）扩大服务业开放，暂时调整有关行政审批以及有关资质要求、股比限制、经营范围限制等准入特别管理措施①

资料来源：根据相关文件整理。

3. 加快政府职能转变的主要内容②

根据《国务院关于在中国（上海）自由贸易试验区内暂时调整有关行政法规和国务院文件规定的行政审批或者准入特别管理措施的决定》，国务院将从改革外商投资管理模式和扩大服务业开放两个方面来加快政府职能转变，创新对外开放模式，进一步探索深化改革开放的经验。主要包括：

（1）改革外商投资管理模式

对国家规定实施准入特别管理措施之外的外商投资，暂时调整《中华人民共和国外资企业法实施细则》、《中华人民共和国中外合资经营企业法实施条例》、《中华人民共和国中外合作经营企业法实施细则》、《指导外商投资方向规定》、《外国企业或者个人在中国境内设立合伙企业管理办法》、《中外合资经营企业合营期限暂行规定》、《中

---

① 国务院：《国务院关于在中国（上海）自由贸易试验区内暂时调整有关行政法规和国务院文件规定的行政审批或者准入特别管理措施的决定》，2013年12月21日。

② 以下内容参见国务院：《国务院关于在中国（上海）自由贸易试验区内暂时调整有关行政法规和国务院文件规定的行政审批或者准入特别管理措施的决定》，2013年12月21日。

外合资经营企业合营各方出资的若干规定》、《〈中外合资经营企业合营各方出资的若干规定〉的补充规定》、《国务院关于投资体制改革的决定》、《国务院关于进一步做好利用外资工作的若干意见》规定的有关行政审批。

（2）扩大服务业开放

暂时调整《中华人民共和国船舶登记条例》、《中华人民共和国国际海运条例》、《征信业管理条例》、《营业性演出管理条例》、《娱乐场所管理条例》、《中华人民共和国中外合作办学条例》、《外商投资电信企业管理规定》、《国务院办公厅转发文化部等部门关于开展电子游戏经营场所专项治理意见的通知》规定的有关行政审批以及有关资质要求、股比限制、经营范围限制等准入特别管理措施。

（3）调整的主要措施

在2014年1月6日公布的作为《国务院关于在中国（上海）自由贸易试验区内暂时调整有关行政法规和国务院文件规定的行政审批或者准入特别管理措施的决定》附件的《国务院决定在中国（上海）自由贸易试验区内暂时调整有关行政法规和国务院文件规定的行政审批或者准入特别管理措施目录》中，主要包括32项需要修改的措施，涉及两大类19份法规文件，分别为改革外商投资管理模式的11份，扩大服务业开放的8份，相关机构涉及商务部、国家发改委、工信部、文化部、交通部、征信业管理部门和上海市。其中，与外资三法相关的24项行政审批调整成负面清单管理模式，其余8项由原来出台相关规定的部委和地方政府进行改变或修订。

4. 上海自贸区服务业扩大开放对于放宽外资准入的重要意义

在目前已经出台的政策法规中，最为引人注目的是《关于金融支持中国（上海）自由贸易试验区建设的意见》（俗称"央行30条"）和《国务院关于在中国（上海）自由贸易试验区内暂时调整有关行政法规和国务院文件规定的行政审批或者准入特别管理措施的决定》。其中，"央行30条"不仅放宽了自贸区内注册的外资企业（非居民）和内资企业（居民）在区内与境外之间调度资金的自由度，还放宽了区内企业和个人投融资货币兑换的自由度，对于推进利率市场化和人民币国际化具有重要作用。

在《国务院关于在中国（上海）自由贸易试验区内暂时调整有关行政法规和国务院文件规定的行政审批或者准入特别管理措施的决定》中，包括：在保障网络信息安全的前提下，允许外资企业经营特定形式的部分增值电信业务；允许外资企业从事游戏游艺设备的生产和销售等措施。根据该决定以及工业和信息化部联合上海市政府发布的《关于中国（上海）自由贸易试验区进一步对外开放增值电信业务的意见》，部分增值电信业务外资可破50%。同时，中国执行超过13年的游戏机销售禁令也在上海自贸区率先解封。上述措施不仅对于外商投资上海具有重要的促进作用，也标志着政府职能正在转变，国家正在依靠"法治化"来保障上海自贸区的运行，因此，上述措施提升了整个中国的投资环境，对于中国进一步吸收外资具有重要作用。同时，负面清单的实施和外商投资管理模式的改革也说明中国正在逐步向国际规则靠拢，这一政策和战略调整对于国际社会和广大外国投资者而言，无疑是一个重要的信号，表明了中国从政策开放走向体制开放的决心，有利于中国国际经济地位的提升。

三、中国对外投资与企业"走出去"的发展态势

作为国家发展战略，过去 10 年在国家一系列政策的推动下，我国企业"走出去"对外投资获得了很大的发展。尽管由美国次贷危机引发的全球金融危机，对世界经济造成了很大的冲击，我国企业"走出去"对外投资亦走了不少弯路，付了学费。但由于国家加大了鼓励支持和规范管理的力度，我国企业"走出去"对外投资的业绩依然可圈可点，并呈现出积极进取、全方位发展的良好态势。尽管后危机时代，中国企业"走出去"对外投资面临的环境十分严峻，但鉴于中国经济发展的基本面良好，以及中央政府审时度势，进一步扩大改革开放，并适时推出建立中国（上海）自由贸易试验区的重大战略决策，这无疑有助于进一步推动中国企业"走出去"。党的十八大也提出"加快走出去步伐，增强企业国际化经营能力，培育一批世界水平的跨国公司"。因此人们有理由相信，未来 10 年将会成为中国"走出去"对外投资的黄金时代。

1. 我国企业"走出去"对外投资发展的基本态势与特点

在经济全球化迅猛发展的背景下，世界各国都无法置身金融危机之外，中国更不例外。然而，尽管受金融危机的影响，但由于中国经济基本面比较好，以及在及时有效的对策措施下，中国经济不但率先走出危机阴影，而且对外投资，跨国经营亦基本保持稳步发展的势头，并呈现一些新的特点。

（1）企业"走出去"对外投资仍呈增长之势

中国企业"走出去"，对外投资起步较晚、发展快。近几年，虽受金融危机影响，但随着经济的快速复苏，中国企业"走出去"，对外投资的步伐也在不断加快，且无论是投资领域还是投资地区都呈现出全方位和多元化的发展态势。

1）对外直接投资稳步增长，首次成为世界三大投资国之一

根据国家商务部的统计，2013 年，我国境内投资者共对全球 156 个国家和地区的 5090 家境外企业进行了直接投资，累计实现非金融类直接投资（下同）901.7 亿美元，同比增长 16.8%。其中股本投资和其他投资 727.7 亿美元，占 80.7%，利润再投资 174 亿美元，占 19.3%。截至 2013 年年底，我国累计非金融类对外直接投资 5257 亿美元[①]，并呈现出以下几个特点：一是投资流量逆势上扬，再创佳绩。2012 年，在全球外国直接投资流出流量较 2011 年下降 17% 的背景下，中国对外直接投资创下流量 878 亿美元的历史新高，同比增长 17.6%，首次成为世界三大对外投资国之一。二是投资存

---

① 数据来源：商务部合作司，http://fec.mofcom.gov.cn/article/tjzl/jwtz/201401/1796114_1.html。

量突破5000亿美元，但与发达国家仍有较大差距。截至2012年年底，中国对外直接投资累计净额（存量）达5319.4亿美元，位居全球第13位。但与发达国家相比，由于中国对外直接投资起步较晚，仅相当于美国对外投资存量的10.2%、英国的29.4%、德国的34.4%、法国的35.5%、日本的50.4%。[①]

另据统计，2013年1—5月，我国内地企业对中国香港、东盟、欧盟、澳大利亚、美国、俄罗斯、日本七个主要经济体的投资达到269亿美元，占同期我国对外直接投资的78%，同比增长16%。对澳大利亚、美国、东盟、欧盟的投资分别实现了93%、76%、60%和47%的高速增长；从境外投资者构成来看，地方对外直接投资103.6亿美元，同比增长20.3%，占同期对外直接投资总额的30.2%。除了原有的广东、山东和江苏等东部较发达地区省份外，中部和西部省份的企业对外投资也发展较快，辽宁、湖南、甘肃和四川的企业都进入全国前十位，2012年的对外投资额分列第四、第七、第八和第十。企业把握海外机遇的需求更为强烈，希望能够尽快进入当地市场，缩短投资回报期，采用跨国并购方式完成的投资数量增长较快，一季度创下中国企业单季海外并购总额的最高纪录。

2）对外承包工程增长显著

2013年，我国对外承包工程业务完成营业额1371.4亿美元，同比增长17.6%；新签合同额1716.3亿美元，同比增长9.6%。新签合同额在5000万美元以上的项目685个（2012年同期586个），合计1347.8亿美元，占新签合同总额的78.5%。其中上亿美元的项目392个，较2012年同期增加63个。截至2013年年底，我国对外承包工程业务累计签订合同额11698亿美元，完成营业额7927亿美元。[②]

3）对外劳务合作略有上升

2013年，我国对外劳务合作派出各类劳务人员52.7万人，与2012年同期增加1.5万人，其中承包工程项下派出27.1万人，劳务合作项下派出25.6万人。年末在外各类劳务人员85.3万人，较2012年同期增加0.3万人。截至2013年年底，我国对外劳务合作业务累计派出各类劳务人员692万人。[③]

（2）我国企业"走出去"的基本特点

1）多元化、宽领域的对外投资格局逐渐形成

近十年来，中国对外投资与企业跨国经营获得了很大的发展，对外投资、承包工程、劳务合作等不同形式的对外经济合作业务遍及全世界170多个国家和地区，并基本形成了"亚洲为主，发展非洲，拓展欧美、拉美和南太"的多元化市场格局。对外经济合作拓展到以工业制造、建筑、石油化工、资源开发、交通运输、水利电力、电子通讯、商业服务、农业等行业为主，并广泛涉及国民经济其他诸多领域如环境保护、航空

---

① 参见《2012年中国对外直接投资统计公报》（国家商务部、国家统计局、国家外汇管理局）。

② 数据来源：国家商务部，http：//fec.mofcom.gov.cn/article/tjzl/gccb/201401/1796122_ 1. html。

③ 数据来源：国家商务部，http：//fec.mofcom.gov.cn/article/tjzl/lwhz/201401/1796137_ 1. html。

航天、核能和平利用以及医疗卫生、旅游餐饮、咨询服务等。

2）投资遍布全球近八成的国家和地区，投资存量高度集中

截至 2012 年年底，中国 1.6 万家境内投资者在国（境）外设立对外直接投资企业（以下简称境外企业）近 2.2 万家，分布在全球 179 个国家（地区），覆盖率达 76.8%；其中亚洲地区的境外企业覆盖率高达 95.7%、欧洲为 85.7%、非洲为 85%。2012 年年末，中国对外直接投资存量高度集中，前 20 位的国家地区存量累计达到 4750.93 亿美元，占总量的 89.3%。①

3）投资行业分布广泛，门类齐全，投资相对集中

2012 年年末，中国对外直接投资覆盖了国民经济所有行业类别，其中存量超过 100 亿美元的行业有：租赁和商务服务业、金融业、采矿业、批发和零售业、制造业、交通运输业/仓储和邮政业、建筑业，上述七个行业累计投资存量 4913 亿美元，占我国对外直接投资存量总额的 92.4%。②

4）并购领域广，交易金额大

2012 年，中国企业共实施对外投资并购项目 457 个，实际交易金额 434 亿美元，两者均创历史之最。其中，直接投资 276 亿美元，占 63.6%，境外融资 158 亿美元，占 36.4%。③

5）对美投资快速增长，流向英属维尔京、开曼群岛的投资大幅下降

2012 年，中国对美国投资 40.48 亿美元，同比增长 123.5%，美国成为继中国香港之后的中国第二大直接投资目的地。2012 年，中国对外直接投资流向英属维尔京群岛、开曼群岛的投资共计 30.67 亿美元，较 2011 年的 111.45 亿美元下降 72.5%。

6）境外企业对东道国税收就业贡献明显，对外投资双赢效果显著

2012 年境外企业向投资所在国缴纳的各种税金总额达 221.6 亿美元，年末境外企业员工总数达 149.3 万人，其中雇佣外方员工 70.9 万人，来自发达国家的雇员有 8.9 万人。④

2. 中国企业"走出去"对外投资案例分析

随着中国企业对外投资步伐的加快，中国企业涉足的行业领域愈发广泛，投资方式更愿意采用跨国并购等快捷高效的方式。从发展现状看，无论在传统的资源领域，还是在制造业、农业和服务业等各个经济领域，中国企业在 2013 年的表现都可圈可点。综

① 国家商务部、国家统计局、外汇管理局：《2012 年中国对外直接投资统计公报》，中国统计出版社 2013 年版。
② 国家商务部、国家统计局、外汇管理局：《2012 年中国对外直接投资统计公报》，中国统计出版社 2013 年版。
③ 国家商务部、国家统计局、外汇管理局：《2012 年中国对外直接投资统计公报》，中国统计出版社 2013 年版。
④ 国家商务部、国家统计局、外汇管理局：《2012 年中国对外直接投资统计公报》，中国统计出版社 2013 年版。

观中国企业"走出去"对外投资的发展，我们不难看出，中国企业对外资不乏成功案例，但也有许多失败的教训，回顾分析这些案例有助于中国企业更好地总结经验教训，进一步提高"走出去"对外投资的质量和成功率。

（1）2013年中国企业海外投资的成功案例简析

2013年，中国企业海外投资的成功案例很多，而以下几例则是较为引人注目和有代表性的。

万向集团成功收购美国A123公司。作为世界第二大经济大国，制造业是中国经济的优势领域，也在中国企业国际化进程中占有较为重要的地位。尽管制造业的投资涉及领域较为敏感，且受到东道国保护本国经济发展、国家安全和就业岗位的考量影响，较大的投资成功案例并不常见，但2013年中国企业在这方面仍有突破。2013年1月29日，美国外国投资委员会正式批准万向集团收购A123公司。历时5个多月的跨国收购案，终于尘埃落定，万向集团最终以2.566亿美元价格击败美国江森自控和日本NEC的联合竞标，并获美国政府同意。这不仅是中国民营企业成功收购美国知名公司的标志性事件，也是万向集团在传统制造业基础上加快向清洁能源产业发展的里程碑。[①]

中海油成功并购尼克森公司（NEXEN）。传统的资源领域长期以来在中国经济中处于十分重要的地位，也是中国企业对外投资的重点，而能力的提升和经验的积累，也使得中国企业有能力完成大规模的跨国并购。尽管曾经在2005年遭遇并购美国优尼科公司的失败，中海油并未停止对外投资的脚步。美国政府的干预和媒体的负面宣传使得中海油迫于外界高压和竞争对手的提价被迫主动放弃，同时大幅提升了中海油的品牌国际影响力，增加了中海油走出去的动力。2013年2月，经过数个月的等待和加拿大监管部门的两次审批延期，以及美国、英国监管部门的审核，中海油以151亿美元对加拿大尼克森公司（NEXEN）的交易终于得以顺利完成，也成为中国企业截至目前已经完成的最大一笔海外并购项目。中海油董事长王宜林说，通过收购尼克森，使公司获得一个国际领先的发展平台。中海油坚信收购尼克森符合公司发展战略并将为股东带来长远利益。中海油首席执行官李凡荣说，尼克森是一个较强且具备较好增长前景的多元化公司，拥有丰富的资源量及储量、较高的勘探前景以及能够实现其资产价值的高素质员工。中海油将充分发挥该平台的功能，进一步拓展公司的海外业务。[②]

双汇成功收购美国食品巨头史密斯菲尔德。农业是各国相对敏感的行业，也是发达国家政府给予较大补贴支持的行业领域。尽管中国人口众多，对粮食安全的需求强烈，但相关领域的对外投资却一直并未引起过多关注。然而，2013年中国企业在食品加工业的投资也出现重大发展。2013年5月29日，双汇集团宣布将以总价71亿美元收购美国食品巨头史密斯菲尔德则引发众多关注。与传统投资不同，两国食品监管体系和标准

---

①　韩叙：《万向成功收购美国A123公司》，《经济日报》2013年1月30日。

②　见新华网：《中海油151亿美元成功收购尼克森　中国企业最大海外并购收官》，http://news.xinhuanet.com/fortune/2013-02/26/c_114798672.htm。

的差异成为各方关注的重点。投资尽管遭遇一波三折，先后接受了美国参议院农业委员会听证会有关是否会危及国家安全的考察，以及美国外国投资委员会（CFIUS）有关国家安全的审查等程序。但经过四个月的努力，双汇国际在美国的收购案终于获得成功。2013 年 9 月 26 日，双汇国际控股有限公司及史密斯菲尔德食品公司宣布已经完成较早前宣布的策略性合并交易；此前的 9 月 24 日，史密斯菲尔德股东大会批准了双汇国际的收购方案，总收购价格达到 71 亿美元，其中包括 47 亿美元股份收购和 24 亿美元债务，这是迄今为止中国企业对美最大收购案。①

万达集团斥资 3.2 亿英镑并购英国游艇公司。服务业是中国经济发展的弱项，无论从服务业产值在经济中的占比，还是服务企业国际竞争力的排名榜上，多数中国企业都难以明确自身的位置。作为中国知名的民企大连万达，继 2012 年完成对美国第二大院线公司 AMC 的收购后，在 2013 年万达以 3.2 亿英镑收购世界公认的两大顶级游艇品牌之一的英国圣汐近 92%的股权。② 万达的投资不仅看重圣汐公司在英国的生产基地和工作人员，更希望能够把"走出去"和"引进来"结合起来，把握世界上发展最快的中国豪华游艇市场并从中获益。万达现已着手在青岛筹建圣汐游艇新工厂，计划把一些中小型游艇放在这个工厂来建造，因为各项成本比英国便宜很多，圣汐游艇的整体收益将得到大幅提升。

（2）东道国对中国企业跨国并购规制的典型案例

事实上，由于社会制度、意识形态等不同，同时基于所谓国家安全等各种理由，一些东道国对中国企业的投资，尤其是跨国并购及其后的经营设置了种种障碍和困难，大大影响了我国企业国际化战略的顺利实施。

1）美国：频繁使用国家安全理由限制外资并购。美国对中国企业投资的直接或间接干预在多项跨国并购中得到明显体现，而国家安全则是美国限制并购的重要理由。

2005 年，中海油正式宣布竞购美国优尼科石油公司。在随后的 4 个月里，中海油正式启动了初步评价、详细尽职调查、评价等工作流程。在报价阶段，中海油的报价远高于竞购对手——美国雪佛龙公司。但美国部分国会议员以"危及美国能源与安全"为由，要求美国政府从中干预，致使中海油被迫退出竞购，造成前期投入损失巨大。

在完成对 IBM 个人电脑业务的收购后，新联想本已是一家总部位于美国的跨国公司，不应受其国民待遇例外的限制。然而，2006 年 3 月 20 日，联想通过公开的招投标程序，获得美国国务院价值超过 1300 万美元的订单，并提供 16000 台联想台式电脑及相关设备。消息公布后，美中经济安全调查委员会的委员又以"国家安全"为由，提出调查请求，极大地影响了联想的声誉，大大增加了物流仓储成本。

2008 年 1 月 16 日，美国外国投资委员会又延长了"贝恩资本联手华为收购 3Com"

---

① 见新华网：《双汇吞下美国猪肉巨头：这是一桩外企并购案》，2013 年 9 月 29 日，http：//www.caaa.cn/show/newsarticle.php？ID=315333。

② 王健林：《万达集团 2013 年工作总结暨 2014 年工作安排》，http：//www.wanda.cn/2014/special_ reports_ 0111/26419. html。

一案的审查期。其理由仍然是国家安全，因为美国将网络设备界定为"敏感领域"，并由此启动了"国家安全审查"。于是，软件、石油、汽车、药品、粮食、电信、铁路等，无一不与国家安全有关，中国并购美国企业的难度由此加大。

2010年5月，鞍钢集团与美钢发展公司签订合作协议，准备在美国投资建设4个螺纹钢厂和一个电工钢厂，但随后50名美国两党议员联合致信美国财长盖特纳，认为该项投资将影响当地就业并威胁美国国家安全，认为中国政府提供的补贴将扰乱美国市场。在盖特纳并未对调查请求明确回应后，美国国会两党钢铁业促进联盟表示失望，并将督促总统奥巴马采取行动反对该项投资计划。这些反对的声音导致投资被外国投资委员会否定的几率大增，钢厂投资项目被迫搁置。

与此同时，美国政府在对其国内跨国并购的审核依据上却选择忽略反垄断的限制。2005年，海尔集团在收购美泰（Maytag）的过程中遭遇到惠尔浦的阻击。虽然惠尔浦和美泰在美国国内家电行业中排名第一和第三，特别在洗衣机和烘干机市场的占有率高达70%，但美国司法部仍然批准了这项并购。

2）澳大利亚：拖延审查周期，减少并购交易内容。澳大利亚政府对中国企业跨国并购的态度也并不欢迎。除了其出台资源税改革引发的企业跨国并购成本迅速上升外，审查周期的一再拖延和部分利益群体的反对也影响了跨国并购的顺利完成。

在中铝对力拓收购失败中，澳大利亚政府扮演了重要角色。金融危机带来的全球能源资源价格暴跌本来给中铝的收购创造了罕见的历史机遇，并购需要获得澳洲政府、国会的同意，得到境外投资委员会的批准。国会议员以"绝不能卖掉澳大利亚的财富来源"为由一再延长审批期限。国际资源价格逐渐复苏，投资最佳窗口逐渐关闭。力拓取消交易，中铝仅获得1.95亿美元解约费，远不足以补偿其前期的投入以及因无法完成交易需产生的大量财务费用。

2009年2月，五矿集团旗下的五矿有色金属股份公司与澳大利亚矿业公司OZ Minerals发布公告，OZ董事会同意五矿的17亿美元全资收购要约，股东大会也已经通过。但是，在4月澳大利亚财政部批准的收购协议中并不包括OZ所拥有的Prominent Hill铜金矿。

3）首钢收购秘鲁铁矿：法律和社会风险交织影响。藤森出任秘鲁总统后推行私有化政策，首钢把握机遇对秘鲁铁矿完成了跨国并购。然而，投资之初，首钢就遇到了较大的政策风险和社会风险。秘鲁法律规定，企业开业3年后，聘用的秘鲁职工要占全体职工数的80%，并要逐渐提高至90%，使得首钢原有全面接管秘鲁铁矿的想法无法实现。同时，自秘鲁铁矿被首钢收购开始，各种名目的罢工示威一直没有停过。首钢每次费力解决问题后又面临新一轮的罢工威胁，而涨工资、加福利则是贯穿始终的主旋律。各种工会组织的轮番抗议使得首钢秘鲁公司不得不频繁更换管理者，而游行的工人喊口号、砸玻璃、烧汽车也给员工带来了人身安全的威胁。时至今日，秘鲁铁矿的工人仍然没有停止罢工活动，给首钢秘鲁铁矿的正常运营带来了巨大的挑战。而且，由于全球钢铁需求疲软，在并购后的相当长时期内，秘鲁铁矿都只能给首钢贡献极低的利润，而且为了压缩成本而减少的维修等部门投资反而使得铁矿的生产消耗逐年上升。

上汽收购韩国双龙汽车的投资时，同样遭遇了来自韩国工会的巨大影响。加之韩国对知识产权的保护较为严格，限制了通过跨国并购整合资源、提升技术的效果，在劳资双方无法就应对危机共同努力达成一致的情况下，上汽集团只能选择放弃该项目。

总而言之，近几年来中国企业对外投资碰到的风险和障碍远非上述这些，对此，我们不仅要有清醒的认识，而且要进行深入的分析研究，并采取积极有效的对策措施。我国企业只有在壮大自身实力与提高自身素质，充分了解东道国社会、政治、经济、法律、文化，以及国际惯例的基础上，才能以更成熟、睿智的姿态"走出去"开拓更大的发展空间。

3. 中国企业"走出去"面临的挑战与前景

经过国际金融危机的洗礼，世界经济格局与世界经济发展环境均发生了新的变化。世界各国和地区政府都在不断地调整自身的发展战略，一方面以应对金融危机的冲击，另一方面以适应危机后国际经济环境的新变化。对中国而言，由于国际社会对中国崛起的误读等原因，中国企业"走出去"对外投资面临的国际政治经济环境将更为复杂，挑战更为严峻。但鉴于经济的发展潜力，以及国家改革开放的进一步深化，特别是中国（上海）自由贸易试验区的推出，为中国企业"走出去"对外投资创造了良好的制度环境，前景看好。因此，充分认识和把握国际经济环境的新变化，及自身的有利因素，对我国企业"走出去"应对挑战，更好地实施对外投资战略具有十分重要的意义。

（1）中国企业"走出去"面临的挑战

1）世界许多国家引资政策的调整与变化

在全球投资逐步恢复的同时，全球投资政策正进一步向投资自由化和投资促进方向发展。据联合国贸发会议 2011 年 1 月 28 日发表的《全球投资政策监测报告》显示，在2010 年 10 月至 2011 年 1 月期间，至少有 27 个国家实施了新的国际投资政策，其中大部分旨在促进投资自由化，包括私有化、投资便利化等。特别是发达国家限制外资政策有所松动，为发达国家与发展中国家相互投资创造了良好的外部环境。此外，投资者与东道国政府之间权利与义务的再平衡也在继续进行，这主要表现为一些国家进一步加强了对某些行业的监管。

美国在金融危机全面爆发之前，通过立法禁止外国资本对美国实体经济进行收购。美国国会 2007 年度通过的《外国投资与国家安全法》就是旨在加强行政部门对在美收购企业的活动的监督和控制，使外国公司对美国实体产业的收购难度大大增加。2008年 4 月美国财政部颁布了《关于外国人兼并、收购的条例》，更为严厉地加强对外资收购美国实体产业活动的限制，这也是美国历史上最严格的限制外资的条例和法案。欧洲国家对于非欧盟国家的投资者，普遍存在"歧视性"问题。2008 年上半年，法国表态不会同意外资"恶意"并购法国大银行。这意味着外资能否并购该国银行，首先需要证明不含"恶意"。这就给该国监管部门的运作留下了足够的空间，至少仅仅具备资金实力还无法实现并购。也正是在这种背景下，2008 年中国投资公司在欧洲的收购行为受阻。当然，这在客观上也避免了我国的投资损失。

发达国家经济全面陷入衰退之后，一些国家对外资的政策有所松动。法国政府实施了鼓励外国企业投资的政策。其中特别是扶持外国投资创新项目的政策，大大提高了法国对外国投资的吸引力；在 2009 年所有新增的外资项目中，研发项目约占总数的 8%，比例比 2008 年翻了一番。2010 年 3 月份在伦敦召开的全球投资大会上，英国大力宣传吸引外资的优惠政策，以缓解债务压力、促进经济复苏和可持续增长。

此外，加拿大国内要求放宽中资企业限制的呼声不断高涨，据加拿大《环球邮报》网站 2012 年 2 月 20 日报道，加拿大首席执行官理事会和加拿大国际理事会最近公布的一项新研究称，中国国有上市企业在世界各地开展的是纯粹商业运作，因此不应设置比其他外国公司更多的投资壁垒。加拿大中国商业委员会前执行董事玛格丽特·科尼什在其近期完成的一项研究中驳斥了一种观点，即中国公司拥有不公平的优势，因为他们能动用国库资金。科尼什说，国有石油企业的贷款成本与他们国际竞争对手的贷款成本大致相当。科尼什的这一分析与总部设于巴黎的国际能源署 2011 年一份报告的观点不约而同，这份报告称，中国企业已从政府部门获得了足够的独立性。国有企业投资"由强大的商业利益驱动，而不是国家的主意"。

发展中国家和地区，亦纷纷利用危机后发达国家产业结构调整和转移的机遇，进一步开放国门，通过实施更加优惠的外资政策，积极引进国内经济发展所需要的资金和技术。近期古巴已宣布将在 2012 年年底前修改实施了 17 年的《外国投资法》，以吸引外资和技术，拓宽出口市场。20 世纪 90 年代初，为应对苏联解体带来的冲击，古巴开始允许外国投资，而根据 1995 年颁布实施的第 77 号法律，外来投资者一般都须与古巴国有资本合资，且主要集中在旅游、石油和矿业部门。毫无疑问，近十多年来，外资对古巴经济的发展起到了很好的推动作用，但由于受此次金融危机，以及美国经济制裁的影响，使古巴的外资企业从原先的 314 家减少至 258 家，外资的撤离使古巴经济雪上加霜。为此，古巴正在修改原有的《外国投资法》，进一步开放国门，向外资提供更优惠的政策，以吸引更多的外资和先进技术，从而推动古巴经济的发展。

2）国际能源资源争夺战将会进一步加剧

人均资源不足以及石油、天然气和铁矿石等主要矿产资源大量依赖进口，是我国的基本国情。近年来，国际能源资源价格持续大幅上涨，对能源资源的争夺日益加剧，不仅增大了我国经济发展成本，而且影响到我国能源资源供应安全。我国正处在工业化城镇化加速发展和消费结构升级阶段，对能源资源需求还会进一步增加，确保能源资源供应安全对于实现全面建设小康社会的宏伟目标至关重要。

国际金融危机爆发以来，国际能源资源供求紧张暂时有所缓解，众多资源国逐步开放国内矿产资源行业，为我国的资源能源类境外投资提供了有利的东道国投资环境。但国际能源资源供求关系长期偏紧的局面没有根本改变。未来一个时期我国能源资源供应安全仍面临诸多挑战。一是受政治、经济、安全等因素影响，国际上围绕能源资源的争夺还会进一步加剧，将直接影响到我国的能源资源供应安全；二是出于地缘政治和意识形态等方面的考虑，一些国家对我国企业"走出去"参与海外能源资源合作开发设置种种障碍，将会影响我国建立稳定的海外能源资源供应基地；三是国际能源价格仍将会继续大幅上涨，能否以合理的价格获取能源资源，始终是确保我国能源资源供应安全和降低工业化成本所必须面对的挑战。

3）我国企业"走出去"遭遇各种形式保护主义的干扰

近年来，我国企业"走出去"步伐加快，对外投资迅速增加，但也面临越来越多的投资保护主义措施的干扰，特别是在海外资源合作开发、金融企业设立海外分支机构，以及敏感行业和领域的海外收购等方面，遇到的障碍和限制更多，这些都将严重影响我国对外经济的顺利发展。因此，危机后，尤其是未来五年，各种形式的保护主义措施以及一些国家政治势力对中国投资抵制情绪等不利因素仍将会继续干扰我国对外经济发展。

首先，贸易投资保护主义抬头将影响我国企业在海外的发展。我国正在成为投资大国，会有更多的企业"走出去"开展跨国经营，但也不可避免地与东道国发生利益纠葛，一些国家出于种种考虑，有可能采取各种形式的保护主义措施，防范和限制我国企业在海外的发展。近年来，美国、加拿大、澳大利亚等发达国家纷纷出台法律，对外资并购进行安全审查。如美国2007年通过《外国投资和国家安全法》，要求美国外国投资委员会加强对外资收购"重要基础设施"以及来自外国"国有企业"的收购进行国家安全审查，将威胁美国国家安全的关键领域数量从8个扩大到11个。再如，作为矿产资源极其丰富的国家，澳大利亚2008年公布了规范和审查外国政府对澳大利亚投资的6项原则，审查外国国有企业和主权财富基金对该国投资是否有损国家利益。由于我国境外投资主体以国有企业为主，主要投资领域又集中于高新技术和资源能源，这些投资保护措施出台直接影响到我国"十二五"期间的境外投资开展。

其次，一些国家政治势力对来自中国的投资有抵制情绪。尽管我国自改革开放以来，一直秉承韬光养晦的发展思路，始终强调和平发展的方针。但是一些西方发达国家仍有相当一部分人以冷战时期的战略思维考虑问题，戴着有色眼镜看待中国的快速发展。近年来，一些东道国政治势力频频以国家经济军事安全为由，阻止我国企业开展并购活动。这使得中国的境外投资面临很强的主观因素，增加了投资项目的不确定性。由于境外投资项目一般规模都比较大，涉及的利益面比较广，这种不确定性极大地打击了国内投资者的积极性。

最后，金融保护主义措施的影响。我国银行和保险等金融机构正处在快速成长期，国际化不断加快，将更多地进入国际金融市场参与国际竞争，为我国企业"走出去"提供便捷的金融服务，但由于金融行业的敏感性，一些金融业务将会受到金融保护主义措施的限制，而影响自身的发展。

4）开发非洲资源阻力重重

非洲是我国对外能源资源的重要投资地区，2009年中国对非洲能源资源的投资要占中国对非洲整个非金融类直接投资总额的 55.2%。但是，我国对非洲资源能源类的投资面临着诸多问题，阻力重重。一方面，由于近年来我国在发展中国家的资源能源类投资不断发展，引起了一些西方发达国家的警觉戒备，西方一些国家采用先发制人的干预手段，通过媒体宣传，以"新殖民主义论"、"掠夺资源论"等为借口，散布新的"中国威胁论"。企图利用东道国的民族情绪这一非经济因素对我国进行排挤，遏制我国资源能源类跨国投资的发展。另一方面，我国开展资源能源类境外投资的目标国——非洲许多发展中国家正在进行所谓的"民主改革"，许多国家的"在野党"（或曰反对党）政治势力借口资源能源被外国投资者控制而进行抗议活动，鼓动带有民族主义性质的民族排外情绪，以达到获取民众支持的政治目的。如，近年赞比亚的在野党针对我国在该国的资源能源类投资，就已经提出了强烈抗议，并宣示如果能够上台执政，就将赶走中国的投资者。非洲一些发展中国家近年的政局不稳，再加上文化、宗教、民族、部落、经济利益等冲突因素，社会矛盾较为尖锐，均可能对我国的资源能源类境外投资形成阻力。近年来，我国对非洲的一些资源能源类投资协议最终无法成功签署或条款发生重大变动，最主要的原因就包括东道国政府对民族情绪的顾忌。

5）中国周边正呈现出动荡不安的局面

中国崛起，周边国家心态失衡与美国重返亚洲正在把中国的周边环境带入一个不稳定阶段。其一，虽然多数亚洲国家对中国没有敌意，但仍然乐于看到中美在这一地区形成持久的竞争关系。当然，这种竞争关系不能发展到对抗地步，迫使他们在鱼和熊掌之间作出取舍。其二，受国际金融危机的困扰，美国在其国际领导权大打折扣的情况下，利用亚洲国家的心态失衡重返亚洲，对中国进行遏制，实现四两拨千斤的功效。更重要的是，以遏制中国作为重返亚洲的目标之一，美国还会挑动区域内国家的防范心态，建立新的统一战线。其三，亚洲地区的部分国家怀着竞争者的心态看待中国的崛起。2010年中日因钓鱼岛撞船事件所引发的外交纠纷就是典型的一例。正如日本主流观点所说，面对中国经济规模的赶超，日本正处于"国家重新定位"阶段。无疑，在这个阶段，两国关系是高度敏感和脆弱的。其四，少数与中国有领土争端及其他利益分歧的国家有可能利用区域内大国之间的交恶、区域外大国的进入而向中国提出非分的要求。其五，区域内公共产品的提供机制、区域治理的建设都将趋于复杂化。

虽然时间能够最终证明中国走的是一条和平发展之路，但在得到认可之前的过渡阶段，中国周边出现动荡是不可避免的。

（2）经济发展潜力巨大，对外投资前景看好

在中国进一步释放改革开放红利，推动上海自贸试验区建设，以及经济发展等多种因素的共同作用下，中国企业借助开放松绑制度保障，以及依靠自身实力开展对外投资需求更为强烈，规模和数量不但会继续保持且会有所扩大，这主要是基于以下判断：

1）中国经济还将保持继续增长，人均收入的增加和财富的聚集使得企业具有更强的对外投资的能力

在当前中国经济通胀率开始上升的预期下，经济增长的预期会更为强烈。现在到未

来相当长的时期里，中国经济都面临着转型升级的巨大压力，环境与资源的双重约束给中国调整发展方式提出了紧迫的要求，通过对外投资实现经济发展方式的多元化、降低对粗放型路径的依赖性，已经成为各地的共识。

2）中国企业实力保持继续增强，营业收入和利润的增长使得企业更有能力考虑全球资源整合的布局

在 2013 年《财富》世界 500 强排行榜上，中国上榜公司数量达到 95 家，中石油、中石化和国家电网三家企业分列第四、第五和第七。上海的上汽集团、宝钢集团、绿地集团和百联集团也榜上有名。① 这些中国企业已经拥有不少对外投资的经验，进一步的全球资源网络优化有着更为坚实的基础。在全球经济处于不稳定复苏的时期，这些领先企业通过对外投资把握机遇的能力较强。而其他中国企业在领先企业的示范效应下，也会增强对外投资的尝试。

3）外部投资机遇可能继续增加，为中国企业对外投资提供更多选择

能够依靠量化宽松的货币政策刺激经济复苏的国家或地区毕竟为数不多，况且这些政策也接受着外部关于"竞争中立"的指责而逐渐退出，市场资金供应紧张，对外国资本创造就业的需求更加强烈。大多数非国际硬通货的发钞国，难以通过大量增发本币为市场输送流动性，否则可能造成本币的大幅贬值，影响原有的国际经贸活动的平衡。这些国家对外资的依赖性相对更强。为了吸引外资，在经济复苏期，主要经济体很难废止危机期的税收优惠政策，也会努力通过创造稳定的投资环境，增强投资者的信心。

4）中国（上海）自由贸易试验区全力助推国内企业"走出去"

中国既是世界第二经济大国，但又是一个资源短缺的国家，技术和产业结构都处于低端水平。同时，中国又有高额的储蓄和巨额的外汇储备。这一基本因素决定中国要加快国际化的进程，而其中一个重要的方式就是"走出去"。过去 10 年中国企业"走出去"对外投资步伐之所以迈得不是很大，其主要原因在于我们自身的体制存在诸多缺陷，在一定程度上阻碍了企业"走出去"。而建设中的中国（上海）自由贸易试验区（以下简称：上海自贸试验区）则将在体制、机制为企业"走出去"创造良好的制度和法律环境。从目前已公布的方案看，政府将先从简化自贸区内企业境外投资的审批程序下手，配合中央出台金融改革措施，为企业的跨境资本流通提供便利。通过政策鼓励境内外金融机构落户自贸区，为企业"走出去"拓宽融资渠道；并加强并购融资工具创新，鼓励票据融资、融资租赁及债券融资等多元化手段，积极为企业提供良好汇率风险管理工具。自贸区又允许金融市场建立面向国际的交易平台，吸收境外企业参与商品期货交易，提高中国在全球大宗商品市场上的定价地位。这些都将有力地推动中国企业更好地"走出去"。此外，上海全力推动境外投资备案制在自贸试验区率先落地，制定出台了《中国（上海）自由贸易试验区境外投资开办企业备案管理办法》，并向商务部争取，给予自贸试验区对外投资备案的权限从中方投资额 1 亿美元提高到"无上限"，在

---

① 杨群：《本土跨国公司大时代来了》，《解放日报》2014 年 3 月 11 日。

全国开创先河，大大方便了企业境外投资。① 自贸试验区意在制度改革，而非简单政策优惠，未来政府将与企业共同探索制度突破，为境外投资创造更良好的发展模式，推动中国企业"走出去"，因此，可以这样说，上海自贸试验区的建设正孕育着新一波的中国企业"走出去"，孕育着中国企业"走出去"大时代的来临！

大事记 5-1　2013 年中国企业海外并购十大案例

公告日期	并购方	被并购方	并购金额	状态
2013 年 1 月 29 日	万向集团公司	美国 A123 系统公司	2.57 亿美元	已完成
2013 年 2 月 26 日	中国海洋石油有限公司	加拿大尼克森公司	151 亿美元	已完成
2013 年 9 月 26 日	双汇国际控股有限公司	全球最大肉企史密斯菲尔德全部股份	71 亿美元	完成
2013 年 11 月 13 日	中国石油天然气股份有限公司	巴西石油的一家间接全资附属公司的全部股份即 1.45 亿股	26 亿美元	未完成
2013 年 12 月 18 日	复星国际有限公司	"纽约市地标建筑"：第一大通曼哈顿广场	7.25 亿美元	已完成
2013 年 12 月 18 日	蓝色光标传播集团	We Are Very Social Limited 公司 82.84%股份	先期支付 1871 万英镑	未完成
2013 年 12 月 20 日	中国国家电网公司	新加坡能源公司在澳大利亚子公司新加坡能源国际澳洲资产公司 SPI-AA60%的股权和新加坡能源澳网公司 SPAusNet19.9%的股权	未披露	已获澳洲政府批准
2013 年 12 月 23 日	内蒙古蒙牛乳业（集团）股份有限公司	雅士利股份 31.97 亿股	未披露	未完成
2013 年 12 月 24 日	双汇国际联手墨西哥阿尔法集团旗下冷冻食品公司	西班牙肉制品巨头 Campofrio 食品集团	7.05 亿欧元	未完成
2013 年 12 月 25 日	中联重科股份有限公司	全球干混砂浆设备第一品牌 M-TEC 公司 100%股权	未披露	完成

---

① 杨群：《本土跨国公司大时代来了》，《解放日报》2014 年 3 月 11 日。

第六章 金融转型：
深化汇率改革优化贸易结构

我国的经济崛起正在从高速增长时期进入稳步增长时期，与这一变化相对应，人民币汇率也从快速升值时期进入稳步升值时期，即汇率延续了升值趋势，但是升值幅度有所收窄。在人民币升值的影响下，我国贸易结构出现明显变化，这一变化表现为外资企业贸易和加工贸易的地位有所下降，内资企业贸易和一般贸易正在成为拉动贸易发展的主导动力。

一、中国经济转型时期的人民币汇率走势

2013 年人民币汇率变化的重要特点之一是：尽管人民币对美元汇率的升值幅度并不显著，但是人民币几乎对所有主要货币都出现了升值趋势。这一变化特征不同于早期的人民币升值。从人民币对其他货币的汇率变化来看，在次贷危机发生以前，人民币对日元出现了升值趋势，对欧元和英镑出现了贬值趋势。次贷危机发生后，受欧元和英镑贬值及日元升值的影响，人民币对这些货币的汇率出现了反向变化。进入 2013 年后，日元对美元汇率出现大幅度贬值，受此影响，人民币对日元汇率出现了大幅度升值，其结果 2013 年人民币同时对美国、欧元和日元出现了不同程度的升值。

另外，从人民币对新兴市场国家货币的汇率变化来看，人民币对这些国家货币的升值幅度要明显大于对发达国家货币的升值幅度。由于人民币对几乎所有发达国家和新兴市场国家的货币出现了全面升值，而且还由于我国的通货膨胀率高于发达国家，因此人民币实际有效汇率也出现了大幅度升值，以上变化对我国出口产业的发展形成了严峻的挑战。

1. 人民币对美元汇率的变化

人民币汇率升值有两种含义上的升值，其一是对主要国际货币美元的升值。但是对美元的升值并不意味着对所有货币升值。2005 年 7 月以来，人民币一直对美元维持了升值趋势，但是在有些年份，人民币对欧元和日元曾经出现过阶段性贬值，这是因为这些货币对美元的升值幅度超过了人民币对美元的升值幅度。还有一种升值是指对所有货

币的综合性升值，测量这一升值幅度的数量指标是实际有效汇率。

　　由于美元在国际货币体系中占据着主导地位，因此人民币对美元汇率的变化成为人们判断人民币变化趋势的主要指标。当人们在讨论人民币升值问题时，首先考虑的是人民币对美元汇率的升值。如图 6-1 所示，2005 年 7 月 21 日，随着人民币汇率制度改革措施的出台，人民币对美元汇率一次性升值 2.1%，从此，人民币开始进入升值通道。当时，在人民币升值速度问题上，国外内有多种不同版本的预测，保守的预测认为人民币升值的年幅度不会超过 3%，但也有一些预测认为人民币有可能加速升值速度，每年的升值幅度有可能达到 10%。

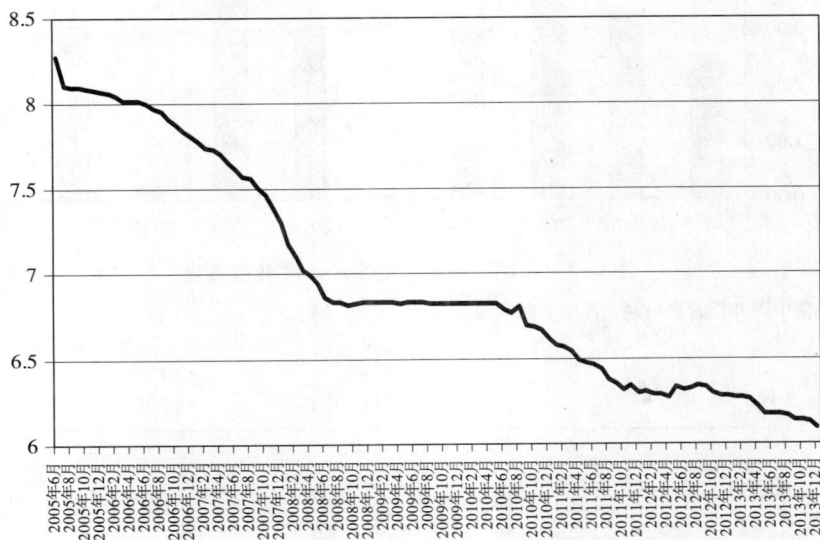

图 6-1　美元兑人民币汇率的走势

资料来源：国家外汇管理局数据库。

　　从实际情况来看，从 2005 年 7 月到 2013 年 12 月，在历时 8 年多的时间里，人民币升值幅度高达 36%，年均升值幅度在 4.2%左右。从这一速度来看，人民币升值进程遵行了渐进的升值原则。汇率制度改革措施出台以来，人民币汇率升值速度的变化经历了三个不同的时期，第一时期是从 2005 年 7 月到 2008 年 6 月，这是时期，人民币升值呈现出逐步加快的趋势，三年间的升值幅度在 20%左右，年均升值幅度在 7%左右。第二时期是从 2008 年 6 月到 2010 年 5 月，人民币升值幅度在 1%左右，年均升值幅度在 0.3%左右。这一时期受全球金融危机的影响，人民币基本上中断了升值进程。第三个时期从 2010 年 6 月延续到 2013 年年底为止，这一时期人民币汇率重新进入升值通道，升值幅度在 12%左右，年均升值接近 3.5%，是第一阶段的一半左右。在不同的时期，人民币汇率升值之所以有所不同，主要受到国内外经济环境的变化、中国贸易收支顺差的变化和中美汇率博弈等因素的影响。

　　图 6-2、图 6-3 和图 6-4 分别为人民币年度、季度和月度的变化情况。这些数据从

不同视角反映了人民币汇率变动的一些特点。

（单位：%）

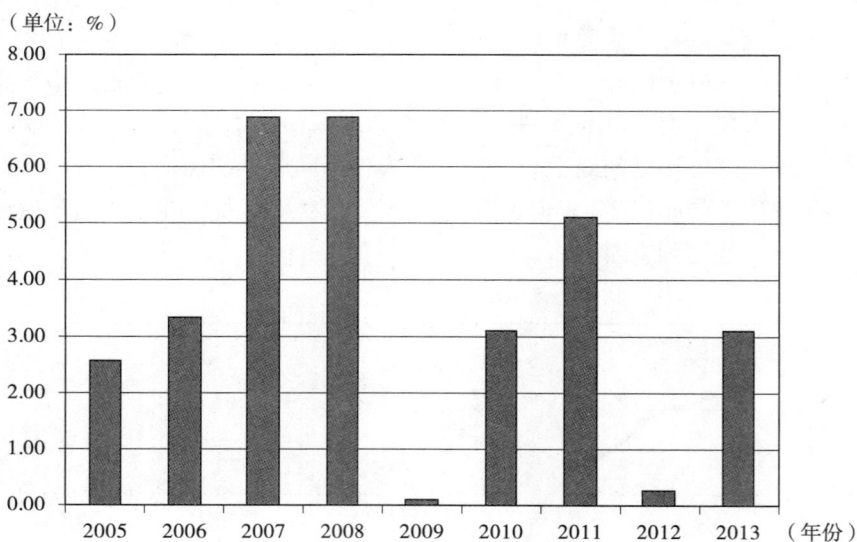

图6-2 人民币兑美元汇率的年度升值幅度

资料来源：根据中国外汇管理局网上数据库数据编制。

（单位：%）

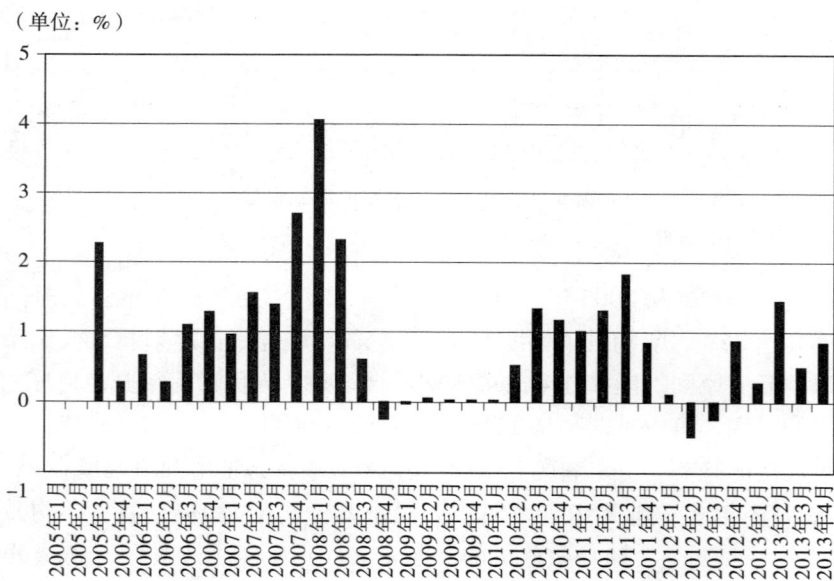

图6-3 人民币兑美元的季度升值幅度

资料来源：根据中国外汇管理局网上数据库数据编制。

首先，从图6-2的年度变动情况来看，人民币升值呈现出升值幅度逐步下降的趋势。其高峰期出现在2007年和2008年，这两年的升值分别为6.9%和6.88%。这一高

（单位：%）

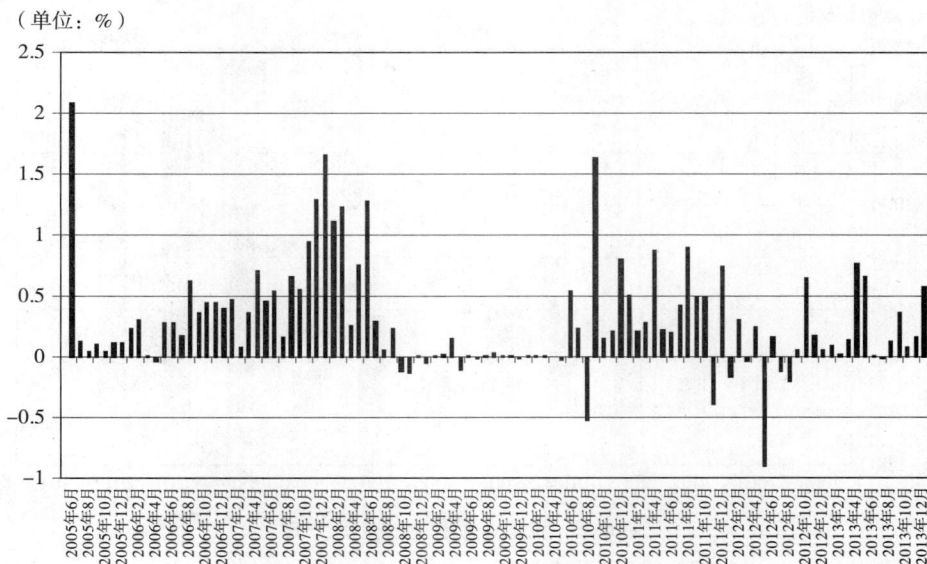

图6-4　人民币兑美元汇率的月度升值幅度

资料来源：根据中国外汇管理局网上数据库数据编制。

峰期正好与我国经常收支顺差的高峰期重叠，2007年和2008年，我国经常收支顺差对GDP的比重正好处于10.1%和9.3%的峰值，此后，经常收支顺差对GDP的比重转入下跌趋势，与这一变化相对应，人民币汇率的年度升值幅度也出现了逐步缩小的趋势。

其次，从图6-3的季度变动情况来看，人民币升值速度曾经出现过三次大的起伏和形成了三个高峰，第一次高峰出现在2008年第一季度，第二次高峰出现在2011年第三季度，第三次高峰出现在2013年第二季度。

如前所述，第一次高峰主要起因于经常收支顺差的上升，与第一次高峰不同，在出现第二次高峰的2011年，我国经常收支顺差的相对规模已经大幅度下降，因此第二次高峰的出现与经常收支的变动无关，主要起因于资本收支的变化。从图6-5中，我们可以看到，2010年和2011年，我国资本收支顺差大幅度增加，资本项下的外汇资金流入起到了助推人民币升值的作用。另外，从图6-6的数据中我们可以看到资本收支顺差激增出现在2010年第四季度以后，这一异常变动一直延续到2011年第三季度。2010年第四季度、2011年第一季度、第二季度和第三季度的资本收支顺差分为1321亿美元、1102亿美元、1142亿美元和703亿美元。2011年第四季度资本收支转为-292亿美元的逆差，与这一变化相对应，人民币升值幅度明显缩小。

2013年出现的人民币升值的第三次高峰主要起因于双顺差的同时增加，2013年第一季度经常收支顺差和资本收支顺差分别增加了476亿美元和901亿美元，二者合计为1376亿美元，这一变化反映在外汇储备的变动方面，如图6-7所示，受双顺差增加的影响，2013年第一季度的外汇储备明显增长，这一变化加大了人民币升值压力，但是，

（单位：亿美元）

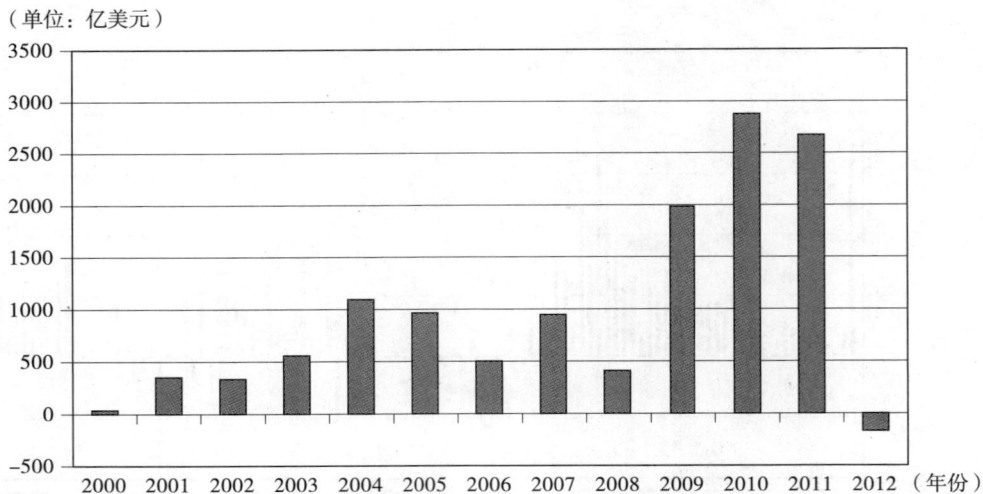

图6-5　我国资本收支的变动情况

资料来源：根据中国外汇管理局网上数据库数据编制。

（单位：亿美元）

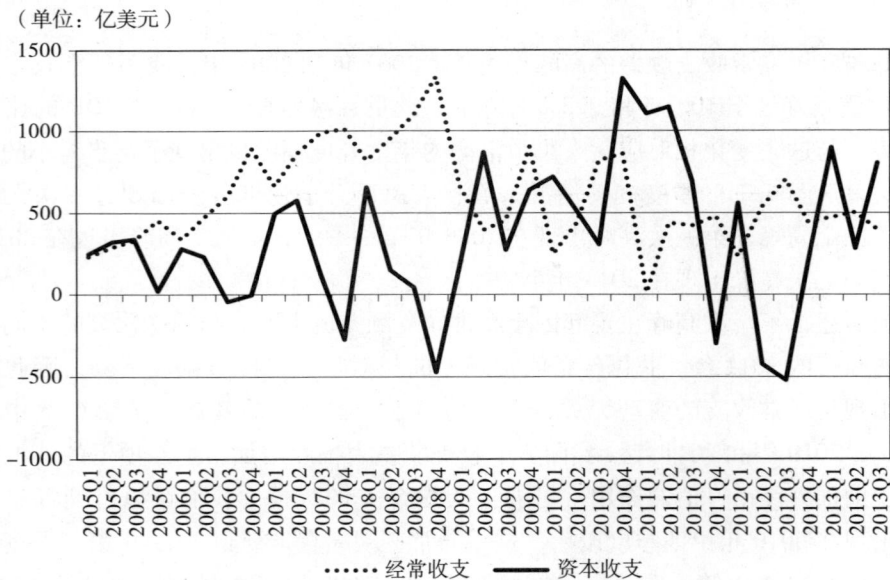

•••••• 经常收支　——— 资本收支

图6-6　双顺差的季度变动情况

资料来源：根据中国外汇管理局网上数据库数据编制。

人民币汇率对外汇储备变动的反应要滞后一个季度，即人民币汇率升值的第三次峰值出现在第二季度。

最后，从图6-3的月度数据来看，人民币汇率的变动有以下几个特点：

其一，在多数年份，后半年的升值速度要快于前半年的升值速度。这一状况主要起

（单位：亿美元）

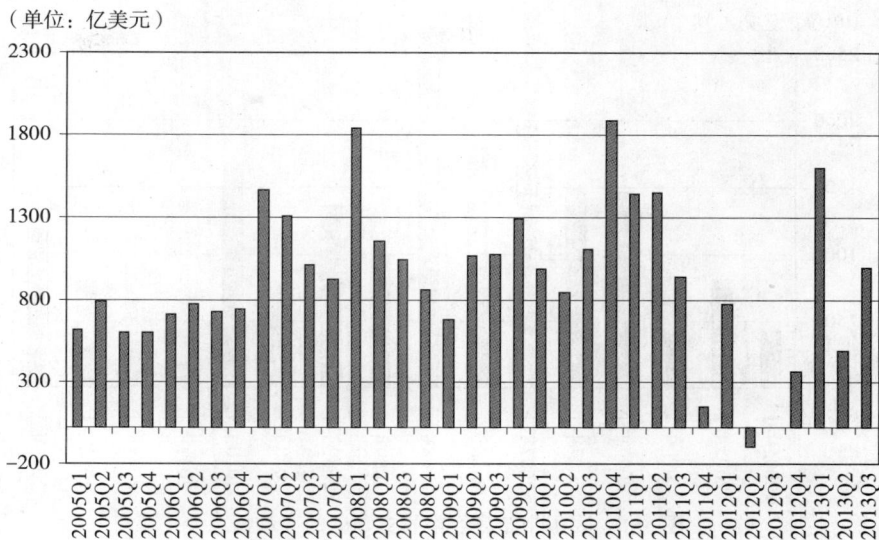

图 6-7 我国外汇储备的季度变动情况

资料来源：根据中国外汇管理局网上数据库数据编制。

因于贸易收支的变化。我国贸易收支顺差的增加大体上集中在每一年的下半年，贸易收支顺差的增加会通过外汇供给的增加助长人民币升值压力。另一个重要原因是：随着年末的来临，年度贸易收支顺差规模基本已经成形，在贸易收支顺差大幅度增加的情况下，这一变化有可能通过市场预期或政府的调控政策影响到汇率的走势。从图 6-8 的数据中我们可以看到，从 2005 年到 2012 年期间，我国所有年份的经常收支顺差规模都是下半年大于上半年。从人民币汇率的反应来看，2006 年、2007 年、2010 年和 2011 年的汇率变化明显反映了经常收支顺差的以上变化，在其他年份，资本收支和经常收支的反向变化削弱了经常收支顺差与人民币汇率的联动关系。

其二，2008 年年中以前，人民币汇率的月升值幅度呈现逐步扩大的趋势，但是进入 2011 年以后，人民币汇率的月升值幅度停止了扩大趋势，最大月升值幅度维持在 0.9% 以下。从总的变动趋势来看，升值幅度略有收窄的迹象。这一变化反映了贸易收支顺差的趋势性变化。2008 年以前，我国经常收支顺差对 GDP 之比处于上升趋势，而 2011 年以后，以上变化出现了逆转，经常收支顺差的相对规模转为下降趋势。

其三，人民币汇率月度变动正在从单边升值转向双向浮动，这一变化在 2012 年表现得尤为明显。在 2012 年的 12 个月中，有 5 个月出现了贬值。2013 年尽管只有一个月出现了小幅贬值，但是有 4 个月的升值幅度小于 0.1%，几乎小到了可以忽视的地步。人民币汇率之所以出现双向波动的变化，一方面是因为经常收支顺差规模的下降，另一方面，还因为资本收支顺差不仅有所减少，而且还在部分季度出现了逆差。2011 年第四季度出现了 292 亿元的逆差，2012 年第二和第三季度分别出现了 413 亿美元和 517 亿美元的逆差。未来，随着我国对外投资的增加，资本收支有可能转为趋势性逆差，受此

（单位：亿美元）

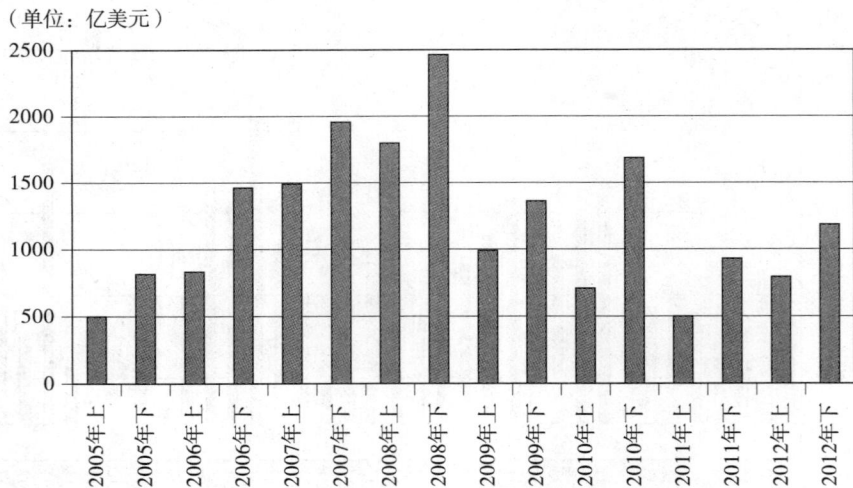

图 6-8　我国半年度经常收支顺差的变动情况

资料来源：根据中国外汇管理局网上数据库数据编制。

影响，人民币汇率有望逐步形成双向浮动的格局。

2. 人民币对其他主要货币汇率的变化

从人民币对其他货币汇率的变化来看，人民币汇率有降也有升。在不同时期，人民币对一些弱势货币汇率出现升值的同时，也对一些强势货币出现了贬值。升值还是贬值取决于其他货币对美国汇率的变动情况。通常，其他对美元汇率出现贬值的货币以及对美元升值幅度不及人民币升值幅度的货币对人民币会出现贬值趋势，反之，对美元汇率升值幅度大于人民币对美元升值幅度的货币会对人民币出现升值趋势。

图 6-9 是以人民币标价的美元、欧元和日元的价格指数，该指数将 2005 年 6 月的汇率水平设定为 1，在此基础上记录了人民币对美元、欧元和日元汇率的变化趋势。指数下降表明单位外币可换取的人民币价值的下降，即人民币升值和外币贬值，反之，指数上升意味着单位外币可换取的人民币价值的上升，这一变化意味着人民币对该外币出现贬值趋势。

从图 6-9 中我们可以看到，从 2005 年 7 月到 2013 年年底，人民币对美元汇率基本上维持了上升趋势，该升值趋势从 2008 年年中到 2010 年年中曾出现过暂时的中断，在其余时间一直维持了升值的态势。但是，人民币对欧元和日元汇率并非表现为单向升值。

就人民币对日元汇率而言，从 2005 年 6 月到 2008 年 8 月，人民币对日元基本上维持了升值趋势，但是此后随着日元对美元的大幅度升值，人民币对日元汇率开始进入贬值通道，这一趋势一直延续到 2012 年年底，2012 年 11 月以后随着日元对美元汇率的大幅度贬值，人民币对日元汇率再度转入升值通道。到 2013 年年底，人民币对日元汇

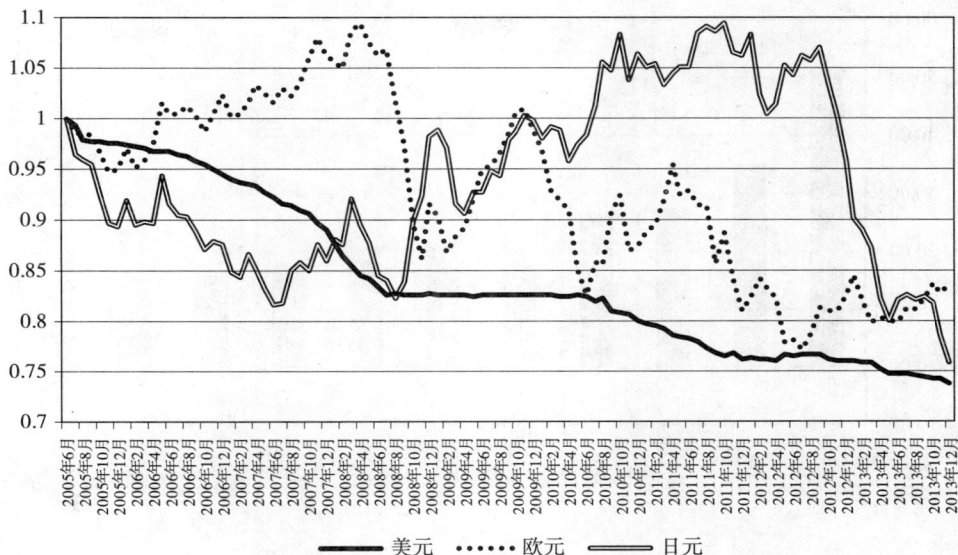

图 6-9　人民币兑美元、欧元和日元汇率指数变化

资料来源：根据中国外汇管理局网上数据库数据编制。

率升值屡创"汇改"以来的新高，其总的升值幅度已经超过对欧元的升值幅度。

人民币对欧元汇率的走势既不同于对美元汇率的走势也不同于对日元汇率的走势。从"汇改"开始的 2005 年到 2008 年，由于欧元对美元的升值幅度超过人民币对美元的升值幅度，因此人民币对欧元维持了贬值趋势。2008 年年中以后，受欧债危机的影响，欧元对美元出现大幅度贬值，而正好在这一时期，人民币对美元汇率又恢复到盯住美元的汇率制度，受此影响，人民币对欧元汇率进入升值通道。但是人民币对欧元汇率的升值格局明显不同于对美元汇率的升值格局，人民币对美元汇率的升值几乎是单向升值，而人民币对欧元汇率的升值呈现出双向波动状态下的升值，这主要是受美元与欧元汇率波动的影响。

图 6-10 是人民币对发达国家货币汇率的变动情况。从图 6-10 中我们可以看到从 2005 年 6 月到 2013 年 11 月，人民币对大部分发达国家货币出现了升值。其中对英镑的升值幅度高达 52%，对美元升值 35%，对日元升值 26%，对欧元升值 22%。人民币只对瑞士法郎出现了小幅贬值。

另外，图 6-11 反映了人民币对一部分新兴市场经济体货币汇率的变动情况。该数据显示人民币对这些货币的升值幅度总体上大于对发达国家货币的升值幅度。在被选择的 12 种货币中，人民币对印度卢比、印度尼西亚卢比和墨西哥比索的升值幅度相对较高，分别为 93.9%、63.7% 和 62.2%，这一升值幅度远远高于对发达国家货币的升值幅度，人民币对俄罗斯卢布、韩元、港元、巴西雷亚尔、台湾元和马来西亚林吉特的升值幅度分别为 55.2%、42%、34.5%、28.8%、27.7% 和 14.5%，这一升值幅度接近对发

（单位：%）

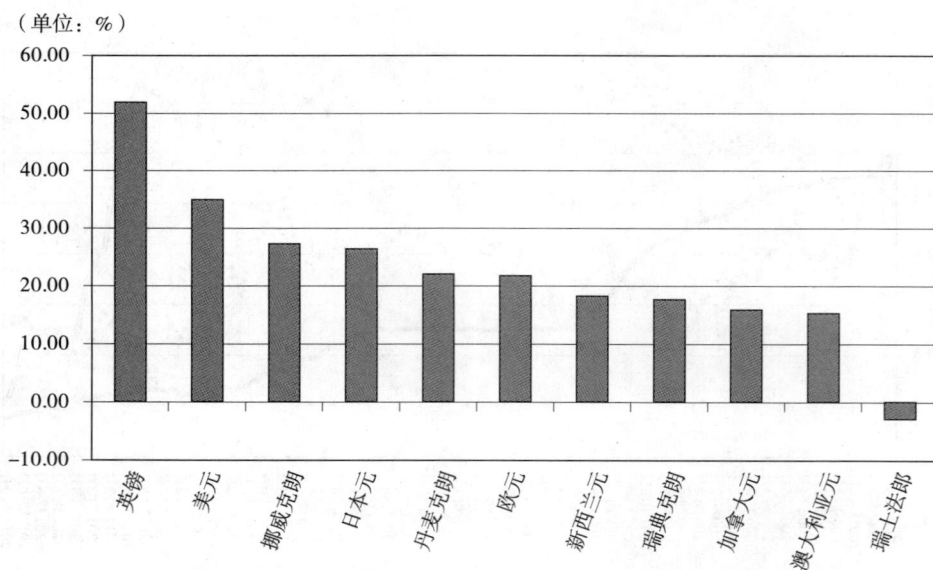

图6-10 "汇改"以来人民币对发达国家货币的升值幅度

资料来源：根据国家外汇管理局《各种货币对美元折算率表》。

注：从2005年6月到2013年11月为止的升值幅度。

达国家货币的升值幅度。人民币对菲律宾比索、泰国铢和新加坡元的升值幅度相对较低，分别为6.3%、4.8%和1.2%。

（单位：%）

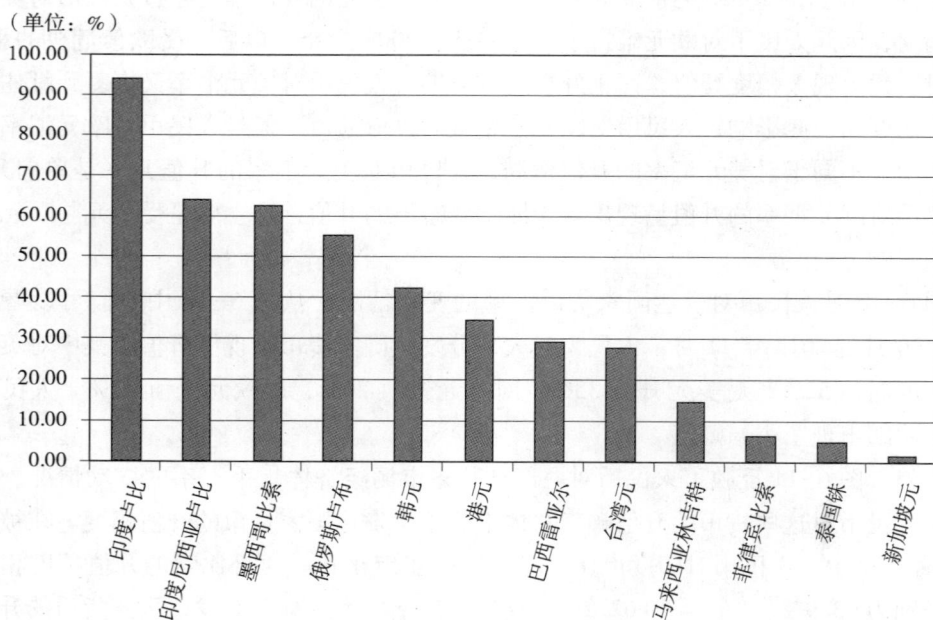

图6-11 "汇改"以来人民币对一部分新兴市场经济体货币的升值幅度

资料来源：根据国家外汇管理局《各种货币对美元折算率表》。

注：从2005年6月到2013年11月为止的升值幅度。

　　以上数据仅仅反映了人民币对不同货币之间的汇率变动情况。人民币对一部分货币的升值幅度较大，而对另外一部分货币的升值幅度相对较小。另外，人民币对多数货币升值的同时，又对个别货币出现了贬值。鉴于这些差异，双边货币汇率的变动无法综合反映中国竞争力的变化。为了掌握人民币汇率变动对我国对外综合竞争力的影响，我们有必要考察人民币有效名义汇率和有效实际汇率的变化。前者是依据我国对不同国家贸易权重计算的综合名义汇率，后者是对前者进行物价调整后的实际汇率。实际汇率是以同一种货币表示的国内外物价之比，本币名义汇率升值或物价上升都会引起本国相对物价水平的上升，从而导致实际汇率升值，而实际汇率升值会削弱一国的对外竞争能力。

　　从图 6-12 中我们可以看到，人民币有效名义汇率和有效实际汇率基本上保持了相同的变化趋势。但是二者的变动并非完全相同，在有些时期，两条线几乎完全重叠，但是在有些时期又会出现偏离，有效名义汇率和有效实际汇率的偏离主要起因于国内外通货膨胀率的差异。当我国的通货膨胀率高于国外通货膨胀率时，以同一货币计价的国内物价将会出现上升趋势，这一变化意味着实际汇率的升值，即实际汇率曲线会高于名义汇率曲线，反之，会出现相反的情况。如果国内外通货膨胀率完全相等，那么实际汇率的变动只反映名义汇率的变化，在这种情况下，实际汇率曲线和名义汇率曲线会完全重叠。

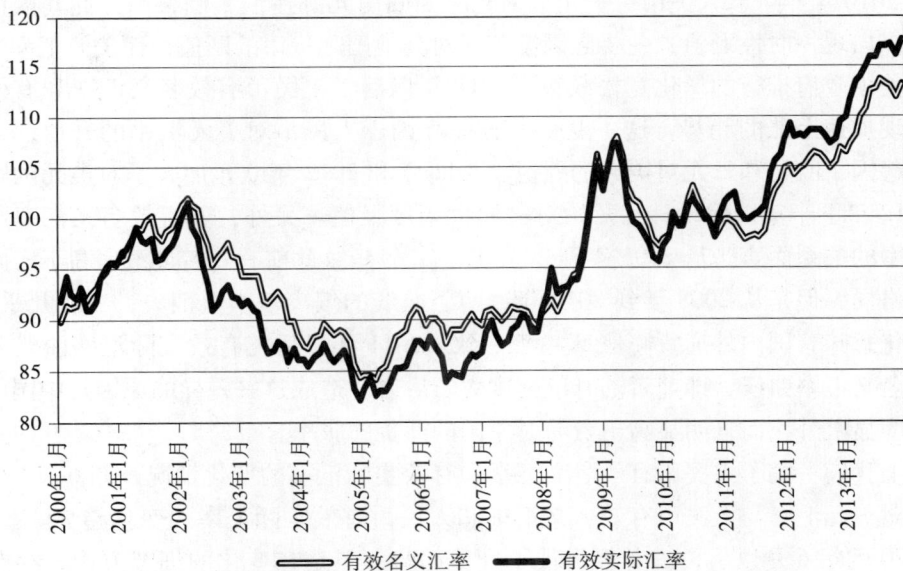

图 6-12　人民币有效名义汇率和有效实际汇率的比较

注：2010 年为 100。

资料来源：国际结算银行数据库。

　　就人民币有效汇率变化的实际情况来看，进入 21 世纪后，其变化大致可以分为三个阶段，第一阶段从 2000 年到 2001 年，第二阶段从 2002 年到 2004 年，第三阶段从 2005 年到 2013 年。

首先，就第一阶段来说，2000 年和 2001 年，人民币有效名义汇率和有效实际汇率都出现了升值，当时人民币采取了盯住美元的汇率制度，因此人民币对美元汇率并没有升值，人民币有效汇率的升值意味着美元对其他货币出现了升值，即美元对其他货币的升值带动了人民币对其他货币的升值，从而带动了人民币有效汇率的升值。另外，因为我国与贸易对象国的通货膨胀率较为接近，因此这一时期的有效实际汇率和有效名义汇率几乎重叠在一起。

其次，就第二阶段而言，从 2002 年到 2004 年，人民币有效汇率出现了两个方面的变化：其一是有效名义汇率和有效实际汇率的贬值，这两条曲线都出现了拐头朝下延续的趋势，这一时期我国的美元盯住汇率制度没有发生变化，因此人民币有效汇率贬值反映了美元汇率的走弱。这一汇率变化总体上改善我国出口企业的竞争能力。其二是两条线开始出现偏离，有效实际汇率在有效名义汇率的下方推移，这一变化表明我国的通货膨胀率低于贸易对象国的通货膨胀率，国内外相对物价的变化引起了有效实际汇率的下降，从而进一步强化了我国出口企业的竞争能力。

最后，从第三个阶段来看，2005 年以后，随着我国汇率制度改革措施的出台，人民币有效名义汇率和有效实际汇率开始进入长期的升值趋势。这一升值趋势在 2009 年一度出现过暂时的逆转，但是进入 2010 年以后人民币又重新回归升值通道。从 2008 年年中到 2010 年年中，人民币对美元汇率暂时回归美元盯住汇率制，因此此间人民币汇率之所以出现一时性贬值，主要起因于美元对其他国际货币的贬值，而美元汇率贬值又起因于美国政府推行的量化宽松政策。2011 年以后，人民币有效名义汇率和有效实际汇率出现加速上涨的趋势，这一变化一方面起因于人民币对美元汇率的升值，另一方面，也起因于欧元和日元对美元的贬值。2011 年和 2012 年欧元加大了对美元的贬值幅度，2012 年下半年以后，日元开始对美元大幅度贬值。另外，就有效名义汇率与有效实际汇率的关系而言，从 2005 年到 2007 年，二者延续此前有效名义汇率高于实际有效汇率的格局，但是从 2008 年到 2010 年，两条曲线的偏离基本上消失，二者几乎重叠，这一变化意味着国内外通货膨胀率趋于一致。2011 年以后，有效实际汇率曲线开始高出有效名义汇率曲线，即前者的升值幅度大于后者，造成这一差异的原因是中国的通货膨胀率明显上升，而且明显高出贸易对象国的通货膨胀率。

以上我们考察了人民币有效名义汇率和有效实际汇率的变化情况，图 6-13 比较了人民币对美元汇率与人民币有效名义汇率和人民币有效实际汇率的变化趋势。图 6-13 显示，2005 年 6 月以后，三者都出现了升值趋势，但是在变化的细节方面，存在一定的差异。人民币对美元汇率的变化相对平滑，而人民币有效汇率的起伏相对较大，这一差异表明人民币盯住美元的程度仍要高于盯住一篮子货币的程度，换句话说，在人民币汇率参考的一篮子货币中，美元仍占据着较大的比重。另外，从升值幅度来看，在"汇改"以来的绝大部分时期内，人民币对美元汇率的升值幅度要大于人民币有效名义汇率和有效实际汇率的升值幅度，但是，进入 2011 年以后，有效实际汇率加快了升值速度，这一变化主要起因于我国通货膨胀率的提高，2011 年，我国通货膨胀率高达

5.4%，受此影响，实际汇率的升值速度明显有所提高，到 2013 年年底，人民币实际汇率升值幅度已经超过人民币对美元汇率的升值幅度。从 2005 年 6 月到 2013 年 11 月人民币对美元升值 35%，人民币有效名义汇率升值 31%，有效实际汇率升值 41%。从以上分析来看，人民币名义汇率的升值和我国通货膨胀率的上升从两个方面构成了对我国出口产业的威胁。

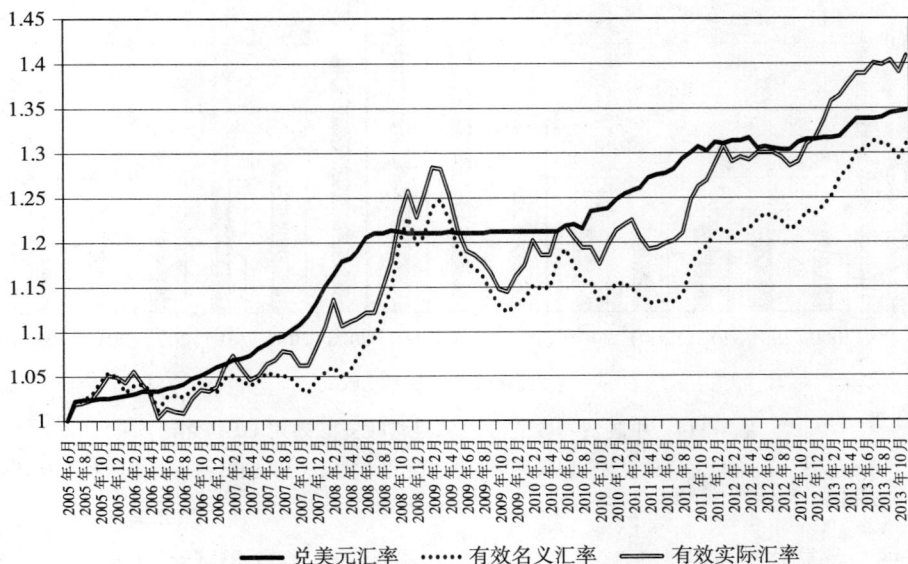

图 6-13　人民币对美元汇率与人民币有效汇率变动指数的比较

注：2005 年 6 月年为 100。

资料来源：国际结算银行数据库。

二、经济转型时期的贸易收支及结构变化

2005 年以来，人民币升值和人民币计价工资的上涨引起了中国美元计价单位产品劳动力成本的上升，进而起到了抑制出口和贸易收支顺差增加的作用。本章将主要通过数据变化，检验人民币升值对实体经济的影响。

1. 贸易收支顺差规模的变化

自 2005 年人民币汇率步入升值渠道以来，我国贸易收支顺差经历了先增后降的变化趋势。2005 年上半年，我国贸易收支顺差急速增加，这一变化加速了我国汇率制度改革措施的出台。2005 年 7 月 21 日，人民银行正式宣布中国将采用参考一篮子货币的管理浮动汇率制度，由此，人民币拉开了升值的序幕。

从图 6-14 和图 6-15 中我们可以看到，从 2005 年到 2013 年，我国贸易收支顺差的变化经历了以下三个不同的时期：

（单位：%）

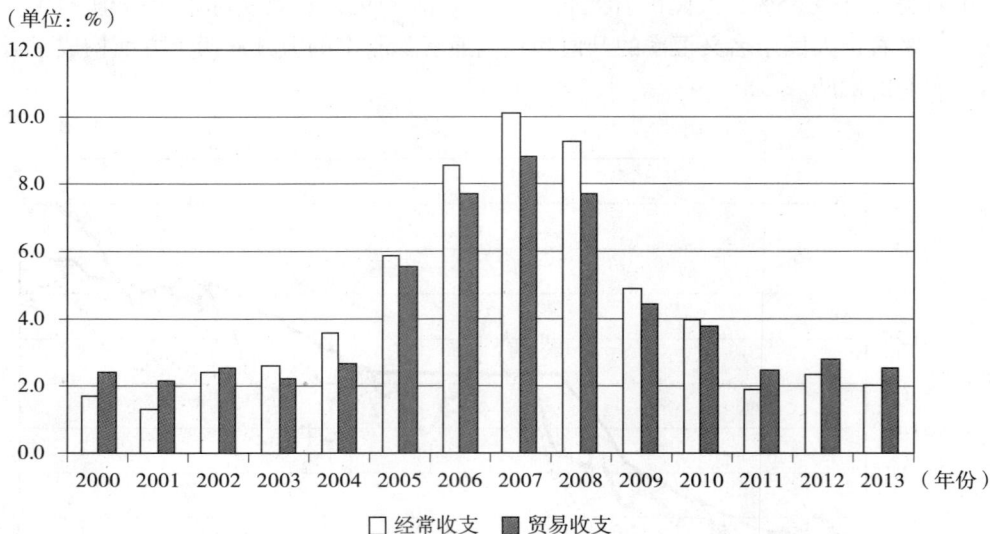

图 6-14　中国贸易收支顺差和经常收支顺差对 GDP 之比

资料来源：贸易收支与经常收支的数据来自国家外汇管理网上数据库。GDP 的数据来自国际货币基金组织网上数据库。

第一，贸易收支顺差大幅度增长时期。这一时期从 2005 年延续到 2008 年，其间尽管人民币汇率已经出现大幅度升值，但是经常收支和贸易收支顺差仍维持了较快的增长。

（单位：亿美元）

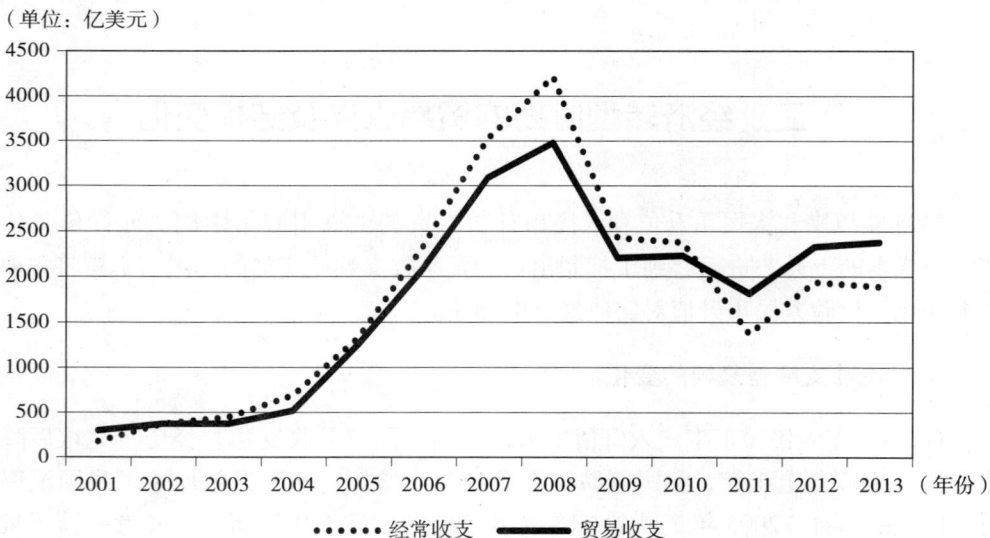

图 6-15　我国经常收支与贸易收支顺差的变动情况

资料来源：国家外汇管理局网上数据库。

从 2005 年到 2008 年的四年中，人民币的年升值幅度分别为 2.56%、3.35%、6.90% 和 6.88%，尽管如此，我国经常收支和贸易收支顺差的绝对规模却分别从 2004 年的 689.4 亿美元和 511.7 亿美元飙升到 2008 年的 4205.7 亿美元和 3488.3 亿美元。经常收支和贸易收支顺差的相对规模，即对 GDP 之比分别从 2004 年的 3.6% 和 2.6% 上升到 2008 年的 9.3% 和 7.7%。尽管经常收支和贸易收支顺差绝对规模的峰值出现在 2008 年，但是其相对规模的峰值其实出现在 2007 年，分别高达 10.1% 和 8.8%。

从理论上讲，大幅度人民币汇率升值理应对贸易收支顺差的增长起到抑制作用，但是这一时期，人民币汇率与贸易收支顺差却呈现出反向的变化。这一反常情况的出现在一定程度上与 J 曲线效应有关，即受合同时效的影响，在汇率升值的最初阶段，进出口数量不发生变化，只有部分美元计价出口商品价格上涨，其结果人民币升值反而会加大贸易收支顺差的规模。但是，J 曲线效应无法解释贸易收支顺差为什么会出现如此巨大的增幅。与 J 曲线效应相比，更为合理的解释是：2005 年发达国家取消了纺织服装贸易配额的限制，这一制度改革为我国扩大纺织服装品出口提供了有利条件。但是这一解释也有一定的局限性，这是因为 2005 年以后，不仅仅纺织服装品的出口有所增加，机电等其他产品的出口也出现了快速增长的趋势。鉴于 2005 年以后我国出口的增加主要源自外资企业的出口，因此外资企业从投资期进入生产期以及外资企业产能的扩大是引起贸易收支顺差急速增加的主要原因。

第二，贸易收支顺差明显下降时期。这一时期从 2009 年延续到 2011 年，通过这一时期的调整，经常收支顺差和贸易收支顺差对 GDP 之比回落到 4% 以下。

一般而言，国际上判断经常收支和贸易收支顺差规模是否合理的标准是 4%，即低于 4% 的规模被视为可以接受的合理水平。依据这一标准进行判断，2011 年以后，我国经常收支和贸易收支顺差规模已经回归正常水平。2011 年经常收支顺差和贸易收支顺差对 GDP 之比分别下降到 1.9% 和 2.5%，二者的金额分别下降到 1361 亿美元和 1819 亿美元。

这一时期我国经常收支和贸易收支顺差的下降受到多种因素的影响。首先，趋势性人民币升值和工资的大幅度上涨提高了我国贸易品生产的美元计价成本，从而起到了降低出口和贸易收支顺差的作用。其次，在美国次贷危机和欧洲主权债券危机的影响下，全球经济急剧恶化，这一状况引起了外部需求的低迷。而且，同一时期我国出台了 4 万亿元人民币的经济刺激措施，扩张性财政政策通过对进口的影响起到了降低贸易收支顺差的作用。另外，我国服务贸易收支逆差的扩大也在一定程度上起到了降低经常收支差和贸易收支顺差的作用。贸易收支是经常收支的主要成分，而贸易收支又由货物贸易和服务贸易组成。从图 6-16 中我们可以看到，2009 年以后我国服务贸易收支逆差出现了扩大趋势，同一时期，我国货物贸易顺差的下降幅度明显小于贸易收支顺差的降幅，这是因为服务贸易收支逆差的上升降低了贸易收支顺差的规模。

第三，经常收支和贸易收支进入平稳、合理发展时期。这一阶段从 2012 年延续到目前为止。这一时期的经常收支和贸易收支顺差呈现出以下两个特征：其一，顺差的变

141

（单位：亿美元）

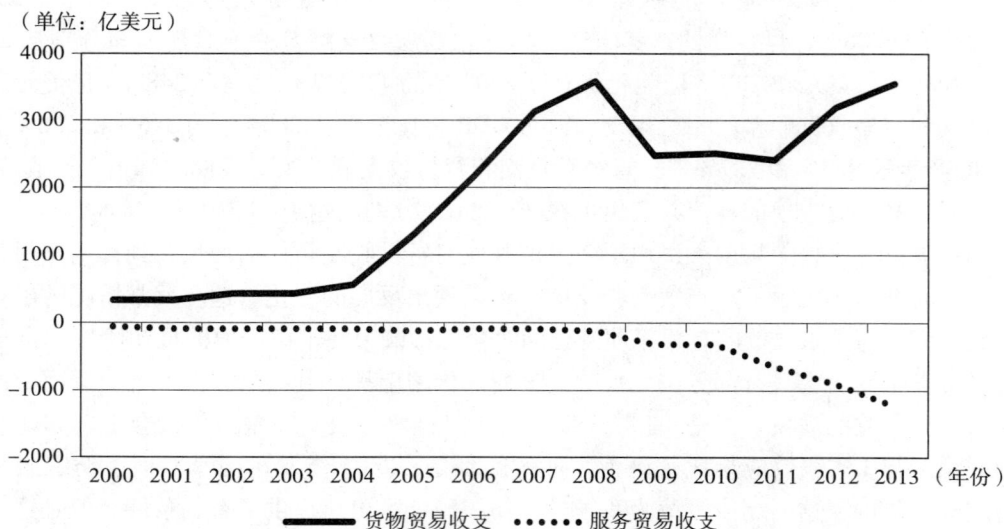

图 6-16　我国货物贸易和服务贸易收支的变动情况

资料来源：国家外汇管理局网上数据库。

142

动较为稳定；其二，顺差规模较为合理。

2012 年和 2013 年，我国经常收支顺差分为 1931.4 亿美元和 1886 亿美元，略高于 2011 年的 1361 亿美元。贸易收支顺差分别为 2319 亿美元和 2381 亿美元，略高于 2011 年的 1819 亿美元。另外，经常收支和贸易收支顺差对 GDP 之比在 2011 年以后基本上都维持在 2%—3% 之间，与 4% 的国际标准相比，我国的经常收支和贸易收支顺差处于非常合理的水平。

2010 年以前，我国延续了经常收支顺差大于贸易收支顺差的格局。基于这一特征，在 G20 有关宏观经济量化指标设定的问题上，我国倾向于用贸易收支顺差规模作为具体的检测项目。但是一个非常有趣的变化是：2011 年以后我国经常收支和贸易收支的规模出现了逆转，即出现了贸易收支顺差大于经常收支顺差的情况。图 6-17 揭示了经常收支顺差大幅度下滑的原因，从图 6-17 中我们可以看到经常收支项下的收益项目出现了巨额的逆差，2011 年和 2012 年的逆差额分别为 -703.2 亿美元和 -421.4 亿美元。同一时期经常转移项目顺差也出现了明显的下降趋势，2011 年的顺差额由 2010 年的 406.9 亿美元下降到 245.1 亿美元，2012 年又进一步下降到 34.3 亿美元。转移项目的增减历来与人民币升值预期的变化有着密切的联系，2012 年，人民币汇率曾经一度由升值预期转为贬值预期，全年的升值幅度仅为 0.25%，人民币汇率的这一变化是引起经常转移项目顺差下降的主要原因。

2. 贸易收支顺差结构的变化

在持续性人民币汇率升值这一大背景下，不仅我国的贸易收支顺差规模出现了下降

（单位：亿美元）

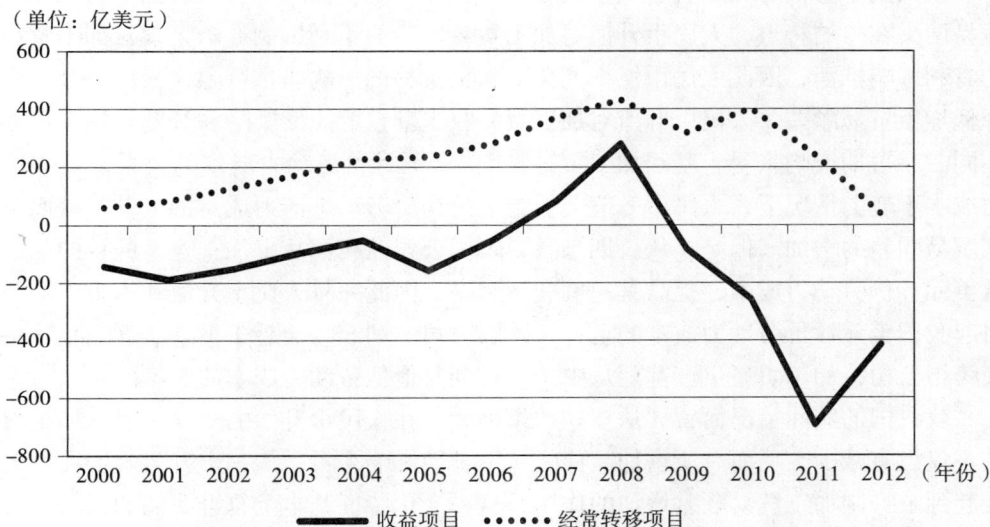

图 6-17　经常收支收益项目和转移项目的变化

资料来源：国家外汇管理局网上数据库。

趋势，而且贸易收支顺差的结构也出现了明显的变化。在此，我们从贸易方式、贸易企业和贸易区域及国别等几个方面，考察贸易结构的变化。

（1）加工贸易和一般贸易收支的变动

人民币汇率如何影响我国贸易收支的变化在很大程度上将取决于其对加工贸易顺差的影响，这是因为加工贸易的迅速发展是引起中国贸易收支顺差快速增加的主要原因，加工贸易顺差构成了我国贸易收支顺差的主体。加工贸易具有两头在外的特点，即从国外进口原材料和半成品，在中国境内利用中国的低劳动力成本进行加工组装生产，然后再把产品销往国际市场。这一特点决定了加工贸易的增加必然会引起贸易收支顺差的增加。

从加工贸易的特点来看，加工贸易成立的条件是出口规模必须大于进口规模，这是因为如果出口金额小于进口金额，从事加工贸易的企业将无利可图，在这种情况下，加工贸易将失去存在的基础。因此加工贸易出口与加工贸易进口的差额必然为正，该余额构成了加工贸易顺差的内容。换一个视角来看，加工贸易产品的出口价格包括两部分内容：其一是原材料成本，其二是加工费用。由于出口产品的原材料成本与进口原材料相等，二者可以抵消，因此其第二部分，即加工费用构成了加工贸易顺差的主要内容。而加工费用的主体又主要是劳动力成本，由此可以得出以下关系式，即：

加工贸易收支＝（加工贸易进口原材料＋美元计价劳动力成本）－加工贸易原材料进口＝美元计价劳动力成本[1]

---

[1]　这里的美元计价劳动力成本是指加工贸易总的劳动力成本，因此与以美元计价单位产品劳动力成本是两个不同的概念。

就人民币升值对加工贸易顺差的影响而言，有一种较为流行的观点认为，基于加工贸易两头在外的特点，人民币升值对加工贸易出口的不利影响通常会被对加工贸易进口的有利影响抵消，因此人民币汇率变化对加工贸易的影响非常有限，人民币升值无助于降低加工贸易顺差。人民币升值对加工贸易收支顺差的短期影响和长期影响有可能截然不同。就短期影响来看，基于加工贸易收支＝美元计价劳动力成本的关系，在本币劳动力成本不变的情况下，人民币升值会引起美元计价劳动生产力成本的上升，进而引起加工贸易顺差的增加。但是，从长期来看，跨国公司在我国从事加工贸易的目的是通过降低美元计价劳动力成本，提高其超额利润水平，因此一旦人民币升值和本币工资的上涨引起我国美元计价劳动力成本的上升，跨国公司的利润将会趋于下降，这一变化将会迫使跨国公司将加工贸易生产基地从中国转移到其他低劳动力成本的国家。

就我国的实际情况而言，从短期效果来看，在人民币升值的初期阶段，加工贸易顺差不仅没有减少，反而有所增加。但是从中长期影响来看，人民币升值确实在一定程度上起到了抑制加工贸易顺差增加的作用，这一变化特征基本上符合我们的判断。

图6-18反映了我国加工贸易顺差对货物贸易收支顺差之比的变化情况。加工贸易、一般贸易和其他贸易构成了货物贸易的总和。从图6-18中我们可以看到加工贸易顺差对货物贸易收支顺差之比在大多数情况下大于100%，这一状况意味着加工贸易以外的一般贸易和其他贸易之和出现了逆差，由此引起了加工贸易收支顺差大于货物贸易收支顺差的现象。21世纪初期，我国加工贸易顺差对货物贸易收支顺差之比处于较高的水平，图6-19的数据展示了其原因，即这是因为这一时期，一般贸易及其他贸易出现了较大的逆差。2005年以后，随着一般贸易及其他贸易收支的改善，加工贸易顺差对货物贸易收支顺差之比明显有所下降。图6-19显示了一个非常有趣的现象，即在人民币开始升值的2006年、2007年和2008年，加工贸易收支顺差和一般贸易及其他贸易收支顺差都出现了上升趋势，这一状况表明二者都对这一时期贸易收支顺差的大幅度增加作出了贡献。但是，2009年以后，以上情况出现了明显的变化，加工贸易收支顺差基本上停止了上升趋势，而一般贸易及其他贸易收支顺差又重新出现了少量的逆差。

加工贸易收支的以上变化与我们的分析结论基本吻合，即短期而言，在人民币升值的最初阶段，受美元计价劳动力成本上升的影响，人民币升值不仅没有起到降低加工贸易收支顺差的作用，反而助长了加工贸易收支顺差的增加。这是因为加工贸易收支＝美元计价劳动力成本，因此美元计价劳动力成本的上升短期内引起了加工贸易收支顺差的增加，这一现象主要出现在2005—2008年。但是随着时间的推移，人民币升值对加工贸易的负面影响逐步显现出来，这是因为美元计价劳动力成本的上升缩小了加工贸易的利润空间，从中长期的视角来看，这一变化进而起到了抑制加工贸易发展的作用。

图6-20和图6-21反映了人民币升值对加工贸易和一般贸易及其他贸易出口的影响。从图6-20中我们可以看到，在2007年以前，加工贸易出口一直大于一般贸易及其他贸易的出口，但是2008年以后，后者反超了前者。这是因为这一时期，一般贸易及其他贸易出口的增速快于加工贸易出口的增长。受此影响，如图6-21所示，加工贸易

（单位：%）

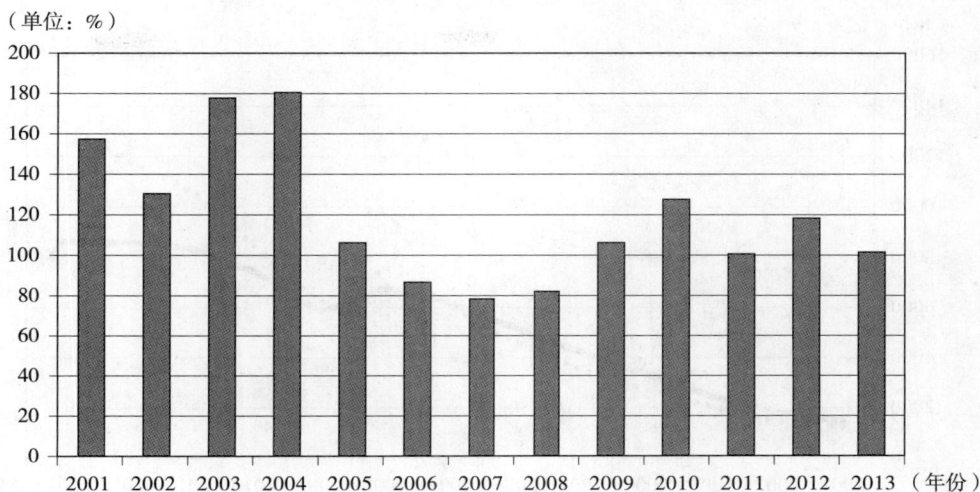

图 6-18 加工贸易顺差对货物贸易收支顺差之比

资料来源：根据中国海关网上数据库数据编制。

（单位：亿美元）

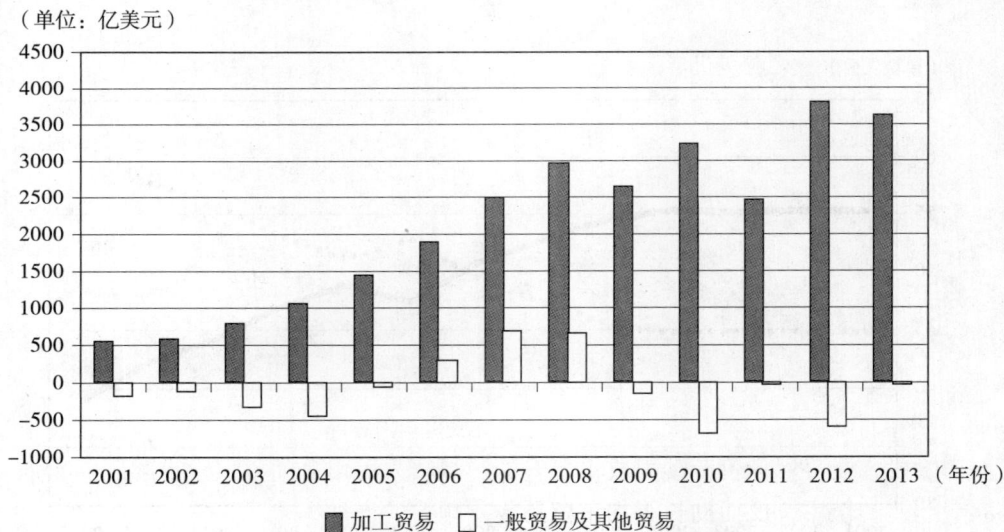

■ 加工贸易　□ 一般贸易及其他贸易

图 6-19 加工贸易与一般贸易及其他贸易收支的变动情况

资料来源：中国海关网上数据库。

出口占贸易出口的比重出现了明显的下降趋势。从 2001 年到 2005 年，加工贸易占出口的比重稳定在 55% 左右，2006 年以后，该比重一路下滑，到 2013 年已经下降到 39%。

另外，图 6-22 和图 6-23 反映了加工贸易与一般贸易及其他贸易的进出口规模变化和进出口占比变化。从总体上来看，进出口数据与出口数据的变化趋势基本一致。从 2001 年到 2004 年，加工贸易与一般贸易及其他贸易的进出口规模都处于上升趋势，这

（单位：亿美元）

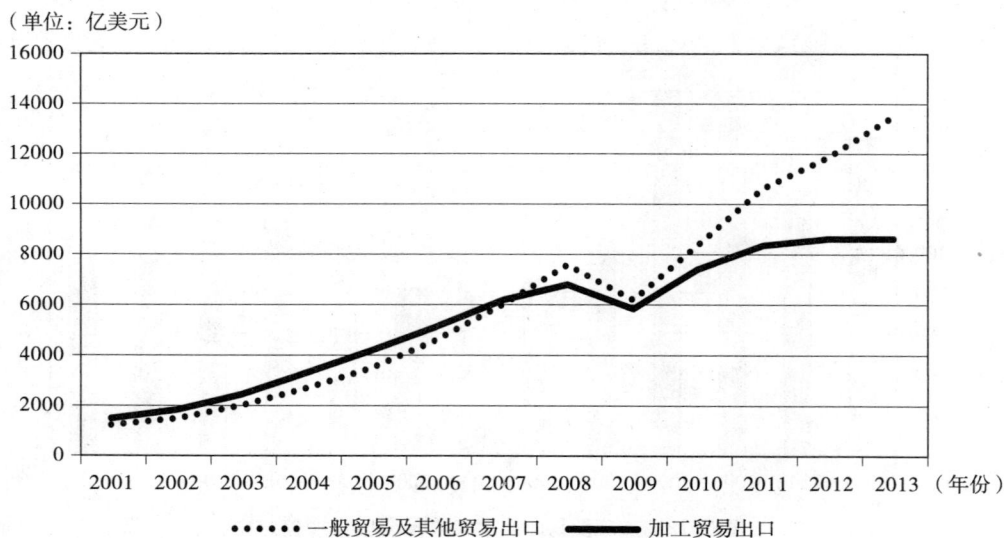

图6-20　加工贸易出口与一般贸易及其他贸易出口比较

资料来源：中国海关网上数据库。

（单位：%）

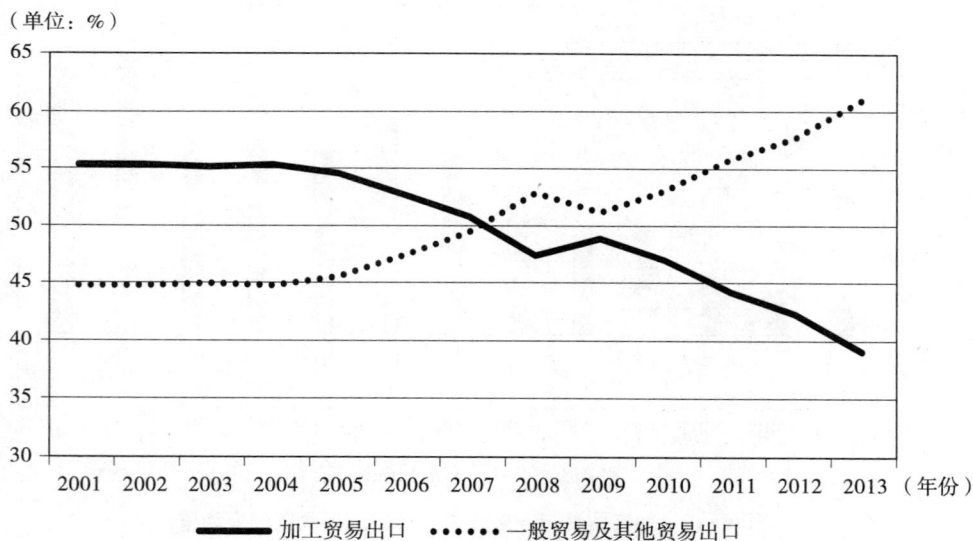

图6-21　加工贸易与一般贸易及其他贸易出口占比的比较

资料来源：中国海关网上数据库。

一时期二者的进出口占比都没有出现明显的变化。但是2005年以后，加工贸易的增长速度开始明显低于一般贸易及其他贸易的增速，受此影响，加工贸易占我国对外贸易的比重出现了下降趋势，而一般贸易及其他贸易出现了上升趋势。

通过以上分析，我们可以看到，自从2005年人民币汇率进入升值通道后，加工贸

（单位：亿美元）

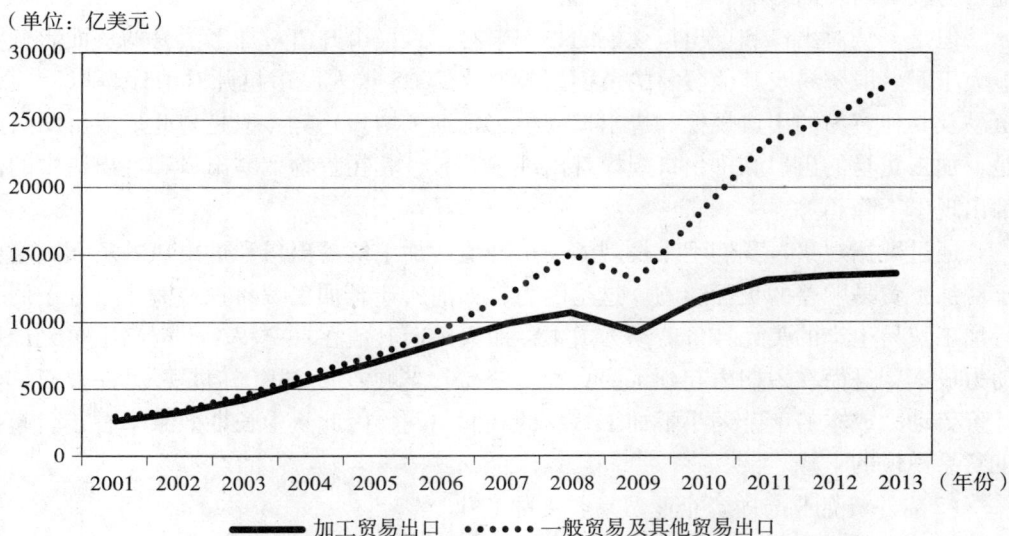

图6-22　加工贸易与一般贸易及其他贸易进出口的变动

资料来源：中国海关网上数据库。

（单位：%）

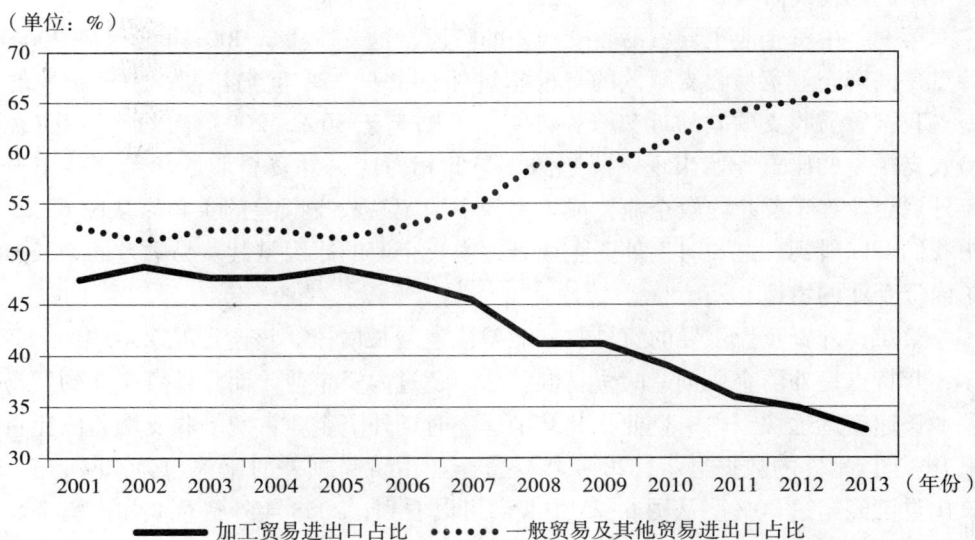

图6-23　加工贸易与一般贸易及其他贸易占进出口的比重

资料来源：中国海关网上数据库。

易和一般贸易及其他贸易的发展趋势都出现了明显的变化。在人民币升值的最初阶段，加工贸易收支顺差和一般贸易及其他贸易顺差都维持了增长态势，但是2009年或2010年以后，加工贸易收支顺差出现了滞胀，一般贸易收支及其他贸易收支甚至重新出现了逆差。从这一变化来看，人民币升值对加工贸易收支的负面影响要小于对一般贸易及其他贸易收支的负面影响。

但是，从对出口和进出口规模的影响来看，人民币升值对加工贸易的负面影响要明显大于对一般贸易及其他贸易的负面影响。在 2005 年人民币拉开升值序幕以后，一般贸易及其他贸易的出口规模和进出口规模都延续了增长趋势，但是与此形成鲜明对照的是，加工贸易的出口和进出口规模都出现了滞胀，其在货物贸易出口和进出口中的占比都出现了下降趋势。

通过数据观察，我们不难发现人民币升值对加工贸易出口和进出口的负面影响要大于对加工贸易顺差的负面影响。这是因为，如前所述，加工贸易顺差大体上等于用于进行加工贸易生产的美元计价劳动力成本，而人民币升值在一定程度上提高了美元计价劳动力成本，进而在短期内起到了提高加工贸易收支顺差的作用。但是，另一方面，美元计价劳动力成本的上升缩小了加工贸易的利润空间，因此从中长期效果来看，引起了加工贸易规模的下降。

（2）外资企业与内资企业贸易收支的变化

依据贸易主体进行分类，我国的贸易收支顺差可以分为源自外资企业的贸易收支顺差和源自内资企业的贸易收支顺差，图 6-24 展现了中外资企业占贸易收支顺差的比重。从我国贸易收支顺差的中外资企业分布结构来看，进入 21 世纪后，该结构经历了三个不同的发展阶段：

第一，中资企业主导贸易收支顺差的阶段，这一阶段从 2001 年延续到 2004 年，其特点是内资企业贸易收支顺差的规模超过外资企业。21 世纪初期，中资企业的贸易顺差占我国贸易收支顺差的近 70%，外资企业略高于 30%，2003 年以后，中资企业占贸易收支顺差的比重开始出现下降趋势，与此相对应，外资企业的比重开始上升。2005 年外资企业终于反超内资企业，成为引领中国贸易收支顺差的主角。从图 6-25 的数据中我们可以看到，这一时期外资企业赶超内资企业的原因是其贸易顺差的增长速度超过了内资企业的增速。

第二，外资企业主导的贸易收支顺差快速增长阶段。该阶段从 2005 年延续到 2011 年，其特点是外资企业创造的贸易顺差已经超过内资企业，而且外资企业的贸易收支顺差增长速度远远快于内资企业，其结果这一时期外资企业占贸易收支顺差的比重大幅度上升。图 6-24 的数据显示，2004 年外资企业占贸易顺差的比重约为 40%，到 2011 年该比重已经超过 80%。从图 6-25 中我们可以看到，2008 年外资企业和内资企业的贸易顺差都达到峰值，外资企业为 1710.6 亿美元，内资企业为 1270.6 亿美元。此后二者的贸易顺差规模都有所下降，但是由于内资企业的下降幅度大于外资企业，因此外资企业的贸易顺差占比仍维持了上升趋势，这一趋势一直延续到 2011 年为止。

第三，外资企业贸易顺差占比回落阶段。这一时期从 2012 年延续到目前为止。这一阶段的特点是内资企业贸易顺差的增长速度开始快于外资企业，受此影响，外资企业贸易收支顺差占比有所回落，而内资企业的贸易收支顺差占比开始回升。从 2009 年到 2011 年，外资企业和内资企业的贸易顺差都明显下降，内资企业的下降幅度明显大于

（单位：%）

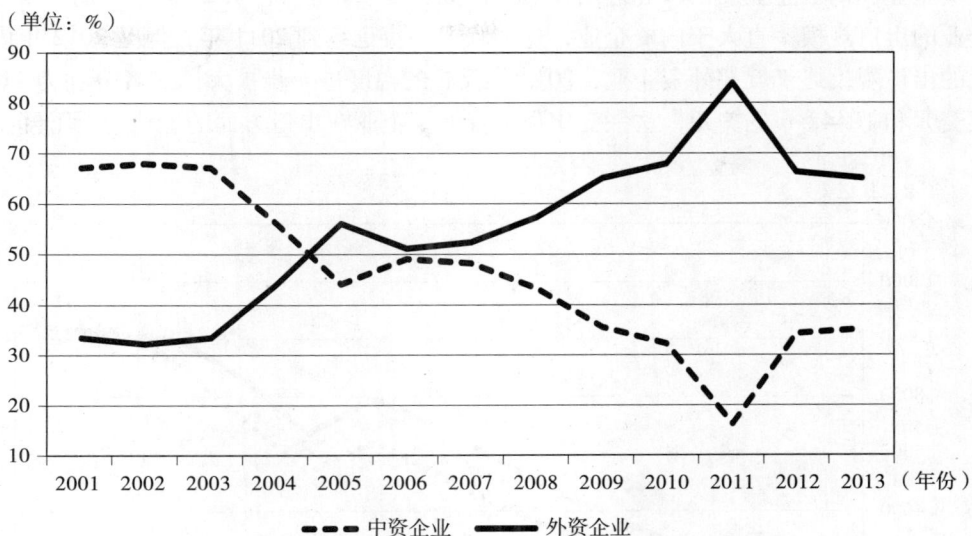

图 6-24　中外资企业贸易顺差占贸易收支顺差的比重

资料来源：中国海关网上数据库。

（单位：亿美元）

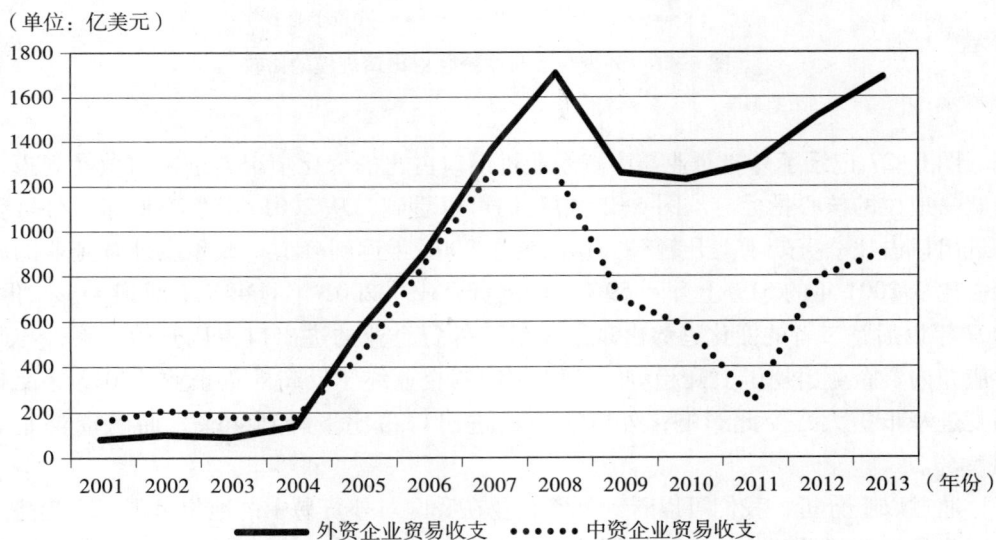

图 6-25　外资企业与中资企业贸易收支的变动

资料来源：中国海关网上数据库。

外资企业，但是在 2012 年和 2013 年的反弹中，内资企业贸易顺差的反弹幅度也明显大于外资企业，受此影响，外资企业贸易收支顺差占比从 2011 年的 84%回落到 65%。但是这一变化是否能够延续下去还有待于观察。

　　以上我们考察了外资企业和内资企业贸易顺差的变化情况。现在我们再把视线转向外资企业和内资企业的出口和进出口贸易。如图6-26所示，从21世纪初期以来，外资企业的出口规模一直大于内资企业，这一状况一直延续到2011年，但是2012年内资企业的出口规模终于反超外资企业，2013年反超的幅度进一步扩大，二者分别为11657.6亿美元和10442.6亿美元，这一变化预示着外资企业在出口方面的地位有所下降。

（单位：亿美元）

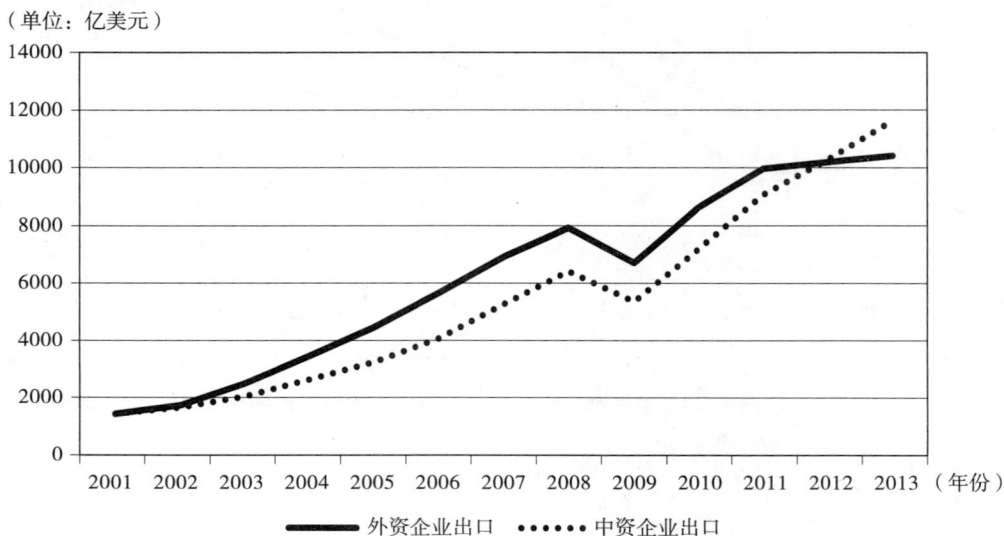

图6-26　外资企业与中资企业出口规模的比较

资料来源：中国海关网上数据库。

图6-27记录了外资企业与中资企业进出口占比的变化情况，进出口贸易规模是反映贸易地位的核心指标。从图6-27中我们可以看到，从2001年到2006年，外资企业的进出口占比一直处于上升趋势，其比重在2006年达到峰值，该年度外资企业的进出口占比从2001年的51%上升到59%，而内资企业从2001年的49%下滑到41%。但是，2007年以后，二者的变化趋势出现了反转，外资企业的进出口占比开始下降，与此相对应，内资企业出现了上升趋势。2012年内资企业终于反超外资企业，2013年反超的幅度进一步扩大，受此影响，外资企业的进出口占比下降到46%，而内资企业上升到54%。

通过以上分析，我们可以看到外资企业在我国对外贸易中的地位呈现下降趋势，这一变化与加工贸易地位的下降趋势基本一致。这种一致并不是偶然的巧合，而是因为外资企业通常是进行加工贸易的主体，因此加工贸易的下降从一个侧面反映了外资企业贸易地位的下降。而外资企业贸易地位的变化反映了美元计价劳动力成本的变化。

20世纪80年代以后，在经济全球化这一大背景下，为了追求利益最大化这一经营目标，跨国公司开始纷纷将生产基地从发达国家转移到具有低劳动力成本竞争优势的发展中国家，鉴于巨大的无限量劳动力供给，中国成为跨国公司的主要投资国。跨国公司在中国进行投资的主要目的之一是利用加工贸易，降低美元计价单位产品劳动力成本和

（单位：%）

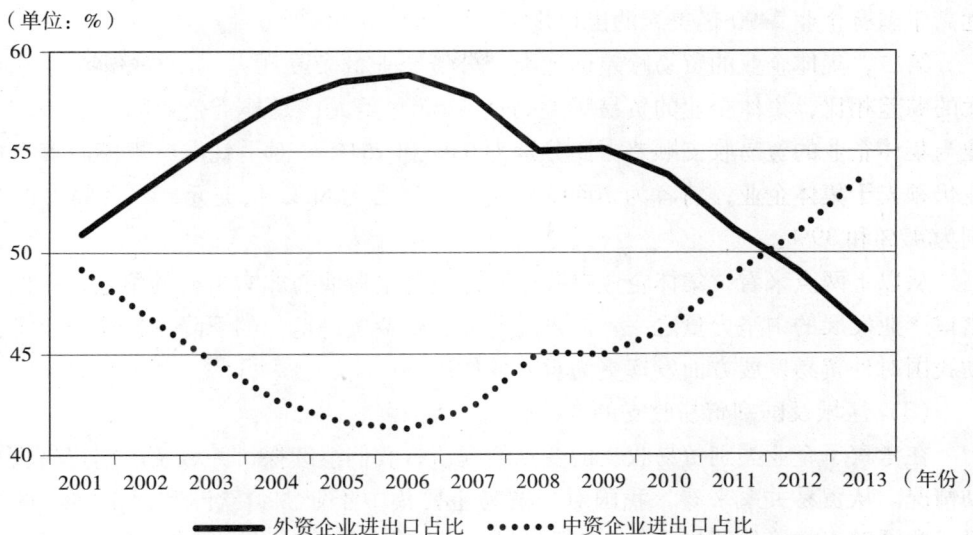

图 6-27　外资企业与中资企业的进出口占比比较

资料来源：中国海关网上数据库。

提高利润率水平。受以上全球性产业结构调整的影响，到 21 世纪初期为止，我国外资企业贸易和加工贸易同步出现了高速增长的趋势。但是，2005 年以后，人民币升值和中国工资水平的大幅度上升提高了美元计价劳动力成本和降低了外资企业的获利空间，受此影响，一部分跨国公司开始将生产基地从中国转移到其他具有低劳动力成本竞争优势的国家。正是这一调整引起了我国外资企业贸易和加工贸易相对地位的下降。

最后，我们把视线转向不同内资企业的贸易收支情况。我国的内资企业包括：国有企业、集体企业和其他企业，表 6-1 记录了 2013 年不同内资企业的贸易收支状况。该数据揭示了以下两个事实：

表 6-1　2013 年中国中外资企业贸易收支的状况　　　（单位：亿美元）

亿美元	出口	出口占比（%）	进口	进口占比（%）	贸易收支	贸易顺差占比（%）
外资投资企业	10443	47	8748	45	1694	65
国有企业	2490	11	4990	26	−2500	−96
集体企业	8633	39	4368	22	4266	164
其他企业	534	2	1397	7	−863	−33
合计	22100	100	19503	100	2597	100

资料来源：中国海关网上数据库。

第一，集体企业的出口竞争力要明显高于国有企业。2013 年国有企业和其他企业的贸易收支均为逆差，其逆差规模分别为 2500 亿美元和 863 亿美元，而集体企业的贸易收支出现了 4266 亿美元的顺差。在出口方面，集体企业的出口高达 8633 亿美元，远远高于国有企业 2490 亿美元的出口规模。

第二，集体企业的贸易顺差远远大于外资企业的贸易顺差。与外资企业 1694 亿美元的顺差相比，集体企业的贸易顺差高达 4266 亿美元，是外资企业的 2.5 倍，外资企业与集体企业的贸易收支顺差占比分别为 65% 和 164%。但是就出口规模而言，外资企业仍领先于集体企业，前者为 10443 亿美元，后者为 8633 亿美元，二者的出口占比分别为 47% 和 39%。

从以上两点来看，集体企业在我国对外贸易中扮演着非常重要的角色，是推动我国出口产业发展的中坚力量之一，未来随着外资企业贸易地位的下降，集体企业将会在推动我国对外贸易发展方面发挥更为重要的作用。

（3）区域及国别贸易收支的变动

在考察了企业类别贸易收支的变动情况后，我们继续探讨区域及国别贸易收支的变动情况。从贸易关系来看，我国对外贸易主要集中于亚洲、欧洲和北美洲。在亚洲地区，我国最大的境外贸易伙伴为中国香港、日本和韩国，在欧洲和北美洲，最大的贸易伙伴分别是欧盟和美国。

图 6-28 是我国与不同地区之间进出口规模的比较。图 6-28 显示在人民币延续升值趋势的大背景下，我国与所有地区的贸易规模都出现了大幅度的增长。另外，图 6-28 还显示：在过去十年中，我国与不同地区贸易规模的排序没有发生变化，其顺序为亚洲、欧洲、北美、非洲和大洋洲。但是，在同一时期，我国对外贸易也发生了一些明显的变化，主要变化之一是对拉美、非洲和大洋洲的贸易明显有所增加。这三个地区是发展中国家相对集中的地区，以上变化表明我国与其他发展中国家的贸易规模明显有所增加。

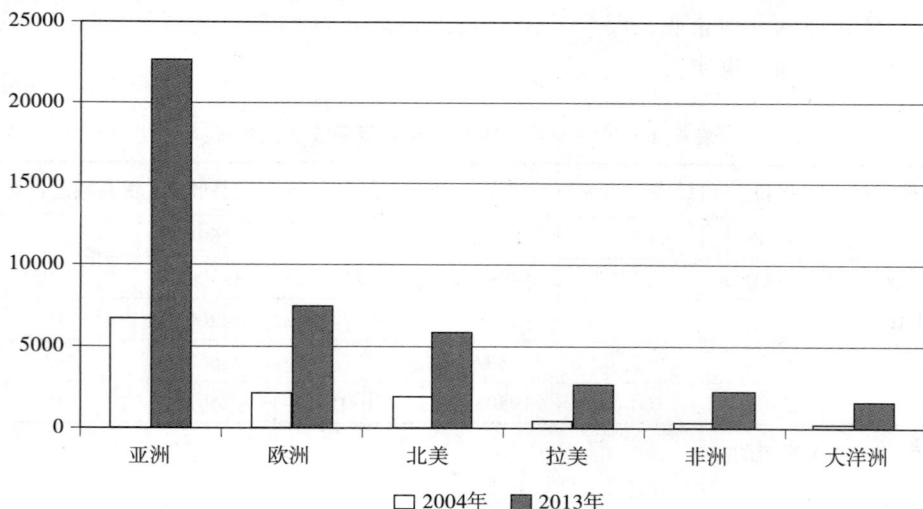

（单位：亿美元）

图 6-28　中国对不同区域进出口规模的比较

资料来源：中国海关网上数据库。

图 6-29 是不同地区占我国贸易比重的历史比较。该数据非常直观地反映了我国与不同地区贸易关系的变化。在过去十年中，亚洲地区的进出口贸易占比从 58% 下降到 54%，北美的占比从 16% 下降到 14%，欧洲的占比没有发生变化。与以上状况不同的是，拉美地区占我国进出口贸易的比重从 3% 上升到 6%，非洲从 3% 上升到 5%，大洋洲从 2% 上升到 4%。

（单位：%）

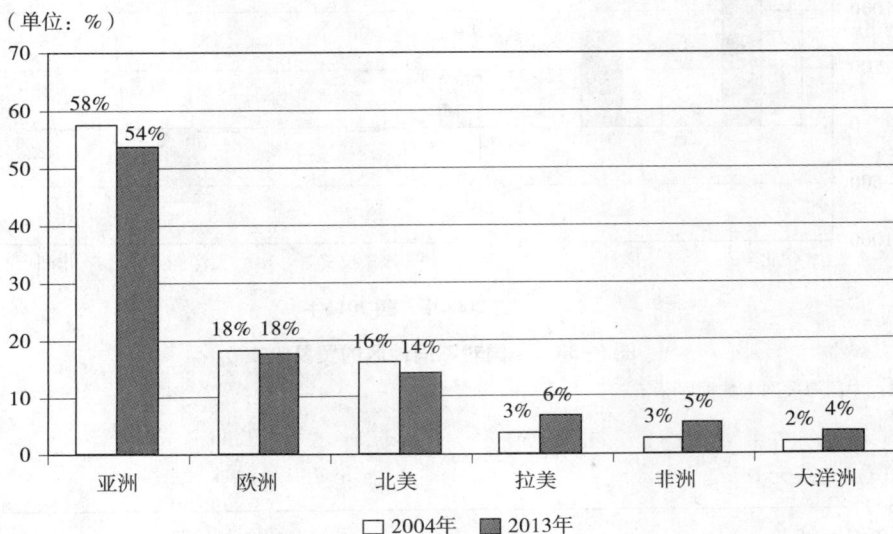

图 6-29 中国对不同区域进出口占比的比较

资料来源：中国海关网上数据库。

以上是进出口贸易的区域分布情况，现在我们进一步讨论贸易收支顺差的区域性分布情况。从图 6-30 中我们可以看到，在过去十年中，我国贸易收支的区域结构发生了显著的变化。尽管这一期间，人民币对其他国家和地区的货币都出现了一定程度的升值，但是我国与不同地区贸易收支变化的情况却呈现出巨大的差异。我国对北美和欧洲的顺差不仅没有减少，反而有所增加。对亚洲地区的贸易收支由巨额逆差转为巨额顺差，对拉美地区的贸易收支由小额逆差转为小额顺差。与以上变化相反的是，我国对大洋洲和非洲出现了一定程度的逆差。

图 6-31 记录了中国与美国、欧盟和日本贸易收支的变化情况。从该数据中我们不难发现我国与这些国家的贸易收支变动存在明显的差异。从 2005 年 6 月到 2013 年 12 月，人民币对美元升值 36%，对欧元升值 20%，对日元升值 32%。尽管美元对人民币汇率的贬值程度最大，但是美国对华贸易收支逆差不仅没有减少，反而延续了增长的趋势，在这三个主要贸易对象国中，成为对华贸易收支恶化程度最为严重的国家。人民币对欧元汇率的升值程度相对较轻，但是我国对欧盟贸易收支顺差却明显出现了先增后降的变化特征，这一变化与我国整体贸易收支顺差的变化趋势基本一致。最后，就日本而言，从 2005 年年中到 2009 年年末，日元对人民币汇率基本上低于我国"汇改"前的水

（单位：亿美元）

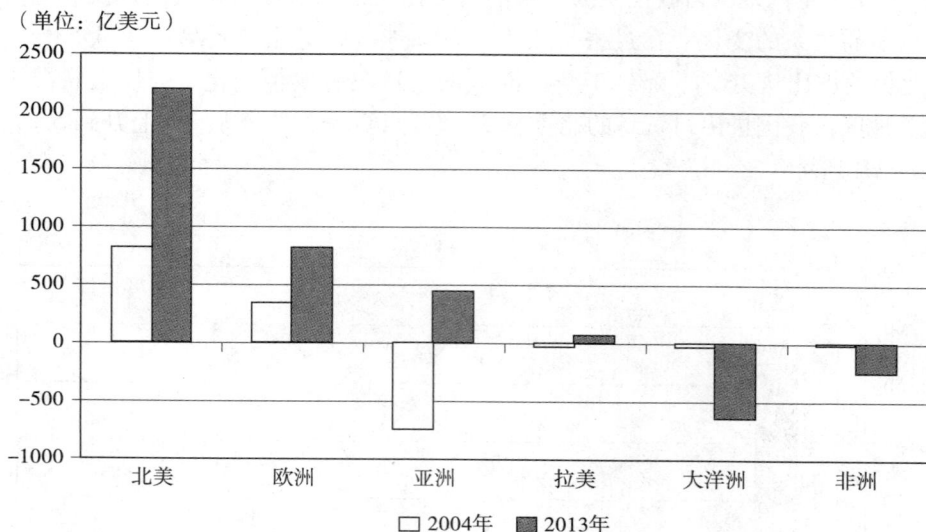

□ 2004年　■ 2013年

图 6-30　中国对不同地区的贸易收支

资料来源：中国海关网上数据库。

（单位：亿美元）

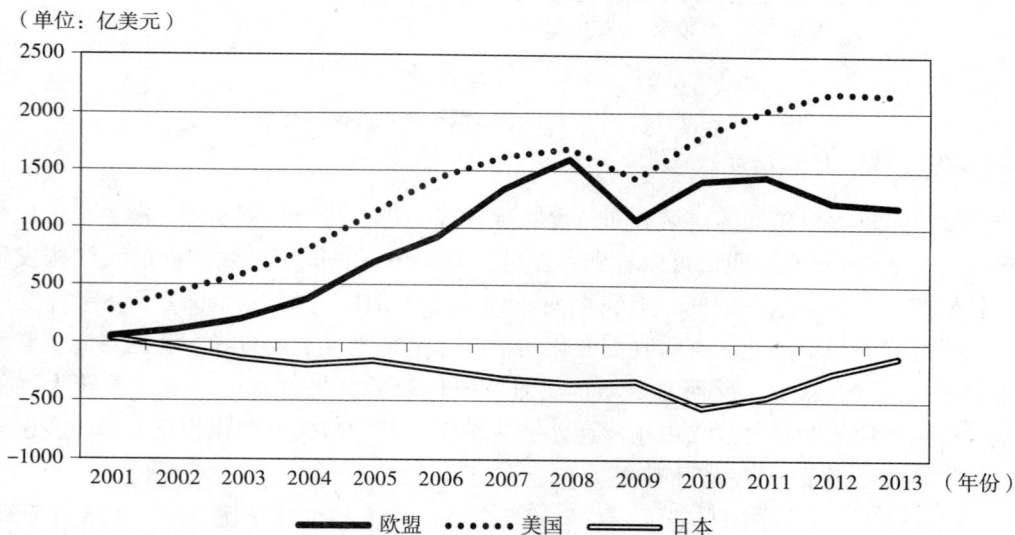

━━━ 欧盟　•••••• 美国　——— 日本

图 6-31　中国与美国、欧盟和日本贸易收支的变化

资料来源：中国海关网上数据库。

平，即日元出现了一定程度的贬值。这一时期，我国对日贸易收支逆差出现了扩大趋势。从 2010 年年中到 2012 年年底，由于日元对美元的升值幅度超过了人民币对美元的升值速度，因此日元对人民币汇率转为升值，与这一变化相对应，我国对日贸易收支逆差出现了缩小趋势。进入 2013 年以后，受日本安倍首相扩张性货币政策的影响，日元急速贬值，从 2012 年年底到 2013 年年底，日元年度贬值幅度超过 30%，日元贬值对我国贸易收支的负面影响有可能出现在 2014 年或 2015 年。

最后，我们把视线转向我国与亚洲新兴经济体的贸易关系。如图 6-30 所示，我国对亚洲地区的贸易收支已经从逆差转为顺差，这一转化有可能对我国未来贸易收支的前景产生深远的影响。表 6-2 记录了中国与东亚经济体贸易收支的变化情况。从该数据中我们可以看到，我国与不同亚洲经济体之间的贸易收支不存在统一的模式。大体来看，我国与东亚经济体的贸易收支分为以下三种类型：

表 6-2　中国与东亚经济体贸易收支的变化情况　　　（单位：亿美元）

年份 地区	2005	2006	2007	2008	2009	2010	2011	2012	2013
亚洲	-751	-697	-519	-385	-349	-1030	-1050	-310	445
东盟	-196	-182	-142	-27	-5	-165	-229	85	445
中国香港	1123	1446	1716	1778	1575	2060	2525	3056	3686
新加坡	1	55	121	121	122	76	74	122	158
韩国	-417	-453	-476	-382	-489	-696	-798	-810	-919
中国台湾	-581	-664	-776	-775	-652	-861	-898	-954	-1160
日本	-165	-241	-319	-345	-330	-557	-463	-262	-120

资料来源：中国海关网上数据库。

第一，我国贸易收支逐步由逆差转为顺差的类型。东盟属于这一类型。长期以来，我国与东盟的贸易收支一直为逆差，但是 2012 年出现了 85 亿美元的顺差，2013 年顺差规模急速扩大到 445 亿美元。受这一变化的影响，我国与亚洲地区的贸易收支也转为顺差，而且金额凑巧也是 445 亿美元。从汇率变化来看，如图 6-32 所示，人民币对印尼卢比的升值幅度较大，但是对马来西亚林吉特、菲律宾比索和泰国铢的升值幅度相对较小，因此总体上人民币对东盟国家货币的升值幅度非常有限，这一状况为贸易收支顺差的增加提供了有利条件。

第二，我国贸易收支长期延续逆差的类型。长期以来，我国大陆与韩国、中国台湾和日本的贸易收支延续了逆差格局。但是贸易收支逆差的变动趋势有所不同，其中与韩国和中国台湾的逆差基本上维持了扩大趋势，与日本的贸易收支逆差在 2012 年以后出现了明显的下降。我国大陆与韩国、中国台湾和日本的贸易收支逆差主要源自全球化时代国际分工的需要，即我国从这些经济体进口用于加工贸易的机械和具有高技术含量的原材料和半成品，然后将成品出口到欧美国家，正是基于这一分工，我国延续了对欧美贸易顺差和对一部分亚洲经济体贸易逆差的格局。另外，从汇率的视角来看，韩国和中国台湾对我国的出口受惠于其本币对人民币的大幅度贬值，从 2005 年 6 月到 2013 年年底，韩元对人民币贬值 42%，而台湾元对人民币贬值 28%。与韩国和中国台湾相比，日本对华出口贸易常常受制于日元汇率的大起大落。如前所述，从 2010 年年中到 2012

（单位：%）

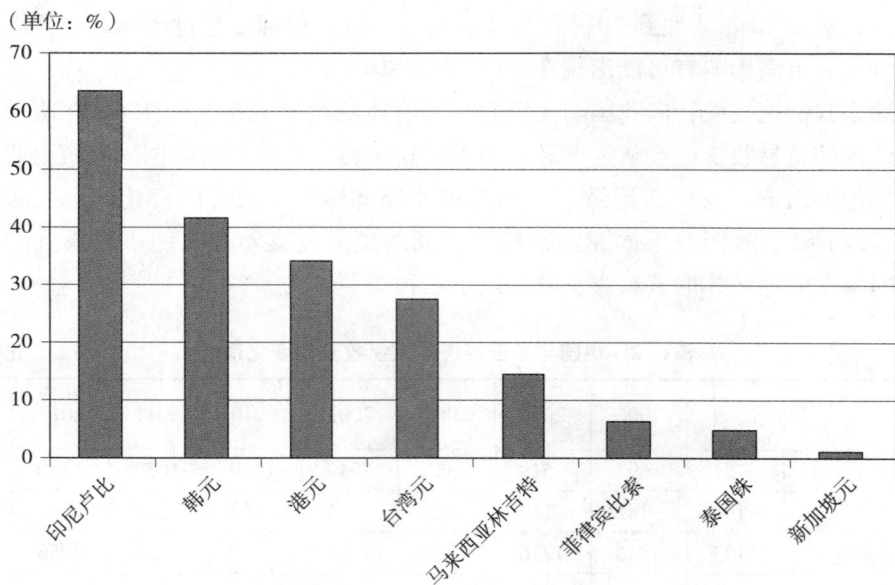

图 6-32　人民币对东亚新兴市场经济体货币的升值程度

资料来源：国家外汇管理局网上数据库。

年年底，日元对人民币汇率不仅没有贬值，反而出现了一定程度的升值，汇率的这一变化引起了日本对我国贸易收支顺差的下降，即我国对日贸易收支逆差的下降。

第三，我国贸易收支长期维持顺差的类型。中国香港和新加坡属于这一类型。这两个经济体属于进行转口贸易的城市型经济体，尤其是中国香港的转口贸易非常发达，成为我国向其他国家和地区出口的通道。通过这一通道出口，境内企业可以在一定程度上避免贸易保护主义的限制。内地对香港贸易收支的变化非常接近中国对美国贸易收支的变化，其共同之处是：在人民币升值的大背景下，我国对其贸易收支顺差仍维持了增长趋势。这是因为香港转口贸易的主要出口地是美国市场，基于这一联系，内地对香港的贸易收支与中国对美国的贸易收支之间具有一定的相似之处。

以上我们考察了我国与其他地区以及与其他经济体双边贸易收支的变动情况。从总体上看，尽管我国贸易收支顺差的规模有所下降，但是我国与美国的贸易收支顺差仍维持着强劲的增长势头，人民币升值对中美贸易失衡的调整作用非常有限。另外，2013年我国对亚洲地区的贸易收支出现大幅度的顺差，这一新的变化增加了我国控制贸易收支顺差总量的难度。

三、人民币汇率走势展望

未来人民币汇率会延续怎样的走势是国内外普遍关注的热点之一。在这一问题上，市场达成的基本共识是：未来几年，人民币总体上仍然会延续升值趋势。然而在升值幅度问题上，存在不同的预期。在"汇改"措施出台以来的近十年中，人民币汇率最大的年度升值幅度接近7%，最小的升值幅度接近0。尽管在升值幅度问题上，市场上有不同的判断，但是从总体上看，人们对人民币升值幅度的预测基本上维持在0—7%的区间内。从中长期来看，人民币汇率不会改变升值趋势，但是这并不排除人民币会出现阶段性贬值，比如2012年上半年曾出现过一时性的贬值，2014年年初同样出现了明显的贬值，但是这些一时性的贬值不会改变人民币汇率的中长期升值趋势。

就未来的变化来看，哪些因素会影响到人民币汇率的升值速度呢？首先可以考虑的因素是汇率制度改革。扩大汇率变动弹性和增加双向浮动是未来汇率制度改革的主要内容，但是这些改革不会改变外汇市场的供给和需求关系，因而不会明显影响汇率的变化趋势。双向浮动意味着打开上下浮动的空间，但是并不意味着进一步拓展升值空间。尽管在存在明显升值压力的情况下，扩大汇率制度弹性会加快人民币汇率的升值速度，但是鉴于人民币升值对实体经济的不利影响，金融监管部门通常不会在存在明显升值压力的情况下扩大汇率制度弹性，这一判断意味着人民币汇率制度改革不会成为助长人民币升值的诱因。

除了汇率制度改革以外，其次可以考虑的因素是我国贸易收支顺差的变化。从过往的经验来看，人民币汇率走势最终取决于外汇供给和需求的变化，而外汇供给和需求的变化又取决于国际收支的变化。如果进一步观察国际收支的内容，我们不难发现主导国际收支变化的主要因素是贸易收支。贸易收支是经常收支的主要内容，因此贸易收支顺差的变动决定了经常收支顺差的变化，另外，资本收支顺差的变动在很大程度上受制于人民币升值预期的变化，而人民币升值预期的变化又受制于贸易收支的变动，因此归根结底，资本收支的变化也受制于贸易收支顺差的变动。综合以上几方面的情况来看，贸易收支顺差的变动是影响汇率变化的决定性因素。

因此判断人民币汇率走势首先需要判断贸易收支顺差的变化趋势。如果贸易收支顺差大幅度上升，那么人民币汇率有可能加快升值速度，反之，人民币汇率会减缓升值速度。如果贸易收支出现逆差，人民币汇率甚至有可能转入贬值通道。由此可见，贸易收支的变化是决定人民币汇率的主要因素。

未来我国的贸易收支顺差是否会重返扩大的趋势呢？2007年我国贸易收支顺差对GDP之比一度上升到9%的规模，此后逐步回落到2%左右。今后该比重是否会重新出现上升趋势呢？我们不能完全排除上升的可能性，但是鉴于中国工资的快速上涨和人民币的持续性升值，贸易收支顺差出现大幅度上升是小概率事件，顺差规模更有可能维持在现有水平或在现有水平出现上下波动。最近的贸易收支状况也反映了这一变动趋势，2013年以来发达国家经济出现好转趋势，而我国经济增速明显有所下降，按理说这一情况应该引起我国出口的增加和进口的减少，从而引起贸易收支顺差的大幅度增加，但是实际上并没有出现这种情况，这一状况表明未来贸易收支顺差明显增加的可能性并不是很大。

鉴于对贸易收支变化的以上判断，我们认为 2014 年人民币汇率出现大幅度升值是小概率事件，但是人民币也不会转入趋势性贬值通道。上半年受出口恶化的影响，人民币汇率有可能出现小幅贬值，进入下半年后，随着出口的恢复，人民币汇率会重拾升值趋势。全年的升值幅度有可能在 0—5% 之间。

大事记 6-1　　2013—2014 年中国汇率相关政策

时间	主要内容
2013 年 2 月 7 日	国家外汇管理局发布《关于境外上市外汇管理有关问题的通知》，包括：以登记管理为核心，大幅简化业务手续和审核材料；规范境外上市企业境内股东增持（或减持）其境外股份的资金汇兑等业务
2013 年 3 月 1 日	证监会、中国人民银行和外汇管理局发布《人民币合格境外机构投资者境内证券投资试点办法》：1. 扩大试点机构类型。境内商业银行、保险公司等香港子公司或注册地及主要经营地在香港地区的金融机构将可以参与试点。2. 放宽投资范围限制，允许机构根据市场情况自主决定产品类型。3. 明确了 RQFII 投资范围和持股比例等相关要求，简化了申请文件
2013 年 5 月 5 日	外汇管理局发布《关于加强外汇资金流入管理有关问题的通知》：1. 加强银行结售汇综合头寸管理。2. 加强对进出口企业货物贸易外汇收支的分类管理
2013 年 5 月 13 日	国家外汇管理局发布《外国投资者境内直接投资外汇管理规定》：1. 进一步简化并整合了外商直接投资所涉及的外汇登记、账户开立与使用、资金收付及结售汇等环节和政策。2. 我国 FDI、ODI（境外直接投资）外汇管理以登记为主的政策框架基本形成。3. 借助近期推出的资本项目信息系统，强化了直接投资项下资金流出入的统计监测
2013 年 6 月 1 日	国家外汇管理局发布《关于改进海关特殊监管区域经常项目外汇管理有关问题的通知》：1. 区内机构可将具有真实、合法交易背景的出口收入存放境外。2. 区内机构可以根据其真实合法的进口付汇需求提前购汇存入其经常项目外汇账户。3. 简化区内机构货物贸易付汇、结汇、外汇管理
2013 年 7 月 5 日	国务院发布《国务院办公厅关于金融支持经济结构调整和转型升级的指导意见》：1. 将逐步开展个人境外直接投资试点，进一步推动资本市场对外开放。2. 创新外汇储备运用，拓展外汇储备委托贷款平台和商业银行转贷款渠道，综合运用多种方式为用汇主体提供融资支持。3. 将改进外债管理方式，完善全口径外债管理制度。4. 以推进贸易投资便利化为重点，进一步推动人民币跨境使用，推进外汇管理简政放权，完善货物贸易和服务贸易外汇管理制度
2013 年 7 月 18 日	国家外汇管理局发布《服务贸易外汇管理法规》
2013 年 7 月 20 日	中国人民银行发布《关于进一步推进利率市场化改革的通知》：1. 取消金融机构贷款利率 0.7 倍的下限，由金融机构根据商业原则自主确定贷款利率水平。个人住房贷款利率浮动区间不作调整。2. 取消票据贴现利率管制。3. 取消农村信用社贷款利率 2.3 倍的上限
2013 年 8 月 21 日	国家外汇管理局发布《合格境内机构投资者境外证券投资外汇管理规定》：1. 合格投资者包括但不限于商业银行、证券公司、基金管理公司、保险机构、信托公司等。2. 合格投资者可以自有资金或募集境内机构和个人资金，投资于法规及相关部门允许的境外市场及产品（银行自有资金境外运用除外）

时间	主要内容
2013 年 10 月 9 日	国家外汇管理局宣布：17 家第三方支付公司获试点跨境外汇结算牌照，角逐跨境电商外汇兑换业务市场。这是年初在 5 个城市展开试点后，首批正式发放的试点牌照
2013 年 12 月 2 日	中国人民银行发布《关于金融支持中国（上海）自由贸易试验区建设的意见》，其内容包括：1. 创新有利于风险管理的账户体系，2. 探索投融资汇兑便利；3. 扩大人民币跨境使用；4. 稳步推进利率市场化；5. 深化外汇管理改革
2013 年 12 月 5 日	国家外汇管理局发布《对外金融资产负债及交易统计制度》：1. 申报主体涵盖境内银行业、证券业、保险业和其他从事金融中介业务的机构法人、境外金融机构境内主报告分支机构和其他指定机构。2. 申报内容从以往仅涵盖对外金融资产和负债存量，扩展为全面涵盖对外金融资产和负债存量及流量，并涵盖其他相关国际收支交易。3. 申报频度从目前的季度提高至月度
2013 年 12 月 16 日	国家外汇管理局发布《关于调整人民币外汇衍生产品业务管理的通知》：1. 简化外汇掉期和货币掉期业务准入管理；2. 增加货币掉期业务本金交换形式；3. 支持银行完善期权业务定价和风险管理
2014 年 1 月 24 日	国家外汇管理局发布《关于进一步改进和调整资本项目外汇管理政策的通知》：1. 简化融资租赁类公司对外债权外汇管理；2. 简化境外投资者受让境内不良资产外汇管理；3 进一步放宽境内机构境外直接投资前期费用管理；4. 进一步放宽境内企业境外放款管理；5. 简化境内机构利润汇出管理；6. 简化个人财产转移售付汇管理
2014 年 2 月 28 日	国家外汇管理局发布《中国（上海）自由贸易试验区建设外汇管理实施细则》：1. 简化了区内主体和境外之间经常项目交易单证的审核，直接投资外汇登记的手续，率先在全国实行外资企业外汇资本金意愿结汇，赋予企业结汇选择权，规避汇率风险。2. 取消了相当部分的债权债务行政审批的手续，促进了跨境融资的大幅度便利化。3. 在改进外债风险管理的前提下，赋予了微观主体更多的境内外融资的自主选择权
2014 年 3 月 3 日	放宽上海自贸区外汇结算管制：1. 外国投资者（包括风投和私募股权公司）将获准使用兑换为人民币的资本购买中国境内公司的股权。2. 外企不得将人民币投资于证券市场，除房地产投资公司外不得购买非自用物业。3. 将自贸区内企业的境外外汇放款上限由其所有者权益的 30%上调至 50%
2014 年 3 月 15 日	中国人民银行宣布扩大人民币汇率浮动幅度：银行间即期外汇市场人民币兑美元交易价浮动幅度由 1%扩大至 2%
2014 年 4 月 26 日	国家外汇管理局发布《跨国公司外汇资金集中运营管理规定（试行）》：1. 创新跨国公司账户体系。允许跨国公司同时或单独开立国内、国际外汇资金主账户。2. 进一步简化单证审核。3. 便利跨国公司融通资金。国际外汇资金主账户与境外划转自由，没有额度控制；在规定的外债和对外放款额度内，国内、国际账户内互联互通，便利企业内部调剂资金余缺

第七章 雾霾南北：
严控环境污染建设生态中国

　　2013 年给中国人印象最深的可能不是 GDP 增速的回落、不是上海自贸区的成立，而是从北到南的雾霾天气。PM2.5 指数一度达到爆表，"霾头苦干、厚德载雾、自强不吸、再创灰黄、雾以吸为贵"等都遭到网友恶搞。在看到经济发展取得可喜成果的同时，也让我们不得不深思中国工业化进程对环境带来的深刻影响。"雾霾南北"仅仅是表象，背后是产业发展的阶段性与产业结构亟待升级的现实反映，它留给人们的是对中国产业发展模式的思考。严控产业污染，是建设生态中国的必然选择，也是实现中国梦的内在要求。

一、环境问题恶化凸显中国产业发展困境

　　雾霾的出现是中国环境问题的集中表现。产业发展引发的雾霾问题不是在中国最先出现的，也不是今天才开始有的。1930 年比利时的马斯河谷烟雾事件、1943 年的洛杉矶光化学烟雾事件、1948 年的多诺拉烟雾事件、1952 年的伦敦烟雾事件……西方国家在工业化发展过程中也曾经因烟雾而困扰。今天，我们看到雾霾已经近乎贯穿中国的大江南北，针对这一现象，我们在惊慌的同时更要反思、应对。反思的本身也代表了社会的进步，应对的手段就是这种进步的具体体现。

1. 雾霾南北折射中国环境恶化难题

　　雾霾一词在英语中（Smog）最早产生于 20 世纪 50 年代初，指"雾"和"霾"的合词。著名的"伦敦烟雾事件"开始于 1952 年 12 月 5 日，在伦敦持续了 5 天的雾霾天气。此后的 1956 年、1957 年和 1962 年又连续发生了多达 12 次严重的烟雾事件，直到 1965 年后，有毒烟雾才从伦敦销声匿迹。中国的雾霾问题也并不是 2013 年才出现的，2010 年中国国庆节期间，北京就曾经遭遇了连续 4 天雾霾的困扰，空气质量连续超标。到了 2013 年，这一问题变得越来越严重，由南到北雾霾几乎遍及全国。

　　据中国天气网报道：2013 年 12 月以来，上海遭遇全年最严重的一轮霾污染。金

山、奉贤等地一度出现能见度不足 50 米的浓雾，"魔都"瞬变"雾都"①。腾讯网报道：2013 年 12 月 24 日，雾霾波及华北、江淮等 8 省区市，在首批公布 PM2.5 数据的 74 个城市中，16 个城市空气质量指数超过 300，达空气质量最严重级别即 6 级严重污染。全国空气质量最差的 10 个城市中，河北省占了 6 席，石家庄、邢台、保定、邯郸因空气质量指数超过 500 而"爆表"②。中国新闻网指出，2013 年上半年，74 个城市平均达标天数比例为 54.8%，超标天数比例为 45.2%，其中轻度污染占 25.4%，中度污染占 9.5%，重度污染占 7.5%，严重污染占 2.8%。2013 年上半年，74 个城市空气质量平均达标天数比例为 54.8%，超标天数比例为 45.2%，其中轻度污染占 25.4%，中度污染占 9.5%，重度污染占 7.5%，严重污染占 2.8%。③ 中国的雾霾已经从北京向全国大范围地扩散，并严重影响了人们的生活。北京、上海、宁波、南京等多个城市都在雾霾严重当天停课，部分工厂也发布公告停工。

2013 年雾霾的严重程度已经达到了引起国内外媒体甚至高层领导的高度重视。习近平在视察时对北京市和施工单位的负责同志说，发展公共交通是现代城市发展的方向。前一段出现的雾霾天气，对市民工作和生活造成了较大影响。治理雾霾天气要多管齐下，发展公共交通、减少汽车尾气排放就是其中很重要的一个举措④。美国《国家科学院学报》最近的一份研究报告指出，在 1981 年至 2001 年之间，中国的颗粒物污染程度是美国在国会 1970 年通过《清洁空气法》之前的污染程度的 5 倍，而且这还是在中国经济快速扩张之前。这一分析报告得出结论认为，生活在污染严重的北方人的寿命平均比生活在空气相对洁净的南方人的寿命缩短 5.5 年⑤。

除了在城市可以直接看到的大气污染外，我国的水污染也在不断加剧。我国的人均水资源不足世界人均水平的 1/4，属于资源型缺水国家。我国的饮用水源污染非常严重，符合饮用水标准者约占 30%，在以地下水为饮用水源的城市受到不同程度的污染。全国各主要城市地下水超采，且严重超采现象十分普遍。我国湖泊达到富营养水平的为 63.3%，处于富营养和中营养状态的湖泊水库面积占湖泊水库总面积的 99.5%。环境监测表明：大淡水湖泊富营养程度进一步加重。近年来，沿岸海域各海区无机氮和无机磷普遍超标，污染程度有所增加，局部海域营养盐含量已超过国家 3 类水水质标准，油类污染有所减轻，但珠江口、大连湾、胶州等海域污染仍较严重。我国近海海域内发生赤

161

---

① 中国天气网：《上海遭今年最严重霾 下周初逐渐消散》，http：//www. weather. com. cn/news/2013/12/2014455. shtml。

② 腾讯网：《16 城平安夜严重空气污染 网友称圣诞老人迷路》，http：//news. qq. com/a/20131225/000714. htm。

③ 中国新闻网：《2013 中国的事：雾霾波及 25 个省份 100 多个城市》，http：//news. xinhuanet. com/overseas/2013-12/25/c_ 125915080. htm。

④ 新华网：《习近平：治理雾霾天气要多管齐下》，http：//www. zj. xinhuanet. com/newscenter/rb/2013-02/10/c_ 114665240. htm。

⑤ 新华网：《雾霾笼罩三亚令人震惊 美报称中国降低煤炭消耗举措正确》，http：//news. xinhuanet. com/2013-10/28/c_ 125608559. htm。

潮的频次和面积都有所增加。

2. 环境问题警示传统产业发展模式

从 20 世纪 80 年代，世界环境与发展委员会首次提出可持续发展的概念以来，人们对发展的认识就开始发生深刻的变化。所谓可持续发展即是在不损害下一代需求的前提下，满足当代人的需求。与此同时，绿色 GDP、绿色增长不断引起热议，它们反映了人们对美好自然的期盼，人们对经济增长与环境保护二者的辩证认识。中国近期的雾霾现象实际上就是中国 30 多年改革开放中，暴露的产业发展问题的一个集中反映，它凸显了产业结构升级的必要性与必然性。同样的问题，在工业革命时期也发生过。在工业革命早期便有相当数量的烟雾产生，随着各个地区的工业化发展，其周遭的地区开始夷为荒地，河流被污染。在工业革命以来，大气中二氧化碳的浓度增加了 25%。这一数字本身不是很大，但关键是我们不能确定有多少被排放到了空气中。目前，二氧化碳 0.04% 的浓度已然太高[①]。

全国政协常委、工信部原部长李毅中做客中国经济网时认为雾霾的成因至少有五个：工业排放的废气，火力发电的废气，汽车尾气，取暖、做饭等日常用煤产生的废气，沙漠化等生态破坏带来的沙尘。结合我国工业经济发展现状，当前最根本的问题是产业结构的调整，当前要加快产业结构调整和转型升级。[②] 2013 年 12 月，国家能源委员会专家咨询委员会主任、国家能源局原局长张国宝在一个论坛上表示，当前，在中国一次能源中，煤炭占到了 67%，工业用电占到全部用电的 65% 左右，而美国居民用电是 60%—70%，中国成为制造业大国和我们能源消耗代价是相关联的。张国宝认为，大的方面来讲，要调整大的产业结构，小的方面来讲，要调整能源结构，"要增加服务业的比重，这样又能解决人的就业，又可以减少能耗。"中国能源研究会副理事长周大地认为，中国的城市化、产业化、工业化的大扩张和高生产强度造成能源消费在有限面积上的过于集中、能源结构不够清洁和环境治理效率低等因素造成了当下日益严重的雾霾天气。[③] 中国的能源结构亟待解决，从中国的能源结构来看，可以用"富煤、贫油、少气"来形容。化石能源消费占中国整体能源结构的 92%，其中高排放、高污染的煤炭占了 68.4%，石油占 18.6%，天然气仅占 5%，而低污染的水电、核电、风电仅占 8%。这种自然资源禀赋决定了我国能源选择的有限性，也决定了中国以煤为主的能源生产和消费格局可能长期存在。[④] 因此，资源的禀赋对产业发展的选择产生的影响，从深层次

---

① ［美］米格尔·森特诺、约瑟夫·科恩著，郑方、徐菲译：《全球资本主义》，中国青年出版社 2013 年版，第 181 页。

② 中国经济网：《李毅中：雾霾来袭敲响产业结构转型警钟》，http://www.ce.cn/xwzx/gnsz/gdxw/201303/13/t20130313_24193059.shtml。

③ 新华网：《雾霾背后：中国能源及整体产业结构亟待调整》，http://news.xinhuanet.com/fortune/2013-12/29/c_118751578.htm。

④ 中国环保设备展览网：《雾霾进击：倒逼能源产业结构调整》，http://www.hbzhan.com/news/detail/86019.html。

上导致了雾霾的出现。

2013 年 11 月 8 日，在由联合国工业发展组织和工信部联合举办的第三届绿色工业大会开幕式上，我国工业和信息化部部长苗圩指出我国工业系统提出"十二五"规模以上企业单位工业增加值能耗较 2010 年降低 21%左右、二氧化碳排放量减少 21%以上、工业化学需氧量和二氧化硫排放总量分别减少 10%、工业氨氮和氮氧化物排放总量减少 15%等目标。为此，将加快推进产业结构调整优化，提升工业部门能源效率，推进绿色循环低碳生产方式，大力发展节能环保产业，加快建立绿色发展政策机制。工业和信息化部副部长苏波指出，工业是造成我国华北等地雾霾频发的主要因素之一。目前，我国正处于工业化中后期阶段，完成工业化所需的能源资源规模是前所未有的。另一方面，我国能源资源利用效率不高，带来的能源浪费环境污染相当严峻。从根本上解决大气污染问题：一是要把能源消耗量降下来；二是要调整能源结构，大力发展可再生能源产业；三是提高传统能源的使用效率，降低排放。[1] 经济发展的不同阶段对应着不同的产业结构，以第二产业为主的结构特征，对环境造成了极大的压力。

资料显示到 2011 年，中国已连续 3 年成为世界机动车产销第一大国，机动车保有量超过 2 亿辆，比 1980 年增加 30 倍，尾气排放总量增加 14 倍。煤炭消费 34.25 亿吨，占能源消费总量近七成，而且仍在以年均 10%的速度增长。中国环境宏观战略研究报告认为，中国当前的环境状况是"局部有所改善、总体尚未遏制、形势依然严峻、压力继续加大"，环境压力比世界上任何国家都大，环境资源问题比任何国家都突出，解决起来比任何国家都困难。[2] 雾霾南北的背后是一批传统产业的发展困境，如何摆脱落后的生产方式，减少对环境的污染是传统产业必须面对的难题。

3. 产能过剩危机亟待政策创新缓解

2013 年贯穿中国南北的雾霾天气既是大气污染问题，又凸显了多年来我国粗放式发展带来的产业结构问题。改革开放使中国融入了全球化的国际分工当中，中国在变成"世界工厂"的同时，也承接了全球产业链的转移。中国的出口以制造业产品为主，尤其是机电产品、纺织、服装等劳动密集型产品，这些产品通常还会带来下游的污染问题。因此，要从产业结构、产业发展上研究、挖掘我国经济的发展特征。从产业的角度定位中国的国际经济地位更有深远的意义。钢铁、水泥等传统产业在拉动经济发展的同时也埋下了产能过剩的危机。

2006 年中国成为世界钢铁产量、消费量和出口量的第一大国。从图 7-1 中我们可以看到，从 2001 年起中国的钢铁产量开始快速增长，同时在 2005 年后产量的波动开始加大，2013 年月产量都达到了 9000 万吨以上。2013 年 2 月份，中国粗钢产量首超全球

---

①　中央政府门户网站：《工业和信息化部：治雾霾着力降耗增效 优化产业结构》，http：//www.gov.cn/jrzg/2013-11/09/content_2524567.htm。

②　中国新闻网：《中国公布环境宏观战略目标 环境质量 20 年后全面改善》，http：//www.chinanews.com/gn/2011/04-22/2990179.shtml。

产量的 50%。国际钢铁协会（worldsteel）统计数据表明：2013 年 2 月份中国大陆粗钢产量为 6183 万吨，同比增长 9.8%，较 2011 年增长 14.3%。扣除中国后，2 月份全球粗钢产量为 6143 万吨，同比下降 6.2%，较 2011 年下降 4.7%，中国粗钢产量占全球比重首次超过 50%。2013 年 2 月份全球钢厂的产能利用率为 80.5%，较 1 月份增长约 3.8 个百分点，较 2012 年 2 月份下降 0.1 个百分点。预计 2013 年全年中国钢铁产量将超过全球产量的一半，稳居世界第一钢铁大国。钢铁产能过剩的同时也反映了对环境的破坏，钢铁产量递增的过程伴随着废水、固体废弃物、废气等污染物排放量的增加，从而导致环境恶化。钢铁业在当前的雾霾中也扮演着重要的成分。雾霾袭城，钢铁业何去何从也成了广泛讨论的话题。雾霾的出现，将对钢铁业的发展提出新的要求。专家认为，钢铁虽非雾霾的"罪魁祸首"，但是"难逃其责"。中商流通生产力促进中心首席分析师陈克新认为，大规模治理污染，当然剑指钢铁行业。这是因为钢铁行业污染物排放量很大。有关数据显示，2010 年全国粗钢产量 6.27 亿吨，钢铁企业所排放的二氧化硫、氮氧化物、烟尘和粉尘的量分别占同期工业排放量的 9.5%、6.3%、9.3% 和 20.7%。到 2012 年，中国粗钢产量已经超过 7 亿吨，预计今后 10 年之内，粗钢产量还会进一步提高，各种污染物继续增加，这就必须对于钢铁企业实施更为严格的环保标准管理，加大节能减排力度，向西方发达国家标准靠拢，以适应新形势下的环保要求。而钢铁研究员赫荣亮表示，虽然钢铁行业不是雾霾天气的罪魁祸首，但它对环境的负面效应也比较明显，不仅仅停留在冶炼环节的耗电、耗水上，还有空气污染。比如上游的焦炭生产，全国这么多的焦化企业，最终产品大部分是为金属冶炼准备原燃料。[①] 这些都表明，在钢铁粗放发展的同时必然带来环境污染，而要从根源上解决雾霾等一系列的环境问题，钢铁产业的转型也就刻不容缓。

在钢铁产业产量增加的背后反映了产能过剩、利润下滑等问题。2013 年中国钢铁行业产量增长 7.8%，利润率仅为 2.16%。工信部 2013 年 12 月 30 日发布的报告预计，2014 年钢铁行业生产增速将有所放缓，总体仍将维持微利状态，生产经营形势依然严峻。据统计，2013 年 1—11 月份，中国累计生产粗钢 7.1 亿吨，同比增长 7.8%，增速同比加快 4.9 个百分点。出口钢材 5697 万吨，比 2012 年同期增长 12%。钢铁价格自年初以来逐月回落，国内钢材综合价格指数从 2 月中旬的 111.12 点回落至 6 月末的 98.52 点，7、8 月份略有回升，11 月末，国内钢材综合价格指数下降为 99.33 点。受产能加快释放等影响，市场继续呈现供大于求的局面。2013 年，钢铁全行业收入利润率仅为 2.16%，企业亏损面同比下降 2.67 个百分点，但仍高达 23.4%。[②]

2013 年最受关注的产业应该当属光伏产业，光伏曾经在国内广受支持，被认定为新能源产业，政府给予了一系列的补贴。就在中国的光伏产业澎湃发展的同时却遭到了

---

① 兰格钢铁网：《雾霾天气将加快钢铁业布局调整》，http://info.lgmi.com/html/201302/27/5637.htm。

② 欧浦钢网：《2013 年中国钢铁行业产量增长》，http://www.opsteel.cn/news/2013 - 12/EE-CF28D81FB8A53EE040080A7DC96222.html。

（单位：万吨）

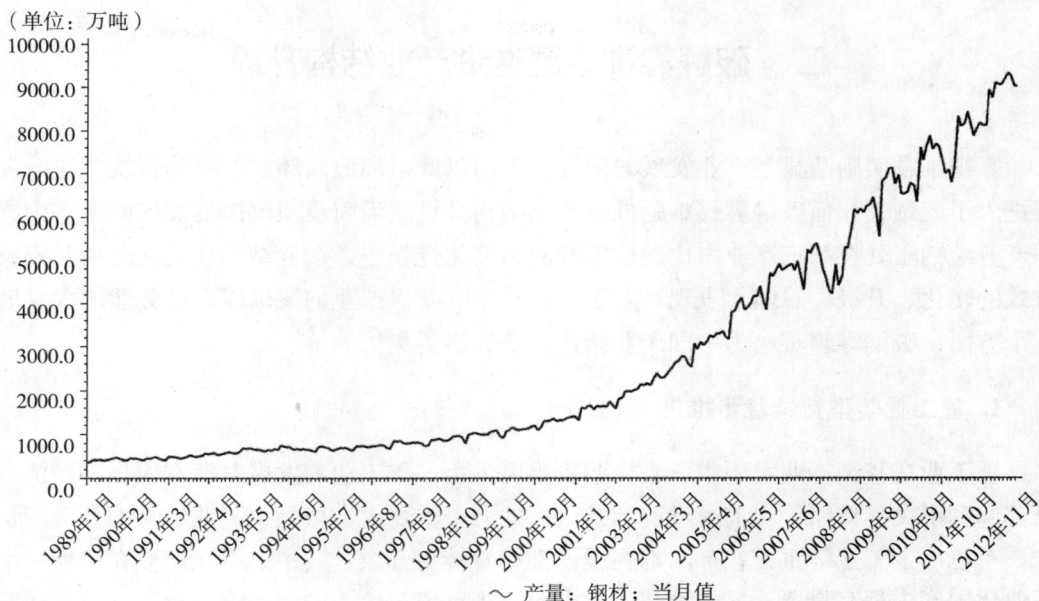

图 7-1　全国钢材月产量

资料来源：国家统计局网站整理。

国外的反倾销调查，光伏产业陷入产能过剩的怪圈，光伏产业的失业率大幅上升。2012年国内光伏电池和组件厂商有 600 多家，仅 2013 年一年数量就减少了 1/4，但减产产能总量可能只有 10%。而且，这些厂商大部分都是停工和半停工状态，大部分产能是2011 年的新产能，2013 年以来市场稍微好转，这些产能会很快卷土重来。即意味着，实际上全行业去产能化过程并未有实质性推进。过剩产能如果不能尽快消化掉，产品价格低位徘徊，那么企业的毛利率水平及资金状况就难言大幅改观，如此一来，支撑产业走出低迷，进入提速发展阶段的动力也就丧失了。根据上海有色网的分析，2013 年上半年以来，国内光伏业产能达 40GW，到 11 月底实际出货量仅 11.5GW。2013 年分布式光伏发电装机难超 3GW，低于年初确定的目标 5GW。[①] 从近两年光伏的价格走势也验证了产能过剩的状况。

　　因此，可以看到不论是传统的重工业还是新兴产业如果发展不合理都会带来产能过剩。而这些产能过剩根本上是由粗放的发展方式带来的，通过产业结构调整促使产业升级是破解中国产业发展困境的根本。

---

　　① 上海有色网：《2013 年光伏产能过剩仍很严重》，http://www.smm.cn/newsinfo/2013-11-05/3532531.html。

二、破解雾霾难题推进产业结构升级

雾霾难题实则凸显了产业发展的困境。中国以低附加值高环境污染的传统工业的发展进入了瓶颈，如何破解雾霾难题推进产业结构升级是当前亟须解决的发展问题。中国的产业结构正处在第三产业占比逐渐上升的高度化过程中，产业结构优化问题涉及发展方式的转化、升级。总体上表现为重工业的转型、新兴产业的突破以及服务业的大发展几个方面，破解雾霾难题为中国产业结构调整提供了契机。

1. 重工业转型持续稳步推进

重工业在我国产业发展中一直扮演着重要角色，重工业的发展对资本积累和经济增长都起到了关键作用。当前，产业结构调整的一个重要内容即是重工业的转型升级。钢铁、有色冶金工业等重工业部门都在缓慢推动着转型升级。其中，钢铁产业在任何一个工业化国家中都有重要意义，都在工业中扮演了重要角色。中国的工业化道路也伴随着钢铁产业的快速成长而发展，给人们记忆最深的恐怕是新中国成立后"赶英超美"的大炼钢铁，但改革开放后钢铁业同样取得了不俗的表现。1949 年新中国成立初期粗钢年产量仅为 15.8 万吨，以后在此基础上逐步发展，1978 年为 3717 万吨，1996 年突破 1亿吨，2003 年突破 2 亿吨，2005 年突破 3 亿吨，2008 年突破 5 亿吨，占同年世界粗钢产量的 38%，相当于世界第二至第十名产钢大国的总和。[①] 因为钢铁在众多行业都是原材料，钢铁业巨大的关联效应使其很快成为我国的支柱产业。而有色金属同样在整个国民经济中具有高关联性的特征，作为原材料直接参与到生产过程，并对上游的有色矿产和下游的有色金属制造业有重要影响。重工业的转型突出表现在钢铁和有色金属上。

（1）钢铁产业加快淘汰落后产能

2013 年各部委对钢铁产业设定了减产目标。7 月 25 日，工信部公布 2013 年钢铁行业首批淘汰产能企业名单，力争在 2013 年 9 月底前关停列入公告名单内企业的落后产能，确保在 2013 年年底前彻底拆除淘汰，不得向其他地区转移。其中，首批炼铁淘汰落后产能涉及企业 9 家，计划淘汰高炉 13 座，容积均在 450 立方米以下，合计炼铁产能 277 万吨。首批炼钢淘汰落后产能涉及企业 24 家，合计炼钢产能 697.9 万吨。此前，工信部于 4 月份公布 2013 年淘汰落后钢铁产能任务，炼铁产能 263 万吨、炼钢产能 781万吨。同时，发改委淘汰落后炼钢产能 781 万吨；国务院指出未来 5 年压缩 8000 万吨总产能。[②] 产能的扩张，利润的下滑要求钢铁企业不得不作出调整。

---

① 肖文伟：《基于战略的钢铁企业竞争力分析及其综合评价方法研究》，中南大学商学院，2010 年。
② 中国钢铁现货网：《对 2013 年钢铁行业缩减产能的有关情况做了一次梳理》，http：//news. gtxh. com/news/20140102/anshangangcaijiage_ 764632962. html。

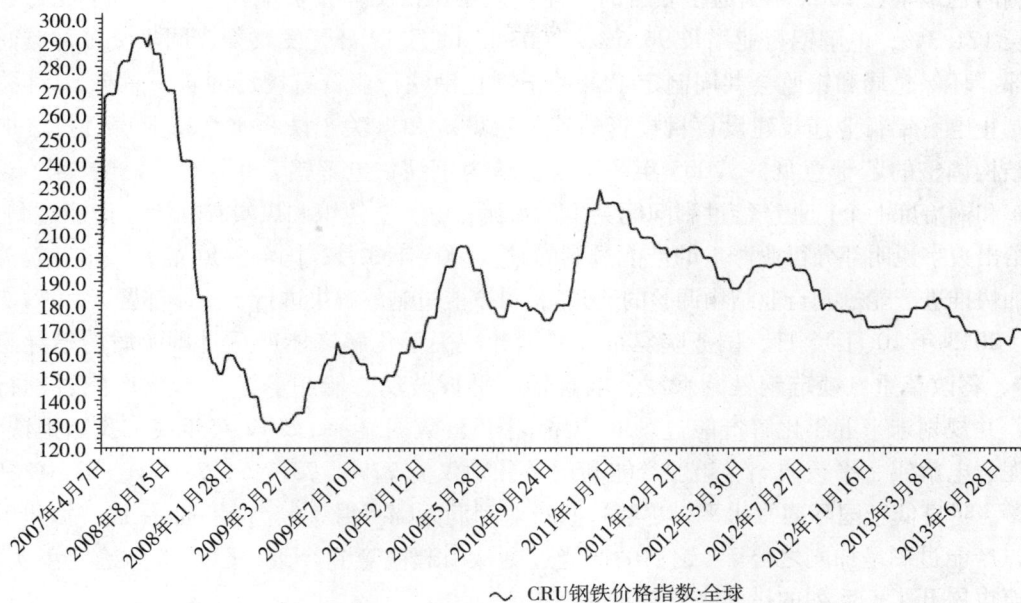

～ CRU钢铁价格指数:全球

图 7-2 CRU 钢铁价格指数

资料来源：英国商品研究所（CRU）。

　　CRU 钢材价格指数是以 1994 年为基期，该指数比较全面地衡量了全球的钢铁价格。从图 7-2 中我们可以看到，从 2007 年到 2013 年全球的钢铁价格处于下降趋势中。而对比图 7-1 中我国的钢铁产量，可以从国际市场的角度看出我国钢铁产业亏损除了国内需求不足外，国际市场价格下跌也是一个原因。中国作为钢铁第一大出口国必然受到其影响。

　　同时，应该看到我国的钢铁竞争力也取得了不小的成绩。中国钢铁工业协会常务副会长朱继民认为我国的钢铁产业在技术进步上也取得了不小的成绩。主要体现在以下五个方面：一是整体装备水平大幅提高；二是品种结构调整取得成效，产品质量明显改善；三是节能减排成绩突出，环境质量明显改善；四是自主创新能力得到大幅提升；五是钢铁行业技术创新体系基本形成。[①]

　　环保部污染排放总量控制司司长刘炳江曾在"2013 第四届中国钢铁节能减排论坛"上坦言，环保部到四川进行调研，看到当地的一些钢铁企业污染排放等现状触目惊心，浓烟蔽日，气味刺鼻。我们看到，连日的雾霾，PM2.5 值居高不下，解决大气污染问题已经非常迫切。而钢铁行业高耗能、高排放，对于大气污染影响非常大。[②] 钢铁产能

---

　　① 亚洲制造业协会：《朱继民副会长：谈钢铁工业技术进步》，http://www.ama2007.com/jixie11/2012-11-06/18578.html。

　　② 新浪网：《绿色转型是钢铁产业的生存之道》，http://finance.sina.com.cn/roll/20130925/001216838682.shtml。

过剩问题最早在 2003 年引起了政府的关注，该年钢铁工业投资增长 92.6%，水泥行业增长 121.3%，电解铝行业增长 96.6%，2003 年 11 月 19 日，发改委、国土资源部、商务部、环保总局和银监会共同制定了《关于制止钢铁行业盲目投资的若干意见》、《关于制止电解铝行业违规建设盲目投资的若干意见》和《关于防止水泥行业盲目投资加快结构调整的若干意见》。2005 年，发改委认为钢铁、电解铝、铁合金、焦炭、电石、汽车和铜冶炼七个行业产能过剩问题突出，水泥、电力、纺织和煤炭存在潜在产能过剩，并给出数字说明部分行业严重的产能过剩问题。2006 年 3 月，国务院颁布了《国务院关于加快推进产能过剩行业结构调整的通知》，对产能过剩的解决进行了整体部署。

2013 年 10 月 15 日，国务院发布了《国务院关于化解产能严重过剩矛盾的指导意见》，将改革重点锁定钢铁、水泥、电解铝、平板玻璃、船舶等五大严重产能过剩行业，并规划未来五年化解产能过剩的"路线图"。数据显示，2012 年年底，我国钢铁、水泥、电解铝、平板玻璃、船舶产能利用率分别仅为 72%、73.7%、71.9%、73.1% 和75%，明显低于国际通常水平。尽管这些行业利润大幅下滑，但仍有一批在建、拟建项目，产能过剩呈加剧之势。① 钢铁的产能过剩从引起注意到今天，已经成为确定事实。政府也展开了一系列的措施来化解过剩产能。

（2）有色金属工业加速调结构

2013 年，我国有色金属加工项目完成固定资产投资 3303.41 亿元，占有色金属工业投资完成额的 49.99%，仍为我国投资热中之热，其中铜压延加工项目 553 个，完成项目投资 525.67 亿元，比 2012 年增长 35.44%，占有色金属合金制造及压延加工完成固定资产投资的比重为 15.91%。从整个有色金属工业全局看，由于国内外有色金属需求疲软、大多数品种价格低位震荡。生产成本要素刚性上升等原因，企业普遍经营困难，亏损面逐步加大，主营活动利润负增长。但实现利润方面，情况有所不同，相对而言，国有企业下降，私营企业增长；大中型企业下降，小型企业增长；矿山和冶炼企业下降；加工企业增长。就加工产业而言，尽管从统计数据看企业利润有增长，但其增幅低于产量和主营业务收入增幅，主营业务收入利润率实际上在下降。

中国有色金属工业协会常务副会长任旭东在 2014 年中国铜加工产品与装备发展研讨会上指出，"2013 年，面对十分复杂的国内外经济形势，我国有色金属工业生产运行总体平稳。10 种有色金属产量首次超过 4000 万吨，达 4029 万吨，同比增长 9.9%。铜加工产业在调整技术结构、产品结构、推动节能减排和淘汰落后产能等方面取得了初步成果。但过热的投资和快速增长的产能，使铜加工材的产能利用率逐年下降，我国有色金属工业的转型升级已经到了关键时期。"

有色金属的加工过程中也对环境有一定的污染，中国既是重要的有色金属需求国也是生产国。《"十二五"规划》明确指出有色金属行业布局调整要统筹规划，坚持上大

---

① 新华网：《国务院出台化解产能过剩 遏制五大行业》，http://news.xinhuanet.com/house/tj/2013-10-21/c_117803006.htm。

与压小相结合，淘汰落后与新上项目相结合的原则，提出引导行业进一步优化布局的方向和任务。即以满足内需为主，严格控制资源、能源、环境容量不具备条件地区的有色金属冶炼产能。在控制总量的前提下，积极引导能源短缺地区电解铝及镁冶炼产能向能源资源丰富的西部地区有序转移。逐步推进部分城市有色企业转型或环保搬迁。提升企业国际化经营水平，鼓励在境外建设氧化铝、电解铝、铜、铅、锌、镍等产业园区。

2. 新兴产业发展迅速不断突破

新兴产业是近来讨论的焦点，世界经济的复苏从根本上依靠新兴产业有所突破，产生新的增长点，创造新需求。2012年，《战略性新兴产业发展规划》公布后新兴产业的发展被提升到国家高度上，显示了中国对新兴产业发展的重视。这一宏大规划，被业内人士看作继"4万亿"后中国政府启动的最大规模的产业计划。近两年来，新兴产业发展迅速，但是亟待取得突破。

（1）光伏产业发展进入重要转型期

光伏产业，简称 PV（photovoltaic），指以硅材料的应用开发形成的光电转换产业链条，它包括高纯多晶硅原材料生产、太阳能电池生产、太阳能电池组件生产、相关生产设备的制造等。它作为利用太阳能发电属于新能源产业，一般光伏发电系统的使用寿命是25年，而据研究估算，太阳能光伏发电的能量回收期仅为1.3年，也就是说，光伏发电在之后的近24年中都是零碳排放的。晶硅太阳能电池光伏发电的碳排放为33—50g/kWh，而煤电的碳排放为96.7g/kWh，燃油发电的碳排放量为525g/kWh，燃气发电的碳排放量为377g/kWh。光伏发电仅为化石能源发电碳排放量排放的十分之一到二十分之一，是真正的低碳能源。

由于中国具有丰富的多晶硅资源，光伏产业快速发展，中国已经连续六年稳居世界光伏产量第一。多晶硅是光伏产品的一个重要构成，2013年国内多晶硅产量为8.2万吨，估计净进口多晶硅量约为7.5万吨，总供应量为15.7万吨，而国内电池片产量为26.2GW，多晶硅消费量为15.7万吨，因此2013年国内多晶硅供需基本平衡。受多晶硅"双反"初裁利好因素作用，预计2014年多晶硅产量将有所增加，约为9.8万吨，进口多晶硅有所减少，约为7万吨，总供应量在16.8万吨左右，而下游光伏产业随着国家相关配套政策落地，国内光伏市场规模化启动，预计电池片的产量为28GW，消费多晶硅量也约为16.8万吨。[①]

我国整体上光照充沛，光能资源分布也比较均匀，国家对发展太阳能推出了一系列的政策。这些政策为光伏产业的发展创造了巨大的契机，财政部和住房城乡建设部还联合颁布了《关于加快推进太阳能光电建筑应用的实施意见》，财政部、科技部和国家能源局出台了《关于实施金太阳示范工程的通知》等一系列措施，都为光伏产业的发展

---

① 北极星太阳能光伏网：《2013年多晶硅市场评述及后市展望》，http://guangfu.bjx.com.cn/news/20140113/486177.shtml。

提供了政策支持。光伏产业近些年来产能过度扩张和政府的优惠政策有着直接的关系。2013 年光伏在欧美遭到"双反"，为了实现光伏产业的健康发展，2013 年 7 月 15 日，国务院出台了《关于促进光伏产业健康发展的若干意见》。《意见》指出要充分认识光伏产业健康发展的重要性，光伏产业是全球能源科技和产业的重要发展方向，是具有巨大发展潜力的朝阳产业，也是我国具有国际竞争优势的战略性新兴产业。我国光伏产业近年来取得了一定的成就，得到了国际认可，但在全球需求疲软的背景下出现了经营困难。《意见》对近 3 年的光伏发展提出了总目标：2013—2015 年，年均新增光伏发电装机容量 1000 万千瓦左右，到 2015 年总装机容量达到 3500 万千瓦以上。通过大力开拓分布式光伏发电市场，有序推进光伏电站建设，巩固和拓展国际市场等手段开拓光伏应用市场。并提出加快产业结构调整和技术进步，规范产业发展秩序，完善并网管理和服务等一系列举措。其中最为重要即六大支持政策，故也称光伏产业的"国六条"，具体包括：第一是大力支持用户侧光伏应用；第二是完善电价和补贴政策；第三是改进补贴资金管理；第四是加大财税政策支持力度；第五是完善金融支持政策；第六是完善土地支持政策和建设管理。

中国能源经济研究院首席光伏产业研究员、光伏研究中心主任表示光伏产业整合已近 3 年，国务院《关于促进光伏产业健康发展的若干意见》及其相关配套文件陆续发布，预示着中国光伏产业发展的战略机遇期已经到来。这是一个新阶段的开始，是光伏产业格局重构的时机，是光伏企业认真审视继续战略进入，还是战略退出终端市场的时候。① 但是，光伏产业作为整个产业链来看，它的上游，光伏元器件的生产是高污染的，其中最严重的当属多晶硅。多晶硅是高污染的项目，中国多数多晶硅企业环保不完全达标。生产多晶硅的副产品——四氯化硅是高毒物质。用于倾倒或掩埋四氯化硅的土地将变成不毛之地，草和树都不会在这里生长。它具有潜在的极大危险，不仅有毒，还污染环境，回收成本巨大。而多晶硅在中国却成为投资热点，从 2007 年开始，投资太阳能领域的上市公司，99% 的将目光瞄向了多晶硅制造，截至 2008 年 2 月，共有 8 家上市公司投资多晶硅项目，累计投资金额达 54.39 亿元。其中，南玻 A5000 吨、江苏大全集团 6000 吨、通威集团 10000 吨、天威英利 5000 吨、爱信硅科技 10000 吨、亚洲硅业 6000 吨、江苏阳光 4500 吨……这些规划的项目产能已经令人叹为观止。② 《华盛顿邮报》报道中国多晶硅制造商洛阳中硅高科技有限公司在 2007 到 2008 年，持续在工厂四周空地倾倒有毒废弃物四氯化硅，造成土地无法种植农作物。四氯化硅为制造多晶硅时产生的副产品，是一种高度有毒的物质，会对环境造成严重污染。由于该种物质回收再利用的成本昂贵，多数中国太阳能厂房均未装设或完全安装相关的回收设备。

在上游的多晶硅环节，经过计算，多晶硅生产环节中电力成本占总成本的比例最

---

① 新浪财经：《专家：国务院发布促进光伏产业政策预示格局重构》，http://finance.sina.com.cn/review/jcgc/20140113/082617930891.shtml。

② 新浪财经：《多晶硅生产：毒污染高耗能不容忽视》，http://finance.sina.com.cn/g/20080507/11154840191.shtml。

高，为36%左右，而冷氢化以及闭路循环技术能够很大程度上降低电力成本。但是由于初始投资比较大，国内只有60%的企业采用此冷氢化技术，与国际上90%的比例还有很大差距。现在公认的最小经济规模为1000吨/年，最佳经济规模在2500吨/年，而中国现阶段多晶硅生产企业离此规模仍有较大的距离。同类产品物料和电力消耗过大，"三废"问题多，与国际水平相比，国内多晶硅生产物耗能耗高出1倍以上，产品成本缺乏竞争力。光伏产业的发展进入了关键的转型期。

（2）新能源汽车发展出现新趋势

埃隆·马斯克（Elon Musk）的特斯拉电动汽车给世界的汽车产业带来了一场飓风，雾霾的大范围出现给汽车业发展蒙上了一层阴影的同时却给新能源汽车打开了光明。在经济全球化的背景下，生产要素的国际流动成为世界经济的本质特征。要素流动创造了跨国公司的活动，同时也改变了生产要素的构成。在知识经济、信息经济的今天，创新能力与品牌都成为重要生产要素。企业进行生产活动的目的是获得要素收益，一国加入国际市场的动机也是为了获取更多的国民福利。而这就要求从根本上培育自身的高级要素，因为高级要素才更有可能获得更高的收益。

在雾霾南北的情况下，汽车产业无疑成为人们最为关注的话题，都纷纷开始为汽车产业的发展出谋划策。有提倡限购的、有提倡单双号出行的、有提倡绿色出行的等等，这些虽然都能对减轻雾霾起到积极的作用，但是结合中国经济当前发展趋势，城市化正不可逆转地快速发展，最切实可行的可能就是大力发展新能源汽车了。新能源汽车主要指燃料电池汽车、混合动力汽车、氢能源动力汽车和太阳能汽车等，它最显著的特点即废气排放量比传统汽车要低。目前，新能源汽车市场中以混合动力汽车为主。

2013年9月13日，财政部、科技部、工信部和发改委四部委联合出台《关于继续开展新能源汽车推广应用工作的通知》，明确了2013年至2015年间中央财政对新能源汽车的相关补贴政策。《通知》指出依托城市推广应用新能源汽车，并对消费者购买新能源汽车提供补贴。国家通过政策导向使汽车产业向新能源的方向发展，对于科学发展具有积极的意义。

根据美国新能源汽车公司CODA的判断，到2015年，全球电动汽车的产销将达到57万辆左右，中、美两大市场将会分担10%的销量数字。2012年4月24日，CODA与长城汽车最终敲定了联合开发电动汽车的事宜，根据签订的协议，两家公司联合开发的纯电动汽车将在2014年第二季度上市，面向中、美、欧三大市场，其中在美国将以CODA品牌销售，中国以长城品牌销售，而欧洲市场的品牌尚未确定。[1] 中国工业和信息化部2012年12月30日发布的《2013年中国工业通信业运行报告》预计，2014年，中国汽车产销量可能有所回落，新能源汽车有望成为新的增长亮点。报告分析认为，在居民汽车保有量持续快速增长的情况下，中国能源、交通和空气质量压力不断加大，采

---

[1]　中国新能源汽车网：《CODA轨迹：从传统汽车向新能源时代前进》，http：//www. chinanev. net/portal. php？mod＝view&aid＝2828。

取限购政策的城市恐将进一步增多，2014 年汽车产销可能在 2013 年高位增长的基础上有所回落。2012 年，中国官方发布《节能与新能源汽车产业发展规划（2012—2020年）》，提出到 2015 年，纯电动汽车和插电式混合动力汽车累计产销量力争达到 50 万辆。2013 年 9 月，官方发布《关于继续开展新能源汽车推广应用工作的通知》，正式明确了财政补贴支持推广应用新能源汽车的具体政策。在新能源汽车产业发展规划推进实施和相关公共配套设施不断完善的作用下，新能源汽车产业有望加快发展。①

（3）信息产业加快升级

以互联网金融为代表的信息产业快速发展，对传统的金融业产生了巨大的冲击。"余额宝"们改变了人们对传统银行业务的认识，在线支付大大便捷了网上交易，网上购物正威胁着实体商店的生存等等，信息产业快速发展，并融合了其他多种产业，不断向前推进。《"十二五"规划》指出要加快推进宽带光纤接入网络建设，推进第三代移动通信（3G）网络全面、深度覆盖，开展 TD—LTE 规模商用示范；实施下一代互联网商用推广，建立新型网络体系架构及配套技术试验床，形成完备的互联网技术标准，完善网络安全防护体系；全面实施广播电视数字化改造，积极推进三网融合；组织关键技术、装备、智能终端的研发及产业化。

我国信息产业的快速发展主要体现在以下几个方面：①互联网技术与金融业务相结合。互联网金融的快速发展冲击着传统的金融模式，倒逼传统金融的改革与创新。从阿里巴巴到余额宝，互联网技术与传统商业模式的结合颠覆着现行的经济活动。②大数据迅猛发展。2013 年，大数据是除互联网金融外最受关注的信息产业，大数据的出现改变了一般的数据存储技术，将大幅度地提高数据的处理能力。牛津大学维克托博士表示，大数据开启了一次重大的时代转型，正在变革我们的生活、工作和思维。中国是世界上最复杂的大数据国家，面临着充满变化的局面和无限的可能性，但是她同时也拥有最大的发展机会。因为在大数据环境下，充分的数据样本能够帮助企业揭示规律，更好地洞察和预测未来；另外，中国人凭借在数学和统计方面的优势，成为全球瞩目的大数据人才据点。在 IBM 和牛津大学年初发布的大数据调研中，中国市场有四分之一的企业已经步入大数据实践阶段。这表明中国不仅快速把握了创新的趋势，更很有可能成为全球大数据领域的先驱。② ③物联网与城市建设相结合，推动智慧城市发展。智慧城市通过综合应用互联网、移动互联网、物联网、云计算和大数据分析等现代信息通信技术（ICT），致力于推动并改善城市综合管理、经济建设、民生改善和政务管理等方面，实现城市"感知、互联和智慧"的发展目标；它是一项涉及诸多信息系统建设、科学运用综合集成技术的大型信息化工程，将带动城市基础设施、软环境建设和 ICT 产业升级，促进城市转型和产业升级、改善民生、城市环境和综合管理能力，使城市生活更加

---

① 中国新能源汽车网：《2014 年汽车产销量或回落 新能源车将成亮点》，http：//www. zgxnyqc. roboo. com/web/news/435323/69194608325. htm。

② 中国信息产业网：《大数据——下一个时代的纪元》，http：//www. cnii. com. cn/technology/2013-07/22/content_ 1188188. htm。

美好。

3. 产业结构升级推进加速

2013 年，中国在产业结构升级方面取得重要进展，一方面利用"市场倒逼"机制，加强政策引导，推动产业链整合；另一方面，大力创新驱动、转型发展战略，不断提升产业技术水平。同时，中国还利用多种政策手段积极开拓国内外市场，为产业结构升级创造新空间。

（1）加大了整合产业链力度

我国产业发展的一个特点就是小企业较多，而小企业最大的问题即是缺资金、缺技术，因此要解决相关产业的产能过剩、技术含量低等一系列问题就要对产业进行整合。淘汰科技含量低污染大的企业，对这些企业进行兼并重组，是产能过剩产业发展的一种重要趋势。例如，在内蒙古自治区打造光伏产业的全产业链政策的引导下，国内外光伏制造产业向内蒙古转移集聚。目前，呼和浩特市金桥、沙尔沁光伏产业园单晶硅产能达到 1.1 万吨，在建单晶硅产能 2.9 万吨，光伏发电设备 360 万千瓦，呼和浩特已成为全国最大的单晶硅生产基地，初步形成光伏发电制造、半导体集成电路配套产业链。呼和浩特市鼓励原有企业扩能扩产，增强已入驻企业的投资信心，吸引国内优势企业向金桥、沙尔沁光伏产业园区转移，目前这两个园区已初步构建起了多晶硅、单晶硅、切片、电池组件、光伏发电系统全产业链，多项专利技术用于生产，极大增强了全产业链竞争优势。① 2013 年出台的《国务院关于促进光伏产业健康发展的若干意见》（俗称"光伏国六条"）也对产业结构调整和产业布局提出了要求，利用"市场倒逼"机制，鼓励企业兼并重组。加强政策引导和推动，建立健全淘汰落后产能长效机制，加快关停淘汰落后光伏产能。

煤炭产业也推出了相应的整合措施，国家能源局发布了《关于做好 2014 年煤炭行业淘汰落后产能工作的通知》。《通知》指出，我国将把淘汰煤炭落后产能作为调整优化煤炭产业结构的重要手段，通过关闭退出、改造升级、兼并重组等方式进一步加快淘汰落后产能，2014 年全国计划淘汰煤矿 1725 处，淘汰落后产能 11748 万吨。《通知》还要求，各地方有关部门要大力支持大中型煤矿企业发挥资金、技术和管理优势，兼并重组小型煤矿企业。同时，要积极研究出台煤炭行业淘汰落后产能相关政策，充分发挥财政资金引导作用，强化环境保护、安全生产、职业健康等对落后产能的约束。产业整合是煤炭产业发展的一个重要趋势，也是产业结构调整的重要途径。

（2）技术升级跨上了新台阶

技术在经济增长中的作用外在地体现于全要素生产率的提高上，技术进步是提升经济增长的质量的关键，技术水平的高低也决定了一国的经济竞争力水平。创新驱动、转

---

① 太阳能光伏网：《内蒙古：光伏全产业链竞争优势已形成》，http：//solar. ofweek. com/2014-01/ART-260008-8120-28765696. html。

型发展就要不断提升技术水平。汽车产业在经济中也有举足轻重的作用，我国的汽车业经历了从保护到开放的过程，汽车产业的技术进步也在不断提升。从《汽车观察》几年来的年度车型测评数据可以见证自主品牌汽车的进步。第一届评选时，自主品牌小型乘用车多数都没有装备 ABS 制动防抱死系统，也没有谁使用后轮盘式制动器。测试过程让企业心疼不已。没有 ABS 的制动测试对轮胎损坏得很厉害，刹车踩轻了制动距离不达标，踩重了车轮抱死，轮胎在地面上重重地磨出一串串火花和烧焦的轮胎末，不少车还因此而制动跑偏。这种状况第二年就发生了明显的改观，在 2007 年度的参评车上，采用前后盘式制动的车超过了一半，配备 ABS 的车更是达到了 9 成以上。现在，所有的自主品牌车都已经把 ABS 作为标配。技术装备的快速进步，带来的是安全性能的大幅提高。

从光伏产业看，JeffNestel-Patt 指出光伏产业依然非常年轻，在提高电池转换效率方面，技术一直有所突破。对于产业链来说，制造成本也在持续不断地下降，这些都是产业所希望看到的。德国的光伏产业技术已经比较成熟，不需要政府补贴来促进发展。①光伏产业的技术升级不但要体现在光伏发电的技术创新上，更要体现在多晶硅的生产环节，从根源上解决光伏产业的产业链上游的环境污染，真正使得光伏成为新能源产业。通过实施新能源集成应用工程，支持高效率晶硅电池及新型薄膜电池、电子级多晶硅、四氯化硅闭环循环装置、高端切割机、全自动丝网印刷机、平板式镀膜工艺、高纯度关键材料等的研发和产业化。提高光伏逆变器、跟踪系统、功率预测、集中监控以及智能电网等技术和装备水平，提高光伏发电的系统集成技术能力。支持企业开发硅材料生产新工艺和光伏新产品、新技术，支持骨干企业建设光伏发电工程技术研发和试验平台。支持高等院校和企业培养光伏产业相关专业人才。这些政策为提高光伏的技术水平指明了方向。

除了上述产业，煤化工、高端装备制造、钻探、航天、通信设备等产业的技术都有了大幅提高。中国的技术水平快速提升一方面得益于改革开放以来三十多年的资本积累，另一方面得益于中国对基础教育的持续重视，中国的基础教育覆盖面积和接受高等教育的人数都大幅提升。

（3）积极开拓市场，为产业发展创造了新空间

2013 年世界经济仍然处于复苏的阶段，中国经济的外部环境还没有恢复，如何在外需持续疲软的情况下实现发展对于中国的产业结构调整是一个重大的挑战。中国梦的实现不仅仅需要中国人、中国企业的不断开拓进取，还需要全世界人民的共同发展为支持。无论是对于光伏产业还是其他产业，解决产业的发展除了供给方还有需求方。产能过剩即供需之间存在的矛盾。调整需求与调整供给同样重要，调整需求要千方百计开发市场。调整产能扩张节奏固然重要，打开需求增长的大门更是"治本"之道。江西新

---

① 《GT Solar Jeff Nestel-Patt：光伏产业要学会独立成长》，《电子工业专用设备》2010 年总第 190 期，第 56 页。

余光伏办副主任熊焰认为，光伏是朝阳产业，若打开应用市场，提高能源结构中新能源的占比，产能远不过剩。对国外市场，研究国外相关政策，保证中国的光伏产品进入国际市场的主渠道不能受阻；对国内市场，加速开发光伏发电应用，让上游的制造业优势可以顺流而下，同时提高市场准入标准，让质优价廉的产品在国内得到更广泛的应用。① 桂林市委政策研究室及桂林市新农村建设办公室相关领导请来相关专家为桂林光伏产业发展支招，帮助和引导桂林的光伏产业尽快走出以前主要生产太阳能电池板出口欧美市场的格局，有计划有步骤开发新兴应用产品，全力开拓国内及国外新兴市场，以重振桂林的光伏产业。

　　十八大报告中"努力建设美丽中国，实现中华民族永续发展"的生态文明目标。把生态文明建设放在突出地位，融入经济建设、政治建设、文化建设、社会建设各方面和全过程，建设美丽中国，其最终目标是中华民族的永续发展。它意味着将以更大的决心和勇气，重新协调人与自然、人与人、人与社会的关系，使我们的资源环境既能满足当代人的需求，又不对后代人的需求构成危害。从市场的角度，加大市场开拓力度解决产能过剩既符合经济学规律又符合产业整体发展的现状。商务部机电和科技产业司副司长支陆逊在 2013 年中国汽车产业发展（泰达）国际论坛表示，我们国家汽车产业国际化的现状，一个是初见成效，第二个是起步阶段。数据显示，过去的十年，我们对中国汽车产业的国际化，一般习惯用加入 WTO 以来这么一个起始段来作一个分析。过去的十年，中国的汽车产品，包括整车零部件，2012 年是 700 多亿，增长了 13.3 倍，年均增长速度为 30.9%，这个比全国外贸的出口平均的增长速度要高 11 个百分点。同时汽车整车出口，真正的起步还是在 2002 年，从起步到突破 100 万辆，用了十年的时间。但是日、韩、德国从起步到出口突破 100 万，所利用的时间都要长于中国的时间段，都在 15 到 20 年左右，这是一个量的概念。同时中国出口的产品结构也是在变化的，在向好的方面变化，2012 年，我国的汽车产品出口基本上是达到了平均的售价，达到了1.35 万辆一台，出口的平均价格也是在向上扬的，增长了将近 5%，其中也反映了结构在优化。中国的汽车产业现在已经从一开始以改装车为主，现在慢慢地过渡到了以乘用车和商用车为主的阶段。特别是小轿车，在整个汽车整车出口的占比，从2001 年的 4.1% 到 2012 年基本上是半壁江山了，出口的结构发生了很大的变化。中国的汽车产业必须"走出去"打造更广阔的市场空间才能更有作为，而中国也具有这样的优势。

　　积极开拓市场是中国产业发展的必经之路，2013 年是中国经济的转型之年，也是中国发展模式升级的关键阶段。中国的"世界工厂"地位得益于廉价劳动力，而在人口老龄化逐渐加重的背景下，升级发展模式成为必然选择。以出口为标志的贸易大国仍然需要出口继续对经济增长作出贡献，但是，在产业结构不断升级的同时积极地开拓市

---

① 新华网：《怎样看待光伏产业产能过剩？》，http：//news. xinhuanet. com/energy/2012 - 07/10/c_123391828. htm。

场也是产业发展的必然要求。通过国际投资将品牌、技术、管理等不断向国外渗透，为国内产业创造新的需求空间。

三、树立绿色发展理念建设生态中国

建设生态文明，关系到人民群众的基本福祉，关系到中华民族的永续发展。良好的环境是生产、生活的基本保障和要求，不断加强生态文明建设，构建生态中国是实现中国梦的必然要求。以牺牲环境换取经济发展不是中国梦，中国梦需要树立绿色发展理念，坚持可持续发展，不断加强生态文明建设，实现人与自然的和谐相处。

1. 建设"生态中国"的国际反响

党的十八大报告首次把生态文明建设提升到总体布局的战略高度，又明确提出建设美丽中国的奋斗目标。生态文明和美丽中国建设是推动科学发展的重大任务。要全面落实经济建设、政治建设、文化建设、社会建设、生态文明建设五位一体总体布局，促进现代化建设各方面相协调，促进生产关系与生产力、上层建筑与经济基础相协调，不断开拓生产发展、生活富裕、生态良好的文明发展道路。指出要加快建立生态文明制度，健全国土空间开发、资源节约、生态环境保护的体制机制，推动形成人与自然和谐发展现代化建设新格局。

生态文明的提出受到了国际社会的广泛好评，美国自然资源保护委员会中国项目主任芭芭拉·菲纳莫雷表示，中国共产党将生态文明建设纳入国家整体发展布局的举措对确保中国的持续进步、改善公民的生活质量、保护全球环境安全至关重要。过去20年中，中国在推进绿色发展方面取得了巨大进步，为提高能效和利用清洁能源起到了表率作用。日本日中合作新日本研究所副所长庚欣说，十八大提出大力推进生态文明建设，这是中国共产党"全心全意为人民服务"建党宗旨与中国政府"以人为本"执政理念的突出体现。推进生态文明建设是面对中国乃至世界环境、生态压力日益加大的现实，中国党和政府及时作出的应对措施。肯尼亚智库非洲民主与领导力学会执行主任丹尼斯·柯德赫说，推进生态文明建设是一个非常正确的决策，不仅仅是理念上的进步，对于中国的发展来说，更具有战略层面的意义。生态文明建设拓展了中国关于"发展"的定义，反映出中国领导层对于人民健康和生活水平的重视。非洲国家希望学习中国发展的成功经验。中国生态文明建设理念的提出，也必将拓展中国政府和非洲政府之间未来在该领域的合作。意大利环境部长科拉多·克利尼认为，中共十八大强调环境保护、建设生态文明，表明中国将继续在这一领域投入更多资源。中国过去几年在环保领域取得了长足的进步，为改善全球环境作出重要贡献。挪威中国问题专家海宁·克里斯托弗森说，生态文明建设位居中国可持续发展的核心，它不仅对中国未来发展意义重大，并且将对整个世界产生积极影响。中国领导人在推进经济、政治、文化和社会建设的同时致力于建设"美丽中国"，对全球可持续发展至关重要。①

生态中国不但受到专家学者的广泛好评，也得到了海外媒体的高度关注，在"生态文明贵阳国际论坛 2013 年年会"上，包括香港的《大公报》、《文汇报》、《香港商报》、《星岛日报》；澳门的《大众报》、《新华澳报》、《澳门日报》、《澳门市民日报》；台湾的台湾"中央社"、《联合报》、《中国时报》、《民众日报》、《工商时报》、《经济时报》；新加坡《联合早报》等多家海外中文媒体以及瑞士国家通讯社、《日内瓦论坛报》等海外媒体对中国的生态文明进行了广泛的宣传。生态中国是中国对未来发展的一个战略定位，它表明了中国未来经济发展的趋势和价值取向。它也向世界表明了中国人民爱护环境，与各国共享繁荣的立场。

2. 发展方式转型面临的内外部压力

由于传统经济发展方式和投资模式导致了产能过剩，转变经济发展方式也就成为解决这一问题的治本之策。2013 年，淘汰落后产能已经进入了国家层面的战略规划当中，如何化解发展方式转型的内外部压力成为中国经济发展面临的新挑战。

（1）内部产能过剩与竞争过度并存

产业发展方式从粗放型向集约型转化主要体现为产能过剩和竞争加剧两个方面，产能过剩表现得最为突出。这几年，全球年新增光伏装机都在 30GW 左右，而中国企业的产能超过 60GW，加上小企业产能，甚至接近 70GW。中国光伏产业联盟秘书长王勃华认为："产能过快增长很明显，到 2013 年春节前，产能严重阶段性过剩，产能超过 60GW，市场容量只有 30GW。"太阳能电池组件，国内产量从 2008 年的 2.5GW 增长到 2012 年的 21GW，占全球的 23%。2013 年 1 到 9 月份，组件产量 17GW，占全球比例超过 60%。多晶硅企业也是如此，我国每年需多晶硅量为 20 万吨，其中 12 万吨进口，8 万吨左右国内自产。2013 年的 1 到 9 月总产量 5.2 万吨，随着价格回升，部分闲置产能也开始重新生产。生产企业从低谷的四五家到现在已经有 15 家左右。② 不管是长期性过剩还是阶段性过剩，产能过剩异常严峻。

2013 年 12 月 5 日，德勤《2013 中国清洁技术行业调查报告》指出，由于此前严重的过剩局面一直未能根本改观，2013 年中国整个光伏产业链产能过剩仍很严重。数据显示，2013 年上半年以来，国内光伏业产能达 40GW，实际出货量仅 11.5GW，这意味着结构性产能过剩状况依然明显。数据显示，目前国内已披露的达成意向、签约以及正在开发建设的光伏项目达到 130GW，甚至比国家新拟定的到 2015 年装机达 35GW 的

---

① 搜狐网：《国际社会积极评价中国大力推进生态文明建设》，http：//news. sohu. com/20121115/n357725713. shtml。

② 国际新能源网：《全球光伏产能过剩仍在》，http：//newenergy. in-en. com/html/newenergy - 08180818132050224_ 2. html。

"十二五"目标还要多出 3 倍之多，潜在产能过剩问题已不容忽视。[①] 实际上，除了投资项目外，装机总量也在不断上升，产能过剩已经成为中国光伏产业不争的事实。

我国铸造产业的同质化问题非常严重，特别在一个区域内的铸造产品同质化问题，加大了铸造产业的内部竞争压力，引发了大规模的不正当竞争，导致各个铸造厂家的发展之路越来越窄、越来越细，这严重地阻碍了我国铸造产业的发展进度，因此我国的铸造产业急需去同存异。

2014 年服务行业市场竞争分析报告显示，由于：（1）行业增长缓慢，对市场份额的争夺激烈；（2）竞争者数量较多，竞争力量大抵相当；（3）竞争对手提供的产品或服务大致相同，或者体现不出明显差异；（4）某些企业为了规模经济的利益，扩大生产规模，市场均势被打破，产品大量过剩，企业开始诉诸削价竞销等导致服装行业的内部竞争也日益加剧。

（2）世界经济缓慢复苏，外部需求压制仍旧

外需集中表现在出口增速的下滑上，虽然金融危机即将过去，但我国出口的国外压力依然很大，出口增速从 2001—2010 年的年均 22.7%，下降到当前的 7.8%，通过出口拉动来实现保增长也广受质疑。中国制造业的成本优势正逐步丧失，耐克、三星等一些跨国公司将生产部门向印度、柬埔寨、越南等南亚、东南亚国家转移。

纺织一直是我国的主要出口产品，但是在 2013 年出口增速仍然呈现下滑趋势。数据显示，2013 年纺织行业的主营业务收入达到 6.38 万亿，同比增速超过 11%，与 2012 年同期持平；实现利润 3506.05 亿元，同比增加 15.78%，同比提高近 9 个百分点。其中规模以上化纤织造及印染精加工企业主营收入达到 1045.8 亿元，同比增长 11.5%，增速比 2012 年同期上升了 4.31 个百分点，利润总额累计为 48.45 亿元，同比增长 18.23%，比 2012 年同期上升了 9.66%。这个数据只是化纤织造业不完全统计。与收入、利润增速的回升不同，各类产品产量的增速则有比较明显的下降：化纤产量累计 4121.94 万吨，同比增长 7.9%，增速下降 3.3 个百分点；服装产量累计 271 亿件，同比增长 1.27%，增速下降 4.93 个百分点，其中针织服装出现负增长 1.08%。据中国棉纺织行业协会统计，2013 年纱产量累计 1943 万吨，同比下降 0.5%，布产量累计 632 亿米，同比增长 1%；据中国长丝织造协会统计，长丝织物产量累计达到 420 亿米，同比增长 6.3%，增速下降 0.46 个百分点。

而以新兴产业为标签的光伏产业同样也出现了出口难题，随着欧美等国对我国光伏产业的打压，我国光伏出口组件数量已经呈现下滑趋势，相关数据显示，2013 年中国光伏组件出口量约为 16GW，出口额约 100 亿美元，同比下降 27%。其中，对美出口份

---

① 人民网：《光伏产能过剩仍然严重》，http：//finance. people. com. cn/n/2013/1209/c70846 - 23784502. html。

额占比约 10%，对欧出口份额由 2012 年的近 65% 下降至 2013 年的 30%。① 中国光伏企业不得不调整战略，向亚非拉国家发展。赛迪智库光伏产业形势分析课题组的最新预测：由于国内市场的过快扩大，2014 年我国光伏产业恐将面临新一轮产能过剩，复现前两年供过于求、大肆杀价的局面，产业有重现无序竞争的隐患。② 产能过剩在光伏产业大刀阔斧发展的同时也突然暴露出来。虽然我国光伏产业产能和产量达到了世界第一，但是目前，随着国内产能的增加，从国外进口的光伏产品反而增加了。中国的光伏产业主要集中在产业链的中低端，对于高新技术还比较缺乏。中国科学院电工研究所副所长许洪华分析，这说明我国光伏产品的技术水平不足、生产效率低下。另外，他指出，我国晶硅电池和薄膜电池生产线及生产线上的关键设备厂包括一些辅助材料还主要依靠进口，这都是我们目前的不足之处。中国可再生能源协会副理事长孟宪淦表示，这两年来我们的太阳能电池的出口量一直维持在 16GW 左右，但出口总额却在连年下降。这就说明我们的产品出去之后卖不了高价。就拿太阳能电池板的转换率来说，现在我们的产品转换率高的为 18%，低的为 16% 左右，而日本的产品普遍都能保持在 20%。所以我们的产品只能低价卖，最高卖到价格承诺的最低限价 0.56 欧元/瓦，人家还要说你倾销。而日本的产品就能卖到 1 欧元/瓦，还有人抢着买，这就是有没有核心技术的差距。③ 我国太阳能光伏产业快速发展的背后，隐藏着原材料依赖进口、核心技术设备缺失、产品主要出口"三头在外"的严峻现实。

3. 推进绿色发展理念的政策新举措

绿色发展是以效率、和谐、持续为目标的经济增长和社会发展方式。当今世界，绿色发展已经成为一个重要趋势，许多国家把发展绿色产业作为推动经济结构调整的重要举措，突出绿色的理念和内涵。2013 年，中国在推进绿色发展理念方面进行了一系列政策新举措。

（1）加大雾霾治理力度，中央地方密集出台相关政策

李克强总理在 2013 年 1 月 15 日出席会议时指出，雾霾的出现，固然有自然因素的原因，也有生产方式粗放的因素，它再一次警示，粗放的经济增长方式再也不能继续下去。解决环境污染问题需要一个长期过程，但是我们必须要有所作为。可以说，治理空气污染，既是一场持久战，也是一场攻坚战。④ 雾霾的出现最直接是影响了人们的生

---

① 中国产业经济信息网：《我国光伏面临产能过剩再遇挫折》，http://www.cinic.org.cn：8080/site951/nypd/2014-01-06/712684.shtml。

② 北极星太阳能光伏网：《光伏业明年恐现新一轮产能过剩》，http://guangfu.bjx.com.cn/news/20131219/481171.shtml。

③ 北极星太阳能光伏网：《光伏 2014：贸易壁垒犹在 去产能仍是重任》，http://guangfu.bjx.com.cn/news/20140106/484545.shtml。

④ 新华网：《雾霾过后治理应更有所为》，http://news.xinhuanet.com/comments/2013-01/16/c_114383366.htm。

活，与雾霾有关的口罩、空气净化器等用品消费激增。网购数据显示，雾霾让口罩和空气净化器摇身变成了热门搜索。2013 年，买口罩的人比 2012 年多了 181%，买空气净化器的人也多了 131%。改变的不只是数量，还有地域。2012 年在购买口罩等防护用品上遥遥领先的北京网购人群，2013 年悄然被江苏人民超越了。① 这一现象也提出了对雾霾治理的要求。媒体也呼吁"治理雾霾"政府已刻不容缓。② 2013 年 9 月 10 日，国务院印发了关于《大气污染防治行动计划》的通知。该计划指出要以保障人民群众身体健康为出发点，大力推进生态文明建设，坚持政府调控与市场调节相结合、全面推进与重点突破相配合、区域协作与属地管理相协调、总量减排与质量改善相同步，形成政府统领、企业施治、市场驱动、公众参与的大气污染防治新机制，实施分区域、分阶段治理，推动产业结构优化、科技创新能力增强、经济增长质量提高，实现环境效益、经济效益与社会效益多赢。

安徽省"两会"代表提出 21 项议案，雾霾治理进入了立法准备阶段。《安徽省大气污染防治条例》为 2013 年立法计划调研论证项目。2013 年 10 月 14 日财政部发布消息，中央财政已安排 50 亿元资金，全部用于京津冀及周边地区大气污染治理工作，具体包括京津冀蒙晋鲁六个省份，并重点向治理任务重的河北省倾斜。财政部表示，该项资金将以"以奖代补"的方式，按上述地区预期污染物减排量、污染治理投入、PM2.5 浓度下降比例三项因素来进行分配。本年度结束后，中央财政将对上述地区大气污染防治工作成效进行考核，根据实际考核结果再进行奖励资金清算，突出绩效导向作用。③

新疆维吾尔自治区党委常委、乌昌党委书记、乌鲁木齐市委书记朱海仑在 2013 年 4 月召开的市委常委（扩大）会上强调，要强力推进大气污染治理工作，确保空气质量持续改善。据介绍，2013 年，乌鲁木齐计划再投入 137 亿元，实施包括热网改造、燃气网建设、工业企业搬迁治理等方面的 46 个重点项目，并提出加强大气污染防治 12 个方面的 42 条具体措施。近 3 年来，乌鲁木齐先后投入 180 亿元用于大气污染治理。2012 年，乌鲁木齐实施大规模的"煤改气"工程，改造后，采暖季空气质量优良天数较 2011 年增加了近 1 倍。④

治理雾霾既是政府的责任又是企业、公民的责任。2013 年 3 月 2 日下午，全国政协十二届一次会议新闻发言人吕新华在回答记者关于雾霾天气的提问时表示，治理空气污染关键是政府要重视，要加强投入和立法，公民要参与，企业要担当起社会责任。⑤

① 环球网：《媒体：全国对抗雾霾用品消费额达 8.7 亿元》，http：//finance. huanqiu. com/data/2013-12/4673093. html。

② 四川在线：《"治理雾霾"政府已迫在眉睫》，http：//news. scrxw. com/2013/1225/888471. shtml。

③ 新华网：《中央财政 50 亿元支持京津冀及周边地区治理大气污染》，http：//news. xinhuanet. com/politics/2013-10/14/c_ 117710041. htm。

④ 中国环境保护保护部：《乌鲁木齐市委书记朱海仑部署大气污染治理 确保空气质量持续改善》，http：//www. mep. gov. cn/zhxx/hjyw/201304/t20130408_ 250453. htm。

⑤ 新华网：《政协发言人：治理雾霾政府公民企业都要努力》，http：//news. xinhuanet. com/politics/2013-03/02/c_ 124407985. htm? prolongation＝1。

2013 年 3 月互动企业营销策划有限公司作为一个有着强烈责任感的企业，为中国环境的改善，倡导呼吁中国企业开展绿色营销，保护我们的环境、我们的家园，为我们环境改善提供科技保障和技术支持，"绿色 3.15 企业营销之路"活动得到了各大媒体的支持与宣传。[①] 有评论指出，在这次应对雾霾天气的过程中，一方面是环保执法监管等方面工作力度加大，重污染情况下的应急方案不断出台；另一方面是信息公开力度增强，如实而及时地向公众公开了 PM2.5 等监测数据，提醒公众空气污染的危害，唤起全社会对污染治理的重视和行动，带来了人们生态文明意识的新觉醒。这些经验和做法值得总结，使之成为制度创新、观念更新的重要推动力。[②] 雾霾的治理已经逐渐深入人心，受到社会的关注、群众的支持。

环保部环境监察局副局长陈善荣在 2013 年 12 月 30 日召开的新闻发布会上透露："我们正在部署 2014 年对工业园区进行环保专项整治。"这意味着，继大气污染防治专项检查、重金属污染专项检查和医药制造企业污染专项治理行动后，环保部将"重拳"治理工业园区的环境污染。在当天的新闻发布会上，环保部公布了 11 月份大气污染专项检查情况，并通报了此次督察发现存在环境问题的 33 家企业和单位，另外对医药制造企业专项督察中发现的 18 家有环境违法问题的医药类企业也予以曝光，并挂牌督办。[③]

我国的环境保护工作在改革开放后逐渐重视起来，国家在环境污染治理投入方面也在持续增加：1981 年的投入只有 25 亿元，2006 年增加到 2566 亿元，增长超过 100 倍，其占 GDP 的比重也由 1981 年的 0.51% 增至 2006 年的 1.22%。[④] 新华社电：环保部 2014 年 7 月与全国 31 个省（区、市）签署了《大气污染防治目标责任书》，明确了各地空气质量改善目标和重点工作任务，进一步落实了地方政府环境保护责任，为实现全国环境空气质量改善目标提供了坚实保障。这一举动将从实质上推动 2014 年大气污染工作的开展，对解决雾霾开了一个好头。雾霾的治理已经从中央文件、部门规章、群众规范等各个层次开始逐步全面铺展开来。

（2）多重举措推进生态中国

生态中国的推进，根本动力在于产业结构的转型升级。2013 年，中国产业结构调整取得了积极进展，改造提升制造业各项工作稳步推进，化解产能过剩矛盾有序进行，国家出台多项支持服务业发展的政策措施，服务业发展势头良好，为国民经济的持续增长提供了有力支撑。2013 年前 11 个月，全国规模以上高技术制造业增加值增长

---

① 中国网：《互动企业营销之绿色 3.15 企业营销之路》，http：//ml. china. com. cn/html/mingqi/jyln/20130306/142919. html。

② 人民网：《时评：雾霾过后治理取决于我们的选择和作为》，http：//env. people. com. cn/n/2013/0116/c1010—20219202. html。

③ 中国环境网：《环保部将整治工业园区污染 严打违规排放等现象》，http：//www. cenews. com. cn/sylm/hjyw/201312/t20131231_ 754802. htm。

④ 程天权主编：《中国之路》，中国人民大学出版社 2013 年版，第 74 页。

11.7%，比规模以上工业高 2 个百分点。战略性新兴产业的规模和质量显著提升。2013 年，服务业增加值占国内生产总值的比重超过了第二产业。随着新兴服务业态的快速发展，服务业对促进经济社会发展的作用将更加突出。但也要看到，中国产业规模的扩大与质量的提升并不同步，一些行业产能过剩和有效需求不足的矛盾凸显，产业布局不合理问题比较突出，生产性服务业发展总体滞后，转方式、调结构的任务紧迫而艰巨。

钢铁产业以加强规范，提高标准倒闭企业转型。工信部 2013 年 12 月 6 日发布了钢铁行业第二批规范条件企业名单，用以化解钢铁行业产能过剩。公示期限为 2013 年 12 月 6 日至 26 日。据悉，还正在建立钢铁行业"三位一体"的管理体系，包括出台《钢铁行业规范条件》，制定《钢铁行业规范企业管理办法》、《钢铁行业规范条件实施导则》。其中，《钢铁行业规范条件》对钢铁企业的产品质量、环保标准、能耗、工艺装备、生产规模以及安全卫生等 6 个方面提出了规范条件。中商情报网产业研究院钢铁行业研究员林良敏表示，国务院对钢铁等重点行业的目标措施，随着节能减排措施的持续推进，特别是总量控制和环境税征收开启，将倒逼钢铁企业兼并重组，转型升级。作为一个较大的污染源头产业，行动计划的提出和实行，对钢铁业来说不失是一个鞭策成长的过程。在此背景下，钢铁产业走向绿色产业发展就成了一条康庄大道。钢铁企业将逐渐摆脱以前对产量和规模的追求，转而从产品质量、内部效益和产业结构调整上寻求突破。① 而在雾霾倒逼下，一些钢铁企业已经开始着手转型。

水泥产业则通过遏制新增产能，大力推动兼并重组，提高市场集中度来进行转型。以中材集团为例，在中材集团水泥板块"西北扩张、环境友好、价值提升"发展战略指导下，中材积极推进兼并重组活动，先后并购重组了兰州大通河水泥股份有限公司（现兰州红古祁连山水泥股份有限公司）、文县玉丰水泥新线建设资产、甘肃古浪峡水泥有限责任公司，参股酒钢（集团）宏达建材有限责任公司 60% 股权、受让夏河安多水泥有限责任公司 65% 股权、受让完成张掖巨龙建材有限责任公司 26% 股权项目。这些项目的成功实施为甘肃水泥行业集中度提高，新工艺、新技术、新装备的产业化升级起到了带动和示范作用，有利于形成良性的市场竞争机制，带头维护了行业的整体利益。

机械装备制造业以产品和技术的更新换代，推动产业结构升级。湖南省是我国的装备制造大省，面对严峻而复杂的国内外形势，机械装备工业在市场低迷、增速缓慢的背景下，也取得了技术创新、品牌建设、市场开拓、资本运营等方面的成绩。以产品和技术的更新，推动产业升级迈向了新台阶。产品研发也获得新突破：全行业先后研制出世界最大起重能力（3600 吨）履带起重机，世界最长臂架（101 米）混凝土泵车，世界最大工作幅度（110 米）的塔式起重机，世界首台套 1000 千伏特高压发电机变压器，世界首台 5 兆瓦直驱型海上风力发电机组，世界首台以超级电容储存电能为主动力能源

---

① 新浪网：《绿色转型是钢铁产业的生存之道》，http：//finance．sina．com．cn/roll/20130925/001216838682．shtml。

的"储能式电力牵引轻轨车"等一批具有世界顶尖技术的高端产品。湖南省经信委副主任卓群指出湖南省机械装备行业在转型升级上对其他行业的带动作用，要继续从重视提高基础零部件和基础制造装备、重视传统产业的换代升级、重视培养新兴产业上把握转型升级。各级各部门也将从完善政策体系、加大重大项目支持、加大协调配合等方面推动行业的转型升级。

与此同时，绿色环保行动也在积极地开展起来。2014年4月，宁夏银川市出台了环境保护四年行动计划。按照该项行动计划，银川市将通过四年努力，确保环境空气质量稳步提升，优良天数达到270天，主要监测指标浓度持续下降；水环境质量持续改善，黄河银川断面稳定保持三类水质，艾依河等重要湖泊湿地稳定在四类水质，8条主要排水沟消除黑臭现象，逐步达到五类水质；固废、重金属管理规范有效，工业固废综合利用率达到88%，危险废物安全处置率达到100%，重金属环境风险防范更加有效；全面完成自治区下达的四项主要污染物减排任务。

由福建莆田市环保局宣教中心主办、莆田学院环境科学协会与文献步行街承办的"共建生态市"宣传教育活动将环保观念传递到了居民生活的街道、社区。活动现场，环保局相关领导出席本次仪式并致辞，并与市民一同观看了环保宣传片。生态建设知识问答、环保时装秀、环保歌曲表演、环保主题小品等节目妙趣横生，用寓教于乐的方式让市民更加容易了解环保，注重环保，支持环保。环保购物袋的发送让市民的环保行动从身边小事做起，让环保观念切实走进百姓生活。

同样，由中国社会福利基金会社区发展基金联合中华环境环保基金会、安利公益基金会发起的"GREEN，WE CAN！——改变世界的24小时"安利社区看绿行动正式启动。保护环境，绿色行动，建设环境优美的生态宜居社区，已成为全社会的共识，更需要每一个社区居民的积极参与和身体力行。开展"安利社区看绿行动"活动，是社区发展基金"推进环保服务进社区"的具体实践，力求将环境保护的理念深深植入社区，激发每一个社区居民的"环保行动力"，彰显草根力量的"环保创意"，用生动、有趣的环保活动，吸引更多的社区居民加入到环保的行动中。活动寓教于乐，老少咸宜。通过互动体验，在全社会倡导社区居民低碳减排、绿色出行和垃圾分类等文明行动，努力实现低碳家园、生态社区、和谐社区的中国梦主题。

因此，从污染产生的工业与生活源头同时采取举措，从法律法规到对人们的思想意识双重层面的规范、教育，从政府部门到工业企业再到具体个人，全社会一起动员起来，我们的城市一定能够重现蓝天白云，我们的乡村一定更加山清水秀，生态中国的明天必定一片光明！

大事记 7-1　2013—2014 年中国雾霾防治相关措施

时间	事件
2013 年 1 月 14 日	环保部发布了关于进一步做好重污染天气条件下空气质量监测预警工作的通知，要求加强空气质量检测
2013 年 2 月 1 日	环保部发布《轻型汽车污染物排放限值及测量方法（中国第五阶段）》标准二次征求意见稿
2013 年 3 月 2 日	河北省出台了《河北省空气重污染应急管理办法》，开启了全国范围的空气治理
2013 年 7 月 10 日	上海市政府发布了《上海市清洁空气行动计划》（2013—2017），明确将改善空气质量放在经济发展全局统筹考虑
2013 年 9 月 10 日	国务院印发了关于《大气污染防治行动计划》的通知，指出要以保障人民群众身体健康为出发点，大力推进生态文明建设
2013 年 9 月 13 日	财政部、科技部、工信部和发改委四部委联合出台《关于继续开展新能源汽车推广应用工作的通知》，明确了 2013 年至 2015 年间中央财政对新能源汽车的相关补贴政策
2013 年 9 月 22 日	环保部公布了《关于开展国家重点监控企业环境统计数据直报工作的通知》，要求报告包括废气方面二氧化硫、氮氧化物、烟粉尘等排放情况
2013 年 10 月 14 日	财政部发布消息，中央财政已安排 50 亿元资金，全部用于京津冀及周边地区大气污染治理工作，具体包括京津冀蒙晋鲁六个省份，并重点向治理任务重的河北省倾斜
2013 年 11 月 14 日	山东省济南市出台了《济南市城区建设扬尘治理集中行动实施方案》、《城区建设工地扬尘治理专项方案》、《城区建筑渣土集中整治行动方案》、《城区裸露土地绿化专项行动方案》
2014 年 1 月 22 日	由北京市第十四届人民代表大会第二次会议通过《北京市大气污染防治条例》，2014 年 3 月 1 日起实施
2014 年 2 月 12 日	国务院总理李克强主持召开国务院常务会议，研究部署进一步加强雾霾等大气污染治理
2014 年 4 月 24 日	第十二届全国人大常委会第八次会议审议通过了修订后的《环境保护法》

第八章 全面突破：
聚焦科技前沿展现大国实力

中国梦的实现需要源源不断的内生动力与安全保障。正如习近平2013年在中国科学院考察时的讲话中所指出的，科技兴则民族兴，科技强则国家强。① 在经济规模不断提升、结构不断优化的背景下，科技创新对于中国经济发展、民生改善的牵引作用已日益凸显，科技对于中国梦的动力支撑已毋庸置疑。同时，中国高科技的前沿领域探索与高技术支撑的军事现代化，一方面为国内经济社会发展提供强大的驱动力和安全环境，也正在为世界的科技进步和整体安全作出巨大贡献。2013年，中国高科技与军事领域的突破呈现井喷之势，以神舟十号、嫦娥三号为代表的航天成就实现了国人的"登月梦"、"飞天梦"，运-20、直-20、052D等先进军事装备的频频亮相展现"强军梦"正坚实推进。中国在计算机科学、生命科学、物理学等基础研究方面的重大成果正在推进关于前沿科学的"探索梦"。

一、航天梦：中国航天科技取得突破

航天科技不仅是中国科技发展的重点领域，也是凝聚国家力量，实现"中国梦"的重要标志。习近平同志在接见天宫一号与神舟十号载人飞行任务参研参试单位代表时指出，发展航天事业，建设航天强国，是我们不懈追求的航天梦。2013年，中国航天科技取得诸多成就与突破。中国航天部门共进行了16箭20星（船、器）的发射，成功发射18颗高分、遥感、通信、试验、实践等类型卫星，广泛服务于我国国计民生、技术试验、科学实验等等领域，并带动了电子信息、材料科学等相关学科的发展。特别令人关注的是，载人航天与探月工程同时并举，在同一年中均取得重大突破。天宫一号与神舟十号载人飞行任务的圆满完成，进一步巩固了我国空间交会对接技术，标志着我国载人航天工程第二步战略目标取得了重大阶段性胜利。嫦娥三号任务的圆满成功，首次实现了我国航天器在地外天体软着陆和巡视勘察，标志着我国探月工程第二步战略目

---

① 孙秀艳：《习近平在中国科学院考察时强调：深化科技体制改革增强科技创新活力，真正把创新驱动发展战略落到实处》，《人民日报》2013年7月18日。

标的全面实现，树立了中国航天事业新的里程碑。

1. 神舟十号交会对接任务圆满完成

2013年6月11—26日，神舟十号与天宫一号的交会对接任务成为中国载人航天首次应用性飞行，也是目前我国载人航天活动时间最长的一次。神舟十号的任务成功，意味着我国已拥有一个可实际应用的天地往返运输系统，这一系统将在日后承担为各类在轨航天器输送人员和物资的重任。

（1）神舟十号飞行任务的特点与改进

神舟十号的此次任务作为应用性飞行，与以往历次载人航天飞行任务的主要区别在于两个方面：其一是飞行任务的目的不同。在神舟十号之前，我国开展的历次飞行任务主要以考核和验证技术为主要目的。如神舟八号和神舟九号飞行任务主要考核天地往返运输系统的交会对接功能。而本次任务中，天地往返运输系统主要为天宫一号在轨运营提供人员和物资往返运输服务，交会对接功能也会在这次任务中得到进一步验证和考验。其二是飞行产品的状态不同。经过神舟八号和神舟九号飞行任务的考核和验证，神舟十号的飞船和火箭功能更加完善、完备，性能更稳定，可靠性、安全性进一步提高，技术状态基本固化。

与"神九"比，神舟十号共承担三十余项科学试验，是神舟九号的两倍多。主要包括航天器技术、航天医学和公益活动等。在结构上，"神十"除保留"神九"推进舱、返回舱、轨道舱的标准配置外，还新增了"附加段"，承担航天员空间环境适应性、空间操作工作效率研究，航天器在轨维修试验和空间站关键技术验证试验，并首次开设面向青少年的在轨太空科普讲座。

由于此次任务的时间长达15天，神舟十号进行了进一步改进，以使航天员乘组太空工作生活将更加舒适。航天器内增加了废物收集袋的品种规格和数量，方便航天员在轨对生活废弃物进行密封处理和存放。在食品方面，针对航天员进行了个性化的设计，增加了食品种类，而且通过改进工艺，改进了食品的感官接受性。任务编排上优化了航天员的工作程序和作息安排，增加了工作项目的时间余量。此外，经过为天宫一号更换地板及一些限位装置，可以使航天员的天宫生活更加方便。

（2）神舟十号交会对接、太空授课任务圆满完成

2013年6月11日17时38分，神舟十号在酒泉卫星发射中心"921工位"由长征二号F改进型运载火箭（遥十）"神箭"成功发射。神舟十号的飞行乘组由男航天员聂海胜、张晓光和女航天员王亚平组成。此次发射的具体任务包括：（1）为天宫一号在轨运营提供人员和物资天地往返运输服务，进一步考核交会对接、载人天地往返运输系统的功能和性能；（2）进一步考核组合体对航天员生活、工作和健康的保障能力，以及航天员执行飞行任务的能力；（3）进行航天员空间环境适应性、空间操作工效研究，开展空间科学实验、航天器在轨维修试验和空间站有关关键技术验证试验，首次开展面向青少年的太空科学讲座科普教育活动等；（4）进一步考核工程各系统执行飞行任务

的功能、性能和系统间协调性。2013 年 6 月 23 日 10 时 07 分，在航天员聂海胜的操控和张晓光、王亚平的配合下，天宫一号目标飞行器与神舟十号飞船成功实现手控交会对接。

太空授课是此次神舟十号任务的重要内容，也引发各界高度关注。2013 年 6 月 20 日 10：04—10：55，由女航天员王亚平担任主讲，聂海胜辅助授课，张晓光担任摄像师的太空授课在天宫一号进行，这一课程主要为中国青少年演示讲解失重环境下的基础物理实验。王亚平成为中国首位"太空教师"，授课活动由中国载人航天工程办公室、教育部、中国科协共同主办。包括少数民族学生、进城务工人员随迁子女及港澳台地区学生代表在内的 330 余名中小学生，参加地面课堂活动，中国 8 万余所中学 6000 余万名师生同步组织收听收看太空授课活动实况。

2013 年 6 月 20 日 10 时 04 分，设在中国人民大学附属中学的地面课堂开始上课，师生们共同观看了讲述航天员太空生活的电视短片《航天员在太空的衣食住行》。10 时 11 分，地面课堂建立与天宫一号的双向通信链路，太空授课正式开始，在大约 40 分钟的授课中，航天员通过质量测量、单摆运动、陀螺运动、水膜和水球等 5 个基础物理实验，展示了失重环境下物体运动特性、液体表面张力特性等物理现象，并通过视频通话形式与地面课堂师生进行了互动交流。

航天器的绕飞交会对空间站建设来说是具有重要意义的关键技术。2013 年 6 月 25 日，神舟十号与天宫一号首次成功实施航天器绕飞交会试验，达到了预期效果。6 月 25 日 7 时 05 分，天宫一号与神舟十号组合体顺利分离，神舟十号撤离至距天宫一号相对一定距离处。随后，神舟十号按照预定程序进行变轨控制，从天宫一号上方绕飞至其后方。其间，在地面科技人员的精确控制下，神舟十号转为正飞姿态，天宫一号转为倒飞姿态。此后，地面控制神舟十号接近天宫一号，顺利完成近距离交会。绕飞试验实施期间，航天员聂海胜、张晓光、王亚平在神舟十号飞船返回舱值守，密切监视飞船仪表上的各类数据，及时准确地向地面报告绕飞试验进展情况。此次试验验证了神舟航天器绕飞及多方位交会技术，为后续空间站工程建设积累了重要的经验。

2013 年 6 月 26 日 8 时 07 分，神舟十号飞船返回舱顺利降落在内蒙古中部主着陆场预定区域，3 名航天员健康出舱。至此，天宫一号与神舟十号载人飞行任务圆满完成，实现了"准确进入轨道，精准操控对接，稳定组合运行，健康在轨驻留，安全顺利返回"的任务目标。以此为标志，中国载人航天工程将全面进入载人空间站工程建设阶段。

2. "嫦娥—玉兔"组合体成功登月

"嫦娥奔月"是中国自古以来关于地外天体的主要幻想之一，随着航天科技水平的不断提升，登月已成为中国各界热切盼望达成的"航天梦想"。2013 年，"嫦娥三号—玉兔登月车"探测器首登地外天体之举，使得我国成为世界上第三个实现地外天体软着陆的国家。

（1）嫦娥三号成功奔月

2013 年 12 月 2 日 1 时 30 分，"嫦娥三号"从西昌卫星使用长征三号乙增强型运载火箭成功发射。嫦娥三号是中国发射的第一个地外软着陆探测器和巡视器（月球车），也是阿波罗计划结束后重返月球的第一个软着陆探测器。此次任务是探月工程"绕、落、回"三步走中的第二步，也是承前启后的关键一步。

嫦娥三号由着陆器和"玉兔号"巡视器（月球车）组成，探测器发射质量约 3.7 吨，着陆器质量约 1.2 吨，月球车质量约 120 千克，可载重 20 千克。两器分离前，"玉兔号"巡视器为着陆器的载荷；分离后，为两个独立的探测器，各自展开月面探测工作。其中，着陆器由结构与机构、着陆缓冲、热控、一次电源、总体电路、测控数传、GNC、推进、数管、定向天线、有效载荷共 11 个分系统及工程参数测量设备组成。巡视器由移动、结构与机构、GNC、综合电子、电源、热控、测控数传、有效载荷等 8 个分系统组成。为使嫦娥三号实现有动力条件下的位置确定以及着陆器和巡视器的相对位置确定任务，测控系统首次使用了三向测量技术和同波束干涉测量技术，确保位置测量的精准定位。此外，任务中首次主用 X 频段完成对探测器的各项测控任务，有效提高了测定轨精度、天地测控性能，并为后续探月和深空测控任务奠定了良好的技术基础。

玉兔号月球车是我国航天科技水平的集中体现，该车以太阳能为能源，能够耐受月球表面真空、强辐射、零下 180 摄氏度到零上 150 摄氏度极限温度等极端环境。月球车底部安装了一台测月雷达，可发射雷达波探测二三十米厚的月球土壤结构，还可以对月球下面 100 米深的地方进行探测。玉兔号依靠各种先进设备，可对月表进行三维光学成像、红外光谱分析，开展月壤厚度和结构科学探测，对月表物质主要元素进行现场分析。

2013 年 12 月 6 日，嫦娥三号进行了近月制动，在可变推力发动机点火 361 秒后，准确进入距月面平均高度约为 100 千米的环月近圆轨道。12 月 10 日，嫦娥三号发动机成功点火，开始实施变轨控制，由距月面平均高度约 100 千米的环月轨道，成功进入近月点高度约 15 千米、远月点高度约 100 千米的椭圆轨道。

（2）玉兔月球车月面巡视

2013 年 12 月 14 日 21 时 11 分，嫦娥三号在月球高纬度区域虹湾实施软着陆，降落相机传回图像。2013 年 12 月 15 日 4 时 35 分，嫦娥三号着陆器与巡视器（"玉兔号"月球车）成功分离，正在月球上开展科学探测工作的嫦娥三号着陆器和巡视器进行互成像实验，"两器"顺利互拍。第一面登上月球的五星红旗当晚通过电视直播"亮相"。中国探月工程总指挥马兴瑞随后宣布，嫦娥三号任务取得圆满成功。在 12 天的行程中，嫦娥三号先后突破多窗口窄宽度准时发射、月面软着陆、两器分离等关键技术，标志着中国航天技术的重大进步。登陆月球后，玉兔号月球车展开了计划为期 3 个月的巡视勘察。2014 年 1 月 15 日 20 时许，在北京航天飞行控制中心精心组织下，"嫦娥三号"着陆器飞控工作从飞控大厅转移到长管机房，顺利转入长期管理模式。

玉兔号在月面的任务并非一帆风顺，在登月后不久，月球车就经历了"有惊无险"的复杂状况。2014 年 1 月 25 日，玉兔号月球车进入第二次月夜休眠。但在休眠前，受复杂月面环境的影响，月球车的机构控制出现异常，有关方面组织专家进行了排查。2014 年 2 月 12 日下午，玉兔号月球车受光照成功自主唤醒。此前，嫦娥三号着陆器于 2 月 11 日 2 点 45 分实现自主唤醒，进入第三个月昼工作期。但其机构控制异常问题尚未解决。2014 年 2 月 23 日凌晨，嫦娥三号着陆器再次进入月夜休眠。

3. 中国航天保障体系支撑作用日益凸显

2013 年中国航天事业取得的诸多成就，与航天保障体系的快速发展有着密切联系。神舟十号交会对接飞行中，地面要同时对两个飞行器进行测控，并在两三天内完成对追踪飞行器的多次精确轨道控制和预报。由于每次机动前的测控弧段相对更短，精度和实时性要求更高，这都对地面测控提出了更高要求。我国载人航天工程地面测控系统已形成了北京航天飞行控制中心、东风发射指挥控制中心、西安卫星测控中心，东风测控站、发射首区各光学站、山西太原站、陕西渭南站、福建厦门站、山东青岛站、新疆喀什站、和田站、卡拉奇站、纳米比亚和马林迪站等境内外测控站，以及位于三大洋的"远望"系列测量船等共同形成的陆海基测控体系。

由于神舟十号及未来中国航天任务的复杂性不断提升，完全依靠陆海基测控网难以全面满足测控覆盖率和可靠性要求，中继卫星的高覆盖能力则能更好地解决这一问题。中国分别于 2008 年 4 月 25 日和 2011 年 7 月 11 日发射了两颗中继卫星——天链一号 01、02 星，进一步提高中国载人航天飞行任务的测控覆盖率，为"神八"、"神九"任务提供了有力的通信保障。2012 年 7 月 25 日，天链一号 03 星发射升空，完成了中国中继卫星系统的三星组网，能够实现对 200 公里以上、2000 公里以下的空间全轨道覆盖，覆盖率近 100%。这进一步增强了空间交会对接任务实施的安全性和可靠性，为实施载人航天工程、开展空间科学实验等提供稳妥高效的天基测控通信保障。

除了测控体系之外，航天发射能力的提升也对中国航天事业提供了重要的支撑。随着中国航天技术水平的提升，大功率高分辨卫星、北斗组网卫星发射及新一代长征五号超大型运载火箭的研制均按计划稳步推进。其中作为中国新一代大、中型运载火箭中的"主力军"，分别承担探月工程三期、载人航天空间站工程任务的长征五号、长征七号运载火箭，已经进入研制的后期阶段。长征五号火箭在 2014 年将完成以全箭模态试验、芯一级动力系统试车、直径 5.2 米长度 20.5 米整流罩分离试验为代表的大型地面试验，开展火箭生产、总装和测试。全箭模态试验是中国运载火箭有史以来最为复杂的试验项目之一，无论是产品配套、状态设计还是数据采集通道，其规模均为亚洲之最。①

4. 航天工程对科技应用产生重要拉动作用

从神舟一号到神舟十号，中国航天在 21 年中已经成功突破和掌握了载人航天三大基本

① 任沁沁、王敏：《"长五"今年完成大型地面试验、"长七"2015 年首飞》，新华社，2014 年 3 月 3 日。

技术，建成了较为完备的载人航天研制生产试验、测试发射、测量控制体系，提升了我国航天产业的整体能力。在这一过程中，载人航天工程开展了大量空间科学实验，涵盖空间环境、空间生命科学、空间材料、空间天文和物理等多个领域，为科研应用打下坚实基础。

历次神舟飞船发射均进行了大量具有实用科研前景的实验，体现出航天工程对相关领域科研探索的重要支撑。1999 年神舟一号发射升空时便搭载了一些农作物种子，开展"太空诱变育种"实验；"神二"首次进行微重力环境下的空间生物科学、空间材料、空间材料和物理等领域的实验；"神三"进行了材料科学和生命科学试验，显著加快了我国生产高纯、高效生物制品和研制生物药品进程；"神四"搭载了 33 件科研设备，开展实验为空间制药和培育生物新品种探索新方法；"神五"首次载人航天，进行载人生保试验；"神六"第一次真正实现有人参与的空间科学实验，进行航天医学空间实验研究；"神七"搭载了包括微生物菌种和杂交水稻在内的物品，进行了固体润滑材料外太空暴露试验；"神八"搭载了 33 种生物样品和中德合作的生物培养箱，进行了生命科学实验；"神九"开展了 15 项航天医学相关实验，首次开展了在轨微生物检测、失重条件下扑热息痛的药代研究；"神十"进行了数十项在轨试验，还首次进行在轨科普讲座，通过实时的数传系统，首次实现天地互动。

随着中国航天事业的发展不断深化，航天科技的"溢出"效应正日益凸显。中国航天的大量试验探索，已牵引大量项科技创新，带动了力学、天文学、地球科学、航天医学等基础学科探索的深入。航天科技的成果带动了系统工程、自动控制、推进技术、计算机等现代信息和工业技术的创新发展，推动新能源、新材料、微电子、光电子以及通信、遥感等产业的兴起，并加速了科技成果向现实生产力的转化，促进了我国高科技产业群体的形成和发展。由我国航天产业所辐射出来的产业链，已达 1600 亿元规模。[1]据统计，我国近年来研制的 1000 多种新材料，80% 在空间技术的牵引下研制完成；近 2000 项空间技术成果已移植到国民经济各个部门，在卫星通信、导航定位、气象预报、减灾防灾、远程教育等方面得到应用。[2]

5. 国际舆论高度评价中国航天成就

中国航天事业在 2013 年取得的诸多成果引起国际舆论的广泛关注，特别是具有突破性意义的神舟十号任务和嫦娥三号任务，更成为各界的关注焦点。

（1）各方高度评价神舟十号里程碑意义

在神舟十号发射前夕，国际舆论对于此次任务的意义已进行了多方面的解读。2013 年 6 月 3 日，路透社的报道指出，此次发射是一项旨在建立一个空间站的雄心勃勃计划的最新进展。此次任务将是中国在航天领域实力增强的最新一次展现。与此同时，预算

---

① 郭兆炜、付毅飞：《"神舟"拉动千亿元产业链——解读航天技术的"辐射效应"》，《科技日报》2013 年 6 月 28 日。

② 王敏：《"神十"归来，我们收获什么》，新华社，2013 年 6 月 26 日。

紧缩和发展重心转移已经阻止了美国的载人航天发射。美联社的报道则认为，中国的载人航天事业已经进入了第二个十年，在此前的十年里从最初的单纯载人飞行逐步系统地发展到了太空实验舱对接。而与此同时，中国的对手美国在这方面却似乎有些漫无目标，既缺乏政治支持，也没有兴趣与中国合作。

神舟十号成功发射并完成对接任务后，各国舆论给予高度关注。俄罗斯航天协会主席弗拉基米尔·科瓦廖诺克指出，神舟十号的此次任务表明，中国正按照自己独特的计划发展航天事业，而非"复制"其他国家的道路，同时中国借鉴载人航天的世界经验，这是其航天发展如此迅速的重要原因，中国航天项目的发展前景非常好。俄罗斯航天历史学家亚历山大·佩斯利亚克说，中国领导人坚定地带领中国走上发展之路，发展迅速、纪律严明和劲头十足确保了中国航天取得重大突破。这位专家还指出，未来的中国空间站将成为中国迈向更远宇宙空间的前哨基地。中国在航天领域正不断密切与其他国家的联系，提升了自身威望，增强了实力。①

日本《朝日新闻》、《读卖新闻》、《每日新闻》等各大新闻网站对神舟十号成功发射的消息进行了报道。而日本 NHK、富士电视台、朝日电视台等，也对中国第五次成功发射载人宇宙飞船以及进入轨道后与天宫一号进行对接并开展多项科学试验等情况。法新社的报道指出，此次太空飞行任务是中国持续时间最长的一次，中国雄心勃勃的太空计划将到达又一座里程碑。北京视这项耗资数十亿美元的太空计划为其不断增强的全球地位及技术能力的象征，也是执政的共产党成功扭转这个国家命运的象征。

香港《成报》2013 年 6 月 12 日刊文称，按照中国载人航天"三步走"的发展战略，神舟十号载人飞船与天宫一号交会对接，将标志着中国载人航天第二步任务的第一阶段全线完美收官。中国在具备太空运输工具的核心技术后，将转入太空实验室和空间站建设阶段，为在 2020 年左右建成自己的空间站做好充足准备。文章说，从神舟五号到神舟九号任务，都是为了验证飞船自身的技术，神舟九号突破并掌握了载人交会对接技术，具备作为空间站的天地往返载人运输系统的能力。目前，神舟十号飞船的任务不再是试验，而是将执行"太空班车"任务，为空间站提供人员和物资运输保障等。这意味着中国将拥有一个可以实际应用的天地往返运输系统，这是中国航天科技的又一重大突破。

美国海军军事学院太空政策专家约翰逊·弗里兹表示，此次任务继续推动着中国载人航天项目，这一项目自 20 世纪 90 年代起不断发展，目标远大。美国"太空政策在线"网站编辑马西娅·史密斯认为，中国的载人航天项目或许没有苏联和美国航天项目早期发展那样"惊艳"，但中国航天的可持续性似乎更强。德国《时代》周报援引航天专家的评论指出，对于神舟十号的飞行任务，中国人有理由感到骄傲，美国人和俄罗斯人在航天方面本来拥有 40 年的领先优势，但这种时间优势正在削弱。

对于中国的太空授课活动，美国国家广播公司、英国《卫报》、英国《电讯报》等

① 栾海、贺颖骏、蓝建中、郭爽：《中国航天项目发展前景非常好：海外专家谈神十安全返回》，《科技日报》2013 年 6 月 27 日。

重要媒体均进行了跟踪报道。海外媒体普遍认为，中国的第一堂太空课生动有趣，用简单的实验和通俗的语言介绍了无重力状态的特点，启发了中小学生对太空科学的热情和对中国航天项目的关注。新加坡《联合早报》指出，中国首次举行这一太空科普教育活动，得益于 2012 年 7 月建成的第一个能够覆盖全球的载人航天天基测控网。这一网络首次在"神十"飞行中亮相，将为太空授课提供通信支持。

日本《东京新闻》的报道称，环绕地球轨道运行的神舟十号载人飞船的三名航天员 2013 年 6 月 20 日展开了无重力环境下的公开授课。中国中央电视台对授课进行了现场直播，这展示了中国的宇宙开发技术。《印度斯坦时报》认为，中国借鉴了美国航空航天局的经验，该机构曾激发学生的太空探险兴趣，维持对其预算的支持。香港《大公报》21 日以《首堂太空课激发飞天梦》为题的报道称，太空授课活动是中国载人航天飞行中首次开展的教育类应用任务，体现了载人航天工程直接为国民教育服务的理念，将进一步激发广大青少年崇尚科学、热爱航天、探索未知的热情与梦想。而如今广大学生和普通民众从航天的旁观者变成了参与者，有划时代的历史意义。

（2）嫦娥三号"探月圆梦"引发热烈反响

嫦娥三号的登月之旅引发全球的广泛关注，诸多国际媒体将中国登月壮举与"中国梦"相联系。英国《卫报》网站在嫦娥三号发射前夕的 2013 年 12 月 1 日援引习近平主席的话说，航天梦是强国梦的重要组成部分。而此次任务激发了人们广泛的骄傲之情，人们为中国日益强大的技术实力感到自豪。玉兔月球车登月成功，传回月球表面清晰图片，实现人类历史上第 13 次探测器月球软着陆的成就，进一步引起国际舆论的反响。玉兔登月后，美联社、路透社、法新社、英国广播公司、《俄罗斯报》、《纽约时报》等媒体刊载图文，详细介绍"嫦娥"落月过程、"玉兔"车技术参数和科研任务，并对中国下一步航天计划高度关注。

《纽约时报》指出，"嫦娥"成功落月将为中国赢得民族自豪感和更多声望。路透社引用新华社的评论说，"月球探险的梦想再一次点亮了中国梦"。报道称，多年来，中国一直致力于在曾被美国等西方国家长期主导的区域内实现现代化，实现月球软着陆将被视为中国有能力进行复杂太空操作和潜能开发的证明，为正在经历经济转型的中国增添民族自豪感。英国广播公司报道称，中国的太空计划与中国"综合国力"的概念相符，被视为衡量该国全面能力的指标。从载人绕地飞行到无人探测器落月，这个国家正有条不紊地、耐心地建立一个先进的太空计划所需的关键要素。

美联社 2013 年 12 月 14 日援引英国《简氏航空系统与工业》杂志顾问编辑彼得·邦德的话说："中国从容不迫地逐渐掌握如何把人送入太空、如何建空间站……如何探测太阳系，尤其是月球和火星。他们在迈着大步，我想在未来 10 至 20 年，他们肯定能在太空领域与俄罗斯和美国抗衡，甚至可能在某些领域超过这两个国家。"①

---

① Louse Watt, *China's Moon Rover Leaves Traces on Lunar Soil*, http://bigstory. ap. org/article/china-attempts-rovers-soft-landing-moon，Dec. 14，2013.

美国《华尔街日报》网站 2013 年 12 月 16 日指出，中国是继美国和苏联之后第三个登陆月球的国家，美国和苏联都是在数十年前完成这一任务的。该报援引乔治·华盛顿大学洛格斯登教授的评论指出，这是一项值得尊敬的成就。报道称，与任何国家所有宏大的太空项目一样，中国的登月计划也是一种凝聚公众力量的方式——即所谓的软实力。该报道特别提出，新华社在一篇登月计划的社论中援引中国国家主席习近平的中国复兴口号称，探月梦又一次点亮中国梦。[①]

《日本经济新闻》在报道中指出，中国"嫦娥三号"成功登陆月球，使得中国成为拥有登月技术的第三个国家，中国从此与美国和俄罗斯一起成为世界三大登月国家。"嫦娥三号"登月成功与载人宇宙飞行的顺利实施，是中国成为宇宙大国的最好证明。日本《读卖新闻》在报道中指出，"嫦娥三号"的登月成功，使得中国成为与美俄一样的"宇宙大国"迈出了重大一步。"玉兔号"探测车今后将用 3 个月的时间对月球的地质构造和资源分布情况进行调查。"嫦娥三号"还将使用天体望远镜，实现世界第一次从月球观察地球。

台湾《"中国"时报》的文章指出，虽然苏联、美国都曾经发射太空飞行器成功软着陆月球，但是 1976 年之后就没有任何人造飞行器软着陆月球。中国大陆于是成为世界第三个能够自力发射自己研制的飞行器在月球软着陆的太空科技玩家。香港《大公报》援引探月工程二期测控系统副总设计师、北京航天飞行控制中心总工程师周建亮的观点称，中国将在国外建立新的深空站，实现对未来深空探测的全天候的测控跟踪，届时，中国后续的深空测控能力要远超现在已经达到的 6400 万公里。

嫦娥三号登月成功的阶段性成就，使得"中国下一步航天计划"成为国际舆论的关心焦点。美联社援引《简氏防务航天》编辑的评论称，中国正在取得了不起的进步，未来十年、二十年，中国肯定能在这个领域与俄罗斯和美国媲美，并可能在某些方面超越这两个国家。德国《法兰克福汇报》称，如今距中国首名航天员进入太空仅十年，而几年后中国就要建设自己的空间站了。《纽约时报》认为，中国研发的太空技术有助于为建立有人长期驻守的空间站铺平道路。英国《每日电讯报》援引该国空间物理教授庞兹的预言称，未来十年或再长一点的时间里，中国会着手进行载人登月，"（美国的）阿波罗计划仅仅只是在月球表面上挠了挠，还有很多事情可做"。

二、强军梦：中国军事现代化成果全方位展现

富国强军是中国历经百余年曲折发展形成的核心追求，军事现代化将为中国梦的实现提供必不可少的安全保障。2013 年，中国军事现代化呈现跨越式发展之势，大型水

---

① Bob Davis and Fanfan Wang, *China's Moon Landing：Was It Worth it*? http：//blogs. wsj. com/chinarealtime/2013/12/15/chinas-moon-landing-was-it-worth-it/，Dec 15，2013.

面舰船、大型运输机、超高速飞行器等高技术装备频繁亮相，技术装备的突破已拓展至海、空、天、电等多维领域，高科技军品贸易也有引发各界关注的重要成果，总体上已形成了"由点到面"的整体性发展格局。与此同时，中国军事现代化的透明度也不断提升，对新装备亮相已形成多渠道的信息披露机制，体现出中国对于军事发展的自信与国际责任。

1. 海军新装备迅速形成战斗力

2013 年中国国防白皮书《中国武装力量的多样化运用》中明确指出，海洋是中国实现可持续发展的重要空间和资源保障，关系人民福祉，关乎国家未来。开发、利用和保护海洋，建设海洋强国，是国家重要发展战略。坚决维护国家海洋权益，是人民解放军的重要职责。按照近海防御的战略要求，海军注重提高近海综合作战力量现代化水平，发展先进潜艇、驱逐舰、护卫舰等装备，完善综合电子信息系统装备体系，提高远海机动作战、远海合作与应对非传统安全威胁能力，增强战略威慑与反击能力。[1] 2013年，中国海军新型战舰密集入列，进入"井喷期"。根据统计，2013 年有 17 艘新型战舰入列中国海军各个舰队，入列战舰总数量排世界第一。[2] 在数量增长的同时，新型战舰的技术水平和战斗力也不断提升。"辽宁舰"多次进行海上演练调试，技战水平稳步提升。052D 型驱逐舰、056 型护卫舰、071 型两栖船坞登陆舰等新型主战舰艇的下水与入列，使中国海军的远洋作战能力得到不断拓展。

（1）辽宁舰圆满完成系列实验训练任务

2013 年，中国首艘航母辽宁舰多次出海，在多方面实现突破。2013 年 2 月下旬、6月上旬至 7 月上旬、8 月中旬至 9 月下旬、11 月下旬至 2014 年 1 月初，辽宁舰四次出海训练，在基地保障、训练海域、载机训练、编队演练等方面都取得了新突破。在高频次的演练中，中国航母的战斗力水平不断提高，舰载机等新装备的运用能力得到充分检验。

2013 年 2 月 26 日，辽宁舰在 2013 年首次出海，于次日靠泊青岛某军港。航母母港的选择一般是综合考虑国家军事战略、海军技术装备水平、国家海岸线地理环境，以及对未来作战可能性的预期等因素的结果。辽宁舰进驻青岛军港标志中国首个航母军港已具备靠泊保障能力。进驻军港后，辽宁舰充分利用港内靠泊时机，科学安排，加紧工作，有序推进各项科研试验和训练，先后完成了多项相关系统试验，并结合试验开展战位区划和损管、航空保障作业等数十个课目的训练。11 月 29 日，辽宁舰自青岛抵达海南三亚某军港，显示中国航母在更广阔海域获得了基地保障支持。

2013 年 5 月 10 日，海军首支航母舰载航空兵部队正式组建，这支海军新型主战力量装备有舰载战斗机、教练机和反潜、救生、警戒等多种舰载直升机，这支崭新部队的

---

① 中华人民共和国国务院新闻办公室：《中国武装力量的多样化运用》，2013 年 4 月。
② 《中国海军装备今年续"井喷式"增长》，香港《文汇报》2014 年 1 月 15 日。

组建是我国航母力量体系建设迈入新的发展阶段的重要一步。在航母舰载力量组建完成后，6 月 9 日，辽宁舰再次解缆起航，开展科研试验和训练，这是辽宁舰停靠青岛某军港后首次出海训练。至 7 月上旬，歼-15 舰载战斗机完成首次驻舰飞行训练，并实现 105 米短距滑跃起飞，中国首批舰载战斗机飞行员和着舰指挥员也通过航母资格认证。

2013 年 8 月中旬至 9 月下旬，辽宁舰先后进行了歼-15 舰载战斗机长、短跑道最大重量起飞，最大重量阻拦着舰以及多武器构型起降等海上试飞科目，成功实现复杂气象条件下短时连续起飞回收多型多架舰载机作业任务。辽宁舰的舰机适配训练已取得阶段性成果，对于提高辽宁舰航母战斗力意义重大。

2013 年 8 月 28 日至 31 日，中共中央总书记、国家主席、中央军委主席习近平登上停泊在大连港的辽宁舰实地察看有关情况。习近平在海军某舰载机综合试验训练基地观看了舰载机滑跃起飞、阻拦着陆训练，实地察看有关设备。他接见了首批上舰指挥员、试飞员和舰载机飞行员，高度赞赏飞行员在复杂气象条件下表现出的过硬本领和精湛技艺。

2013 年 11 月 26 日上午，辽宁舰在导弹驱逐舰沈阳舰、石家庄舰和导弹护卫舰烟台舰、潍坊舰的伴随下开赴南海，实施首次跨海区长时间航行训练，28 日通过台湾海峡进入南海。12 月，辽宁舰在南海配合海军多个型号飞机、水面舰艇和潜艇，首次组织了作战系统综合研试，探索形成航母综合作战指挥能力。辽宁舰编队训练期间与美国考本斯号导弹巡洋舰相遇，并派登陆舰阻止美舰逼近紧随，也从侧面反映了辽宁舰编队演练能力的提升。12 月 22 日，辽宁舰在南海完成 100 余项试验和训练科目，首次组织了作战系统综合研试，考核了作战系统、动力系统及舰艇适航性能等，探索形成辽宁舰综合作战指挥能力。在跨海区、长距离的拉动试验中，辽宁舰针对所有核心科目进行了全方位检验，舰载机进行了大强度的起飞训练，实战化水平极高，目前辽宁舰的整体技术状态已经接近初具战斗力的水平。

（2）052D 大型驱逐舰出海试验

大型现代化驱逐舰是现代海军的中坚力量，中国的 052D 大型驱逐舰近年来不断引起各界关注。该舰装备有 64 单元新型导弹垂直发射系统、70 倍口径 130 毫米新型单管隐身舰炮、新型综合指挥作战系统、新型红旗-9 反导防空导弹系统、攻陆巡航导弹、新型远程反舰导弹和某新型主动相控阵雷达系统，是中国技术水平最高的水面舰只。

2013 年成为 052D 驱逐舰的海试之年，该型驱逐舰公开露面并得到官方确认。8 月下旬，一组 052D 首舰在上海黄浦江出海口进行海试的高清照片被披露。8 月 29 日，国防部新闻发言人杨宇军在例行记者会上回应了 052D 首艘驱逐舰在上海附近海域进行海试的问题。杨宇军首先对外界关心和关注中国国防和军队建设发展表示感谢。就 052D 舰出海试验一事，杨宇军称，军舰下大海、飞机上蓝天是非常正常的事，不值得大惊小怪。

尽管该舰的官方数据仍未公布，但各界普遍认为 052D 驱逐舰的战斗力达到了当前世界海军的先进水平。据加拿大《汉和防务评论》报道，052D 是 2003 年下水的 052C

驱逐舰经过重大改进而来，目前已有 3 艘在江南造船厂下水。052D 沿用了 052C 的舰体布局，与伯克级类似。最醒目的变化，在于舰桥外围的四面相控阵雷达天线，取消了 052C 的圆弧形外壳，改为平板，并且放大了尺寸。052D 的前后甲板上，各有一组新型导弹垂直发射装置（VLS），其发射筒外形，由 052C 的圆形改成了方形，酷似美军宙斯盾战舰上的 MK41 型 VLS 系统。这款新型 VLS，共有 64 单元，比 052C 上的 48 单元有所增加。

俄罗斯军工综合体新闻网报道，052D 的这套 VLS 系统，可能是根据中国最新的军用标准设计，可实现防空、反潜、反舰和攻陆巡航导弹共用，一个发射筒可以装进 4 枚较小的导弹，极大提高了作战灵活性。而且，这款 VLS 既可以实现导弹冷发射，又可以热发射，成为全球第一款冷热共架导弹垂发系统。在后部直升机库顶上，052C 上的 730 七联 30 毫米近防炮，被新型 24 联装海红旗-10 近程防空导弹取代。其对付掠海导弹的距离，从 3 公里猛增至 10 公里。而在舰体前部，新型的 70 倍口径 130 毫米单管隐身舰炮引人注目。据《简氏防务周刊》报道，052D 还装有中国自主研发的 RUB 烟雾颗粒干扰系统，作用距离在 5—12 公里，通过阻挡激光，能让激光制导的炸弹和导弹失效。

052D 大型驱逐舰对于中国航空母舰战斗群的组建而言具有重要意义。该舰能够携带更多的区域防空导弹，如"海红旗-9A"，可以更加有效保护航母不受空中威胁。此外，052D 还可携带更多的反潜和反舰武器，以及对地攻击的巡航导弹，这都将使其战斗力极大增强，可更好保护航母战斗编队多维度安全。

（3）国际舆论热议中国海军装备快速发展

辽宁舰进驻青岛基地得到海外舆论的高度关注，主要媒体均将这一行动解读为中国航母战斗力提升的重要标志。美联社刊文称，青岛是中国北方舰队总部所在地。该舰队负责执行在日本、俄罗斯、朝鲜半岛周边海域以及距离北京约 150 公里的渤海湾的海军作业。虽然中国航母还不被认为能满额配置舰载机或者做好了在某一时刻进行战斗的准备，但其驶往位于北方港口城市青岛的永久性基地，显示出中国要做领先亚洲的海军强国的抱负。

英国广播公司报道称，青岛胶东航母军港历时 4 年兴建，由中国海军组织设计施工。码头的各种保障设施完备。文章援引新华社的报道称，"辽宁舰"停泊青岛标志着中国航母军港已具备停泊保障能力。"辽宁舰"将在这里继续开展后续相关试验和训练。台北"中央社"引述海军专家刘江平的看法指出，从军事环境来看，航母军事训练不仅涉及本舰，还要照顾未来航母编队中的其他属舰，对本舰和属舰的维护及给养很重要。更重要的是，要考虑全盘战略利益，山东青岛比海南三亚的亚龙湾更适合。

美国《防务新闻》周刊的报道指出，尽管在技术上与美国仍有不少差距，但辽宁舰代表了中国海军的"海上雄心"，也是激发爱国心的有力工具。它还是中国一年多来打造军事硬件努力取得的最显著成果，另外还包括两款隐形战机的成功试飞，其中一种机型据信可在辽宁舰着降。[①]

新加坡《联合早报》的报道指出，"辽宁舰"南海训练是该舰首次进行跨海区试验，以及首次以航母编队形式展开训练。这次随行的包括北海舰队的导弹驱逐舰"沈阳舰"和"石家庄舰"，以及导弹护卫舰"烟台舰"和"潍坊舰"。文章认为，"辽宁舰"部署南海，从航空母舰上可以随时升空歼-15战机，对半径800公里至900公里范围内的目标进行监视和威慑，这将扩展中国的军事行动范围。台湾"中央社"2013年11月28日引述学者翁明贤的话说，辽宁舰编队通过台湾海峡赴南海，展现了现代化战力、远洋海洋战略，将使两岸军事合作议题逐渐浮上台面。新加坡南洋理工大学中国问题专家李明江认为，大陆派遣航母赴南海的真正目的，并非到南海炫耀武力和威慑，因为解放军军力比菲律宾、越南等南海主权声索国强大很多，不需要进行震慑，大陆的真正目的是为了辽宁舰的训练，特别是考验其长时间的航行训练。

日本《外交学者》杂志网站2013年9月4日刊登美国海军军事学院的吉原俊井和詹姆斯·R. 霍姆斯署名文章《优秀的人民解放军海军：中国新的导弹驱逐舰》。文章指出，解放军海军或许已经找到了对其而言最重要的水面战舰。中国海军最初组建的航母舰队缺少的一个重要元素，是用于保护主力舰免遭空中威胁和导弹攻击的防空舰艇。052D型导弹驱逐舰可以充当这一角色。美国战略之页网站指出，中国在10年间就拥有了三种型号的052驱逐舰，这在很大程度上提升了中国驱逐舰的设计水平，目前中国已经拥有了作战能力堪比美国8300吨级的"伯克"驱逐舰的军舰，而后者是美国目前主要的驱逐舰。

2. 空天装备亮点纷呈

制空权是确保军事行动成功的必备条件，航空航天装备的研发，已经成为各国军事现代化的焦点。2013年，中国在国产航空航天装备方面的进展令人目不暇接，在诸多关键性空天军事装备领域均取得重大突破。运-20大型运输机、直-20中型直升机、歼-20隐形战斗机的亮相与频繁试飞，显示中国空中力量在战略机动、远程打击能力方面将取得长足进步。WU-14高超音速飞行器的成功试射，则表明中国在空天装备的前沿探索方面也逐渐与其他大国齐头并进。

（1）运-20大型运输机成功首飞

2013年1月26日，我国自主发展的运-20大型运输机首次试飞取得圆满成功。该型飞机是我国依靠自己的力量研制的一种大型、多用途运输机，可在复杂气象条件执行各种物资和人员的长距离航空运输任务。该型飞机首飞后将按计划继续开展相关试验和试飞工作。运-20是一种大型宽体军用运输机，由四个涡轮风扇发动机提供动力，拥有上单翼、高T尾翼的基本布局。该机采用的是类似于伊尔-76的临界翼结构，前机身有

---

① Agence France-Press, State Media: China Plans Second, Larger Aircraft Carrier, *Defense News*, Apr. 24, 2013.

明显的凸起，其宽体构造、尾部和 T 型尾翼则与 C-17 相似。从外观上看，运-20 机身的宽度足以容纳解放军的大部分大型作战和支援车辆。

运-20 的研制成功，对于中国战略空军的建设意义重大，有助于中国军队远程机动能力和战略投送能力的大幅提升。长期以来，中国的战略空中运输能力结构中，国产平台仅有运-8 等中型运输机，大型运输机主要依赖进口的伊尔-76 等型号，远程运输能力的不足在汶川地震救灾、海外撤侨的过程中逐渐显现。运-20 的首飞，将使中国能够拥有自主生产的大型空中运输平台，对于推进我国经济和国防现代化建设，应对抢险救灾、人道主义援助等紧急情况，具有重要意义。

中国国防部发言人在介绍运-20 情况时指出，为适应国民经济和社会发展需要，服务军队现代化建设，更好地完成抢险救灾、人道主义救援等紧急任务，我国正在依靠自己的力量发展大型运输机，加强空中运输能力建设。关于大型运输机何时列装，发言人指出，任何一种装备的发展都是有自身规律的，大型运输机也不例外。大型运输机技术复杂，需要经过设计、试制、试验、试飞等一系列研发过程，中国大型运输机的研发工作正在按计划向前推进。

香港《军事家》杂志推测，运-20 机体长 47 米，翼展 45 米，高 15 米，实用升限 13000 米，有效载荷 66 吨，最大起飞重量 220 吨，跻身全球十大运力最强运输机之列。据俄罗斯军工新闻网报道，运-20 的最大载重量可达 66 吨，比伊尔-76MD 的 47 吨多了近 20 吨。运-20 的成功首飞，使中国成为继美国、俄罗斯、乌克兰之后，成为第四个能研制 200 吨级大型运输机的国家。

根据中央电视台等官方媒体披露，运-20 从正式研制到首飞仅使用了 5 年左右时间。运-20 使用复杂的前缘缝翼和巨大的后缘三缝襟翼，最大限度为飞机在起降阶段增升。最短能在 600、700 米距离内起飞。该机使用多柱式起落架，可在条件恶劣的简易机场起降。运-20 制造由全国数千家企业共同参与，而以往飞机研制生产主要由一家企业自行完成，统一制造标准难度空前，是中国航空工业史的首次。运-20 驾驶舱设计还运用了动作捕捉技术，模拟实际操作时的情况，形成人体工学效果最优的座舱布局。

（2）高超音速飞行器试射成功

2014 年 1 月 9 日，根据境外媒体报道，中国成功完成一种高超音速飞行器的首次试射。相关媒体的报道认为，中国试射的高超音速飞行器属于助推滑翔式导弹，是临近空间飞行器的一种。这种高超音速飞行器可能被安装在一种由洲际导弹改造的运载火箭中，从地面发射后，与火箭助推器分离，然后再入大气层进行无动力高速飞行，其速度高达马赫数 10（即音速的 10 倍）。中国国防部新闻事务局 2014 年 1 月 15 日就境外媒体有关中国试验高超音速武器的报道，回答记者提问时说，中国按境内计划进行的科研试验是正常的，试验不针对任何国家和特定目标。

美国华盛顿自由灯塔报网站刊文称，中国军方成功完成首次试射的试验高速飞行器被五角大楼暂时命名为 WU-14。这款高超音速飞行器标志着中国新型战略核武器和常规导弹发展计划又迈出了重要一步。① 高超音速航天飞行器是航空和航天领域融合的高科技准备，包括有动力和无动力两类飞行器，其可以从洲际弹道导弹、潜射导弹的最后一级发射，也可以从战略轰炸机弹舱发射。高超音速飞行器的军事优势包括精确目标打击、非常快速的武器投送、对导弹和航天防御的高生存性。

高超音速飞行器的发展源自冷战期间，目前已有多个国家着力进行这一领域的推进。20 世纪 90 年代初，俄罗斯在这方面取得了实质性进展，从而成为世界上首个成功试飞超音速燃烧冲压喷气试验飞行器的国家。美国的 X-51A 飞行器则是高超音速飞行器的典型代表。2010 年 5 月，X51A 飞行器在加州南部的太平洋沿海地区，以 5 马赫的速度持续进行了超过 200 秒的飞行。美国的另一款 HTV-2 高超音速飞行器分别于在 2010 和 2011 年进行两次实验。印度也试图通过改进布拉姆斯超音速导弹参与高超音速飞行器的竞争。中国高超音速飞行器的成功试射，有助于在新的军事科技变革中取得先机。

（3）国际舆论高度评价中国空天新装备战略意义

美国《连线》、日本《外交学者》、英国《飞行国际》等杂志均对运-20 的首飞进行了持续报道。大部分报道都认为，运-20 若能如期服役并在发动机上作出改进，将使中国的战略空运能力一下跨入世界先进行列，甚至可以将部队投送至印度洋和非洲。② 日本《外交学者》杂志网站的文章指出，运-20 原型机的成功试飞，将使中国向着加入自主生产洲际重型运输机的精英航空俱乐部迈进一步。运-20 将有助于中国获得与其不断增长的国际利益相匹配的远程军事空运和军力投放能力。该机拥有多用途的机身，能够承担当前中国主力运输机伊尔-76 适用的所有功能（加油、空中预警）。该机使人民解放军能够进行大规模中远距离空中打击/空降行动。美国《航空和空间技术周刊》指出，成功设计运-20 机身本身就是中国飞机制造业一项重大成就。在六十多年的社会主义历程中，中国飞机制造业一直在逐渐放弃仿造外国机型——大部分为苏联时代的机型。运-20 项目强调了这一点。运-20 是中国迄今自主研发的最大飞机，超过 20 世纪 80 年代测试的运-10 飞机。中国正在为运-20 研制一款性能更佳的发动机。如果在技术上面临重重挑战的中国航空发动机行业能研制出具有大涵道比的涡扇发动机，则运-20 的性能会大幅提高。在更远的将来，一款正在为中国商用飞机有限责任公司的 C919 客机开发的真正现代化的发动机，也可能研制成功。

英国《简氏防务周刊》网站援引中国媒体的报道称，运-20 体现了中国长期以来的做法，即为了制造出符合自身独特需求的武器系统，会在设计上博采各家之长。对于中国制造大飞机的野心来说，运-20 的出现是一个重要的里程碑。从救灾、集结兵力和

---

① Bill Gertz Follow，China Conducts First Test of New Ultra-High Speed Missile Vehicle，http：//freebeacon. com/national-security/china-conducts-first-test-of-new-ultra-high-speed-missile-vehicle/，January 13，2014.

② Dave Sloggett，The Dragon Gains its Strategic Wings，*Air International*，March 2013.

投放军事力量的需求来看，未来将要生产的运-20的数量会非常庞大。①

中国高超音速飞行器的试射，使国际分析人士对中国在航空尖端日本《外交学者》杂志网站2014年1月14日报道称，这种高超音速导弹对中国来说有可能是一个重要里程碑，因为它将使用于战略核目的和常规军事目的的军事技术实现现代化。德国《明镜》周刊网站1月15日报道称，美国在军事技术方面的领先地位一直无可争议。但多年来中国正大步追赶上来。现在，中国国防部证实，中国人民解放军试射了一种高超音速导弹。高超音速是指5倍音速以上的速度。美国早就在研发这样的导弹，以便获得一种能够在最短时间内攻击世界上任何地方的武器系统。但这种系统还需要很长时间才具备服役能力。

前美国空军军官、中国战略武器系统专家马克·斯托克斯认为，该导弹是中国航空航天武器的一部分，旨在把能够飞出大气层的弹道导弹和低空飞行的巡航导弹的特点结合起来。卡内基基金会的中国战略系统专家洛拉·萨尔曼说，中国的高超音速武器是一项研发精确制导导弹和其他先进武器能力计划的一部分。中国军事专家里克·费希尔指出，中国试射高超音速导弹对北京来说代表着一项重大军事进步。

3. 高技术军品贸易获得认可

军品贸易质量是衡量一国军事装备水平的重要标尺。在一段时期内，中国的军贸产品更多集中在轻武器、炮兵武器、装甲车等中低技术装备上，且贸易对象基本为传统客户。这一局面随着中国军事装备现代化步伐的加快逐渐发生了变化，2013年中国的高技术军品贸易得到认可，并引起国际关注。

2013年9月26日，土耳其国防部长耶尔马兹宣布，中国精密机械进出口公司的红旗-9型防空导弹赢得为土耳其制造远程防空和导弹防御系统的招标。参加这一价值约40亿美元项目竞标的各国防空导弹系统包括：美国的爱国者、俄罗斯的S-400、法意欧洲防空导弹公司的Samp-T以及中国的FD-2000（即中国红旗-9型防空导弹的出口版本）。这是继A-100远程火箭炮和B-611地对地导弹之后，土耳其军方大规模采购的中国第三种先进武器。中国红旗-9防空导弹在与欧美当前最高技术水平导弹的竞争中胜出，充分体现出中国在远程防空导弹等高技术军事装备研发方面的强大实力，引发各界高度关注。

红旗-9远程防空导弹是一种成熟的主战防空兵器，被视为中国最先进的地对空导弹。该导弹系统配备了HT-233型相控阵火控雷达，为C波段，探测距离达到120公里，跟踪距离为90公里，可同时跟踪100个空中目标，并制导多枚导弹攻击其中50个以上目标。与普通雷达相比，HT-233具备功能多、可靠性强、系统反应时间短及抗干扰能力强等特点。

---

① Richard D. Fisher, China Marks Aviation Milestones with J-10B Production, Second Y-20 Prototype Flight, *Jane's Defence Weekly*, 22th December 2013.

在打击力方面，红旗-9 导弹携带的是 180 公斤的弹头，最高速度为 4.2 马赫，最大射程为 125 公里。作为一款全高度防空及反导系统，FD-2000 能够全天候作战，即便是遭遇大规模空袭以及存在严重电子干扰的情况下，仍然可以瞄准并拦截各类导弹和飞机。该系统还具备极强的抗饱和攻击、多波次攻击能力及一定的反弹道导弹能力。导弹应用了复合制导体制、相控阵制导雷达、主动雷达导引头、垂直冷发射、数字化指控等大量先进技术，不仅可拦截各类作战飞机，也能拦截各种精确制导弹药，而且可拦截战术弹道武器。在由土耳其军方安排的测试打靶中，红旗-9 共 9 发 9 中，在所有参试导弹中名列前茅。

针对土耳其进口中国"红旗-9"导弹系统的报道，中国外交部发言人洪磊在 2013 年 9 月 27 日的例行记者会上表示，中国政府一贯本着慎重、负责的态度开展军贸合作。中国与土耳其的上述合作是两国间正常的军贸合作。中国的军品出口遵循不损害有关地区和世界的和平、安全与稳定，不干涉接受国内政的原则，严格遵守中国承担的相关国际义务。

国外媒体分析指出，先进的远程防空导弹技术是常规武器技术当中垄断程度最高的一个领域。在世界范围内，能够具备战略防空能力的向来只有美国的"爱国者"和俄罗斯的"S-300"以及衍生的一系列型号。中国进入这个市场，可以说是第一次实实在在地打破美俄对这项技术的垄断。

土耳其《今日时代》2013 年 10 月 6 日发表题为《土耳其选择中国"红旗-9"是一个正确的决定》的评论文章。文中援引土军退役将军卡拉卡什的话说，"这笔军购中所包含的技术转让，对于土耳其构建自身独立的远程防空系统十分重要"。文章认为，通过与中国公司的技术合作，土耳其将获得独立建造远程防空系统的宝贵经验，为将来独立自主研发此类系统奠定基础。对于西方所散布的中方导弹与北约系统无法融合的问题，文章认为通过研发相应软件即可予以解决。土耳其另一家主要媒体《每日新闻》9 月 26 日发表了题为《北约成员国土耳其选择了中国反导系统》的评论文章，文中认为中国"红旗-9"反导系统物美价廉、打靶测试成绩优良、技术转让"实在"是其战胜西方和俄罗斯同类武器系统的主要原因。[①]

美国战略之页网站的报道指出，中国的"红旗-9"防空系统在 2010 年成功击落一枚弹道导弹。这种能力对潜在的出口客户十分重要。正在寻找一个能在一定程度上防范弹道导弹系统的土耳其人收到了这一信息。中国投标的关键点是价格，中国的价格至少比其他选项便宜 10 亿美元。此外，中国将允许部分生产活动在土耳其进行，也同意转让部分技术。[②]

香港《文汇报》刊载《中国"红旗-9"让欧美国家目瞪口呆》一文指出，土耳其

---

① 李铭、郑金发：《中土反导合同一石激起千层浪》，《参考消息》2013 年 10 月 9 日。

② Air Defense, Why Turkey Buys Chinese, https://www.strategypage.com/htmw/htada/20131009.aspx, October 9, 2013.

之所以钟情中国企业的"红旗-9"导弹，一方面是因为中国导弹技术的先进水平，另一方面也是希望摆脱美国在尖端武器方面的控制。经过现场严格测试，"红旗-9"以100%的命中率，让欧美军火商目瞪口呆。欧美军火商认为，"红旗-9"导弹系统是因为价格低廉而赢得中标。但事实上，价格只是表面因素，重要的是中国并不觉得相关技术需要像美国那样视为"宝贝"，而认为是可以向相关国家输出。"红旗-9"可轻松地"通过相关软件，兼容北约防空系统"，亦说明中国导弹的高性能。在土耳其看来，和中国进行导弹技术合作，能够促使该国防空能力大大提升。但如果购买美国产品，不仅价格高，且永远无法获得相关导弹技术，永远被傲慢的美国人排除在相关技术领域之外。[①]

三、探索梦：中国基础科学研发成果斐然

基础科学研究是中国高科技发展的源动力，也是衡量国家科学发展"深度"的重要指针。2013年，中国在高新技术装备得到广泛应用的同时，基础科学研究领域也取得一系列有国际影响的重要成果。其中既有"天河二号"等基础研究硬件装备的水平跃升，也有"体细胞重编程"、"量子反常霍尔效应"等理论研究和应用技术研究的重要突破。从领域上看，中国基础科学的重要成果涵盖了生命科学、基础物理学、计算机科学等诸多前沿范畴，显示出中国基础科学的全方位进步。同时，中国的基础科学进步，不仅有助于国内相关领域、产业的发展，其研究成果对于世界基础研究领域也具有重要贡献，从这个意义上看，中国的基础研究"探索梦"具有全球层面的开放性和共享性。

1. "天河二号"超级计算机运算速度全球登顶

2013年6月，国际超级计算机权威评选组织Top 500公布全球超级计算机500强排行榜榜单，中国国防科学技术大学研制的"天河二号"以每秒33.86千万亿次的浮点运算速度首次夺冠。令国际计算机科学界印象深刻的是，它不仅运算速度快，而且整个系统大多是中国自主研发。Top 500榜单每半年发布一次，在11月的下半年评选中，"天河二号"以比第二名美国的"泰坦"快近一倍的速度再度轻松登上榜首。有专家预测，在一年时间内，"天河二号"还会是全球最快的超级计算机。[②]

天河二号比第二名、美国能源部橡树岭国家实验室的"泰坦"快近一倍，美国"红杉"、日本"京"则分居第三、四名。"天河二号"是广州超级计算中心的业务主机，将提供大科学、大工程、产业升级、信息化建设等领域的超算服务。台湾《中国

---

①　黄海振：《中国"红旗-9"让欧美国家目瞪口呆》，香港《文汇报》2013年10月19日。
②　林小春：《中国"天河二号"蝉联全球最快超级计算机》，新华社，2013年11月18日。

时报》2013年12月3日的文章称，超级计算机不只是一堆计算机的集成，它包含许多高端技术的创新与整合。"天河二号"及其技术创新对国家综合国力及产业提升有重大影响，其意义及开发模式值得省思。"天河二号"的开发模式大致可归结为，选择关键零件与技术列为自主发展项目，往对的方向循序渐进，最终自主研发超级计算机并成为全球第一。该文特别指出，如同"天河二号"的开发过程，只要坚持对的方向，努力不懈、审慎乐观，"中国梦"指日可待。英国《独立报》网站的报道指出，中国超级计算机保持了世界最快超级计算机头衔，打败了来自日本和美国的竞争者。报道指出，尽管中国超级计算机位居榜首，但美国仍占总榜单的主导地位，在500个上榜计算机中，美国占265个。从地理分布上看，美洲排第一，然后是亚洲（占115个）和欧洲（占102个）。

美国《计算机世界》杂志报道指出，新的超级计算机使用的是英特尔公司的芯片，但结合了中国自己的技术。中国政府为这套系统投入了约2.9亿美元。"天河二号"拥有3.2万个英特尔至强Ivy Bridge芯片和4.8万个至强Phi芯片。每个Phi处理器的运算速度能够达到每秒1万亿次（teraFLOPS）。在这套超级计算机中，中国本国技术与美国产品的结合显而易见。但中国正在研究把本国技术应用于芯片，同时把国产技术成果与进口零部件相结合。国际研究人员认为，中国正在开发包括芯片在内100%国产的超级计算机。

美联社2013年6月17日报道指出，中国研制出了世界上运算速度最快的超级计算机"天河二号"，几乎相当于此前最快的美国"泰坦"超级计算机的两倍，凸显中国科技崛起。报道称，超级计算机应用于复杂工作，如模拟天气系统和核爆炸、设计喷气式客机等。"天河二号"的成就表明，中国正利用其快速的经济增长，大幅增加研发支出，以图加入美国、欧洲、日本等全球技术精英行列。[1]

英国《金融时报》网站的报道称，中国或许即将成为超级计算机领域的霸主，因为其研发的"天河二号"计算机在全球最新排名中被认定为世界上运算速度最快的计算机，把其他超级计算机远远抛在身后。报道说，中国的领先地位表明，该国很可能在国际竞争中脱颖而出，在2020年以前成为首个拥有百亿亿级超级计算机的国家。百亿亿级计算机的运算能力是现有千万亿级计算机的1000倍。中国政府为率先达到百亿亿级水平，投资启动了三个超级计算机项目，"天河二号"项目就是其中之一。与此相比，美国还没有为实现百亿亿级目标批准任何计划和拨款方案。报道指出，此事的意义在于，中国可以利用这一超级计算能力确立在科学、国防和工业模拟领域的领先地位，由此提高工作效率，增强军事和经济实力。美国高性能计算机专家艾迪生·斯内尔说："中国政治局官员在讲话中强调此事的重要性，认为这是中国实力的象征。这表明，中国新政府会把超级计算机当成一项事关国家利益的工作来抓。"[2]

203

---

[1]　Associated Press, Chinese Supercomputer Named as World's Fastest, June, 17th, 2013.

[2]　Chris Nuttall, Chinese Supercomputer Gains Title of World's Fastest, *Financial Times*, June, 17th, 2013.

2. "量子反常霍尔效应" 研究取得重大突破

2013 年 3 月 15 日，国际科技权威期刊《科学》杂志在线发文，宣布中国科学家领衔的团队首次在实验上发现量子反常霍尔效应。这一发现由清华大学教授、中国科学院院士薛其坤领衔，清华大学、中国科学院物理所和斯坦福大学的研究人员联合组成的团队历时 4 年完成。在美国物理学家霍尔 1880 年发现反常霍尔效应 133 年后，终于实现了反常霍尔效应的量子化，这一发现是相关领域的重大突破，也是世界基础研究领域的一项重要科学发现。

由于有可能利用量子霍尔效应发展新一代低能耗晶体管和电子学器件，这将克服电脑的发热和能量耗散问题，因此中国的这项发现有可能推动信息技术的进步。普通量子霍尔效应的产生需要用到非常强的磁场，因此应用起来将非常昂贵和困难。但量子反常霍尔效应的好处在于不需要任何外加磁场，这项研究成果将推动新一代低能耗晶体管和电子学器件的发展，可能加速推进信息技术革命进程。

自 1988 年开始，就不断有理论物理学家提出各种方案，然而在实验上没有取得任何进展。2006 年，美国斯坦福大学张首晟教授领导的理论组成功地预言了二维拓扑绝缘体中的量子自旋霍尔效应，并于 2008 年指出了在磁性掺杂的拓扑绝缘体中实现量子反常霍尔效应的新方向。2010 年，我国理论物理学家方忠、戴希等与张首晟教授合作，提出磁性掺杂的三维拓扑绝缘体有可能是实现量子化反常霍尔效应的最佳体系。这个方案引起了国际学术界的广泛关注。德国、美国、日本等有多个世界一流的研究组沿着这个思路在实验上寻找量子反常霍尔效应，但一直没有取得突破。薛其坤团队经过近 4 年的研究，生长测量了 1000 多个样品。最终，他们利用分子束外延方法，生长出了高质量的 Cr 掺杂（Bi，Sb）2Te3 拓扑绝缘体磁性薄膜，并在极低温输运测量装置上成功观测到了量子反常霍尔效应。

牛津大学物理系讲师索斯藤·赫斯耶达尔说："这一成果预示着一个令人兴奋的新时代的来临——对于基础物理学来说，观察到量子反常霍尔效应让研究新的量子系统成为可能；对于更广泛的（电子）设备领域来说，这一成果为研发新式电子器件提供了基础。"《科学》杂志的一位审稿人说："这项工作毫无疑问地证实了与普通量子霍尔效应不同来源的单通道边缘态的存在。我认为这是凝聚态物理学一项非常重要的成就。"①

3. 体细胞重编程有望逆转 "生命时钟"

2013 年 7 月 18 日，国际学术权威杂志《科学》杂志刊登了北京大学生命科学学院邓宏魁教授和赵扬博士带领的研究团队在生命科学领域的一项突破性的研究成果——用小分子化合物诱导体细胞重编程为多潜能干细胞。该成果开辟了一条全新的实现体细胞重编程的途径，给未来应用再生医学治疗重大疾病带来了新的可能。在这项研究中，邓

① 林莉君、李大庆：《我国科学家首次发现 "量子反常霍尔效应"》，《科技日报》2013 年 4 月 11 日。

宏魁团队仅使用四个小分子化合物的组合对体细胞进行处理就可以成功地逆转其"发育时钟"，实现体细胞的"重编程"。

在这项研究中，邓宏魁团队仅使用 4 个小分子化合物的组合对体细胞进行处理就可以成功地逆转其"发育时钟"，实现体细胞的"重编程"。使用这项技术，他们成功地将已经特化的小鼠成体细胞诱导成为可以重新分化发育为各种组织器官类型的"多潜能性"细胞，并将其命名为"化学诱导的多潜能干细胞（CiPS 细胞）"。

邓宏魁团队的新方法摆脱了以往技术手段对于卵母细胞和外源基因的依赖，避免重编程技术进一步应用所遭受的一些质疑，例如破坏胚胎或基因突变风险等。这项成果提供了更加简单和安全有效的方式来重新赋予成体细胞"多潜能性"，是体细胞重编程技术的一个飞跃，为未来细胞治疗及人造器官提供了理想的细胞来源。

4. 艾滋病疫苗研究取得重要进展

预防和控制艾滋病传播的最有效措施是研发出有效的疫苗，但这项课题一直被视为很难攻克的世界性科学难题。2013 年 3 月，中国科学院广州生物医药与健康研究院、清华大学和香港大学的科学家们经过五年多的不懈努力，终于在这一方面取得具有突破意义的科研成果。

中国联合研究团队在国际权威杂志《病毒学》2013 年 3 月号上发表了题为《黏膜免疫复制型载体艾滋病疫苗可有效控制猴艾滋病毒致病》的研究论文，在世界上首次报道了联合使用复制性痘苗病毒载体和黏膜途径初次免疫的创新型艾滋病疫苗战略，为疫苗进一步优化和人体试验打下了基础。这一创新性的艾滋病疫苗策略，通过联合使用改良型痘苗病毒天坛株（MVTT）黏膜载体疫苗和 5 型腺病毒载体疫苗（Ad5），能有效控制甚至完全预防艾滋病毒通过黏膜途径对机体的感染。

研究团队利用中国猕猴模型，系统评估了该疫苗策略的安全性、免疫原性和保护效果。数据表明该疫苗策略具有高度的安全性，注射疫苗的猴子没有可观察到的副作用。注射疫苗之后，通过国际公认的高致病性猴艾滋病毒 SIV239 进行攻毒实验，部分实验猴在整个实验期间都没被感染，被感染的那些实验猴，也未出现艾滋病的临床症状；而未接受疫苗的猴子则均被感染，并逐渐发病和死亡。基于这些令人鼓舞的实验数据，研究团队已开始致力该疫苗策略临床前研究的工作。如能最终进入临床试验并证实有效，将对阻断和减缓 HIV 通过黏膜途径感染（性接触）在我国普通人群的流行具有极其重大的科学意义和社会意义。

大事记 8-1　2013 年中国高科技发展与军事现代化

时间	事件
2013 年 1 月 18 日	国家科学技术奖励大会举行，中国爆炸力学奠基人和开拓者之一、著名力学家、中国科学院和中国工程院院士郑哲敏，中国预警机事业开拓者和奠基人、著名雷达专家、中国工程院院士王小谟，荣获 2012 年度国家最高科学技术奖
2013 年 1 月 26 日	我国自主发展的运-20 大型运输机首次试飞取得圆满成功。该型飞机是我国依靠自己的力量研制的一种大型、多用途运输机，可在复杂气象条件执行各种物资和人员的长距离航空运输任务
2013 年 2 月 26 日	辽宁舰在 2013 年首次出海，于 2 月 27 日靠泊青岛某军港
2013 年 3 月 6 日	国务院发布《国家重大科技基础设施建设中长期规划（2012—2030 年）》，《规划》指出，到 2030 年，中国将基本建成布局完整、技术先进、运行高效、支撑有力的重大科技基础设施体系
2013 年 3 月 15 日	清华大学薛其坤院士领衔的中国科研团队首次在实验上发现量子反常霍尔效应。该物理效应从理论研究到实验观测的全过程，都是由我国科学家独立完成
2013 年 5 月 10 日	海军首支航母舰载航空兵部队正式组建，这支海军新型主战力量装备有舰载战斗机、教练机和反潜、救生、警戒等多种舰载直升机
2013 年 6 月 11 日	神舟十号在酒泉卫星发射中心"921 工位"由长征二号 F 改进型运载火箭（遥十）"神箭"成功发射
2013 年 6 月 17 日	国际超级计算机权威评选组织 Top500 公布全球超级计算机 500 强排行榜榜单，中国国防科学技术大学研制的"天河二号"以每秒 33.86 千万亿次的浮点运算速度夺冠
2013 年 6 月 20 日	由女航天员王亚平担任主讲，聂海胜辅助授课，张晓光担任摄像师的太空授课在天宫一号进行，这一课程主要为中国青少年演示讲解失重环境下的基础物理实验。王亚平成为中国首位"太空教师"
2013 年 6 月 25 日	神舟十号与天宫一号首次成功实施航天器绕飞交会试验
2013 年 7 月 18 日	北京大学生命科学学院邓宏魁教授和赵扬博士带领的研究团队发布小分子化合物诱导体细胞重编程为多潜能干细胞的重要成果
2013 年 7 月 24 日	中国科学技术大学潘建伟院士领衔的自由空间量子通信团队的彭承志、张强研究小组，在国际上首次成功实现了无局域性漏洞的量子纠缠关联塌缩的速度下限测量
2013 年 8 月 9 日	复旦大学微电子学院张卫教授团队研发出世界第一个半浮栅晶体管（SF-GT），这是我国微电子器件领域首次领跑世界
2013 年 9 月 26 日	土耳其国防部长耶尔马兹宣布，中国精密机械进出口公司的红旗-9 型防空导弹赢得为土耳其制造远程防空和导弹防御系统的招标
2013 年 11 月 26 日	辽宁舰在导弹驱逐舰沈阳舰、石家庄舰和导弹护卫舰烟台舰、潍坊舰的伴随下开赴南海，实施首次跨海区长时间航行训练
2013 年 12 月 2 日	"嫦娥三号"从西昌卫星使用长征三号乙增强型运载火箭成功发射
2013 年 12 月 14 日	嫦娥三号在月球高纬度区域虹湾实施软着陆，降落相机传回图像。嫦娥三号着陆器与巡视器（"玉兔号"月球车）成功分离，"两器"顺利进行互成像实验
2013 年 12 月 20 日	国产新型通用直升机直-20，在东北北部某机场成功首飞。该机为 10 吨级直升机，将有助于提高我军空中突击能力

第九章 全面参与：
推进全球治理深化国际合作

2013 年，中国参与全球治理的广度和深度继续拓展，参与全球治理的主动性、自觉性和能动性显著提升，在全球治理各个领域中的地位和作用日益突出。在全球经济治理领域，中国提出了一系列新主张和新理念，彰显了中国作为新兴发展中大国完善全球经济治理的责任担当。在全球气候治理领域，中国广泛参与全球气候治理合作，更加自觉地在国内积极应对气候变化，尽最大努力推动华沙气候会议进程。在全球公域治理领域，中国在网络安全和极地事务治理与合作方面取得新突破。

一、努力推动完善全球经济治理

国际金融危机爆发以来，G20 已经成为全球经济治理的重要平台。中国高度重视 G20 在全球经济治理中的重要作用，主张要把 G20 建设成稳定世界经济、构建国际金融安全网、改善全球经济治理的重要力量。国家主席习近平代表中国政府出席 G20 圣彼得堡峰会，在多边舞台上阐述中国主张，提出中国方案，推动 G20 峰会机制的发展和全球经济治理的完善，受到国际社会的高度评价。

1. 中国在 G20 圣彼得堡峰会上的主张

2013 年 9 月 5—6 日，以"增长和就业"为主题的 G20 领导人第八次峰会在俄罗斯圣彼得堡举行。此次峰会是在全球经济形势复杂多变、发达经济体增长动力不足、新兴经济体增速放缓、各种政治因素特别是叙利亚危机为峰会蒙上阴影等大背景下召开的。面对新的复杂形势，发达经济体和新兴经济体均高度关注中国的立场和主张，关心中国经济的现状和未来的发展走势。中国国家主席习近平代表新一届政府首次出席这一国际经济合作主要论坛并作主旨讲话，成为此次峰会颇受瞩目的焦点之一。习近平在会上发表了题为《共同维护和发展开放型世界经济》的重要讲话，倡导 G20 成员要放眼长远，努力塑造各国发展创新、增长联动、利益融合的世界经济，坚定维护和发展开放型世界经济。

——发展创新，是世界经济可持续增长的要求。单纯依靠刺激政策和政府对经济大规模直接干预的增长，只治标、不治本，而建立在大量资源消耗、环境污染基础上的增长则更难以持久。要提高经济增长质量和效益，避免单纯以国内生产总值增长率论英雄。各国要通过积极的结构改革激发市场活力，增强经济竞争力。

——增长联动，是世界经济强劲增长的要求。一个强劲增长的世界经济来源于各国共同增长。各国要树立命运共同体意识，真正认清"一荣俱荣、一损俱损"的连带效应，在竞争中合作，在合作中共赢。在追求本国利益时兼顾别国利益，在寻求自身发展时兼顾别国发展。相互帮助不同国家解决面临的突出问题是世界经济发展的客观要求。让每个国家发展都能同其他国家增长形成联动效应，相互带来正面而非负面的外溢效应。

——利益融合，是世界经济平衡增长的需要。平衡增长不是转移增长的零和游戏，而是各国福祉共享的增长。各国要充分发挥比较优势，共同优化全球经济资源配置，完善全球产业布局，建设利益共享的全球价值链，培育普惠各方的全球大市场，实现互利共赢的发展。

习近平提出，G20 成员要建设更加紧密的经济伙伴关系，为塑造开放型世界经济肩负起应有责任。

第一，采取负责任的宏观经济政策。各主要经济体要首先办好自己的事，确保自己的经济不出大的乱子。这是 G20 成员最起码的责任。G20 要完善宏观经济政策协调机制，加强相互沟通和协调。宏观微观经济政策和社会政策是一个整体，各国要用社会政策托底经济政策，为宏观微观经济政策执行创造条件。

第二，共同维护和发展开放型世界经济。G20 成员必须顺应时代潮流，反对各种形式的保护主义，统筹利用国际国内两个市场、两种资源。要维护自由、开放、非歧视的多边贸易体制，不搞排他性贸易标准、规则、体系，避免造成全球市场分割和贸易体系分化。要探讨完善全球投资规则，引导全球发展资本合理流动，更加有效地配置发展资源。

第三，完善全球经济治理，使之更加公平公正。G20 是发达国家和发展中国家就国际经济事务进行充分协商的重要平台。要把 G20 建设成稳定世界经济、构建国际金融安全网、改善全球经济治理的重要力量。[①]

在短短两天时间里，习近平介绍中国形势，阐述中国主张，廓清治理思路，传递中国信心，展示了大国领导人沉着坚定、睿智自信的形象，体现了中国作为负责任大国的担当和诚意。在中国的努力推动下，峰会签署了《G20 圣彼得堡峰会领导人宣言》，通过了《G20 峰会五周年声明》等 11 份附属文件，内容涵盖 G20 发展和前景、促进增长、创造就业、长期投融资、国际金融体系改革、金融监管、打击逃税、促进全球发展、能源政策、区域贸易协定和多边贸易体制、应对气候变化和反腐等，为刺激增长和

① 习近平：《共同维护和发展开放型世界经济——在二十国集团领导人峰会第一阶段会议上关于世界经济形势的发言》，《人民日报》2013 年 9 月 6 日。

创造就业提出了具体建议和行动计划，也为 G20 未来发展指明了方向，向国际社会释放出积极信号。

2. 中国在 G20 圣彼得堡峰会上的积极作用

参加 G20 圣彼得堡峰会是中国在全球经济治理领域采取的又一次重大外交行动。习近平主席准确把握世界格局变化和中国发展大势，把国情与世情的变化、发达经济体与新兴经济体的共同利益、中国的发展与全球经济增长有机结合起来，在 G20 多边舞台宣示中国主张，提出中国方案，推动了 G20 峰会机制的发展和全球经济治理的完善。习近平从中国角度出发，兼顾各方利益，凝聚各国共识，促进国际合作，展现出中国自信、开放、包容、负责任的大国形象。习近平统筹国内国际两个大局，向世界发出了中国坚持推进改革开放的明确信号，展示了中国促进世界和平与发展的坚定决心。[①] 习近平关于全球经济治理的重要论述，与中国国内正在进行的经济改革思路一脉相承，体现了科学发展观的国际内涵和世界意义，彰显了中国作为新兴发展中大国完善全球经济治理的责任担当。

第一，提出一系列新主张和新理念。习近平主席代表中国新一届政府在峰会上做了重要发言，站在推动全球经济更加平衡及可持续增长的高度，提出发展创新、增长联动、利益融合等一系列新理念，倡导 G20 成员建设更加紧密的经济伙伴关系，树立命运共同体意识，在竞争中合作，在合作中共赢，呼吁各国要采取负责任宏观经济政策，共同维护和发展开放型世界经济，完善全球经济治理。这些重要主张和理念立意新颖，富有针对性和可操作性，得到与会各国的普遍响应和认同，许多观点和建议被吸纳进《G20 圣彼得堡峰会领导人宣言》，明确发出了"中国声音"，体现了中国的话语权，提升了中国在全球经济治理中的地位与作用。

第二，增强国际社会对中国经济发展的信心。针对国际社会对中国经济的关切，习近平在峰会期间全面介绍了中国经济状况、政策和前景。他指出，中国经济基本面良好，面临的问题处于可控范围之内，并正在采取措施解决。他详细阐述了中国正在采取的各项有关政策，强调"中国将坚定不移推进改革"，以推动中国经济社会持续健康发展。他明确表示，"中国采取的经济政策既对中国经济负责，也对世界经济负责"，并充满信心地申明："中国有条件有能力实现经济持续健康发展，为各国创造更广阔的市场和发展空间，为世界经济带来更多正面外溢效应。"[②] 习近平的介绍增进了国际社会对中国经济更加客观、准确的了解，有助于消除对中国经济发展的种种疑虑。

第三，维护发展中国家的利益。随着美欧等发达经济体渐显复苏、主要发展中国家经济普遍减速，一些西方舆论出现了唱衰发展中国家地位和作用的论调，认为发达国家

① 《宣示中国理念 提供中国方案 传递中国信心——外交部长王毅谈习近平主席出席圣彼得堡二十国集团领导人第八次峰会》，新华社圣彼得堡 2013 年 9 月 6 日电。
② 马振岗：《G20 峰会：习近平展现大国风范》，《人民论坛》2013 年 9 月（下）。

仍然是世界经济主导，发展中国家经济力量仍旧有限。作为最大的发展中国家领导人，习近平指出，没有广大发展中国家的真正发展，就不会实现全球共同发展。他在峰会开幕前举行的金砖五国领导人非正式会晤中强调，金砖国家要进一步凝聚在重大问题上的共识，加强团结合作，协调立场和行动，推动峰会取得积极成果。在峰会上，习近平倡导 G20 成员建立伙伴关系，树立命运共同体意识，在竞争中合作，在合作中共赢。中国积极推动发达国家与发展中国家合作共赢，坚定维护发展中国家利益，受得广泛的称赞和支持。

第四，开展活跃的峰会外交。习近平充分利用多边外交的平台，积极开展双边外交活动。在短短两天时间内，他除参加峰会各项日程的活动外，还举行了多场双边会见和寒暄，其中，既有美国、德国、法国、英国等发达国家的领导人，也有俄罗斯、巴西、印度、墨西哥、阿根廷、韩国等新兴市场国家和发展中国家领导人，还有国际组织负责人。这些会见，密切了与相关领导人之间的感情，巩固和加强了中国同这些国家和国际组织的关系，并达成了许多双边合作项目。中国努力发挥发达国家和发展中国家之间的桥梁作用，推动峰会在事关世界经济增长、国际金融体系改革、维护新兴市场国家权益等重大问题上取得成果。

第五，反对贸易保护主义。当前贸易保护主义明显抬头，多哈回合谈判停滞不前，多边贸易体系面临诸多挑战，这不利于世界经济复苏，不符合各国利益。习近平在峰会上明确指出，G20 占全球贸易量的 80%，要反对贸易保护主义，致力于营造自由开放的全球贸易环境，推动国际贸易自由化、便利化，维护和发展开放型世界经济。在中国的积极努力下，G20 领导人承诺将不采取新贸易保护主义措施的承诺延长至 2016 年年底，提高区域贸易协定的透明度。峰会还决定推动世贸组织第九次部长级会议在贸易便利化、部分农业议题和发展领域先达成共识。

第六，推动国际金融体系改革。习近平在峰会上提出，要继续改革国际金融机构，各有关国家要进一步抓紧落实好 IMF 份额和治理改革方案。要制定反映各国经济总量在世界经济中权重的新份额公式。要继续加强国际金融市场监管，使金融体系真正依靠、服务、促进实体经济发展。要建设稳定、抗风险的国际货币体系，改革特别提款权货币篮子组成，加强国际和区域金融合作机制的联系，建立金融风险防火墙。在中国的努力推动下，峰会呼吁尽快落实 IMF 的 2010 年份额和治理改革方案，在 2014 年 1 月前完成 IMF 份额公式调整和第十五轮份额总检查，根据各国 GDP 占世界经济的权重，进一步增加发展中国家的发言权和代表性。

第七，促进全球打击跨境逃税合作。在此次峰会上，G20 领导人一致同意在 2015 年年底前开始执行国际税收情报交换新标准——自动交换税收情报，这标志着全球打击逃税行动进入了新阶段。俄罗斯总统普京称其为"一百多年来的最大的一步"。一旦执行新的标准，《多边税收征管互助公约》框架下的税收信息与征管合作、税收透明化等方面就更进了一步。目前根据某成员国要求交换信息将过渡到自动交换纳税人在世界范围内的所有信息，各国将拥有统一的信息交换规则。此外，在涉及国家范围上，将最不发达国家也包括了进来，将在全球范围内建立税收信息自动共享系统，这些变化将进一步遏制大型跨国企业利用"避税天堂"逃税避税。① 在峰会召开前夕，中国与经合组织（OECD）签署了《多边税收征管互助公约》，中国的参与对于打击和遏制跨境逃税、加强国际税收合作起到了积极的促进作用。

3. 国际社会高度评价中国的积极作用

中国为促进此次峰会形成更多共识，推动世界经济强劲、可持续、平衡增长所发挥的积极作用，赢得国际社会的高度关注和积极评价，普遍认为习近平主席的讲话传递出中国坚定推进改革、维护和发展开放型世界经济、积极参与全球经济治理的决心，相信中国有能力保持经济持续健康发展，为世界经济带来更多正面外溢效应。

（1）维护和发展开放型世界经济

西班牙经济学家路易斯·托拉斯认为，习近平在讲话中再次强调了中国将坚定不移全面深化改革、坚持互利共赢的开放战略，也阐述了中国政府有条件有能力实现经济持续健康发展的信心，这都是国际社会希望看到的，传递了非常积极的信号。当前世界经济复苏势头尚未企稳，各国应把本国经济发展好，并寻求与他国实现互利共赢，以邻为壑、实施贸易保护主义不可取。巴西利亚大学中国问题专家莱托恩说，习近平在讲话中提到反对各种形式的保护主义、统筹利用国际国内两个市场、两种资源等建议，值得所有国家共同探讨。印度尼赫鲁大学教授狄伯杰认为，习近平在讲话中强调各国共同增长，通过合作实现共赢发展，令人印象深刻。发展是各国共同面临的任务，各国也有责任通过推动国际经济金融领域的改革、打击贸易保护主义等方式来实现共同发展。吉尔吉斯斯坦经济部长顾问乌兰·阿布德纳斯洛夫表示，在竞争中合作、在合作中共赢是保持全球经济长期稳定发展的要义。中国近年来在经济快速增长的同时，一直坚持互利共赢。互惠是国家间合作核心，平衡增长是全球经济长期发展关键，习近平提出的利益融合应当被各国政府所重视。②

（2）积极参与全球经济治理

加拿大多伦多大学全球首脑项目负责人艾伦·亚历山德罗夫说，习近平的讲话表明，中国视 G20 为同各国加强合作的重要平台，愿意同各成员同舟共济，最终实现互利共赢。这体现出中国是一个负责任、有担当的大国。加拿大不列颠哥伦比亚大学亚洲研究院院长肖逸夫说，完全同意习近平关于完善全球经济治理、使之更加公平公正的主张。在 G20、金砖国家等多边机制内，中国一贯呼吁合作共赢精神，维护共同利益，实现共同发展。俄罗斯著名汉学家索加威认为，中国经济和世界经济紧密结合，中国经济的稳定发展对世界经济起到积极推动作用。习近平呼吁对国际金融机构进行改革，制定

---

① 《全球合作打击逃税进入升级版 打击跨境逃税成共识》，《经济参考报》2013 年 9 月 27 日。

② 《坚持开放战略 实现互利共赢——国际社会高度评价习近平主席访问中亚四国并出席二十国集团领导人峰会和上合组织峰会（一）》，《人民日报》2013 年 9 月 15 日。

反映各国经济总量在世界经济中权重的新份额公式，说明中国不仅对新兴经济体经济可持续增长充满信心，同时也反映出新兴经济体在世界经济中的作用。印中经济与文化协会秘书长萨奇伯表示，习近平提出要把 G20 建设成稳定世界经济、构建国际金融安全网、改善全球经济治理的重要力量，这个建议非常重要而且可行。G20 是全球经济治理的重要平台，中国应该在其中发挥更加积极主动的作用。

（3）坚定推动国内经济改革

加拿大多伦多大学全球首脑项目负责人艾伦·亚历山德罗夫指出，中国经济在改革开放后发展迅猛，取得了令世人瞩目的成就。中国新一代领导人清楚认识到，原有增长方式已经无法满足中国经济的进一步发展，结构性改革尤为重要。坚定推进改革是中国发展的长久之计，体现出中国领导人的智慧和自信。法国中国问题专家皮埃尔·皮卡尔认为，中国经济基本面良好，为解决经济的长远发展问题，坚定推动结构改革，说明了中国政府的远见卓识。[1] 日本信金中央金库海外业务支援部高级审议官露口洋介表示，中国经济基本面是好的，中国经济的稳定发展将为世界经济作出贡献。习近平在讲话中特别就深化利率和汇率市场化改革、增强人民币汇率弹性等金融方面的改革进行了更为具体的说明，这被视为中国切实推进相关措施的明确表示，这将有助于中国经济更加稳定发展，有助于中国经济与世界经济更加顺畅对接，也有助于世界经济的整体发展。

（4）维护发展中国家利益

巴黎政治学院经济学教授菲利普·马丁表示，当前世界经济形势十分严峻，一些新兴市场国家经济出现问题，中国并没有受到影响。中国一贯主张世界经济要保持稳定，在 G20 峰会上积极推动世界对新兴市场国家施以援手。巴西热图里奥·瓦加斯基金会教授埃瓦尔多·阿尔维斯说，中国等金砖国家在此次 G20 峰会期间要求发达国家对全球经济切实负起责任。新兴经济体的相关要求被写入峰会最后文件，峰会最后发表的声明首次兼顾到新兴经济体国家的利益。突尼斯大学高等经贸学院教授卡拉伊·亚希内指出，中国等发展中国家通过此次峰会，用发展潜力证明其在世界经济中所处的重要地位，用合作能力展示其将发挥越来越大的影响作用。他相信中国将继续给包括非洲与阿拉伯国家在内的世界经济的复苏带来更多信心和更强动力。肯尼亚内罗毕大学外交和国际关系研究学院讲师马加利亚·穆涅涅说，他注意到习近平在讲话中提到要维护自由、开放、非歧视的多边贸易体制，要探讨完善全球投资规则，引导全球发展资本合理流动，更加有效地配置发展资源，中国的主张对解决发展中国家面临的问题具有重要意义。[2]

---

① 《维护和发展开放型世界经济的坚定决心——国际社会积极评价习近平在二十国集团峰会上的讲话》，新华社 2013 年 9 月 6 日电。

② 《同舟共济 共谋发展 合作共赢——国际社会高度评价习近平主席访问中亚四国并出席二十国集团领导人峰会和上合组织峰会》，新华网北京 2013 年 9 月 14 日电。

二、建设性地积极参与全球气候治理

2013 年，雾霾天气席卷中国大地，成为国内民众和国际社会关注的焦点事件。以此为契机，中国政府更加自觉地在国内积极应对气候变化，采取的政策与行动及其成效备受关注。面对更加激烈与复杂的博弈，中国继续以高度负责的态度，一如既往地发挥建设性作用，尽最大努力推动华沙气候会议取得积极进展。与此同时，中国还更加广泛地参与全球气候治理合作，在全球气候治理中的地位和作用进一步显现。

1. 自觉地在国内积极应对气候变化

国内应对气候变化的政策与行动及其成效，既是各国参与全球气候治理利益博弈、拥有话语权的重要支撑，也是国际气候谈判能够取得积极进展的关键依托。2013 年，中国把生态文明建设放到更加突出的位置，变被动为主动、化不利为有利，将防治雾霾、减缓大气污染与应对气候变化紧密结合，并视其为调整能源结构、转变发展方式的重要突破口和有力促进，节能减排的政策措施愈加强硬、执行力度不断加大。过去 8 年，中国已降低单位 GDP 能耗 26.4%，降低碳强度 28%，节能 9.8 亿吨标准煤，减少 CO_2 排放 23.5 亿吨以上，非化石能源占一次能源比重达 9.6%。[1]

（1）加强顶层设计和基础能力建设，减缓与适应并重

2013 年，中国相继发布《能源发展"十二五"规划》、《绿色建筑行动方案》、《低碳产品认证管理暂行办法》、《2013 年工业节能与绿色发展专项行动实施方案》和《关于加快发展节能环保产业的意见》。5 月发布的《关于加强应对气候变化统计工作的意见》进一步明确，应对气候变化的统计指标应包括气候变化及影响、适应气候变化、控制温室气体排放、应对气候变化的资金投入、应对气候变化相关管理 5 大类 19 小类共 36 项指标。发电、电网、民航和钢铁、化工、电解铝、水泥、陶瓷生产等首批 10 个行业企业《温室气体排放核算方法与报告指南（试行）》在 10 月发布，国家、地方、企业三级温室气体排放核算工作体系的构建步伐加快。国家发改委还会同有关部门，对各地 2012 年度控制碳排放目标的完成情况进行试评价考核，进一步落实碳强度下降目标责任制。中国人口众多，气候条件复杂、地区发展不平衡，在可持续发展框架下适应气候变化的任务十分繁重。2013 年 11 月，中国正式发布《国家适应气候变化战略》，明确到 2020 年中国适应气候变化的指导思想和原则，提出适应目标、重点任务、区域格局和保障措施，并要求各级政府将适应气候变化纳入经济社会发展的全过程，制定相应的适应气候变化方案。

---

① 顾虹：《全球意志下的能源责任》，《中国石油报》2013 年 11 月 29 日。

（2）以治理雾霾提高公众意识，促进节能减排

公众应对气候变化意识的提高，既是低碳转型得以顺利展开的重要推动力量，也是雾霾及其防治能够促进节能减排的原因之一。中国城市居民环保态度调查结果表明，77%认为环保应优先于经济发展，近90%愿为环保作贡献。[①] 为更好地鼓励与引导社会各界广泛参与，进一步营造积极应对气候变化、推进低碳发展的良好社会氛围，国务院批准设立的首个"全国低碳日"，以"美丽中国梦，低碳中国行"为主题展开一系列内容丰富、各具特色的低碳宣传活动。中石油、万科、绿色出行基金等企业和民间组织发起成立"中国低碳联盟"，共同发表《中国低碳联盟宣言》。中国是全球第一大煤炭消费国，雾霾的产生与煤炭的密集使用密不可分，防治雾霾也因此与调整能源及经济结构、转变增长方式有机联系在一起，进而与应对气候变化的政策措施相辅相成、互为促进。9月公布的《大气污染防治行动计划》明确，控制煤炭消费总量，加快清洁能源替代利用，到2017年，全国地级及以上城市可吸入颗粒物浓度比2012年下降10%以上，煤炭占能源消费总量比重由目前的70%降低到65%以下，非化石能源消费比重由9.1%提高到13%；京津冀、长三角、珠三角等区域细颗粒物浓度分别下降25%、20%、15%左右，力争实现煤炭消费总量负增长；国务院与各省（区、市）签订大气污染防治目标责任书，其考核、评估结果作为对领导班子及干部综合考核评价的重要依据。[②] 京津冀等地区的煤炭消费总量控制试点业已展开。

（3）进一步扩大低碳发展试点示范，碳交易市场体系取得积极进展

全国已有42个省市开展低碳省区和低碳城市试点，深圳、上海等试点地区已提出碳排放总量控制和峰值年目标。通用硅酸盐水泥、平板玻璃、铝合金建筑型材、中小型三相异步电动机4种产品被纳入《低碳产品认证管理暂行办法》第一批认证目录，广东、重庆等地的低碳产品认证试点已经展开。国家发改委专门下发《关于推动碳捕集、利用和封存试验示范的通知》。天津、重庆、北京等26个城市还开展了低碳交通运输体系建设试点。低碳社区和低碳工业试验园区的试点正在研究中。2013年也被视为中国碳交易元年，碳市场潜力显现。十八届三中全会明确，"发展环保市场，推行节能量、碳排放权……交易制度"。首批七个省市中（北京市、天津市、上海市、重庆市、湖北省、广东省和深圳市），深圳、上海的碳排放交易试点，分别于2013年6月和11月正式启动；北京、天津、广东的碳排放交易试点于2013年12月正式启动，且均以工业企业为重点对象。深圳的碳排放交易体系主要覆盖电力、水务、建筑、制造业4大板块，纳入635家工业企业、197栋大型公共建筑的配额，并允许个人参与其中，运行半年成交19万吨1300万元。[③] 上海出台包括碳排放核算指南及各试点行业核算方法的碳排放地方管理办法，试点阶段配额免费发放，2013至2015年共有191家企业纳入配额

---

① 上海交通大学民意与舆情调查研究中心的此次调查，在全国34个城市居民中进行抽样，含3400个有效样本。参见蔡新华、刘静：《环境保护应优先于经济发展》，《中国环境报》2013年5月15日。

② 李禾：《国务院发布大气污染防治行动计划》，《科技日报》2013年9月13日。

③ 谢静：《深圳人均碳排放媲美东京》，《深圳商报》2014年1月3日。

管理范围，约占上海 CO_2 排放总量的 50% 以上。① 北京的碳排放权交易主要针对行政区域内源于固定设施的排放，年 CO_2 排放量大于 1 万吨（含）的重点排放单位履行年度控制排放责任，490 家单位被纳入交易体系，占北京排放总量的 40% 左右②，其还首先发布《碳排放配额场外交易实施细则（试行）》。天津将钢铁、化工、电力热力、石化、油气开采 5 个行业中，2009 年以来年 CO_2 排放 2 万吨以上的 114 家企业单位纳入初期试点范围，允许试点企业通过购买核证自愿减排量抵扣其不超过 10% 年度排放量的碳排放量。③ 广东的首批碳排放权管理覆盖电力、钢铁、石化、水泥 4 个行业 202 家现有控排企业及 40 家新建项目企业，并率先建立碳排放权有偿发放制度，配额发放以免费为主、有偿为辅，2013—2014 年控排企业项目企业的免费配额和有偿配额比例分别为 97% 和 3%。④ 京津冀晋蒙鲁签订跨区域碳排放权交易合作研究协议，为建设区域及全国统一的碳交易市场进一步奠定基础。据预测，通过 7 省市的碳交易试点，2014 年中国有望成为全球第二大碳排放权交易市场，覆盖 7 亿吨碳排放，仅次于欧洲的 21 亿吨。⑤

2. 建设性地积极参与国际气候谈判

华沙气候会议既是 2013 年国际气候谈判的年终盘点，也是全球气候进程承上启下的关键节点，不仅要落实巴厘路线图谈判成果，还要启动德班平台谈判，推动其继续前行。随着碳排放量的不断增加和经济实力的日渐增强，中国已成为国际气候谈判焦点中的焦点，对谈判进程的影响与日俱增。充分发挥"基础四国"的核心作用，切实加强"77 国集团+中国"的团结和声音，按照"共同但有区别的责任"、公平和各自能力原则，坚持开放性和灵活性，中国一如既往地秉持最大诚意、尽最大努力推动华沙气候会议取得积极进展。

（1）中国参加华沙气候会议的态度和立场

《中国应对气候变化的政策与行动 2013 年度报告》指出，华沙气候会议的首要任务是采取切实行动落实巴厘路线图谈判成果，推动各方尽快批准京都议定书第二承诺期修正案，并在公约相关机制下继续讨论未决问题，落实业已达成的协议和作出的承诺；资金问题为重中之重，发达国家应确保 2013—2015 年出资规模不少于快速启动资金，提出实现 2020 年出资 1000 亿美元目标的清晰路线图，并尽快向绿色气候基金注资；发达国家兑现已作出的承诺，并进一步提高 2020 年前行动力度，是维护各方互信的基础

---

① 曹继军、颜维琦：《中国碳市场：用市场机制力推节能减排》，《光明日报》2013 年 11 月 29 日。
② 杨汛：《北京碳排放权市场明天开市》，《北京日报》2013 年 11 月 27 日。
③ 靳博：《天津正式启动碳排放权交易》，《人民日报》2013 年 12 月 27 日。
④ 彭国华：《广东碳排放权交易或 12 月中旬上线》，《南方日报》2013 年 11 月 29 日。
⑤ 林火灿：《我国碳交易"市场版图"逐步扩大》，《经济日报》2013 年 11 月 29 日。

和德班平台谈判取得进展的前提及保证。① 中国在华沙气候会议高级别会议上再次重申上述立场主张，并敦促各方坚守公约及其议定书国际气候合作的主渠道地位，平衡围绕减缓、适应、资金、技术等公约支柱，启动德班平台谈判。②

发达国家的谈判立场有所倒退，日本宣布的到 2020 年的减排目标较之前的承诺"比 1990 年减排 25%"反而增加 3.1%，澳大利亚声称要求发达国家作出新的出资承诺既不现实也不可接受。面对发达国家整体的意愿不足和缓慢得几近停滞的谈判进展、深受打击的谈判信心和持续弥漫的失望情绪，中国一方面明确表示，日本的承诺"不仅是从京都议定书的倒退，更是公约义务履行倒退的开始"③；另一方面坚定地与发展中国家站在一起，用一个声音讲话。中国代表团副团长苏伟在开幕式上代表"基础四国"发言，督促发达国家兑现资金承诺，提出大于快速启动资金的具体资金支持数目，且以公共财政为主、私营部门资金只起补充作用。④ 中国还明确支持巴西关于邀请联合国政府间气候变化专门委员会（IPCC）基于 1850 年后各国排放情况评估其应对气候变化的历史责任，并将相关数据作为制定 2020 年后气候协议参考的提案。⑤

中国代表团团长解振华更是针对谈判出现的四大争议态度鲜明地指出，尽管 2020 年后的气候协议"适用于所有缔约方"，共同但有区别的责任原则依然必须坚持；新协议应注重包括减缓和适应在内的各要素的平衡，体现巴厘路线图透明度、核查等要求；2020 年前各国减排努力和预期目标的差距，主要源于发达国家的减排未能达到应有水平；中国对 2020 年后的气候协议持灵活态度，认为应由其内容决定法律形式。⑥ 此外，中国还在华沙德班平台高级别对话会议上强调，德班平台谈判的精髓是"加强行动"，通过所有各方进一步的行动，加强公约持续、全面、有效的实施：公约及其议定书是合作的基石，谈判的关键是要坚持公约的框架和原则；无论 2020 年前行动力度的提高，还是 2020 年后强化行动安排，都应以统筹平衡的方式，绝不能重减排轻适应、资金和技术；有效基于务实行动。⑦

（2）华沙气候会议成果及中国对国际气候谈判的期待

华沙气候会议主要取得了两方面成果：一是重申落实巴厘路线图成果对提高 2020

---

① 国家发改委：《中国应对气候变化的政策与行动 2013 年度报告》，中国环境出版社 2014 年版，第 42、43 页。

② 俞岚、周锐：《解振华在高级别会议发言：资金是华沙会议成败关键》，中国新闻网：http://finance.chinanews.com/cj/2013/11-20/5527476. shtml。

③ 深圳特区报讯：《日本减排目标"开倒车"遭谴责》，《深圳特区报》2013 年 11 月 17 日。

④ 周锐：《苏伟代表基础四国发言 督促发达国家兑现资金承诺》，中国新闻网：http://www.chinanews.com/gn/2013/11-12/5489419. shtml。

⑤ 龙金光、严巧：《否认历史责任 谈判就无公正可言》，《南方日报》2013 年 11 月 20 日。

⑥ 周锐、俞岚：《气候谈判现四大争议 解振华详解中国立场》，中国新闻网：http://www.chinanews.com/gn/2013/11-19/5517164. shtml。

⑦ 韩梅、姜岩、张正富：《解振华：加强气候变化公约全面、有效和持续实施》，新华网：http://news.xinhuanet.com/2013-11/22/c_ 118243510. htm。

年前行动力度的重要性，围绕资金、损失和损害问题达成系列机制安排，为推动绿色气候基金注资和运转奠定基础；二是重申德班平台谈判在公约下进行，为沿着加强公约实施的正确方向不断前行奠定政治基础，并向国际社会发出确保 2015 年达成协议的积极信号。中国呼吁发达国家进一步兑现承诺，以维护各方互信，提振国际社会对气候变化多边进程的信心；希望继续遵循公约确立的原则，推动德班平台展开正式、平衡、务实的谈判。①

3. 广泛参与全球气候治理合作

（1）不断深化南南气候治理合作

中国是南南合作的积极倡导者，除不断加强"基础四国"等磋商机制与联合研究，积极维护发展中国家利益，还一直在为发展中国家应对气候变化提供力所能及的资金、技术、能力建设等帮助和支持，交流并分享自身应对气候变化的经验和教训。中国在 2010 年"里约+20"会议上宣布安排 2 亿元人民币开展为期 3 年的应对气候变化南南合作，在 2012 年联合国可持续发展大会又承诺 2011 年到 2013 年每年安排约 1000 万美元帮助非洲、最不发达和小岛屿国家应对气候变化。中国应对气候变化南南合作的力度不断加大，合作的领域与范围逐步扩展，已与乌干达、布隆迪、多米尼克等 12 个发展中国家签订《关于应对气候变化物资赠送的谅解备忘录》，赠送节能灯 90 万盏、节能空调 1 万台、家用太阳能发电系统 6000 套，举办 28 期培训班，为 114 个发展中国家培训 800 多名政府官员和技术人员。② 中国还在 2013 年 9 月应对气候变化南南合作政策与行动研讨会上表示，将加强与联合国机构和多边金融组织的合作，共同建设气候变化南南合作网络，探讨建立气候变化南南合作基金，未来两年再为发展中国家应对气候变化培训 2000 人。③

（2）加强与发达国家的气候治理合作

气候治理合作成为 2013 年中美关系的新亮点。中美两国元首会晤，就加强气候变化对话与合作及削减氢氟碳化物达成重要共识。《中美气候变化联合声明》重申推进应对气候变化具体行动能够成为双边关系的一个支柱，明确将建立气候变化工作组，总结梳理现有合作情况和加强合作的潜在机会，确定具体合作行动新领域。④ 第五轮中美战略与经济对话专门举行气候变化特别联系会议，听取并核准《中美气候变化工作组向战略与经济对话的报告》，决定通过载重及其他汽车减排，智能电网，碳捕集、利用和封存，温室气体数据收集和管理，建筑和工业能效 5 大领域新的务实合作，加强应对气

---

① 周锐、俞岚：《中方总结气候大会两方面成果 呼吁发达国家兑现承诺》，中国新闻网：http://www.chinanews.com/gj/2013/11-24/5539159.shtml。

② 孔丽频：《中国在承担与自身发展相称的国际义务》，《中国改革报》2013 年 11 月 19 日。

③ 张姝：《加强南南合作共建生态文明》，《滨海时报》2013 年 9 月 16 日。

④ 《中美气候变化联合声明》，《人民日报》2013 年 4 月 14 日。

候变化的行动。① 中欧气候治理合作同样取得重要进展。第 16 次中国欧盟领导人会晤发布《中欧合作 2020 战略规划》，指出绿色增长应成为双方的主要战略和务实合作领域，致力于继续促进各自环境旗舰项目的合作，最大限度发挥中国生态文明建设和欧盟资源效能战略的对接效益。例如，实施中欧能源合作路线图，推动双方在能源立法、政策和标准制定领域加强交流与合作；通过开展中欧碳排放交易能力建设合作项目，推动中国碳排放交易市场建设。②

4. 国际社会积极评价中国参与全球气候治理的努力

2013 年，中国广泛参与全球气候治理合作，愈加重视宣传应对气候变化的努力，阐明对国际气候谈判的主张。中国通过举办华沙气候会议"中国角"17 场系列主题边会等，与各方展开多种渠道、不同方式的对话与交流，不断加大对自身应对气候变化政策、行动及成果的解释、报道和展示力度，全面系统地阐明自身应对气候变化的难点与问题、对国际气候谈判的主张和期待，尽最大努力增进相互之间的理解与信任。

国际社会高度关注中国的减排努力，看好中国低碳发展的前景，积极谋求与中国合作。2013 年，《华尔街日报》等国外媒体对中国的雾霾和空气污染治理及降低煤炭能源消耗、调整能源结构进行大量报道。美国环保局长吉娜·麦卡锡认为，中美在清洁能源与气候变化领域的合作有着持久而广阔的前景③。欧盟委员会负责环境事务的委员亚内兹·波托奇尼克指出，中欧应携手致力于全球可持续发展，中国的生态文明概念和欧洲的资源效率概念异曲同工，中国"'十二五'规划"和欧洲"2020 战略"更加不谋而合。④ 英国国会下议院能源及气候变化特别委员会主席蒂姆·叶奥表示，全球都在关注中国的低碳转型，英国希望和中国在这方面进行合作。⑤

中国应对气候变化的成效和作用日益受到国际社会的肯定。联合国秘书长潘基文出席华沙气候会议时明确表示，对中国应对气候变化的努力，包括碳市场等方面的进展印象深刻。⑥ 美国气候变化特使斯特恩认为，近年来中国大力开发新能源，发展低碳经济，为减少碳排放作出巨大努力，也取得积极效果。⑦ 欧盟委员会负责气候事务的委员康妮·赫泽高指出，中国已作出许多很实际、非常振奋人心的气候努力，应当在全球气

① 《第五轮中美战略与经济对话框架下战略对话具体成果清单》，《人民日报》2013 年 7 月 13 日。

② 《第十六次中欧领导人会晤发表〈中欧合作 2020 战略规划〉》，《人民日报》2013 年 11 月 24 日。

③ 吕晓红：《美国环保局长：中美清洁能源与气候变化合作长久前景广阔》，国际在线，http://gb.cri.cn/42071/2013/12/03/6071s4343201.htm。

④ 王朝文、缪晓娟：《波托奇尼克：中国是值得欧盟信赖的实力伙伴》，新华网，http://news.xinhuanet.com/2013-10/23/c_117834293.htm。

⑤ 郝静：《蒂姆·叶奥："全球都在关注中国的转型"》，《华夏时报》2013 年 6 月 1 日。

⑥ 郭丽君：《潘基文高度评价中国应对气候变化做出的努力》，《光明日报》2013 年 11 月 21 日。

⑦ 廖政军：《美气候变化特使期待美中不断深化合作》，人民网，http://world.people.com.cn/n/2013/1109/c1002-23487439.html。

候谈判中得到其他国家的关注。① 澳大利亚独立机构气候委员会的报告称，2012 年中国投入 651 亿美元发展清洁能源，占 G20 在该领域投资的 30%，远高于美国的 356 亿美元；中国应对气候变化的雄心和承诺令人钦佩，为全球应对气候变化增强了信心。②

中国广泛参与全球气候治理合作备受关注，广受赞扬。潘基文对中美两国在氢氟碳化物问题上的共识及成立气候变化工作组表示赞赏，认为其是主要经济大国合作应对气候变化的范例。③ 联合国开发计划署署长海伦·克拉克指出，中国帮助发展中国家的方式切合实际，成果显著，"在南南合作中所扮演的领导角色得到了国际社会的认可"。④

三、广泛参与全球公域治理与合作

全球公域治理是近年来新兴的全球治理新领域，各主要大国都投身其中并试图在治理规则形成过程中发挥影响。2013 年，中国广泛参与了涉及网络安全、极地事务、太空开发与利用等全球公域的治理与合作，其中尤为突出的是在网络安全和极地事务治理与合作方面取得了新突破。

1. 中美开展网络安全对话

随着互联网在世界范围内越来越广泛的应用，网络安全问题已经成为世界各国都共同面临的新挑战。在 2013 年美国的《情报界安全威胁评估报告》中，网络威胁已经被列为美国面临的各类国家安全威胁之首。为此，美国不惜投入大量资源通过网络获取各种情报，哪怕这样做会面临国内外舆论的批评和质疑。而在中美关系中，网络安全问题已经扩展到政治、经济和军事等诸多领域，双方在网络治理的原则规范以及应当建立一定的规则方面一直存在分歧。比如，美国一直指责中国的互联网限制访问和内容审查政策，还一直抱怨美国的很多商业和技术机密信息受到来自中国黑客的攻击，暗示这些行为是受到中国政府的支持。

2013 年 3 月 11 日，美国总统国家安全事务助理多尼伦在纽约亚洲协会表示，网络安全已成为美中两国经济关系中一个越来越大的挑战。他还对中国提出了所谓的三个要求：第一，中国应当认识到这个问题的紧迫性和严重性，以及对美中关系所造成的影响；其次，中国应当采取认真举措，调查并制止这些活动；最后，美中应该开展有建设性的直接对话，在网络领域确立可以接受的行为准则。对此，中国外交部发言人华春莹表示，网络空间需要的不是战争，而是规则与合作。中方反对将网络空间变为新的战

---

① 王朝文、缪晓娟：《波托奇尼克：中国是值得欧盟信赖的实力伙伴》，新华网，http：//news. xinhuanet.com/2013-10/23/c_ 117834293. htm。

② 李景卫：《中国清洁能源投资额是美国的 1.8 倍》，《人民日报》2013 年 4 月 30 日。

③ 郭丽君：《潘基文高度评价中国应对气候变化做出的努力》，《光明日报》2013 年 11 月 21 日。

④ 孔丽频：《南南合作 为应对气候变化注入新活力》，《中国改革报》2013 年 11 月 22 日。

场。华春莹说，网络安全是一个全球性的问题。"事实上，中国在网络安全方面是弱势群体，也是遭受网络攻击最严重的国家之一。"她指出，中国政府高度重视互联网安全问题，坚决反对并依法打击网络攻击行为。华春莹强调，中方愿本着相互尊重、相互信任的原则，与包括美国在内的国际社会一道，开展建设性对话与合作，共同维护网络空间的"和平、安全、开放、合作"。

实际上，中国也一直对美国利用其技术优势通过互联网干预中国内部事务保持高度警惕，事实表明，中国同样受到大量的网络攻击。例如，根据中国国家互联网应急中心数据显示，在 2013 年 1 月 1 日至 2 月 28 日不足 60 天的时间里，境外 6747 台木马或僵尸网络控制服务器控制了中国境内 190 万余台主机，其中位于美国的 2194 台控制服务器控制了中国境内 128.7 万台主机。美国所主张的完全不受限制的网络开放涉及对他国主权的干预，可能威胁其他国家的内部政治经济稳定。近两年中美双方也一直通过各种渠道在进行网络安全对话，试图确立一些规则，也在诸如共同打击互联网诈骗这种问题上取得了一定的进展，但总的来说进展不大。美国还拒绝了中俄在联合国发起的"信息安全国际行为准则"。

2013 年 6 月，英国《卫报》根据美国前中情局职员爱德华·斯诺登提供的信息，首先披露了美国国家安全局自 2007 年就开始实施代号"棱镜"的绝密电子监听计划。该计划能够对即时通信和既存资料进行深度的监听。许可的监听对象包括任何在美国以外地区使用参与计划公司服务的客户，或是任何与国外人士通信的美国公民。此后，随着更多信息的披露，表明美国政府的这一监控行为不但针对美国公民，也通过其掌控互联网的优势扩大到其他国家的机构和个人，甚至包括美国盟国的政治人物。世界舆论为之哗然。

斯诺登事件为中美进行网络安全对话提供了新的背景。2013 年 7 月 8 日，中美作为全球两个最大的互联网使用者在战略安全对话框架下举行了第一次网络工作组会议。这次会议是在 6 月两国元首举行的"庄园会晤"中决定推动的，在首脑会晤中，中方明确指出，中方是网络攻击行为的受害者，是网络安全的坚定维护者，在网络安全上，中美面临着共同挑战。网络安全不应成为双方摩擦和互不信任的源头，而应成为双方合作的新领域。中美双方应通过合作对话，并通过联合国这一渠道，推动建立公正、民主、透明的互联网国际机制，构建和平、安全、开放、合作的网络空间。

中国外交部、国防部、公安部、工业和信息化部、商务部、国务院新闻办公室和美国国务院、国防部、国土安全部、司法部、财政部、商务部、联邦调查局及总统国家安全事务委员会等部门官员参加。双方就网络工作组机制建设、两国网络关系、网络空间国际规则、双边对话合作措施以及其他共同关心的问题进行了坦诚、深入的交流。双方表示，愿本着相互尊重、平等对话的原则建设好这一机制，使之为双方增信释疑、管控分歧、拓展合作发挥积极作用。

美国国务院负责网络事务的协调官克里斯·裴恩特表示，美方与"中国同僚进行了建设性的讨论，其中就包括如何规范网络空间的行为"。"为增进合作，并加强双方之间的理解与透明度，双方都提出了切实可行的建议。"他希望中美首次网络工作组会议能够成为两国在网络安全问题上进行实质性讨论的开端。在 2013 年 7 月 10 日中美新一轮战略与经济对话开幕式上，美国副总统拜登和财政部长雅各布·卢都谈到了网络问题，但他们纷纷回避斯诺登事件中曝光的美国对华网络攻击和监控行为，而纠缠于所谓的"商业盗窃"。

中国驻美国大使崔天凯则在接受美国有线电视新闻网（CNN）"阿曼普"栏目专访时表示，网络安全是国际社会共同面临的问题和挑战，中美双方应开展合作共同应对这一新的挑战，而非相互指责。两国在战略与经济对话框架下成立了网络工作组，希望该工作组成为双方在网络安全领域开展合作的良好开端。中美之间拥有广泛的共同利益和诉求，网络安全只是中美关系的一个方面，我们应避免让某一方面的问题影响整个中美关系的发展。①

实际上，国际社会对网络安全的界定并不一致，美国在 1999 年国家安全战略报告中首次使用"网络安全"这个词时也并未明确界定其内涵。在国际电信联盟提供的工作定义中："网络安全是用以保护网络环境和机构及用户资产的各种工具、政策、安全理念、安全保障、指导原则、风险管理方式、行动、培训、最佳做法、保证和技术的总和"②，显然可以看出这更多地出自于技术层面，而不同国家在针对技术上面临的共同挑战和威胁时，相对容易实现合作。现实中各国更担心的是通过网络这一工具发起的可能导致国家政治、经济乃至其他领域的不稳定状况。

在当前这种网络安全全球治理制度化水平低下的局面下，美国还掌握着网络空间关键资源的分配权，如目前互联网域名及地址分配是由"互联网名称与数字地址分配机构（ICANN）"管理，虽然该机构名义上是一个由全球商业、技术及学术专家组成的国际组织，各国政府可派人员参与政府咨询委员会，但关键权力如域名控制和否决权是由美国商务部通过与 ICANN 的协议保持，所以正如有研究者所指出的，"互联网名称与数字地址分配机构就是美国对互联网实施控制的工具"。③ 所以，正如中国在《中国互联网状况》白皮书所指出的，各国都有平等参与国际互联网基础资源管理的权利，应在现有管理模式的基础上，建立一个多边透明的国际分配体系，合理分配互联网基础资源。

中美就网络安全对话是一个双赢的结果，这标志着双方愿意通过对话与合作解决各自网络安全威胁，维护全球网络空间的和平与安全。不过这一对话仅仅是这一艰巨任务的起步，如何制定一些能为各方共同接受的原则和规则，甚至联合打击网络犯罪，中美两国任重道远。

---

① 张喆：《中美开始对话网络安全》，《东方早报》2013 年 7 月 10 日。
② 转引自汪晓风：《中美关系中的网络安全问题》，《美国研究》2013 年第 3 期，第 10 页。
③ Kenneth Neil Cukier, "Who will control the internet?", *Foreign Affairs*, Vol. 84, No. 6, 2006, p. 7.

2. 中国加入北极理事会

2013 年 5 月 15 日，在瑞典基律纳召开的北极理事会第八次部长级会议上，来自 5 个北欧国家、美国、加拿大及俄罗斯一致同意，中国等 6 个国家获得北极理事会正式观察员国身份。瑞典外交大臣比尔特宣布了北极理事会这一决定，并表示，北极理事会欢迎中国、日本、韩国、新加坡、印度、意大利成为正式观察员国。

与会的中国外交部气候变化谈判特别代表高风在接受新华社记者专访时说："中国 2006 年就提出了申请，今天北极理事会决定吸纳中国为正式观察员国是正确的选择。目前，中国对北极的了解还很有限，中国需要先对北极进行深入了解，才能更好地参与到北极事务的国际合作当中。"中国加入理事会后，下一步主要做三方面的工作：首先是加强对北极的了解和研究，目前中国在这方面的差距较大；第二是保护北极环境，这对北极未来发展至关重要；第三是对北极进行可持续开发和利用，这涉及北极航道、北极资源开发和极地渔业问题等。[①] 不过，正如高风所指出的，成为正式观察员，首先政治意义比较大，标志着北极理事会承认中国在北极事务中的地位、作用和贡献，认为中国是北极事务的利益相关方。同时，理事会也期待中国作出更多贡献。其次，成为正式观察员，中国有权参加北极理事会下设各个工作组的工作，这是最实质的权利。在这次会议上，与会部长级官员还共同签署了《基律纳宣言》，宣言不仅强调了维护北极地区的和平稳定及建设性合作的重要性，还强调了可持续利用资源、经济发展及环境保护的重要性，并再次重申通过国际合作应对气候变化的紧迫性。

北极理事会成立于 1996 年，目前由加拿大、俄罗斯、美国、瑞典、挪威、丹麦、冰岛、芬兰八国代表组成。自 2011 年后，理事会为了增强在北极事务上的影响力，专门设立了负责其日常运转的秘书处。美俄等国也纷纷加大了对理事会的资金投入，希望进一步提升理事会的国际影响力。总体看，近年来北极理事会扩容议题不断升温主要有两大原因。一方面，北极开发不断加速，使各国对北极事务的关注迅速上升，越来越多的国家希望通过参加北极理事会涉足北极事务。而全球变暖导致的北极冰盖加速融解，以及不断在北极地区探明的各种丰富资源，则进一步加剧了这一态势。在此情况下，过去难以实现的北极深海资源大规模开发与北极航道开通越来越有可能在未来的数十年内成为现实。据统计，北极蕴含了全球未开发石油的 20% 和未开发天然气的 1/3。目前北极东北航道通航期已增加到每年的 8 月至 10 月；最早至 2020 年，北极东北航道将可投入商用。届时，北大西洋至太平洋的距离将大为缩小。这些利好消息自然大大增加了各国参与北极事务的兴趣。

另一方面，北极地区至今没有建立起一个专门的关于北极法律地位和开发规则的国际条约。由于南极周边各国于 1959 年签订《南极条约》后，南极地区的领土争端被有

---

① 《中国成为北极理事会正式观察员》，人民网：http://sh.people.com.cn/n/2013/0516/c138654-18668792.html。

效冻结，近年来包括世界自然基金会和世界自然保护联盟在内的诸多国际组织多次呼吁按照南极模式建立统一的北极地区法律。然而，1959 年当《南极条约》签署时，南极领土均未被"有效占领"。而今天的北极八国都在北极建立了自己的社会政治管理制度，很难再通过建立区域机制完全冻结这些国家的主权要求。在此情况下，北极理事会机制就成为各方目前都可以接受的制度安排，即首先通过环保、科考等低敏感领域的合作，缓和化解各方争端，推进甚至实现北极资源的共同开发。而围绕北极理事会未来走向的博弈自然也就成为各方关注的焦点。

北极是全世界的共有财产。一方面，中国虽然不是北极周边国家，却是北极重要政府间条约《斯匹尔卑根群岛条约》的缔约国之一，在北极环保、科考和共同开发等议题上负有不可推卸的责任。目前北极正经历着生态和社会的重要变化，这些变化将对中国所处的北半球自然环境和生态系统产生重要影响，中国政府理所当然应当高度关注北极事务的治理。另一方面，中国作为 1982 年《联合国海洋法公约》的缔约国，享有参加北极公海区域的开发和科考权利。可以说，积极参与北极理事会事务是中国政府的正当权利。

从目前看，未来北极理事会发展成为一个开放性区域组织已成大势所趋。印、日、韩等国这次和中国一起已成为正式观察员。英、法、德、韩等非北极周边国家也都在北极投入巨资建立科考与观察站点。日本正计划于近期修建北极科考站。中国政府则开始着手装备适于北冰洋航行的 8000 吨级重型破冰船，预计 2014 年后就将全面投入使用。北极共同开发的不断推进，决定了北极理事会必然要随之调整。正如加拿大总理哈珀访华时指出的，包括中国在内的国际社会都有权参与北极开发和北极治理。应当说，维护北极生态系统稳定和北极有序开发事关人类共同利益，而北极理事会的扩大和必要改革正是完善北极治理机制的重要一步。

虽然北极从地域上来说只涉及八个国家，但其牵涉的政治、经济、安全和环境等诸多问题都具有明显的外溢效果，所以仅仅依靠八个国家来治理就难以满足未来北极发展的需求。因此，正如有研究所指出的，北极的资源状况、开发潜力与承载能力需要进行统计分析与综合评估，北极的气候变化、生态环境与可持续发展需要进行长期的跟踪监测，北极地区的人口状况、发展水平与人文环境需要关注和评估，北极的地缘竞争与大国博弈状况十分复杂，需要进行多层次、多角度的深入剖析，北极的争端争议问题复杂，而解决机制和治理体系尚在形成过程中，需要从更宽广的视野、更长远的角度进行分析评估和提出建议。[①]

从这次北极理事会接纳更多观察员可以看出，在未来的北极事务中，各国都认识到应当互利合作才能充分利用并保护好北极。实际上，在这次会议之前，中国已加入了北极国际科学委员会、承办了北极科学高峰周会议，建立起北极科学考察站"黄河站"，并已成功举行了五次北极海洋科学考察活动。中国与北极国家互有需求、互补性强，只

---

① 吴雪明：《北极治理评估体系的构建思路与基本框架》，《国际关系研究》2013 年第 3 期。

要以诚相待，完全可以实现互利共赢。未来与北极国家的合作仍应是中国参与北极事务的重点。同时中国还应加强与美国、俄罗斯、加拿大等北极大国的政策交流和务实合作。中国还应继续积极开展北极科研环保领域合作，推进与有关国家在北极航运等领域的合作。

此外，在其他全球治理的领域，如航天合作，中国在 2013 年也不断取得新的成就，正如联合国外层空间事务司司长马兹兰·奥斯曼接受《环球时报》记者专访时强调，在国际航天合作领域，中国成为发展中国家和发达国家的楷模。① 2013 年 12 月 21 日，由中国研制的玻利维亚首颗通信卫星"图帕克·卡塔里"星在西昌成功发射升空，这也是中国为尼日利亚和委内瑞拉等发展中国家提供卫星发射服务进行航天合作的又一次南南合作的标志性事件。这颗卫星将为提高玻利维亚广播通信、远程教育和远程医疗等服务水平发挥重要作用，这次发射不仅展示了两国科技合作的最新成果和水平，而且将为推动中国和拉美国家间的合作作出重要贡献。"图帕克·卡塔里"以玻利维亚抗击殖民者的民族英雄的名字命名，玻利维亚继巴西、阿根廷、智利、哥伦比亚和委内瑞拉之后，成为拉美第六个拥有卫星的国家，同时也成为全世界第 50 个拥有卫星的国家。国家主席习近平与玻利维亚总统莫拉莱斯就玻星成功发射相互致贺，莫拉莱斯还专程到西昌卫星发射中心观看了整个发射过程，这也是外国国家元首首次到中国航天发射场观看卫星发射。

大事记 9-1　2013 年全球治理主要事件

时间	事件
2013 年 3 月 26—27 日	金砖国家领导人第五次会晤在南非德班举行
2013 年 4 月 13 日	《中美气候变化联合声明》发布
2013 年 5 月 15 日	中国、日本、韩国、新加坡、印度、意大利获得北极理事会正式观察员国身份
2013 年 6 月 5 日	"棱镜门"事件爆发并持续发酵，引发国际社会对美国政府的强烈批评及对网络安全的高度关注
2013 年 6 月 10 日	中美两国元首就加强气候变化对话与合作及削减氢氟碳化物达成重要共识
2013 年 6 月 17—18 日	八国集团（G8）峰会在英国北爱尔兰厄恩湖举行
2013 年 7 月 8 日	中美在战略安全对话框架下举行了第一次网络工作组会议
2013 年 8 月 27 日	中国签署《多边税收征管互助公约》，正式成为该公约第五十六个签约方
2013 年 9 月 5—6 日	G20 领导人第八次峰会在俄罗斯圣彼得堡举行
2013 年 9 月 11—12 日	东盟地区论坛 2013 年网络安全研讨会在中国北京召开
2013 年 9 月 25 日	墨西哥、印度尼西亚、韩国、土耳其、澳大利亚成立中等强国合作体（MIKTA）
2013 年 10 月 17—18 日	2013 年首尔网络空间会议在韩国首尔举行

---

① 《国际航天合作，中国是楷模》，《环球时报》2013 年 9 月 25 日。

时间	事件
2013 年 11 月 11—23 日	联合国第十九次气候变化大会在波兰华沙召开
2013 年 12 月 6 日	金砖国家安全事务高级代表第四次会议决定成立金砖国家网络安全问题工作组
2013 年 12 月 7 日	WTO 第九届部长级会议就多哈回合"早期收获"协议达成一致

第十章　有所作为：
应对地区热点承担大国责任

2013 年以来，地区热点问题延续着升温与平稳交错发展的势头。朝鲜半岛由于朝鲜第三次核试验而陷入持久的僵局之中，叙利亚内战在经历化武危机的紧张后，经过各方努力暂时得以化解，伊朗核问题则由于新领导人当选后的政策调整以及有关各方的积极斡旋，出现了新的阶段性转折。无论是在朝核、伊核问题还是叙利亚危机等一系列地区热点问题中，中国都秉持不干涉内政的原则，同时积极介入，为维护地区和平与稳定发挥着建设性作用，在国际舞台上进一步确立了负责任的崛起大国的形象。

一、朝核问题：劝和促谈、化解危机

2013 年东北亚地区形势总体上延续了 2012 年下半年以来日趋紧张的态势。朝鲜继 2012 年 12 月发射"光明星 3 号"之后，又不顾国际社会强烈反对进行第三次核试验。中国坚持客观公正立场，平衡各方利益诉求，利用自己在半岛问题上的特殊影响力，积极劝和促谈，充分展示了一个负责任的大国形象。

1. 朝核危机再次凸显，半岛局势骤然紧张

2012 年 12 月 12 日，朝鲜发射"银河 3 号"火箭，将"光明星 3 号"卫星成功送入轨道。2013 年 1 月 22 日，联合国安理会一致通过关于朝鲜发射卫星问题的第 2087 号决议。该决议要求朝鲜遵守安理会有关决议规定，不得再使用弹道导弹技术进行发射。决议同时重申，希望寻求以和平、外交和政治方式解决有关问题，呼吁重启六方会谈。1 月 24 日，朝鲜国防委员会发表声明，对该决议予以谴责。声明还宣称将进行更高水平的核试验，为保护国家自主权展开"全面对决战"。2013 年 2 月 12 日，朝鲜宣布进行第三次地下核试验，此举导致半岛局势紧张升级，引起国际社会强烈反应。

联合国秘书长潘基文和联合国安理会发表声明予以强烈谴责，称朝方此举严重违反了安理会相关决议，对国际和平与安全形成明显威胁。2013 年 3 月 7 日，安理会一致通过第 2094 号决议，要求朝鲜不再进行核试验，放弃核武器计划，并重返《不扩散核武器条约》。决议首次将朝鲜相关外交人员和银行业实体等列入制裁范围。这是联合国

迄今对朝鲜实施的第四轮制裁，也是最严厉的制裁。

2013 年 2 月 12 日，美国总统奥巴马发表声明，对朝鲜核试验予以强烈谴责，表示美国将继续采取必要举措"防卫自身和盟国"。韩国、日本和俄罗斯也纷纷发表谴责声明。除发表声明外，美韩同时宣布采取一系列实际措施来应对朝鲜半岛局势。3 月 1 日起，美韩开始举行名为"秃鹫"、"关键决断"等一系列军事演习。

朝鲜也同样作出针锋相对的回应。2013 年 3 月 5 日，朝鲜宣布摒弃《朝鲜停战协定》以及《朝鲜半岛无核化共同宣言》。朝鲜军队加强了诸如海上突袭的各种军事演练。3 月 30 日，朝鲜宣布朝韩关系进入战时状态，所有朝韩之间的问题将根据战时状态来处理。3 月 31 日，朝鲜劳动党中央委员会全体会议决定"实行经济建设和核武力建设并行路线"。4 月 1 日，朝鲜最高人民会议通过了进一步巩固朝鲜核国家地位的法律。4 月 2 日，朝鲜宣布重新整修并启动宁边 5 兆瓦石墨减速反应。4 月 3 日，朝鲜宣布暂时关闭开城工业园区。5 月 19 日，朝鲜发射了一枚短程导弹。半岛局势不仅陷入僵局，甚至有进一步滑向军事对抗危险境地的可能。

2. 中国微调对朝政策，支持国际社会对朝鲜核试验作出适度反应

朝核问题事关朝鲜半岛和东北亚地区的和平与稳定。半岛无核化是中国政府一贯坚持的原则立场。对朝鲜悍然进行第三次核试验，中方不偏袒、不护短，而是站在维护国际核不扩散机制和地区和平稳定的高度，防止朝核危机进一步升级。

针对朝鲜第三次核试验，中国外交部发言人的措辞相较前两次更加严厉，称"中国政府对此表示坚决反对"，"强烈敦促朝方信守无核化承诺，不再采取可能恶化局势的行动"。2013 年 3 月 7 日，中国对联合国安理会关于朝鲜第三次核试验问题的第 2094 号决议投了赞成票。同日，外交部发言人秦刚就此指出，维护半岛和东北亚地区的和平与稳定符合国际社会共同利益。中方支持安理会对朝鲜核试作出必要、适度反应。中方认为该决议表明了国际社会反对朝鲜核试验的立场，同时承诺通过对话与谈判的和平方式解决朝鲜半岛核问题，重申支持并呼吁重启六方会谈，总体上是平衡的。3 月 8 日，外交部发言人华春莹再次指出，中国和朝鲜是正常的国家关系。同时我们坚决反对朝鲜进行核试验，坚决主张实现半岛无核化。3 月 12 日，中国外交部在其官方网站发表声明称，朝鲜不顾国际社会普遍反对，再次进行核试验，中国政府对此表示坚决反对。实现半岛无核化、防止核扩散、维护东北亚和平与稳定，是中方的坚定立场。中方强烈敦促朝方信守无核化承诺，不再采取可能恶化局势的行动。

中国同时采取实际行动遵守和执行联合国制裁朝鲜的相关决议。联合国安理会第 2094 号决议通过后，中国采取加强海关检查等制裁措施。2013 年 4 月 17 日，我国交通运输部国际合作司发布《关于执行联合国安理会第 2094 号决议的通知》，要求所属相关单位采取措施严格执行该决议，以履行我国承担的国际义务。5 月，中国银行冻结了朝鲜贸易银行的账户。朝鲜贸易银行承担朝鲜对外贸易往来支付保证和外汇供给职能，是朝鲜唯一外汇银行。由于朝鲜 70% 以上的对外贸易是和中国进行的，中国此项制裁

措施是联合国相关决议中"金融制裁"的主要内容，对于朝鲜具有极其重要的影响。

3. 反对单纯依赖经济制裁和军事高压手段，坚持以对话方式解决朝核问题

尽管中国赞成联合国安理会制裁朝鲜的决议，但始终反对通过单纯的经济制裁和军事压力来解决朝核问题，而是主张兼顾各方关切和利益。2013 年 1 月 22 日，对朝鲜发射卫星的安理会第 2087 号决议，中国在投赞成票的同时也对制裁内容有所保留。在中方的坚持下，决议最终删除了草案中许多不利于局势缓和和外交努力、也会损害朝鲜经济民生、对外正常贸易和交往的制裁内容和措施。在联合国安理会 2094 号决议的出台过程中，中国秉持客观公正立场，在决议磋商过程中同样发挥了重要的建设性作用。中方坚持认为安理会有关行动应有利于实现半岛无核化，有利于维护半岛和东北亚地区的和平稳定大局。在制定决议草案过程中，中美两国围绕制裁强度和内容进行了长达三周的激烈博弈和艰苦磋商，最终达成了共识。3 月 7 日，中国常驻联合国大使李保东大使在安理会表决 2094 号决议草案后指出，安理会的决议反映了国际社会维护半岛及东北亚地区的和平与稳定、维护国际核不扩散体系、维护半岛无核化进程的共同意愿。但仅靠安理会决议无法从根本上解决问题，必须有外交努力作为后续和支撑。安理会不能为通过决议而通过决议，制裁本身不是目的。当务之急是加大外交努力，缓和紧张局势，尽快把朝核问题拉回到对话协商的正确轨道上来。3 月 9 日，杨洁篪针对朝核问题再次强调，中方始终认为，制裁不是安理会行动的目的，也不是解决有关问题的根本办法。只有标本兼治，通过对话全面均衡解决各方的关切，才是解决问题的唯一正确途径。中方客观、理性、平衡的立场，为以后可能的恢复多边对话奠定了基础。

与此同时，中国对于美韩日等借朝核危机炒作，导致地区安全困境螺旋式上升的做法也进行了批评，敦促双方保持冷静，特别是美韩不应借机军演刺激朝鲜。对于朝美双方不断升高东北亚地区紧张局势的举动，中国发出强烈警告。2013 年 3 月 11 日，韩美开始年度联合军演，引起朝鲜半岛紧张局势的升级。朝鲜抨击军演为"侵略练兵"，并命令全国军民"做好一切战斗准备"。朝鲜还宣布自 3 月 11 日起不再承认《朝鲜停战协定》，将全面终止朝人民军板门店代表部的活动。中国外交部发言人对此特别指出，《朝鲜停战协定》对维护朝鲜半岛和平稳定具有重要作用。中方呼吁有关各方保持冷静克制。3 月 29 日，中国外交部发言人洪磊在例行记者会上针对美方派 B-2 隐形轰炸机参加美韩联合军演一事，呼吁有关各方保持冷静克制，共同推动紧张形势转圜。在朝鲜半岛形势高度复杂敏感，维护半岛和东北亚地区的和平与稳定符合国际社会共同利益。中方要求有关各方保持冷静和克制，避免进一步采取可能导致局势升级的行动。4 月 6 日，王毅同联合国秘书长潘基文通电话时表达了中方的明确立场，即不管局势如何变化，都应坚持通过对话解决问题，坚持推进半岛无核化，坚持维护半岛和平与稳定。王毅特别强调，朝鲜半岛是中国近邻。我们反对任何一方在这一地区的挑衅言行，不允许在中国的家门口生事。中方敦促各方保持冷静克制，推动局势缓和。4 月 7 日，国家主席习近平出席博鳌亚洲论坛并发表讲话指出，"国家无论大小、强弱、贫富，都应该做

和平的维护者和促进者，不能这边搭台、那边拆台，而应该相互补台、好戏连台。国际社会应该倡导综合安全、共同安全、合作安全的理念，使我们的地球村成为共谋发展的大舞台，而不是相互角力的竞技场，更不能为一己之私把一个地区乃至世界搞乱。各国交往频繁，磕磕碰碰在所难免，关键是要坚持通过对话协商与和平谈判，妥善解决矛盾分歧，维护相互关系发展大局。"①

正是基于重视对话，反对将制裁和施压作为解决朝核问题唯一手段的考虑，中方在赞成对朝制裁的同时，仍然重视发展与朝鲜的正常国家关系，通过加强与朝鲜的对话和沟通来发挥自己的影响力。两国通过包括领导人互动和特使外交在内的各层级沟通，深化两国传统友好关系，增进在朝鲜半岛事务和朝核问题上的共识。2013 年 5 月 24 日，习近平主席在会见朝鲜领导人金正恩特使崔龙海时指出，朝鲜半岛无核化和持久和平稳定，是人心所向、大势所趋。中方立场十分明确，不管局势如何变化，有关各方都应坚持半岛无核化目标，坚持维护半岛和平稳定，坚持通过对话协商解决问题。中方希望有关各方保持冷静克制，推动局势缓和，重启六方会谈进程，为实现半岛无核化，维护半岛和东北亚持久和平稳定不懈努力。崔龙海向习近平转交了金正恩亲笔信。他表示，朝方真诚希望发展经济，改善民生，需要营造和平的外部环境。朝方愿与有关各方共同努力，通过六方会谈等多种形式的对话协商妥善解决相关问题，维护半岛和平稳定，朝方愿为此采取积极行动。朝鲜愿意参加六方会谈。崔龙海此次访华释放出的朝鲜愿意重返六方会谈的信息，是朝鲜从 2012 年 12 月发射远程火箭以来对外立场缓和的积极表现，朝鲜半岛局势出现转机迹象。

2013 年 7 月 25 日，中国国家副主席李源潮访问朝鲜并出席朝鲜战争停战 60 周年纪念活动。李源潮在会见朝鲜领导人金正恩时指出，作为朝鲜半岛近邻，中方坚持实现半岛无核化，坚持维护半岛和平稳定，坚持通过对话协商解决有关问题。中方愿与有关各方一道，推动重启六方会谈，致力于推进半岛无核化进程，实现半岛和平和东北亚的长治久安。金正恩表示，朝方支持中国为重启六方会谈所作努力，愿与各方共同努力，维护朝鲜半岛和平稳定。9 月 16 日，中国政府朝鲜半岛事务特别代表武大伟访朝，与朝鲜外务省第一副相金桂冠、副相李勇浩举行磋商，就半岛局势和重启六方会谈问题深入交换了意见。

除政府高层交往外，两国还举行了中朝首次战略对话。中朝两党于 2011 年 6 月启动了两党战略沟通机制。在此基础上，中朝建立了战略对话平台。2013 年 6 月 19 日，朝鲜负责核问题谈判的外务省第一副外相金桂冠访华，与中国副外长张业遂一道出席中朝外交部门战略对话。双方就中朝关系及朝鲜半岛局势等问题深入交换了意见。

4. 加强与美韩等国在朝鲜半岛事务上的互动

中美两国政府各个层级的官员就朝鲜半岛事务一直在展开持续的互动。2013 年以

---

① 《"一己之私"谁来认领?》，《人民日报》（海外版）2013 年 4 月 9 日。

来，中美互动频密，在朝核问题上的沟通进一步增强。特别是在朝鲜进行第三次核试验后，中美在双边和多边层次上就朝核问题达成诸多共识，包括半岛无核化、和平方式解决朝核问题等。2013年1月25日，外交部副部长傅莹和中国政府朝鲜半岛事务特别代表武大伟会见了来华访问的美国政府特使戴维斯，双方在朝核问题上取得了很多共识。4月13日，美国国务卿克里访华，与王毅外长磋商朝核问题。王毅强调，对于朝鲜半岛局势，中方的立场坚定不移，那就是不管出现什么情况，都必须坚持半岛无核化，坚持对话解决问题。克里表示，美国将与中国继续致力于落实2005年六方会谈共同声明及核心目标，力争以和平方式实现朝鲜半岛无核化，为此中美将举行更多高级别磋商。4月21日至25日，武大伟代表访美。武大伟访美期间，会晤了包括美国朝鲜政策特别代表格林·戴维斯、六方会谈特使克利福德·哈特等在内的美政府官员。双方就维护朝鲜半岛和平稳定、实现朝鲜半岛无核化等问题交换意见，一致认为朝鲜半岛无核化对各方均至关重要。

在构建中美新型大国关系的背景下，中美两国元首就朝核问题和朝鲜半岛其他事务也进行卓有成效的沟通。2013年6月7日至8日，中美元首在加州安纳伯格庄园会晤。习近平重申了中方原则立场，强调中方坚持半岛无核化，坚持维护半岛和平稳定，坚持通过对话协商解决朝核及半岛问题。中方将继续为此作出不懈的努力。中美在朝核问题上的原则立场和总体目标是一致的。当务之急是要尽快恢复对话。中方愿与美方保持密切的对话与合作。

两国军方在朝鲜半岛事务上的交流也在加强。2013年4月23日，中国国防部长常万全会见了来华访问的美军参谋长联席会议主席邓普西一行，就朝核问题引发的地区安全局势进行深入探讨。8月，常万全访美期间与美国国防部长哈格尔、总统国家安全事务助理赖斯就网络、朝核等问题进行了深入探讨，表达了对这些问题的关切和立场。常部长访美期间，美方赞赏中方在朝核问题上做的工作，希望继续进行合作，尽快处理朝核问题。

中方对于美国提出的希望中国加强对朝鲜的影响也作出了积极回应。2013年3月，美国财政部负责反恐和金融情报工作的副部长大卫·科恩以及美国国务院负责制裁政策的协调员丹·福来德访华，希望中国在对朝鲜金融制裁方面予以协调。2013年4月12日，美国国务卿克里访韩时指出，中国在朝核问题上具有极大的影响力，希望中美能在对话中找到化解紧张局势的方法。特别值得指出的是，在崔龙海5月访华前，中方还主动将这一信息通报给美国政府，显示中美在朝核问题上的互信有所增强。

中国也加强了与韩国在朝核问题上的互动。作为朝鲜的邻国，中韩在朝核问题上是最为重要的"利益攸关者"。2013年4月24日，韩国外交部长官尹炳世访华，与中国外交部长王毅等人就朝鲜半岛问题进行讨论。5月20日，中共中央外联部部长王家瑞在北京会见韩国国会议员代表团时表示，若要解决朝鲜半岛问题，中国和韩国等相关当事国需共同努力。

朴槿惠当选韩国总统后，采取了与其前任李明博有所区别的对朝和对华政策，在朝核问题上更加强调对话和倚重中国的作用。她当选总统后打破惯例优先访华，凸显韩国新一届政府更加注重对华外交。2013 年 5 月 31 日，朴槿惠在青瓦台接受记者采访时表示，将在 6 月举行的中韩首脑会谈上，强调中国在解决朝核问题上扮演的重要角色。6月 27 日，国家主席习近平同来访的朴槿惠总统举行会谈。两国元首就发展中韩战略合作伙伴关系、加强在朝鲜半岛局势等重大国际和地区问题上的合作深入交换意见，达成广泛共识。两国元首一致认为，双方要共同致力于推动实现半岛无核化，维护地区和平稳定。习近平强调，中方致力于实现半岛无核化的立场是坚定的，态度是严肃和认真的。中方坚决维护半岛和地区和平稳定，反对任何一方破坏地区和平稳定的行为，坚持通过对话协商解决问题。中方欢迎朴槿惠总统提出的"半岛信任进程"构想，支持南北改善关系，实现和解合作，最终实现自主和平统一。中方对韩方提出的"东北亚和平合作构想"予以赞赏和原则支持。李克强在会见朴槿惠总统时也强调，中国坚持朝鲜半岛无核化的立场是一贯的、明确的，也是坚定的。中方坚决维护半岛和平稳定，愿与国际社会共同努力，通过对话协商解决问题。朴槿惠则表示，韩方赞赏中方为解决朝鲜半岛问题发挥的积极作用，愿与中方继续保持密切沟通协调。

在朴槿惠访华期间，两国共同发表了《中韩面向未来联合声明》和《充实中韩战略合作伙伴关系行动计划》。《中韩联合声明》强调指出，双方一致认为，有关核武开发严重威胁包括朝鲜半岛在内的东北亚及世界和平与稳定。实现朝鲜半岛无核化、保持朝鲜半岛和平与稳定符合各方共同利益，一致同意为此共同努力。包括安理会有关决议和"9·19 共同声明"① 在内的国际义务和承诺应予切实履行。双方决定积极努力，在六方会谈框架内加强各种形式的双边、多边对话，为重启六方会谈积极创造条件，以实现朝鲜半岛无核化等目标。

5. 劝和促谈，力促重启六方会谈

六方会谈是利用多边平台处理朝核问题的有益尝试，中国在六方会谈的发起、持续运作的过程中扮演了举足轻重的角色。中方始终认为，应该通过对话协商以和平方式实现半岛无核化，六方会谈正是维护地区和平稳定，实现半岛无核化的有效平台。2008 年年底以来六方会谈陷于停顿。在 2012 年年底和 2013 年年初朝鲜相继进行"射星"和核试验后，恢复六方会谈的可能性更是微乎其微。但中方一直没有停止推动复谈的相关努力。

一是支持朝美对话，为重启六方会谈奠定基础。朝核问题在很大程度上是朝鲜和美国之间关系紧张的体现。朝鲜认为朝鲜半岛危机的根源是美国长期奉行敌视朝鲜的政策，因此多次表示愿与美国展开直接对话。从现实来看，在六方会谈陷入僵局的情况下，朝美直接对话一定程度上有助于缓和半岛紧张局势。自奥巴马 2009 年年初就任美国总统以来，朝美 4 次举行政府间高级别会谈，尤其是 2011 年 7 月至 2012 年 2 月，按

---

① "9·19 共同声明"是 2005 年朝核六方会谈进行到第四轮第二阶段所发表的声明。

照"朝韩对话、朝美对话、六方会谈"的步骤，朝美举行三轮会谈，达成以粮食援助换暂停核活动的"2·29协议"①。美国同意向朝鲜提供24万吨食品，而朝鲜决定，在进行有效的会谈期间暂停核试验、远程导弹试射和宁边的铀浓缩活动，并允许国际原子能机构对暂停铀浓缩活动进行监督。协议签署半个月后，朝鲜宣布发射卫星，美国宣布废弃协议，美朝双边会谈终止。朝鲜第三次核试后，朝美信任更加荡然无存，双边会谈更加困难。

为打破朝核问题僵局，中方多次表态支持朝美对话，希望朝美接触有利于增进互信，为重启六方会谈、妥善解决有关问题创造条件。2013年5月23日，朝鲜领导人金正恩特使崔龙海访华，中方领导人劝说朝鲜坚持半岛无核化目标，尽早重启六方会谈。崔龙海表示，朝方高度赞赏中方为维护半岛和平稳定、推动半岛问题重回对话协商轨道所作的巨大努力，愿接受中方建议，同有关各方开展对话。6月16日，朝鲜国防委员会发言人发表"重要谈话"，提议与美国举行政府间高级别会谈，以缓和朝鲜半岛紧张局势。朝方重申决心实现"整个朝鲜半岛的无核化"，要求美国放弃对朝核威胁、与朝鲜签订和平协定。

二是呼吁各方抓住机遇，尽快重启六方会谈。朝第三次核试验后，恢复六方会谈更加遥遥无期。中国一直尝试利用各种场合，捕捉各种机遇，以期尽快重启六方会谈。特别是对于朝鲜释放出来的缓和局势的信息，中方敦促美国和其他相关方作出积极回应。2013年6月27日，习近平在会见朴槿惠时指出，在各方共同努力下，近来半岛形势正朝着积极方向发生变化，希望有关各方抓住机遇，一道努力，争取早日重启六方会谈。同日，外交部长王毅在出席第二届世界和平论坛时指出，最近半岛形势陆续出现缓和迹象，朝鲜方面再度表示回到半岛无核化目标，愿意进行包括六方会谈在内的各种形式的对话。六方会谈是六方共同的事业，目的就是推动朝鲜弃核，平衡解决各方关切，实现半岛无核化。希望各方都能采取建设性行动，彼此相向而行，不断创造条件，争取尽早把朝核问题再次纳入对话解决的轨道，而不能只是在场外充当观众。9月11日，中国常驻维也纳联合国和其他国际组织代表成竞业在国际原子能机构理事会会议上表示，近一段时期，朝鲜半岛紧张局势出现一些缓和迹象和积极因素，有关各方均显示出对话意愿，中方在缓和紧张局势、推动朝鲜重返谈判等方面做了大量工作。9月18日，六方会谈当事国半官半民形式会议——"纪念六方会谈十周年国际讨论会"在北京举行。王毅外长就推动半岛局势向好的方向发展提出了四点建议：六方都应回到"9·19共同声明"的立场上，在明确无核化目标的大前提下，拿出解决问题的诚意，采取建设性的行动，设置合理的对话平台，通过早日重启六方会谈，将半岛核问题纳入一个可持续、不可逆、逐步建立信任的解决机制。

---

① 2012年2月29日，朝美会谈后宣布，朝鲜决定在朝美举行有效会谈期间暂停核试验、远程导弹试射和宁边的铀浓缩活动，并允许国际原子能机构对朝鲜暂停铀浓缩活动实施监督。美国方面则同意为朝方提供食品，重申不再敌视朝鲜，并逐步改善美朝关系。美朝达成的协议简称为"2·29协议"。

6. 国际社会赞誉中国发挥积极作用

2013 年以来，中国适度调整对朝政策，更加积极地维护朝鲜半岛稳定，赢得国际社会高度评价。2013 年 5 月 24 日，联合国秘书长潘基文对中国为推动朝鲜半岛无核化所发挥的促进作用表示赞赏。5 月 31 日，韩国驻华大使李揆亨在离职仪式上表示，韩国和中国在朝核问题互动过程中增进了互信，值得赞赏。① 美国对中国支持联合国安理会通过 2094 号决议表示欢迎，认为没有与中国政府的合作，不可能推动对制裁的扩大和深化。4 月 14 日，美国国务卿克里指出，中国非常认真地处理朝核问题。中美两国对于合作解决这一问题的重要性达成了一致，并且认为仍应和平地加以解决。②

国际舆论纷纷指出，中国积极做工作，是崔龙海访华释放出愿意重返六方会谈信息的重要原因。《俄罗斯之声》认为，中国利用自己对平壤的影响力，迫使后者回到谈判桌前。崔龙海在北京表示平壤"愿接受中方建议，同有关各方开展对话"，这一表态堪称崔龙海访华的最主要成果，也不啻为北京所取得的重大外交突破。③

即使是美日韩媒体也对中国在朝核问题中扮演的角色予以积极评价。《韩国先驱报》发表评论指出，作为六方会谈中的重要国家，中国在打破半岛僵局方面发挥着重要作用。美联社指出，崔龙海访华传递朝鲜半岛和解信号，彰显中国对朝巨大影响力。④ 日本《产经新闻》认为，"今年以来中国对朝鲜实施的一系列严厉制裁措施已见效。中国履行了大国所肩负的国际责任"⑤。日本《读卖新闻》认为，崔龙海在与习近平的会谈中表示愿重返六方会谈，使中国在外交上赢得了威信。⑥

大事记 10—1　2013 年朝核问题相关事件

时间	事件
2013 年 3 月 7 日	安理会一致通过第 2094 号决议，要求朝鲜不再进行核试验，放弃核武器计划，并重返《不扩散核武器条约》。决议首次将朝鲜相关外交人员和银行业实体等列入制裁范围。中国投了赞成票
2013 年 5 月 24 日	习近平主席在会见朝鲜领导人金正恩特使崔龙海时指出，朝鲜半岛无核化和持久和平稳定，是人心所向、大势所趋。中方希望有关各方保持冷静克制，推动局势缓和，重启六方会谈进程，为实现半岛无核化，维护半岛和东北亚持久和平稳定不懈努力
2013 年 6 月 27 日	习近平在会见朴槿惠时指出，在各方共同努力下，近来半岛形势正朝着积极方向发生变化，希望有关各方抓住机遇，一道努力，争取早日重启六方会谈

---

① 《解决朝核问题，中国扮重要角色》，《新京报》2013 年 6 月 1 日。
② 《美国国务卿：中国正非常认真地处理朝核问题》，《南方都市报》2013 年 4 月 14 日。
③ 俄罗斯之声电台网站，2013 年 5 月 24 日。
④ 美联社北京 2013 年 5 月 24 日电。
⑤ 日本《产经新闻》2013 年 5 月 25 日。
⑥ 日本《读卖新闻》2013 年 5 月 25 日。

续表

时间	事件
2013 年 6 月 19 日	朝鲜第一副外相金桂冠访华，与中国副外长张业遂一道出席中朝外交部门战略对话
2013 年 7 月 25 日	中国国家副主席李源潮访问朝鲜并出席朝鲜战争停战 60 周年纪念活动。李源潮会见了朝鲜领导人金正恩，双方就朝鲜半岛局势交换了意见
2013 年 9 月 18 日	六方会谈当事国半官半民形式会议——"纪念六方会谈十周年国际讨论会"在北京举行。王毅外长就推动半岛局势向好的方向发展提出了四点建议

二、叙利亚危机：发挥建设性作用，公正、务实维护地区稳定

叙利亚与中国有传统友好关系，是最早与新中国建交的阿拉伯国家之一。但自 2011 年起，叙利亚国内局势出现动荡。2011 年 3 月 15 日，受中东剧变的影响，叙南部城市德拉爆发大规模反政府示威，迅速遍及全国。7 月，有部分政府军士兵变节倒戈，宣布成立"叙利亚自由军"，与叙政府军进行作战。随着外部势力介入和内部宗教派别之争加剧，叙利亚局势实际上已经成为美俄大国和中东地区逊尼派、什叶派两大教派博弈的主要战场。

叙利亚危机持续至今，不但给叙本国带来巨大的政治危机和人道主义灾难，也对地区安全和稳定造成了威胁。叙利亚已经成为中东地区最大的不稳定源。作为安理会常任理事国，中国始终坚持原则，以自己的方式，同国际社会一道，推动叙利亚问题的公正、和平、妥善解决。2012 年 3 月，中方提出关于叙利亚问题的"六点主张"，阐述中方在叙利亚问题上的原则立场。最为核心的一点是"坚定主张通过政治对话和平、妥善地化解当前危机"。6 月 30 日，中国外交部部长杨洁篪在出席叙利亚问题"行动小组"外长日内瓦会议期间，就妥善解决叙利亚问题提出"四点主张"，包括坚持政治解决方向、支持安南特使斡旋努力、切实尊重叙利亚人民的自主选择以及对政治解决叙利亚问题既要有紧迫感，同时也要保持耐心。10 月 31 日，杨洁篪在同来访的联合国—阿盟叙利亚危机联合特别代表卜拉希米举行会谈时，代表中国政府再次提出解决叙利亚问题四点新倡议，包括停火止暴、政治协商、落实已有决议、采取措施缓解叙利亚的人道主义危机等。

2013 年以来，中国政府继续按照前述"六点主张"、"四点倡议"和"四点新倡议"所阐明的原则立场，在叙利亚问题上继续发挥建设性的作用，在促进叙利亚各方政治对话、参与处理叙利亚化武危机等方面，树立了负责任的大国形象，为维护中东地区的稳定作出了独特而重要的贡献。

1. 坚持不干涉内政原则，反对西方以强制手段解决

叙利亚局势从危机升级为内战，并且僵持不下，外部势力干预是该国陷入内战的重要原因。叙利亚交战双方都得到大量外部支持。叙利亚政府得到来自伊朗、黎巴嫩真主党等的大力援助，并有俄罗斯为其提供从武器到道义的种种支持，而美国和西方则大力支持叙利亚反对派。

在叙利亚问题上，作为负责任的国家，中国恪守《联合国宪章》宗旨和原则及国际关系基本准则，致力于维护叙利亚的独立、主权、统一和领土完整。从不干涉内政的原则出发，中国坚决反对一些西方国家在叙利亚问题上谋一己之私的做法。

一是反对一些西方国家干涉叙利亚内政以及在叙推动"政权更迭"的企图。

自叙利亚局势动荡以来，某些西方国家从未放弃在叙利亚实现"政权更迭"的目标，不断加大对反政府武装的支持力度，甚至公开讨论设立"禁飞区"。在叙利亚局势刚刚出现动荡之时，美国便向叙派出大使，与叙反对派频繁接触，为叙局势火上浇油。叙危机升级为内战后，美国又不断加大对叙反对派武装的资助和训练力度。

2012 年 3 月，美国等国家准备在日内瓦举行的叙利亚问题"行动小组"外长会议上讨论叙利亚政权更迭问题。中国对此表示，不赞成强行推动所谓"政权更迭"，认为解决叙利亚问题采取何种方案，归根结底应由叙利亚人民自主决定。如果强推"政权更迭"，将破坏安理会内部的团结，致使国际社会无法达成共识，让安南斡旋努力无法发挥作用。2012 年 6 月 30 日，叙利亚问题"行动小组"会议在日内瓦闭幕。参加会议的中国外交部部长杨洁篪在会后表示，叙利亚问题政治解决方案只能由叙利亚人民主导，中方反对向叙利亚强加政治解决方案。2012 年 7 月 19 日，中国、俄罗斯否决了英国等向联合国安理会提交的一项叙利亚问题决议草案。中国驻联合国代表李保东大使在安理会表决后进行解释性发言，称该草案干涉一国内政，破坏了安理会的团结。国际社会当务之急是全力支持和配合安南特使斡旋，支持落实叙利亚问题"行动小组"日内瓦会议公报、安理会有关决议和安南六点建议，叙利亚各方立即停火止暴，为尽快开启包容性政治对话创造条件。

2013 年 5 月 16 日，第 67 届联合国大会通过了由英、美、法、德等国起草的关于叙利亚问题的决议。该决议谴责叙利亚政府"使用重型武器的现象不断升级"和"继续大规模粗暴侵犯人权"，而对叙利亚反对派间接表示支持，"欢迎去年建立的'叙利亚反对派和革命力量全国联盟'为政治过渡所需的有效对话代表"。中国认为，提案国未能与各方充分沟通，在会员国尚存分歧的情况下强行推动表决，不利于会员国团结，也不利于联合国秘书长潘基文和国际社会为解决叙利亚危机所作的斡旋努力。中国和俄罗斯等国对该草案投了反对票。①

二是坚决反对美国和西方军事打击叙利亚的任何企图，坚持在联合国框架内政治解

---

① 《联合国涉叙决议不合时宜》，新华网联合国 2013 年 5 月 15 日电。

决叙利亚问题。

中国坚持叙利亚问题只能通过政治手段解决，军事手段没有出路。在叙利亚巴沙尔政权日渐稳住阵脚的情况下，美国等西方国家企图以军事打击来实现"政权更迭"。2013年6月13日，美国"认定"叙政府军对反对派武装动用化学武器，越过了美国划定的"红线"，并决定向叙反对派提供包括"军事支持"在内的更多援助。8月29日，王毅外长在与联合国秘书长潘基文通电话时指出，中国坚定支持联合国调查小组在没有外部压力和不受干扰的情况下开展独立客观的调查。在查明真相前，各方应避免预判结果，更不应强行推动安理会采取行动。军事手段解决不了叙利亚问题，只会加剧中东局势动荡。政治解决仍是唯一现实出路。2013年8月30日，美国政府公布了一份情报评估报告，称叙利亚政府军在过去一年中多次使用化学武器。8月31日，美国总统奥巴马向国会提交一项决议草案，要求授权对叙利亚政府目标采取军事行动。奥巴马宣称，对叙动武是为了捍卫人类尊严，保卫地区盟友和自身安全。9月1日，美国国务卿克里敦促国会授权政府军事打击叙利亚。9月4日，美国参议院外交关系委员会就授权对叙利亚动武草案初步达成协议，同意美国对叙利亚实施最长90天时限的打击，但禁止美国向叙利亚派出地面部队。9月6日，美方称已放弃在叙利亚问题上寻求同联合国安理会合作的努力。叙利亚化武危机愈演愈烈，美国军事干预箭在弦上。对此，中国外交部发言人洪磊指出，中方支持安理会为妥善解决叙利亚问题发挥的重要作用。希望有关各方继续保持沟通协调，进行深入磋商，寻求有关问题的和平妥善解决。

2. 加强国际协调与合作

中国一直主张，解决叙利亚问题的钥匙掌握在叙利亚人民手中，同时也离不开国际社会的支持。地区国家和国际社会应共同努力，为推动叙利亚问题的政治解决发挥积极、建设性作用。

首先，中国积极支持联合国在叙利亚问题的解决中发挥建设性作用。中国政府一直全力支持联合国和阿盟联合特使、前联合国秘书长科菲·安南所开展的斡旋工作，支持部署联合国叙利亚监督团，在叙利亚执行监督停火任务。中方认为联合国叙利亚监督团有着重要和不可替代的作用，支持联合国叙利亚监督团延期。赞同潘基文秘书长适当调整联合国叙利亚监督团工作的建议。对安南特使提出的关于叙利亚问题的"六点建议"，以及安南发起的叙利亚问题"行动小组"日内瓦外长会议公报，中方均予以高度评价并积极支持，多次敦促叙利亚当事各方认真考虑和接受。在安南于2012年8月辞职之后，中国继续支持其继任者普拉希米的工作。2013年1月29日，普拉希米向安理会递交有关叙利亚局势的报告。中方希望国际社会有关各方以实际行动支持普拉希米的工作，敦促叙利亚政府和反对派根据"行动小组"日内瓦外长会议公报所确定的宗旨和原则，尽快开启政治对话，实施政治过渡。

其次，与俄罗斯协调在叙利亚问题上的立场。俄罗斯在叙利亚事务上有传统的影响力。俄罗斯在叙利亚有巨大的地缘政治与安全利益，叙利亚的塔尔图斯港是俄罗斯在黑海以外唯一的军事港口。自叙利亚危机爆发以来，俄罗斯是最为活跃的外部大国之一。中俄两国在叙利亚问题上立场基本接近，都主张政治对话解决，反对军事干预叙利亚危机。2011年4月29日，美国在联合国人权理事会提出决议案并获得通过。该决议案谴责叙利亚当局对和平示威者使用暴力，要求叙利亚展开调查。中国与俄罗斯等国对该决议案投了反对票。同年10月4日，中俄在联合国安理会联手投票否决了法英等国提交的叙利亚问题决议草案。

2013年8月28日，联合国安理会五个常任理事国在闭门会议中未能就英国提出的涉叙利亚化武决议草案达成一致，美国恫吓将绕过联合国对叙利亚采取军事行动之际，中俄加紧协调在叙利亚问题上的立场。8月29日，俄副外长波格丹诺夫与中国驻俄大使李辉在莫斯科举行会谈，双方就中东及北非形势深入交换意见，重点就叙局势急剧恶化，确保今后两国在政治及外交领域合作问题进行了讨论。

2013年9月9日，俄罗斯外长拉夫罗夫提议，叙利亚将其化学武器置于国际监控之下并最终销毁，从而避免军事打击。中国政府随即对此表示支持，欢迎俄罗斯提出的倡议，认为只要是有利于缓解叙利亚紧张局势，有利于政治解决叙利亚问题，有利于维护叙利亚及地区和平与稳定的建议，国际社会都应积极考虑。

最后，与阿盟、海湾合作组织等进行沟通和协调。近年来，阿盟与海湾合作委员会在中东事务上扮演越来越重要的角色。中国也在中阿合作论坛、中国—海合会战略对话等框架下，与阿盟、海合会加强沟通协调。中国支持阿盟和海合会的调解行动，支持联合国—阿盟叙利亚危机联合特别代表的斡旋努力。

在叙利亚问题上，中国同阿拉伯国家和阿盟秘书处一直保持着顺畅、有效的沟通与合作。2012年2月，中国中东特使吴思科在访问中东后表示，中国继续支持阿盟作为重要的地区组织在叙利亚问题上发挥重要作用，支持在阿盟框架内，通过政治的途径使叙利亚问题得到解决。2012年3月，外交部部长助理张明作为中国政府特使出访沙特、埃及和法国，与各方就政治解决叙利亚问题进行磋商。2012年5月31日，第五届中阿合作论坛部长级会议在突尼斯哈马迈特市举行。中国外交部部长杨洁篪在会议闭幕后举行的联合记者招待会上表示，中国同阿拉伯国家一样，十分关注叙利亚问题的发展。中国在叙问题上是公正和务实的。中阿双方在叙问题上的总体目标是一致的。中国是阿拉伯人民的真诚朋友，愿与阿拉伯国家和阿盟一道，为推动叙利亚问题早日得到公正、和平、妥善解决而继续努力。

中国也与海湾国家加强协调。在叙利亚问题上，中国和海湾国家有很多共同点，如都主张尽快停止叙境内暴力活动，努力推动通过政治途径解决叙危机，以避免给本已动荡不安的中东地区雪上加霜。然而，海湾国家有人对中国在叙利亚问题上的立场存在误解。中国政府派出特使赴海湾国家，就叙利亚问题进行协调，并推动这些国家进一步了解中国的立场。2012年3月，中国中东特使吴思科认为，中国在安理会的立场是着眼于叙利亚政府和人民的整体利益，也着眼于整个地区的稳定，并非谋求私利。现阶段，部分阿拉伯民众受西方媒体诱导，对中国立场存在误解，简单认为中国政府支持叙利亚巴沙尔政权。实际上，在叙利亚问题上，中方并非简单支持某一政权，而是支持通过政治手段以及和平的方式来进行广泛的对话，实现人民的诉求，满足人民的愿望，避免暴力升级、叙利亚滑向内战。因为那将是叙利亚的灾难，也会对整个地区带来动乱和灾难。2013年4月，吴思科特使在结束对沙特、巴林和卡塔尔等海湾三国的访问后表示，海湾国家保持稳定来之不易，担心受到冲击，更担心军事行动给宗教极端势力提供土壤。因此不能依靠军事手段解决叙利亚问题，应该保存叙利亚军队及国家机器，保障平稳过渡。①

2013年9月中旬，应中国国家主席习近平邀请，海合会2013年度轮值主席国巴林国王哈马德·本·伊萨·阿勒哈利法和约旦国王阿卜杜拉二世来华访问。9月16日，中国国家主席会见巴林国王阿勒哈利法。两国发表联合公报指出，双方一致认为，中东海湾地区战略地位重要，维护该地区的和平与稳定符合地区国家和国际社会的共同利益。双方强调应采取对话和协商的办法，以和平方式寻求公正、合理地解决地区热点问题，实现地区的长治久安。9月18日，习近平主席与来华访问的约旦国王阿卜杜拉二世举行会谈，约旦高度赞赏中国为推动中东和平进程及政治解决叙利亚问题发挥的重要积极作用，愿同中方共同致力于实现地区和平、稳定、发展。

3. 开展平衡外交，推动叙利亚各方政治对话

中国坚持叙利亚问题应由叙利亚人民决定。开启叙利亚问题政治解决进程，归根到底取决于叙利亚政府和反对派的抉择。为此，中国一直积极做叙利亚政府和反对派工作，敦促各方切实落实安南"六点建议"、安理会有关决议和叙利亚问题"行动小组"日内瓦外长会议公报，立即停火止暴，切实保护平民，通过政治对话化解危机。

为了实现叙利亚内战尽早停火，中国始终公正平衡地做叙利亚有关各方工作，不遗余力地劝和促谈。2012年2月7日，外交部副部长翟隽会见了应外交学会邀请访华的叙利亚"全国民主变革力量民族协调机构"副总协调员、海外部门负责人海萨姆·麦纳阿一行，双方就叙利亚局势交换看法。同日，外交部亚非司负责人与海萨姆·麦纳阿一行举行会谈。代表团介绍了"全国民主变革力量民族协调机构"对叙利亚当前局势的看法及主张，赞赏中国长期以来在中东地区事务中所持正义立场，表示愿与中方加强沟通，希望中方发挥更大作用，共同推动叙利亚早日摆脱危机。

2012年3月14日，温家宝总理在中外记者招待会上指出，在叙利亚问题上，中国没有私利，不会偏袒任何一方，包括叙利亚政府。我们将根据是非曲直来作出自己正确的判断，并决定立场。3月6日至7日，杨洁篪外长代表、李华新大使访问叙利亚，分别会见了叙外长穆阿利姆、副外长阿努斯和叙有关反对派组织负责人。李大使阐述了中方关于政治解决叙问题的六点主张，敦促叙政府及有关各方迅速停止使用暴力，积极配合联合国、国际红十字会等组织，缓解有关地区特别是霍姆斯的人道主义状况，在联合

---

① 《沟通才能消除误解——访中国中东问题特使吴思科》，新华社北京2013年4月10日电。

国—阿盟叙危机联合特使的公正斡旋下，立即开启不附带先决条件、不预设结果的包容性政治对话。穆阿利姆外长表示，欢迎中国提出的六点主张，叙利亚准备同中国积极配合尽快解决当前危机。反对派组织叙利亚"变革与自由战线"和叙利亚社会民主党负责人均表示欢迎中方有关主张。

2012年8月16日，外交部部长杨洁篪在会见来访的叙利亚总统特使、总统政治与新闻顾问夏班时呼吁叙利亚政府和反对派早日开展对话与接触，开启并推进由叙利亚人民主导的政治过渡进程，使国家尽快走出当前的困难局面。9月17日，杨洁篪在北京会见了由总协调员阿济姆率领的叙利亚"全国民主变革力量民族协调机构"代表团。杨洁篪指出，自从叙利亚"全国民主变革力量民族协调机构"成立以来，双方一直保持着联系。中方非常重视同机构的联系，相信此访一定会增进双方的进一步了解。

2013年以来，中国政府继续通过各种场合呼吁叙利亚各方展开对话，尽快结束危机。1月29日，中国外交部发言人洪磊在记者招待会上指出，中方敦促叙政府、反对派采取务实态度，积极寻求能为各方普遍接受的解决方案，争取尽快开启政治对话和政治过渡进程，早日结束叙危机。2月5日，中国驻埃及大使宋爱国会见了"叙利亚反对派和革命力量全国联盟"主席哈提卜。宋爱国表示，中国坚持由叙人民自主决定国家前途和命运，支持早日实现由叙人民主导的政治过渡，对任何被叙各方接受的解决方案都持积极和开放态度。哈提卜表示，"全国联盟"也主张政治解决叙利亚问题，欢迎中方继续为此发挥作用。

2013年9月10日，应中国人民外交学会邀请，叙利亚国内反对派组织"全国对话联盟"代表团访华。访问期间，中国外交部副部长翟隽会见了代表团。翟隽副部长强调，政治解决是叙利亚问题的唯一现实出路，希望"全国对话联盟"发挥自身优势，加大做叙利亚政府和反对派工作，支持召开第二次日内瓦国际会议，为推动在叙利亚开启包容性政治对话创造条件。中方一直积极、平衡做叙利亚有关各方工作，为推动叙利亚问题的政治解决不懈努力。接待叙利亚"全国对话联盟"代表团访华是中方上述努力的一部分。代表团对中国在叙问题上一贯采取的公正立场表示赞赏。代表团成员艾哈迈德·塔里克在接受采访时指出，在叙利亚问题上，中国政府从不偏袒任何一方，在叙利亚问题上也没有私利，中国是这样说的，也是这样做的，这确实值得赞赏。9月13日，外交部发言人洪磊在例行记者会上表示，希望叙利亚"全国对话联盟"发挥自身优势，加大做叙利亚政府和反对派工作，支持召开第二次日内瓦国际会议，为推动在叙利亚开启包容性政治对话创造条件。10月6日，中国驻叙利亚大使张栩连同伊朗与俄罗斯驻叙利亚大使，在叙利亚首都大马士革与多个叙利亚反对派组织会面，就叙利亚局势进行讨论。

为了使叙利亚各方走出政治僵局，中国政府积极推动叙利亚问题第二次日内瓦会议的召开。2013年11月12日，外交部发言人秦刚指出，当务之急是叙利亚有关各方都要不预设条件地、尽快地推动和参加第二次日内瓦会议。叙利亚有关各方都要支持联合国秘书长潘基文及联合国—阿盟叙利亚危机联合特别代表卜拉希米的斡旋努力，不预设条件地、尽快地推动和参加第二次日内瓦会议。各方的立场、主张和诉求，都可以在会议中提出来讨论。希望通过第二次日内瓦会议，就叙利亚下一步政治进程作出安排。

4. 在化解叙利亚化武危机中发挥积极作用

2013年以来，叙利亚局势由于政府和反对派互相指责对方在冲突中使用化学武器而变得骤然紧张，并有引起西方军事干预的危险。2013年3月，叙利亚政府与反对派相互指责对方使用化学武器。8月21日，叙利亚再次发生化学武器危机。尽管叙政府一再否认，美国等西方国家仍借此为军事干预加紧造势。

从化武危机出现开始，中方就为化解危机而努力，积极参与安理会和禁化武组织执理会相关磋商，推动通过涉叙化武问题的相关决议、决定，将叙局势从战争边缘拉回到和平轨道。8月23日，中国外交部发言人洪磊表示，中方立场十分明确。无论叙利亚任何一方使用化武，中方均坚决反对。中方支持联合国秘书处依据联合国有关决议对使用化武问题的指称展开独立、客观、公正、专业的调查。中方认为在查明事实真相前，各方均应避免预断调查结果。9月9日，俄罗斯提出"以化武换和平"倡议，叙化武危机峰回路转。9月10日，中国外交部发言人表示，中国支持俄罗斯提出的有关叙利亚化学武器问题的倡议，主张政治解决叙利亚问题。9月13日，国家主席习近平在上合组织峰会重申，中方支持俄方提出的将叙利亚化学武器交由国际社会监管并销毁的建议。9月19日，外交部长王毅访问美国。王毅在华盛顿与美国国务卿克里举行会谈。王毅强调，中方欢迎美俄就叙利亚化武问题达成的框架协议，叙问题最终须通过政治方式解决。9月25日，王毅在纽约联合国总部会见联合国—阿盟叙利亚问题联合特别代表卜拉希米时指出，美俄就叙化武问题达成协议，叙政府加入《禁止化学武器公约》并提交化武清单同意销毁化武，以和平手段解决叙化武问题出现了"机会之窗"。中方希望禁化武组织尽快通过决定，早日启动核查销毁叙化武进程。联合国安理会应就此达成一致，为解决叙化武问题提供明确政治支持。

在中国与国际社会的共同努力下，2013年9月14日，美国国务卿克里和俄罗斯外长拉夫罗夫在瑞士日内瓦就销毁叙利亚化学武器问题达成一项框架协议。美国总统奥巴马将此视为"潜在的积极进展"。[1]

2013年9月27日，安理会以15票全票通过关于叙利亚化学武器的第2118号决议。该决议是一个平衡的决议，强烈谴责叙境内使用化武的行为，决议就销毁叙利亚化学武器和推动叙利亚问题政治解决进程作出了相应规定。联合国第2118号决议是叙利亚2011年3月发生反政府示威以来，安理会一致通过的首项涉叙决议。15个安理会理事国是该决议的共同提案国，这在安理会历史上是前所未有的。10月31日，禁止化学武器组织宣布，叙利亚政府已销毁了所有其宣布的化武生产和组装设施。叙化武危机演变表明，中国一贯主张的通过和平和外交途径解决国际危机的原则被国际社会广泛接受。

---

① 《大国当自重，大国当作为》，《人民日报》2013年9月11日。

在化武危机暂时平息之后，中国政府继续参与后续的销毁工作。2013年9月，王毅外长在出席联大期间宣布，中方愿就叙化武销毁向禁化武组织提供资助，并将派专家参与相关行动。11月，中国派出三名化学武器专家，赴叙利亚参加化武销毁核查工作。中方还向禁化武组织捐赠医疗和安保监控设备，与俄罗斯、丹麦等国一道为叙化武海运提供联合护航。这是中国海军战舰第一次赴地中海执行护航任务，也是中国第一次为化学武器销毁提供运输服务。中国决定派军舰参与叙利亚化武海运护航，是中方落实安理会第2118号决议和禁化武组织关于销毁叙利亚化武各项决定的又一重要举措。

大事记10-2　2013年中国积极参与化解叙利亚危机

时间	事件
2013年3月28日至4月6日	中国中东问题特使吴思科访问沙特阿拉伯、巴林和卡塔尔，就双边关系和叙利亚局势交换意见
2013年9月9日	俄罗斯倡议将叙化武设施置于国际监督之下，然后逐步销毁，并呼吁叙政府加入《禁止化学武器公约》。中国对此表示欢迎和支持
2013年9月10日	应中国人民外交学会邀请，叙利亚国内反对派组织"全国对话联盟"代表团一行6人访华。访问期间，中国外交部副部长翟隽会见了代表团，就叙利亚局势交换意见
2013年9月13日	国家主席习近平在上合组织峰会指出，中方支持俄方提出的将叙利亚化学武器交由国际社会监管并销毁的建议
2013年9月14日	美俄在日内瓦就销毁叙化武问题达成框架协议。中国对此表示欢迎
2013年9月27日	安理会通过了关于叙化武问题的第2118号决议，要求叙利亚与禁化武组织和联合国合作消除其化武计划。中国投赞成票
2013年9月	王毅外长在出席联大期间宣布，中方愿就叙化武销毁向禁化武组织提供资助，并将派专家参与相关行动
2013年11月	中国派出三名化学武器专家，赴叙利亚参加化武销毁核查工作。中方还向禁化武组织捐赠医疗和安保监控设备，与俄罗斯、丹麦等国一道为叙化武海运提供联合护航

三、伊朗核问题的阶段性转折与中国斡旋

2013年伊朗核问题总体上呈现峰回路转之势。6月举行的伊朗总统大选成为伊朗核问题发生变化的分水岭。新当选总统哈桑·鲁哈尼完全改变前任内贾德的核强硬政策，转而采取合作透明政策寻求核问题的最终解决，2013年11月的《日内瓦协定》也成为鲁哈尼政策变化的重要见证。

1. 内贾德政府的伊朗核僵局

内贾德政府后期，伊朗核问题的发展呈现两大特征：一是美欧的经济制裁与伊朗的核进展同步推进。二是核谈判的大门始终敞开。两大特征凸显了内贾德政府在核问题的政策惯性与延续，但是内贾德政府的核强硬政策带来的负面影响日渐明显，这也为后内贾德时代伊朗核政策酝酿变化提供契机。

2013 年在内贾德的强硬核外交的推动下，伊朗基本建立相对完整的核工业体系。伊朗能够生产 IR-1 型、IR-2 型等型号先进离心机，加工从 3%、3.5%、4%、5% 等丰度的低浓缩铀。纳坦兹和库姆浓缩铀厂、布什尔核电站、阿拉克重水反应堆等核设施代表了伊朗的核工业发展水平。据国际原子能披露的最新信息，伊朗在纳坦兹浓缩铀厂投入运行的约有 15420 台离心机，而在库姆浓缩铀厂则有 2976 台离心机投入运行。[1]

但是内贾德的核强硬带来了严重的后果，为了让伊朗放弃浓缩铀等敏感核活动，美国在 2012 年先后协同欧盟实施单边制裁，逼迫伊朗放弃敏感的核计划。2012 年美国构建的以 SWIFT 为核心的金融制裁，切断世界行际金融通讯组织（the Society for Worldwide Interbank Financial Telecommunication，SWIFT）同伊朗银行的联系。这种切断给伊朗造成的困难是即使伊朗对外出口能源，伊朗却难以收到货款。

美欧的单边制裁给伊朗带来三大问题。

第一，结算困难同欧盟的能源禁运一样给伊朗的经济造成极大的负面影响。称伊朗的能源出口在美欧制裁下从此前日出口量 250 万桶骤减到 80 万桶。这对伊朗的影响不言自明。经济制裁带来的累积效应在逐渐显现。

第二，推进核进程带来伊朗的经济损失和国际孤立日渐明显。内贾德推进核进程直接导致美欧制裁升级。核对抗造成外交孤立。对抗直接将欧盟、中国等国家推向了美国。这直接压缩了伊朗的战略空间。制裁给伊朗造成的外交孤立正中美国的下怀。

经济损失和国际孤立压缩着伊朗的政策选项。伊朗面临弃核或拥核的选择更显迫切。这种非此即彼的单选让伊朗更加痛苦。选择弃核意味着伊朗在越发严厉的国际核查将让伊朗退无可退，很可能像伊拉克和利比亚那样推倒重来；选择拥核本身实际是在授人以柄，给美国寻求安理会的打击授权提供口实。这样核就成为破坏而非国家和政权安全的工具，而走向了事情的反面。因此与其被逼到选无可选退无可退的境地，不如主动求变，而打破僵局的最好办法是和平的方法，谈判由此成为唯一之选。

第三，和谈大门始终没有关闭。尽管伊朗同美欧之间在核问题上针锋相对，但是有关核谈判的大门并未关闭，这也给各方进行沟通提供了平台和机遇。继 2012 年伊朗核问题先后在伊斯坦布尔、巴格达举行第三方会议之后，2013 年伊朗核问题继续延续良

---

[1] "Implementation of The NPT Safeguards Agreement and Relevant Provisions of Security Council Resolutions in The Islamic Republic of Iran", IAEA Board Report, November 14, http：//www. iaea. org/Publications/ Documents/Board/2013/gov2013-56. pdf.

好的谈判势头，2013 年 2 月和 4 月，在阿拉木图先后举行两轮会谈。

尽管各方屡谈屡败，屡败屡谈。但是谈判仍具有积极意义。

首先，伊朗并没有跨越核门槛，外交上仍存在通过谈判解决核问题的可能性。这并非是伊朗购买时间，抑或美欧为军事打击必须先穷尽外交手段的简单问题。伊朗推进核进程与经济制裁和武力威胁形成了奇怪的平衡。这种平衡为伊朗下一步的核举措提供改变的可能。

其次，谈判本身具有特殊的重要性。当前双方在核进程、制裁武力威慑不断推进的情况下，边缘政策的风险日渐显露，美伊擦枪走火的可能性在增大。而对话能够了解对方意图，避免误判。在这种危急的情势下，谈判能够起到试探对方的底线与意图，避免不当的误解和敌对循环的作用，倘若缺乏谈判的平台，战争风险可能如期而至。

再次，地点转化凸显了周边国家对解决伊朗核问题的担忧与关切。从最初的巴黎、德黑兰，到莫斯科、伊斯坦布尔、巴格达、阿拉木图几经变化，至少土耳其、伊拉克、哈萨克斯坦都是同美国和伊朗同时保持良好关系等国家，这些国家意识到和谈破裂的风险，期望斡旋其中，让美伊达成妥协。这些良好意愿也为美伊通过谈判解决核问题提供了新的动力和可能性。

最后，谈而不笼的主要症结在于美国。尽管参与多边谈判，但是美国拒绝就核问题同伊朗开展直接谈判，美国借其他五方之手向伊朗施压的缺陷在于，只有美伊让步才能帮助核问题真正走出困境。美国晦暗不明的立场成为核谈判的最大阻碍。要解决问题，美伊双方都应当表现出足够的诚意和信任。

2013 年 4 月 5 日，出席伊朗核问题第二轮阿拉木图对话会的中国代表团团长、外交部部长助理马朝旭表示，中国将继续同各方一道，为寻求伊核问题政治解决方案作出贡献。六国与伊对话已进入深水区。希望各方继续共同努力，本着灵活务实的态度，照顾彼此关切，争取尽早采取建立信任的实际行动，以巩固来之不易的对话势头，维护和平稳定大局。在伊核问题上，中方一直秉承客观、公正和负责任的立场，不遗余力地劝和促谈，为保持和推进对话进程发挥了重要建设性作用。我们将继续同各方一道，为寻求伊核问题政治解决方案作出贡献。这次对话是建设性的、有意义的。双方围绕伊核问题解决方案首次进行了认真、深入、实质性的讨论。双方有共同点，立场也存在差距。中方希望有关各方坚持对话方向，继续通过谈判缩小差距，逐步扩大共识，为伊核问题全面、长期解决创造条件。中方一贯致力于劝和促谈，愿同各方一道，继续为此作出建设性努力。

2. 鲁哈尼外交革命与伊朗的"核新政"

2013 年 6 月 16 日，借助务实保守派和改革派支持，哈桑·鲁哈尼战胜 5 名保守派候选人，当选新一届总统。鲁哈尼 2003 年至 2005 年在哈塔米政府出任伊朗首席核谈判代表。十年一轮回，作为当年以暂停浓缩铀免于美欧制裁的执行者，鲁哈尼的当选让美欧和伊朗民众对当前陷入僵局的伊朗核问题怀有期待，期望和平合作替代内贾德的核对抗再度成为伊朗主流的核政策。鲁哈尼在选战期间曾承诺，当选后伊朗将同世界开展建设性互动，伊朗不能让过去 8 年的核对抗继续，并让伊朗遭受制裁。伊朗将奉行和解、和平政策。①

2013 年 9 月，伊朗总统鲁哈尼赴纽约参加联合国第 68 届会议。纽约之行是鲁哈尼当选后首次重要的外交行动，他在联大会议期间能否提出伊朗在核问题上的重要建议值得世界期待。9 月 25—26 日，美国总统奥巴马与伊朗总统鲁哈尼先后在联合国大会上发言，尽管并未出现所期待的美伊总统联大会晤的局面，但是美伊两位总统的隔空对话成为本次联大的最大亮点。

鲁哈尼在联大发言中详细阐述了伊朗在核问题上的立场，其观点可以概括为四点：一是伊朗准备好致力于"有时间限制、以结果为导向的"核问题对话。伊朗寻求同其他国家以相互尊重和共同利益为基础进行建设性接触。二是伊核计划目的在于和平利用核能，而非寻求核武器。武器和其他大规模杀伤性武器有悖于伊朗的安全和国防政策，也不符合我们基本的宗教和道德信仰。三是伊朗将在和问题上表现出更多更大的透明和合作，争取在 3—6 月内解决伊朗核问题。四是伊朗不会屈从经济制裁。制裁只会令伊朗民众受害。外界企图通过制裁迫使伊朗放弃和平核能利用的想法"极端不现实"，伊朗已经掌握包括铀浓缩在内的核技术，不会屈从于不合法的外界压力。②

在美伊关系上，鲁哈尼表示伊朗同美国发展并不愿激化与美国的关系。伊朗与美国领导层有着相同的政治意愿，希望他们不要跟从于好战压力集团的短视利益，应对双方分歧。③ 鲁哈尼在联合国大会上提出展示文明和热爱和平的真实伊朗，对核问题提出建设性提议更能够被国际社会所认可，这些说法更像是哈塔米"文明对话"理念的升级版本。

此前，伊朗新任外交部长穆罕默德·扎里夫在 2013 年 9 月 19 日赴纽约参加 9 月 26 日在联合国总部举行伊朗核问题会议。扎里夫在 9 月 20 日拜访联合国秘书长潘基文。潘基文在会晤后对伊朗新政府予以积极评价，双方就伊朗核问题、叙利亚危机的政治解决交换意见。9 月 26 日伊朗与六方会谈期间，扎里夫在 20 分钟的发言中，表达了新政府愿意通过合作透明解决核问题的愿望。会议结束后，伊朗外交部长扎里夫与美国国务卿约翰·克里 30 分钟的单独会晤。这次会晤是近十年来美伊两国 1980 年断交以来的高级别官员会晤。克里认为这次会谈非常具有建设性。伊朗外长扎里夫把"多种可能"摆到桌面。欧洲联盟外交和安全政策高级代表阿什顿 26 日宣布，伊朗和伊核问题有关六国代表定于 10 月 15 日和 16 日在日内瓦会晤，以跟进议程，推进今天的会议结果。④

---

① 《鲁哈尼当选伊朗总统》，新华网，2013 年 6 月 16 日，http：//news. xinhuanet. com/world/2013 - 06/16/c_ 124860481. htm。

② 《伊朗总统联大讲话向美国伸出橄榄枝》，《解放日报》2013 年 9 月 26 日。

③ 《伊朗总统联大讲话向美国伸出橄榄枝》，《解放日报》2013 年 9 月 26 日。

④ 《美伊外长"建设性"会晤》，新华网，2013 年 9 月 28 日，http：//news. xinhuanet. com/world/2013-09/28/c_ 125462219_ 2. htm。

2013 年 9 月 27 日，在鲁哈尼离开美国之际，鲁哈尼同美国总统奥巴马进行历史性电话，同意致力于推进伊核问题对话。这是两国总统自伊朗 1979 年发生伊斯兰革命以来首次直接通话。鲁哈尼表示伊朗最高领袖哈梅内伊已经宣布，伊朗反对发展核武器，伊朗将采取"有意义的、透明并可信的行动"。奥巴马说，我明确说明，我们尊重伊朗人在伊朗践行责任的前提下获得和平核能的权利。国际社会将根据伊朗在核问题上的积极行动采取减缓针对伊朗的制裁。①

鲁哈尼总统当选后对伊朗核问题的开放立场以及美伊总统联大通话为解决伊朗核问题打开了机会之窗。美伊总统在联大的隔空对话和电话通话为伊朗核问题的解决提供了良好的信任基础。新一轮伊朗核问题谈判在美伊领导人的良性互动下拉开序幕，并为伊朗核问题有可能会朝着良性方向发展提供可能。

2013 年 10 月 15—16 日，伊朗核问题在日内瓦举行新一轮的谈判，相对以往来讲，新一轮和谈是在美伊行政部门的领袖表现出强烈的解冻意愿的情况下进行的。

2013 年 10 月 16 日，联合国五大常任理事国和德国与伊朗在瑞士日内瓦举行伊朗核问题谈判。谈判的最大成果是各方首次达成共同声明。声明表示，各方经过了两天"深入和具有前瞻性"的谈判，伊朗谈判代表、伊朗外长扎里夫在谈判期间陈述了伊方提议，谈判各方就各具体方面进行了深层次的双边和共同磋商。声明还称，伊核问题六国与伊朗的核专家、科学家和制裁方面的专家将于下轮谈判举行前开会，以解决分歧，并研究出切实步骤。并宣布伊核问题六国与伊朗将于 11 月 7 日至 8 日在日内瓦举行新一轮谈判。

2013 年 11 月 11 日，六方在日内瓦举行相关会议，再次无果而终。对此 2013 年 11 月 10 日，参加会谈的中国外交部副部长李保东曾表示，国际社会对本轮伊朗核问题对话高度重视，六国与伊朗进行三天对话，对话气氛是认真的，各方都表现出了解决问题的政治意愿。但伊朗核问题非常复杂，各方对话与谈判已进行十年，如此复杂的问题不可能通过一次谈判就解决。各方愿意继续保持对话的势头，愿尽早举行下一轮对话，通过这种对话不断接触、积累共识、缩小分歧，最终找到妥善解决伊核问题的办法。中国一贯主张通过和平和外交手段解决伊核问题，将继续劝和促谈，争取早日解决伊核问题。②

原定三天的新一轮伊朗核问题谈判并未在 2013 年 11 月 22 日如期结束。为了趁热打铁，相关各方抓紧选派部长级官员参与谈判，争取通过提升谈判级别的方式争取达成解决伊朗核问题的阶段性协议。美国国务卿克里和中国外交部部长王毅急赴日内瓦继续谈判。2013 年 11 月 23 日，中国派出外交部部长王毅出席日内瓦伊朗核问题六国与伊朗对话会，并抓紧时间同俄罗斯外长拉夫罗夫、英国外交大臣黑格、法国外长法比尤斯

---

① 《奥巴马与鲁哈尼通电话 15 分钟 用波斯语说谢谢、再见》，人民网，2013 年 9 月 30 日，http：//world.people.com.cn/n/2013/0930/c1002-23082798.html。

② 《中国官员：将继续劝和促谈推动早日解决伊核问题》，央视网，2013 年 11 月 10 日，http：//news.cntv.cn/2013/11/10/ARTI1384048216131959.shtml。

等代表沟通，目的就是抓住机遇，力促会谈达成协议，迈出政治解决伊朗核问题的第一步。

3. 日内瓦过渡协定的积极意义

经过多方努力和斡旋，2013 年 11 月 24 日，欧盟外交和安全政策高级代表阿什顿、六国外长及伊朗外长扎里夫共同出席仪式，阿什顿宣布六国与伊朗当天就解决伊核问题第一阶段措施达成协议。

日内瓦协定在本质上仍属于过渡性和阶段性的。协定的主要条款包括：（1）伊朗同意暂停 5% 以上丰度的浓缩铀，并中和现有的 20% 的浓缩铀。稀释或转化库存的丰度为 20% 的浓缩铀；接下来 6 个月时间里，伊朗不再增加丰度为 3.5% 的浓缩铀库存。（2）伊朗同意不再兴建额外的铀浓缩设施，不再安装新的离心机。（3）伊朗暂停阿拉克核反应堆建设，不得为阿拉克的重水式核反应堆装设燃料。（4）伊朗核设施接受以往从未有过的国际监督。国际原子能机构能够查阅阿拉克核设施设计图样等文件。伊朗将允许联合国国际原子能机构对纳坦兹和福尔多的浓缩铀厂检查。

作为交换条件，美国等六国同意：（1）在未来 6 个月内暂时解除对伊朗汽车、石化等行业的制裁，并不实施新的制裁措施，对伊朗出售石油的限制仍将继续。（2）伊朗能够得到 15 亿美元的贸易收入，德黑兰将可分期领回 42 亿美元石油收入。（3）伊朗 150 亿美元的石油收入仍将要存放于受限制的海外银行账户禁止提兑。另外伊朗 1000 亿美元外汇仍将不得支取。[①]

伊核问题达成协议之后，参与谈判各方与其他主要国家及机构纷纷就这项协议作出积极的反应。美国国务卿克里表示："事实上，如果这第一步能带领我们达成最终目标，阻止伊朗拥有核武器的全面解决方案。那么世界将会变得更加安全，这会让我们在区内的盟友变得更安全，这会让我们的盟国以色列更安全。"联合国发表声明称，秘书长潘基文热烈欢迎日内瓦达成的这份中期协定。同时促请有关各国政府在此基础上尽一切可能建立互信，并实现其对核裁军与无核化努力的坚定承诺。潘基文呼吁国际社会支持这个过程。

4. 中方在伊朗核问题上的立场和所发挥的作用

第一，伊朗核问题已成为当前国际安全最突出的问题。冷战后，核不扩散机制和反扩散的国际规范不断受到挑战。美欧等国家怀疑伊朗是打着发展和平利用核能的幌子发展核武器。因此有效解决伊朗核问题对维护核不扩散机制的权威性具有重要意义。中国作为联合国常任理事国和核不扩散体系的签约国，中国在保障伊朗和平利用核能的同时防范伊朗拥有核武器具有义不容辞的责任和义务。

---

① Parisa Hafezi and Justyna Pawlak，"Breakthrough Deal Curbs Iran's Nuclear Activity"，Reuters News，November 24，2013，http：//www.reuters.com/article/2013/11/24/us-iran-nuclear-idUSBRE9AI0CV20131124.

第二，伊朗核问题与中东稳定。伊朗核问题自从 2002 年曝光后就一直是中东地区的热点。围绕核问题的伊朗同美欧等国的博弈更是到了白热化的程度。伊朗核问题已经成为牵涉美国、欧盟、俄罗斯、中国以及以色列、沙特阿拉伯等地区大国的重要事件。尤其是 2011 年中东北非发生变局的背景下，防止伊朗核问题成为引发地区动荡的因素具有十分重要的意义。而且伊朗鲁哈尼政府在核问题上表现出的透明与开放也提供了这种可能性。

第三，伊朗核问题对中国、美国、伊朗三边关系意义深远。在中美伊三边关系中，中伊两国的传统友谊经历了时间的考验。尽管因为遭受制裁对中伊两国的能源联系造成一定的负面影响，但是伊朗仍是中国能源进口的重要国家。当前，伊朗是中国海上丝绸之路的中继站，随着中国对海湾的能源依赖和中国西进战略的拓展，伊朗在战略和安全上对中国的意义日渐突出；中美关系是当前中国外交中最重要的双边关系，维持中美关系的稳定对中国的和平发展具有至关重要的意义。伊朗核问题不仅是中国拓展国际影响力的外交舞台，也是中美构建新型大国关系中第三方议题和重要的合作基础。中美在伊朗核问题上的有效合作能够为中美之间寻求新的合作基础和议题。如何打好伊朗这张牌又不过分迁怒于美国考验着中国智慧。

第四，中国在伊朗核问题六国机制内发挥重要作用。当前，国际社会主要采取"P5+1"机制（即联合国五常加德国机制，该机制也被称为"E3+3"机制，即欧盟三国加美国、俄罗斯、中国机制）解决伊朗核问题。自 2006 年加入六国机制后，中国同主要各方保持密切的沟通，积极推动各方采取灵活务实的态度，照顾彼此关切，寻求伊朗核问题的最终解决。①

在 2013 年，日内瓦中期协定是伊朗核问题的重大突破，让世界看到了伊朗核问题和平解决的一线曙光。中国作为具有世界影响力的大国，在伊朗核问题的日内瓦谈判中，无论是事前、事中、事后，都发挥了相当重要的作用。

伊朗核问题已经成为中国同美欧探讨双边与国际关系不可或缺的重要议题。2013 年 7 月 1 日，中国外交部部长王毅在会见欧盟外交与安全事务高级代表阿什顿时表示，中欧是全面战略合作伙伴，都肩负着维护世界和平稳定的重大责任。欧方感谢中方为推动伊朗核问题和谈进程发挥积极作用，这也是欧中在重大地区热点问题上合作的成功范例。② 2013 年 7 月 11 日，在第五轮中美战略与经济对话结束后，外交部部长助理郑泽光向中外媒体介绍了战略对话有关情况和成果时表示，中美双方认为中美在维护中东地区和平稳定方面具有共同利益，应进一步加强协调与合作。双方强调致力于寻求全面长

---

① 《外交部：中方将继续努力和平解决伊朗核问题》，央视网，2013 年 11 月 11 日，http：//news.cntv. cn/2013/11/11/ARTI1384170886716273. shtml。

② 《王毅会见欧盟外交与安全政策高级代表阿什顿》，中国外交部网站，2013 年 7 月 1 日，http：// www.fmprc.gov.cn/mfa_ chn/wjb_ 602314/wjbz_ 602318/xghds/t1054949. shtml。

期解决伊朗核问题的办法，积极参与六国与伊朗对话进程。①

2013 年 10 月 30 日，中国国家主席习近平在会见来访的伊朗议会议长阿里·拉里贾尼时表示，在伊方和有关各方共同努力下，伊朗核问题形势出现一些积极变化。中方对此表示欢迎，并将继续在六国机制内为推动和平解决伊朗核问题发挥建设性作用。在伊朗核问题上，中方始终坚持走对话谈判道路，主张寻求有利于维护国际核不扩散体系和中东和平稳定的解决方案。我们一直积极参加相关磋商与谈判，推动各方照顾彼此关切，妥善处理分歧，为推动对话取得进展作出了建设性努力。我们愿继续与各方密切沟通协调，劝和促谈。②

在日内瓦会谈前夕，伊朗核问题能否达成协定的关键时期，中国国家主席习近平在 2013 年 11 月 20 日应伊朗总统鲁哈尼的要求进行了通话，表达了中方的斡旋促和立场。习近平主席表示，中方主张各方本着相互尊重、分步对等原则，通过对话谈判和平解决。中方赞赏伊朗政府采取的积极举措，支持伊朗改善同国际社会关系的努力。前不久举行的六国与伊朗日内瓦对话会缓和了关系，维持住了和谈势头，符合政治解决伊朗核问题的大方向。希望伊朗保持对话势头，同各方寻求最大公约数，争取最好结果。中国将继续在六国机制内施加积极影响，为全面、长期、妥善解决伊朗核问题创造条件。③

日内瓦协定签署后，中国外交部长王毅表示，中方对伊朗通过外交手段解决伊核问题迈出重要的第一步表示欢迎。中方作为伊核问题对话会的重要成员，始终高举劝和促谈的旗帜，与各方保持密切沟通，为达成这项协议发挥了作用，承担了责任。这项协议的执行只是解决伊核问题的开始，今后还会遇到新问题、新挑战。中国方面将坚持政治解决的大方向，继续与各方一起，为伊核问题的最终解决继续作出我们的努力。王毅部长概括的"四个有利于"也成为中国日内瓦会谈和解决伊朗核问题的一贯立场。"四个有利于"即伊核问题达成重要协议有利于维护国际核不扩散体系，有利于维护中东地区的和平与稳定，有利于各方同伊朗开展正常交往，也有利于伊朗人民过上更好的生活。

日内瓦过渡协定仅是一个过渡性、阶段性、初步性协定。这是各方为寻求建立信任，并为开启更具实质性的谈判和最终解决问题的初步协定。能否迎来中期或最终协定还有待伊朗和美欧等国的配合。为此中国积极敦促伊朗和其他各方本着务实合作立场解决伊朗核问题。

2013 年 12 月 8 日，中国国务委员杨洁篪访问伊朗，在与伊朗总统哈桑·鲁哈尼会见中，鲁哈尼介绍了伊方在伊朗核问题上的立场，重申伊朗核计划出于和平目的。伊方

---

① 《努力推进中美新型大国关系建设》，中国外交部网站，2013 年 7 月 13 日，http：//www.fmprc.gov.cn/mfa_ chn/zyxw_ 602251/t1058688. shtml.

② 《习近平会见伊朗伊斯兰议会议长拉里贾尼》，央视网，2013 年 10 月 30 日，http：//news.cntv.cn/2013/10/30/ARTI1383128655941316. shtml.

③ 《习近平应约同伊朗总统鲁哈尼通电话》，中国广播网，2013 年 11 月 20 日，http：//china.cnr.cn/news/201311/t20131120_ 514180565. shtml.

致力于通过谈判解决伊核问题，愿在国际关系准则框架下采取措施，消除国际社会有关疑虑。伊方赞赏中方所持公正立场及劝和促谈努力，希望中方继续发挥重要作用。中国国务委员杨洁篪表示，中方主张尊重伊朗享有和平利用核能的权利，伊方正当诉求和合理关切应予以照顾。各方应该本着相互尊重、分步对等原则，通过对话和谈判和平解决伊核问题。中方支持伊朗以开放的态度改善同国际社会的关系。伊方同六国就解决伊核问题达成框架协议，标志着通过外交手段解决伊核问题迈出了重要一步。下阶段，各方应趁热打铁，加紧把协议落到实处，保持谈判势头。希望伊方抓住机遇，继续以灵活务实的态度参与对话进程，同各方寻求最大公约数。中方将继续劝和促谈，为实现伊核问题的全面、妥善解决发挥建设性作用。①

　　2014 年 2 月 18 日，外交部副部长李保东在维也纳出席伊朗核问题六国与伊朗对话会期间，就全面解决伊核问题提出"五点主张"，全面阐述中国在解决伊朗核问题的重大立场和一贯原则。这五点主张分别是：坚持走六国与伊对话道路；寻求全面、公平、合理的长期解决方案；秉持分步对等原则；营造有利的对话谈判气氛；寻求标本兼治、综合治理。②

大事记 10-3　2013 年伊朗核问题主要事件

时间	事件
2013 年 2 月	美国政府宣布强化制裁措施进一步遏制伊朗石油收入，同时对伊朗部分实体和个人实施制裁。同月伊朗表示将部分 20% 浓缩铀转化为核燃料。并开始安装新型离心机
2013 年 2 月和 4 月	安理会五常加德国与伊朗在阿拉木图先后举行两轮新的会谈
2013 年 6 月 16 日	温和派哈桑·鲁哈尼战胜对手当选伊朗新一届总统。鲁哈尼承诺，伊朗将同世界开展建设性互动，结束伊朗同国际社会的核对抗
2013 年 9 月 23 日	伊朗与俄罗斯官员在伊南部港口城市布什尔举行核电站交接仪式，正式从俄罗斯手中接管伊首座核电站布什尔核电站
2013 年 9 月 24 日	伊朗总统鲁哈尼在联合国大会上发言时表示，伊朗寻求与其他国家进行建设性接触，重申伊朗核计划只用于和平目的
2013 年 9 月 27 日	鲁哈尼与美国总统奥巴马通电话，双方同意致力于推进伊核问题对话。这是两国总统自伊朗 1979 年发生伊斯兰革命以来首次直接对话
2013 年 10 月 15—16 日	伊核问题六国与伊朗进行了自鲁哈尼就任伊朗总统以来的首轮对话，与会各方首次通过共同宣言
2013 年 11 月 20 日	中国国家主席习近平应伊朗总统鲁哈尼的要求进行了通话，表达了中方的斡旋促和立场
2013 年 11 月 20—24 日	美国、英国、法国、俄罗斯、中国和德国六国与伊朗在日内瓦就核问题达成过渡协定。伊朗同意暂停 5% 以上丰度的浓缩铀，并中和现有的 20% 的浓缩铀；美欧部分放松对伊朗的经济和金融制裁

----

　　①《伊朗总统鲁哈尼会见中国国务委员杨洁篪》，2013 年 12 月 9 日，http://pg.china-embassy.org/chn/zgyw/t1106820.htm。

　　②《中国就全面解决伊朗核问题提出"五点主张"》，央视网，2014 年 02 月 19 日，http://news.cntv.cn/2014/02/19/ARTI1392796810636868.shtml。

第十一章 亚太合作：
探索机制建设推动共同发展

2012 年党的十八大报告明确指出，"坚持与邻为善、以邻为伴，巩固睦邻友好，深化互利合作，努力使自身发展更好惠及周边国家"。经过十多年发展，中国与本地区有关国家的多边和双边区域经济合作已经有了长足的发展，并达到了相当深度。随着中国新任国家领导人在 APEC 的"亮相"，中国对各个层次的区域经济合作也在贡献着越来越多的"正能量"。作为负责任的大国，中国推动的区域经济合作，又是和包容性发展、地区共同进步等联系在一起的。尤其是面向东盟国家，在过去一年里，中国做了大量有益工作，不仅继续深化了双方合作，也为今后中国全面展开和周边国家共同发展事业进行了铺垫、打下了基础。在本章中，我们在梳理区域合作相关问题的同时，将格外关注包容性发展和中国推动周边国家共同发展等问题。

一、区域经济合作：为包容性发展创造有利条件

近十多年来，亚洲的区域经济合作已经取得巨大进展，并呈现出以双边/多边 FTA 为主要形式，多框架多路径并存的竞争性合作格局。借助于相对稳定的周边环境，中国在迅速崛起的同时，也使周边国家充分分享了中国快速发展带来的机遇。以区域经济合作方式，带动周边发展中国家共同发展是中国推进东亚区域经济合作的重要目标。同时，区域经济合作的不断深化，又为包容性发展创造了积极条件。

1. 亚太区域经济合作呈现多层次、多样化的发展格局

经过 10 年的发展，亚太区域经济合作已经呈现出多层次、多样化的发展局面。进而形成了多层次的工作平台，构成了区域经济合作的基本"工作机制"。

第一个层次的合作平台：APEC。包括中国新任国家领导人 2013 年的"亮相"在内，近年来的 APEC 峰会先后强调，本地区的区域经济合作，应通过推进已有的"10+3"、"10+6"等区域贸易安排，缔结全面的自由贸易协定来实现，因为它们"是

深化亚太区域经济一体化的主要工具"。①

第二个层次的合作平台：东亚峰会和以东亚地区为主体的区域合作机制。在 2012 年 11 月东盟与中、日、韩、印、澳、新领导人共同发布《启动〈区域全面经济伙伴关系协定〉谈判的联合声明》之后，2013 年年初已经开始启动相关进程。

第三个层次的合作平台：首先是本地区相关国家间的合作机制。譬如与中日韩 FTA 合作有关的研究和交涉、相关投资协定的谈判等。其次，则是本地区的次区域合作等。

2. 中国参与的区域经济一体化走向更广更深层次

中国参与区域经济一体化的进程与自身的对外开放紧密相连。以 2001 年 12 月正式加入 WTO 为标志，中国进入全面对外开放的新阶段。通过构建双边/多边自由贸易区（FTA）参与区域经济合作，成为中国全面对外开放、以开放促改革促发展的战略首选。2002 年 11 月《中国—东盟全面经济合作框架协议》签署，中国迈出了自身参与区域经济一体化的第一步②；至 2013 年，中国正与五大洲的约 40 个国家/地区建设 10 个（涉及 18 个国家和地区）、商签 9 个 FTA，初步形成立足周边、辐射全球的 FTA 网络。中国参与区域经济一体化正在以 FTA 为载体，步入深度参与、全方位多层次合作的新阶段。

中国所构建的 FTA，均根据贸易产品的敏感程度采取灵活的降税方式，并覆盖或逐步覆盖服务贸易和投资，已取得良好的实施效果。中国与 10 个 FTA 伙伴的双边贸易总额占中国对外贸易总额的 24.1%；其中，出口占 26.6%。中国实际利用 10 个 FTA 伙伴直接投资额，占中国实际利用外商直接投资的 69.4%；中国承包 10 个 FTA 伙伴工程完成营业额，占中国承包工程完成营业额的 21.2%。

3. 中国推动区域经济一体化的总体战略

相对清晰的整体性目标和长远规划、相对完善合理的战略布局，是区域经济一体化战略得以有效实施的前提和基础。

（1）目标定位

2012 年 11 月党的第十八次全国代表大会重申，"全面提高开放型经济水平"，"实行更加积极主动的开放战略"；"创新开放模式，坚持出口和进口并重，提高利用外资综合优势和总体效益，加快走出去步伐，统筹双边、多边、区域次区域开放合作"。③在过去的 2013 年里，上述方针为中国推动区域经济合作指明了方向。概括地讲，作为

---

① APEC：《亚太自由贸易区实现的途径》、《檀香山宣言——迈向紧密联系的区域经济》，中国外交部国际司翻译。

② 1991 年加入的亚太经济合作组织，更多具有的是官方经济合作论坛的性质，尚不是严格意义上的区域经济一体化组织。

③ 胡锦涛：《坚定不移沿着中国特色社会主义道路前进 为全面建成小康社会而奋斗——在中国共产党第十八次全国代表大会上的报告》，《人民日报》2012 年 11 月 18 日。

对外开放的重要内容、与其他国家/地区构建全方位合作关系的重要载体和树立负责任大国形象的重要途径，中国推动区域经济一体化的目标可定位为：促进国内结构调整、经济转型和体制改革，提高开放型经济发展水平；增加战略互信，推动包容性发展，促进周边环境稳定、地区和谐；落实并推进互利共赢的开放战略，拓展中国经济可持续发展的国际空间；增加国际经济规则制定的话语权，把握好对外开放和区域经济合作的主动权。

（2）路径选择

中国构建以 FTA 为载体、自身为"轮轴"的区域经济一体化网络是一个渐进的过程。相应地，中国自身的经济一体化是核心，与东南亚和东北亚国家的合作为第二圈层，严格地理范畴的东亚 FTA（"10+3"）、以东盟为主导的泛东亚的 RCEP（"10+6"）是第三圈层，亚太区域经济一体化（FTAAP）是第四圈层，适时突破地缘限制、服务于具体目标"点菜单"式的 FTA 为相对零散的外围。这也是根据紧密及迫切程度确定的中国推动区域经济一体化理论上的先后顺序。

4. 中国推动各层次区域经济合作的主要策略

除了形成总体的战略定位、明确模式选择和推进路径，中国推动区域经济一体化的有效实施，还需要根据不同层次区域经济合作的目标、实施的情况、存在的障碍和尚待突破的问题，采取更具针对性的政策措施。由于自身的经济合作始终与地区的政治及安全领域合作密切相连、具有相对较大的不确定性，稳定的国家关系、相互间的政治互信以及区域共同意识和身份认同感的增强，是东亚区域及次区域经济一体化的构建得以顺利展开的重要基础，也是其无论开始与否、进展到何种程度一直都无法绕开的关键问题。

（1）通过区域次区域的相互促进，推动东亚区域经济一体化的构建

无论最初的"10+1"、"10+3"，还是现在的 RCEP，东亚区域经济一体化的推进从来都是区域次区域互动的结果。RCEP 是以东盟现有 FTA/CEP 伙伴为最初班底，正在启动的 RCEP，在包括中国在内的有关国家共同努力下，一定会对本地区的协调发展产生意义影响。

加快区域市场整合，促进产业合作，减轻外部市场约束，提高互补性。对区域外部的依赖和区域内部的竞争，是包括 RCEP 在内的东亚区域经济合作面对的经济层面最为普遍的问题。中国"大市场效应"和"世界市场"潜力的不断释放，已经使东亚经济体间的相互依赖进一步加深。产业合作不仅能够更好地解决 FTA 的市场规模问题，还可以在更广阔的空间范围内促进各自及整体产业结构的调整与升级，提升并延伸区域内产业链条，形成更为紧密也更利于发挥互补性优势的国际分工关系，推动经济更为持续健康的发展。中国和有关国家对本地区区域合作的推动，将惠及和这一地区发展联系在一起的各个方面。

（2）加快 FTA 建设的方针

中国 FTA 战略的深入实施，既能落实已签订的 FTA 协定，促进现有 FTA 的深化与

拓展，又能切实加快正在进行的 FTA 谈判进程，争取现有 FTA 谈判取得实质性突破。应选择有战略意义的经贸合作伙伴启动新的 FTA 谈判，在错综复杂中继续推进东亚区域经济一体化，并形成与亚太区域经济合作的良性互动。

1）制定整体战略规划，完善战略布局；2）加快与东盟成员国 FTA 的构建，夯实中国 FTA 战略的关键依托；3）以功能性合作为现实切入，加快"10+3"等各个层次的经济一体化；4）以周边国家为主扩大南南型 FTA，承担适当的区域治理责任；5）有选择性地扩大南北型 FTA，适度超前开放；6）积极构建 FTA 网络，争取更多的"轮轴"利益，避免固化"辐条"劣势。

这种多路径的推进方式，不仅是对每个具体 FTA 进程的支持，也从总体上体现了中国对于区域合作特别是 FTA 方式的合作可以作出积极贡献。

（3）坚持"开放的地区主义"，巩固 APEC 成果，提高实效性，增强凝聚力

官方经济合作论坛的性质、"开放的地区主义"、非强制性约束的方式是 APEC 最为鲜明的特色。相对宽松的合作机制有利于维护发展中成员方的整体利益，尤其是正处于快速发展阶段的中国。在保持论坛性质、坚持开放性和非强制性基础上，支持与引导 APEC 进行适度的制度性改革，循序渐进地提高实效性和执行力，继续维护 APEC 在亚太地区事务中的地位和作用，符合中国的根本利益和战略需要。

特别是，继续坚持茂物目标，以 FTAAP 为长期愿景，推动亚太区域经济合作惠及更多发展中国家，是中国坚定的合作方针。

2013 年，是中国新任国家领导人第一次在亚太经合组织非正式领导人会议上"亮相"。中国对于 APEC 的继续发展作出了积极贡献。

作为亚太地区最重要的合作机制和中国最早加入的区域经济合作组织，APEC 是中国加入世界贸易组织前唯一进行的区域经济合作尝试。正是通过积极参与、切实推动 APEC 建设，中国不但促进了自身的对内改革对外开放，推动了与 APEC 成员的经贸关系发展，而且提升了国际形象和地位，营造了一个相对公平而稳定的外部发展环境。以 APEC 为代表的亚太经济合作是中国推动区域经济一体化的重要内容。

积极主动、审时度势、灵活务实地调整因应之策，继续促进 APEC 经济合作，符合中国的现实及潜在利益。"贸易和投资的自由化便利化"与"经济技术合作"依然是 APEC 不断前行所依赖的两个轮子。茂物目标评估结果表明，由于发达成员方与发展中成员方的具体态度及侧重点有所差异，APEC 的经济技术合作仍处于相对初级的阶段。中国应从广大发展中成员方的立场出发，敦促发达成员方继续推进茂物目标的实现，并加大经济技术合作力度，进一步鼓励企业参与其中。

5. 因应周边国家需求，中国已经具备推进包容性发展的能力

作为本地区有影响的大国，在我们的发展成就受到善意的国家欢迎的同时，也存在敌视中国的国际势力的鼓噪。如何使中国发展惠及八方四邻，不仅关系到对周围国家经济上提供力所能及帮助以及区域性公共产品提供的问题，也关系到稳定周边的需要。

（1）推动包容性发展的必要性

包容性发展是经济全球化时代的新课题。尽管这个概念的内涵比较丰富，但是在区域经济关系上，包容性发展特别注重一国发展不损害其他国家的发展，不对其他国家造成不利影响。包容性发展是在经济全球化时代各国普遍追求发展条件下促进国际合作的一个重要理念与发展思路。实现包容性发展就是要各国共享发展机遇实现互利共赢。以包容性发展实现各国的共同繁荣已成为区域合作的共同要求。

作为近邻，中国经济快速发展对周边国家具有十分重要的影响，同样，周边环境的稳定与否，对中国经济的持续稳定发展亦非常重要。然而鉴于中国周边地区国家众多、社会经济发展层次差别很大以及出于自身利益考虑等诸多因素，周边国家对中国经济崛起反应各异。

中国经济崛起在拉动周边国家经济发展的同时，也引起了某些"国际疑虑"。再加上一些敌视中国的势力进行挑拨和离间，如何在巩固和发展现有区域经济合作成果的基础上，更好地协调中国与周边国家的双边和多边关系，从而共享发展机遇，实现互利共赢，就成为亚洲包括中国在内的所有国家都需要认真思考的问题。加强彼此间的交流与合作就显得十分迫切。

（2）亚洲地区各经济体特别注重包容性发展

亚洲国家有着相似的发展任务，今天又是世界最具活力的一个地区。从发展的特征来看，各国都高度注重外部市场，发展中存在着激烈的市场、资本与资源竞争；从发展的阶段来看，在传统工业化基础上实现产业结构升级有着相似的任务。因此，亚洲国家需要超越文化差异，通过地区合作深化分工减少摩擦，减少一国发展对其他国家的不利影响，形成合作发展、共同发展的机制。

亚洲地区多个国家已进入新兴经济体行列，在实现了多年高速增长后，需要一种共同发展的国际环境，构建共享式发展机制。

（3）包容性是中华文化的底蕴与传统，与负责任大国的指导思想完全一致

中国应扩大与各国的交流与合作，应对共同挑战，推进共同发展。

实现包容性发展首先要对各国发展道路的多样性包容。要尊重世界各国文明的多样性，尊重各国各自选择的发展道路和在经济社会发展实践中的探索，在此基础上促进国际合作，并且把各国文明与发展道路的多样性转化为深化合作的活力与动力。各国要通过包容性发展共享发展机遇，也共同应对发展中的挑战。随着经济全球化与区域一体化的发展，各国经济的相互依存日益深化，经济政策的协调日益重要。各国不仅在政策选择上不能以邻为壑，而且还要相互帮助，大国帮小国，富国帮穷国，使所有成员方都能共享全球化和一体化的成果，使各国人民的生活都能得到改善。

中国要通过国内发展的战略调整推进包容性发展。要以科学发展观指导发展，这样做，既有利于中国自身的发展可持续，又有利于世界各国的共同发展。

（4）中国具备推动包容性发展的必要条件

从地缘经济角度说，中国在地区经济中的主导地位逐步显现，具备了与有关国家实

现互利共赢发展的基础条件。以东亚为例，中国经济崛起带动了东亚区域内经济的迅速发展，使本地区主要依赖欧美市场的格局逐步开始出现变化的势头。基于这些有利条件，中国可以实现与本地区国家的双赢或多赢发展。

在国际格局、有关国家自身政治倾向变化和中国崛起等因素的影响下，区域内某些双边关系的稳定面临诸多挑战。但是，本地区国家之间，在经济和政治两方面都存在重要的共同利益。譬如，共同发展是经济上的共同利益。在经济全球化时代，生产和经济体系相互融合，经济上的国界已逐步模糊，国际经济进入了谁也离不开谁的时代。一方面，中国的发展仍需要广泛借助各个国家的"力量"；另一方面，其他国家也需要从中国的快速发展和日益扩大的市场上获得利益。所以，经济关系的密切和深化为各国共同所需。

（5）中国有办法实现包容性发展

无论是在制度设计、机制构筑，还是在经济手段上，中国已经开始具有相关的必备条件。

1）加强经济合作，共享发展机遇，实现互利共赢

首先，要加强国际经济合作、包括通过国际合作构建有关规则，以实现互利共赢；其次，各国应共享发展机遇，共同应对各种挑战；再次，注重经济政策协调，避免区域内形成相互间以邻为壑的政策选择态势；第四，各国求同存异，通过对话协商解决有关矛盾，实现共同经济政治安全；第五，要实行开放的地区主义，促进区域内外各经济体共同发展。

2）积极充当区域经济合作的倡导者、引领者

这既是中国承担大国义务的体现，又能推动区域内形成最大共识，并实现区域经济合作的全面发展。

中国有能力提供"公共服务"，协调区域各方，促进经济合作进一步深化。作为区域内最重要的经济体之一，中国已可承担更多的大国"义务"，引领地区一体化前进的方向。"倡导者"、"规划者"和"引领者"的身份本身就是中国为本地区提供"公共服务"的重要组成部分。一个大国要有能力为目标地区提供必需的"公共产品"，这对于体现大国"功效"是必需的。

这首先体现在积极规划地区战略，推进多层次区域经济合作安排发展方面。应最大限度"调和"各种区域发展与合作中的矛盾，努力避免或消弭区域内外可能的对抗和冲突，通过增强合作机制，实现包容性发展。

3）在各方主张中寻求最大共识，推动区域合作全面发展。东亚区域经济合作与现实经济需求，以及各方的承受能力是联系在一起的。考虑到利益需求的差异，以及经济发展水平的不同，要推动合作，就需要以共同利益为基础、谋求渐进式、多层次、全方位的共赢互利发展。

6. 通过区域经济合作，推动包容性发展的目标和重点

包容性发展服务于我国外交工作大局。同时，共同利益的交汇点的存在，则是实现包容性发展的基石。

（1）服务于"周边是首要"的外交战略，营造和平稳定、合作共赢的地区环境

增强与周边国家的睦邻友好关系和战略互信，可以为中国经济长期稳定发展创造良好的周边环境。事实上，中国正在构建与商谈的 FTA 也主要集中于此。通过与周边国家/地区构建区域经济一体化，分享自身经济增长的利益与空间，加强基础设施的互联互通和边境（跨境）经济合作区及重点开发开放试验区建设①，不仅能够加快沿边地区的开放步伐、提升其开放水平，还可以充分发挥地缘优势，增强与周边国家的睦邻友好关系和战略互信，为中国经济长期稳定发展创造良好的周边环境。

（2）"扩大和深化同各方利益的汇合点"，适当提供公共产品，体现"积极有为的国际责任观"，树立负责任大国形象

在力所能及的范围内为区域经济合作提供一定的公共产品。不但能够真切体现中国所秉持的"积极有为的国际责任观"，而且有利于树立中国负责任的大国形象。随着综合国力的不断增强，要以更积极的姿态、更正面的形象有效参与国际治理和国际规则制定。

尽可能团结区域经济一体化伙伴尤其是发展中成员方，依靠整体合力应对日益快速变化的国际经济环境，积极参与全球经济治理机制建设和国际经济体系改革，更好地维护全球多边贸易体制、自身的根本利益和共同利益。

二、中国—东盟：走过"黄金十年"，开启"钻石十年"

中国既是第一个同东盟启动自由贸易区（FTA）的国家，也是第一个同东盟建立战略伙伴关系的国家。2013 年，正是中国与东盟建立战略伙伴关系十周年。这 10 年也被誉为中国—东盟合作的"黄金十年"，双方不但建成了有 19 亿人口、近 6 万亿美元国内生产总值、世界最大的发展中国家 FTA，而且双边贸易额增长了 5 倍、相互投资扩大了 3 倍②。回顾过往，展望未来，新起点、新突破、新高度。中国国家主席习近平和国务院总理李克强相继出访东盟国家，提出增进战略互信，推动宽领域、深层次、高水平、全方位合作，续写双方战略关系新篇章；不仅要打造中国—东盟自由贸易区（CAFTA）升级版、打通 21 世纪"海上丝绸之路"，还要创造中国—东盟未来新的"钻

---

① 《第十二个五年规划纲要》明确：把黑龙江、吉林、辽宁、内蒙古建成向东北亚开放的重要枢纽，把新疆建成向西开放的重要基地，把广西建成与东盟合作的新高地，把云南建成向西南开放的重要桥头堡。

② 李克强：《推动中国—东盟长期友好互利合作战略伙伴关系迈上新台阶——在第十届中国—东盟博览会和中国—东盟商务与投资峰会上的致辞》，《人民日报》2013 年 9 月 4 日。

石十年"，携手建设更为紧密的中国—东盟命运共同体。"2+7 合作框架"成为中国对未来双方关系发展的政策宣示①。

1. 双边贸易快速发展，双向投资不断扩大

《中国—东盟全面经济合作框架协议》于 2002 年 11 月签署；《框架协议》下《货物贸易协议》、《服务贸易协议》、《投资协议》分别于 2004 年 11 月、2007 年 1 月、2009 年 8 月签署；2010 年 1 月，FTA 如期正式建成。CAFTA 对双边贸易的促进作用远超中国—东盟经济合作专家组的预测。据中国海关统计，2002 年中国与东盟双边货物贸易额为 547.7 亿美元，东盟为中国的第五大、中国为东盟的第三大贸易伙伴。2003 年双边货物贸易同比增长 42.8%，2004 年提前 1 年实现双边贸易额 1000 亿美元的目标，2007 年提前 3 年突破 2000 亿美元，2010 年接近 3000 亿美元，2012 年超过 4000 亿美元。2013 年双边贸易额达 4436.1 亿美元，同比增长 10.9%，高于全国外贸增速 3.3 个百分点，其中出口 2440.7 亿美元，同比增长 19.5%，高于全国平均增速 11.6 个百分点；已连续 5 年中国为东盟的第一大、东盟是中国的第三大贸易伙伴；东盟同时保持中国第四大出口市场、第二大进口来源地的排名；中国与东盟的贸易集中于马来西亚、新加坡、泰国、印尼、越南、菲律宾 6 国，其所占比重接近 96%。从 2002 年至 2013 年，中国与东盟的双边货物贸易年均增长率超过 20%；即使深受金融危机冲击和影响的 2009 年，双边货物贸易降幅也明显低于对其他贸易伙伴的下降水平，其中东盟对华出口同比下降 4.7%，远低于其 18% 的总体降幅，中国更是一跃而成东盟的第三大贸易伙伴；2013 年年初东盟对中国的贸易依存度为 20.6%②，2013 年中国与东盟的贸易占中国对外贸易总额的 10.7%，均高于 2002 年《框架协议》签署时的水平。

东盟不仅对华直接投资持续快速增长，还是中国"走出去"的重要目的地、重要的海外承包工程和劳务合作市场。中国与东盟的双向投资，2002 年年底累计 301 亿美元，十年来增额超过 700 亿美元，累计达 1007 亿美元，其中东盟对华投资 771 亿美元，中国对东盟投资 236 亿美元；中国为东盟的第四大、东盟为中国的第三大外资来源地。截至 2013 年 6 月底，东盟对华投资累计超过 800 亿美元，占中国吸引外资的 6.6%；中国对东盟累计直接投资近 300 亿美元，约占中国对外直接投资的 5.1%，设立直接投资企业近 2500 家，当地雇员近 12 万人。③中国在东盟完成的工程承包营业额截至 2012 年年底达 970.7 亿美元；中国—东盟投资合作基金自 2010 年正式运营以来也已向东盟九

---

①　李克强：《在第十六次中国—东盟（10+1）领导人会议上的讲话》，《人民日报》2013 年 10 月 10 日。

②　杨珏轩：《人民币对东盟国家货币全面升值》，《每日经济新闻》2014 年 1 月 13 日。

③　董冠洋：《东盟成中国对外投资第四大经济体》，中国新闻网，http://finance.chinanews.com/cj/2013/07-23/5075747.shtml。

大基础设施、能源和自然资源项目投资 7 亿美元。[①]

2. 人民币已成东盟第二大重要货币，科技合作、互联互通亮点频现

早在 2009 年 7 月，东盟就名列中国跨境贸易人民币结算首批试点区域之中。截至 2013 年 6 月底，中资银行在 9 个东盟国家共设立 3 家法人银行、16 家分行及 1 家代表处，5 个东盟国家的银行在华设立 7 家法人银行。[②] 东盟与中国的双边贸易越来越多地使用人民币结算。2009 年至 2013 年 6 月底，中国与东盟跨境人民币结算量为 11200 多亿元；人民币与马来西亚林吉特、泰国泰铢实现直接交易。[③] 2013 年 9 月，中国银行人民币兑印尼卢比现钞汇率正式挂牌，中国与印尼贸易即将跨入本币结算时代；这也是继新加坡元、菲律宾比索、马来西亚林吉特、泰国铢和越南盾之后，中国银行推出的东盟 10 国货币汇率的第六个币种。菲律宾、马来西亚等东盟国家已将人民币作为自身的官方储备货币；人民币还在 2013 年成为菲律宾市场上继美元后第二种可实时清算的外国货币。[④] 印尼、马来西亚、菲律宾、新加坡和泰国等东盟主要国家的货币较之美元更密切追随人民币；中国与东盟的双边货币互换协议总额达 1.4 万多亿元；日益庞大的离岸业务吸引越来越多的东盟国家试图成为人民币离岸中心。[⑤] 致力于对东盟离岸金融、边境自由贸易合作示范区建设等金融试点工作研究的浦发银行南宁离岸业务创新中心也已于 2013 年 9 月揭牌。[⑥] 此外，人民币对东盟货币普遍升值。中国银行数据显示，2013 年 12 月 31 日，1 泰铢、1 新加坡元、1 菲律宾比索约合人民币 0.1849 元、4.7845 元、0.1365 元，人民币升值约 10%、6%、11%。[⑦]

2013 年 9 月，中国、印尼、泰国、越南、柬埔寨、老挝、缅甸等国科技部长共同为中国—东盟技术转移中心揭牌，这也是中国唯一面向东盟的国家级技术转移机构。截至目前，中国—东盟技术转移协作网络和信息平台均已初步建成，共有包括泰国国家科技发展署、马来西亚生物质工业联合会等机构在内的协作网络成员 42 家，中国—东盟技术转移中心官方网站和技术转移对接平台上线试运行发布需求信息 580 多条、促成对接 280 项。首届中国—东盟技术转移与创新合作大会，共展示 186 项中国—东盟科技合作成果及需求项目，签约 18 个合作项目，促成 156 个项目签署意向合作协

---

① 魏晞：《东盟成中国重要国外工程承包市场》、《中国—东盟投资合作基金投资额已达 7 亿美元》，中国新闻网，http://finance.chinanews.com/cj/2013/05-27/4858989.shtml，http://finance.chinanews.com/cj/2013/10-21/5406234.shtml。

② 魏晞：《中国—东盟金融合作踏入新阶段》，中国新闻周刊网，http://finance.inewsweek.cn/20140112.78600.html。

③ 王宇、王培伟：《我国与东盟签署双边本币互换协议达 1.4 万亿元》，《经济参考报》2013 年 9 月 5 日。

④ 孙红娟：《人民币成菲律宾第二大实时清算货币》，《第一财经日报》2013 年 10 月 24 日。

⑤ 欧阳博思：《中国东盟合作 从黄金十年到钻石十年》，《国际金融报》2013 年 12 月 4 日。

⑥ 姜木兰：《人民币兑换印尼卢比现钞业务在广西启动》，《广西日报》2013 年 9 月 5 日。

⑦ 杨珏轩：《人民币对东盟国家货币全面升值》，《每日经济新闻》2014 年 1 月 13 日。

议。此外，中心还通过中国—东盟现代农业新技术与新品种技术转移对接活动、中国—印尼农业技术转移对接活动、中国—马来西亚 ICT 及生命科学项目对接会、中国—老挝创新合作展洽会等，帮助 160 家企业实现技术对接，促成 31 个技术转移合作项目。①

作为中国与东盟的重点合作领域，互联互通取得积极进展。昆明—曼谷公路、昆明—河口高速公路贯通，衡阳至柳州的高铁更使京广线与东盟对接。首次建立互联互通部长级磋商机制——中国—东盟互联互通交通部长特别会议；首次举办海上合作交流活动——主题为"加强中国—东盟海上互联互通·建设港口城市合作网络"的中国—东盟港口城市合作网络论坛，以钦州为基地的中国—东盟港口城市合作网络项目建设稳步推进。针对马来西亚、泰国等已推出高铁建设计划，习近平主席、李克强总理在 2013 年 10 月访问东盟国家时均表示希望与其加强这方面的合作。中国与印尼签署的 200 亿美元投资合作协议中，就包括投资 15 亿美元参与雅加达 30 公里单轨铁路建设。《中泰两国关于深化铁路合作的谅解备忘录》、《中泰政府关于泰国铁路基础设施发展与泰国农产品交换的政府间合作项目的谅解备忘录》达成，李克强总理还在泰国与时任总理英拉共同出席中国高速铁路展开幕式；"以泰国农产品抵偿部分项目费用"，也就是通常所说的以"高铁换大米"，泰国成为继越南、老挝后东盟国家与中国合作兴建泛亚铁路的新伙伴。需要强调的是，《东盟互联互通总体规划》涉及大量的铁路、港口等基础设施建设。为缓解其融资瓶颈，2013 年 10 月习近平主席同印尼总统苏西洛会谈时倡议筹建"亚洲基础设施投资银行"，对包括东盟国家在内的本地区发展中国家基础设施互联互通建设给予资金支持，得到东盟各国的积极回应。2013 年 11 月《中共中央关于全面深化改革若干重大问题的决定》明确，"加快同周边国家和区域基础设施互联互通建设，推进……海上丝绸之路建设"；12 月中央经济工作会议，更是将"建设 21 世纪海上丝绸之路，加强海上通道互联互通建设"列入 2014 年经济工作六大主要任务之"不断提高对外开放水平"中。

3. 中国—东盟博览会广受赞誉，合作领域、合作区域进一步拓展

为促进双方企业界的经济合作，加快 CAFTA 建设进程，从 2004 年开始，中国—东盟博览会每年都会举办；共有 52 位中国和东盟国家领导人、2040 位部长级贵宾出席，42.3 万客商参会，280 多场高层次会议和论坛及相关活动举行；已成为"双方经贸交流与合作的重要平台"、CAFTA 建设的强劲"助推器"。老挝总理通邢表示，中国与东盟通过博览会加深了理解，促进了政治上的友好合作，也推动了战略伙伴关系的高层次发展。泰国总理英拉认为，博览会见证了中国与东盟深化合作的历史进程，发挥着越来越重要的作用。东盟秘书长黎明良指出，过去 10 年，在中国—东盟战略伙伴关系的框

259

---

① 简文湘：《打造中国与东盟科技合作新高地》，《广西日报》2014 年 1 月 30 日。

架下，博览会成功推动了 CAFTA 建设，为双边经贸合作创造了诸多机遇。① 印尼中华总商会理事会主席陈永志认为，"博览会为各国企业商家之间进行无缝对接提供了一个很好的平台，让大家彼此能有机会面对面沟通、交流、洽谈"。②

2013 年第 10 届中国—东盟博览会，13 位中国和东盟国家领导人、280 位部长级官员出席，17 个国家 240 家媒体 1705 名记者到会采访，其中东盟媒体 88 家 134 人，同比增长 81%。中国与东盟的贸易成交额较上届增多，双向投资领域更广，中国对东盟投资项目更多。成交量大的出口商品，中国为电力设备、新能源产品、货运汽车，东盟主要是咖啡、果蔬制品等东南亚特色产品；投资重点，从传统制造业及矿产开采加工转移到绿色科技创业园、现代农业、中医药基地建设等新领域。尤为重要的，博览会不仅分"战略伙伴关系"、"自由贸易区"、"园区合作互联互通"、"博览会"等七大部分展示 10 年发展的辉煌成就，还使双方的合作领域、合作区域均得到进一步的拓展。如，《中国—东盟互联互通交通部长特别会议联合声明》，就完善工作机制、创建融资平台、做好规划衔接、海陆并重等交通领域互联互通达成诸多共识；通过《中国—东盟港口城市合作网络论坛宣言》，成立中国—东盟港口城市合作网络，推动中国与东盟 47 个港口的海上互联互通；投资合作圆桌会以深化产业合作，共同打造 CAFTA 升级版为重点主题，共同制定"促进产业合作 5 年发展路线图"，一致赞成以"跨境经济合作区的发展"作为 2014 年投资促进工作的重点内容，并明确区域、产业双管齐下共同推动；东盟产业园区招商大会吸引了来自东盟 10 国的中马钦州产业园区、马中关丹产业园、中国—印尼经贸合作区等 19 个产业园区和包括北斗卫星导航企业在内的中外企业。再如，以 RCEP 谈判启动为契机，首次将合作区域拓展至"10+6"；不但邀请澳大利亚作为观察员国，还为新西兰、日本、韩国、印度等区域外国家提供 37 个展位，并举办"10+6"企业家交流会等一系列面向区域外的经贸交流活动。③

4. 纪念中国—东盟建立战略伙伴关系 10 周年，规划双方合作未来发展方向

中国始终把东盟作为周边外交的优先方向，一如既往地支持东盟在东亚合作中的主导地位。2003 年 10 月 8 日，《中国—东盟面向和平与繁荣的战略伙伴关系联合宣言》发表，中国成为第一个同东盟建立战略伙伴关系的国家。2013 年恰逢中国—东盟建立战略伙伴关系 10 周年，除双方共同举办包括中国—东盟特别外长会、中国—东盟战略伙伴关系 10 周年高层论坛、东盟经济部长赴华路演在内的一系列纪念活动外，10 月习

① 苏必庆：《共乘"合作之舟" 驶向美好明天》，《广西日报》2013 年 9 月 27 日；中国—东盟博览会秘书处：《第 10 届中国—东盟博览会、商务与投资峰会新闻发布会发布稿》，中国—东盟博览会官方网站，http：//www.caexpo.org/html/2013/bolanhuidongtai_ 0906/201416. html。

② 姜木兰、夏福军：《十载合作 再创辉煌——第十届中国—东盟博览会暨中国—东盟商务与投资峰会开幕大会侧记》，《广西日报》2013 年 9 月 4 日。

③ 中国—东盟博览会秘书处：《第 10 届中国—东盟博览会、商务与投资峰会新闻发布会发布稿》，中国—东盟博览会官方网站，http：//www.caexpo.org/html/2013/bolanhuidongtai_ 0906/201416. html。

近平主席、李克强总理还前后紧密衔接访问印尼、马来西亚、文莱、泰国、越南，相继发表《中印尼全面战略伙伴关系未来规划》、《中泰关系发展远景规划》、《新时期深化中越全面战略合作的联合声明》等，不但宣布将中印尼、中马双边关系提升为全面战略伙伴关系，进一步加强 2013 年 4 月建立的中国与文莱战略合作关系，同意成立中越海上共同开发磋商工作组、基础设施合作工作组、金融合作工作组；而且在访问过程中，就增进中国—东盟的战略互信、提高全方位务实合作水平、深化战略伙伴关系提出一系列倡议，如愿商谈缔结睦邻友好合作条约，将 2014 年确定为中国—东盟文化交流年，未来 3 到 5 年向东盟国家提供 1.5 万个政府奖学金名额；并在东盟国家领导人访华时、出席中国—东盟博览会及领导人会议等不同场合反复加以重申。9 月 3 日，李克强总理在中国—东盟博览会和商务与投资峰会上指出，中国与东盟是天然的合作伙伴，有能力创造未来新的"钻石十年"，并提出打造 CAFTA 升级版、推动互联互通、加强金融合作、开展海上合作、增进人文交流 5 项合作倡议。① 10 月 3 日，习近平主席在印尼国会发表题为《携手建设中国—东盟命运共同体》的重要演讲，强调中国和东盟关系正站在新的历史起点，要着重从坚持讲信修睦、合作共赢、守望相助、心心相印、开放包容 5 个方面作出努力。② 概括而言，中国倡议的核心内涵就是要打造 CAFTA 升级版、打通 21 世纪"海上丝绸之路"、开创合作新的"钻石十年"，携手建设中国—东盟命运共同体。

2013 年 10 月 9 日，李克强总理在第 16 次中国—东盟领导人会议上明确提出的"2+7 倡议"，可以被视作中国对今后 10 年双方宽领域、深层次、高水平、全方位合作框架设想具有总结性的全面阐述。所谓"2"就是进一步强化两点共识：推进合作的根本在深化战略互信，拓展睦邻友好；深化合作的关键是聚焦经济发展，扩大互利共赢。所谓"7"就是在两点政治共识的基础上，建议展开 7 个领域的合作。一是积极探讨签署中国—东盟国家睦邻友好合作条约，为双方战略合作提供法律和制度保障。二是启动 CAFTA 升级版谈判：力争到 2020 年双方贸易额达 1 万亿美元，今后 8 年从东盟累计进口 3 万亿美元、对东盟投资至少 1000 亿美元；支持香港作为单独关税区与东盟开展 FTA 谈判；共同推动"区域全面经济伙伴关系（RCEP）"谈判。三是加快互联互通基础设施建设。四是加强本地区金融合作和风险防范：扩大双边本币互换的规模和范围、跨境贸易本币结算试点；愿为东盟国家货币当局和其他机构投资中国债券市场提供便利。五是稳步推进海上合作：双方应发展好海洋合作伙伴关系；中国—东盟海上合作基金第一批落实的 17 个项目将用于支持海洋经济、海上互联互通、海上环保和科研、海上搜救等合作。六是加强安全领域交流与合作：进一步完善中国—东盟防长会议机制；倡议制定"中国—东盟救灾合作行动计划"，愿提供 5000 万元人民币用于防灾救灾合

————————

　　① 李克强：《推动中国—东盟长期友好互利合作战略伙伴关系迈上新台阶——在第十届中国—东盟博览会和中国—东盟商务与投资峰会上的致辞》，《人民日报》2013 年 9 月 4 日。

　　② 习近平：《携手建设中国—东盟命运共同体——在印度尼西亚国会的演讲（二〇一三年十月三日，雅加达）》，《人民日报》2013 年 10 月 4 日。

作。七是密切人文、科技、环保等交流：共同制定《中国—东盟文化合作行动计划》；建立中国—东盟科技创新中心、环保技术和产业合作交流示范基地。①

中国的倡议得到东盟各界的广泛赞赏和积极响应。印尼世界事务理事会主席易卜拉欣·优素福表示，李克强在中国—东盟博览会和商务与投资峰会上提出的 5 项倡议是非常重要的政策主张。越南通讯社经济新闻部主任阮登发认为，中国和东盟的"钻石十年"不仅是中国的期待，也是东盟成员国的期待，因为它反映了所有国家携手前行的愿望。《文莱时报》资深记者蔡元铢指出，"海上东盟"完全可以成为中国—东盟《服务贸易协定》后双方合作的新亮点。②

中国的部分倡议已体现在 2013 年 10 月 9 日的《纪念中国—东盟建立战略伙伴关系 10 周年联合声明》中。其明确深化中国—东盟战略伙伴关系，将继续全面有效落实《〈中国—东盟面向和平与繁荣的战略伙伴关系联合宣言〉行动计划（2011—2015）》。政治和安全合作方面，同意探讨继续通过加强睦邻友好合作以深化政治互信，赞赏"中国—东盟国家睦邻友好合作条约"倡议；加强海上合作，重申将全面有效落实《南海各方行为宣言》，在协商一致基础上朝着达成"南海行为准则"的目标努力。经济合作方面，欢迎 CAFTA 升级版倡议，包括改善市场条件和双方贸易差额，扩大《框架协议》的范围和覆盖面；争取到 2015 年双边贸易额达 5000 亿美元、到 2020 年达 1 万亿美元，今后 8 年新增双向投资 1500 亿美元；积极推进并确保完成 RCEP 谈判；将有效落实东盟一体化倡议工作计划（2009—2015）和大湄公河等次区域经济合作，中方愿与东盟国家探讨在边境地区设立跨境经济合作区；深化"清迈倡议多边化"合作，进一步发挥中国—东盟银行联合体的作用；同意积极推进建设亚洲基础设施投融资平台，将推动泛亚铁路项目建设尽快取得实质性进展；支持为发展海洋合作伙伴关系所作的努力；将制定中国—东盟环保技术与产业合作框架、建立环保技术和产业交流合作示范基地，探讨建立中国—东盟创新中心、制定新能源与可再生能源合作行动计划。③

三、视为己任：中国将积极推动周边国家共同发展

中国面临着复杂的地区和国际局势，推动周边国家共同发展不仅具有必要性和紧迫性，也是中国发挥大国作用承担大国义务的新方式和新途径。同时，中国具备了一定的能力和手段，在区域经济合作条件下，既可以帮助处于特定发展阶段的周边国家提高持续发展能力，也能够帮助低发展水平国家启动它们的经济快速发展进程。

---

① 李克强：《在第十六次中国—东盟（10+1）领导人会议上的讲话》，《人民日报》2013 年 10 月 10 日。
② 《海外人士认为中国—东盟合作将促进地区稳定繁荣》，《广西日报》2013 年 9 月 4 日。
③ 《纪念中国—东盟建立战略伙伴关系 10 周年联合声明》，《人民日报》2013 年 10 月 10 日。

1. 周边国家发展存在一定制约因素

本地区有关国家所处发展层次各不相同，发展状况和特点有所差异。譬如，有的可能面临陷入所谓"中等收入陷阱"的问题，有的则正致力于经济快速发展的最初起步。而在国际经济关系和经济结构特征方面，有的是面向发达市场广泛发展加工工业的经济体，有的则以资源输出为主或者兼而有之。

（1）发展不平衡

1）国家内部区域间发展不平衡

周边一些发展中国家城乡差距明显。其经济的较快增长大多通过城市工业化实现。虽然城市人口逐步走向富裕，但是地区间的贫富差距却在扩大。

2）不同国家间经济发展水平存在差异

新加坡、马来西亚、泰国、印度尼西亚、菲律宾、越南、老挝、柬埔寨、缅甸2010 年的人均 GDP 分别为 43117 美元、8423 美元、4982 美元、3015 美元、2007 美元、1174 美元、984 美元、814 美元和 702 美元[1]。其中最高的新加坡，和发达国家水平无异，而最低的缅甸则只有其 1/6 左右。

3）产业发展基础条件有待改善

譬如，在保证产业链有效运转方面，物流基础设施的不完善，是有关国家面临的深刻问题。在一些国家，由于外资企业多集中于首都或大城市周边地区，原本需要发达的道路等交通系统承担面向全国的物流任务。但是，由于相关基础设施条件不完备、通行不便，不仅影响生产活动，也对当地居民生活等带来一系列困扰。

（2）陷入中等收入陷阱的潜在危险

虽然周边不少国家或地区已经实现了经济的快速发展，但是其发展的可持续性，正引起人们的思考。对于这一地区，人们开始关注中等收入陷阱问题。

从低收入国家走向中等收入国家的进程中，发展中国家可以从海外获得投资和技术支持；国内的农村人口流入城市，也可以保证工业发展所需要的充足劳动力资源。但是，因为劳动和资本投入的增加无法长期持续，所以仅依靠资本和劳动力投入的扩大来实现持续增长是困难的。

伊藤忠商事董事长小林荣三认为[2]，亚洲的经济发展，迄今为止，是以第二产业为中心的，并且是借助国外的投资实现发展的。这样的格局，虽然使得有关国家从低收入国家进入了中等收入国家，但是却没有形成本国的技术积累。如此一来，它们要进一步提高自己的发展水平，就将面临较大困难。虽然经济增长强劲有力，但是如果不转变经济结构，要实现经济的持续发展则十分困难。

---

① 2012 年 1 月 31 日，《日本经济新闻》，恩田达纪等《国别商情》，http：//bizgate. nikkei. co. jp/special/emerging/business/index.aspx？n＝MMBIb3000024012012。

② 2012 年 10 月，《日本综合研究开发机构研究报告》，伊藤元重等：《亚洲持续增长的关键》，http：//www.nira.or.jp/president/review/entry/n121003_ 674. html#00。

亚洲开发银行原行长黑田东彦认为[①]，在亚洲，不是依靠对丰富的自然资源的开发，而是凭借低廉的劳动力价格优势，通过发展加工工业、扩大出口，来实现从低收入国家向中等收入国家的转变。但是，由于本国工资水平上升，逐步失去对其他低收入国家的优势，被别的国家追赶上来；同时，又无法追上发达国家。结果，在一些国家出现了所谓的中等收入陷阱问题。

（3）创新能力不足

创新和技术进步，是发展中国家实现持续发展的前提。实证研究表明，当本国企业或相关机构自主开展研发活动时，所发生的创新活动，通过扩散，会提高社会生产效率，实现经济持续增长。

中国周边一些国家自身缺少研发活动以及由此产生的技术进步。对国外直接投资的过度依赖，并不自然产生国内的技术积累和传播，对本国经济长远发展作用有限。具有这种特征的国家，需要积极实现自身技术进步，而这样的承接和创新能力，却正是目前所缺乏的。

只有有关国家开展自主和持续的创新活动，才能减少对国际资本的依赖。换言之，为了打破中等收入陷阱，持续的自主创新和技术进步十分必要。

2. 中国已经开始具备对周边国家发展提供适当帮助的能力

中国的既有发展成果是实现与周边国家互利共赢发展的有益基础。对于周边国家特别是其中的发展中国家来说，中国的发展对区域内经济的迅速发展起到了积极的带动作用，并使本地区不再严重依赖于欧美市场。这显然有助于中国在周边国家经济发展中发挥建设性作用，使中国与周边国家实现双赢和多赢发展。中国可以以此为基础帮助周边国家提升经济活力，增强发展潜力。

（1）中国对周边国家投资规模逐步扩大

在中国对外直接投资流量前20位的国家（地区）中，新加坡、缅甸、泰国、柬埔寨等周边国家分别列第9、10、11、15位[②]。就全球范围看，对亚洲投资占中国对全球直接投资流量的将近七成。[③]

投资的扩大，首先是因为当地市场规模可观，并保持较快扩张速度，其次则是因为当地的劳动力成本优势和地理区位优势有助于投资者进一步开拓当地市场。

（2）中国与周边国家贸易关系密切

无论是双边贸易额，还是相互间的贸易地位，都能说明这种不断深化的贸易关系。中国已经成为周边不少国家的第一大出口对象。过去十余年，周边国家出口的对美依存

---

① 2013 年 1 月 6 日，《日本经济新闻》，大泉启一郎等：《跳跃亚洲访谈记》，http：//www. nikkei. com/article/DGXNASM402005_ U3Ā100C1000000/。

② 《2010 年度中国对外直接投资统计公报》，商务部网站，http：//www. mofcom. gov. cn。

③ 《2010 年度中国对外直接投资统计公报》，商务部网站，http：//www. mofcom. gov. cn。

度已经由 21.4%下降至 11%；对日依存度由 11%下降到 8%。而中国市场则吸纳了周边国家 21.5%的产品。这样的进口能力以及其他国际经济指标，决定了中国对周边国家的影响力。

譬如，中国是泰国的第一大出口市场和第二大进口来源地；是马来西亚的第二大贸易伙伴、第二大出口市场和第二大进口来源地；是印尼的第二大贸易伙伴、第二大出口市场和第二大进口来源地；是新加坡的第四大出口市场和第三大进口来源地。

（3）中国有能力帮助处于特定发展水平的国家提升自我发展能力

虽然中国自身也面临提升自主创新能力的问题，但是，相对于周边一些国家特定层次上的需求来说，中国已经开始逐步具备在创新领域对周边国家积极支持的能力。可以尝试推动中国具有一定积累、又符合周边有关国家发展阶段需求的创新能力的"辐射"或转移，对周边国家发挥推动作用。

（4）中国可以有针对性地加强与周边发展中国家的经济互动

只有对双方都有利的合作和经济互动，才具有可持续性。所以，经济互动需要同时考虑双方的需求与可能。周边国家的经济行为特点并不相同。不同经济体内部，其经济形势与环境也存在较大差异，譬如在吸引投资、扩大出口和内需市场扩大中的表现或行为特点并不一致。所以中国与周边国家的经济互动，就需区分不同发展层次的国家，以及自然禀赋和产业结构各有特点的经济体或其内部的不同区域，根据其不同需求提供针对性帮助。对经济发展基础较为薄弱或者以资源开发见长的国家或其内部区域，首要的是推动其基础设施建设和帮助其拓展国际市场；而对于已经达到中等收入水平的国家，则应是积极扶助其自我发展能力的提高等。经过过去 30 年的发展积累，中国已经初步具备了分门别类、有针对性地和周边国家积极互动的能力。

3. 深化区域次区域合作，扶助周边国家产业发展

继续推动各种不同层次的区域经济合作（包括特定区域或特定经济带构筑等），仍然是重要的。因为这能够提升欠发达国家的产业基础能力。

（1）中国不同地区间的积极协调有益于对周边国家的合作走向深入

在中国，沿海、内陆和沿边地区存在较大的经济特点差异，它们的对外经济合作和经济关系发展特点也不尽相同。

沿海地区以经济进步为基础，应在继续巩固既有外向型经济发展成果的同时，注重扩大对有关国家的投资，注重对其复杂劳动产业的扶植和发展。在内陆地区，劳动力成本优势的存在和基础设施建设的扩大，带来了生产资料市场扩大的优势；人口众多带来了消费品需求市场扩大的优势。再具体到沿边（特别是西南沿边地区），大多对东南亚经济落后国家有资金、市场和技术优势，有市场需求优势。

但是，对于和周边国家间的次区域合作，这些不同区位的地区之间也各有劣势，需要它们协调动作，共同开展对外合作。

沿边地区和周边国家地域相连、来往密切，具有长期经贸往来的基础，发挥着对周

265

边国家次区域合作"桥头堡"的作用。既有经济关系基础使得沿边省区在对周边国家次区域合作中可发挥积极作用，在发展与周边国家经贸关系上承担重要责任。

但是，沿边省份自身经济和技术力量和市场吸纳能力有限。仅依靠沿边省份自身力量，要把面向周边国家的次区域合作推向深入，尚存在难度。沿海地区由于加工工业基础扎实，研发实力雄厚，人才、资金等具有较大优势。可成为沿边地区开展对周边国家经贸合作的有益依托。

为此，有必要通过沿边和沿海合作的方式，优势互补、成果共享，共同深化对周边国家的次区域合作。

（2）通过基础设施建设为周边国家经济发展构筑有利硬件环境

基础设施建设滞后，制约了周边有关国家的经济发展和民生改善。对于这些国家来说，港口、道路、水环境整治、电力供应等，是基础设施协作的重点。在这些领域，中国的有关机构或企业具有较强的竞争力，既可以作出积极贡献，同时也是参与这些业务的中国机构或企业的商机。据预测，2010—2020年，亚洲地区至少具有8万亿美元的基础设施建设需求规模①。

面对重要商机，基础设施领域的合作，对双方都具有积极意义。而就基础设施水平较低国家而言，合作的意义则更为积极。

（3）加强加工工业等领域合作，延长产业链，扶持当地产业发展

沿边一些省份正逐步加大在当地的生产力度，既实现"走出去"目标，又可扶持当地加工工业发展。以矿产资源开发为例，我国一些沿边省份在周边国家的矿产开发正逐步实现规范化，不再只是单纯的进口矿产原料，而是从勘探、开发，到中试，生产、销售等，实现了和当地的"一条龙"合作。例如位于老挝的年产5万吨的钾盐矿开发、位于越南的有色金属开发等。

从扶持当地经济的角度出发，应在从"低端"到"高端"的各个产业层次上，加强包括融资、加工、技术服务等在内的经贸和技术合作。对于其中处于经济快速发展起步阶段的国家，低端加工工业的发展，尤为重要。

以紧邻云南的缅甸为例，该国无论是基本民生类工业，还是技术含量较高的产业，都在加工生产能力上存在较大"缺口"。

譬如，1）作为佛教盛行的国家，缅甸每年都要从中国进口大量蜡烛供寺庙使用，因为当地过低的加工工业水平无法满足其自身的市场需求。2）作为传统农业国家，主要创汇来源之一为大米出口。最高年产790余万吨，其中100万吨用于出口，曾是世界最大的大米出口国。但是，当地基本无良种培育事业，每年来中国购买稻种。3）当地经济作物丰富，使用价值广泛，譬如蓖麻油可做拖拉机燃料等，但是却受到加工技术和能力的制约。目前芝麻、棕榈、花生等还只能作为原料出口。4）作为产棉地区，虽然出产棉花，但是当地却无纺纱技术和能力。5）在海水渔业方面，有500余种水产品，

---

① http：//www.nira.or.jp/president/review/entry/n121003_ 674. html#00.

中国每年从缅甸进口大量水产品，供应沿海大城市市场。6）在矿产业方面，当地矿产主要包括玉石、稀有金属、贵金属等。其中的玉石是我国有关省市珠宝行业的主要原料来源。而金、铅锌矿等，不仅含量和品位高，而且储量也较丰富。但是目前当地无论是勘探、开采，还是后续加工，技术和生产水平都有待提高。更何况这是对方国家的重点发展领域。

鉴于上述状况，中国有关地区可以和对方联合开展有针对性的产业合作。譬如：杂交稻种培育和供应工作；纺纱厂的建设；渔业领域投资（水产捕捞、修造船厂、渔网渔具、制冷加工、辅助材料等）；农业（养殖、蔬菜种植、橡胶、水果等）及农业机械（手扶和大型拖拉机厂、农机厂、水泵厂、化肥厂、农药厂）；农产品加工（碾米厂、纺纱厂、糖厂、丝绸厂、粮食仓库以及以当地芝麻、棕榈、花生为原料的榨油厂）；矿产资源开发和加工等。此外，还应注重对当地人才和技术培养方面的帮助（尤其是对于处于起步初期的国家，应加强技术培训等工作，为当地的各个行业培训必要的从业人员）。

4. 授人以渔——帮助周边国家提升持续发展能力

（1）相对于国际社会帮助的有限性，中国的帮助更为宝贵

应通过积极互动，为周边国家经济实现持续增长和发展，创造有利条件。这些帮助，既包括当地产业链延伸等诸多方面的合作，也包括与创新能力培育有关的内容。

亚洲开发银行的报告书指出，为了不使亚洲国家陷入中等收入陷阱，需要在技术研发、人才培养和基础设施建设与完善方面，给予相关国家以针对性帮助。

对于新兴经济体来说，走出所谓"中等收入陷阱"，成为其重要经济发展目标。但是，要实现目标，却面临较大困难。尤其是在自主创新和研发能力提高方面，周边有关国家需要国际社会的帮助。但是迄今为止，这种帮助是有限的。

目前发展中国家利用外资推动创新主要依赖于跨国公司的主导，而单纯依靠跨国公司技术溢出存在局限性。同时，当地企业对跨国公司技术溢出的吸收也并不充分。当地企业与跨国公司之间，仅在后向关联方面相对较密切，且多集中于加工和返销出口方面。因此，依靠跨国公司的"自然"技术溢出，对于提升当地自主创新能力帮助不大。

就国际和地区大环境而言，虽然经济较发达的国家对于发展层次较低国家也都在推动双方经济关系的密切和发展，但是，鲜有真正愿意为有关国家自主创新能力的提高，以及改善其在产业链中的低端状态提供帮助的。跨国资本甚至包括西方国家官方所推动的援助或合作，往往会固化发展中国家的国际经济地位劣势。为了本地区经济长远持续发展和地区关系的长期和谐稳定，中国有必要对周边国家的进步提供对方所需要的帮助和支持。这种帮助，应授人以渔，以逐步使对方获得改善国际分工和提升在国际产业链中地位的能力。

（2）"量身定做"更为有效

在中国和周边国家之间，由于相关国家发展阶段存在较大差异，需求有所不同，所

以，支持其创新发展的政策，既要区别不同特点的国家，又要有行业差别、企业发展阶段差别等方面安排。只有"量身定做"的个性化政策，对扶助本地区相关国家的产业创新活动才具有更积极意义。应根据各国具体特点，确定扶助对方创新发展的重点领域。

针对周边国家不同的发展层次，在其中相对发展水平较高经济体（例如新加坡、马来西亚）、"新兴经济体"（例如印度尼西亚）和相对落后经济体（例如缅甸老挝等），所需要开展的工作并不相同。

对于经济发展水平较高、加工工业比较成熟的经济体，可以通过双方共同努力，构筑创新中心或区域，形成对其周边国家的创新辐射功能。在这里的创新活动应以产业链高端为主。

在尚处于加工工业兴起阶段的国家，它们所需要的，显然首先应以服务于加工技术提高的创新为核心。至于相对欠发达的经济体，也有一个提高技术水平、积累创新基础的需求。

自主创新能力的培育既需立足自身原有优势，也需要着眼于未来发展。因此创新不必也不可能在所有领域齐头并进，而应该选择若干个对当地经济社会发展和科技进步具有重要支撑地位和拉动作用的领域重点开展相关活动，支持该领域进行重点创新能力培育，以便在关键技术领域形成局部国际优势，进而带动其他相关产业技术的发展和整体创新实力的提升。

譬如，在一些盛产橡胶的国家，共同开展橡胶产业（甚至包括基础科学）的相关创新和研发活动。争取在当地核心产业领域推动其实现自主创新的较大突破。在某些特定矿产品产地，也可开展涉及相关资源开发的创新和研发活动。

（3）政府和企业共同努力，扶助有关国家研发和创新能力的发展

1）构筑适宜平台和机制，深化创新合作

在周边一些国家，譬如新加坡和其他一些国家的首都等大城市，其高等学校已经为自主基础创新打下了良好基础。有可能以其自身学科和科研能力为基础，再加上必要的国际支持、人才延揽，以及当地和周边加工工业对创新服务的需求等，形成具有一定"区域当量"的创新中心。为此，应以适当机制推动中国国内和当地创新主体与行为的对接，开展共同研究和研发等活动。

在手段上，可以尝试通过"中国—东盟（或某个特定国家）自主创新合作基金"、"中国—东盟科技合作组织"之类促进机制和平台，对这种创新合作提供支持。一方面，可以通过这样的安排密切周边国家与中国间创新互动关系；另一方面，则可为有关国家创新创造有益的国际合作条件。

2）中国企业的"走出去"和周边国家提升自我发展能力良性互动

在出口导向型经济继续保持既有态势的同时，今后，周边一些发展中国家的国内需求将较快上升。和出口需求相并列，服务于内需的经济活动规模扩大，将成为这些国家经济活动的重要变化。面对其内需市场扩大，中国企业不仅可以和发达国家的跨国资本

一样，通过"走出去"，扩大在当地面向这些国家内需市场的经营活动。而且，对于中国企业来说，无论是服务于出口目的的经营活动，还是以当地内需市场为目标的经济活动，深化研发以及扩展当地产业链的行为，对于所在国家自主创新和经济长远发展都是有益的。

在中国企业"走出去"背景下，通过双方共同努力，可以培育对方民间机构的创新能力。其中包括协助当地合作企业和机构开展"二次创新"，赢得"后发优势"。在技术引进基础上的"二次创新"，是基于引进技术的再创新。通过二次创新，既能提高产品附加值、实现当地企业整体经济效益的提高，又能提升其在特定领域或行业的技术水平，带来产业结构升级等积极结果。

大事记 11-1　2013 年亚太区域合作大事记

时间	事件
2013 年 3 月 15 日	日本宣布加入跨太平洋伙伴关系协议（TPP）谈判
2013 年 3 月 25 日	日本和欧盟宣布启动经济合作协定（EPA）谈判
2013 年 4 月 15 日	《中华人民共和国政府与冰岛政府自由贸易协定》在北京签署。冰岛成为首个与中国签署自由贸易协议的欧洲国家
2013 年 5 月 9—13 日	《区域全面经济伙伴关系协定》（RCEP）第一轮谈判在文莱举行。中国、日本、韩国、澳大利亚、新西兰、印度以及东盟 10 国均派代表团与会。本轮谈判正式成立货物贸易、服务贸易和投资三个工作组，并就货物、服务和投资等议题展开磋商
2013 年 6 月 18 日	八国集团峰会闭幕，欧盟和美国宣布将正式展开跨大西洋贸易和投资伙伴关系协定（TTIP）首轮谈判
2013 年 6 月 24 日	日本和欧盟在东京举行第二轮谈判经济合作协定（EPA）谈判
2013 年 7 月 6 日	中国和瑞士正式签署自由贸易协定。这是继冰岛后，中国三个月内与欧洲国家签署的第二份自贸协定，也是中国首次和欧洲大陆国家达成自贸协议
2013 年 7 月 8 日	跨大西洋贸易和投资伙伴关系协定（TTIP）谈判正式开启。谈判双方计划两年内完成谈判
2013 年 9 月 3—6 日	第十届中国—东盟博览会在广西南宁举行
2013 年 9 月 6—11 日	第九届中国—东北亚博览会在吉林长春举办
2013 年 9 月 23—27 日	《区域全面经济伙伴关系协定》（RCEP）第二轮谈判在澳大利亚布里斯班举行
2013 年 9 月 3—13 日	习近平主席先后对中亚土库曼斯坦、哈萨克斯坦、乌兹别克斯坦、吉尔吉斯斯坦四国进行国事访问。9 月 7 日，习近平主席在阿斯塔纳纳扎尔巴耶夫大学里发表重要演讲，倡导共建"丝绸之路经济带"，并对这一构想进行了全面阐释。主张以点带面，从线到片，逐步形成区域大合作
2013 年 10 月 2—5 日	习近平主席对印度尼西亚和马来西亚进行国事访问。10 月 3 日，习近平主席在印度尼西亚国会发表题为《携手建设中国—东盟命运共同体》的演讲，郑重提出"携手建设中国—东盟命运共同体"的倡议。表示中国愿同东盟国家加强海上合作，共同建设 21 世纪"海上丝绸之路"

时间	事件
2013 年 10 月 8 日	国家主席习近平在亚太经合组织第二十一次领导人非正式会议上，发表《发挥亚太引领作用，维护和发展开放型世界经济》的重要讲话。倡议筹建亚洲基础设施投资银行。这是中国为推动中国—东盟命运共同体提出的一个重大构想，也是中国为推进中国—东盟合作采取的一个重大举措
2013 年 10 月 9—15 日	国务院总理李克强出席第十六次中国—东盟（10+1）领导人会议、第十六次东盟与中日韩（10+3）领导人会议和第八届东亚峰会并对文莱、泰国、越南进行正式访问
2013 年 10 月 9—10 日	李克强总理在文莱首都斯里巴加湾市出席第 16 次中国—东盟（10+1）领导人会议。提出打造自贸区升级版目标以及"2+7 合作框架"，目的是要增进中国与东盟的战略互信，深化全方位合作，实现共同发展与繁荣，续写中国—东盟战略合作的新篇章
2013 年 11 月 19 日	日本和欧盟在东京举行定期首脑磋商，双方表示将加快缔结经济合作协定（EPA）谈判
2013 年 11 月 21 日	国务院总理李克强同欧洲理事会主席范龙佩、欧盟委员会主席巴罗佐共同主持第十六次中国欧盟领导人会晤。双方共同宣布将启动中欧投资协定谈判。并共同制定了《中欧合作 2020 年战略规划》

第十二章 深耕厚植：
倡导亲诚惠容夯实周边基础

2013 年，以习近平同志为总书记的新一届中央领导集体，根据我国周边外交面临的新形势，从外交理念的"顶层设计"入手，重新定位周边地区和周边外交，真正确立周边外交在中国对外关系中的首要地位。在具体外交实践上，结合周边地区不同方向的实际，以更为宽广的视野、更富进取的姿态，创新周边外交工作的思路，提出一系列新的重大合作倡议。在涉及我国核心利益的问题上坚持原则，对周边少数国家的倒行逆施采取针锋相对的斗争。

一、亲诚惠容：周边外交战略的新理念

2013 年，我国在周边外交上最突出的亮点在于，周边外交战略的"顶层设计"基本完成，提出了一系列新的战略理念和重大合作倡议，在周边事务上议题设置能力和国际话语权得到明显提升。

1. 召开周边外交工作座谈会，完成周边外交战略"顶层设计"

2013 年 10 月 24 日至 25 日，中共中央在北京举行的周边外交工作座谈会，成为中国周边外交战略"顶层设计"的收官动作。中共中央总书记、国家主席、中央军委主席习近平在会上发表重要讲话。中共中央政治局常委、国务院总理李克强主持会议。中共中央政治局常委张德江、俞正声、刘云山、王岐山、张高丽出席会议。新中国成立 64 年以来，我国第一次专门就周边外交工作召开座谈会，这是党中央为做好新形势下周边外交工作采取的重大战略举措。中共中央政治局七位常委全体出席周边外交工作座谈会，其超乎寻常的"高规格"充分反映了党中央对周边地区和周边外交的重视程度。

在中国外交总体布局中，"大国是关键、周边是首要、发展中国家是基础、多边是重要舞台"。随着地区形势和国际格局的深刻调整，我国和平发展的周边地缘环境发生了一系列变化，周边地区的战略地位更加凸显，对我国的周边外交战略提出了前所未有的挑战。

这次周边外交工作座谈会释放出的重要信号，就是周边在我国发展大局和外交全局

中的重要作用进一步突出。习近平总书记在座谈会上明确指出，做好周边外交工作，是实现"两个一百年"奋斗目标、实现中华民族伟大复兴的中国梦的需要，要更加奋发有为地推进周边外交，为我国发展争取良好的周边环境，使我国发展更多惠及周边国家，实现共同发展。

习近平总书记从战略高度明确了周边外交的目标，赋予周边外交新的历史定位。"我国周边外交的战略目标，就是服从和服务于实现'两个一百年'奋斗目标、实现中华民族伟大复兴，全面发展同周边国家的关系，巩固睦邻友好，深化互利合作，维护和用好我国发展的重要战略机遇期，维护国家主权、安全、发展利益，努力使周边同我国政治关系更加友好、经济纽带更加牢固、安全合作更加深化、人文联系更加紧密。"

在新的形势和条件下，我国周边地区和国际形势出现了一系列发展变化，对我国周边外交工作提出了新的要求。周边外交工作座谈会上，习近平总书记在分析我国周边形势时明确指出，"我国周边充满生机活力，有明显发展优势和潜力，我国周边环境总体上是稳定的，睦邻友好、互利合作是周边国家对华关系的主流。我们要谋大势、讲战略、重运筹，把周边外交工作做得更好"。"审视我国的周边形势，周边环境发生了很大变化，我国同周边国家的关系发生了很大变化……这客观上要求我们的周边外交战略和工作必须与时俱进、更加主动。"

我国周边地区形势的发展变化，客观上要求在周边外交有新的战略思维和创新意识。对此，习近平总书记在座谈会上提出，"做好新形势下周边外交工作，要从战略高度分析和处理问题，提高驾驭全局、统筹谋划、操作实施能力，全面推进周边外交。要着力维护周边和平稳定大局"。"做好外交工作，胸中要装着国内国际两个大局，国内大局就是'两个一百年'奋斗目标，实现中华民族伟大复兴的中国梦；国际大局就是为我国改革发展稳定争取良好外部条件，维护国家主权、安全、发展利益，维护世界和平稳定、促进共同发展。"

习近平总书记在座谈会上还强调，发展同周边国家睦邻友好关系是我国周边外交的一贯方针。"我国周边外交的基本方针，就是坚持与邻为善、以邻为伴，坚持睦邻、安邻、富邻，突出体现亲、诚、惠、容的理念。""要找到利益的共同点和交汇点，坚持正确义利观，有原则、讲情谊、讲道义，多向发展中国家提供力所能及的帮助。"①

2013年11月19日，中央宣传部、中央直属机关工委、中央国家机关工委、教育部、解放军总政治部、中共北京市委在北京联合举办中国特色社会主义和中国梦宣传教育系列报告会第九场报告。外交部部长王毅在《坚定不移走和平发展道路，为实现中华民族伟大复兴营造良好国际环境》专题报告中指出，"亲、诚、惠、容的周边外交理念，是新形势下中国坚持走和平发展道路的一份生动宣言，是对多年来中国周边外交实践的一个精辟概括，也反映了我国新一届领导人外交理念的创新发展。"②

---

① 《人民日报》2013年10月26日，第1版。
② 中国外交部网站，http://www.fmprc.gov.cn/mfa_ chn/zyxw_ 602251/t1101579. shtml。

2013 年 10 月的周边外交工作座谈会，是我国在外交战略布局上采取的一次重要行动。会议在总结我国周边外交工作经验的基础上，从战略高度出发对周边外交作出全局规划，对周边外交的战略目标、原则方针、总体布局和工作思路等进行重大战略部署，我国周边外交的顶层设计和战略思路进一步清晰。更为重要的是，这次会议向国际社会明确传递了新一届中央领导集体对地区和国际形势发展变化的分析认识，对中国和平发展的周边环境的战略判断，以及周边外交新的历史定位等重大信息。座谈会明确提出了正确义利观、命运共同体意识和亲、诚、惠、容等周边外交新理念，对周边外交工作提供有力的战略支撑，有利于进一步巩固总体利好的周边环境，维护好、利用好我国发展的重要战略机遇期。

2. 在周边外交上提出一系列新的重大合作倡议

2013 年，在新一届中央领导集体的周边外交新理念的指导和引领下，我国在周边外交上提出一系列新的重大合作倡议。这些合作倡议既反映了中国周边战略的整体特征，同时又是根据不同国家和地区实际而量身定制的，具有各自的侧重点和个性化内容。

2013 年 4 月 7 日，习近平在博鳌亚洲论坛 2013 年年会的主旨演讲中提出，国际社会应该倡导综合安全、共同安全、合作安全的理念。[①] 习近平在安全领域的倡议显然是针对亚洲复杂多变的安全形势，有的放矢。这一安全理念倡议既显示了中国对亚太地区安全局势的高度关切，又在安全领域掌握了一定的话语权和道义制高点，有助于中国在引导和塑造亚太地区安全发展方向上发挥建设性作用。

2013 年 9 月 7 日，习近平访问哈萨克斯坦，在纳扎尔巴耶夫大学的演讲中提出，要全面加强务实合作，将政治关系优势、地缘毗邻优势、经济互补优势转化为务实合作优势、持续增长优势，打造互利共赢的利益共同体。为了使欧亚各国经济联系更加紧密、相互合作更加深入、发展空间更加广阔，要用创新的合作模式，共同建设"丝绸之路经济带"。习近平主席还在演讲中强调，中国在中亚地区坚持"三不"政策，即不干涉中亚国家内政，不谋求地区事务主导权，不经营势力范围。明确提出加强"五通"的建议，即"政策沟通"、"道路联通"、"贸易畅通"、"货币流通"和"民心相通"。[②] 习近平提出的合作倡议和政策宣示，直面中亚国家的战略关切和利益诉求，体现了中国与中亚国家发展关系过程中的换位思考，因而得到中亚国家的赞赏和支持。

2013 年 5 月 20 日，李克强在访问印度期间，提出中印两国共同倡议建设孟中印缅经济走廊，推动中印两个大市场更紧密连接。[③] 5 月 22 日，李克强访问巴基斯坦期间，

---

① 习近平：《共同创造亚洲和世界的美好未来——在博鳌亚洲论坛 2013 年年会上的主旨演讲》（2013 年 4 月 7 日，海南博鳌），《人民日报》2013 年 4 月 8 日，第 2 版。

② 习近平：《弘扬人民友谊　共创美好未来——在纳扎尔巴耶夫大学的演讲》（2013 年 9 月 7 日，阿斯塔纳），《人民日报》2013 年 9 月 8 日，第 3 版。

③ 《推动中印战略与务实合作取得新成果》，《人民日报》2013 年 5 月 21 日，第 1 版。

强调中国与巴基斯坦共同深化战略合作伙伴关系，制定中巴经济走廊远景规划，稳步推进经济走廊建设。①

2013 年是中国与东盟建立战略伙伴关系十周年，中国抓住这一重要契机推动中国与东盟关系的深入发展。通过不同的多边和双边外交场合，阐明中国在推动地区合作、维护地区稳定方面的立场，在有关问题上增信释疑，有效地推动和深化中国与东盟国家的关系。

2013 年 9 月 3 日，第十届中国—东盟博览会和中国—东盟商务与投资峰会在广西南宁国际会展中心隆重开幕。李克强总理在主旨演讲提出，中国对东盟的睦邻友好政策绝不是权宜之计，而是我们长期坚持的战略选择。中方将坚定不移地把东盟国家作为周边外交的优先方向。要在中国与东盟合作"黄金十年"基础上创造新的"钻石十年"，并就进一步加强中国与东盟的合作提出五项倡议。②

2013 年 10 月 2 日，国家主席习近平与印度尼西亚总统苏西洛会谈时表示，"为促进本地区互联互通建设和经济一体化进程，中方倡议筹建亚洲基础设施投资银行，愿向包括东盟国家在内的本地区发展中国家基础设施建设提供资金支持"③。新的亚洲基础设施投资银行将同域外现有多边开发银行合作，相互补充，共同促进亚洲经济持续稳定发展。

2013 年 10 月 3 日，习近平在印度尼西亚国会的演讲中再次提出，中国致力于加强同东盟国家的互联互通建设。中国倡议筹建亚洲基础设施投资银行，愿支持本地区发展中国家包括东盟国家开展基础设施互联互通建设。东南亚地区自古以来就是"海上丝绸之路"的重要枢纽，中国愿同东盟国家加强海上合作，使用好中国政府设立的中国—东盟海上合作基金，发展好海洋合作伙伴关系，共同建设 21 世纪"海上丝绸之路"。习近平还明确提出中国与东盟携手建设"命运共同体"的倡议，并再次重申了中国的综合安全、共同安全、合作安全的理念。④

2013 年 10 月 9 日，国务院总理李克强在文莱首都斯里巴加湾市出席第十六次中国—东盟（10+1）领导人会议。李克强在会上提出了"2+7 合作框架"的设想，即进一步深化两点政治共识和中国—东盟未来十年合作框架七点建议。其中包括积极探讨签署中国—东盟国家睦邻友好合作条约、启动中国—东盟自贸区升级版谈判等重要内容。⑤

---

① 《巩固中巴传统友谊 推进全面务实合作》，《人民日报》2013 年 5 月 23 日，第 1 版。

② 李克强：《推动中国—东盟长期友好互利合作战略伙伴关系迈上新台阶——在第十届中国—东盟博览会和中国—东盟商务与投资峰会上的致辞》（2013 年 9 月 3 日，广西南宁），《人民日报》2013 年 9 月 4 日，第 3 版。

③ 《中国印尼关系提升为全面战略伙伴关系》，《人民日报》2013 年 10 月 3 日，第 1 版。

④ 习近平：《携手建设中国—东盟命运共同体——在印度尼西亚国会的演讲》（2013 年 10 月 3 日，印尼，雅加达），《人民日报》2013 年 10 月 4 日，第 2 版。

⑤ 李克强：《在第十六次中国—东盟（10+1）领导人会议上的讲话》（2013 年 10 月 9 日，文莱，斯里巴加湾），《人民日报》2013 年 10 月 10 日，第 2 版。

习近平提出的"亚洲基础设施投资银行"、21世纪"海上丝绸之路"和"命运共同体"，引起东盟国家的强烈共鸣。印尼、马来西亚两国领导人及其他东盟国家均高度赞同习近平主席提出的倡议和主张，表示愿同中方一道，推动东盟—中国关系向前发展，支持并参加中方倡议筹建的亚洲基础设施投资银行。泰国总理英拉也表示赞同中方原则主张，愿同中方一道，促进东盟—中国友好合作，共同维护地区和平稳定。李克强在对文莱、泰国和越南进行访问的过程中，多次提到"2+7合作框架"以及在2015年完成《区域全面合作伙伴协议》（RCEP）谈判。李克强以中国政府总理的身份提出了第一个国际合作倡议，作出全力推动地区发展繁荣的承诺，向周边国家传递了信心。

2013年，中国在周边外交上找准同亚洲国家利益契合点，积极推进互联互通建设，提出了构建"丝绸之路经济带"、21世纪"海上丝绸之路"、孟中印缅经济走廊、中巴经济走廊等重大倡议。推进中泰高铁合作、中老铁路建设。倡议筹建亚洲基础设施投资银行，重点解决大通道建设融资瓶颈。在深化区域合作上，提出构建中国—东盟命运共同体和"2+7合作框架"，倡议构建亚洲货币稳定体系、投融资合作体系和信用体系，探索建立符合地区实际，满足各方需要的区域安全框架，推广新安全观，受到各方的重视和欢迎。①

在中国周边外交布局中，更多地强调以国内经济推动中国外交，更多强调中国发展要惠及周边国家，特别是中国要提供更多的经济手段与资源为周边国家服务。从贯穿欧亚腹地、总人口逾30亿的"丝绸之路经济带"构想，到携手东盟共同打造21世纪"海上丝绸之路"的倡议；从推动连接东亚与南亚的孟中印缅经济走廊建设，到规划贯穿中国西南部与东南亚的中国—东盟高铁"黄金走廊"，一个以中国为依托的周边经济圈正在加速形成。

中国在周边外交上提出的新理念和新倡议，在一定程度上反映了中国外交统筹国内国际两个发展大局的意识和能力。"中国作为世界第二大经济体所具备的经济优势，正在转化到外交能力建设层面。中国的经济外交在海洋和内陆两头齐头并进，分别提出"海上丝绸之路"和"陆上丝绸之路"以及若干经济走廊设想，在构建互联互通的中国式地区经济一体化设想中，金融和基础设施投资正在为国家外交提供更多的经济支持。外交为经济建设服务的传统理念，正在转变为外交和经济统筹配合，共同服务于中华民族伟大复兴的总目标。"②

2013年，新一届领导人的新倡议、新理念层出不穷，带来强烈的视觉和听觉冲击。通过制造话语、制造理念的办法来调整国际关系。③ 在保持外交大政方针延续性和稳定性的基础上，"以习近平同志为总书记的党中央主动谋划，积极进取，勇于担当，开拓

---

① 《外交部亚洲司司长罗照辉谈中国周边外交新征程》，2013年12月27日，中国外交部网站：http://www.fmprc.gov.cn/mfa_chn/ziliao_611306/zt_611380/dnzt_611382/wjdjtzt/ftsl/t1112428.shtml。

② 苏长和：《气势磅礴的2013年中国外交》，《中国社会科学报》2014年1月3日，第544期。

③ 戴长征：《中国外交"以我为主"特色鲜明》，http://news.xinhuanet.com/world/2013-12/27/c_125913896.htm。

创新，推动中国外交实现良好开局"①。

2013 年中国领导人提出的一系列新的重大合作倡议，不仅高度体现了我国周边外交的战略新理念，而且也为有效开展周边外交提供了政策抓手，有利于我国周边外交的战略目标真正落到实处。

二、平稳向好：周边外交关系基本态势

周边是中国的安身立命之所、发展繁荣之基，是中国外交的优先方向。以习近平为总书记的新一届中央领导集体积极运筹外交全局，形成了着眼于全球、立足于周边的战略视野，中国与周边国家的关系实现了平稳向好的有利发展态势。

1. 中国同周边国家的双边关系深化发展

2013 年，中国周边外交的新气象不仅反映在中国提出的一系列新理念和新倡议上，而且也深刻体现在具体的外交行动和实践之中。2013 年，中国领导人出访周边国家的密集程度空前。3 月 22 日至 24 日，习近平访问俄罗斯；5 月 19 日至 23 日，李克强访问印度、巴基斯坦；9 月 3 日至 13 日，习近平访问土库曼斯坦、哈萨克斯坦、乌兹别克斯坦和吉尔吉斯斯坦；10 月 2 日至 8 日，习近平对印度尼西亚共和国和马来西亚进行国事访问；10 月 9 日至 15 日，李克强对文莱、泰国、越南进行正式访问；11 月 29 日，李克强访问乌兹别克斯坦。2013 年习近平出访的 14 个国家中，有 7 个是中国的周边国家，李克强总理访问的 9 个国家中，有 6 个是周边国家。周边国家在中国外交中的地位和意义不言而喻。

而且，习近平主席和李克强总理就任后的首访首站都选择了周边国家。2013 年 3 月，习近平任中国国家主席后的首访首站选择俄罗斯，除了中俄大国关系的战略考量之外，也是着眼于经营周边，俄罗斯是中国邻国中面积最大的。2013 年 5 月，李克强总理首访前两站选择印度和巴基斯坦，无疑也突出强调了周边外交。印度是中国邻国中人口数量最大的，巴基斯坦是中国全天候的战略合作伙伴。李克强就任总理后的首访首站选择印度，充分体现了中国新一届政府对发展中印关系的高度重视和真诚愿望。

2013 年，中国与周边国家高层交往上出现的一系列罕见现象，充分说明了中国周边外交战略的力度和深度，引发各方的关注和热议。

2013 年，周边国家高层也密集访问中国，我国与周边国家外长以上的互访超过 100 起。除中国领导人出访之外，哈萨克斯坦、塔吉克斯坦、韩国、巴基斯坦、越南、阿富汗、老挝、蒙古、印度、俄罗斯等多位周边国家元首和政府首脑访华。"中国同周边 21

---

① 王毅：《开启中国外交新征程——在"新起点、新理念、新实践——2013 中国与世界"研讨会上的演讲》，中央政府门户网站，http://www.gov.cn/gzdt/2013-12/16/content_ 2548862. htm。

个国家开展国家元首和政府首脑级别交往，基本实现了高层交往全覆盖。"①

2013 年 10 月，习近平主席参加印度尼西亚举行的亚太经合组织（APEC）第二十一次领导人非正式会议。李克强总理出席在文莱斯里巴加湾市举行的第十六次中国—东盟（10+1）领导人会议、第十六次东盟与中日韩（10+3）领导人会议和第八届东亚峰会。中国领导人接踵出访东南亚，无疑反映了中国对维护发展与东盟稳定良好外交关系的重视。我国新一届中央领导集体对东南亚和亚太方向开展的一次重大外交行动，旨在面向东盟、着眼亚太，开创周边外交新局，推动亚太区域合作，促进地区发展繁荣。

2013 年 10 月 22 日，俄罗斯、印度和蒙古三国总理在同一天访华，三国均与中国有漫长陆上边界线，均以中国为主要贸易伙伴。其中，印度总理辛格时隔 5 年再次访华，是中印两国总理自 1954 年以来首次实现年内互访，这对中印两国关系来说具有特殊的政治意义。两国共同签署的《边境防务合作协议》，被视为中印两国战略合作的飞跃。

2013 年，中国还与一系列周边国家升级了双边关系的水平和规格。中国与塔吉克斯坦、土库曼斯坦、吉尔吉斯斯坦的关系升级为战略伙伴关系，中亚地区的所有国家都成为中国的战略伙伴。中国与印度尼西亚和马来西亚的关系被提升为全面战略伙伴关系。

2013 年 5 月 20 日，习近平与来访的塔吉克斯坦总统拉赫蒙举行会谈。两国元首决定将中塔关系提升为战略伙伴关系。两国元首共同签署了《中华人民共和国和塔吉克斯坦共和国关于建立战略伙伴关系的联合宣言》。② 9 月 3 日，习近平在阿什哈巴德同土库曼斯坦总统别尔德穆哈梅多夫举行会谈。两国元首一致决定，将中土关系提升为战略伙伴关系。两国元首共同签署了《中土关于建立战略伙伴关系的联合宣言》。中国是土库曼斯坦第一大贸易伙伴。双方互为最大的天然气合作伙伴。③ 土库曼斯坦是"永久中立国"，与中国建立战略伙伴关系，充分表明中国与土库曼斯坦的关系非同寻常。9 月 11 日，习近平在比什凯克同吉尔吉斯斯坦总统阿坦巴耶夫举行会谈，两国元首宣布将中吉关系提升为战略伙伴关系。④

2013 年 10 月 2 日，习近平在雅加达同印度尼西亚总统苏西洛举行会谈。双方共同决定把中印尼关系提升为全面战略伙伴关系。加强基础设施建设、制造业、农业、投融资等领域合作，创造新增长点，实现 2015 年两国贸易额达到 800 亿美元的目标。支持中国企业积极参与印尼"六大经济走廊"和互联互通建设，支持在印尼建设两国综合产业园区。加强油气、新能源等领域合作，建立长期可靠的能源合作伙伴关系。深化财

---

① 王毅：《开启中国外交新征程——在"新起点、新理念、新实践——2013 中国与世界"研讨会上的演讲》，中央政府门户网站，http://www.gov.cn/gzdt/2013-12/16/content_ 2548862. htm。
② 《习近平同塔吉克斯坦总统拉赫蒙会谈》，《人民日报》2013 年 5 月 21 日，第 1 版。
③ 《习近平同土库曼斯坦总统别尔德穆哈梅多夫会谈》，《人民日报》2013 年 9 月 4 日，第 1 版。
④ 《习近平同吉尔吉斯斯坦总统阿坦巴耶夫举行会谈》，《人民日报》2013 年 9 月 12 日，第 1 版。

政金融合作，续签总额 1000 亿元人民币的双边本币互换协议并积极考虑扩大规模。①中国和印尼共同建设的泗水—马都拉大桥，是目前东南亚最长的跨海大桥，即将合作完成的加蒂格迪大坝灌溉面积达 9 万公顷，成为中国与印尼合作的代表性成果和典范项目。

2013 年 10 月 4 日，习近平与马来西亚总理纳吉布举行会谈，决定将两国关系提升为全面战略伙伴关系。中国连续 4 年是马来西亚最大贸易伙伴，马来西亚连续 5 年是中国在东盟最大贸易伙伴。双方致力于实现双边贸易额 2017 年达 1600 亿美元的目标，将钦州、关丹产业园区打造成两国投资合作旗舰项目，带动两国产业集群式发展。中方鼓励中国企业参与马来西亚北部发展和吉隆坡至新加坡高铁建设，推进本地区互联互通。鼓励中国企业积极参与马来西亚六大发展走廊等项目。马方完全支持中方倡议筹建亚洲基础设施投资银行并愿意考虑参加。②

2. 通过多边机制和平台推动深化中国与周边国家的关系

2013 年，中国还积极利用地区国际组织峰会和政府首脑会议，通过多边机制和平台推动深化中国与周边国家的关系。2013 年 3 月 26—27 日，金砖国家领导人第五次会晤在南非德班举行，习近平出席金砖国家领导人峰会，在一系列问题上加强新兴国家的协调。俄罗斯、印度作为中国两个重要邻国，既具有新兴大国协调的性质，又具有周边外交的内涵。

2013 年，习近平主席和李克强总理首次参加二十国集团、亚太经合组织、中国—东盟领导人会议、东亚峰会与上海合作组织等多边国际组织和会议的活动。9 月 3 日，李克强在第十届中国—东盟博览会和中国—东盟商务与投资峰会上，就进一步加强中国与东盟的合作提出五项倡议。9 月 7 日，习近平出席在俄罗斯举行的二十国集团领导人第八次峰会。9 月 13 日，出席在吉尔吉斯斯坦举行的上海合作组织成员国元首理事会第十三次会议。10 月 8 日，出席在印尼举行的亚太经合组织（APEC）第二十一次领导人非正式会议。10 月 9 日，李克强出席在文莱斯里巴加湾市举行的第十六次中国—东盟（10+1）领导人会议、第十六次东盟与中日韩（10+3）领导人会议和第八届东亚峰会。11 月 29 日，李克强赴乌兹别克斯坦出席上海合作组织成员国总理第十二次会议。中国领导人在这些多边峰会和政府首脑会议上提出的一系列倡议，引起有关各方的高度关注和热烈呼应，形成了"多边促双边、多边推周边"的有利形势。这既提升了中国在有关问题上的国际影响力，同时也为中国与周边国家关系的稳定发展创造了有利条件。

3. 中国与周边国家展开广泛合作

2013 年，中国通过双边渠道和多边机制，在东北亚、中亚、南亚和东南亚等不同

---

① 《中国印尼关系提升为全面战略伙伴关系》，《人民日报》2013 年 10 月 3 日，第 1 版。
② 《习近平同马来西亚总理纳吉布会谈》，《人民日报》2013 年 10 月 5 日，第 1 版。

战略方向上，与其他有关周边国家的双边关系取得了一系列新的发展。

2013 年 6 月 27—30 日，韩国总统朴槿惠率庞大经贸代表团访华。6 月 27 日，习近平与韩国总统朴槿惠会谈，两国元首同意，加强交流合作，全面充实和深化中韩战略合作伙伴关系：加强各领域各层次友好往来，充分发挥政府、议会、政党间交流合作机制作用。深化经贸、绿色环保、服务贸易、高新技术等广泛领域合作，尽早达成一个互利共赢的高水平自由贸易协定，确保如期实现双边贸易额 2015 年达到 3000 亿美元的目标。延长双边本币互换协议期限，探讨扩大本币互换规模。双方共同发表了《中韩面向未来联合声明》和《充实中韩战略合作伙伴关系行动计划》。①

2013 年 6 月发表的《中韩面向未来联合声明》确定，推动两国外长互访机制化，开通两国外长热线。推动两国外交部门高级别战略对话增至每年 2 次。推动举行两国外交安全对话、政党间政策对话、国家政策研究机构联合战略对话。② 2013 年 12 月 23 日，中韩首次外交安全司局级对话在北京举行，双方一致同意进一步加强两国战略沟通和各领域合作，致力于维护地区和平、稳定与发展。双方通过此次外交安全对话，进一步加强了政治互信，深化协调配合。③

2013 年 6 月，韩国总统朴槿惠访华与中国国务院副总理刘延东会谈时，主动表示愿将中国军人遗骸归还其家属。韩联社报道称，归还中国的志愿军遗骸共有 437 具，都是在朝鲜战争时期战斗最为激烈的江原道横城、铁原、洪川地区以及京畿道涟川、加平等地发掘的。韩国归还中国志愿军遗骸的行动，充分反映了韩国深化和推动中韩关系的善意。

2013 年 8 月 22 日，中国铁路总公司、蒙古国交通运输建设城市建设部与俄罗斯联邦运输部共同签署了《中俄蒙国境铁路联合委员会会议协定书》。中俄蒙三国加强铁路运输合作，对客运组织、货运组织、清算问题、通讯信号等事项达成协定。2012 年中蒙国境二连浩特至扎门乌德铁路宽轨复线正式开通，成为第二条连接中蒙国境的铁路线。目前经由中国二连浩特至蒙古国扎门乌德口岸铁路过货量为每年 800 万吨，中蒙两国货车交接对数由以往的日通行 12 对有望增加到 18 对。未来中蒙两国间将加大口岸运输，两国边境正在修建甘其毛都—嘎顺苏海图，策克—西伯库伦铁路口岸，2020 年蒙古国对中国口岸出口有望达到 1 亿吨，中国将在后方通道能力建设上予以配套。④

2013 年 10 月 23—25 日，蒙古总理阿勒坦呼雅格访华。蒙古将发展对华友好关系作为外交优先方向，支持中国加强同中亚国家经贸联系，也将积极参加"丝绸之路经济带"的建设。2013 年 10 月 25 日，中蒙两国总理共同签署《中蒙战略伙伴关系中长期发展纲要》，并见证了双边经贸、航空、科技、金融、基础设施建设等多项合作文件

---

① 《全面推进互利合作　推动中韩关系取得更大发展》，《人民日报》2013 年 6 月 28 日，第 1 版。

② 《中韩面向未来联合声明》，《人民日报》2013 年 6 月 28 日，第 2 版。

③ 《中韩首次外交安全对话在京举行》，中国外交部网站，http：//www.fmprc.gov.cn/mfa_ chn/wjbxw_ 602253/t1111512. shtml。

④ 《人民日报》2013 年 8 月 23 日，第 22 版。

的签署。

2013 年，可谓是中国周边外交的"中亚年"。① 2013 年中国与哈萨克斯坦、乌兹别克斯坦、塔吉克斯坦、吉尔吉斯斯坦等中亚四国贸易额达 402 亿美元，比 2012 年增长 13%。其中，2013 年中哈贸易额达 286 亿美元，中乌贸易额首次突破 40 亿美元，增幅分别为 11.3% 和 58.3%。② 照此速度发展，2015 年中哈双边贸易额达到 400 亿美元、2017 年中乌双边贸易额达到 50 亿美元的目标可以按期实现。

2013 年 9 月 3 日，中石油集团与土库曼斯坦天然气康采恩在土库曼斯坦首都阿什哈巴德签署了年增供 250 亿立方米的天然气购销等协议。预计到 2020 年土库曼斯坦每年向我国出口天然气总量可达 650 亿立方米。同时，国家开发银行还与土库曼斯坦天然气康采恩签署了该项目建设融资合作协议。另外，中石油还将承建土库曼斯坦加尔金内什气田二期地面工程的钻井、设计、采购、施工（EPC）交钥匙工程，到 2018 年年底，将建成 300 亿立方米/年商品气产能。③ 9 月 4 日，由中国石油天然气集团公司承建的土库曼斯坦"复兴"气田一期工程竣工投产，习近平同土库曼斯坦总统别尔德穆哈梅多夫共同出席投产仪式。"复兴"气田是世界第二大单体气田，目前探明储量 4 万亿至 6 万亿立方米。该气田是土库曼斯坦天然气对外出口重要基地，也是中土天然气合作重要气源地。④

2013 年 9 月 7 日，习近平访问哈萨克斯坦与纳扎尔巴耶夫总统会谈。两国元首强调，中哈双方要实施好跨境油气管道建设，加强油气开发和加工合作，支持中国石油天然气集团公司参股卡沙甘油田。双方还要在民用核能、新能源、清洁能源领域打造新的合作亮点。会谈后，两国元首共同签署了《中哈关于进一步深化全面战略伙伴关系的联合宣言》。⑤ 中哈双方努力实现到 2015 年将双边贸易额提高到 400 亿美元的目标。鼓励和扩大相互投资。中方支持哈萨克斯坦实施 2050 年前发展战略，鼓励有关金融机构为实施互利的双边大型经济合作项目提供融资支持。努力做好中哈原油管道扩建和投入运营工作，使其达到双边协议约定的 2000 万吨/年的输油能力。双方将加快实施中哈天然气管道一期扩建（C 线）和二期（别伊涅乌—巴佐伊—奇姆肯特）建设，以及阿特劳炼化厂现代化改造项目建设和阿克套沥青厂建设。⑥

---

① 孙壮志：《2013 年中国的中亚外交》，新华网，http://news.xinhuanet.com/world/2013-12/25/c_125910905.htm。

② 《2013 年中国与中亚四国贸易额突破 400 亿美元》，人民网，http://world.people.com.cn/n/2014/0213/c157278-24349436.html。

③ 《中土签订天然气供气大单》，新华网，http://news.xinhuanet.com/world/2013-09/05/c_117244532.htm? prolongation=1。

④ 《习近平和土库曼斯坦总统共同出席"复兴"气田一期工程竣工投产仪式》，《人民日报》2013 年 9 月 5 日，第 1 版。

⑤ 《睦邻友好互利共赢 深化中哈全面战略伙伴关系》，《人民日报》2013 年 9 月 8 日，第 1 版。

⑥ 《中华人民共和国和哈萨克斯坦共和国关于进一步深化全面战略伙伴关系的联合宣言》，《人民日报》2013 年 9 月 8 日，第 2 版。

2013 年 9 月 9 日，中哈天然气管道二期第一阶段已于日前竣工通气。管道设计年输气能力 100 亿立方米，未来根据气源和市场情况可提高到 150 亿立方米。中哈天然气管道二期工程即哈萨克斯坦境内别伊涅乌—巴佐伊—奇姆肯特天然气管道，管输天然气主要来自哈萨克斯坦西部油气区，线路总长 1454 公里。这条管线分两个阶段建设，第一阶段为巴佐伊至奇姆肯特段，线路长度 1143 公里。第二阶段别伊涅乌至巴佐伊段 311 公里，计划于 2015 年建成投产。中石油还与哈萨克斯坦国家油气公司签署了《中国石油天然气集团公司与哈萨克斯坦国家油气公司关于全面战略合作规划协议》和《中国石油天然气集团公司与哈萨克斯坦国家油气公司关于卡莎甘项目购股确认协议》。① 中石油获得哈萨克斯坦卡莎甘油田 8.33% 的份额，意味着中国和中亚的石油合作已经延伸到了里海地区。

2013 年 9 月 9 日，习近平在塔什干同乌兹别克斯坦总统卡里莫夫举行会谈。两国元首共同签署了《中乌关于进一步发展和深化战略伙伴关系的联合宣言》和《中乌友好合作条约》。双方达成了一系列共识。启动中乌自贸区谈判，扩大相互投资，2017 年将双边贸易额提升到 50 亿美元；保障中乌天然气管道长期安全稳定运营，拓展天然气加工、油页岩开发、可再生能源等领域合作；实现中国—吉尔吉斯斯坦—乌兹别克斯坦铁路、公路全线贯通；共同建设工业特区、农业示范园区，扩大双边本币结算，加强科技合作；促进人文交流，互办主题年。②

2013 年 9 月 3 日，中国与土库曼斯坦发表联合宣言，加快推进中国—中亚天然气管道 C 线建设并尽早启动 D 线建设，实施好阿姆河右岸气田和"复兴"气田开发项目。中国—中亚天然气管道 D 线应确保 2016 年建成通气，以实现每年通过天然气管道运送土库曼斯坦天然气达到 650 亿立方米的目标。③ 同时，中国政府分别与乌兹别克斯坦、塔吉克斯坦和吉尔吉斯斯坦三国政府签署中亚天然气管道 D 线项目政府间协议。按照计划，D 线塔吉克斯坦境内段将在 2014 年年内开工。

中亚天然气管道 D 线不仅有利于中亚进口通道多元化，而且将缓解我国日益紧张的供气矛盾，保障我国西部能源通道的安全稳定。至"十三五"末，中亚天然气管道 A、B、C、D 线及国内配套工程全部建成后，中亚地区每年输向中国的天然气将达 800 亿立方米，占当期国内天然气进口量的 40% 以上。④

2013 年，中国与南亚国家的关系也取得了一系列良好进展。7 月 5 日，李克强与来访的巴基斯坦总理谢里夫会谈，两国总理一致同意深化中巴战略合作伙伴关系，加强高

---

① 《中哈天然气管道二期第一阶段竣工通气 年输气 100 亿立方米》，新华网，http：//news.xinhuanet.com/world/2013-09/09/c_ 125353362. htm？anchor＝1。

② 《人民日报》2013 年 9 月 10 日，第 1 版。

③ 《中华人民共和国和土库曼斯坦关于建立战略伙伴关系的联合宣言》，《人民日报》2013 年 9 月 4 日，第 2 版。

④ 《中塔天然气管道有限公司将成立，为中亚天然气管道的纯建设搭建平台》，新华网，http：//news.xinhuanet.com/world/2014-03/10/c_ 119699220. htm？prolongation＝1。

层往来和战略合作，提升经贸合作水平，推动打造中巴自贸区升级版。推进互联互通合作，成立联合合作委员会，制定中巴经济走廊远景规划和短期行动计划，重点实施交通基础设施和沿线经济开发区等支点项目建设。积极拓展能源合作，扩大人文领域交流，加强政党、议会、智库、高校、青年、媒体间交往，落实好为巴方培训1000名汉语教师计划。深化防务、安全、反恐合作，维护两国和地区安全。加强在重大国际和地区问题上保持密切协调合作。①

2013年9月25日至28日，阿富汗总统卡尔扎伊于对华进行国事访问并出席第五届欧亚经济论坛开幕式。中国积极参与阿富汗政治重建、经济重建。2013年中国政府将向阿方提供2亿元人民币无偿援助，并签署《中华人民共和国政府与阿富汗伊斯兰共和国政府经济技术合作协定》。双方同意，埃纳克铜矿项目和阿姆河盆地油田项目对于促进阿富汗经济自主发展的重要意义，共同努力推动这两个项目取得实质性进展。中国通过多边渠道提供帮助，包括和美国在阿富汗开展合作，举行涉阿问题的中阿巴、中俄巴、中俄印等三边对话，帮助阿富汗与巴基斯坦改善关系。2014年中国还将主办阿富汗问题伊斯坦布尔进程外长会议。阿方重申在打击"东突厥伊斯兰运动"方面继续坚定支持中方，将采取切实措施，加强对在阿中资机构与人员的安全保障。双方签署《中华人民共和国政府与阿富汗伊斯兰共和国政府引渡条约》。②

印度政府正在推进一项"国家制造业政策"，希望将制造业占国内生产总值（GDP）比重从目前的16%提高至2025年的25%并创造1亿个就业岗位。为了培育国内制造业，印度把目光投向中国企业的资金和技术转移。中国是印度最大的贸易逆差国。2012年度印度对华贸易逆差额约为400亿美元，而且逆差额正逐年扩大。中国对印度直接投资额2012年度约为1.5亿美元，还不到日本的1/16。因此印度希望通过设置"特区"来吸引中国直接投资。③

2013年10月22—24日，印度总理辛格访华。中印双方一致同意，举行战略经济对话，加快商定关于建立产业园区的框架协议，为中印企业提供集群式发展平台。中印两国在军事安全领域的战略互信明显增强，双方同意举行反恐联合训练。中印1993年、1996年和2005年协定均承认相互同等安全原则。双方在上述协定基础上，签署了边防合作协议。④ 这有利于实现中印边境地区的和平与稳定。

2013年5月，李克强总理访问印度期间提出孟中印缅经济走廊的倡议，得到印度、孟加拉国、缅甸三国的积极响应。该倡议对深化四国间友好合作关系，建立东亚与南亚两大区域互联互通有重要意义。孟中印缅经济走廊倡议的落实取得进展。

---

① 《加快区域经济一体化进程 构建亚洲合作新纽带》，《人民日报》2013年7月6日，第1版。

② 《中华人民共和国与阿富汗伊斯兰共和国关于深化战略合作伙伴关系的联合声明》，《人民日报》2013年9月28日，第3版。

③ 《辛格访华将提议中国在印度建"中国特区"》，新华网，http：//news.xinhuanet.com/world/2013-10/15/c_ 125541823. htm? prolongation＝1。

④ 《中印战略合作伙伴关系未来发展愿景的联合声明》，《人民日报》2013年10月24日，第3版。

2013 年 10 月 20 日，中缅天然气管道干线建成投产，中缅天然气管道干线全长 2520 公里，管道起点位于缅甸西海岸的皎漂市，每年 120 亿立方米来自缅甸孟加拉湾的天然气，从云南瑞丽 58 号界碑输入我国境内。① 12 月 18 日至 19 日，孟中印缅经济走廊联合工作组第一次会议在昆明成功召开。四国政府高官和有关国际组织代表出席。会议就经济走廊发展前景、优先合作领域和机制建设等进行了深入讨论，就交通基础设施、投资和商贸流通、人文交流等具体领域合作达成广泛共识。各方签署了会议纪要和孟中印缅经济走廊联合研究计划，正式建立了四国政府推进孟中印缅合作的机制。②

总而言之，2013 年中国在周边外交上积极贯彻新一届党中央的战略部署，将有关的战略理念和合作倡议真正落到实处，中国与周边国家在政治、经济、战略和安全上的合作成果引人注目，有效地推动了中国与周边国家关系的进一步发展，形成了总体平稳向好的周边环境，为我国外交的整体运筹创造了必要的战略回旋空间和周边有利基础。

大事记 12-1　2013 年中国周边外交大事记

时间	事件
2013 年 3 月 22—23 日	国家主席习近平出访俄罗斯
2013 年 4 月 6 日	哈萨克斯坦总统纳扎尔巴耶夫访华并出席博鳌亚洲论坛 2013 年年会
2013 年 4 月 7 日	习近平出席博鳌亚洲论坛 2013 年年会开幕式并发表主旨演讲
2013 年 5 月 19—20 日	塔吉克斯坦总统拉赫蒙访华
2013 年 5 月 19—23 日	国务院总理李克强出访印度、巴基斯坦
2013 年 6 月 19—21 日	越南国家主席张晋创访华
2013 年 6 月 27—30 日	韩国总统朴槿惠访华
2013 年 7 月 3—8 日	巴基斯坦总理谢里夫访华
2013 年 8 月 29 日	为庆祝中国—东盟建立战略伙伴关系 10 周年，中国—东盟特别外长会议在北京举行
2013 年 9 月 3—13 日	习近平主席出访土库曼斯坦、哈萨克斯坦、乌兹别克斯坦、吉尔吉斯斯坦，并出席二十国集团领导人第八次峰会和上海合作组织成员国元首理事会第十三次会议
2013 年 9 月 25—28 日	阿富汗总统卡尔扎伊访华
2013 年 9 月 26—30 日	老挝人民革命党中央总书记、老挝人民民主共和国主席朱马利·赛雅贡访华
2013 年 10 月 2—8 日	习近平主席出访印度尼西亚、马来西亚，并出席亚太经合组织第二十一次领导人非正式会议
2013 年 10 月 9—15 日	李克强总理出席东亚领导人系列会议，并访问文莱、泰国、越南
2013 年 10 月 22—23 日	俄罗斯总理梅德韦杰夫访华
2013 年 10 月 22—24 日	印度总理辛格访华

---

① 《人民日报》2014 年 3 月 21 日，第 1 版。
② 《孟中印缅正式建立四国政府推进合作机制》，《人民日报》2013 年 12 月 21 日，第 3 版。

时间	事件
2013 年 10 月 22—26 日	蒙古国总理阿勒坦呼亚格访华
2013 年 10 月 24—25 日	中共中央在北京举行周边外交工作座谈会
2013 年 11 月 29 日	李克强出席在乌兹别克斯坦举行的上海合作组织成员国总理第十二次会议

三、攻守兼备：处理周边问题鲜明特征

2013 年，我国正视与部分周边国家之间存在的矛盾和分歧，在涉及国家核心利益问题上坚持原则、毫不让步。以实际行动表明中国坚定走和平发展道路，但绝不以牺牲国家利益为代价。同时，积极应对并慎重处理周边热点问题。

1. 积极应对中日关系中存在的问题

我国对钓鱼岛海域的例行维权巡航进一步常态化，并实现了一系列海空突破。针对日本方面的挑衅，加强我国在钓鱼岛问题上的战略威慑，适时公布了东海防空识别区，坚决捍卫领土主权。

2013 年 1 月 10 日，中国军队一架运-8 飞机在我国温州以东、东海油气田西南空域进行例行巡逻时，日本航空自卫队 2 架 F-15 飞机进行近距离跟踪，我国紧急出动两架歼-10 飞机进行查证和监视，这是我国战机首次抵近钓鱼岛空域。4 月 17 日，中国海军南海舰队远海训练编队在钓鱼岛附近海域进行巡航。7 月 15 日，中国海军舰艇编队在结束中俄"海上联合—2013"军演后，其中 5 艘舰艇通过宗谷海峡、鄂霍次克海，经西太平洋返回母港，在返航途中于西太平洋海域进行远航训练。这是我国海军首次穿越宗谷海峡。9 月 8 日，中国海军两架轰-6 轰炸机飞经冲绳主岛和宫古岛之间的海域上空，赴西太平洋进行训练。我国军舰和战机实现对钓鱼岛海域和空域巡航的历史性突破，进一步巩固了我国对钓鱼岛的主权宣示和实际控制。

2013 年 11 月 23 日，中国政府发表声明，宣布划设东海防空识别区。发布的《中华人民共和国东海防空识别区航空器识别规则公告》指出，对不配合识别或者拒不服从指令的航空器，中国武装力量将采取防御性紧急处置措施。这是中共十八届三中全会召开不久后，中国在军事和国防领域的一个重大战略举措，引起国际社会的高度关注，也是中国在军事和国防领域加强透明度和机制化的重要体现。

2013 年 11 月 25 日，中国外交部部长助理郑泽光召见日本驻华大使木寺昌人，就日本方面无理指责中国划设东海防空识别区提出严正抗议。郑泽光指出，"中国政府划设东海防空识别区，是为了捍卫中国国家主权和领土领空安全，维护东海上空飞行秩序，符合国际法和国际惯例"①。中国国防部发言人杨宇军也表示，"这是中国有效行使自卫权的必要措施，不针对任何特定国家和目标，不影响有关空域的飞越自由"。"中国政府按照国际通行做法，划设东海防空识别区，目的是捍卫国家主权和领土领空安全，维护空中飞行秩序。"②

中国划设东海防空识别区的行动不是一个权宜之计，而是一种国家意志的体现和主权意识的宣示，表明中国维护国家主权和领土完整的坚强决心和坚定意志。而且，划设东海防空识别区本身是一个预防性措施，是危机预防和处理的有效手段，体现了中国国防积极防御的思想。划设东海防空识别区这一战略行动既具有重要的军事价值，也有重大的政治意义。

实际上，日本 1969 年就设立了防空识别区，而且不断单方面扩大其"防空识别区"，第一次是在 1972 年 5 月，第二次是在 2010 年，都向西向中国方向扩张，其距离中国海岸最近仅 130 公里，远远超过日本本土面积，将我国的春晓油气田和钓鱼岛空域都划入其中。

据美国《防务新闻》周刊网站 2013 年 12 月 2 日报道，在美国副总统拜登准备开始访问日本、中国和韩国之际，中国在东海划设防空识别区一事对美国形成了一个出乎意料的挑战。拜登此次出访计划解决经济议题，但中国关于划设防空识别区的声明给美国及其在该地区的盟友提出了一个棘手的新问题。12 月 13 日，美国《国家利益》杂志网站上刊文，指出中国设防空识别区是低风险举动。③

与此同时，中国对日本的政策仍然保留了对话和沟通的空间和余地，只要日本在有关问题上改变错误立场和行动，中国愿意与日本发展正常关系。2013 年 9 月 5 日，在俄罗斯圣彼得堡举行的二十国集团领导人第八次峰会前，中国国家主席习近平同日本首相安倍晋三在各国领导人等候的贵宾室相遇，习近平阐明了中方原则立场，中方愿在中日四个政治文件基础上，继续推进中日战略互惠关系。日方应本着正视历史、面向未来的精神，正确处理钓鱼岛、历史等敏感问题，寻求妥善管控分歧和解决问题的办法。④

2013 年 12 月 26 日上午，日本首相安倍晋三不顾包括中国在内的亚洲国家的反对，选择在执政一周年之际参拜供奉有第二次世界大战甲级战犯的靖国神社。这是继 2006 年时任日本首相小泉纯一郎参拜以来，首位现职首相参拜靖国神社。

2013 年 12 月 26 日下午，中国外交部部长王毅召见日本驻华大使木寺昌人，代表中国政府就安倍参拜靖国神社提出严正交涉和强烈抗议。王毅指出，安倍一意孤行，执意参拜，严重违背中日四个政治文件的原则和精神，违背了日本历届政府和领导人在历史问题上作出的表态和承诺，给本已陷入严峻局面的中日关系制造了新的重大政治障

---

① 中国外交部网站，http：//www.fmprc.gov.cn/mfa_chn/zyxw_602251/t1102178.shtml。

② 中国国防部网站，http：//news.mod.gov.cn/headlines/2013-11/23/content_4476133.htm。

③ Peter Mattis，"China's ADIZ: A Low-Risk Move"，http：//nationalinterest.org/commentary/chinas-adiz-low-risk-move-9555.

④ 《习近平向安倍阐明中方对中日关系的原则立场》，《人民日报》2013 年 9 月 6 日，第 1 版。

碍。中方对此绝不能容忍。日方必须对安倍此举造成的严重政治后果承担全部责任。如果日方蓄意继续挑战中日关系的底线，不断加剧两国之间的紧张对立，中方必将奉陪到底。①

中国坚持和平发展道路，但绝不以牺牲国际利益为代价。中国对日本政府及其领导人的执迷不悟、一意孤行给予坚决回击，在涉及原则性问题上不会作出让步和妥协，不会为了维护中日关系而委曲求全。

2. 为妥善处理南海问题创造有利条件

南海海洋主权争议和海洋权益争端，成为 2013 年中国周边外交中的另一大挑战和难题。对此，中国用两手对两手的方式积极处理南海争议问题。首先，中国在南海问题上，积极推动与有关各国形成基本共识，有效管控争端分歧以免影响正常国家关系，从而为最终妥善解决问题创造良好政治氛围和条件。

2013 年 6 月 19 日至 23 日，越南国家主席张晋创访问中国。19 日，习近平与张晋创会谈时在南海问题上形成基本共识。习近平强调，中越双方要本着对历史和人民负责的精神，以中越友好和两国发展大计为重，下决心指导和推进南海问题政治解决，防止干扰两国关系。双方要坚持推进双边谈判和友好协商，不采取任何可能使争议复杂化、扩大化的单方面行动，防止南海问题国际化。中方愿同越方共同努力，加大北部湾湾口外海域工作组谈判力度和密度，争取同步推进共同开发和划界，并尽快开展北部湾湾口外海域共同考察。张晋创表示，越方愿认真落实两国达成的共识，通过友好协商，妥善处理有关问题，积极商谈北部湾湾口外海域划界和共同开发，共同维护海上和平稳定，不使其影响两国关系。②

2013 年 10 月 13 日，李克强在河内同越南总理阮晋勇举行会谈，双方达成重要共识。同时成立海上共同开发磋商工作组、基础设施合作工作组、中越金融合作工作组等涉及海上、陆上、金融三个联合工作组。年内启动工作，推进三大领域的合作，这是中越关系面向未来取得的重要突破。尤其是成立海上共同开发磋商工作组，传递了双方愿通过合作解决难题的积极信号。加快北部湾湾口外海域工作组的工作，力争湾口外海域共同开发取得实质进展。③

2013 年 10 月 13 日，中越两国签署《中华人民共和国国家海洋局与越南社会主义共和国自然资源与环境部关于开展北部湾海洋及岛屿环境综合管理合作研究的协议》。这是落实 2013 年 6 月越南国家主席访华期间两国政府发表的联合声明，进一步发展两国友好合作关系，推动海上务实合作的合作协议，也是近年来中越签署的第一个政府间海洋领域合作项目文件。《协议》的签署是中越双方维护稳定，促进共同发展，实现互

---

① 《日方必须对严重政治后果承担全部责任》，《人民日报》2013 年 12 月 27 日，第 3 版。
② 《中越双方要朝着友好合作的道路坚定不移往前走》，《人民日报》2013 年 6 月 20 日，第 1 版。
③ 《海上、陆上、金融合作三头并进　深化中越全面战略合作伙伴关系》，《人民日报》2013 年 10 月 14 日，第 1 版。

利共赢的具体体现，《协议》的实施将进一步开启中越海上低敏感领域合作之门，有利于南海的合作与发展。①

2013 年 10 月 11 日，李克强与文莱苏丹哈桑纳尔举行正式会谈。李克强表示，要落实好中国文莱就南海共同开发达成的重要共识，支持两国企业共同勘探和开采海上油气资源，实现互利共赢。两国领导人共同出席了《中华人民共和国政府与文莱达鲁萨兰国政府关于海上合作的谅解备忘录》、《中国海油和文莱国油关于成立油田服务领域合资公司的协议》等双边合作文件的签字仪式。双方发表了《中华人民共和国和文莱达鲁萨兰国联合声明》。②

与此同时，中国积极地与东盟国家在《南海各方行为宣言》框架下举行"南海行为准则"磋商，在南海行为准则谈判等问题上释放善意。加强与越南、文莱等国的合作，同文莱和越南就海上共同开发达成一致，赢得了东盟国家的理解和赞赏。

2013 年 4 月 2 日，第 19 次中国—东盟高官磋商在北京举行，东盟十国高官和东盟秘书处代表出席，中国外交部副部长张业遂与中国—东盟关系协调国泰国外交部次长西哈萨共同主持了会议。会议认为，维护南海和平稳定符合地区国家共同利益，有利于促进中国—东盟战略伙伴关系。各方同意将致力于全面落实《南海各方行为宣言》，在协商一致的基础上朝着制定"南海行为准则"共同努力，各方愿就此继续交换意见。③

2013 年 8 月 5 日，中国外交部长王毅就制定"南海行为准则"问题，提出四点看法：合理预期、协商一致、排除干扰、循序渐进。④ 中方对制定"准则"一直持积极、开放态度，这既表明中国立场，也为磋商"准则"指明了方向。中国与东盟各国同意在落实《南海各方行为宣言》框架下探讨推进"南海行为准则"进程，以共同维护南海地区的和平与稳定。中国对把握"准则"方向和节奏负有义不容辞的责任，既是中国作为南海沿岸国享有的权利，也是作为地区大国应有的义务。中国对"准则"有自己的主见和定力，不会因受外界的干扰而自乱节奏，更不会因为别人的催促施压而被动就范。

2013 年 9 月 3 日，李克强在第十届中国—东盟博览会和中国—东盟商务与投资峰会上，倡议建立"中国—东盟海洋伙伴关系"，把 2014 年确定为"中国—东盟友好交流年"。⑤ 9 月 14 日至 15 日，中国与东盟落实《南海各方行为宣言》第六次高官会和

---

① 《中越签署北部湾海洋合作协议海洋合作获新突破》，2013 年 10 月 14 日，中国新闻网，http://www.chinanews.com/gn/2013/10-14/5375581.shtml。
② 《进一步提升中国文莱战略合作水平》，《人民日报》2013 年 10 月 12 日，第 1 版。
③ 中国外交部网站，http://www.fmprc.gov.cn/mfa_chn/wjb_602314/zygy_602330/zysx_643554/xgxw_643556/t1027919.shtml。
④ 《王毅谈"南海行为准则"进程》，http://news.xinhuanet.com/world/2013-08/05/c_116814384.htm?anchor=1。
⑤ 李克强：《推动中国—东盟长期友好互利合作战略伙伴关系迈上新台阶——在第十届中国—东盟博览会和中国—东盟商务与投资峰会上的致辞》（2013 年 9 月 3 日，广西南宁），《人民日报》2013 年 9 月 4 日，第 3 版。

第九次联合工作组会议在江苏省苏州市举行。除了就全面有效落实《南海各方行为宣言》、加强海上合作等议题交换意见之外，还首次在落实《南海各方行为宣言》框架下，就"南海行为准则"举行磋商。

与会各方一致同意继续全面有效落实《南海各方行为宣言》，深化务实合作，会议批准了2013—2014年落实《南海各方行为宣言》工作计划。中国提出建立中国与东盟国家海上紧急救助热线、举行中国与东盟国家海上联合搜救沙盘推演等合作倡议，泰国、印尼等国家也提出了海上相关合作倡议。在"准则"磋商中，与会各方就如何推进"准则"进程进行了有益的探讨。同意遵循"循序渐进、协商一致"的磋商思路，从梳理共识开始，逐步扩大共识、缩小分歧，在全面有效落实《南海各方行为宣言》的过程中，继续稳步推进"准则"的进程。会议决定授权联合工作组就"准则"进行具体磋商，并同意采取步骤成立名人专家小组。①

在与东盟国家磋商"南海行为准则"过程中，中国表现出积极姿态和行动，同时表明了中国政府维护领土主权和海洋权益的决心是明确和坚定的。中方决不会拿南海领土主权和海洋权益做交易。"准则"不是为了解决争议，也不影响一国的主权和海洋权益声索，而是为了继续增进互信，促进合作，为有关国家通过双边磋商和平解决争端奠定基础和创造条件。制定"准则"是落实《南海各方行为宣言》的一部分。当务之急是有关各方在磋商"准则"的同时，继续推进《南海各方行为宣言》框架下的海上务实合作，增进互信和共识，为逐步推进"准则"进程打下坚实基础。南海规则的制定权，必须牢牢掌握在本地区国家手中。磋商"准则"是中国倡导海洋规则制定的主动作为。与东盟国家磋商"准则"，是中国继签署《南海各方行为宣言》之后在南海规则外交上的又一重要行动，体现了中国愿意参与规则制定、主动引导规则和善于运用规则的思维和风范。②

2013年10月9日，李克强在第十六次中国—东盟（"10+1"）领导人会议上的讲话中指出，《南海各方行为宣言》是中国与东盟国家达成的重要政治共识，是南海和平稳定的基石。中方愿同东盟国家在全面有效落实《南海各方行为宣言》进程中，大力推进海上务实合作，并在落实《南海各方行为宣言》框架下继续就制定"南海行为准则"开展磋商，本着协商一致的原则，积极稳妥地推进"准则"制定进程。③

中方同东盟国家在落实《南海各方行为宣言》框架下启动"南海行为准则"磋商，同文莱、越南就推进共同开发与海上合作达成一致，维护了南海的和平稳定。我国主张在充分尊重历史事实和国际法的基础上，通过对话和谈判寻找妥善解决办法，这一主张和态度得到了东盟国家的认同和赞赏。

中国在与东盟诸国特别是印尼开展密切合作，并与越南就防止海上冲突进行一系列

---

① 中国外交部网站，http://www.fmprc.gov.cn/mfa_chn/wjbxw_602253/t1076887.shtml。
② 钟声：《中方决不会拿南海领土主权和海洋权益做交易》，《人民日报》2013年9月16日。
③ 《人民日报》2013年10月10日，第2版。

积极的机制安排的同时，在外交和政治上孤立菲律宾。中国针对菲律宾等个别国家在南海的侵权行为进行坚决斗争，坚决回击菲律宾对中国领土主权的挑战，揭露和反对菲律宾强占仁爱礁、永暑礁的图谋，反对菲律宾单方面将黄岩岛、仁爱礁等南海争议提交国际仲裁，并与有关当事国通过对话谈判寻求妥善解决争议的办法。

同时，尽管菲律宾方面在领土领海问题上不断挑起事端、制造麻烦。但是，中国并没有因此而对菲律宾遭受的困难袖手旁观。2013 年 11 月 8 日，菲律宾遭遇超强台风"海燕"袭击，"海燕"波及面广、破坏力强。11 月 23 日，菲律宾国家减灾管理委员会宣布，"海燕"已造成 5235 人死亡，1613 人失踪，另有 2.3 万多人受伤。中国是第一个以外长名义向菲律宾发去慰问电的国家。

中国从人道主义出发，向菲律宾灾区提供了急需的救灾物资，派出救援队，提供医疗救助。中方救援队本着国际人道主义精神，在医疗卫生、遇难者遗体搜寻、赈济救助和灾区的过渡安置方面展开工作。11 月 23 日，30 名中国红十字会国际救援队救援人员抵达菲律宾台风重灾区莱特省塔克洛班，携带总价值达数百万元人民币的药品和医疗耗材，仅药品就可满足 1 万人的医疗需求。11 月 24 日，中国海军"和平方舟"医院船抵达距离约 10 海里的海域，并以直升机或快艇运输的方式，将伤病员运至船上实施救助。①

289

显然，中国在对菲律宾的政策上区别对待了菲律宾政府与菲律宾人民，中国没有因为菲律宾政府在有关问题上的倒行逆施而迁怒于菲律宾人民，在菲律宾人民遭受困难时及时伸出援手。中国在向菲律宾风灾提供援助的问题上处理和把握得当，充分展现了负责任大国的形象。

3. 中国周边其他热点问题的处理与应对

2013 年，中国还积极稳妥地处理了周边地区和国家出现的突发事件和热点问题，积极通过外交协调和沟通对话等方式，对事件和局势的发展进行有效的管控，避免周边局势的进一步升级恶化，维护了中国与有关国家关系的稳定大局。

2013 年 4 月 15 日，中印两国军队在中印边境克什米尔拉达克地区的天南河谷形成对峙局面，被媒体称为"帐篷对峙"。天南河谷位于中印有争议的边境西段北部，是中国、印控克什米尔和巴控克什米尔的交接地带。4 月 22 日，中国外交部发言人华春莹对"帐篷对峙"事件作出回应时表示，中国边防部队没有越过实际控制线一步。4 月 27 日，印度总理辛格在首都新德里首次表态，两国在边界地区所发生的问题，是可以被解决的局部问题。两国正在进行对话，可以和平解决。

中印在解决边界问题上建立了多种渠道和沟通机制，中印边界问题是历史遗留问题，两国为了边界问题建立了多个特别对话机制，包括中印边界问题副部级官员会谈、中印边界问题联合工作小组会谈。2012 年年初，两国正式建立了边境事务磋商和协调

① 《人民日报》2013 年 11 月 25 日，第 3 版。

工作机制，由两国外交部门司局级官员牵头，双方外交和军事官员组成。在此次"帐篷对峙"事件中，中印两国积极利用双方建立的外交渠道和边防会晤机制充分交换意见，从而使得对峙事件趋于缓和。

2013 年 5 月 3 日，华春莹表示中印在积极发展友好合作的同时，致力于通过和平谈判解决包括边界问题在内的分歧，同时确保这些分歧不影响双边关系发展。双方正通过边境事务磋商和协调工作机制、外交及边防会晤等渠道，就中印边境局部地区发生的事件保持着沟通，寻求解决办法。① 5 月 5 日，中印两国军队同时向后撤退到对峙前的原点，持续二十多天的中印军队边境"帐篷对峙"暂时告一段落，紧张局势得以缓解。5 月 6 日，中国外交部发言人华春莹作出回应。"中印两国在中印边界西段发生对峙事件之后，双方都从两国关系大局出发，本着建设性的合作态度，保持克制，通过有关涉边机制、外交以及边防会晤等渠道保持了密切的沟通与磋商。"②

2013 年 5 月 9 日至 10 日，印度外长库尔希德如期对中国进行正式访问。5 月 11 日，新加坡《联合早报》题为《化解"帐篷对峙" 彰显外交智慧》的文章指出，中印两国能着眼于大局，通过外交途径，迅速地解决边境争端事件，彰显了两国的外交智慧。经过一番密集但不张扬的商谈后，中印双方达成协议，同时在争议地区撤走军队，化解了一场持续三个星期的边界危机。双方能迅速化解危机，显示彼此都能以大局为重，理智处事。③

2012 年年底和 2013 年年初，朝鲜先后进行卫星发射和第三次核试验，朝鲜半岛紧张局势一度升级。中国根据朝鲜半岛局势的发展动向，一方面积极劝和促谈，同时也采取了一系列与以往有所区别的立场和行动，坚决反对任何一方制造紧张局势的行为，不偏袒任何国家。

2012 年 12 月 12 日，朝鲜发射"银河 3 号"火箭，将"光明星 3 号"卫星成功进入轨道。2013 年 1 月 22 日，联合国安理会一致通过关于朝鲜发射卫星问题的第 2087 号决议。该决议要求朝鲜遵守安理会有关决议规定，不得再使用弹道导弹技术进行发射。决议同时重申，希望寻求以和平、外交和政治方式解决有关问题，呼吁重启六方会谈。④ 中国对安理会第 2087 号决议，在投赞成票的同时也对制裁内容有所保留。在中方的坚持下，决议最终删除了草案中许多不利于局势缓和和外交努力、也会损害朝鲜经济民生、对外正常贸易和交往的制裁内容和措施。

2013 年 2 月 12 日，朝鲜宣布进行第三次地下核试验，此举导致半岛局势紧张升级，引起国际社会强烈反应。3 月 7 日，安理会一致通过第 2094 号决议，要求朝鲜不再进行核试验，放弃核武器计划，并重返《不扩散核武器条约》。决议首次将朝鲜相关

---

① 中国外交部网站，http：//www.fmprc.gov.cn/mfa_ chn/fyrbt_ 602243/t1037283. shtml。

② 中国外交部网站，http：//www.fmprc.gov.cn/mfa_ chn/fyrbt_ 602243/t1037822. shtml。

③ http：//www.chinanews.com/gj/2013/05-13/4810077. shtml.

④ 《安理会通过朝鲜发射卫星问题决议》，新华网，http：//news.xinhuanet.com/world/2013-01-23/c_124266333. htm。

外交人员和银行业实体等列入制裁范围，中国支持对朝鲜的制裁，并认真执行了联合国安理会的决议。

同时，中国对朝鲜半岛局势的反应和行动发生变化，与此前有所不同。2013 年 4 月 6 日，中国外交部部长王毅应约同联合国秘书长潘基文通电话时表达了中方对朝鲜半岛局势的立场，即不管局势如何变化，都应坚持通过对话解决问题，坚持推进半岛无核化，坚持维护半岛和平与稳定。王毅特别强调，"朝鲜半岛是中国近邻。我们反对任何一方在这一地区的挑衅言行，不允许在中国的家门口生事。中方敦促各方保持冷静克制，推动局势缓和"①。

2013 年 4 月 7 日，习近平在博鳌亚洲论坛的主旨演讲中指出，"国家无论大小、强弱、贫富，都应该做和平的维护者和促进者，不能这边搭台、那边拆台，而应该相互补台、好戏连台。国际社会应该倡导综合安全、共同安全、合作安全的理念，使我们的地球村成为共谋发展的大舞台，而不是相互角力的竞技场，更不能为一己之私把一个地区乃至世界搞乱。各国交往频繁，磕磕碰碰在所难免，关键是要坚持通过对话协商与和平谈判，妥善解决矛盾分歧，维护相互关系发展大局"②。习近平的讲话显然是针对朝鲜半岛紧张局势升级的情况，在朝鲜半岛问题上明确表达中国的严肃立场和态度。

2013 年 5 月 23 日，朝鲜领导人金正恩特使崔龙海访华。中方领导人劝说朝鲜坚持半岛无核化目标，尽早重启六方会谈。崔龙海表示，朝方高度赞赏中方为维护半岛和平稳定、推动半岛问题重回对话协商轨道所作的巨大努力，愿接受中方建议，同有关各方开展对话。6 月 7 日至 8 日，习近平与美国总统奥巴马会晤时在朝鲜半岛局势问题上形成共识。中国不允许在半岛爆发战争与冲突。6 月 27 日，习近平在会见来访的韩国总统朴槿惠谈到朝鲜半岛局势时强调，"中方致力于实现半岛无核化的立场是坚定的，态度是严肃和认真的。中方坚决维护半岛和地区和平稳定，反对任何一方破坏地区和平稳定的行为，坚持通过对话协商解决问题"③。中国在朝鲜半岛问题上的严肃立场，中国对朝鲜政策的变化产生了重要效果，尤其对控制紧张局势的进一步升级发挥了关键作用。

中国还积极参与解决其他周边热点问题，积极有所作为，如参与阿富汗和平重建进程，斡旋缅北问题，对泰国、孟加拉国、柬埔寨、尼泊尔国内局势劝和促稳。中国建设性参与解决热点问题，承担了中国作为负责任大国的义务，维护自身利益与地区和平稳定，发挥了中国在地区和国际事务中的积极作用，也提升了中国在地区和国际上的影响力。

总之，2013 年我国通过周边外交的理念创新和灵活实践，积极引导和塑造我国与

---

①　《王毅同潘基文通电话》，《人民日报》2013 年 4 月 7 日，第 3 版。

②　习近平：《共同创造亚洲和世界的美好未来——在博鳌亚洲论坛 2013 年年会上的主旨演讲》（2013 年 4 月 7 日，海南博鳌），《人民日报》2013 年 4 月 8 日，第 2 版。

③　《全面推进互利合作　推动中韩关系取得更大发展》，《人民日报》2013 年 6 月 28 日，第 1 版。

周边国家的关系，在事关国家核心利益的问题上敢于斗争并且善于斗争，同时在有争议问题上保证争端"不失控"。与部分周边国家的关系保持了斗而不破，乱中求稳的态势。中国在周边外交上攻守兼备的特征更加鲜明，行动方式更加果敢灵活。进一步夯实了实现"两个一百年"奋斗目标、实现中华民族伟大复兴的中国梦的周边基础。

第十三章　协调发展：
构建新型关系谋求合作共赢

中国与主要大国的关系在新一届政府开局之年都实现了平稳过渡，并且取得了新进展。2013 年，中国以构建新型大国关系为主线，努力推动与美国、俄罗斯、欧洲关系协调发展，加强高层交往，深化战略对话，拓展务实合作，深化利益融合，持续改善我国和平发展的战略环境。积极稳固和拓展大国关系，成为党的十八大以来，新一届党中央外交开局的一条主线。

一、中美关系确立了新型大国关系的主题

2013 年，中美两国完成了领导层换届，以习近平为首的政治局成为中国新一代领导集体，奥巴马也获得了连任，中美关系站在了新的历史起点上。

1. 确立了"构建新型大国关系"的目标

早在第二轮中美战略与经济对话期间，时任国务委员戴秉国就提出，中美应"开创全球化时代不同社会制度、文化传统和发展阶段的国家相互尊重、和谐相处、合作共赢的新型大国关系"。经过两年多的努力和发展，这一提议越来越清晰和具有针对性，构建"新型大国关系"的倡议也被越来越多的美国人接受。2013 年 4 月 13 日，在会见美国国务卿克里时，习近平对中美新型大国关系做了进一步阐述。他表示，希望双方不断充实合作伙伴关系的战略内涵，走出一条平等互信、包容互鉴、合作共赢的新型大国关系之路。5 月 21 日，中国外交部网站发布了国家主席习近平将于 5 月 31 日至 6 月 6 日对特立尼达和多巴哥、哥斯达黎加、墨西哥三国进行国事访问并于 6 月 7 日至 8 日在美国加利福尼亚州安嫩伯格庄园同奥巴马总统举行会晤的消息。美国白宫几乎与此同时宣布了美国总统奥巴马将于 6 月 7 日至 8 日在加州与中国国家主席习近平进行会晤的消息。由于这是习近平当选中国国家主席以来首次访美，引起国际舆论的极大关注。美国《福布斯》双周刊网站甚至认为，"美国二战和冷战后在亚洲的同盟体系不再符合美国的利益。必须构建新的安全体系。我认为并且希望下个月的'桑尼兰兹峰会'能成为

该计划的起点"。①《今日美国报》的网站则对"习奥会晤"地点为何选择在加州、白宫安排"庄园峰会"的深意进行了解读，认为在这个不那么正式的场合，有利于领导人之间比较轻松的会面、深入交谈和培养个人关系。②

2013年5月27日，美国总统国家安全事务助理多尼隆访华，为"习奥会"铺路。在会见多尼隆时，习近平则表示，双方应该从两国人民和世界人民根本利益出发，共同致力于建设中美合作伙伴关系，走出一条前无古人、后启来者的新型大国关系之路。多尼隆对习近平说，奥巴马"坚定致力于建立一种具备更高层次务实合作和更高信任水平的双边关系，同时设法处理我们之间可能出现的任何分歧"。③ 在会见中央军委副主席时，多尼隆提出，非传统军事行动，包括维和、灾难救助和打击海盗行为增加了合作机会，有助于增进相互信任和理解。范长龙提出，在大国之间打造新型关系的关键部分是确保我们拥有健康、稳定及可靠的两军关系。④

2013年6月7日、8日，国家主席习近平在美国加利福尼亚州安纳伯格庄园同美国总统奥巴马举行中美元首会晤。习近平在7日会晤开始时说，他同奥巴马总统举行会晤，主要目的就是为中美关系发展规划蓝图，开展"跨越太平洋的合作"。会谈内容十分丰富，主要包括以下几个方面：

（1）习近平主席向奥巴马总统介绍了中国政府的执政理念和内外政策，重申中国坚定不移走和平发展道路，坚定不移深化改革、扩大开放，努力实现中华民族伟大复兴的中国梦。奥巴马总统也向习近平主席介绍了其执政理念、执政目标和优先议程。（2）两国元首均强调了中美关系的重要性，认为面对经济全球化迅速发展和各国同舟共济的客观需求，中美应该也可以走出一条不同于历史上大国冲突对抗的新路。双方同意，共同努力构建新型大国关系，相互尊重、合作共赢，造福两国人民和世界人民。国际社会也期待中美关系能够不断改善和发展。中美两国合作好了，就可以做世界稳定的压舱石、世界和平的助推器。（3）双方同意加强各层次对话沟通，不断增进相互理解与信任。双方将继续通过互访、会晤、通话、通信等方式保持密切联系，将尽早实现互访，并适时在中国再次举行类似会晤。两国元首积极评价中美战略与经济对话、人文交流高层磋商等重要对话机制在拓展合作、管控分歧方面发挥的重要作用，将指示双方团队加强协调配合，共同推动将于2013年夏举行的第五轮中美战略与经济对话、第四次中美人文交流高层磋商取得积极务实成果。中国国防部长和外交部长将应邀适时访美。（4）双方同意不断加强两国在经贸、投资、能源、环境、人文、地方等领域务实合作，深化全方位利益交融格局；同意就气候变化、网络安全问题加强对话与合作，充分发挥好有

---

① 《美媒："习奥会"或成亚洲新秩序开端》，《参考消息》2013年5月24日，第14版。

② 《习奥会晤地点为何选定加州？白宫安排"庄园峰会"有深意》，《参考消息》2013年5月25日，第8版。

③ 《外媒：美高官访华为"习奥会"铺路》，新华网，http://news.xinhuanet.com/world/2013-05/28/c_124771782.htm。

④ 《多尼隆呼吁中美两军增进互信》，《参考消息》2013年5月29日，第16版。

关工作组的作用。双方均强调了改善和发展两军关系的重要性，愿推进中美新型军事关系建设。中方将应邀参加 2014 年环太平洋军演。（5）习近平重申了中方在台湾问题上的原则立场，强调台湾问题涉及 13 亿中国人民的民族感情，希望美方恪守中美三个联合公报，坚持一个中国政策，以实际行动支持两岸关系的和平发展，停止售台武器。（6）两国元首就亚太地区形势和中美在亚太的互动交换了意见。双方认为，亚太是中美利益交织最紧密、互动最频繁的地区，中美在亚太的共同利益远大于分歧，双方应加强沟通协调，减少摩擦，努力形成良性互动格局，给中美以及整个地区带来发展机遇。（7）两国元首同意继续深化中美在多边机构内的合作，在国际和地区热点问题上保持密切协调和配合，进一步加强在全球性问题上的合作，为促进世界的和平、稳定与繁荣发挥积极作用。①

关于中美新型大国关系的内涵，习近平在会晤中用三句话做了精辟概括：一是不冲突、不对抗。就是要客观理性看待彼此战略意图，坚持做伙伴、不做对手；通过对话合作而非对抗冲突的方式，妥善处理矛盾和分歧。二是相互尊重。就是要尊重各自选择的社会制度和发展道路，尊重彼此核心利益和重大关切，求同存异，包容互鉴，共同进步。三是合作共赢。就是要摒弃零和思维，在追求自身利益时兼顾对方利益，在寻求自身发展时促进共同发展，不断深化利益交融格局。

关于如何将新型大国关系的精神贯彻到中美关系的方方面面，习近平提出了四点建议：一要提升对话互信新水平，把两国领导人在二十国集团、亚太经合组织等多边场合会晤的做法机制化，用好现有 90 多个政府间对话沟通机制。二要开创务实合作新局面，美方应在放宽对华高技术产品出口限制等问题上采取积极步骤，推动两国贸易和投资结构朝着更加平衡的方向发展。三要建立大国互动新模式，双方应在朝鲜半岛局势、阿富汗等国际和地区热点问题上保持密切协调和配合，加强在打击海盗、跨国犯罪、维和、减灾防灾、网络安全、气候变化、太空安全等领域合作。四要探索管控分歧新办法，积极构建与中美新型大国关系相适应的新型军事关系。奥巴马总统对此作出了积极反应，表示美方高度重视美中关系，愿在互利互尊基础上与中方构建国与国之间新的合作模式，并共同应对各种全球性挑战。② 习近平同美国总统奥巴马举行中美元首会晤后，2013 年 6 月 8 日下午离开美国加利福尼亚州回国。奥巴马总统欢送习近平时赠送了一张定制的长椅。长椅的前侧刻着此次访问的日期，此长椅是用加州红杉木制成，以此纪念两国元首首次进行庄园外交。

"习奥会"成中美高层交往创举，会谈开诚布公、议题广泛。世界媒体盛赞此举，奥巴马本人也称赞会晤"好极了"。《纽约时报》网站认为，中国非比寻常的崛起以及这一现实不可避免给美国带来的困扰构成了重大的挑战，要在这种情况下避免战争就需

① 《杨洁篪谈习近平主席与奥巴马总统安纳伯格庄园会晤成果》，新华网，http：//news. xinhuanet. com/world/2013-06/09/c_ 116102752. htm。
② 《杨洁篪谈习近平主席与奥巴马总统安纳伯格庄园会晤成果》，新华网，http：//news. xinhuanet. com/world/2013-06/09/c_ 116102752. htm。

295

要两国领导人作出超常的努力——不仅是一次峰会的努力，而是一代人的努力。① 美国媒体认为中美"阳光之乡"峰会求同存异，这个难得的机会，两国领导人没有顾问协助，未打领带，进行了长时间的一对一交谈，虽然两国仍然有许多的分歧，但关键问题是双方能够坦率对话，毫不避讳分歧，并为以后的对话打下了基础。② 美国的智库也纷纷对"新型大国关系"作出解读，虽然有许多的曲解，但都在关注这个重大的问题。

欧洲则表现出了淡定，认为中美关系与欧美关系是完全不同的关系。美国同中国在亚太地区是地缘政治意义上的对手，美国在那里同日本和韩国签有双边安全协定。中国对该地区当然有着自身利益。从这层意义上讲，美中关系要密切得多。③ 有德国媒体则认为，中美争夺在太平洋的影响力，不会导致冷战。也有一些德国专家认为，在加利福尼亚，奥巴马与习近平实际上背着布鲁塞尔协商了 G20 峰会的议程，G20 峰会预计将在 9 月份举行。俄罗斯则有观点认为，"习奥会"后"中美国"轮廓显现。④

日本媒体也极其关注这次峰会，有日媒担忧"习奥会"后受轻视，担心奥巴马可能改变亚太再平衡战略。而且，与 2 月安倍访美时受到的待遇相比，引发了对差距的担心。⑤ 总体看，日本媒体对"习奥会"的解读五味杂陈，有观点认为，双方避开在两国首都会晤，选择趁习近平主席访问拉美和加勒比海地区之际在加利福尼亚州举行非正式会谈，使两国的面子都得以保全。有人担心，如果日本经济继续衰落，美国和世界其他国家会越来越不重视日本；还有人警惕，称中美维持友好关系不是坏事，但不能联手统治世界。厌烦、担心、感慨、警惕、落差等各种情绪溢于言表。⑥ 日本首相安倍在参加电视节目时表示，在考虑中美关系问题时，不能忘记日美是紧密的同盟关系，美国第七舰队的基地就在日本，不可能搬到上海去。⑦ 还有日本媒体在分析和评论中，刻意称中美对"新型关系"看法上的差异。

2013 年 9 月 6 日，国家主席习近平在圣彼得堡再次会见美国总统奥巴马。两国元首再次确认共同致力于构建新型大国关系，同意加强对话，深化合作，管控分歧。在双边关系中寻找更多合作契合点，在国际和地区事务中加强沟通与协调。

2. 中美军事关系取得重要进展

中美军事关系一直是中美关系的短板，在构建新型大国关系的推动下，中美军事关系在 2013 年获得了重要进展。

首先是电话联系揭开了全面中美两军交往的序幕。2013 年 3 月 12 日，中央军委委

---

① 《中美打造"新型大国关系"须持久努力》，《参考消息》2013 年 6 月 9 日，第 1 版。
② 《中美"阳光之乡"峰会求同存异》，《参考消息》2013 年 6 月 11 日，第 1 版。
③ 《日本担忧"习奥会"后受轻视》，《参考消息》2013 年 6 月 9 日，第 8 版。
④ 《"习奥会"后"中美国"轮廓显现》，《参考消息》2013 年 6 月 11 日，第 14 版。
⑤ 《日本担忧"习奥会"后受轻视》，《参考消息》2013 年 6 月 9 日，第 8 版。
⑥ 《日本媒体五味杂陈解读"习奥会"》，《参考消息》2013 年 6 月 10 日，第 14 版。
⑦ 《安倍称美日关系优于美中关系》，《参考消息》2013 年 6 月 10 日，第 14 版。

员、总参谋长房峰辉应约与美军参谋长联席会议主席邓普西通过中美国防部直通电话进行了通话。邓普西在电话中表示，他就任美军参联会主席后，最重要的任务之一就是要推动建立起牢固的中美两军关系，并使这一重要关系不断向前发展。他热切期待着 4 月访华。4 月 2 日，国务委员兼国防部长常万全也应约与美国防部长哈格尔通过两国国防部直通电话进行了通话。这次通话也是中美双方的新防长第一次"接触"，双方除了相互祝贺对方外，还讨论了两军关系及合作问题，哈格尔还邀请常万全 2013 年晚些时候访问美国。中美军方之间直接打电话与对方相互联系和沟通，就像朋友直接通话，这是不多见的。至少，它表明中美双方的军事热线是畅通的和有效的。可以说，中美双方已经通过电话外交为军事外交升温。

2013 年 4 月 21 日下午，美军参谋长联席会议主席邓普西抵京，开始对华为期 5 天的访问。这是中美领导层换届后，两军首次高级别、面对面地接触。邓普西在访问中，分别会见了中央军委主席习近平、国防部长常万全、总参谋长房峰辉、国务委员杨洁篪等。在与习近平主席的会晤中，习近平强调，中美两军关系是两国合作伙伴关系的重要组成部分。保持两军关系健康稳定发展，有利于增进中美战略互信，也有利于防范风险和管控危机。房峰辉总参谋长在与邓普西的会谈中强调，保持中美两军关系健康稳定发展符合双方的共同利益。中方愿与美方共同努力，积极构建与新型大国关系相适应的"平等互利、合作共赢"的新型军事关系。房峰辉提出了在新形势下两军发展关系的四个方面：一是加强对话磋商，不断增进两军互信；二是深化务实合作，努力扩大共同利益；三是尊重彼此核心利益，消除两军关系发展障碍；四是注重危机管控，有效应对安全风险，努力推动两军关系不断发展，为维护国际和地区和平作出积极贡献。邓普西还访问了陆军航空兵第四直升机团，参观了"米-171"、"武直-9"的静态展示，观摩了"武直-10"、"武直-9"飞行表演，与陆军航空兵学院和国防大学的教员和学员代表进行了交流。

2013 年 6 月初的香格里拉对话会是中美军方在多边论坛的一次接触与互动。在这次对话会上，美国新任防长哈格尔、太平洋司令洛克利尔等参加。中国派出了以副总参谋长戚建国为首的代表团，并发表演讲，受到各方关注。中国军方代表积极与外界接触与交流，他们所体现出来的良好形象和专业素质，获得了广泛积极评价。[1] 加拿大国防部长麦凯在接受采访时表示，2013 年中国的与会代表级别高、表现活跃，且"彬彬有礼，不那么咄咄逼人"，表明中方在更积极地进行沟通，传递着积极正面的信号。英国路透社评价到，中国军方代表团在对话中展示出了全新的开放姿态，令其他国家与会代表"感到意外"。[2] 中美双方在香格里拉对话上围绕着网络安全和美国的亚太再平衡战略展开了互动。针对哈格尔多次提到中国的网络威胁，中国也面临着网络攻击的严重威

---

① 《解放军香格里拉发动魅力攻势》，《参考消息》2013 年 6 月 4 日，第 14 版。

② 《中国军方在香格里拉对话会展现开放姿态》，参考消息网，http://world.cankaoxiaoxi.com/2013/0603/219293.shtml。

胁，是世界上最主要的黑客攻击受害国之一。中国政府高度重视网络安全问题，反对任何形式的黑客和网络攻击行为。6月3日，中国外交部发言人进一步表示，在网络安全问题上，中美面临共同挑战，中方愿与美方一道构建国际规则，维护网络安全符合双方和国际社会共同利益。关于双方在亚太地区的战略意图，哈格尔表示，美国"亚太再平衡"战略并非遏制中国，发展与中国的双边关系十分重要；而戚建国则在会上一再重申，中国将坚定不移走和平发展道路，并愿与各方一道共创亚洲和世界的美好未来。中方代表针对美国亚太战略不针对中国的说法表示，在美国咄咄逼人的行动下，中国并不相信美国的说法。①

随后举行的"习奥会"双方都同意构建与中美新型大国关系相适应的军事关系。2013年7月12日，中国国务委员杨洁篪访问五角大楼，与美国国防部长哈格尔会晤45分钟，会谈涉及网络安全议题、中美将探讨制定重大军事活动相互通报机制，研究海空军事安全行为准则问题等。7月25日，国防部新闻发言人耿雁生大校称，中国已接受美方邀请，将派实兵参加"环太平洋—2014"联合军事演习。耿雁生称，2013年5月份，中方派员参加了这次演习的首次计划会，就参演科目、参演兵力、相关保障等问题与美方进行了初步沟通。

2013年8月，国务委员兼国防部长常万全访美。他先后与美军太平洋司令部司令洛克利尔、美国国防部长哈格尔、国家安全事务助理赖斯等举行了会谈，并参观太平洋总部、北方总部等军事设施。16日，常万全部长首先抵达夏威夷，在那里参观了太平洋总部，并与洛克利尔举行了会晤。随后，常万全转访科罗拉多，与美军北方司令部和北美防空司令部司令查尔斯·雅各布举行会晤，并参观了北方总部等设施。19日上午，常万全部长访问了美国五角大楼，并与哈格尔防长举行会晤。19日下午，常万全与赖斯举行了会谈。在与哈格尔的会晤中，双方还就涉台、美亚太"再平衡"、朝核、钓鱼岛、南海、网络安全等问题坦诚深入交换了意见。关于建立中美新型军事关系，双方都表示要将两国元首达成的重要共识转化为两国防务部门和军队的具体政策和行动，努力构建与新型大国关系相适应的新型军事关系。常万全就构建中美新型军事关系提出五点提议：一是两国防务部门应切实肩负起历史担当；二是尊重彼此的核心利益和重大关切；三是通过对话沟通提升互信水平；四是妥善处理影响两军关系深入发展的障碍；五是不断拓展务实合作的领域。② 在会后的新闻记者会上，常万全表示希望美国的亚太再平衡战略不要针对中国，并且能给太平洋地区带来"太平"。他同时强调，中国始终是亚太和平稳定的坚定维护者，但是，任何人都不用幻想中方会拿核心利益做交易。③ 在与赖斯的会见中，赖斯祝贺常万全与哈格尔的会谈很成功，并就朝鲜半岛、网络安全等

① 《美防长香格里拉话题不离中国》，《参考消息》2013年6月2日，第2版。
② 《常万全与美国国防部长哈格尔举行会谈》，参考消息网，http://world.cankaoxiaoxi.com/2013/0820/258693.shtml。
③ 《常万全：太平洋要义在太平，再平衡关键在平衡》，参考消息网，http://mil.cankaoxiaoxi.com/2013/0820/258069.shtml。

问题交换了意见。① 十天后，常万全部长与哈格尔防长在第二届东盟防长扩大会再次相遇，并在斯里巴加湾进行了会谈，常万全感谢哈格尔在他访美期间给予的热情接待，并强调中美在积极发展双边防务和军事关系的同时，应在多边场合保持对话沟通，不断积累互信，为两军关系发展增加正能量。② 随后，中国海军司令员吴胜利应美国海军作战部长格林纳特海军上将邀请，于9月8日至14日率解放军海军代表团对美国进行了正式友好访问。访问期间，吴胜利与美国海军作战部长格林纳特就构建"和谐共进、务实合作"的中美新型海军关系问题进行了坦诚、务实、深入的会谈。紧接着，9月下旬，美国空军参谋长马克·威尔什上将应中央军委委员、空军司令员马晓天上将的邀请访华，访问期间分别与中央军委副主席许其亮、空军司令员马晓天举行了会谈，并访问了解放军驻港部队。

除高层互访，中美还拓展了联合演练演习等务实合作。2013年8月，中国海军第十四批护航编队与同在亚丁湾海域执行任务的美国海军梅森号导弹驱逐舰举行中美海上联合反海盗演练。9月，中国海军舰艇113编队访问夏威夷，并与美海军举行海上联合搜救演习，演习中双方互派联络官和观察员。③ 11月14日，中美两军首次人道主义救援减灾实兵联合演练如期上演，中美在人道主义救援减灾领域的合作机制始于1997年，迄今共举行8次研讨交流。2012年，双方在中国成都举行了中美两军首次人道主义救援减灾联合桌面推演，这次联合演练是两军首次在该机制下举行联合实兵演练。

军事关系的发展也使得中美面临突发事件的时候能够有效沟通防止事态升级。2013年12月中旬，中国第一艘航母在南中国海进行训练，美国"考彭斯"号巡洋舰进行恶意监视，中国派出一艘舰艇逼停了美国军舰，这使得两艘军舰险些相撞。这一事件正好发生在中国宣布划设东海防空识别区后，引起了媒体的各种猜测，称中美军舰对峙事件是2009年来两国在南海海域发生的最大一次海上事件。④ 但在中美国防部进行有效沟通后，很快结束了这场对峙，防止了事件升级为危机，维护了中美军事关系的发展。

3. 高层互访、互动和第五次战略与经济对话

除了元首会晤和军事交流外，2013年中美还有许多其他重要的高层会晤，并举办了第五次战略与经济对话。

首先，是美国新任财政部长雅各布·卢于2013年3月19日至20日专程访问中国。

---

① 《常万全会见美总统国家安全事务助理赖斯》，新华网，http：//news.xinhuanet.com/mil/2013-08/20/c_117022282.htm。

② 《常万全：中美应加强多边防务与安全机制中良性互动》，参考消息网，http：//mil.cankaoxiaoxi.com/2013/0828/263142.shtml。

③ 《中方参加中美救援减灾首次实兵演练部队抵夏威夷》，参考消息网，http：//mil.cankaoxiaoxi.com/2013/1111/300088.shtml。

④ 《中国军舰南海"逼停"美巡洋舰》，参考消息网，http：//mil.cankaoxiaoxi.com/2013/1215/317469.shtml。

这是他 2 月 28 日宣誓就职以来第一次出国访问，而接见他的习近平主席也是刚刚当选为中国国家主席后首次接见海外政要。双方都认为中美之间存在一些分歧，同时拥有巨大的共同利益，应该从战略高度和长远角度处理两国关系，双方的新领导班子都有意与对方发展友好合作关系。新任国家总理李克强也接见了雅各布·卢，表示中方愿与美国构建新型大国关系。① 这是自美国前防长帕内塔 2012 年 9 月访华以来，两国之间最高级别的交流。

其次，是 2013 年 4 月 14 日至 15 日，美国新任国务卿克里访华，这被称为中美新一轮高层互动的开始，在克里访问的过程中，中国领导人接见了他。习近平指出，中美在一些问题上有不同看法，双方应该恪守中美三个联合公报原则，尊重彼此核心利益，尊重对方自主选择的发展道路，妥善处理有关分歧，避免两国关系受到大的干扰。同日，国务院总理李克强会见克里，就深化中美合作及共同关心的国际和地区热点问题交换意见。双方决定，发表中美气候变化联合声明，宣布在中美战略与经济对话框架下成立气候变化工作组，推进相关合作。王毅外长也与克里进行了会谈。媒体纷纷认为，克里此访将为新时期中美关系发展"设定议程"，有助于推进中美双边合作，加强两国在国际和地区热点问题上的沟通与协调。② 这两位美国高官分别代表着美国的经济决策和政治外交决策，他们的访华有奥巴马新内阁与中国新领导班子建立工作联系，重启中美经济关系和外交关系的含义。

再次，7 月 10 日至 11 日，第五轮中美战略与经济对话在华盛顿举行。这一轮对话是"习奥会"后中美间又一次重要高层接触，也是两国政府换届后首次对话，其落实两国元首会晤成果、推进中美新型大国关系建设的意味浓厚。对话议题涵盖政治安全、经济金融等各个领域，几乎涉及所有的重要双边问题和共同关心的重大国际与地区问题。国务院副总理汪洋、国务委员杨洁篪将作为习近平主席特别代表，同奥巴马总统特别代表国务卿克里、财政部长雅各布·卢共同主持对话。汪洋副总理将与卢财长共同主持经济对话，杨洁篪国务委员将与克里国务卿共同主持战略对话。双方各二十多个部门负责人参加，举行了 4 场小范围会谈和 1 场大范围会谈。

本轮对话取得了丰富成果，发表了 91 项具体成果，涵盖加强双边合作，应对地区和全球性挑战，地方合作，能源合作，环保合作，科技与农业合作，卫生合作，双边能源、环境、科技对话等八个领域③：（1）双方认识到高层交往对两国关系发展的重要作用，同意进一步加强两国高层交往；（2）双方对战略安全对话日益增长的重要性和在战略安全对话框架下设立网络工作组予以积极评价，决定就有关问题保持更深入、持久

---

① 《美派财长访华凸显重视中国姿态》，参考消息网，http：//china. cankaoxiaoxi. com/2013/0321/181277. shtml。

② 《中美新一轮高层互动的开端——美国国务卿克里访华前瞻》，参考消息网，http：//world. cankaoxiaoxi. com/2013/0412/192437. shtml。

③ 《第五轮中美战略与经济对话框架下战略对话具体成果清单》，新华网，http：//news. xinhuanet. com/world/2013-07/13/c_ 116519631_ 9. htm。

的对话，构建稳定、合作的中美战略安全关系；（3）双方举行第一次网络工作组会议，认为网络工作组是中美政府间就网络事务开展对话的主渠道，同意就网络事务进行可持续对话；（4）双方致力于加强两军关系，并努力将其提升到新的水平，决定积极探讨重大军事活动相互通报机制；（5）双方决定建立中美战略与经济对话两国元首特别代表热线，以便双方保持沟通；（6）双方决定加强在地区和全球性问题上的沟通与协调，一起应对共同挑战，维护和平与稳定；（7）双方决定，通过在载重汽车及其他汽车，智能电网、碳捕集、利用和封存，温室气体数据的收集和管理，建筑和工业能效等领域开展新的务实合作，加强应对气候变化的行动；（8）双方重申，两国作为世界最大的能源生产国和消费国，在确保能源安全、直面共同挑战方面拥有共同利益和责任。①

经过了"习奥会"、第五轮战略与经济对话，中美关系朝着"构建新型大国关系"方向起航。在此背景下，外交部长王毅于9月19日至21日应美国国务卿克里邀请访问美国，双方将就中美关系及共同关心的国际与地区问题深入交换意见。在与美国国务卿克里共见记者时，王毅表示，此访的目的就是与美方一道落实两国元首共识，以实际行动推进新型大国关系，通过具体合作充实这一关系的内涵。10月，在东盟希腊峰会上，李克强总理与克里进行了会晤。克里表示，美国欢迎中国的崛起，视中国为重要合作伙伴。奥巴马总统高度重视提升两国关系水平，美方愿与中方加强战略沟通与合作，共同应对挑战，不断丰富美中新型大国关系内涵。②

301

大事记 13-1　2013 年中美关系大事记

时间	事件
2013 年 3 月 12 日	中央军委委员、总参谋长房峰辉应约与美军参谋长联席会议主席邓普西通过中美国防部直通电话进行了通话
2013 年 4 月 2 日	国务委员兼国防部长常万全也应约与美国国防部长哈格尔通过两国国防部直通电话进行了通话，这次通话也是中美双方的新防长第一次"接触"
2013 年 3 月 19—20 日	美国新任财政部长雅各布·卢专程访问中国，这是他 2 月 28 日宣誓就职以来第一次出国访问，而接见他的习近平主席也是刚刚当选为中国国家主席后首次接见海外政要
2013 年 4 月 13—14 日	美国新任国务卿克里访华，受到习近平、李克强等新任国家领导人接见，新任外交部长王毅与克里举行了会谈。习近平接见克里时，习近平对中美新型大国关系做了进一步阐述
2013 年 4 月 21 日	美军参谋长联席会议主席邓普西抵京，开始对华为期 5 天的访问。这是中美领导层换届后，两军首次高级别、面对面地接触。邓普西在访问中，分别会见了中央军委主席习近平、国防部长常万全、总参谋长房峰辉、国务委员杨洁篪等

① 《第五轮中美战略与经济对话框架下战略对话成果摘要》，参考消息网，http://world.cankaoxiaoxi.com/2013/0714/239183.shtml。

② 《李克强分别会见吴登盛、纳吉布、阿博特和克里》，中国政府网，http://www.gov.cn/ldhd/2013-10/10/content_ 2503033.htm。

时间	事件
2013 年 5 月 27 日	美国总统国家安全事务助理多尼隆访华，为"习奥会"铺路
2013 年 6 月 7—8 日	国家主席习近平在美国加利福尼亚州安纳伯格庄园同美国总统奥巴马举行中美元首会晤。两国元首交流了执政理念和内外政策，习近平主席详细阐述了中方对新型大国关系的战略构想
2013 年 6 月 9 日	"棱镜门事件"爆发，斯诺登公开了自己所掌握的、由美国官方所进行的互联网监视的"棱镜"计划
2013 年 7 月 10—11 日	第五轮中美战略与经济对话在华盛顿举行。这一轮对话是"习奥会"后中美间又一次重要高层接触，也是两国政府换届后首次对话，其落实两国元首会晤成果、推进中美新型大国关系建设的意味浓厚。国务院副总理汪洋、国务委员杨洁篪将作为习近平主席特别代表，同奥巴马总统特别代表国务卿克里、财政部长雅各布·卢共同主持对话
2013 年 7 月 12 日	中国国务委员杨洁篪访问五角大楼，与美国国防部长哈格尔会晤 45 分钟，会谈涉及网络安全议题、中美将探讨制定重大军事活动相互通报机制，研究海空军事安全行为准则问题等
2013 年 7 月 25 日	国防部新闻发言人耿雁生大校称，中国已接受美方邀请，将派实兵参加"环太平洋—2014"联合军事演习
2013 年 8 月 16—19 日	国务委员兼国防部长常万全访美。他先后与美军太平洋司令部司令洛克利尔、美国国防部长哈格尔、国家安全事务助理赖斯等举行了会谈，并参观太平洋总部、北方总部等军事设施
2013 年 9 月 6 日	国家主席习近平在圣彼得堡再次会见美国总统奥巴马
2013 年 9 月 8—14 日	中国海军司令员吴胜利应美国海军作战部长格林纳特海军上将邀请，率解放军海军代表团对美国进行了正式友好访问
2013 年 9 月 19—21 日	外交部长王毅应邀访问美国，与克里进行了会谈
2013 年 9 月 26—30 日	美国空军参谋长马克·威尔什上将应邀访华，访问期间分别与中央军委副主席许其亮、空军司令员马晓天举行了会谈，并访问了解放军驻港部队
2013 年 11 月 14 日	中美两军首次人道主义救援减灾实兵联合演练如期上演，这次联合演练是两军首次在该机制下举行联合实兵演练
2013 年 11 月 23 日	中国政府发表声明，宣布划设东海防空识别区，并发布航空器识别规则公告和识别区示意图，此事引起美日的强烈反应

4. 有效应对和管理突发事件和分歧

中美共同构建新型大国关系的努力并不是一帆风顺的，中美之间虽有巨大的利益汇合点，也存在着利益的分歧点。2013 年中美构建新型大国关系面临着网络安全、防空识别区、东亚领土主权纠纷等分歧，双方也正是在克服这些分歧的过程中推进中美关系的。

首先，"斯诺登事件"没有成为双边关系中的新矛盾。中美元首刚刚在"阳光之乡"举行完会晤，"斯诺登事件"就爆发了。爱德华·斯诺登曾在中央情报局任职，是美国国家安全局承包商，2013 年 6 月 9 日，斯诺登主动联系媒体，接受英国《卫报》和美国《华盛顿邮报》的视频采访，公开了自己所掌握的、由美国官方所进行的互联网监视的"棱镜"计划，他还公布美国正对其他国家及元首的监视、监听等内幕，引起世界上的轩然大波和对美国的强烈批评，也使得美国动辄就批评别国"网络行为"的道德合法性损失殆尽。事发后，美国还百般抵赖。网络安全问题是中美关系中的一个重要的敏感问题，近两年美方不断在网络安全问题上提高调门，大肆渲染来自中国的黑客，通过网络来侵入美国政府、军事部门、公司和研发部门的网站，窃取信息、技术和商业机密等，并煞有介事地猜测这些黑客与中国政府或军方有联系，抹黑和诋毁中国政府和军方。不断对中国施压，却不愿与中方就网络安全共同制定网络规则和进行谈判。进入 2013 年后，这种调门一浪高过一浪。新任防长哈格尔首次参加香格里拉对话就在讲话中多次将中国与网络安全问题联系在一起。在此背景下爆发的"斯诺登事件"使得美国失去了在网络安全问题上向中国施压的道德高地。针对斯诺登公开的美国针对中国的监视行为，中国一方面通过外交渠道要求美方进行解释；另一方面，中国并没有使这个事件妨碍中美构建新型大国关系的努力，而是理性地要求与美国就制定互联网国际规范和规则进行对话。对于美国不断要求香港拘捕斯诺登的要求，香港政府根据法律行事，中央政府充分尊重香港特别行政区的自治权。最后，斯诺登选择飞往俄罗斯。中国在此事件上的处理既宣示了自己在网络安全问题上的立场，又在独立自主和按法律办事的原则下处理斯诺登的去留问题，也没有利用此事件去抹黑美国。中国对此事的处理并没有打断"习奥会"后中美构建新型大国关系的势头，还促使中美在网络安全问题上展开合作。在 7 月的第五次战略与经济对话中，双方举行了第一次网络工作组会议。

其次，在中国设立防空识别区问题上，中美双方并没有将分歧损害到双边关系。2013 年 11 月 23 日，中国政府发表声明，宣布划设东海防空识别区，并发布航空器识别规则公告和识别区示意图。此事引起美日的强烈反应。美国表达了对于中国这一"单方面行动"的关切。美国防长哈格尔称，美国正在"通过外交和军事渠道"向中国表达自己的关切，并且正与日本等美国在该地区的盟友进行密切磋商。美国还宣布，中国划设东海防空识别区不会改变美军行动，并随即派了两架 B-52 轰炸机进入防空识别区。中方进行了全程监视、及时识别，判明了美方飞机类别。但美国随即也表态，希望美国航空公司及时向中方通报在防空识别区的飞行计划。虽然后来美国官员多次表态不承认中国的做法，但中美双方并没有因此而放弃改善双边关系的行动。

最后，中美在南海岛礁主权争端等问题上的分歧并没有影响到双方在东盟系列峰会中的互动。在 2013 年 7 月初的东盟外长会议期间，中国与东盟达成共识，双方将于 9 月在中国就"南中国海行为准则"展开正式协商。这正是美国一直向中国施压的，中国与东盟此举正好断了美国在南海主权争议中不断向中国施压的"口实"。这也使得中美在东盟外长会议等地区机制中的互动少了些摩擦，有利于中美形成在亚太地区的良性互动。

二、共同振兴之梦助推中俄关系

2013 年，中俄两国新的最高领导人之间形成了前所未有的深度互动，不仅为中俄关系注入了新的个性化内容，而且为中俄关系的进一步发展创造了新的动力和机遇。中俄全面战略协作伙伴关系继续保持高水平运行的良好态势，在继承中实现了一系列新的突破和发展。中俄关系的稳定夯实了两国实现共同发展振兴的基础，成为中俄民族复兴之梦的助推器。

1. 中俄两国高层领导互动达到新高度

中俄互为最大邻国，都是主要新兴市场国家，都是维护世界和平、安全、稳定的重要力量。中俄两国都处在发展复兴的关键阶段，两国人民对发展中俄关系、加强各领域合作都有更高期待。

在 2012 和 2013 年，中俄两国实现了最高领导人的平稳交接更替。在中俄关系处于承前启后、继往开来的发展阶段，两国新的领导人之间的互动如何开局，能否继续高开高走，对中俄关系新一轮的发展态势具有至关重要的意义。

2013 年 3 月 22 日至 24 日，应俄罗斯总统普京邀请，习近平主席对俄罗斯进行国事访问。习近平担任国家主席后不久，选择俄罗斯作为出访的第一个国家，反映出中俄双方对发展双边关系的高度重视以及这一关系的特殊性和战略性。

正所谓，"良好的开端是成功的一半"。习近平访问俄罗斯的战略内涵远远超出了中俄关系的双边范畴，成为具有重要历史意义的"里程碑之旅"。习近平的访问不仅有力地推动俄中全面战略协作伙伴关系发展，而且将对建设新型大国关系和符合时代发展要求的国际关系新秩序产生深远的影响。

而且，中俄两国新的领导人在发展中俄双边关系的问题上形成了重要的政治和战略共识。2013 年 3 月 22 日，习近平主席与普京总统在莫斯科共同签署的《中华人民共和国和俄罗斯联邦关于合作共赢、深化全面战略协作伙伴关系的联合声明》对中俄关系定位达成基本共识，"中俄关系已达到前所未有的高水平，为大国间和谐共处树立了典范，为促进地区乃至世界和平与安全发挥着重要的稳定作用。进一步发展中俄关系符合两国和两国人民的根本利益"①。

2013 年 3 月 23 日，习近平主席在莫斯科国际关系学院的演讲中指出，"中俄关系是世界上最重要的一组双边关系，更是最好的一组大国关系。一个高水平、强有力的中俄关系，不仅符合中俄双方利益，也是维护国际战略平衡和世界和平稳定的重要保

---

① 《中华人民共和国和俄罗斯联邦关于合作共赢、深化全面战略协作伙伴关系的联合声明》，《人民日报》2013 年 3 月 23 日，第 3 版。

障"。"当前，中俄都处在民族复兴的重要时期，两国关系已进入互相提供重要发展机遇、互为主要优先合作伙伴的新阶段。"① 习近平主席在莫斯科国际关系学院的演讲，向俄罗斯和国际社会充分说明了中国外交大政方针，对中俄关系的顺利稳定发展具有重要意义。

习近平强调，中俄互为最主要、最重要的战略协作伙伴，深化中俄全面战略协作伙伴关系，在两国外交全局和对外关系中都占据优先的战略地位。面对复杂多变的国际形势和依然严峻的国际经济环境，中俄要更加紧密地加强全方位战略合作。双方要重点加大相互政治支持，坚定支持对方维护国家主权、安全、发展利益的努力，坚定支持对方走符合本国国情的发展道路，坚定支持对方发展复兴；全面扩大务实合作，把两国高水平的政治关系优势转化为实际成果，实现共同发展；密切在国际和地区事务中协调配合，坚决维护两国共同战略安全，坚决维护联合国宪章宗旨和原则及国际关系基本准则，维护第二次世界大战成果和战后国际秩序，维护国际公平正义，促进世界和平、稳定、繁荣。②

俄罗斯总统普京在习近平主席访问俄罗斯前夕接受俄通社—塔斯社专访时强调，"俄罗斯与中国的战略伙伴关系不仅具有双边意义，也具有全球意义"。普京表示，俄罗斯和中国是国际社会具有重要影响的两个大国，是联合国安理会常任理事国，是世界两大经济体。中国新任国家主席将俄罗斯作为首个出访国家，这更加证明了俄中之间全面战略协作伙伴关系的特殊性。目前俄中关系不断发展，处于历史最好发展阶段。两国高度互信，尊重彼此利益，在核心问题上相互支持，俄中关系是全面和真正的伙伴关系。③ 2013 年 12 月 19 日，俄罗斯总统普京在莫斯科举行的年度大型记者会上谈到中俄关系时再次明确表示，2013 年中俄关系发展出现了很多新亮点，体现了两国之间的高水平互信，中俄关系达到"前所未有的高水平"的态势仍在继续。普京还对中方首次实现探测器登月表示祝贺，表示俄方将继续与中方加强高科技领域的合作。

中俄两国高层的互动在取得良好开局之后，两位领导人继续保持热度，双方前所未有的往来密度充分体现了中俄双边关系的高水平。2013 年 3 月 27 日，习近平和普京在参加南非德班举行的金砖国家领导人第五次会晤时会面。9 月 5 日，习近平在俄罗斯圣彼得堡参加 G20 峰会期间与普京举行会谈。9 月 13 日，在吉尔吉斯斯坦比什凯克举行的上合组织元首峰会上，习近平和普京均参加会议并见面。10 月 7 日，习近平在印度尼西亚巴厘岛参加亚太经合组织领导人非正式会议期间，与俄罗斯总统普京举行会谈。中俄关系的热度从两国元首的频繁互动中可见一斑。

中国外交部副部长程国平与俄罗斯驻华大使杰尼索夫在总结 2013 年中俄关系时表示，一组数字可以说明两国元首外交的深度。"2013 年 3 月习近平主席将俄罗斯作为首

---

① 习近平：《顺应时代前进潮流、促进世界和平发展——在莫斯科国际关系学院的演讲》（2013 年 3 月 23 日），《人民日报》2013 年 3 月 24 日，第 2 版。

② 《人民日报》2013 年 3 月 23 日，第 1 版。

③ 《普京强调俄中关系具有全球意义》，《人民日报》2013 年 3 月 23 日，第 3 版。

访国，此后两位元首在其他场合 4 次会晤，3 次互通电话，16 次互通信函，建立起深厚的工作关系和个人友谊。"① 中俄两国元首的频繁会晤和良好互动，建立了密切的工作关系和个人友谊，对中俄双边关系的进一步发展发挥了重要的战略引领作用。

2013 年 10 月 22 日至 23 日，俄罗斯总理梅德韦杰夫对中国进行正式访问。10 月 22 日，习近平会见俄罗斯总理梅德韦杰夫时强调，中俄全面战略协作伙伴关系保持更加积极的发展势头，两国领导人就新形势下中俄关系发展方向和重大合作项目达成高度一致。中俄要始终坚持睦邻友好、守望相助的理念，深刻认识和把握中俄关系对两国和整个世界的独特战略价值，持之以恒地相互支持，加强治国理政经验交流，实现共同发展振兴，造福两国人民。②

2013 年 10 月 22 日，李克强总理与俄罗斯总理梅德韦杰夫共同主持中俄总理第十八次定期会晤，共同决定全面深化中俄各领域合作，将两国全面战略协作伙伴关系推向新水平。两国总理听取了中俄人文合作委员会、中俄总理定期会晤委员会、中俄能源合作委员会三个合作机制的工作汇报，规划和指导今后一个阶段两国的全面合作，促进推动两国的务实合作。③ 会晤后，两国总理签署《中俄总理第十八次定期会晤联合公报》，并见证了 20 项双边合作文件的签署。

2013 年，中俄最高领导人在发展两国关系上不仅形成了有效的战略共识，而且更为重要的是，两位领导人以实际行动切实贯彻了这些共识。中俄高层互动达到前所未有的新高度，在两国领导层的引领下，中俄关系进一步向纵深方向发展。

2. 中俄双边合作全面深化发展新阶段

2013 年 3 月，中俄两国元首就加强中俄全面战略伙伴协作关系达成重要共识，明确要把两国高水平政治关系转化为务实合作成果，"中俄开展大规模经济合作时机和条件已经成熟。要从全局和长远角度，充分挖掘互补优势和发展潜力，重视加强经贸合作，共同提高各自经济实力和国际竞争力"。"全面扩大务实合作，把两国高水平的政治关系优势转化为实际成果，实现共同发展"。④

中俄各部门积极落实两国元首达成的各项共识，双方签订的 32 项合作文件被称作"世纪合同"，标志着两国关系进入新的历史发展时期，即全面开展务实合作的新阶段。

习近平访问俄罗斯期间，中俄正式批准了《〈中俄睦邻友好合作条约〉实施纲要（2013—2016 年）》，具体规划了深化务实合作的重点领域和目标。在航空制造领域开展联合研制、联合生产等大项目合作，采取积极措施保证《2013 年至 2017 年中俄航天合作大纲》项目的执行和完成。中俄双方在莫斯科签署《俄罗斯联邦政府和中华人民共和国政府关于扩大原石油贸易合作的协议》。

---

① http://world.people.com.cn/n/2014/0129/c1002-24263376. html.
② 《人民日报》2013 年 10 月 23 日，第 1 版。
③ 《人民日报》2013 年 10 月 23 日，第 1 版。
④ 《人民日报》2013 年 3 月 23 日，第 1 版。

　　中俄双方深入挖掘两国经济合作潜力，进一步将一般贸易合作转向投资、高科技、联合研制、联合生产等多种合作形式，更多开展面向未来的战略性大项目合作，共同提升两国的综合国力和国际竞争力。其中，能源和高新科技领域成为优先发展方向，长期大型合作项目保持强劲发展势头，全方位地深化发展中俄全面战略协作伙伴关系，成为中俄全面战略协作伙伴关系与务实合作的重要内容。

　　2013 年 6 月 20 日，俄罗斯总统普京在圣彼得堡会见了代表中国政府出席第十七届圣彼得堡国际经济论坛的国务院副总理张高丽。同日，张高丽还与舒瓦洛夫第一副总理共同见证了《中国黑龙江省政府和俄罗斯犹太自治州政府关于修建同江—下列宁斯阔耶跨界铁路桥进度的谅解备忘录》的签署。① 中俄双方签署的跨黑龙江铁路桥工程建设的相关协议，该桥一期工程设计运量每年 500 万吨，二期工程每年达 2000 万吨，建成后将成为俄罗斯通往亚太地区的重要出口。

　　2013 年 6 月 21 日，第十七届圣彼得堡国际经济论坛开幕之前，中国国务院副总理张高丽出席了该论坛的能源圆桌会议，见证了中俄双方企业签署长期增供原油合同。普京在致辞中高度评价俄中在基础设施、能源等领域的合作对俄经济发展所起的促进作用。② 普京还在主旨演讲中表示，俄罗斯未来 25 年每年将向中国供应 4600 万吨石油，该协议总价值高达 2700 亿美元。在本次论坛上，俄罗斯天然气生产商诺瓦泰克同中国能源企业达成协议，中国石油天然气集团公司获得亚马尔液化天然气项目 20% 股权。

　　2013 年 6 月 24 日，中国石油天然气集团公司公布了俄罗斯向我国增供原油长期贸易合同的细节。根据增供合同，俄罗斯将在目前中俄原油管道（东线）1500 万吨/年输油量的基础上逐年向中国增供原油，到 2018 年达到 3000 万吨/年，增供合同期 25 年，可延长 5 年；通过中哈原油管道（西线）于 2014 年 1 月 1 日开始增供原油 700 万吨/年，合同期 5 年，可延长 5 年。俄方还承诺在中俄合资天津炼厂建成投运后，每年向其供应 910 万吨原油。这是我国签署的对外原油贸易最大单笔合同。未来中石油进口俄罗斯原油量将达到每年 4610 万吨，接近 2012 年我国石油消费总量的 1/10。③

　　2013 年 9 月 5 日，习近平主席出席二十国集团领导人第八次峰会期间，在俄罗斯圣彼得堡与普京会谈，推动落实 16 个领域近 50 项合作。双方共同见证了能源、航空、地方合作等领域合作文件的签署：《中国石油天然气集团公司同俄罗斯天然气股份公司关于中俄东线天然气合作的框架协议》、《中国石油天然气集团公司同俄罗斯诺瓦泰克公司液化天然气股权合作协议》、《上海市政府和圣彼得堡市政府合作协议》等。④ 双方还就电力、核能、天然气、新能源和清洁能源开展深度合作，形成从上游到下游一体化的能源合作，结成能源经济共同体。

　　中俄在经贸领域的合作稳定发展，根据俄罗斯海关统计，2013 年中俄双边货物进

───────────────

① 《俄罗斯总统普京会见张高丽》，《人民日报》2013 年 6 月 22 日，第 1 版。
② 《人民日报》2013 年 6 月 23 日，第 2 版。
③ 《我国油气输入渠道日益多元化》，《人民日报》2013 年 6 月 25 日，第 2 版。
④ 《习近平会见俄罗斯总统普京》，《人民日报》2013 年 9 月 6 日，第 1 版。

出口额为 683.3 亿美元，中国是俄罗斯第六大出口市场和第一大进口来源地。俄罗斯自中国进口 516.9 亿美元，增加 1.3%，占俄罗斯进口总额的 18.0%。2013 年，矿产品、木及制品和化工产品是俄罗斯对中国出口的主要产品，三类产品出口额分别占俄罗斯对中国出口总额的 51.7%、13.4% 和 9.5%。俄罗斯自中国进口的主要商品为机电产品、纺织品及原料和贱金属及制品，进口额分别占俄罗斯自中国进口总额的 45.5%、10.0% 和 7.9%。①

俄罗斯铁路公司新闻办公室费罗洛夫表示，2013 年通过俄中边境铁路运输的货物量达到 3000 多万吨，较 2012 年增长了 8%。在基础设施建设方面，双方也在进一步探讨俄蒙中三国跨境铁路运输项目。2013 年中国对俄非金融类直接投资增长五倍多。除传统能源合作外，两国制造业领域合作进一步深化，包括直升机、天然气管道、基础设施建设等大型合作项目都在研讨过程中。②

军事安全领域的战略合作不仅是中俄双边关系的重要内容，而且成为检验中俄战略关系发展水平的试金石。当前，国际形势不容乐观，极端主义、恐怖主义势力抬头，世界及地区和平稳定面临一系列挑战。中俄作为友好邻邦和全面战略协作伙伴，加强军事交往和协作，维护共同安全和国际战略平衡，符合两国共同利益和全世界人民的利益。

2013 年 3 月 23 日，习近平参观俄罗斯联邦国防部，这是中国国家元首第一次到俄罗斯国防部参观，反映出中俄全面战略协作伙伴关系的战略互信的高度和水平。习近平在俄罗斯国防部长绍伊古陪同下参观了俄罗斯联邦武装力量作战指挥中心。绍伊古明确表示，"习近平主席是第一位到访俄罗斯国防部并参观俄罗斯联邦武装力量作战指挥中心的外国元首，这充分体现了俄中战略协作伙伴关系的高水平和特殊性"③。俄罗斯安排习近平主席参观俄罗斯国防部和武装力量作战指挥中心，也充分表明了俄罗斯对开展中俄军事安全合作的立场和态度。

2013 年，中俄两国举行了创纪录的大型军事演习。这两场联合军事演习将把中俄两军关系以及两军合作的模式和高度提高到一个新的水平。2013 年 7 月 5—12 日，中俄两国在日本海彼得大帝湾举行"海上联合—2013"军事演习，这次联合演习是中俄两军第一次在靠近日本列岛的海域举行演习，备受日本关注。中俄双方进行了联合防空、联合解救被劫持船舶、打击海上目标、实际使用武器等演练。2012 年是在中国近海举行演习，2013 年的中俄海军联合演习是中国海军迄今一次性向国外派出舰艇兵力最多的中外联合演习。中俄海军联合演习规格和水平不断提升，中俄两国海军的战略互信有了更大的发展。

2013 年 7 月 27 日至 8 月 15 日，"和平使命—2013"中俄联合反恐军事演习在俄罗斯车里雅宾斯克切巴尔库尔训练场举行。这是落实两国元首共识，增进两国政治互信、

---

① 《2013 年俄罗斯货物贸易及中俄双边贸易概况》，商务部网站，http：//countryreport. mofcom. gov. cn/record/view110209. asp? news_ id=38022。

② 《人民日报》2014 年 1 月 24 日。

③ 《人民日报》2013 年 3 月 24 日，第 1 版。

加强两军友好务实合作的重要举措。"和平使命—2013"中俄联合反恐军事演习由中俄两军军区级部队负责具体实施，军演增加了陆海空联动，提升了两军务实合作的新水平，中俄军事务实合作的战略关系进一步深化。据俄罗斯媒体 8 月 16 日报道，俄罗斯总统普京在接见中国国务委员杨洁篪时指出，中俄两国在军事技术协作以及军事领域的合作进展顺利。两国军队联合演习就是最好的证明。

2013 年 3 月，习近平访问俄罗斯期间签署的联合声明提出，充分发挥中俄地方领导人定期会晤的作用，加大《中国东北地区与俄罗斯远东及东西伯利亚地区合作规划纲要》的实施力度，扩大地区合作范围，提高地方合作效率。中俄领导人在推动中俄地方深化合作的共识得到了切实执行，中俄两国地方合作正在从沿边邻近地区向两国内陆腹地拓展。

2013 年 5 月 14 日，中国长江中上游地区与俄罗斯伏尔加河沿岸联邦区合作座谈会在湖北省武汉市举行。国务委员杨洁篪与俄罗斯总统驻伏尔加河沿岸联邦区全权代表巴比奇出席，并共同主持召开长江中上游地区与伏尔加河沿岸联邦区地方领导人座谈会。伏尔加河沿岸联邦区地方领导人及俄驻华使馆代表，长江中上游地区湖北省、江西省、安徽省、湖南省、重庆市、四川省以及国家有关部门负责同志出席会议，共商合作发展大计。杨洁篪与巴比奇签订《长江中上游地区与伏尔加河沿岸联邦区开展合作的议定书》。

长江中上游地区与伏尔加河沿岸联邦区地方领导人座谈会，为中俄地区合作的"创新版"和"升级版"，开创了两国非毗邻地区合作的新模式。"启动长江中上游地区与伏尔加河沿岸联邦区合作，是落实中俄两国领导人关于扩大双方地方合作共识的重要举措，也是推动两国非毗邻地区、内陆地区合作的创举。"① 长江中上游和伏尔加河流域之间的合作，代表着中俄两国技术密集型产业之间的合作，预示着双方地区合作的深入和升级，具有广阔发展前景。10 月 9 日，中国长江中上游地区和俄罗斯伏尔加河沿岸联邦区合作工作组组长会晤在俄罗斯下诺夫哥罗德市举行，标志着两个地区之间的合作进入了务实阶段，双方将择机商谈制定两地区合作规划纲要。

2013 年，中俄关系还充分表现在两国同舟共济、携手抗击自然灾害，在突发事件的相互鼓励和支持上，两国人民之间的深厚情谊进一步增进，成为中俄关系深度和高度的有力证明。

2013 年 4 月 20 日，四川雅安市芦山县发生 7 级地震。当天，俄罗斯总统普京、总理梅德韦杰夫就发来慰问电报，普京在慰问电中表示，俄方"愿在必要的情况下提供协助，减轻这一破坏性自然灾害的后果"。4 月 22 日，普京再次致电习近平，表示俄方愿为中方提供一切必要帮助。无论遇到什么困难，俄罗斯人民都是中国人民的可靠朋友。习近平当即表示，患难见真情，充分体现了中俄高水平的关系和两国人民的友好情

---

① 《人民日报》2013 年 5 月 15 日，第 3 版。

谊。① 4月25日，普京又表示俄方可以"邀请芦山地震灾区儿童来俄疗养"。

2013年7、8月间，中俄界河黑龙江（俄称阿穆尔河）发生百年不遇的特大洪水，中俄双方携手合作应对洪灾。8月8日，中国水利部与俄罗斯紧急情况部建立应急沟通渠道，此后双方每天及时相互通报信息。俄方在自身受灾的情况下通过结雅水库拦蓄70%的洪峰，对中方有效组织下游抗洪抢险、减轻抗洪压力十分重要，中方感谢俄方高效务实的工作和积极的配合。② 9月5日，习近平在俄罗斯圣彼得堡与普京会晤时表示，中俄政府和毗邻地区密切协作，携手抗洪救灾，生动体现了两国边境地区人民一家亲的深厚情谊。③ 中俄双方密切合作、携手抗洪救灾，成为中俄全面战略协作伙伴关系的高度缩影。

2013年12月24日，俄罗斯的绍卡利斯基院士号在南极被困，中国"雪龙"号破冰船紧急赶赴营救。2014年1月2日，中国"雪龙号"成功营救绍卡利斯基院士号52名被困南极乘客。1月3日，在撤离密集浮冰区时自身被"冻"住，"雪龙"号及船上101名人员被困。1月7日，"雪龙"号抓住风向转变的有利时机，终于冲出重冰区。中国"雪龙"号不顾危险竭尽全力营救俄罗斯被困船只，深刻反映了中俄两国守望相助的真诚关系。

2013年12月29日、30日，俄罗斯南部城市伏尔加格勒火车站和无轨电车遭受连环恐怖袭击。两起恐怖袭击共波及106人，其中33人死亡，65人受伤。12月30日，习近平主席就俄罗斯伏尔加格勒遭受连环恐怖袭击造成重大人员伤亡，向俄罗斯总统普京致慰问电。李克强总理就此事向俄罗斯联邦政府总理梅德韦杰夫致电慰问。④

在中俄双边关系深入发展的形势下，中俄两国的民间交往也获得前所未有的发展机遇。2013年4月，俄第一副总理舒瓦洛夫率团访华并在北京举行大规模的投资推介会。5月，俄罗斯近百家媒体记者赴华参加大型采访活动，报道"美丽中国"。中俄通过互办"旅游年"，中国已成为俄罗斯第二大旅游客源国，而俄罗斯是中国第三大旅游客源国，旅游经济发展前景广阔。

中俄两国民间的相互交往和了解进一步加深，《透视俄罗斯》主编奥莉佳·戈尔什科娃表示，2013年俄中媒体合作委员会合作项目达50多个，涵盖了广播、报纸、互联网等多个领域。俄中友好协会第一副主席加琳娜·库利科娃表示，2013年俄中友协仅在莫斯科举办的活动就多达28场。力争在2015年将两国双向旅游往来规模提升至500万人次，到2020年使双方留学人员总数达到10万人，双方还宣布将于2014年和2015年互办青年友好交流年。

总之，中俄两国实现了新任领导人之间的良好开局，在双边关系上取得了重要战略

① 《人民日报》2013年4月23日，第1版。

② 《人民日报》2013年8月24日，第3版。

③ 《习近平会见俄罗斯总统普京》，《人民日报》2013年9月6日，第1版。

④ 《人民日报》2013年12月31日，第1版。

共识。中俄双边关系在两国领导人的战略引领下平稳发展，中俄关系的热度不断从高层向下传递，双边关系的重心不断下沉。中俄两国关系越来越接地气，民意基础越来越实，中俄两国关系取得了既快又稳的发展势头。

大事记 13-2　2013 年中俄关系大事记

时间	事件
2013 年 3 月 22—24 日	应俄罗斯总统普京邀请，习近平主席对俄罗斯进行国事访问。习近平主席与普京总统举行会谈，并共同签署《中华人民共和国和俄罗斯联邦关于合作共赢、深化全面战略协作伙伴关系的联合声明》
2013 年 3 月 27 日	第五届金砖国家峰会在南非德班举行，习近平和普京在金砖国家德班峰会上进行会晤
2013 年 5 月 14 日	中国长江中上游地区与俄罗斯伏尔加河沿岸联邦区合作座谈会在湖北省武汉市举行
2013 年 7 月 5—12 日	中俄两国在日本海彼得大帝湾举行"海上联合—2013"军事演习，这次联合演习是中俄两军第一次在靠近日本列岛的海域举行演习
2013 年 7 月 27 日—8 月 15 日	"和平使命—2013"中俄联合反恐军事演习在俄罗斯车里雅宾斯克切巴尔库尔训练场举行
2013 年 9 月 5 日	习近平主席出席在俄罗斯圣彼得堡举行的二十国集团领导人第八次峰会。G20 峰会期间，习近平与普京举行会谈
2013 年 9 月 13 日	在吉尔吉斯斯坦比什凯克举行的上海合作组织元首峰会上，习近平和普京参加会议并见面
2013 年 10 月 7 日	习近平在印度尼西亚巴厘岛参加亚太经合组织领导人非正式会议期间，与俄罗斯总统普京举行会谈
2013 年 10 月 22—23 日	俄罗斯总理梅德韦杰夫对中国进行正式访问。10 月 22 日，李克强总理与俄罗斯总理梅德韦杰夫共同主持中俄总理第十八次定期会晤
2013 年 12 月 24 日	俄罗斯的绍卡利斯基院士号在南极被困，中国"雪龙"号破冰船紧急赶赴营救

3. 中俄解决国际热点问题取得新成果

2013 年，中俄在地区和国际事务上密切磋商和协作，双方在阿富汗问题、朝鲜半岛局势、叙利亚化武问题、伊朗核问题等重大热点问题上积极配合。"两国对世界秩序和重大国际问题的一致态度，已经成为维护世界政治稳定的重要因素。俄罗斯和中国以务实和审慎的态度在解决中东和北非局势、朝鲜半岛核问题、伊朗核计划等最迫切问题上作出了榜样。"[1]

随着以美军为首的国际安全援助部队撤离阿富汗，包括中俄两国在内的周边国家必须承担解决阿富汗问题的责任。2013 年，中俄两国在阿富汗问题上密切合作，积极推动地区国家形成有效的战略共识。2013 年 2 月，中国、俄罗斯、印度举行了安全事务

---

① 《普京强调俄中关系具有全球意义》，《人民日报》2013 年 3 月 23 日，第 3 版。

高级代表阿富汗问题会晤。4月3日，中国、俄罗斯、巴基斯坦关于阿富汗问题三方对话在北京举行。三方就阿富汗问题、本地区局势及涉阿国际地区合作等深入交换了看法。中俄巴作为阿富汗近邻，三方就阿富汗问题开展对话，有助于三方增进了解、深化信任、加强协调。三方认为，阿富汗局势发展与本地区安全与稳定密切相关。①

中国作为伊核问题对话会的重要成员，始终高举劝和促谈的旗帜，与各方保持密切沟通，为达成这项协议发挥了应有的作用，承担了相应的责任。② 2013 年 9 月 12 日，习近平在比什凯克会见伊朗总统鲁哈尼时表示，"伊朗享有和平利用核能的权利，同时也应履行相应的国际义务……而伊核问题的最终解决要通过对话、谈判等合作手段……中国不赞成对伊朗的单方面制裁"③。同时，中国积极鼓励国际原子能机构与伊朗进一步加强对话合作，早日澄清国际社会对伊朗核计划的关切，为推动通过对话谈判和平解决伊核问题发挥了建设性作用。

2013 年 11 月 20 日至 24 日，美国、英国、法国、俄罗斯、中国和德国六国与伊朗在日内瓦举行新一轮伊朗核问题对话会，寻求解决伊核问题的实质进展。11 月 24 日，六国外长与伊朗外长就伊朗核问题达成第一阶段协议。中国的劝和促谈立场与中俄两国在伊朗核问题上的共同立场以及双方的密切协调合作，对伊朗核问题取得阶段性积极成果发挥了建设性作用。

2013 年 9 月 7 日，在圣彼得堡 G20 峰会上，在美国、英国、法国为攻打叙利亚大造舆论之际，中俄明确表达反对军事干预叙利亚的立场。中国还积极支持和配合俄罗斯在叙利亚化学武器问题的行动，9 月 27 日，联合国安理会成员一致通过了一份有关叙利亚化学武器问题的决议，这是一年多来安理会首次在叙利亚问题上一致通过的决议。中俄两国在叙利亚化武问题上的共同努力，为政治解决叙利亚问题提供了新的契机。

中俄两国还积极参与解决叙利亚化武问题的后续行动，中方坚定支持并积极参与联合国及禁化学武器组织框架下销毁叙化学武器多边行动，体现了中方以实际行动推动落实安理会第 2118 号决议和禁化学武器组织执理会相关决定，为国际和平与安全作出贡献的积极意愿。

2013 年 10 月底，应禁化学武器组织邀请，3 名中国专家赴禁化学武器组织总部荷兰海牙接受集训，并前往叙利亚执行化学武器销毁核查任务。11 月 1 日，中国外交部发言人华春莹表示，中方支持禁化学武器组织在叙化学武器销毁核查方面发挥积极作用，提供资金和技术支持，捐赠相关医疗和安保监控设备。④ 12 月 18 日，禁止化学武器组织宣布，中国、俄罗斯、美国、挪威等将共同协助叙利亚完成化学武器销毁工作。

① 《中国、俄罗斯、巴基斯坦举行阿富汗问题三方对话》，中国外交部网站，http：//www.mfa.gov.cn/mfa_ chn/wjbxw_ 602253/t1028218. shtml。

② 《人民日报》2013 年 11 月 25 日，第 3 版。

③ 《人民日报》2013 年 9 月 13 日，第 1 版。

④ 《中国代表说中方坚定支持并积极参与销毁叙化武多边行动》，新华网，http：//news.xinhuanet.com/world/2014-01/09/c_ 118888134. htm? prolongation＝1。

中国与俄罗斯在叙利亚化学武器销毁问题上通力合作，为通过海上运输将叙利亚化学武器运至境外销毁的行动提供海上护航。中国军舰从塞浦路斯利马索尔港出发，抵达叙利亚化学武器海运集结点，与俄罗斯军舰联合护航，进入叙利亚领海巡逻警戒，护卫丹麦运输船顺利进出拉塔基亚港。这是中国海军战舰第一次赴地中海执行护航任务，也是中国第一次为化学武器销毁提供运输服务。禁止化学武器组织总干事阿赫迈特·尤祖姆居高度评价中国为叙利亚销毁化学武器作出的积极贡献。①

2013 年 12 月 26 日，日本首相安倍晋三参拜靖国神社。12 月 30 日，中国外交部长王毅同俄罗斯外长拉夫罗夫通电话。双方就日本首相安倍参拜供奉有二战甲级战犯的靖国神社交换意见。拉夫罗夫明确表示，在靖国神社问题上，俄方立场同中方完全一致。敦促日方纠正错误的历史观，不要再采取伤害受害国人民感情、加剧地区局势紧张的行动。俄方愿同中方一道，共同维护地区安全与稳定。②

毋庸置疑，中俄关系已成为中国外交上层次最高、基础最牢、内涵最丰富、最具地区和全球影响力的战略伙伴关系。中俄在国际和地区事务上的密切战略协作，成为解决地区热点问题、促进国际形势稳定发展的积极因素。

总之，就中俄两国而言，2013 年是一个具有特殊意义的年份，成为开启新一轮发展周期的开局之年。2013 年中俄关系的水平，不仅体现在高层领导和国家层面的互动上，在经济贸易、军事安全、国际事务等传统合作领域上取得了一系列历史性突破，而且在人文交流和民间情谊上实现了长足发展。中俄全面战略协作伙伴关系站在一个全新的历史起点上，中俄关系的深入发展为两国共同的民族复兴之梦创造良好的条件和基础，符合中俄两国的根本和长远利益。

三、中欧开启务实合作新篇章

2013 年是中国与欧盟建立全面战略伙伴关系 10 周年的一个标志性年份。10 年来中欧关系在磨合中走向成熟，并且已超越双边范畴，发挥着越来越重要的全球影响。欧委会主席巴罗佐就此评论说，中欧"高度相互依存、不断协调共进、联结越发紧密"。本着平等互信、相互尊重、互利共赢的原则，中欧愿意继续巩固和发展全面战略伙伴关系，扩大务实合作，增加利益汇合点，实现共同繁荣。2013 年 11 月 20 日至 21 日在北京举行的第 16 届中欧峰会上，双方共同制定了《中欧合作 2020 战略规划》并启动中欧投资协定谈判，从而开创了未来 10 年中欧全面务实合作新篇章。李克强总理称"这份规划涵盖面之广前所未有，可以说是上天下海入地"，将推动中欧全面战略伙伴关系

---

① 《中国为销毁叙化武作出积极贡献，仍面临诸多困难》，环球网，http://news.xinhuanet.com/world/2014-02/17/c_ 126142597. htm。

② 《人民日报》2013 年 12 月 31 日，第 2 版。

长期稳定健康向前发展。《中欧合作 2020 战略规划》诞生于中欧各自内部社会经济改革创新大背景，该规划的落实将以中欧年度领导人会晤为战略引领，以高级别战略对话、经贸高层对话及高级别人文交流对话三大支柱机制为依托，推动中欧合作全面升级。新的务实合作规划将缩小中欧战略伙伴关系现实与话语的差距。

1. 高层频繁互访、增进战略互信

2013 年中国与欧盟及其成员国高层互访频繁，并通过中欧高级别战略对话机制，加强双方在战略、政治和安全问题上的协调，增进战略互信，深化双边关系。

2013 年 5 月李克强总理首次出访就包括德国、瑞士，表明欧洲在中国对外战略全局中占有重要地位，体现了中国新一届政府对发展中欧关系的高度重视。2013 年 11 月 25 日至 28 日李克强总理年内再度出访欧洲，出席在罗马尼亚举行的中国—中东欧国家领导人会晤并对罗马尼亚进行正式访问，共同发表《中国—中东欧国家合作布加勒斯特纲要》。中国支持欧洲一体化以及欧洲在国际事务中发挥独立一极的作用，认为一个经济实力雄厚、技术和战略都强大和稳固的欧洲对于中国而言具有重大利益。

在欧盟看来，"中国的成功符合欧盟的核心利益"，中国有关"多极世界和平发展"的基本立场值得欢迎，中国参与全球事务有助于建立一个更加平衡的全球秩序。2013 年欧盟领导人及其成员国首脑相继访华，重申尊重中国的主权和领土完整，继续尊重和理解中国选择的发展道路和核心利益。法国总统奥朗德于 2013 年 4 月 25 日至 26 日对中国进行国事访问，并与国家主席习近平举行会谈，双方首脑决定保持元首年度会晤，加强战略对话，并建立高级别经济财金对话机制。2013 年 7 月 5 日西班牙众议长波萨达访问中国。2013 年 11 月 20 日至 21 日，第十六次中欧领导人会晤在北京举行。欧洲理事会主席赫尔曼·范龙佩和欧盟委员会主席若泽·曼努埃尔·巴罗佐来华出席会议，习近平主席和李克强总理分别与范龙佩和巴罗佐会晤。在第 16 次中欧领导人峰会上，中欧共同制定了 2020 年前双方在和平与安全、经济繁荣、可持续发展、人文交流等领域加强合作的共同目标与行动路线图。英国首相卡梅伦于 2013 年 12 月 2 日至 4 日对中国进行正式访问并举行新一轮中英总理年度会晤。

中欧加强在国际事务和全球治理领域的战略对话与立场协调，有利于增加彼此战略利益交织点，巩固和拓展中欧关系的基础，推动国际秩序和国际体系朝着公正合理的方向发展。中欧享有改善国际安全环境的共同目标，如维护地区稳定、反对核扩散。双方在有关伊朗核问题、朝鲜半岛无核化及叙利亚局势等地区热点问题上加强协调，并强调联合国在国际事务中的核心作用。未来中欧将在非洲、中亚、拉美及双方各自周边地区事务上继续加强磋商。在全球治理方面，中国与欧盟的共同目标是建立基于规则、更加有效、透明、公正、合理的国际治理体系，重视二十国集团和世界贸易组织等多边组织平台在全球经济治理中的作用。

在气候变化与能源安全、国际金融体系改革等全球治理议题上，中欧双边对话与合作逐步加强。在全球气候变化治理上，欧盟仍是该进程的先行者和领导者。作为最大的发展中国家和排放大国，中国能源政策的重心开始转向控制消费总量和需求管理，为进一步提高减排目标奠定了基础。中欧双方将协作促成国际社会共同努力，达成"公平与差别"的责任共识。全球能源安全议题是中欧全球治理合作的重点议程之一。中国和欧盟面临相似的能源安全挑战。双方油气消费对外依赖较高且主要依靠国际贸易方式实现，能源安全易遭受国际市场价格波动威胁。能源全球化、自由化受阻，国际能源市场功能弱化，以及能源生产国和能源过境国政治和社会不稳定，都不利于中欧能源贸易投资的顺利开展。中欧双方必须加强石油供应安全领域的务实合作，包括提高能源市场透明度、维护国际石油市场价格稳定、建立国际油价标杆、确保石油产区稳定等。中国与欧洲协作推进国际货币体系的改革和完善，双方都提出建立更加稳定的和平衡的国际货币体系的重要性。在这个过程中，双方优先支持国际储备货币和国际结算货币的多元化。

中欧正在探讨多种形式的安全与防务对话合作。中欧之间没有导致军事冲突的重大纠纷议题，有关军事事务对话与合作是双方最具潜力的领域。[1]中法、中英已开展诸如军舰停靠港、海上搜索救助联合演习等方面的合作。在地区冲突预防、危机管理及后冲突稳定等领域，中国与欧盟之间的对话合作已加强。中国和欧盟在联合国索马里海盗问题联络小组会议、信息共享与防止冲突会议上也有合作，欧盟海军与中国海军合作成功打击亚丁湾海盗活动，护航已成为中欧在军事上开展务实合作的新领域。中欧双方在联合国维和方面的合作取得较大进展。中国派遣维和部队参与联合国马里维和行动，得到了法国和其他欧洲国家的欢迎。按照《中欧合作2020战略规划》，中国与欧盟将定期就防务与安全政策举行对话，加强人员培训交流，逐步提升中欧防务安全对话级别与合作水平，推进务实合作。

2. 中欧关系发展更加全面均衡

在对欧关系的战略布局上，中国重视大国平衡小国，开展全面合作。中国和德国已互为彼此在欧洲和亚太地区的最大贸易、投资伙伴。德国对华投资占欧盟对华投资总额的四分之一，中德贸易占中欧贸易总量的30%。2013年5月26日，李克强总理访德国，双方发表联合公报，表示共同反对保护主义，愿通过对话解决光伏、无线通信产品等贸易争端。中国宣布在德成立中国商会并启动设立投资促进机构。双方支持欧盟和中国谈判投资协定，以增加双方的投资机会。中德务实合作走在中国与其他西方大国关系前面，在中欧关系中发挥着重要的引领作用。中德于2011年建立了政府间磋商机制，这是中国与西方国家之间最高级别的磋商机制。经贸和科技合作是中德关系的主要支柱，双方在制造业、电动汽车、新能源技术等领域展开深入的优势互补合作，同时在节能减排、城镇化、农业现代化等领域合作潜力巨大。中国市场与德国技术结合为双方创

315

---

① Nicola Casarini，"The EU-China Partership：10 Years On"，*EU ISS Report*（欧盟安全研究所），11 October 2013.

造巨大发展动力。

2014年是中法建交50周年的重要年份，两国努力探讨新形势下战略伙伴关系发展的新模式。中国与法国在核能、航空航天等领域一直保持合作，法国是中国在欧盟仅次于德国的第二大技术引进国。除了航空航天、核能合作外，城市可持续发展、农业食品、医疗卫生以及数字经济、旅游等领域将是双方合作的新增长点。中法两国都是具有世界影响的大国，双边合作具有地区和全球视野。中法双方在有关非洲发展领域有较大的合作潜力。2013年10月30日法国总统奥朗德在会见中国外长王毅时希望与中国在叙利亚、伊朗和朝鲜问题上保持密切合作。奥朗德总统积极评价中国正面参与并解决非洲地区性危机问题，也重申法国希望和中国加强合作促进非洲大陆的发展。前WTO总干事拉米认为，未来20年非洲代表着巨大的经济增长潜能，且与欧洲、中国关系紧密。在对非援助和非洲发展方面，中国与法国可以开展有益于非中欧三方的合作。在有关非洲安全治理方面，中国与法国及欧盟也将探讨具体的合作议题。

英国经济开放，管制宽松，总体税收负担远低于欧盟平均水平，经常被认为是欧洲主要经济体中拥有最理想商业环境的国家之一。英国是欧盟第二大对华直接投资国，是中国对欧投资的最大接收国，中国投资英国基础设施领域趋势增强。在2013年12月英国首相卡梅伦访华期间，中英两国在投资、科技创新、金融、司法、文化、卫生等领域签署了10个合作文件。2013年6月中英两国央行签署了为期三年规模达2000亿人民币的双边本币互换协议，用于支持伦敦人民币市场的流动性及人民币国际化运营。英国的人民币信用证及其他贷款担保业务均大幅增长。中英科技合作越来越密切。由英国创新基金会和英国科研理事会最新发布的《中国的吸收发展期：中国创新与研究，英中合作展望》报告显示，英国已经取代日本成为中国的第二大科技合作伙伴。[1] 2013年10月英国科技事务国务大臣维莱茨访华期间，宣布了三项总研究资金超过700万英镑的中英联合科研项目资助基金，用于促进干细胞、可持续制造业、合成生物学领域的联合研究和创新。

中国—中东欧国家合作开创新局面并为中欧关系注入了新动力。目前中国与中东欧经济依存度仍较低。中东欧16国对华贸易总和只有500多亿美元，不到整个欧盟对中国贸易额的1/10，在中国对欧投资额中，中东欧国家所占比例更小。2013年11月26日李克强总理出席第二届中国—中东欧国家领导人会晤，期间发表了《中国—中东欧国家合作布加勒斯特纲要》，共同规划中国—中东欧国家合作未来发展方向。李克强总理提出了中国—中东欧国家合作的"三大原则"和"六大合作领域"。"三大原则"是相互尊重、平等相待；互利共赢、共同发展；中欧合作，相向而行。"六大合作领域"则包括经贸、金融、互联互通、绿色创新、地方与人文交流。在中国—中东欧国家领导人会晤期间，中国和罗马尼亚两国能源部门签署核电合作谅解备忘录。中国、匈牙利、

---

① 《英国取代日本成为中国第二大科研合作伙伴》，中新网，2013年10月15日，http://www.chinanews.com/gj/2013/10-15/5384139.shtml。

塞尔维亚三国总理共同对外宣布合作建设匈塞铁路。随着"100亿美元专项贷款"的顺利实施和"中国—中东欧投资合作基金"的启动，中国—中东欧国家大项目合作和相互投资数量有望大幅度提高，双方在服务贸易、金融、交通和能源基础设施建设、互联互通等方面的合作将快速发展，高新技术、创新、环保、新能源和再生能源、农业等领域的合作，也将为双方合作带来前所未有的新机遇。中国与中东欧国家合作对全面提升中欧合作的规模和质量、促进欧洲区域合作和全面均衡发展，有着非常重要的意义。

3. 经贸务实合作进入新阶段

中欧经贸关系是世界上规模最大、最具活力的经贸关系之一，双向贸易和投资成为促进中欧各自经济发展和创新的主要动力。《中欧合作2020战略规划》将进一步深化面向2020年的双边贸易与投资关系，促进开放、透明的市场和公平的竞争环境，力争形成贸易、投资双轮驱动的合作格局，为双方在更大规模、更高水平上实现互利共赢奠定基础。未来5—10年中欧务实合作将进入突破性发展阶段，双方合作领域将包括智能、高端和互联互通的基础设施网络、亚欧供应链物流网络兼容、海上运输市场和航线、铁路服务、交通安全、能源效率等具有战略性经济领域。中欧顺应全球贸易自由化发展大势，积极探索建立中欧自贸区。

开启投资协定谈判对中欧经贸合作具有里程碑意义。2013年第16次中欧峰会宣布正式启动中欧双边投资协定谈判。双方一致认为，为缩小中欧贸易逆差，强化中欧贸易伙伴关系，扩大双边投资成为中欧贸易升级战略的最佳切入点。中欧投资协定是欧盟独立进行的首个投资协定谈判。《里斯本条约》生效后，对外直接投资成为欧盟共同商业政策的一部分和欧盟的专属职权。一旦欧盟与中国投资协定达成，该协定将取代已有的中国与欧盟成员国之间的双边投资协定。欧盟贸易委员德古赫特表示，启动投资协定谈判将成为欧盟与中国建设长期互利关系的基石，为双方整体战略伙伴关系注入积极动力。国际金融危机爆发后，中国对欧投资逐年大幅增长。2008年之前中国平均每年在欧洲地区投资额不足10亿美元，2012年中国对欧投资额达126亿美元。中国企业以收购、入股、直接投资等多种方式投资于欧洲的制造业、能源、港口、机场、通讯卫星、金融等广泛领域。

然而相对于双边贸易额，投资在中欧经济关系中的占比过低。据欧委会统计，目前欧盟对华直接投资只占欧盟对外直接投资总额的2.1%，相比之下，欧盟对美直接投资占其海外投资的30%。中国对欧盟投资则刚起步，中国对欧投资只占欧盟引资的2.2%。① 因而，双方在投资领域的合作潜力无疑极其巨大。如果投资协定谈判成功，将为中欧双向投资提供公平、透明的制度框架，促进和便利相互投资，也将为全球投资规则的进一步完善作出贡献。中欧双向投资增长促进了双方的金融合作。2013年中国人民银行与欧洲央行签署了有效期3年规模达3500亿人民币的货币互换协议，保障欧

317

---

① European Commission, "*Facts and Figures on EU-China Trade*", October 2013.

元区银行人民币的持续供应，促进人民币在跨境贸易和投资中的使用，以便利化中欧贸易和投资。双方还将继续探索金融合作创新模式，改善企业特别是中小企业融资，充分发挥金融机构多元化优势，加快在欧洲的人民币离岸市场建设。

2013年中欧利用现有双边机制加强沟通，采取对话和磋商，妥善解决了光伏产品贸易争端，为处理重大双边贸易摩擦探索互利的解决办法。2013年5月欧委会向成员国通报一项提议，拟对从中国进口的太阳能电池板征收临时反倾销税，平均税率为47%。2013年6月4日，欧盟作出反倾销初裁：即2013年8月6日之前对所有中国输欧光伏企业征收11.8%的临时反倾销税，自2013年8月6日起按37.3%—67.9%不等的税率征收临时反倾销税，为期6个月。[①] 中国认为欧委会的做法损害了其作为自由贸易倡导者的形象，刺激保护主义抬头，与二十国集团领导人不采取保护主义措施的承诺相违背。李克强总理就此指出欧方这种做法是损人不利己。中国商务部宣布启动对欧盟葡萄酒的反倾销和反补贴调查。经过多轮密集磋商，2013年7月27日中欧双方最终达成妥协。中国光伏企业同意为出口至欧盟的光伏产品设置最低限价，则无须缴纳惩罚性关税；其他没有加入"价格承诺"协议的中国企业在2013年8月6日之后将向欧盟缴纳47.6%的反倾销税。"价格承诺"协议设定了每年出口欧洲的中国光伏产品限额，该"价格承诺"协议有效期至2015年年底。光伏产品贸易争端达成价格承诺安排，使这宗中欧贸易史上涉及金额最大的贸易摩擦案最终得以妥善解决。

中欧光伏产品贸易争端最终以妥协方式解决源自双方互利需求。中欧贸易关系高度相互依赖，贸易战必然导致两败俱伤。欧盟尚未走出债务危机，也不愿意失去在中国这个全球第二大经济体的生意。欧委会缺乏成员国一致的政治支持，包括德国、英国在内的18个欧盟成员国反对欧委会征收惩罚性关税提议，仅有4个成员国投赞成票，其余国家弃权。欧盟大多数成员国的立场反映了对贸易战损害自身利益的担心。

大事记13-3　2013年中欧关系大事记

时间	事件
2013年4月25—26日	法国总统弗朗索瓦·奥郎德对中国进行国事访问。中法领导人规划两国关系未来发展，决定保持元首年度会晤机制，加强战略对话与互利经贸合作
2013年5月23—27日	中国总理李克强访问瑞士、德国。中国与瑞士签署了结束中瑞自贸协定谈判的谅解备忘录。访问德国期间，李克强与默克尔举行会谈并发表联合公报，双方共同致力于加强各领域互利合作
2013年6月4日	欧盟委员会对中国输欧光伏企业作出反倾销初裁。即2013年8月6日之前对所有中国输欧光伏企业征收11.8%的临时反倾销税，自2013年8月6日起则按37.3%—67.9%不等的税率征收惩罚性关税，为期6个月。为此，中国商务部宣布启动对欧盟葡萄酒的反倾销和反补贴调查

① European Commission, MEMO, Brussels, 4 June 2013.

时间	事件
2013 年 7 月 6 日	中国与瑞士签署《中国—瑞士自由贸易协定》。这是中国与欧洲大陆国家签署的第一个一揽子自贸协定，被认为是近年中国对外达成的水平最高、最全面的自贸协定之一
2013 年 7 月 27 日	经过密集磋商对话，中欧最终就光伏案达成妥协。欧盟同意为光伏产品设置最低限价的中国企业无须缴纳惩罚性关税
2013 年 11 月 20—21 日	中欧第 16 次峰会在北京举行。中欧共同制定了《中欧合作 2020 战略规划》，确定了 2020 年前双方在和平与安全、经济繁荣、可持续发展、人文交流等领域加强合作的共同目标与行动路线图。同时正式启动中欧投资协定谈判
2013 年 11 月 25—26 日	李克强总理访问罗马尼亚并参加了第二届中国—中东欧国家领导人会晤，期间发表了《中国—中东欧国家合作布加勒斯特纲要》，共同规划中国—中东欧国家合作未来发展方向
2013 年 12 月 2—4 日	英国首相卡梅伦对中国进行正式访问并举行新一轮中英总理年度会晤。中英两国签署了投资、科技创新、金融、司法、文化、卫生等领域 10 个合作文件

4. 开创可持续发展与创新领域的战略合作

中国"'十二五'规划"与"欧洲 2020 战略"在绿色发展与创新方面目标一致，可持续发展与创新流域合作对中欧双方发展都具有战略性意义，将有效促进双方的结构性改革。

城镇化伙伴关系是中欧可持续发展与创新合作的主要领域。中国城镇化走绿色发展之路，可以带动中欧在低碳、可再生能源和节能减排等领域的技术和市场合作。2012年 5 月在李克强总理访欧期间，中欧发表了《城镇化伙伴关系共同宣言》，双方表示加强在新能源和可再生能源、节能环保产业、循环经济以及废弃物利用等方面的合作，共同建设绿色城市、低碳城市。城镇化伙伴关系的参与者将是多元的，既有国家政府框架的政治支持也有地区、省市及企业的参与。2013 年 11 月 21 日中欧城镇化伙伴关系论坛在北京举行，天津、沈阳、深圳、广州、威海、西安、成都、长沙、潍坊、洛阳、常州、海盐首批 12 个中国城市，签署了中欧城镇化城市合作项目意向书，将在城市道路网管和智能交通、城市规划建设与管理、城市产业转型发展、城市垃圾污水处理、城市保护与智慧城市等领域，与相应的欧盟国家城市开展合作。欧委会主席巴罗佐在中欧城镇化伙伴关系论坛上指出，"城市正在成为中欧伙伴关系中的关键角色，增加了相互关系的新维度"①。中欧传统的"友好城市"升级为"城对城绿色伙伴关系"，在这个过程中，除了技术和市场合作外，中国城市建设还可以学习和共享欧洲城市规划和城市保护的知识和理念以及社会保障与服务体系建设经验。国家间"城对城"绿色合作关系

---

① Speech by President Barroso at the EU-China Urbanisation Forum，Speech/13/962，21 November 2013.

目前也被认为是一种比国际气候谈判更加有效的减排实现方式。

中欧科技创新合作将在新能源、新材料、新一代信息技术、节能环保、现代农业、生物、航空航天等战略性新兴产业领域广泛开展。项目规划、成果转化、高科技贸易方面的合作，不仅助力中国技术升级换代，也为欧洲科技提供巨大市场机遇。中国信息化发展将开拓中欧在电子、计算机、电信等高新技术领域合作。双方在核能与核电安全（包括技术标准、监管和立法框架、预警和应急体系）方面的合作，又将促进新一代核技术领域的发展运用。在中欧科技创新合作中，如何解决欧盟限制对华高新技术出口问题，对推动双方高科技领域的贸易与研发合作极为关键。与美国以"国家安全"为由限制对华高新技术出口不同，欧盟限制对华高新技术贸易则主要出于维护欧洲经济竞争力的需要。欧洲常常以中国市场开放度不够、知识产权保护不足为理由，限制对华高科技贸易。实际上中欧高科技领域合作潜力极大。中国城镇化、信息化发展所释放的市场需求，为中欧扩大技术合作、发展技术贸易提供广阔空间。特别是中国继续奉行改革开放政策，进一步完善投资环境和尊重知识产权保护，这些都为中欧高科技贸易提供了良好合作环境。

深化能源安全领域合作将促进中欧双方可持续发展与科技创新。中欧能源对话合作主要包括再生能源、智慧电网、建筑部门能效、清洁煤、核能及能源法等六大领域，相关机制主要是定期举行的中欧能源大会和2005年签署的能源和交通领域战略对话两大平台。为了加强合作，中欧双方进一步完善能源对话机制，于2012年年底建立了中欧能源安全工作组。中欧第16届高峰会议期间双方签署了《中欧能源安全联合声明》，这是一份有关双方能源安全合作战略化和具体化的重要文件。《声明》提出了能源安全合作六大领域，包括加强全球能源安全合作；实施中欧能源合作路线图，推动双方在能源立法、政策和标准制定领域加强交流与合作；探索在低碳能源技术上的合作；切实发挥中欧清洁能源中心等现有合作平台的作用；通过与欧洲原子能共同体商签总体协议，加强科研合作等方式，解决安全高效发展核能的相关问题，以及加强能源监管合作等。

第十四章 虚实结合：
完善合作框架加强机制建设

　　新兴经济体的群体性崛起是当前国际形势发展的一个重要趋势，其中金砖国家合作堪称这一趋势的一个缩影。2013 年中国与新兴经济体尤其是金砖国家之间的合作迈出了实质性步伐，既进一步加强了金砖五国在二十国集团（G20）和联合国等国际多边机制中的政策协调和"务虚合作"，也开始在五国之间大力推进贸易、金融、基础设施、人文等领域的务实合作，逐步形成了务虚和务实相互结合、相互促进的"全方位合作"新格局。这既有力地提升了新兴经济体以及广大发展中国家在国际体系变革和全球治理结构调整中的地位和作用，也为我国在全球化时代实现中华民族伟大复兴的"中国梦"增添了一份新的动力。

一、金砖国家在德班峰会上进一步深化合作机制

　　2013 年 3 月 26—27 日，习近平就任国家主席后，参加的首场重大多边外交活动，就是在南非德班举行的金砖国家领导人峰会。在会上，习近平主席积极倡导对金砖机制新的定位，并大力推动金砖国家开展建立开发银行和外汇储备库的务实合作。

1. 对金砖机制的重新定位

　　2013 年德班峰会是第一轮金砖峰会的收官之作。在峰会召开之前，关于金砖国家合作，国际上流行各种不同看法，一种观点认为，金砖国家的合作走不远，这些国家差异性太大，没有凝聚力和"内部黏合剂"，金砖合作迟早会破裂，这实际上是"金砖褪色论"或"金砖破裂论"[①]；另一种观点认为，金砖国家的合作是导致当前全球治理陷入困境的主要原因，金砖国家的"抱团"使得发达国家和新兴国家在全球治理中各自为政，相互拆台，具体表现就是 G20 机制开始分裂成"七国集团"与"金砖国家"两大阵营，并在不同议题上表现为不同的相互对立的谈判集团等，导致整个全球治理体系

[①] Joseph Nye，"BRICS without Mortar"，http：//www.project-syndicate.org/commentary/why-brics-will-not-work-by-joseph-s--nye.

出现"碎片化"趋势，出现了所谓"零国集团"（G0）的无序局面①。

但实际上，无论是从金砖国家合作的机制框架还是从金砖国家合作的方式和原则来看，金砖国家一直在推动全球治理体系改革和完善。从机制框架来看，金砖国家合作是新形势下新兴经济体在多边框架内开展"南南合作"的新平台，是对"南北合作"的"补充"而非"替代"。在合作方式上，金砖国家强调合作要循序渐进、积极务实和开放透明，遵循开放、团结和互助的基本原则，并突出"包容性"和"非对抗性"两大特征。正如南非国际关系与合作部长马诗内巴女士所言，"我们国家的领导人和人民都显示出这样的共识，即我们不能与任何国家与组织竞争，相反，大家共同期待的是摈弃那种零和博弈的传统国际关系模式，转向寻求更加平等、更可持续的全球发展伙伴关系"②。

作为一个只有五年历史的新机制，金砖机制的发展面临很多新机遇，但也确实面临不少挑战，尤其是一些成员国对下一轮的金砖国家合作应该如何开展持有不同的看法，如俄罗斯强调金砖应聚焦政治安全领域的合作③，而中、印、巴、南强调经济领域的合作同样重要，既包括五国在全球经济治理中的合作，也包括五国之间开展的务实经济合作。经过艰苦的谈判，在中方的倡议之下，五国在峰会上最终达成了共识："我们致力于逐步将金砖国家发展成为就全球经济和政治领域的诸多重大问题进行日常和长期协调的全方位机制。"④ 这是对金砖机制一个新的定位，标志着金砖国家正在由一个"务虚型"的"对话论坛"向"务虚和务实相结合"的"全方位协调机制"转型，换言之，金砖合作正在沿着机制化的方向前进。从这个角度看，德班峰会将对金砖机制的发展产生历史性影响。

正是在新的机制定位下，金砖国家积极加强机制化建设，目前已经形成了一套全方位、多层次、宽领域的合作机制架构。其中，领导人峰会是最高层次，最为核心，对整个金砖合作发挥政治引领的作用，其下是安全事务高级代表会议、外长会议、财长央行行长会议、贸易部长会议、农业部长会议、卫生部长会议、科技部长会议、教育部长会议、统计局长会议、合作社会议、税务局长会议、海关署长会议、竞争力会议、禁毒部门会议，发挥着务实合作的作用，再下是国有企业、反腐败、人口、科技、经贸、文化、农业、司法、城市化论坛等高官会或工作组会议，起到技术支撑的作用；以及智库理事会、工商理事会、友好城市暨地方政府论坛、智库论坛、工商论坛等其他合作机

---

① ［美］伊恩·布雷默：《零国集团时代：谁是新世界格局中赢家和输家》，孙建中译，新华出版社2013年版，第7—33页。

② 刘海方：《非洲与金砖国家：期待另一个世界》，载王缉思主编：《中国国际战略评论2013》，世界知识出版社2013年版，第242页。

③ 例如，俄罗斯总理梅德韦杰夫曾指出，金砖国家之间的合作是俄罗斯一项长期的外交政策，目标是促进世界向多极化方向发展，以体现国家之间平等和法治的原则高于一切。

④ 《金砖国家领导人第五次会晤德班宣言》第2条，见 www.fmprc.gov.cn/mfa-chn/zyxw_ 602251/t1026097.shtml。

制，发挥智力支持和夯实基础的作用。

为了推动金砖国家从"对话论坛"向"全方位协调机制"的转型，增强五国之间"务虚合作"的"物质基础"和"利益纽带"，习近平主席在德班峰会上提出了推进金砖国家务实合作的"四大倡议"，即金砖国家应推动建立"贸易领域的一体化大市场"、"金融领域的多层次大流通"、"基础设施领域的陆海空大联通"、"人文领域的大交流"，这实际上反映出中国新一代领导人对未来一段时间如何推进金砖国家合作的战略规划，对金砖机制未来的发展将会产生重大影响。

而为了进一步落实这"四大"合作倡议，金砖国家目前已经通过贸易部长会议达成了《金砖国家贸易投资合作框架》，以推进金砖国家贸易大市场建设的目标；通过财长央行行长会议来推进金砖国家开发银行和外汇储备库建设，以实现金砖国家金融大流通和基础设施大联通的目标；通过友好城市暨地方政府论坛、工商论坛、智库论坛来推进实现金砖国家人文大交流的目标。目前来看，在这"四大"合作倡议中，金砖国家金融大流通和基础设施大联通的合作进展较为顺利，具体表现就是金砖国家开发银行和金砖国家外汇储备库的建设取得明显成就。

2. 金砖国家开发银行的建设进入一个全新的阶段

2012年3月29日，金砖国家领导人在印度德里举行的第四次峰会上表示，"我们探讨了建立一个新的开发银行的可能性，以为金砖国家和其他发展中国家基础设施和可持续发展项目筹集资金，并作为对现有多边和区域金融机构促进全球增长和发展的补充。我们指示财长们审查该倡议的可能性和可行性"[①]。2013年3月27日，金砖国家领导人在《德班宣言》中指出，"由于长期融资和外国直接投资不足，尤其是资本市场投资不足，发展中国家面临基础设施建设的挑战。这限制了全球总需求。金砖国家合作推动更有效利用全球金融资源，可以为解决上述问题作出积极贡献。根据财长们的报告，我们满意地看到建立一个新的开发银行是可能和可行的。我们同意建立该银行，银行的初始资本应该是实质性和充足的，以便有效开展基础设施融资"[②]。可见，建立金砖开发银行的目的是为了动员资金弥补发展中国家基础设施建设资金的不足，以对现有多边开发银行（如世行、亚行等）起到"补充"作用。

根据非洲开发银行的报告，非洲大陆目前只有1/3的农村人口享有公路，不到40%的人口可以使用电力，大约5%的农田可以得到灌溉，34%的人口可以得到医疗服务，65%的人口可以获得干净的饮用水。到2020年以前，非洲中低收入国家基础设施建设

① 《金砖国家领导人第五次会晤德班宣言》第13条，见 www.fmprc.gov.cn/mfa-chn/zyxw_ 602251/t1026097.shtml。

② 《金砖国家领导人第五次会晤德班宣言》第9条，见 www.fmprc.gov.cn/mfa-chn/zyxw_ 602251/t1026097.shtml。

的资金需求大约是每年 930 亿美元①。亚洲开发银行也提出，亚洲基础设施建设的资金缺口是每年 8000 亿美元②。南非总统祖马强调，未来五年金砖国家基础设施建设的资金缺口是 4.5 万亿美元③。

代表发展中国家利益的二十四国集团（G24）提出，发展中国家每年的基础设施资金缺口是 1.5 万亿美元，而投资的资金只有 8000 亿美元左右，其中大部分资金都是来自于公共部门的投资，大约 2500 亿美元来自于私人部门的投资④。2008 年全球金融危机爆发后，来自私人部门的基础设施投资更是迅速下降。

世界银行和其他多边开发银行（Multilateral Development Banks，简称 MDB）的融资能力受到明显的限制，尤其是发达国家担心扩大银行的融资能力会导致银行的治理结构发生变化，从而会稀释自己在其中的投票权和话语权。

从这个角度看，成立金砖国家开发银行或者南南银行非常"有必要"，因为当发展中国家需要贷款时，在现行的国际金融体系中，总是会"遇到各式各样的问题"，而金砖国家开发银行将会成为全球第一家不是由发达国家牵头成立的国际性金融机构，这种完全由新兴经济体"当家作主"的银行，无疑将与某些发达国家主导的国际金融组织"东西有别、区分对待"的潜规则形成巨大反差。

不容忽视的是，金砖开发银行的正式成立也面临着不小的挑战，各国有着不同的利益盘算。对印度而言，金砖银行将会成为一个新的基础设施融资渠道，这对它具有十分重要的意义。印度一直依赖世界银行的贷款来支持本国的基础设施建设，但目前印度从世界银行可获得的资金越来越少，因此对于建立金砖国家开发银行抱有很高的期望值。对巴西而言，金砖国家开发银行对于本国基础设施融资将会起到重要的补充作用。巴西国家开发银行的行长卢西亚诺·库蒂尼奥（Luciano Coutinho）指出，巴西在 2013 年投资 300 亿雷亚尔于基础设施建设，虽然比 2012 年增长了 22.5%，但相对于实际需求来说，仍然有相当不足⑤。对南非而言，金砖开发银行将会覆盖整个非洲大陆的基础设施建设。南非自己的国家开发银行由于资金有限，已经逐步将重点放在了南非国内的基础设施建设上。根据南共同体的计划，到 2017 年，南部非洲基础设施融资的缺口是 200 亿南非兰特，而其中只有 35 亿兰特可以通过公私伙伴关系的方式筹得资金。因此，南非希望金砖国家开发银行对非洲尤其是南部非洲的基础设施建设提供更多的资金。而对于俄罗斯来说，金砖开发银行更多是用来制衡西方主导的国际金融机构的战略工具，通

---

① Donald Kaberuka, "Boosting Infrastructure Investments in Africa", *World Economics*, Vol. 12, No. 2, 2011, pp. 7-24.

② Gregory Chin, The BRICS-Led Development Bank, *Global Policy*, Vol. 28, No. 2, 2014, p. 8.

③ David Smith, "BRICS Eye Infrastructure Funding through New Development Bank", *The Guardian*, March 28, 2013.

④ Amar Battacharya and Mattia Romani, "Meeting the Infrastructure Challenge: The Case for the New Development Bank", prepared for the G24 Technical Committee Meeting, Washington D.C, March 21, 2013.

⑤ http://en.mercopress.com/2013/08/22/a-sustainable-exchange-rate-for-brazil-is-2.2-to-3.5-reais-to-the-us-dollar.

过增加金砖国家内部的贸易和投资规模，有利于构建一个独立于西方的国际经济体系。对于中国来说，金砖开发银行可以将巨额的外汇储备投入到实体经济当中，化解国内过剩的基础设施产能，从而进一步夯实中国与广大发展中国家的经济联系和政治合作的基础。

除此之外，各国在有关金砖开发银行的功能定位、资本结构、成员范围、股权分配、投票权分配、总部选址、行长任命等问题上还存在着不小的争议，这些都有待五国进一步的磋商和谈判。比如，俄罗斯经济发展部长埃尔维拉·纳比乌林娜（Elvira Nabiullina）就指出，虽然五国都支持建立新的开发银行，但世界上已经有了很多多边开发银行，各国也都有自己本国的开发银行，因而金砖开发银行一定要找到自己独特的使命和存在的理由[1]。又比如，南非强调，金砖国家开发银行不应局限于五国内部的基础设施建设融资，而应向整个非洲大陆开放。但有其他金砖国家认为，金砖开发银行建设的早期应聚焦有利于进一步加强五国内部经济联系的基础设施建设项目，而不应盲目扩大服务对象。

3. 金砖国家外汇储备库的建设取得重大突破

比 2012 年 3 月建立金砖开发银行的倡议稍晚，2012 年 6 月，金砖国家领导人在墨西哥 G20 峰会期间举行非正式会晤，首次提出要财长和央行行长们探索设立金砖国家外汇储备库（"应急储备安排"）的可能性。2013 年 3 月 27 日，金砖国家领导人德班峰会明确，"建立一个'自我管理'的应急储备安排具有积极预防效果，将帮助金砖国家应对短期流动性压力，提供相互支持，并进一步加强金融稳定。这也将作为一道额外的防线，为补充现有国际外汇储备安排、加强全球金融安全网作出贡献。我们认为在符合各自国内法律和具有适当安全保证的条件下，建立一个初始规模为 1000 亿美元的应急储备安排是可能和共同期待的"[2]。9 月 5 日在俄罗斯圣彼得堡举行的 G20 峰会期间，金砖国家领导人明确外汇储备库初始规模 1000 亿美元中各成员国的出资比例，其中中国为 410 亿美元，为最大的股东，巴西、俄罗斯、印度各为 180 亿美元，南非为 50 亿美元[3]。

金砖外汇储备库属于"自我管理"性质，即由金砖各国的央行分别划出一定数量的外汇储备建立共同的储备基金，再由该储备基金签署协议委托各成员国在非危机时期分别管理各自的出资，在危机发生时集中用于短期资金救助。因此，金砖外汇储备库实为金砖国家将于危机时期相互帮助的出资承诺，而不必实际出资，本质上类似于"多边货币互换协议"。发生金融危机时，危机国按约定汇率用本币购买外汇储备库的可用

---

① "BRICS Support Development Bank Plan"，http：//en.rian.ru/business/20120328/172443631. html.

② 《金砖国家领导人第五次会晤德班宣言》第 10 条，见 www.fmprc.gov.cn/mfa-chn/zyxw_ 602251/t1026097.shtml。

③ BRICS Leaders meet ahead of the G20 Summit in St. Petersburg，Sept 5，2013，http：//www. g20. org/news/20130905/782407860. html.

额度，约定时期结束时再赎回本币。虽然外汇储备库初始规模并不大，但对金砖各成员国维护金融稳定来说仍具有十分重要的意义，其实质是实现了金砖各成员国之间的共同担保，有利于遏制投机者的恶意炒作行为，平抑资本市场波动，防范金融风险。储备库并不一定要得到使用方为成功，其存在本身便是一个威慑和防御。

相比金砖开发银行的谈判，金砖外汇储备库的进展显得更加顺利，但目前仍有一些遗留问题。例如，金砖国家在什么情况下、可以何种条件申请使用外汇储备库的信贷额度？信贷期限和信贷成本如何？又比如，金砖国家虽然一再强调，外汇储备库是一道"增加的防线"，会补充现有的国际外汇储备安排和全球金融安全网，但实际上，外汇储备库仍有可能与国际货币基金组织（IMF）产生潜在的冲突，尤其是在要不要附加严格的贷款条件等方面，因此，如何处理好与国际货币基金组织的关系，也是金砖国家外汇储备库下一步建设需要解决的问题。

值得注意的是，虽然金砖国家开发银行和外汇储备库的建设并不是为了挑战布雷顿森林体系，但客观上也会对 IMF 和世界银行的改革起到一个"倒逼机制"的作用。IMF 正对贷款工具进行改革，以使其反应更为灵敏和更能适合发展中国家的需要。引入了预防性的"灵活信贷额度（Flexible Credit Line，简称 FCL）"和"预防性和流动性额度（Precautionary and Liquidity Line，简称 PLL）"。所谓预防性，实际是 IMF 为相关成员国提供的一种流动性担保，指获得审批的签约国可选择不实际提款但保留该权利。FCL 对申请国进行事前资格审查（ex-ante conditionality），只有具有"非常强劲的经济基本面和政策记录"方能获得相关合同，具体参照标准包括申请国的外部收支与市场准入状况、财政政策、货币政策、金融部门标准与监管及数据充足情况等五项指标。FCL 无事后条件性要求（ex-post conditionality），即成员国一旦获得资格许可，可直接提款，不以实施一定的政策改革为条件。巴西官员马塞尔·比亚托（Marcel Biato）表示，IMF 贷款政策的这种变化，能够保证脆弱国家有机会抵抗影响经济稳定性的不可预知的风险①。世界银行业已经在外力的推动下，不断对其低效的贷款政策进行了改革，发起了环境和社会保障政策评审程序。新任行长金墉号召世行由"知识银行"向"解决方案银行"转型，包括精简程序、减少项目准备时间等等方面。这表明了最大多边开发银行由"程序导向"向"结果导向"、"理论导向"向"实践导向"的务实转变②。

二、G20 圣彼得堡峰会上的分歧与共识

2013 年 9 月 5—6 日，在俄罗斯圣彼得堡召开的 G20 峰会期间，习近平主席再次与

① 陈宗翼、阎述良：《重构布雷顿森林体系：为中国崛起创造空间》，载张建新主编：《国际体系变革与新型大国关系》，上海人民出版社 2013 年版，第 191 页。
② 叶玉、徐赟：《金砖开发银行与应急储备安排：进展、问题与前景》，工作论文。

其他金砖国家领导人举行非正式会晤，协调金砖国家在 G20 峰会中的政策立场，尤其是在妥善应对发达国家量化宽松货币政策退出和推动国际金融机构改革方面加强合作，有力地提升了新兴经济体在全球经济治理中的话语权和影响力。

1. G8 峰会"重新崛起"及其对 G20 峰会的冲击

2013 年 G20 处在深化合作抑或走向碎片化的十字路口。在 G20 峰会前，金砖峰会和 G8 峰会相继召开，且都表现出一定的战略性和务实性。发达国家在经历了金融危机爆发几年一蹶不振的局面后，开始重新焕发出活力，显露出强烈的回归 G8 峰会的势头。6 月 17—18 日在英国厄恩湖召开的 G8 峰会上，发达国家大谈要在新一轮全球经贸和税收规则制定上掌握主导权。这对倡导发达经济体和新兴经济体以平等身份共同参与全球经济治理的 G20 机制来说，无疑是个巨大的打击。

在新一轮经贸规则制定上，厄恩湖峰会宣布开启美国与欧盟之间的《跨大西洋贸易和投资伙伴关系协定》（Transatlantic Trade and Investment Partnership，简称 TTIP）谈判，加上之前美国在亚太地区开启的《跨太平洋战略经济伙伴关系协定》（Trans-Pacific Strategic Economic Partnership，简称 TPP）谈判，美欧日企图重新主导新一轮国际经贸规则制定的意图暴露无遗。根据美国国家情报委员会（NIC）发布的《2030 年的全球格局》报告，到 2030 年，非 OECD 国家的 GDP 规模将第一次超越 OECD 国家，这是过去 300 年历史上从来没有出现过的现象，也就是说发达国家在未来的经济规模份额将要低于新兴经济体和发展中国家。从这个角度理解，在经济规模占劣势的情况下继续控制或者主导国际经贸规则的制定可能是美欧推行 TTIP 最主要的原因。

TTIP 一旦取得进展，会进一步扩展到其他发达国家。第一个可能加入的就是日本，因为日本决定加入 TPP 之后，和其他国家进行自贸区谈判的国内障碍已经基本消除。实际上，日本在宣布加入 TPP 之后马上就决定启动日欧之间的自贸区谈判，如果日本同时加入 TPP 和 TTIP，那么美日欧三大经济体就很可能成为一个独立的自贸区。按照美欧的预期，TTIP 的主要目标就是要制定 21 世纪的全球经济规则，所以一些人把它称为"经济北约"，这必将对作为全球多边贸易体制的 WTO 和作为发达经济体和新兴经济体共同参与的 G20 机制产生负面影响。

在税收规则制定上，随着国与国之间跨境商业活动增多，而税收规则经常未协调一致，因此投机者利用国内、国际税收规则的不对称性进行恶意税收筹划，从技术上来讲这可能合法，但会造成大量税收流失，一些通过转移定价获利的跨国企业具有潜在竞争优势，形成税基侵蚀和利润转移（Base Erosion and Profit Shifting，简称 BEPS），对全球经济增长和就业产生消极影响。英美等国想把 OECD 框架内发达国家达成的"税收情报自动交换系统"、《多边税收征管互助公约》以及为解决"税基侵蚀和利润转移"而制定的《行动计划》，推广到包括新兴经济体和广大发展中国家在内的所有国家。一方面，建立国际透明、统一的税收标准确实有利于维护全球市场的公平竞争，给各国带来一定的好处。正如 OECD 秘书长古里亚所言，《行动计划》将成为国际税收治理的转折

327

点，帮助各国政府制定协作、全面、透明的标准，有效应对全球化和数字化经济时代出现的全球税基侵蚀和利润转移问题。但另一方面不容忽视的是，发展中国家与发达国家所处的发展阶段和具体国情存在很大差异，发展中国家采用发达国家的标准也将给发展中国家带来一定的挑战。在这个意义上，G8制定税收规则并将它推广到全球的做法将对G20所倡导的发达国家与发展中国家平等参与全球治理的精神造成一定的破坏。

2. 新兴经济体对G20圣彼得堡峰会的诉求

新兴经济体既有各自的利益诉求，也有集体的利益诉求。在峰会前的会议上，各国的利益诉求都有所表达。对巴西而言，2013年7月18日，G20劳工部长会议讨论如何增加就业时，巴西劳工部长马诺埃尔·迪亚斯（Manoel Dias）指出，巴西过去10年中增加就业岗位1900万，基本工资上涨了70%，同时劳工的权利也得到大大的改善。由于本次G20峰会主题是"增长与就业"，因此，巴西将在峰会关于就业议题的讨论中介绍自己的成功经验。7月20日，G20财长央行行长会议讨论宏观经济政策协调，尤其是美联储推出量化宽松货币政策时，巴西财长吉多·曼特加（Guido Mantega）虽然由于国内财政预算问题未能参加，但他对媒体公开表示，希望对美国的货币政策进行辩论，强调美联储退出量化宽松导致新兴经济体资金外逃，汇率大幅波动，最终导致一些国家陷入经济动荡。因此曼特加呼吁美国应该采取更加负责任的宏观经济政策。同时表示巴西对推进国际金融机构改革十分期待。

对印度而言，美国退出量化宽松对印度产生的影响也较为严重，导致印度面临资本外逃，本币卢比汇率暴跌，国内流动性紧张，资产价格大幅缩水，金融市场剧烈波动的局面，而一旦大规模抛售美元储备，则可能很快耗尽外汇储备，从而进一步加剧资本外逃。由于印度财政赤字占GDP比重已达相当水平，国际收支不断恶化，贸易赤字持续扩大，"双赤字"的局面进一步加剧了美国量化宽松政策退出给印度带来的负面影响。

对南非而言，关注点包括增加就业、基础设施投资、量化宽松退出等。南非的失业率在G20成员国中是最高的，超过25%。南非矿业部长苏珊·莎本古（Susan Shabangu）在第三次G20非洲基础设施投资会议上强调，只有能促进就业的"负责任投资"才能真正促进非洲的发展。南非财政部长普拉温·戈尔丹（Pravin Gordhan）指出，南非面临的严重挑战之一就是发达国家货币政策的不确定性，因为这将导致南非金融市场的动荡和汇率的剧烈波动①。

除了各自的利益需求外，新兴经济体对G20圣彼得堡峰会也表达了集体利益诉求。峰会召开前夕，习近平主席与其他金砖国家领导人举行了非正式会晤，协调金砖国家在即将召开的G20峰会中的政策立场，明确表达了对G20峰会的集体期待：

（1）协调应对发达国家退出量化宽松货币政策的外溢效应。督促发达国家采取负责任的经济和货币政策，切实进行结构改革，把握量化宽松货币政策退出的时机、步

① Expectations of the BRICS Countries for the VIII G20 Summit，http：//bricspolicycenter.org/homolog.

骤、方式，并对长期实施量化宽松货币政策所带来的风险和负面影响保持警惕，在调整宽松货币政策时要充分考虑到其外溢效应，认真权衡利弊并加强与市场和其他国家的沟通。

（2）共同提升新兴经济体在全球经济治理中的代表性和发言权，进一步推动国际金融体系改革，推动落实国际货币基金组织 2010 年确定的份额和治理改革方案。2010年 G20 庆州财长央行行长会议上，发达经济体同意将向新兴和发展中经济体转让 IMF 6% 的份额和两个执董会的席位，但由于美国拖延履行其国内法律程序，改革方案的审批程序至今没有完成。对新兴经济体而言，推动国际金融体系改革的短期目标是落实 2010 年改革方案，中期目标是调整份额计算公式，增加 GDP 在份额计算中的权重，长期目标则是改变决策机制，打破美国一家拥有否决权的不合理局面。

3. G20 峰会中的分歧和共识

圣彼得堡峰会在传统的三大议题（宏观经济政策协调、国际金融监管、国际金融机构改革）上发达国家与新兴国家分歧仍然明显，而在一些新兴的议题上，如国际税收合作、反对采取新的贸易保护主义措施等议题上，发达国家与新兴国家开始构筑了一些全球经济治理的共识。

在宏观经济政策协调的议题上，包括三个方面，一是在货币政策方面，发达国家量化宽松政策造成的影响是各国领导人在峰会上关注的核心议题。实际上，美国、欧盟和日本的量化宽松政策有很大的不同。美联储决定要退出量化宽松，但不确定的是，退出量化宽松货币政策究竟会对美国经济复苏带来什么样的影响。换言之，美国经济的温和复苏有多少是依靠货币政策的刺激，又有多少是依靠实体经济的复苏。退出量化宽松政策是否会中断美国经济的复苏进程？这成为美国政策当局的主要顾虑，而对新兴经济体所强调的要重点关注退出政策的负面溢出效应却不以为然。对欧盟来说，经济复苏的迹象仍然微弱，如何防止欧元区不再爆发新的债务危机仍是困扰决策者的头号难题。对日本来说，与美国退出宽松政策相反，"安倍经济学"正在进一步推动"量化宽松"。

二是在财政政策方面，针对发达国家日益严重的财长赤字，轮值主席国俄罗斯财长曾提出，各国债务占 GDP 比重不能超过 90% 的量化指标，该提议得到了加拿大、德国、法国的支持，但美国和日本坚决反对，作为折中，美日承诺，必须确保财政可持续性，并提交可信的国别中期财政战略，使债务占 GDP 比重回落到可持续的水平，但在短期内仍将根据各国经济状况灵活实施财政整顿战略，以支持经济增长和增加就业。实际上，中期财政整顿只是一个原则性的规定，而不会对发达国家造成任何实质性的约束。

三是在结构政策方面，发达国家普遍强调用短期的货币和财政等政策手段来刺激经济，而忽视或掩盖中长期内必须进行的结构改革政策。以美国为例，加强基础设施的投资、改革移民政策、减少某些"赋权性"开支是推动美国经济中长期内持续健康发展的基础，但奥巴马政府显然在这些中长期改革上力度不足，而过于依赖短期内的政策举措。

在国际金融监管的议题上，落实巴塞尔协议Ⅲ、解决"大而不能倒"问题、监管"影子银行"、加强对信用评级机构监督、统一国际会计准则以及监管场外衍生产品等都是此次峰会的重要关注。在发达国家内部，美国强调的是"强机构、弱规则"，而欧洲则突出"弱机构、强规则"。在发达国家与新兴国家之间，围绕巴塞尔协议Ⅲ的执行产生明显的分歧。巴塞尔协议Ⅲ的核心内容是分步提高核心一级资本的充足率，分步提高资本的总充足率，同时，又加大了预防性的资本空间。这个协议的制定主要针对西方金融体系在金融危机中暴露出来的弊端，是加强金融监管的一个重要政策措施。美欧拖延执行巴塞尔协议Ⅲ，成为发达国家与新兴国家之间争论的一个焦点。

在国际金融机构改革的议题上，主要包括国际货币基金组织改革与世界银行改革两方面。在国际货币基金组织改革方面，落实2010年份额与治理改革方案成为各国的首要关注，但由于美国国内政治的阻挠，峰会未能取得任何成果。在世界银行改革方面，新兴国家对于扩大世行债务融资的规模表现积极，提出发展中国家的基础设施建设急需资金，但由于发达国家担心扩大资本金后会"稀释"他们在世行的股权和投票权，故而采取十分保守的立场，结果导致G20在推动多边金融机构改革上的动力日益丧失。

与传统议题充满分歧不同，在一些新兴议题上，比如打击国际逃税和避税、反对采取新的贸易保护主义措施方面，发达国家与新兴国家的政策分歧较小，取得了一些共识。

一是在国际税收合作议题上，在圣彼得堡峰会上，G20采纳了OECD《多边税收行政互助公约》，并承诺要推动建立"全球税收情报自动交换系统"，以解决税基侵蚀和利润转移问题。这实际上反映出G8在G20议程设置和议事决策中拥有相当的影响力。

二是在反对采取新的贸易保护主义措施议题上，G20成员国将不采取新的贸易保护主义措施的承诺延长到2016年年底，并表示要在2013年12月份在巴厘岛举行的WTO第9届部长级会议推动达成"早期收获"协议，为多哈回合谈判注入动力。此外，在TPP、TTIP大行其道的形势下，峰会还发布了一份《加强区域贸易协定透明度的协议》，防止后多哈时代全球贸易治理的进一步碎片化。

大事记14-1   2013年中国积极推动与新兴经济体的全方位合作

日期	事件
2013年1月11日	金砖国家卫生部长会议，发表《金砖国家卫生部长联合公报》
2013年2月15—16日	G20财长央行行长会议，发表《G20财长央行行长会议公报》
2013年3月3—4日	G20协调人会议
2013年3月26—27日	金砖国家领导人德班峰会，发表《德班宣言》和行动计划
2013年4月18—19日	G20财长央行行长会议，发表《G20财长央行行长会议公报》
2013年5月11—12日	G20协调人会议
2013年7月19—20日	G20财长央行行长会议，发表《G20财长央行行长会议公报》
2013年7月25—26日	G20协调人会议

续表

日期	事件
2013 年 9 月 2—4 日	G20 协调人与财长央行行长副手会议
2013 年 9 月 5 日	金砖国家领导人非正式会议
2013 年 9 月 5—6 日	G20 圣彼得堡峰会，发表《G20 圣彼得堡宣言》
2013 年 9 月 26 日	联大会议期间举行金砖国家外长会议
2013 年 10 月 10 日	G20 财长央行行长会议
2013 年 10 月 23 日	G20 协调人会议
2013 年 10 月 29 日	金砖国家农业部长会议，发表《金砖国家农业部长联合公报》
2013 年 11 月 5 日	金砖国家教育部长会议

三、新兴经济体在推动联合国发展议程上的积极作用

2013 年 9 月 25—26 日，王毅外长在参加联合国大会期间，强调要进一步加强与新兴经济体的合作，共同提升发展中国家在联合国发展议程中的作用，确保关于 2015 年后发展议程的任何讨论都是在联合国机制下包容、透明的政府间磋商进程，以体现普遍性和基础的广泛性。

1. 新兴经济体的政策主张

2013 年联合国大会的主题是发展问题，主要探讨联合国千年发展目标和 2015 年后发展议程。新兴经济体强调，应加速落实联合国千年发展目标，并希望 2015 年后发展议程继续以减少贫困和促进发展为核心，要平衡经济发展、社会进步和环境保护这"三根支柱"之间的关系，以实现可持续发展的目标。这个目标应同样适用于发达国家和发展中国家，同时保证各国国内政策空间和发展中国家的优先领域，坚持《里约宣言》的所有原则，尤其是"共同但有区别的责任"原则，发达国家应向发展中国家提供财政资源、技术转让以及能力建设的援助，强调这是所有国际发展合作契约的关键组成部分。

新兴经济体认为，2015 年后的发展议程应基于千年发展目标框架，继续关注消除贫困和人的发展，同时在考虑发展中国家各自国情的条件下应对其他新挑战。为此，协助发展中国家获得执行手段这一关键问题应成为统领目标。重要的是，应确保关于联合国发展议程，包括 2015 年后发展议程的任何讨论，都应是在联合国机制下包容、透明的政府间磋商进程，以体现普遍性和基础的广泛性。设立可持续发展目标开放工作组符合"里约+20 大会"所凝聚的可持续发展的共识。2015 年后发展议程是千年发展目标的延续，更是全球发展的"升级版"，有必要加强后续落实机制。发展融资是发展合作

的燃料，必须保障供应。需要坚持南北合作的主渠道作用，加强资金投入和技术援助的联动。联合国及其专门机构应该在这些领域发挥领导协调作用。应完善以联合国为中心、其他多边机构为支撑的国际发展架构。国际开发机构应强化减贫职能，金融机构应加强发展筹资，贸易机构应发挥促贸援助作用。G20 应加大对发展问题的关注。区域和次区域合作可发挥先导和实验作用。要充分听取作为发展主体的发展中国家的意见，高级别名人小组的报告只能起借鉴和参考作用。

从原则上看，新兴经济体提出要坚持以下 7 项原则：（1）坚持将消除贫困和促进发展作为 2015 年后发展议程的核心，避免议程内容过多过杂而偏离发展主题。（2）坚持发展模式多样化原则。各国发展阶段、发展水平和具体国情各不相同。要尊重各国对本国发展战略和目标的自主权，由各国自主选择适合本国国情的发展模式和发展道路。（3）坚持连贯性和前瞻性原则。2015 年后发展议程应建立在千年发展目标基础之上，一些尚未实现的千年发展目标应继续作为 2015 年后的发展目标。同时，该议程应与时俱进，应对新的全球性挑战。（4）坚持"共同但有区别的责任"原则。这是国际社会在发展领域的重要共识，是开展国际发展合作的基础。（5）坚持协商一致的原则。有关磋商进程应在联合国框架下进行，由成员国主导，本着公正、民主、透明的原则协商一致。（6）坚持普遍性原则。应制定简单、明了、务实的目标，在自愿的基础上适用于全球各国，作为未来国际发展合作的指导和各国制定国家发展战略的参照，同时具有灵活性，充分考虑到各国不同的国情、能力和发展阶段，尊重其国家发展政策和优先目标。（7）坚持统筹平衡发展原则，全面、协调推进经济、社会和环境发展。

从领域上看，新兴经济体强调要从以下 5 大领域入手：

（1）消除贫困和饥饿。贫困和饥饿问题不仅严重阻碍发展中国家经济发展和社会进步，也是地区冲突、恐怖主义蔓延和环境恶化等问题的根源之一。消除贫困事关各国人民最基本的生存和发展权利，是各国尤其是发展中国家经济和社会发展的首要考量，应作为 2015 年后发展议程的核心目标。政府应加大减贫投入力度，加强贫困人口、弱势群体和妇女儿童的能力建设，鼓励企业、社会团体等共同参与减贫事业。

（2）全面推进社会进步并改善民生。推动社会包容性发展，坚持以人为本，着力保障所有人均能共享发展成果。积极应对老龄化挑战，关注老年人的各项需求。保障每个人受教育的权利，促进教育公平，提高教育质量，实现更高水平的普及教育。建立完善的基本医疗保障制度，促进基本医疗卫生服务的公平性和可及性，提高服务水平和效率。促进妇女全面发展，提高妇女儿童健康水平，提高人口素质，促进人口长期均衡发展。建立完善的社会保障机制，提高弱势群体的发展能力。

（3）促进经济包容性增长。政府应将促进经济增长作为优先目标，不断增加居民收入，提高居民生活水平。把促进就业放在经济社会发展的优先位置，推动实现更高质量就业。维护并加强多边贸易体制，共同营造公平、公正、开放的全球贸易体系，推进贸易投资自由化和便利化，消除贸易和投资壁垒，反对和抵制各种形式的保护主义。加强全球经济治理，增加发展中国家在全球治理体系中的代表性和发言权，建立公平、公正、包容、有序的国际经济金融体系，使经济发展的成果普遍惠及世界各国人民。

（4）加强生态文明建设，促进可持续发展。生态文明建设关系人类生存发展及子孙后代长远大计。应树立尊重自然、顺应自然、保护自然的生态文明理念，增强节约意识、环保意识和生态意识，形成合理消费的理念和生活方式。坚持节约资源，保护环境。坚持共同但有区别的责任原则、公平原则和各自能力原则，积极应对全球气候变化。保护生物多样性，维护全球生态安全。提高森林覆盖率，合理利用森林资源。控制空气污染，安全处置危险废物。保障城乡居民饮水安全，合理配置、高效利用水资源，推进水循环利用，同时加强防洪抗旱减灾体系建设。加强海洋环境保护，合理利用海洋资源。

（5）加强全球发展伙伴关系。应建立更加平等均衡的全球发展伙伴关系，致力于促进共同繁荣与发展，其核心仍是南北合作，南南合作是南北合作的有益补充。应加强发展筹资，发挥南北合作的主渠道作用。发达国家应履行官方发展援助的承诺，切实提供发展援助，加大对发展中国家尤其是非洲国家和最不发达国家支持力度。发展中国家应继续加强南南合作，团结互助，共谋发展。

从实施上看，新兴经济体提出五大实施机制：（1）充分发挥联合国的核心领导和组织协调作用。应强化联合国的政策指导和统筹协调职能，协调指导各有关机构、多边机制和条约机制，采取步调一致的措施，推进国际发展合作。应坚持以成员国为主导，同时注意听取其他利益攸关方的建设性意见。（2）加强发展融资力度。广泛凝聚全球、区域和国家层面的政治意愿，为全面实现发展目标动员发展资源。发达国家应承担应尽的发展援助责任，兑现其官方发展援助的承诺。各国也应调动内部资源，增加发展投入。（3）建立健全向发展中国家转让发展技术的机制。推动并支持满足发展中国家实际需求的科技研发、传播和转让，利用科技促进发展。（4）加强人力资源开发和机构能力建设，通过培训、经验交流、知识转让、技术援助等多种形式，加强能力建设。（5）加强南南合作，鼓励和支持发展中国家在南南合作框架下，继续互帮互助，分享发展经验，补充南北合作，实现共同发展。

2. 联大会议上的分歧和共识

在联大会议上，尽管发达经济体与新兴经济体都认同可持续发展目标是联合国2015年后发展议程唯一可行的发展路径，但双方仍存在不小的分歧。比如，在"可持续发展"这个表述中，发达经济体更强调"可持续"，而新兴经济体更强调"发展"；在"共同但有区别的责任"原则中，发达经济体更加强调"共同责任"，而新兴经济体更加强调"有区别的责任"。另外，发达经济体认为，不应特别指明某项原则，而只需一般提及《里约宣言》的原则即可，美国尤其明确表示，凡是涉及"共同但有区别的责任原则"的条文都必须删去。对此，新兴经济体明确表示反对，重申"共同但有区别的责任原则"是联合国讨论发展问题时必须明确的最重要事项。在2015年后的发展议程制定中，发达经济体强调要发挥高级别名人小组的作用，而新兴经济体强调，高级别名人小组的报告只能起参考作用，主要还是发挥作为发展主体的发展中国家的作用，即通过联合国框架下的政府间谈判，来发挥成员国的主导作用，但遗憾的是，到目前为止，名人小组的报告早已提供，而政府间谈判始终没有启动。在此之前，发达经济体又提出，绿色经济是实现可持续发展的主要路径，但新兴经济体担心这一概念可能会被发达国家用于贸易保护或发展援助的附加条件，过度强调"绿色"与"可持续"，将会使自己的发展需求受到忽略①。

2013 年 5 月，高级别名人小组提交了《新型全球合作关系：通过可持续发展消除贫困并推动经济转型》报告，报告试图对 2015 年后发展议程提出一套目标和具体目标②。新的目标框架将包括 12 个目标和 54 个具体目标，相对于千年发展目标的 8 个目标和 21 个具体目标，2015 年后发展议程在内容上更全面、更完整（见表 14-1）。它增加了一些新的内容，如"创造就业机会"、"确保社会安定和平"、"确保良好的管理和有效的制度"等目标；以及"确保妇女在拥有和继承财产、签署合同、注册企业以及开立银行账户方面享有平等权利"、"提高农业生产率"、"采用可持续农业以及海洋和淡水鱼类实践并制定鱼类恢复到可持续生产的水平"、"改善土壤质量"、"减少水土流失面积并防治沙漠化"等具体目标都填补到新的目标框架中。另外，对一些具体目标作出了修正，如"普及小学教育"目标更改为"提供接受素质教育和终身进修的机会"，强调"确保每个儿童在任何情况下均能接受初级中等教育，增加拥有工作所需的各类技能（包括技术和职业技能）的青年和成年女性和男性的人数"等。

表 14-1　2015 年后发展议程与千年发展目标框架下的目标比较

千年发展目标框架	2015 年后发展议程框架
1. 消除极端贫困和饥饿 2. 普及小学教育 3. 促进两性平等并赋予妇女权利 4. 降低儿童死亡率 5. 改善产妇保健 6. 与艾滋病、疟疾和其他疾病作斗争 7. 确保环境的可持续能力 8. 全球合作促进发展	1. 消除贫困 2. 赋予女童和妇女权利并实现两性平等 3. 提供接受素质教育和终身进修的机会 4. 保证健康的生活 5. 确保食品安全和优质营养 6. 实现饮用水和卫生设施普及 7. 保护可持续能源 8. 创造就业机会、可持续生计和公平增长 9. 可持续管理自然资源资产 10. 确保良好的管理和有效的制度 11. 确保社会安定和平 12. 创造有利的全球环境并促进长期资金融通

在发展融资，尤其是官方发展援助（ODA）议题上，新兴经济体与发达经济体的

---

① 孙伊然：《后危机时代全球经济治理的观念融合与竞争》，《欧洲研究》2013 年第 5 期，第 15—16 页。

② UN High-Level Panel，"A New Global Partnership：Eradicate Poverty and Transform Economies Though Sustainable Development"，http：//www.un.org/sg/management/pdf/HLP_ P2015_ Report.pdf，pp. 30-31.

分歧和矛盾就更加凸显。多数新兴经济体都不属于 OECD 发展援助委员会，是发展援助队伍中的"新兴援助者"。它们壮大了国际发展援助实力，为发展中国家尤其是非洲国家提供了更多的发展机会。这些援助国具有一定的经济实力，近年来对外援助增长迅速。尤其是 2008 年国际金融危机之后，新兴援助国在国际援助体系中的作用越来越大。它们需要保障能源安全、扩大贸易机会、建立新的经济关系和扩大在全球经济中的规模，因此当这些新兴的力量建立援助计划并与贫困国家建立强有力的联系时，它们对国际发展援助体系产生了重大的影响①。

　　新兴经济体大多是发展中国家，它们自身经历过转型，因此能够理解发展对于发展中国家的重要性。它们的发展援助模式可以用"南南合作"这一概念来概括，这一模式强调不干涉内政、不附加任何政治条件，发展与援助并举，强调平等互利，以技术合作和项目援助为主。与发达国家相比，他们并不把自己看成是"捐助国"，而是将这种关系看成是发展中国家之间的互利合作，一种南南合作形式的"穷帮穷"。与发达经济体关注公民社会的能力建设等"软领域（software area）"不同，新兴经济体更关注经济发展，它们所涉入的部门大多是"硬领域（hardware）和有形的部门，如建设基础设施和学校等②。另外，与发达经济体主要通过预算援助（即直接向受援国的财政预算注入援助资金）以及多边援助（通过经合组织以及世界银行等多边机构）来提供发展援助的方式有所不同，新兴经济体的发展援助主要是以项目援助和双边援助的方式提供，在程序上更简单，速度上更快捷。从发展援助形式上看，新兴经济体采取技术援助、能力建设、知识共享和培训计划等许多不同的形式，对较小的提供方而言更是如此。而项目支持在数量上占主导地位，尤其是用于基础设施建设。另外，因新兴经济体不附带限制条件，侧重基础设施建设和生产部门，往往被受援国视为更能顺应和适合于它们的需求和优先事项③。

　　一方面，发达经济体与新兴经济体在发展援助领域的政治对话有所增加，其中关于新兴经济体采取的这种南南合作发展援助模式的意义和重要性也不断得到肯定和强调。2009 年《发展筹资多哈宣言》中指出，"我们注意到，援助结构在本十年出现了重大改变。新援助提供者和新型伙伴关系利用新的合作方式，促成了更多的资源动员"。宣言强调"我们认识到南南合作的重要性和不同历史及特殊性，并强调南南合作应被视为各国在共同的经历和目标基础上团结与合作的体现。南南合作是补充而非取代南北合作"④。2010 年联合国千年发展目标首脑会议和第四次联合国最不发达国家会议均指出

①　Ngaire Woods, "Whose Aid? Whose Influence? China, Emerging Donors and the Silent Revolution in Development Assistance", *International Affairs*, 2008, Vol. 84, No. 6, p. 1.
②　He Wenping, "From 'Aid Effectiveness' to 'Development Effectiveness': What China's Experiences Can Contribute to the Discourse Evolution?", *Global Review*, Summer, 2012, p. 87.
③　《国际发展合作的趋势与进展》，E/2012/78，第 25 页。
④　《发展筹资问题多哈宣言：审查蒙特雷共识执行情况的发展筹资问题后续国际会议结果文件》，A/RES/63/239，第 12 页。

南南合作是对南北合作的补充，并强调了南南合作的重要作用和评估其影响的必要性。2012 年 OECD 发展援助委员会釜山会议的成果文件提出了加强南南合作的知识共享和相互学习的具体步骤。宣言指出"今天的国际发展合作结构已经从过去的南北范式开始演化，不同于传统的援助提供国和受援国之间的关系，发展中国家和一系列新兴经济体已经成为南南国际发展合作的重要提供者。它们仍然是发展中国家，在其国内仍面临着贫困问题，它们从他国提供的发展合作中受益，同时它们也越来越承担起与其他发展中国家分享经验和合作的责任"[1]。

但另一方面，发达经济体对新兴经济体与自己的这些差别仍然在不断加以指责。批评新兴国家将世界银行、地区发展银行和其他发展援助机构制定的环境保护制度抛至一旁，使 OECD 发展援助委员会制定的关于贷款的重要标准和条件被破坏，同时某些新兴经济体还支持苏丹、津巴布韦等流氓国家，使地区和全球更不安全、更不稳定，在全球政治和经济体系通过发展援助引入和扩散了一些"有毒的思想"（toxic ideas），这些思想将伤害贫困国家。牛津大学教授、世界银行发展研究部前主任保罗·科利尔（Paul Collier）在《最底层的 10 亿人》一书中宣称，"在最底层的 10 亿人中，（治理）已经异常糟糕了，而新兴经济体却正在使这一局面进一步恶化[2]。但实际上，正如发达经济体的另一些学者所指出的，这些批评都没有证据，事实证明，贫困国家在与新兴经济体建立联系后，正经历着高速经济增长，并且新兴经济体也正在利用其在贫困地区的影响力促进其稳定[3]。

归纳起来看，新兴经济体与发达经济体在发展援助议程上存在理念、方式、渠道、重点和条件限制等诸多分歧。在援助理念上，发达经济体认为发展援助应由援助国主导，而新兴经济体则将发展援助看成是发展中国家之间的互利合作；在援助方式上，发达经济体主张预算援助，即直接向受援国的财政预算注入援助资金，而新兴经济体的发展援助主要是以项目援助的方式进行；在援助的渠道上，发达经济体主要是通过经合组织、世界银行和八国集团等多边机构来提供发展援助，而新兴经济体则主要通过双边援助的渠道；在援助的重点上，发达经济体关注公民社会的能力建设如教育、医疗等软领域，而新兴经济体关注基础设施建设等硬领域；最后在援助是否有条件性限制上，发达经济体一直将民主、人权和善治作为发展援助的先决条件，而新兴经济体则一贯主张不附加任何政治条件。

合力推进联合国 2015 年后发展议程是 2013 年新兴经济体在联合国框架下开展合作的主要内容。随着 2015 年联合国千年发展目标的到期，国际发展议程会会变得更加重

---

[1] "Busan Partnership for Effective Development Co-Operation", http：//www.oecd.org/dac/effectiveness/49650173.pdf, p. 4.

[2] Paul Collier, *The Bottom Billion：Why the Poorest Countries Are Failing and What Can Be Done About it*, Oxford：Oxford University Press, 2007, p. 86.

[3] Ngaire Woods, "Whose Aid? Whose Influence? China, Emerging Donors and the Silent Revolution in Development Assistance", *International Affairs*, 2008, Vol. 84, No. 6, p. 3.

要。新兴经济体已经提出了自己的一些政策主张和利益诉求，但必须指出的是，目前这些政策和利益诉求有多少能够实实在在地转变成 2015 年后的发展议程，还取决于新兴经济体和发达新兴经济体在全球发展议程中的博弈。

一方面，从联合国千年发展目标的制定到联合国 2015 年后发展议程的制定的历史比较来看，新兴经济体的政治参与已经显著增强，话语权也已经得到了大幅的提升。但另一方面也必须看到，无论是 10 多年前的千年发展目标，还是现在的 2015 年后发展议程，发达经济体的议程设置和议题主导的能力仍占明显的上风。新兴经济体只有不断加强团结，并提升自身的治理能力，以提出一些切实可行的政策方案，才能在国际发展议程上推动建立发达经济体与新兴经济体"平等互信、包容互鉴、合作共赢"的新型全球发展伙伴关系。

第十五章 携手圆梦：
深化中非合作回应国际关切

2013 年，中国与非洲国家之间的新型战略伙伴关系在平稳发展中进一步拓展和深化，并在某些领域出现了一些突破：双边贸易额冲破 2000 亿美元大关，中国稳居非洲最大贸易伙伴国地位；习近平主席选择非洲三国作为其首访地，中非升级为"命运共同体"；双方在和平安全领域的合作出现了新进展。

中国在 20 世纪 80 年代以来经历了长达 30 年的经济高速增长，而非洲在进入 21 世纪以来也连续快速增长 10 余年，并继续保持快速增长态势。正如有文章指出的，中国的 30 年和非洲的 10 年之间不仅存在关联，而且双方正形成一种全新的关系，即在全球经济重心向南方国家、发展中国家倾斜之际，中非能够利用各自优势，共同构建一种新型的、具有自主自信自觉的战略意识并保持开放的协同发展关系，由此对传统的南南合作及既存的南北关系产生深远影响。中非特殊的"命运共同体"也由此进一步向新的"机遇共同体"提升，而"中国梦"与"非洲梦"的相互印证和融会，正是这种全新关系最深刻的时代表达。①

一、中非经贸往来纵深拓展

受全球经济低迷、中非经济结构调整及部分非洲国家政局变化等影响，2013 年，中非双边进出口贸易增幅有所收窄，与 2012 年同期相比，只增长了 5.92%，远低于 2012 年的 19.3% 以及 2000—2012 年间年均 27.66% 的增速。不过，双边贸易总额依然突破了 2000 亿大关，达到 2102.4 亿美元。自 2009 年中国超过美国成为非洲最大贸易伙伴国以来，2013 年中国继续稳居这一位置。与之相比，美非贸易额在 2013 年只有区区 851.14 亿美元，不到中非贸易额的一半，与 2012 年的 995.5 亿美元相比，更出现大

---

① 刘鸿武、卢凌宇：《"中国梦"与"非洲梦"：中非命运共同体的建构》，《西亚非洲》2013 年第 6 期，第 19—33 页。

幅下滑。① 中非贸易占非洲对外贸易总额的比重由 2000 年的 3.82% 成长到 2013 年的 16.13%，并占去了金砖国家对非贸易总额的一半以上，对非贸易占中国总贸易额的比例同期也由 2.23% 增长到 5.05%。

在中非 2000 多亿美元的贸易总额中，中国对非出口 928.1 亿美元，同比增长 8.8%；进口 1174.3 亿美元，同比增长 3.7%。贸易逆差 246.2 亿美元，比 2012 年的 278.5 亿美元有所减少，不过贸易逆差仍占贸易总额的 11.7%。贸易逆差的产生既与中国对非洲产品的大量需求有关，也与中国对非的贸易优惠和便利政策有关。中国通过给予埃塞俄比亚、贝宁、布隆迪等已建交的非洲最不发达国家 95% 税目输华产品的零关税待遇，进一步向非洲开放了市场，有力促进了非洲商品对华出口。②

中国政府于 2000 年提出并召开"中非合作论坛"首届部长级会议。从 2001 年到 2013 年，在该论坛的强力推动下，中非经贸关系快速发展。13 年来，双边经贸总额从 2001 年的 108.1 亿美元猛增到 2102.4 亿美元，增长了 19 倍多（见图 15-1）。

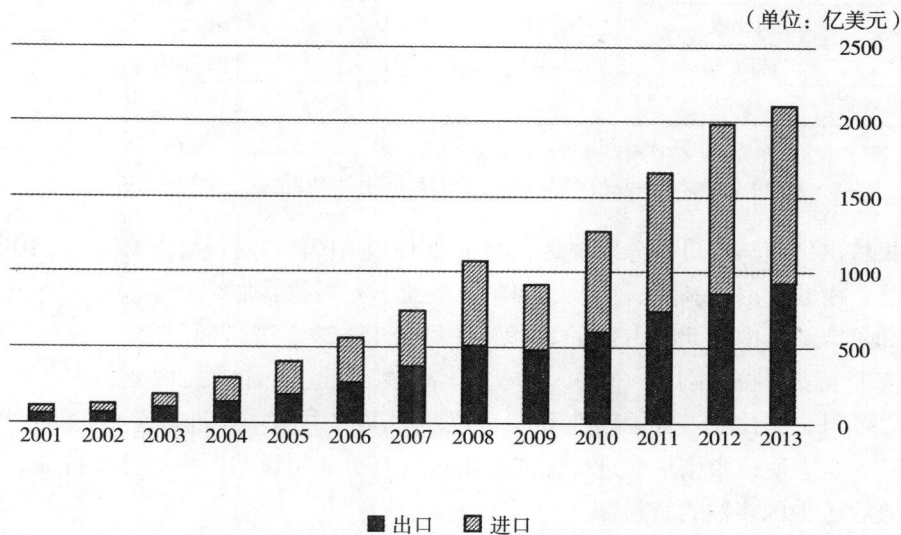

图 15-1 中非进出口贸易额变化（2001—2013 年）

数据来源：国务院发展研究中心信息网对外贸易数据库，http://data.drcnet.com.cn/web/ChannelPage.aspx?channel=dwmysjk。

从中国海关统计数据来看，中国与非洲国家之间的贸易往来存在不平衡分布的特征，国别集中度较高。2013 年中国对非贸易总额居前 10 位的国家分别是：南非、安哥

① U.S.Census Bureau, "U.S.Bureau of Economic Analysis NEWS", U.S.Department of Commerce, FEBRUARY 6, 2014, http://content.govdelivery.com/attachments/USESAEI/2014/02/06/file_attachments/268470/International%2BTrade%2B%2528December%2B2013%2529.pdf.

② 《2013 年中非经贸合作成果令人瞩目，新亮点不断涌现》，国际在线网站，2013 年 12 月 31 日，http://gb.cri.cn/42071/2013/12/31/6851s4375277_1.htm。

拉、尼日利亚、埃及、阿尔及利亚、刚果（布）、加纳、利比亚、苏丹以及赞比亚。10
国贸易额占中国对非贸易总额的 75.1%，其中南非、安哥拉、尼日利亚、埃及和阿尔
及利亚 5 国即占去了 63.3%（见表 15-1）。

表 15-1　2013 年非洲与中国贸易往来规模最大的 20 个国家　（单位：亿美元）

排序	国家	贸易额	排序	国家	贸易额
1	南非	651.5	11	摩洛哥	38.1
2	安哥拉	359.4	12	刚果（金）	37.2
3	尼日利亚	135.9	13	坦桑尼亚	36.9
4	埃及	102.1	14	肯尼亚	32.7
5	阿尔及利亚	81.9	15	贝宁	32
6	刚果（布）	64.9	16	赤道几内亚	28.3
7	加纳	51.5	17	多哥	25.6
8	利比亚	48.7	18	南苏丹	25.4
9	苏丹	45	19	利比里亚	25
10	赞比亚	38.1	20	毛里塔尼亚	23.4

数据来源：国务院发展研究中心信息网对外贸易数据库，http://www.drcnet.com.cn/eDRCnet.common.web/docview.
aspx? version=data&docId=3470651&leafId=16353&chnId=4289。

如果将出口额与进口额分别统计，那么 2013 年中国对非贸易出口额居前 10 位的国
家分别是：南非、尼日利亚、埃及、阿尔及利亚、安哥拉、加纳、摩洛哥、肯尼亚、坦
桑尼亚和贝宁。其中前 5 国占去了 50.9%（见表 15-2）。进口额居前 10 位的国家则分
别是：南非、安哥拉、刚果（布）、赞比亚、刚果（金）、赤道几内亚、南苏丹、阿尔
及利亚、苏丹、利比亚。其中南非和安哥拉两国即占中国从非进口总额的 68.4%（见
表 15-3）。这表明，中国从非进口比向非出口具有更加明显的不平衡分布特征。南部非
洲国家吸收了中国多数的贸易额。

表 15-2　2013 年中国对非洲出口规模最大的 20 个国家　（单位：亿美元）

排序	国家	贸易额	排序	国家	贸易额
1	南非	168.3	11	利比亚	28.3
2	尼日利亚	120.4	12	多哥	24.4
3	埃及	83.6	13	苏丹	24.0
4	阿尔及利亚	60.3	14	利比里亚	23.3
5	安哥拉	39.7	15	埃塞俄比亚	18.7
6	加纳	39.5	16	喀麦隆	15.1
7	摩洛哥	32.7	17	突尼斯	12.6
8	肯尼亚	32.2	18	莫桑比克	12.0

排序	国家	贸易额	排序	国家	贸易额
9	坦桑尼亚	31.4	19	吉布提	10.2
10	贝宁	29.9	20	塞内加尔	10.0

数据来源：国务院发展研究中心信息网对外贸易数据库，http：//www.drcnet.com.cn/eDRCnet.common.web/docview.aspx？version＝data&docId＝3470651&leafId＝16353&chnId＝4289。

表15-3　2013年中国从非洲进口规模最大的20个国家　　（单位：亿美元）

排序	国家	贸易额	排序	国家	贸易额
1	南非	483.2	11	埃及	18.5
2	安哥拉	319.7	12	毛里塔尼亚	17.4
3	刚果（布）	57.1	13	尼日利亚	15.4
4	赞比亚	30.8	14	塞拉利昂	14.5
5	刚果（金）	27.6	15	加纳	12.0
6	赤道几内亚	24.7	16	加蓬	9.0
7	南苏丹共和国	24.6	17	津巴布韦	6.9
8	阿尔及利亚	21.6	18	坦桑尼亚	5.5
9	苏丹	21.0	19	摩洛哥	5.3
10	利比亚	20.4	20	莫桑比克	4.5

数据来源：国务院发展研究中心信息网对外贸易数据库，http：//www.drcnet.com.cn/eDRCnet.common.web/docview.aspx？version＝data&docId＝3470651&leafId＝16353&chnId＝4289。

　　非洲国家的进出口能力与自身的经济发展水平具有直接的关系。中国对非洲进出口的十大贸易伙伴国都是非洲GDP排在前列的国家。根据国际货币基金组织2014年1月公布的《世界经济展望》的最新预测数字，2013年非洲GDP总量排在前列的国家依次是：南非、尼日利亚、埃及、阿尔及利亚、安哥拉、摩洛哥、利比亚、多米尼加、肯尼亚和苏丹。[1] 这与我国出口非洲的十大伙伴国大体是重合的。

　　以单个国家计，中国已经连续4年成为南非第一大贸易伙伴国、第一大出口市场和第一大进口来源地，南非则继续超过安哥拉成为中国在非洲第一大贸易伙伴国。2013年中南双边贸易额高达651.5亿美元，已经接近中印的654亿美元。[2] 而1998年两国刚建交时双边贸易额仅约15亿美元，15年间增长了43倍多。这一增速也远远高于同期中国与其他金砖国家的双边贸易增速。

---

　　[1] 国际货币基金组织：《世界经济展望》，国际货币基金组织网站，2014年1月21日，http：//www.imf.org/external/ns/loe/cs.aspx？id＝91。

　　[2] 《杨洁篪在〈印度快报〉发表署名文章〈中国梦和印度梦息息相通〉》，外交部网站，2014年2月10日，http：//www.fmprc.gov.cn/mfa_chn/gjhdq_603914/gj_603916/yz_603918/1206_604930/xgxw_604936/t1126847.shtml。

随着双边贸易的快速成长，中南贸易产品结构凝固化问题日趋改善，合作领域不断拓展。2011 年 12 月 6 日，南非国有运输集团的货运铁路事业部发布招标公告，面向全球采购 95 台双流制普货电力机车。中国南车株洲电力机车有限公司一举击败 8 家竞争对手。北汽集团、海信等中国企业纷纷在南非建立工厂，注重本土化发展。南车、华为、中兴等企业对南非出口产品也在往产业链上端攀升。南非方面，世界第二大啤酒酿制商南非米勒持有中国华润雪花啤酒公司 49%的股份；南非传媒集团 Naspers 是腾讯控股有限公司的股东。①

南非的案例提供了中非贸易结构不断优化的缩影。目前，中国对非出口商品中，技术含量和附加值较高的机电、高新技术产品几乎达到一半，而非洲本土生产的钢材、铜材等工业制成品也陆续进入中国市场。除了贸易，中非在其他经贸合作领域也取得丰硕成果。2013 年 1—10 月，中国对非洲非金融类直接投资达 25.4 亿美元，同比增长 71.6%。中国企业同期在非新签署承包工程合同额 470.1 亿美元，同比增长 22.5%，完成营业额 322.1 亿美元，同比增长 11.4%。非洲已经成为中国企业在海外承包工程的第二大市场。②

342

二、中非政治互动频繁密切

2013 年，中非政治层面的合作与交往进一步推进。新春三月，国家主席习近平刚就任，就在出访俄罗斯后，踏上了非洲大陆。在长达一周的时间里，习近平相继访问了坦桑尼亚、南非、刚果共和国。③ 此举开创了我国国家元首首次出访就访非的先例，这表明中国新一届领导集体高度重视发展同非洲国家的友好合作，并将其置于中国对外战略的重要地位，中非新型战略合作伙伴关系内涵进一步充实。

在坦桑尼亚，习近平发表题为《永远做可靠朋友和真诚伙伴》的重要演讲。在演讲中，习近平总结中非友好关系发展历史经验，并对中非关系做了全新定位。具体来说，习近平的演讲有以下几点要旨：

其一，从历史、现实和未来发展三方面，全面阐发了中非关系，将中非关系视为"兄弟情谊"，是一组"命运共同体"。他指出，"中非人民在反殖反帝、争取民族独立和解放斗争中，在发展振兴道路上，相互支持、真诚合作，结下了同呼吸、共命运、心连心的兄弟情谊"。由于"共同的历史经历、共同的发展任务、共同的战略利益"，因

---

① 倪涛：《2012 年中国南非两国双边贸易额近 600 亿，15 年增 40 倍》，《人民日报》2013 年 9 月 28 日，第 12 版。

② 《2013 年中非经贸合作成果令人瞩目，新亮点不断涌现》，国际在线网站，2013 年 12 月 31 日，http://gb.cri.cn/42071/2013/12/31/6851s4375277_1.htm。

③ 杨洁篪：《新形势下中国外交理论和实践创新》，外交部网站，2013 年 8 月 16 日，http://www.fmprc.gov.cn/mfa_chn/wjdt_611265/gjldrhd_611267/t1066866.shtml。

而中非从来都是"命运共同体"。"中非命运共同体"这一概念是习近平对中非关系的新定位，它高度概括了中非在彼此外交关系中的战略地位。习近平进而指出，中非关系正站在新的历史起点上，"新形势下，中非关系的重要性不是降低了而是提高了，双方共同利益不是减少了而是增多了，中方发展对非关系的力度不会削弱、只会加强"①。

其二，习近平进而围绕"真、实、亲、诚"四个字，全面阐述了中国的对非政策以及中非关系的新特质。"真"字体现在中国始终坚持国家不分大小、强弱、贫富一律平等，反对干涉别国内政，继续在国际和地区事务中坚定支持非洲国家的正义立场，坚定支持非洲自主解决本地区问题的努力。"实"字体现在中国致力于把自身发展同非洲发展紧密联系起来，把中国人民利益同非洲人民利益紧密结合起来，把中国发展机遇同非洲发展机遇紧密融合起来，在谋求自身发展的同时，始终向非洲朋友提供力所能及的支持和帮助。"亲"字体现在中国人民和非洲人民有着天然的亲近感，并通过深入对话和实际行动获得心与心的共鸣。"诚"字体现在中方坦诚面对中非关系面临的新情况新问题，对出现的问题，应该本着相互尊重、合作共赢的精神加以妥善解决。②

其三，在演讲中，习近平将"中国梦"和"非洲梦"联结在一起，阐释了两者之间的内在关联，并指出实现"中国梦"和"非洲梦"是实现"世界梦"的重要基础。首先"中国梦"和"非洲梦"两者之间是相通的："中国人民正致力于实现中华民族伟大复兴的中国梦，非洲人民正致力于实现联合自强、发展振兴的非洲梦。"中非不仅"要加强团结合作、加强相互支持和帮助，努力实现我们各自的梦想"，还要同国际社会一道，"推动实现持久和平、共同繁荣的世界梦，为人类和平与发展做出新的更大的贡献"③。"中国梦"、"非洲梦"和"世界梦"之间具有内在的国际关联，实现这三个梦想，又是"中非命运共同体"的历史使命。

习近平主席不仅相继出访了非洲三国，还在访问南非期间以早餐会的特别形式，同非洲十多位国家领导人就中非关系、非洲形势深入交换意见，阐述了政策主张。南非总统祖马、安哥拉总统多斯桑托斯、科特迪瓦总统瓦塔拉、贝宁总统亚伊、莫桑比克总统格布扎、乌干达总统穆塞韦尼、赤道几内亚总统奥比昂、几内亚总统孔戴、乍得总统代比、埃塞俄比亚总理海尔马里亚姆以及阿尔及利亚议长萨拉赫、非盟委员会主席祖马等出席早餐会。与会的非洲国家领导人一致盛赞非中传统友谊。他们表示，非中合作是建立在相互信任、互利共赢、互不干涉内政基础上的；中国的投资和援助有力促进了非洲国家经济和社会发展，所谓"新殖民主义"的说法没有根据。非洲国家希望借鉴中国发展的成功经验，希望中国在国际场合继续为非洲仗义执言。非洲国家也将一如既往坚

343

①　《习近平在坦桑尼亚尼雷尔国际会议中心发表演讲 中非永远做可靠朋友和真诚伙伴》，外交部网站，2013 年 3 月 25 日，http：//www.fmprc.gov.cn/mfa_ chn/wjdt_ 611265/gjldrhd_ 611267/t1024948. shtml。

②　《习近平在坦桑尼亚尼雷尔国际会议中心的演讲》，新华网，2013 年 3 月 25 日，http：//news.xin-huanet.com/2013-03/25/c_ 124501703_ 2. htm。

③　《习近平在坦桑尼亚尼雷尔国际会议中心发表演讲 中非永远做可靠朋友和真诚伙伴》，外交部网站，2013 年 3 月 25 日，http：//www.fmprc.gov.cn/mfa_ chn/wjdt_ 611265/gjldrhd_ 611267/t1024948. shtml。

定支持中国。非中关系一定会继续成为发展中国家合作的典范。习近平则进一步阐发了中国的对非政策，并提出了四点主张：第一，中国将永远做非洲和平稳定的坚定维护者，坚定支持非洲国家自主解决本地区问题，积极参与非洲热点问题的斡旋和解决，鼓励非洲国家通过对话协商解决问题；第二，中国永远做非洲繁荣发展的坚定促进者，中国政府将积极采取措施，鼓励中国企业扩大对非投资，继续要求中国企业积极履行社会责任；第三，中国将永远做非洲联合自强的坚定支持者，中方愿深化同非盟及非洲次区域组织、非洲发展新伙伴计划的合作，推进非洲一体化建设；第四，中国将永远做非洲平等参与国际事务的坚定推动者，呼吁国际社会共同为非洲和平与发展事业发挥建设性作用。①

习近平的非洲之行取得丰硕成果，巩固和加深了中非传统友谊。在坦桑尼亚，双方一致同意构建和发展互利共赢的全面合作伙伴关系；中坦双方签署 17 项协议，其中包括投资预算达到 100 亿美元、总预算与坦赞铁路大体相当的巴加莫约港综合开发项目，中方还将在坦设立中国文化中心。在南非，两国领导人同意将中南关系作为各自国家对外政策的战略支点和优先方向，推动中南全面战略伙伴关系不断迈上新台阶；两国领导人同意：确定 2014 年为中国"南非年"，2015 年为南非"中国年"。在刚果（布），两国元首同意在传统友谊基础上，建立团结互助的全面合作伙伴关系；两国元首重申将继续加强两国在农业、基础设施建设、能源等重点领域合作，并一致同意加强人文交流，夯实两国友好民意基础。②

习近平的访问在非洲引发热烈反响。在坦桑尼亚发表演讲时，30 分钟获得 30 次掌声。在访问刚果（布）时，刚果共和国总统萨苏、30 多位部长和军队高级将领、30 多名驻刚外国使节列队迎接，8 万名当地群众夹道欢迎。在结束访问返京时，刚果共和国总统萨苏、参议院议长伊图、国民议会议长孔巴、30 多位政府部长、布拉柴维尔省省长、军方高级将领及 40 多位外国驻刚使节等又到机场送行。③ 中刚之间的深厚情谊，可见一斑。

除了习近平主席之外，2013 年，全国人大常委会委员长张德江、国务院副总理刘延东、国家副主席李源潮、国务院副总理汪洋等也相继访问了非洲，与多国领导人会面，开展双边和多边外交活动（见大事记 15-1）。

---

① 《习近平强调：中非关系发展没有完成时只有进行时》，新华网，2013 年 3 月 28 日，http：//news. xinhuanet.com/world/2013-03/28/c_ 115200250. htm。

② 李斌、吴黎明、钱彤：《永远的朋友 真诚的伙伴——记中国国家主席习近平非洲之行》，新华网，2013 年 3 月 31 日，http：//news.xinhuanet.com/world/2013-03/31/c_ 115224821. htm。

③ 《习近平结束对俄罗斯、坦桑尼亚、南非、刚果共和国的国事访问和出席金砖国家领导人第五次会晤回到北京》，外交部网站，2013 年 3 月 31 日，http：//www.fmprc.gov.cn/mfa_ chn/wjdt_ 611265/gjldrhd_ 611267/t1027070. shtml。

大事记 15-1　2013 年中国国家领导人出访非洲一览

时间	国家领导人	目的地
2013 年 3 月 24—31 日	习近平主席	坦桑尼亚、南非、刚果
2013 年 5 月 22—25 日	汪洋副总理	津巴布韦、非盟、埃塞俄比亚
2013 年 9 月 16—19 日	张德江委员长	乌干达、尼日利亚
2013 年 11 月 25—26 日	刘延东副总理	埃塞俄比亚、非盟委员会
2013 年 12 月 6—11 日	李源潮副主席	南非（出席曼德拉葬礼）
2013 年 12 月 6 日	国务委员杨洁篪	南非（出席金砖国家安全事务高级代表第四次会议）

资料来源：外交部网站资料整理。

与此同时，2013 年，非洲地区有十多位国家领导人相继来华访问，来访的频度之密、级别之高、逗留时间之长，足以显示出中国在非洲国家和地区事务当中的重要地位和深厚影响力（见大事记 15-2）。

大事记 15-2　2013 年来访的非洲领导人一览

时间	2013 年访华的非洲领导人
2013 年 2 月 14—17 日	非洲联盟委员会主席祖马
2013 年 4 月 6—10 日	赞比亚总统萨塔
2013 年 5 月 5—11 日	马派拉副总书记率领的南非共产党代表团
2013 年 5 月 13—16 日	莫桑比克总统格布扎
2013 年 5 月 27 日—6 月 2 日	坦桑尼亚桑给巴尔总统谢因
2013 年 6 月 12—16 日	埃塞俄比亚总理海尔马里亚姆
2013 年 6 月 26—30 日	塞拉利昂总统科罗马
2013 年 7 月 4—10 日	副首相梅青率领的莱索托民主大会代表团
2013 年 7 月 9—12 日	尼日利亚总统乔纳森
2013 年 8 月 18—23 日	肯尼亚总统肯雅塔
2013 年 10 月 16—25 日	坦桑尼亚总理平达
2013 年 10 月 19—24 日	纳米比亚全国委员会副主席玛格蕾特·门萨-威廉斯
2013 年 10 月 27—30 日	南非副总统莫特兰蒂
2013 年 11 月 12—17 日	赤道几内亚第二副总统曼格

资料来源：外交部网站资料整理。

除了双边交往，中国还利用非盟特别峰会、联合国大会、曼德拉追悼活动等多边场合加强与非洲国家和地区之间的磋商和交流，共同协调各方在国际和地区事务当中的观点和立场。

2013 年 5 月 25 日，非洲统一组织成立 50 周年非盟特别峰会在埃塞俄比亚首都亚的斯亚贝巴举行，习近平主席委托国务院副总理汪洋作为自己的特别代表，出席特别峰会，并在峰会上宣读贺词。全国人大常委会委员长张德江则应邀出席非洲驻华使团在北京举行的庆祝招待会。①

2013 年 9 月 23 日，在出席第 68 届联合国大会期间，外交部长王毅在纽约联合国总部与南非外长马沙巴内共同主持了中非外长第三次联大政治磋商。非盟及非洲四十多个国家的外长或代表参加。王毅在发言中表示，互利共赢、务实高效是中非合作的鲜明特征，以投融资、援助、非洲一体化、中非民间交往和非洲和平安全五大领域为主线的成果落实工作取得显著进展。下一步中非合作要深化战略互信，致力共同发展，加强多边合作，推进中非论坛建设，让中非人民都能更多受益。中非外长们围绕中非合作主题深入交换意见，并一致通过《中非外长第三次政治磋商联合公报》。②

2013 年 12 月 5 日，南非前总统曼德拉不幸逝世，习近平主席致唁电表示深切的哀悼。此后，李克强总理在与法国总理埃罗举行会谈时，杨洁篪国务委员在出席金砖国家安全事务高级代表第四次会议时，也分别在发言中对南非前总统曼德拉逝世表示深切哀悼。12 月 10 日，南非政府为曼德拉举行大型官方追悼活动，习近平主席特别代表、国家副主席李源潮专赴南非约翰内斯堡出席追悼活动并致辞，还向祖马转交了习近平主席的亲署函。③

三、中非安全合作稳步推进

2013 年，非洲局部安全局势依然动荡不安。在北非，一些国家饱受"民主化"后遗症的煎熬：脆弱、难以确立权威的新生制度在猛然释放的碎片化大众参与面前显得岌岌可危，派别斗争不断激化，国家陷入动荡分裂。利比亚总统在 1 月视察西南部地区时险遭暗杀，其总理 10 月在首都的黎波里市中心又遭武装人员绑架。而埃及前总统穆尔西 7 月 3 日被军方解职后，随后爆发的暴力冲突造成数百人死亡，上千人受伤。在撒哈拉以南，一些以国家治理能力弱化为典型特征的"弱国家"更是冲突的主要温床。在中非，由反对前总统博齐泽的多支武装组成的"塞雷卡"3 月推翻了博齐泽政权，成立过渡政府；此后，以"塞雷卡"武装人员与地方自卫武装团体之间的冲突引发严重人道主义危机，近 600 人死亡，约 15.9 万居民逃离家园。在马里，军人哗变之后，被美

---

① 《外交部发言人洪磊就非洲统一组织成立 50 周年非盟特别峰会答记者问》，中非合作论坛网站，2013 年 5 月 28 日，http：//www.fmprc.gov.cn/zflt/chn/zfgx/zfgxdfzc/t1044521.htm。

② 《王毅主持中非外长第三次联大政治磋商》，外交部网站，2013 年 9 月 24 日，http：//www.fmprc.gov.cn/mfa_ chn/zyxw_ 602251/t1079715.shtml。

③ 《李源潮出席曼德拉追悼活动并致辞》，外交部网站，2013 年 12 月 10 日，http：//www.fmprc.gov.cn/mfa_ chn/wjdt_ 611265/gjldrhd_ 611267/t1107504.shtml。

国列为非洲三大恐怖集团之一的"伊斯兰马格里布基地组织"，在北部发起凶狠攻势。① 7 月中旬，刚果（金）政府军在该地区的一次行动中击毙了 120 名反政府武装，另有 10 名政府军士兵在行动中丧生。② 临近岁末，刚刚建国不到 2 年半的南苏丹又重陷战火，以南苏丹总统基尔及其领导的政府军与 7 月遭基尔解职的前副总统马沙尔及倒戈支持他的前武装力量为冲突双方，两者之间最初的权力斗争此后大范围演化为以前者所属的最大部族丁卡族和后者所属的第二大部族努尔族之间的相互杀戮，冲突造成上千人死亡，近 20 万人流离失所。③

不仅一些国家内部的派系斗争和冲突有所激化，非传统安全方面的挑战尤其恐怖主义活动的蔓延也成为过去一年非洲安全上的重大威胁。从年初的阿尔及利亚"天然气田人质"事件到 9 月肯尼亚首都内罗毕购物中心发生的恐怖袭击事件，伊斯兰极端恐怖组织在非洲实施的恐怖活动呈现扩大和蔓延之势。前者劫持了 41 名多个国家在阿工人，最终以 23 名人质遇难的悲剧收场。后者则由索马里"青年党"跨境实施，共造成包括 1 名中国公民在内的 72 人遇难、200 多人受伤的惨剧，肯尼亚警方和安全部队历时 4 天才最终控制住这家高档购物中心，击毙并逮捕了涉案恐怖分子。④

中国一直是非洲和平与稳定的维护者和捍卫者。2012 年在北京召开的中非合作论坛第五届部长级会议上，国家主席胡锦涛代表中国政府宣布："中国将发起'中非和平安全合作伙伴倡议'，深化同非盟和非洲国家在非洲和平安全领域的合作，为非盟在非开展维和行动、常备军建设等提供资金支持，增加为非盟培训和平安全事务官员和维和人员数量。"⑤ 在会议上发表的《北京行动计划》进一步提出，"在力所能及的范围内对非盟的支持和平行动，'非洲和平与安全框架'建设，和平与安全领域人员交流与培训，非洲冲突预防、管理与解决以及冲突后重建与发展提供资金和技术支持"⑥。

2013 年是中国"中非和平安全合作伙伴倡议"提出后的第一年。过去一年，在支持非洲和平与安全建设方面，中国的工作主要体现在以下几个方面：

其一，在联合国框架下继续加大在非洲地区的维和行动规模和力度。2013 年，中国在非洲八个维和区当中的七个派出了自己的维和部队、军事观察员以及（或者）民

347

---

① 《2013 国际冲突盘点》，中国时刻网站，2014 年 1 月 1 日，http://www.s1979.com/a/20140101/01110904701.shtml。

② 《刚果（金）东部局势引人关注》，国际在线网站，2013 年 8 月 2 日，http://gb.cri.cn/42071/2013/08/02/6931s4205101.htm。

③ 贺文萍：《多样非洲：2013 年的非洲政治、安全与经济发展》，《亚非纵横》2014 年第 1 期，第 12—26 页。

④ 贺文萍：《多样非洲：2013 年的非洲政治、安全与经济发展》，《亚非纵横》2014 年第 1 期，第 12—26 页。

⑤ 胡锦涛：《开创中非新型战略伙伴关系新局面——在中非合作论坛第五届部长级会议开幕式上的讲话》，中非合作论坛网站，2012 年 7 月 19 日，http://www.focac.org/chn/dwjbzzjh/zyjh/t953168.htm。

⑥ 《中非合作论坛第五届部长级会议——北京行动计划（2013 年至 2015 年）》，中非合作论坛网站，2014 年 7 月 23 日，http://www.focac.org/chn/zxxx/t954617.htm。

事警察。其中赴利比里亚维和警察防暴队是中国首次向联合国非洲任务区派遣的成建制维和警察防暴队。[①] 与此同时，中国也改变了过去只派遣工兵、后勤、医疗队等的做法，第一次向联合国在马里的维和行动派出了安全部队。[②] 从数据统计来看，中国向联合国利比亚特派团（联利特派团）、南苏丹特派团、苏丹达尔富尔混合行动、联合国刚果（金）稳定特派团（联刚稳定团）四个维和特派团派出的维和部队规模都在 200 人以上，其中联利特派团中的中国维和部队的人数达到了 564 人。高峰时（11 月）中国在非洲任务区的各类人数是 1589 人，最低（12 月）也有 1160 人（见表 15-4）。

表 15-4　2013 年 1—12 月中国参与的非洲维和行动及人数

行动名称		1月	2月	3月	4月	5月	6月	7月	8月	9月	10月	11月	12月
西撒特派团	观察员	10	10	10	10	5	10	10	10	10	10	10	10
马里稳定团	维和部队										7	22	157
联刚稳定团	维和部队	218	221	221	221	91	221	221	221	220	221	221	221
联刚稳定团	观察员	15	13	13	13	13	13	13	10	10	12	13	13
联科特派团	观察员	6	6	6	6	6	6	6	6	6	6	6	6
达尔富尔混合行动	维和部队	323	323	321	325	233	233	233	233	233	233	233	234
联利特派团	维和部队	564	564	564	564	564	564	564	564	564	564	564	140
联利特派团	警察	18	18	18	18			18	18	18	18	18	18
联利特派团	建制警察部队										140	140	
联利特派团	观察员	2	2	2	2	2	2	2	2	2	2	2	2
南苏丹特派团	维和部队	347	347	339	347	347	347	340	340	340	340	340	340
南苏丹特派团	警察	14	14	14	14	14	14	14	14	14	14	17	16
南苏丹特派团	观察员	3	3	3	3	3	3	3	3	3	3	3	3
总计		1520	1521	1511	1523	1296	1413	1424	1426	1420	1570	1589	1160

数据来源：联合国维和部，http://www.un.org/en/peacekeeping/resources/statistics/contributors_ archive.shtml。

其二，中国加大了对非洲冲突国家和地区建设性介入的力度。自 2007 年中国政府设立非洲事务特别代表以来，中国在非洲和平安全事务中发挥的作用更加积极，更加主动。2013 年，中国政府非洲事务特别代表钟建华大使在非洲来回穿梭十多次，在多个国家进行斡旋调停工作：1 月 29 日出席马里问题捐助方会议，向"非洲领导的驻马里国际支持特派团"提供支持和援助；2 月底访问了刚果（金）、卢旺达、布隆迪三国；4 月 17 日会见美国白宫国安会非洲事务高级主任哈里斯并出席南苏丹经济伙伴论坛；4 月 23 日分别会见苏丹副总统哈吉、外交部次长奥斯曼以及联合国/非盟达尔富尔问题联

① 《中国首支赴利比里亚维和警察防暴队启程》，中非合作论坛网站，2013 年 10 月 23 日，http://www.focac.org/chn/zfgx/zfgxzzjw/t1091968. htm。

② 《外交部非洲司司长卢沙野谈新形势下的中国对非外交（"外交·大家谈"访谈实录）》，外交部网站，2014 年 1 月 17 日，http://www.fmprc.gov.cn/mfa_ chn/wjbxw_ 602253/t1119830. shtml。

合特别代表钱巴斯；5月9日出席索马里问题伦敦会议；10月24—28日，先后访问了塞拉利昂和利比里亚，会见了塞外交部代总司长萨维和利代外长格里斯比。[①] 12月南苏丹爆发冲突，数百名中国石油工人撤离时，钟建华特使迅速作出反应，当月29—30日，出访南苏丹，就南苏丹当前局势同基尔总统交换看法，并分别同美国两苏问题特使布斯、美驻南大使苏珊、欧盟非洲事务特使隆多斯就南局势交换意见、协调立场。[②] 除了钟建华特使，外交部长王毅在出访埃塞俄比亚时，也专门分别与在埃塞埃比亚参与和谈的南苏丹冲突双方谈判代表会面，听取双方对当前情况的介绍并分别做促和工作，支持当地各方达成停火协议。

其三，中国继续根据联合国安理会有关决议在亚丁湾和索马里海域执行打击海盗的多国联合行动。到2013年年底，中国已派出16批航编队，42艘舰艇，官兵13214人次远赴亚丁湾和索马里海域执行护航任务。5年来，中国海军舰艇编队护航中外船舶5465艘次，接护11艘被海盗抢劫船舶，解救遭海盗袭击船舶31次42艘。[③] 继续保持着被护船舶和船员两个百分之百安全的纪录，并与世界各国海军密切合作，有效遏制了海盗的抢劫活动，使亚丁湾、索马里海域的安全形势明显好转。中方还与沿湾国家吉布提就开展护航任务展开更为稳定长期的合作。[④]

其四，中国还通过支持非盟及非洲其他次区域组织在该地区和平与安全事务当中的主导作用，来培育和提升非洲地区的自主能力。2013年，在"中非和平安全合作伙伴倡议"框架下，中国拓展并深化了同非盟在非洲和平与安全领域的合作。中国分别向非盟在苏丹达尔富尔、索马里、马里的维和行动提供了物资和现汇援助，并加大了对非盟和非洲有关次区域组织在反恐领域的支持与合作。在最惹人关注的南苏丹冲突中，作为最大石油投资国的中国，在派出钟建华特使赴南苏丹及周边国家促和斡旋的同时，还积极支持非盟以及"东非政府间发展组织"开展调停斡旋工作，并予以能力和资金上的各种支持。

四、非洲发展的中国角色

随着越来越多的资金、人员、商品、企业等涌入非洲，中国在非洲的利益和影响力与日俱增。近些年，有关中国在非角色和地位的负面评论也越来越多。有两方面的趋向值得注意：其一，西方国家对中非关系的批评逐渐呈现出一种官方化趋势，这是历史上

---

① 参见中非合作论坛网站，http://www.focac.org/chn/zfgx/zfgxzzjw/default_4.htm。

② 《中国政府非洲事务特别代表钟建华访问南苏丹》，中非合作论坛网站，2014年1月2日，http://www.focac.org/chn/zfgx/zfgxdfzc/t1113892.htm。

③ 陈万军、吴登峰：《中国海军将继续派遣兵力赴亚丁湾索马里海域护航》，新华网，2013年12月26日，http://news.xinhuanet.com/2013-12/26/c_118726943.htm。

④ 《中吉将加强安全事务合作》，《东方早报》2014年1月9日。

罕见的。① 例如，继美国国务卿希拉里·克林顿在 2012 年出访非洲时抨击中非关系之后，2013 年 6 月底美国总统奥巴马在出访塞内加尔、南非和坦桑尼亚非洲三国时也直言不讳地批评："中国的主要利益是获取非洲的自然资源以刺激自身出口型经济的发展。非洲只是被作为原料产地加以简单利用，而非创造就业岗位、确保长期发展。"②其二，非洲本土的一些政治家对中国的怨言甚至指责的声音也逐渐浮现，比如赞比亚爱国阵线（PF）的领袖迈克尔·萨塔（Michael Sata）在总统大选中明确地打出"反华票"，认为中国是"新的非洲殖民者"。③ 尽管萨塔在当选之后很快改变了其偏激言论和立场，开始积极评价中非关系，但他的言论也代表了一些非洲政治家尤其是反对党的声音。

中非关系发展过程中出现的这种负面声音，一方面，是中非关系全面、快速发展的必然结果。目前在非洲的中国企业已超过 2000 家，在非洲的中国人也超过 100 万人。怀揣梦想的淘金者、冒险家、大小国企，以及规避本土和欧美激烈竞争的"蛰伏者"向非洲集中，必然带来种种问题，比如非法劳工、破坏环境、不守当地法律习俗等等。正如有文章指出的那样，随着 2000 年中非合作论坛机制的建立与 2006 年《中国对非政策》的出台，中非关系已经由之前的政治合作为主导转变为政治、经济、文化、社会、安全的全方位、多领域交往。"在中非关系全面、快速提升的背景下，以往较为'单纯'的中非政府间关系变得愈加复杂，在中非之间，政府、非政府组织、企业、个人等多层次的交往发展起来。交往对象的多样性、交往层次的复杂化、交往内容的日益丰富，也使中非关系同时面临更多的问题。"这些问题的出现，是"双方交往水平提升的产物……在某种意义上彰显出中非合作的广度在拓展"④。

但另一方面，一些有关中非关系的指责也存在诸多偏颇和不实之处。概而言之，这些指责大致可以归结为两种主要论调：其一，中国正在走西方殖民大国的旧路，在非洲大量攫取资源和能源；其二，不附加条件的中国投资和援助助长和支持了非洲国家的腐败和暴政，不利于或扰乱了非洲国家的长远发展。⑤ 前一种批评是西方国家和非洲一些政治家经常援用的理据，而后一种批评实则是西方国家出于对华在非地位和影响力的大幅提升的忧虑甚至恐惧，他们担心中国正利用庞大的投资和援助渠道与西方国家竞争影响力，吸引非洲国家和地区效仿中国发展模式，从而偏离其所规划的西方式道路。

两种论调都显示出政治化操作或者"妖魔化"中非关系的倾向。中非关系是数代

① 张春：《新形势下中非关系的国际贡献研究》，中非联合研究交流计划研究项目专题研究报告，2012年 11 月 30 日，第 3 页。

② 《奥巴马称不反对中国在非"独占鳌头"》，新华网，2013 年 7 月 1 日，http：//news. xinhuanet. com/world/2013-07/01/c_ 124933776. htm。

③ 沙伯力、严海蓉：《非洲人对于中非关系的认知（下）》，《西亚非洲》2010 年第 11 期，第 51—59页。

④ 王涛：《论非洲的中国非法劳工问题》，《国际关系研究》2013 年第 6 期，第 108 页。

⑤ 张永蓬：《西方对非洲影响深化与扩大新态势——中非关系面临的新挑战》，中非联合研究交流计划研究项目专题研究报告，2013 年 4 月 16 日，第 52—53 页。

领导人辛勤培育的结果，新中国成立后的几十年里，中国一直将非洲国家视为朋友和兄弟，在共同抵抗西方殖民和霸权以及在新时期共同致力于国家的繁荣与发展过程中，双方相互支持和协助，结下深厚友谊。对中非关系的任何深入考察和思考都很容易驳斥这种不实论调。

1. 资源和能源并非中国经贸重点

非洲大陆正处于艰难的起飞阶段，未得到开发利用的资源又极为丰富。津巴布韦的铬铁矿、铂族、金，刚果（金）的铜、钴、金、钻石，赞比亚的铜、钴，安哥拉、苏丹的石油，几内亚的铝，加蓬的锰……作为快速工业化中的新兴经济体以及"世界工厂"，中国也确实急需得到这些资源。大量的援助和投资活动，确实很容易造成中国从非洲大量攫取资源和能源的印象。

但是假如详细考察一下中国从非洲大陆的进口情况以及投资的产业分布，就可以发现这种表面的关联实则并不存在。

2013 年，中国从非洲进口金额共计 1174.3 亿美元，其中自南非一国即进口了 483 亿美元，几乎占总进口额的一半。根据海关总署的统计数据，在 483 亿美元的进口商品中，包括矿砂、盐、硫磺、石料、石灰、水泥、矿物燃料、矿物油及其产品等在内的矿产品共计 96 亿美元，仅占进口总额的 19.8%。即使算上已经加工过的钢铁、铜、镍、铝、铅、锌、锡等贱金属及其制品，其数值也不到进口总额的四分之一。

表 15-5　2013 年中国自南非进口商品类别及金额　　（单位：千美元）

类别	金额	类别	金额
活动物；动物产品	31287	鞋帽伞等；羽毛品；人造花；人发品	64
植物产品	97870	矿物材料制品；陶瓷品；玻璃及制品	4201
动、植物油、脂、蜡；精制食用油脂	267	珠宝、贵金属及制品；仿首饰；硬币	5380555
食品；饮料、酒及醋；烟草及制品	42865	贱金属及其制品	1541892
矿产品	9600615	机电、音像设备及其零件、附件	159245
化学工业及其相关工业的产品	263837	车辆、航空器、船舶及运输设备	227868
塑料及其制品；橡胶及其制品	90987	光学、医疗等仪器；钟表；乐器	6955
革、毛皮及制品；箱包；肠线制品	181750	武器、弹药及其零件、附件	—
木及制品；木炭；软木；编结品	17204	杂项制品	505
纤维素浆；废纸；纸、纸板及其制品	182153	艺术品、收藏品及古物	661
纺织原料及纺织制品	207913	特殊交易品及未分类商品	30280440

数据来源：国务院发展研究中心信息网对外贸易数据库，http://www.drcnet.com.cn/eDRCnet.common.web/docview.aspx? version=data&docId=3470749&leafId=16367&chnId=4289。

国务院新闻办公室于 2013 年 8 月发布了《中国与非洲经贸合作（2013）白皮书》，其中对中国在非投资情况做了介绍。从其公布的投资行业分布可以非常清楚地看到，中国在非的投资资金只有 30.6% 流向了采矿业。除此之外，还有 19.5% 流向金融业，16.4%流向建筑业，15.3%流向制造业。此处的数据统计显示，资源富集行业的采矿业并非是中国在非投资的主要方向，第三产业才是最密集区域（见图 15-2）。多数投资与资源并无多大关系，以制造业为例，2012 年年底，中国在非制造业投资存量达 34.3 亿美元。其中，马里、埃塞俄比亚等资源贫瘠国吸引了大量中国投资。中国企业在马里投资糖厂，在埃塞俄比亚建立玻璃、皮革、药用胶囊和汽车生产企业，在乌干达投资纺织和钢管生产项目等，弥补了所在国自然条件、资源禀赋的不足，同时也创造了大量税收和就业。[1]

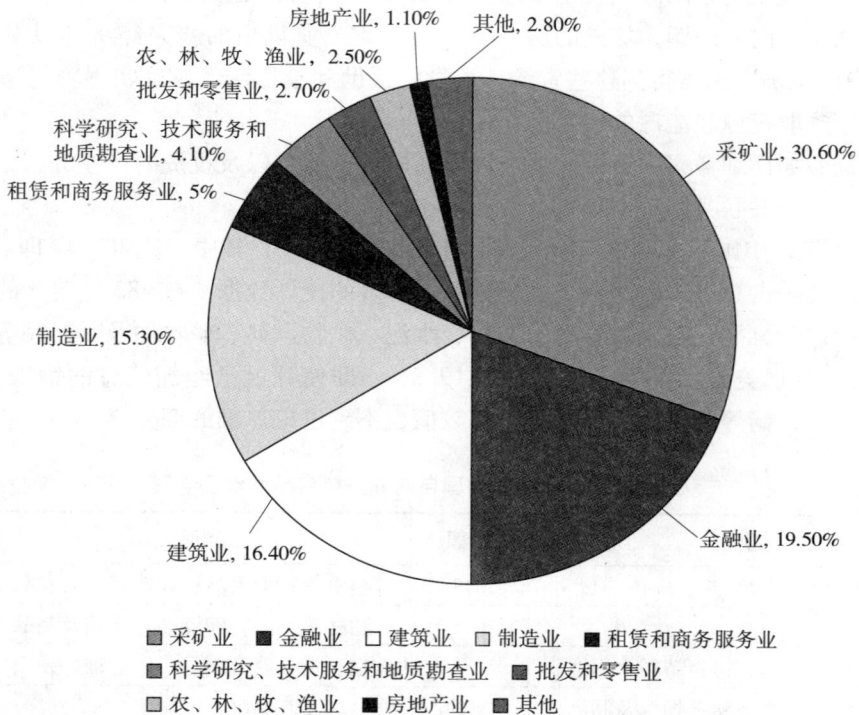

图 15-2　中国在非投资行业分布图（截至 2011 年）

数据来源：国务院新闻办公室：《中国与非洲经贸合作（2013）白皮书》。

　　中国在非洲投资的油田及进口的原油是最经常被批评者援用的理由。目前，非洲地区是仅次于中东的中国第二大原油进口来源地，2013 年中国自非进口原油 6424 万吨，占中国总进口量的 22.78%，不过其中有 4000 万来自安哥拉一国。[2] 而安哥拉并非非洲地区石油产量和储量最大的国家，根据 2012 年英国石油公司 BP 的统计，其储量只占非洲总储量的 9.72%（见图 15-3）。实际上，非洲石油更大比例的消费市场是在欧美，

---

　　① 国务院新闻办公室：《中国与非洲经贸合作（2013）白皮书》，国务院新闻办公室门户网站，2013 年 8 月 29 日，http://www.scio.gov.cn/ztk/dtzt/2013/9329142/329145/Document/1345040/1345040.htm。

　　② 《2013 年我国石油进口增速放缓 进口来源多样化显现》，《中国能源报》2014 年 2 月 3 日。

假如将中国与美国、经济合作组织在非的前十大援助接受国（见表 15-6）与非洲石油储量分布这两者做一对比，那么就更难将中国在非经贸活动与处心积虑地获取资源和能源挂起钩来。实际上，这种说话无疑是西方国家在自打嘴巴，因为根据这两张图表，如果投资和援助与资源获取可以关联的话，那么欧美国家无疑具有更加明显的"新殖民主义"和资源掠夺者的嫌疑。

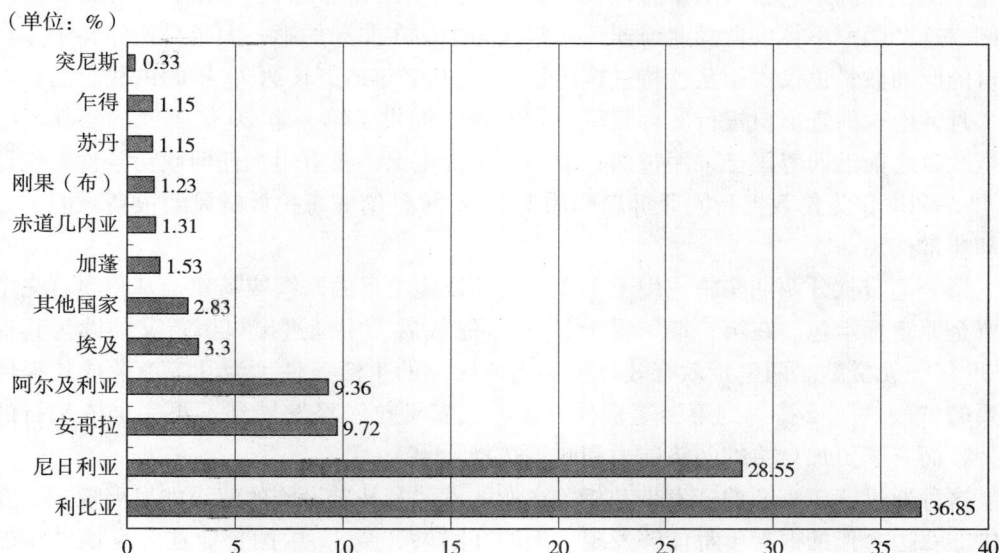

图 15-3　2012 年主要国家占非洲石油总储量的比例

数据来源：BP Statistical Review of World Energy 2013。

表 15-6　中国、美国以及经合组织成员国在非前十援助接受国（2000—2011 年）

（单位：亿美元）

中国	美国	发展援助委员会 DAC
1. 加纳，114	1. 埃及，76	1. 尼日利亚，288
2. 尼日利亚，84	2. 埃塞俄比亚，69	2. 刚果（金），219
3. 苏丹，54	3. 苏丹，68	3. 坦桑尼亚，196
4. 埃塞俄比亚，54	4. 刚果（金），58	4. 莫桑比克，179
5. 毛里求斯，46	5. 肯尼亚，55	5. 埃及，165
6. 安哥拉，42	6. 尼日利亚，42	6. 埃塞俄比亚，161
7. 津巴布韦，38	7. 南非，36	7. 肯尼亚，146
8. 赤道几内亚，38	8. 乌干达，35	8. 苏丹，140
9. 喀麦隆，30	9. 坦桑尼亚，34	9. 摩洛哥，126
10. 南非，23	10. 莫桑比克，30	10. 乌干达，12

数据来源：Austin Strange，Bradley Parks，Michael J.Tierney，Andreas Fuchs，Axel Dreher，and Vijaya Ramachandran，China's Development Finance to Africa：A Media-Based Approach to Data Collection，Center for Global Development（CGD），Working Paper 323，April 2013.

2. 中国是非洲国家建设的重要贡献者

实际上，中国一直是非洲地区经济、社会发展极其重要的贡献者，中国在非洲的经济贸易活动以及中非之间的政治交往不仅坚定了非洲自主发展道路的选择，也为非洲"痼疾"提供了完全不同的疗方。

中国在非洲第一大石油来源国安哥拉可能是中国在非经贸"双赢"拓展最生动的案例。这个国家不算大，却此前连续4年成为中国在非洲的第一大贸易伙伴，中国自其进口的原油数量也仅次于从沙特进口的量。在2002年结束长达27年的内战之后，2004年3月，中国的进出口银行向百废待兴的安哥拉提供了第一笔20亿美元的贷款。中国的贷款以之前巴西等国已采用过的石油出口作为担保，没有附加任何政治条件，偿还期12年，利率仅为伦敦银行同业拆息率加1.5%。尽管给安哥拉放贷风险很高，但中方利率却非常优惠。

第一笔贷款分两期实施，用于102个基础设施项目的修缮或新建，基建项目完全由中资企业竞标承包。在第一期工程于2007年完成后，中国进出口银行又陆续为其追加了25亿美元贷款。两笔贷款有效改善了当地居民的生活条件，为其工商业成长提供了必要的"硬件"支持。到第二笔贷款发放时，安哥拉已经发展到不再完全依赖石油作抵押，而有了更加自主的经济能力和政策选择。

这种通过能矿资源的开发带动相关产业的发展及基础设施的建设的发展模式，在很多中非双边合作的框架下都能够发现。例如在刚果（金），中国企业在开发铜钴矿的同时，建设了包括公路、医院在内的多个公共项目。在南非，进行矿产开发和加工的中国公司设立捐赠基金，赞助矿区医疗、减贫和教育事业，并建成先进的水处理设施。[1] 在（南）苏丹，中国几乎为其打造了完备的原油勘探、开采和提炼等一条龙的产业链，并利用石油收入为其建造了大量的道路、桥梁、医院等公共设施。

2000年以来，中国政府通过"中非合作论坛"以及双边合作机制，为非洲很多国家提供了其发展过程中迫切需要的资金和技术。2012年，中国在兑现向非洲提供150亿美元优惠性质贷款的基础上，再次承诺，三年间再向非洲提供200亿美元贷款额度，重点支持双方在非洲基础设施建设、农业、制造业、中小企业发展等领域开展合作。中非合作论坛同时还设立了"中非发展基金"和"非洲中小企业发展专项贷款"，截至2012年年底，前者已在非洲30个国家投资61个项目，决策投资额23.85亿美元，并已对53个项目实际投资18.06亿美元。后一专项贷款累计承诺贷款12.13亿美元，已签合同金额10.28亿美元。[2] 这些政府性质的贷款以及通过其他渠道提供的融资，对一些非洲国家的产业发展和基础设施建设起到极为重要的推动作用。一份报告的统计显示，

---

① 国务院新闻办公室：《中国与非洲经贸合作（2013）白皮书》，国务院新闻办公室门户网站，2013年8月29日，http://www.scio.gov.cn/ztk/dtzt/2013/9329142/329145/Document/1345040/1345040.htm。

② 国务院新闻办公室：《中国与非洲经贸合作（2013）白皮书》，国务院新闻办公室门户网站，2013年8月29日，http://www.scio.gov.cn/ztk/dtzt/2013/9329142/329145/Document/1345040/1345040.htm。

2000 年至 2011 年间，中国对非洲援助的资金达 754 亿美元，在世界各国对非援助中，仅低于美国的 900 亿美元，占主要援助国总金额的 1/5。[①]

值得注意的是，在中国援非资金大幅增长的过程中，经济合作组织对非援助此间则出现明显的放缓趋势（见图 15-4）。两者之间的比较也容易印证为何在这期间中国在非洲地区的影响力会出现这样大幅度的增长。

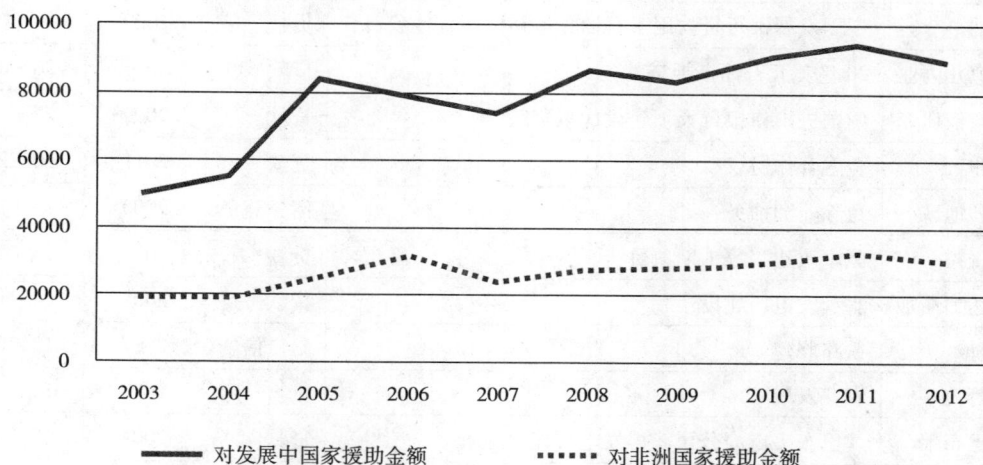

图 15-4　OECD 国家官方发展援助变化图（2003—2012 年）

数据来源：OECD 数据库。

美国威廉玛丽学院的一份报告收集了 2000 年至 2011 年间有关中国援助非洲的数千份媒体报道，对此间中国在非洲的援助项目分布情况作了进一步深入分析。从表 15-7 可以看出，中国对加纳、尼日利亚、毛里塔尼亚、赤道几内亚等国家的产业和基础设施建设投入巨大，所投项目多是一些大型民生工程。该报告还详细考察了中国在 51 个非洲国家的 1673 个援助项目的行业分布状况。数据统计显示，中国在非洲的援助项目涵盖教育、卫生、交通等各个民生领域，这进一步证实了中国援助与资源获取并无实质关联，而是其经济、社会发展的巨大贡献者（见图 15-5）。报告同时发现，在全部 1673 个对非援助项目中，1422 个已经处于完成阶段或达成协议、开始实施阶段，相关承诺实现率非常高。[②]

---

① Austin Strange, Bradley Parks, Michael J.Tierney, Andreas Fuchs, Axel Dreher, and Vijaya Ramachand-ran, China's Development Finance to Africa：A Media-Based Approach to Data Collection, Center for Global Development（CGD）, Working Paper 323, April 2013.

② Austin Strange, Bradley Parks, Michael J.Tierney, Andreas Fuchs, Axel Dreher, and Vijaya Ramachand-ran, China's Development Finance to Africa：A Media-Based Approach to Data Collection, Center for Global Development（CGD）, Working Paper 323, April 2013.

表 15-7　中国在非大型协议一览（2000—2011 年）　　　　　（单位：亿美元）

接受国	项目	方式	年份	价值
加纳	60 亿美元优惠贷款	贷款	2010	54.85
尼日利亚	基础设施换取优惠权招标油	贷款	2006	53.83
毛里塔尼亚	用于石油开采、污水系统、铁矿和道路建设	贷款	2006	40.37
加纳	中国发展银行贷款用于石油、道路以及其他项目	贷款	2009	30.00
赤道几内亚	20 亿美元石油抵押贷款	贷款	2006	26.92
埃塞俄比亚	中国进出口银行大坝建设优惠贷款	贷款	2009	22.49
南非	金融合作协议	贷款	2011	20.72
非洲地区	免除非洲债务	债务豁免	2000	16.97
安哥拉	国家改建工程 1 期项目	贷款	2004	15.07
马达加斯加	水利发电厂建设	贷款	2008	14.21
苏丹	铁路修建	出口信贷	2007	13.77
安哥拉	农业发展	贷款	2009	12
津巴布韦	津巴布韦电力公司获得发电厂建设融资	贷款	2004	10.1
赞比亚	中国公司建造 Kafue Gorge 发电厂	贷款	2010	9.3
苏丹	建造 Merowe 水力发电大坝	贷款	2003	8.36
毛里求斯	公路桥梁建设	贷款	2009	7.82
喀麦隆	配水工程建设	贷款	2009	7.75
莫桑比克	建立农业研究中心	实物赠予	2009	7
喀麦隆	Memve'ele 大坝	贷款	2003	6.74
尼日利亚	轻轨网络	贷款	2006	6.73

数据来源：Austin Strange，Bradley Parks，Michael J.Tierney，Andreas Fuchs，Axel Dreher，and Vijaya Ramachandran，China's Development Finance to Africa：A Media-Based Approach to Data Collection，Center for Global Development（CGD），Working Paper 323，April 2013.

　　自 20 世纪五六十年代非洲国家一步步脱离殖民宗主体系、赢得政治和经济独立以来，欧美国家一直试图通过援助诱使这些新生国家走上民主化道路，这种特征在 20 世纪 90 年代显得更为突出。不过，西方所推崇的"华盛顿模式"非但收效甚微，反而可能危害到其正常的国家建设进程，因为它模糊了非洲国家所特有的发展阶段及其在不同环境下所面临的不同挑战。相比之下，中国对非援助具有发展先导的特征，尤其是中国在非洲大量展开的基础设施建设和优势产业开发，对加快非洲的"国家化"进程具有难以忽视的重要作用，也为国家的经济起飞奠定了重要基础。与此同时，中国援助也并非像有些批评者所认为的那样，助长了一些国家的腐败，实际上，由于大量援助资金直接通过中国进出口银行发放给了施工方或项目执行单位，这一操作模式实则减少了腐败的渠道和发生几率，并提高了援助的效率。①

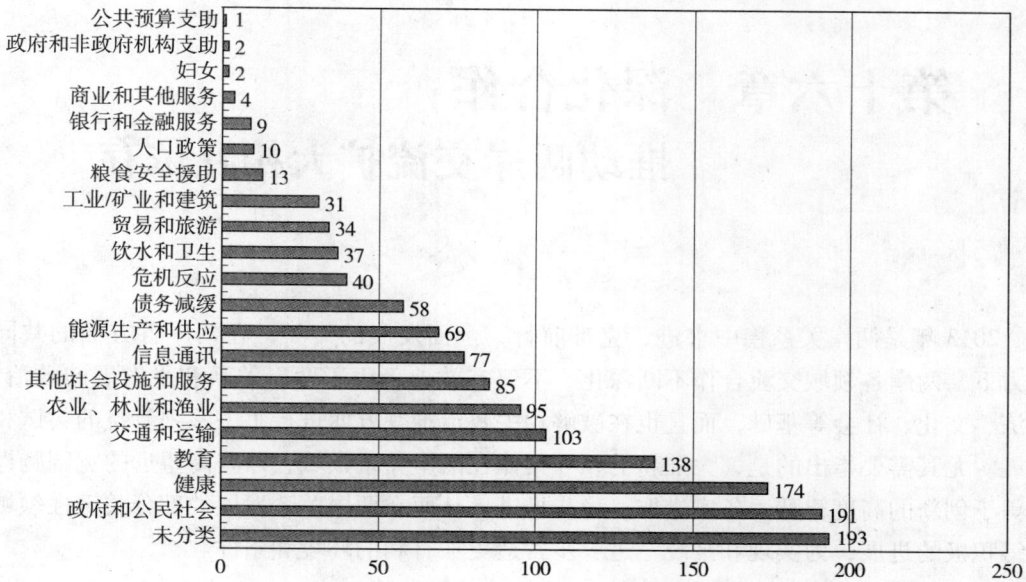

类别	数量
公共预算支助	1
政府和非政府机构支助	2
妇女	2
商业和其他服务	4
银行和金融服务	9
人口政策	10
粮食安全援助	13
工业/矿业和建筑	31
贸易和旅游	34
饮水和卫生	37
危机反应	40
债务减缓	58
能源生产和供应	69
信息通讯	77
其他社会设施和服务	85
农业、林业和渔业	95
交通和运输	103
教育	138
健康	174
政府和公民社会	191
未分类	193

图 15-5　中国对非援助的项目数量分布

数据来源：Austin Strange，Bradley Parks，Michael J.Tierney，Andreas Fuchs，Axel Dreher，and Vijaya Ramachandran，China's Development Finance to Africa：A Media-Based Approach to Data Collection，Center for Global Development （CGD），Working Paper 323，April 2013.

357

_____

① ［赞］丹比萨·莫约：《援助的死亡》，世界知识出版社 2010 年版。

第十六章　深化合作：
推动两岸交流扩大相互依存

2013 年是两岸关系稳中求进、克难前行、全面发展的一年，在两岸各方面的共同努力下，两岸各领域交流合作不断深化，不仅有效地巩固了两岸关系和平发展的政治、经济、文化、社会等基础，而且也在破解相关政治难题方面进行了一系列有益的尝试和进展。尤其需要指出的是，大陆新的领导集体在两岸关系领域，以登高望远的宽阔胸襟和勇于创新的高度智慧，务实进取、稳步推进，从而在两岸关系发展的部分关键性领域取得积极的进展，为实现和平统一进一步营造更加有利的环境和条件。

一、两岸关系面临的新形势：政策调整与民意变化

在两岸关系的发展过程中，两岸主要政党之间的政治角力直接影响或决定着两岸关系的走向和政治进程。2013 年，两岸关系发展中最显著的变化就是两岸执政党在"九二共识"和反对"台独"的共同政治基础上，"和平发展框架"得以进一步巩固，两岸关系呈现出稳步全面的发展态势。

1. 大陆进一步巩固和完善"和平发展"框架，推动了两岸关系持续稳定全面发展

和平发展一直是大陆推动两岸关系发展的主轴，也是大陆展示发展两岸关系最大善意和诚意的具体体现①。2008 年 5 月，随着国民党在台湾胜选后，两岸关系逐步进入建构"和平发展框架"的新阶段。经过五年多的发展和实践，随着协商议题和交流交往领域的逐渐深入，两岸关系开始涉入"深入区"，需要两岸以更大的信心、智慧、勇气与耐心加以克服和解决。

---

① "两岸和平发展"的提法最早见于 2005 年 4 月 29 日的《胡锦涛与连战会谈新闻公报》，参见新华网：http：//www.xinhua.com2005-4-29，原文为：两岸关系和平发展符合两岸同胞的共同利益，也符合亚太地区和世界的利益。而"和平发展"作为中国大陆发展道路的提法则见于 2005 年 12 月 22 日国务院新闻办发表的《中国的和平发展道路》，由此也指导中国大陆外交工作的重要战略思想和新的理念。在党的十七大报告中，明确宣示中国将始终不渝走和平发展道路，参见新华网：http：//www.xinhua.com，2007 年 10 月 24 日。

在牢牢把握两岸关系发展及台湾问题现实国际环境的基础上，党中央在十八大报告中首次将"全面贯彻两岸关系和平发展重要思想"以及"增进和维护一个中国框架的共同认知"写入党的纲领性文件①，这也意味着"和平发展"正式成为党中央处理两岸关系问题的大政方针之一，是继"和平统一、一国两制"后，党中央在和平统一理论方面的重大进展与突破，是推动两岸关系全面稳定发展的重要基石。2013 年 3 月 17日，在全国人大会议上，习近平总书记重申将"支持、维护、推动两岸关系和平发展"②，李克强总理则强调要"履行上届政府所做承诺"③，这些均向外界明确宣示大陆新一届领导集体将继续推动两岸关系"和平发展"的坚定决心和信心。与此相呼应，年内，习近平总书记多次在与台湾高层政治人物会面的重大场合，明确表示将继续"全面贯彻两岸关系和平发展思想，巩固深化两岸关系和平发展的政治、经济、文化、社会基础"的对台政策主基调，显示出大陆对台政策的务实性、持续性、稳定性。

与此同时，针对岛内对于两岸政治谈判与协商存在的疑虑，十八大报告也首次明确提出"探讨国家尚未统一特殊情况下的两岸政治关系，作出合情合理安排"④，强调要在立足两岸现实状态的基础上，寻求两岸均可以接受的、有助于解决彼此间重大政治分歧的可行办法，从而引发台湾各界积极的反应，显示大陆维护、发展两岸关系积极姿态以及开放的胸怀。在此基础上，大陆国台办主任张志军与台湾陆委会主委王郁琦在巴厘岛就两岸事务部门之间的直接沟通交流达成共识⑤，启动了两岸事务主管机构之间的正式交流，从而为两岸间开展政治对话与协商创造了更加有利的条件。

此外，为推动和鼓励两岸各界民众共同为两岸问题的解决建言献策，大陆积极主张发挥民间人士和民间组织的积极作用。全国政协主席俞正声在 2013 年 2 月的对台工作会议上明确提出"鼓励两岸学术界从民间角度就解决两岸政治问题开展对话"⑥。受此影响，两岸各种民间性的"和平发展论坛"十分活跃，而其中最受瞩目的就是 2013 年10 月在上海东郊宾馆召开的"首届两岸和平论坛"，大陆与台湾蓝、绿等 120 多位学者共聚一堂，积极探讨解决两岸政治分歧的方式和途径，并形成"首届和平论坛纪要"⑦，在强调"两岸和平，共同发展"是两岸人民追求富强、发展民主、促进文明、创造和

---

① 党的十八大报告：《坚定不移沿着中国特色社会主义道路前进，为全面建成小康社会而奋斗》，《人民日报》2012 年 11 月 9 日。

② 习近平：《在第十二届全国人民代表大会第一次会议上的讲话》，《人民日报》2013 年 3 月 18 日，第 1 版。

③ 《国务院李克强答中外记者问》，光明网，2013 年 3 月 17 日，http：//topics.gmw.cn/node_ 37900. htm。

④ 党的十八大报告：《坚定不移沿着中国特色社会主义道路前进，为全面建成小康社会而奋斗》，《人民日报》2012 年 11 月 9 日。

⑤ 陈斌华：《裨益两岸关系的务实安排》，《人民日报（海外版）》2013 年 10 月 7 日，第 3 版。

⑥ 陈建兴：《2013 年对台工作会议在京举行》，《人民日报》2013 年 2 月 20 日，第 1 版。

⑦ 中国新闻网，http：//www.chinanews.com/tw/2013/10-12/5372223. shtml。

谐与实现梦想的共同价值与信念的大前提下，形成论坛纪要，提出十项共同认知①，此外纪要承认由于两岸差异而导致的意见分歧，今后将继续对七项内容进行务实研讨②。在交流过程中尽管在解决政治方面存在较大的分歧，但双方开诚布公、深入探讨，这不仅开启了两岸民间政治对话的先河，而且在很大程度上将有助于进一步整合两岸间的各种意见与分歧，进而为解决相关政治难题提供更广阔的平台和更有利的条件。

2. 台湾当局在两岸政策方面有所进展，但在推进两岸政治对话与协商等议题上态度保守

台湾的政局受到选举政治以及岛内外"台独"势力的影响，在两岸政策方面呈现出较为复杂的状况，尤其是在关键性的两岸政治协商与"和平协议"的对话进展方面始终未能成为岛内的主流意见，这与执政党在这一议题上的做法以及民进党等绿营势力的干扰、误导密切相关。

从国民党方面看，自 2008 年以来，始终坚持"九二共识"的政治基础，致力于扩大两岸交流，不仅在开放大陆人士赴台旅游（包括自由行）、就学和企业投资等领域实现历史性的突破，实现了真正意义上的两岸"直接、双向"交流；而且，对于大陆方面提出"建立'一中框架'的共同认知"以及"政治对话民间先行"的呼吁在一定程度上给予正面的回应，马英九多次在公开场合宣示坚持"九二共识"、反对"台独"的基本立场，主张两岸"非国与国关系"、"非国际关系"，"两岸关系的努力方向，是打造可大可久的架构"，并强调"扩大及深化各层面交流、两岸两会互设办事机构、通盘检讨两岸关系条例 3 项重点工作要做好，这样就能保证走在正确道路上"③。针对现阶段，两岸政治协商尚未启动的情势，马英九也表示，"民间早就在谈，从未限制，叫它二轨、三轨，或是一点五轨，我们都没有意见"④，但牵涉到有关政治谈判对话时一定要有授权。另一方面，进入 2013 年后，马英九的两岸政策也日趋积极：从 2013 年 4 月下旬在"汪辜会谈"20 周年中第一次提出新的"三不"——对内对外都不推行"两个中国"、"一中一台"与"台湾独立"⑤；到 2013 年 6 月 13 日，吴伯雄在与习近平会晤

---

① 十项认知包括：两岸应继续共同商议并逐步形成对当前双方政治关系的谅解和共识；厘清两岸关系的性质、定位；打破两岸政治僵局；两岸在涉外事务中减少摩擦、开展合作；两岸应加强涉外经济事务的协调与合作；两岸应寻求海洋相关事务的合作；两岸宜考虑开展军事领域的接触交流；两岸各界应循序推动并共同参与具有两岸特色的和平制度化建设；两岸应积极采取具体措施，促进中华文化的传承创新与发展；确保两岸关系和平发展，符合两岸人民的整体利益。

② 七项内容包括：如何完善两岸往来相关法律规范、如何就双方政治关系作出合情合理安排、如何厘清一个中国框架和两岸现行规定之间的法理关系、如何解决台湾扩大参与国际组织活动的需求与国际政治现实的落差等问题。

③ 台湾《中国时报》2012 年 12 月 6 日。

④ 台湾《联合报》2013 年 6 月 12 日。

⑤ 台湾《联合报》2013 年 4 月 30 日。

时提出按照台湾的相关法律规定"一中架构"的表态①；7 月 20 日马英九在回复习近平祝贺他连任国民党主席的复电中对"九二共识"的表述，与大陆的表述基本一致②；10 月 10 日马英九在讲话中强调："两岸关系不是国际关系"③。尽管目前的表述都还是用"不是"这样的负面的表述，但总体而言是符合两岸关系目前发展的实际，而且马英九的两岸政策在此前提下很难倒退、只能往前走，这也为 2014 年两岸政治互信的深化奠定了基础。总体上，两岸政治互信的不断增强使两岸关系能够在既有基础上得以持续稳定发展，正基于此，从 2008 年两岸两会恢复协商以来，已累计达成 19 项协议和两项共识④，其中 ECFA（海峡两岸经济合作框架协议）的签署，更是为实现两岸经济合作的规范化、机制化奠定了坚实的基础。

需要指出的是，尽管国民党在坚持"九二共识"、反对"台独"的基础上积极推动两岸扩大交流合作，但另一方面，又以种种理由回避两岸政治议题的对话与协商，为两岸"和平协议"的签署设置前提⑤。在相关议题的协商与推进方面，马英九反复强调，两岸关系是循序渐进，"先求有，再求好"⑥，使得两岸相关议题的协商基本局限于事务性及经贸领域；马英九曾多次在公开场合表示，两岸政治对话要有优先性，目前两岸政治对话的条件尚未满足⑦，应当优先推动两岸货品贸易协议、两岸互设办事机构等议题；至于何时才能进行政治对话，马英九强调要等"议题不那么敏感且民众有共识"⑧。对于大陆各界尤其是专家学者提出两岸关系发展不能"只经不政"、要"政经并行"，尤其是要尽快启动政治对话与协商的呼吁，马英九在会见美国"外交政策全国委员会"

361

---

① 台湾《中国时报》2013 年 6 月 14 日。

② 习近平的贺电全文："值此先生当选中国国民党主席之际，我谨表祝贺。当前，两岸关系站在新的起点上，面临重要机遇。贵我两党实当顺应世界发展之大势、两岸同胞福祉之大义，登高望远，深化互信，良性互动，继续推动两岸关系全面发展，拓宽两岸关系和平发展道路，俾使两岸关系不断前行，共同为两岸同胞之幸福、中华民族之复兴而携手努力。"马英九回复电文："贺电敬悉，谨致谢忱。1992 年，海峡两岸达成'各自以口头声明方式表达坚持一个中国原则'的共识。本党自五年前在台湾重返执政伊始，相关部门立即在此项'九二共识'的基础上，恢复两岸中断近十年的和解与合作，迄今已签署 19 项协议。双方关系的大幅改善，对促进两岸和平与繁荣，提升两岸人民福祉，贡献甚大。两岸人民同属中华民族，都是炎黄子孙，希望贵我两党在现有基础上，继续扩大与深化两岸的交流合作，以进一步发扬中华文化，复兴中华民族，促进两岸永续的和平与繁荣。"《人民日报》2013 年 7 月 21 日，第 1 版。

③ 台湾《中国时报》2013 年 10 月 11 日。

④ 19 项协议包括：服务贸易协议，投资保护和促进协议，海关合作协议，核电安全合作协议，医药卫生合作协议，知识产权保护合作协议，经济合作框架协议，标准计量检验认证合作协议，农产品检疫检验合作协议，渔船船员劳务合作协议，共同打击犯罪及司法互助协议，空运补充协议，金融合作协议，邮政协议，空运协议，食品安全协议，海运协议，关于大陆居民赴台湾旅游协议，大陆赴台投资协议，以及海协会与海基会就两岸共同防御自然灾害达成共识、海协会与海基会就投资保护协议的人身安全与自由达成共识。国务院台办网站：http://www.gwytb.gov.cn/。

⑤ 马英九表示，在"国家需要、民意支持和国会监督"三项前提下，审慎斟酌是不是洽签"两岸和平协议"。台湾《联合报》2011 年 11 月 18 日。

⑥ 台湾《中国时报》2011 年 7 月 9 日。

⑦ 台湾《中国时报》2013 年 4 月 9 日。

⑧ 台湾《联合报》2013 年 10 月 25 日。

的场合以一改以往的立场①，提出"两岸互设办事机构就是政治性议题"② 而加以回避。这种相对保守的立场，也导致两岸政治对话与协商始终难以启动，两岸关系在进入"深水区"后难以取得突破性的进展。

此外，两岸民间日益被"炒热"的"习马会"由于马英九当局刻意强调两岸"互相承认治权"而陷入僵局。两岸"互不承认主权、互不否认治权"③ 是马英九当局的一贯主张。而在进入 2013 年后，马英九当局这一主张较以往更加凸显，并在一定程度上出现强化的趋势甚至向"主权"方向发展的趋势：除回答民众所关注的"两岸领导人会面"时回应称，"两岸领导人会晤必须在彰显'中华民国总统'身份的前提下进行"，强调所谓"不损害国家尊严的立场"④；还在两岸两会协商互设办事处事宜时坚持强调应赋予台当局极富高度政治意涵的"人道探视权"⑤ 等等，这也在很大程度上使得两岸关系发展面临更加复杂的情势。

3. 尽管岛内"台独"势力继续干扰和阻挠两岸关系发展，但在维护两岸关系"和平发展"框架已成为大势所趋、民意所向

自 2008 年以来，两岸关系和平发展已是双方的主流民意和维护台海安全的最有力保障。透过两岸之间全方位的密切交流合作，使双方民众都深切认识到和平发展的重要性，从而更加理性地选择两岸未来发展路线，这是任何意识形态、政治口号都无法撼动两岸和平发展的大趋势。根据台湾陆委会公布例行民调结果显示，63%的民众感觉到两岸关系和平发展的现状，仅 1.9%的人认为两岸仍处于对抗状态；76.4%的民众支持两岸进一步扩大交流，67.1%的民众认为应适度开放大陆企业赴台投资，64.2%的民众支持两岸两会互设办事机构⑥。这一民调凸显出维护两岸关系和平发展大局，已经成为两岸共同的愿望。

面对这一历史洪流，民进党应当根据客观事实、放弃意识形态、支持和平发展、推动互惠双赢的两岸关系，并且顺应历史潮流，发挥在两岸关系发展过程中应有的作用，成为一座桥而非一堵墙，为台湾民众建立最有利于未来发展的两岸关系。在 2000 年至

---

① 2013 年 9 月 18 日，马英九在国民党中常会上表示，互设办事机构基本上是"中性的，不管主张是统是独"。台湾《中国时报》2013 年 9 月 19 日。

② 台湾《中国时报》2013 年 10 月 19 日。

③ 这一概念最早见于 2007 年 6 月 14 日，马英九在接受美国有线新闻网（CNN）时提出，"两岸关系至少可以做到'互不否认'"，台湾《中国时报》2007 年 6 月 15 日。2011 年 3 月 9 日，马英九在海基会 20 周年纪念会上提出，两岸关系和平发展的重要基础就是"互不承认主权、互不否认治权"，台湾《联合报》2011 年 3 月 10 日。

④ 台湾陆委会发言人吴美红在回答记者就"习马会"时提出的立场，台湾《中国时报》2013 年 10 月 19 日。

⑤ 台湾陆委会主委王郁琦在"立法院"接受有关两岸办事机构条例审议时，国民党"立法院党团"强调，必须拿到"人道探视权"，否则"执政党"也不会同意，台湾《联合报》2013 年 6 月 21 日。

⑥ 台湾陆委会委托公信力民意调查公司所作的例行民调，对象为 20 岁以上的成年人，样本数 1104，可信度 95%，误差 2.95%，台湾《中国时报》2013 年 1 月 4 日。

2008 年民进党执政时，由于意识形态凌驾一切，对大陆采取对抗性的政策，违背两岸和平发展的大趋势，导致两岸关系紧张、台湾内部纷争、对外经贸被边缘化的危机。然而，民进党似乎没有能充分记取历史教训，尽管为顺应民意，在两岸问题的策略上进行了相应的调整，但并未从根本上改弦更张。

随着民进党党内要求调整两岸政策、扩大与大陆交流、参与两岸关系发展进程的呼声日益增强，民进党中央也作出一系列的调整姿态。民进党前主席谢长廷、许信良等党内高层不仅积极以个人身份到大陆参访、交流，而且在多种场合不断呼吁检讨党内的两岸政策，主动放弃"台独"党纲以示解决两岸问题的能力与决心，进而化解民众与外界的疑虑，为重新赢得执政权做好准备。5 月 25 日，在民进党"全代会"上，中生代党代表及全体党籍"立委"还连署提案要求在党内举办"两岸政策辩论"①（此提案被民进党主席苏贞昌以"党内有争议"为由予以搁置）。此外，作为民进党主要地方首长的高雄市长陈菊、台南市长赖清德等相继到大陆和香港参访，而民进党的相关智库、重要学者以及卸任"立委"纷纷以各种名义参与两岸学术研讨和经济文化交流等活动。作为有可能参与 2016 年"大选"的民进党前主席蔡英文甚至公开宣布，"2016 年如果民进党重返执政，会与对方一起努力，维持和平发展的两岸关系"②。在绿营内部积极参访两岸交流及两岸议题讨论的压力下，民进党与 2013 年 5 月正式启动搁置已久的"中国事务委员会"，不仅充实了相关架构，还宣称通过 4 次会议和 9 次"扩大会议"（华山会议）从政治、经济、社会、安全等角度全面研拟新的"对中（大陆）政策"③。

但从另一方面看，民进党的转型也面临着内部巨大的阻力，继续被基本教义派所"挟持"，在两岸政策方面始终难以抛弃"台独党纲"，从而无法真正走出"台独"泥沼。尤其是被外界所期待、用以推进两岸政策调整的"华山会议"一直被基本教义派所把持，致使每一场两岸政策研讨几乎都沦为不断宣示既有意识形态的"台独大会"。而民进党内部原本主张调整两岸政策的"新潮流系"、谢系等，出于选举利益考虑，为迎合讨好"深绿"选民，在会议上也不敢公开表明立场。究其根本原因，在于民进党高层特别是作为党主席的苏贞昌仍旧心存侥幸，认为在国民党施政满意度持续低迷、民众普遍对马英九的现行经济政策不满的情势下，无须调整可能引发内部争议的两岸政策也能赢得 2016 年的"大选"，这就导致民进党两岸政策的转型动力不足。这种心态集中体现在经过 5 次"华山会议"结束后所推出的"2014 对中政策检讨纪要"④。该报告不仅搁置了引发社会强烈反响的"冻结'台独党纲'案"与"宪政共识案"，仅以蔡英文的"积极凝聚台湾内部共识"作为结论的出发点，没有改变"维护台湾主权基本立场与核心价值"的基本立场；而且在 6000 多字的报告中充斥着"恐中"、"反中"的

---

① 台湾《中国时报》2013 年 5 月 27 日。

② 蔡英文在第 12 届 Asia Pacific Summit 上发表题为《从即将来临的亚洲世纪看台湾的未来》的演讲，台湾《联合报》2013 年 11 月 16 日。

③ 台湾《中国时报》2013 年 5 月 10 日。

④ 台湾《联合报》2014 年 1 月 10 日。

心态，甚至以"木马屠城"等谬论来混淆视听，误导民众，暴露出民进党坚持"台独"理念的顽固立场。对此，国台办发言人明确表示，民进党一直声称要证明自己有能力处理两岸关系，寻求建立与大陆正常交流的基础，但这份所谓的"检讨纪要"显然与此背道而驰①。岛内媒体对于民进党的这份报告也进行广泛批评。

更需要指出的是，民进党不仅在意识形态方面继续坚持顽固的"台独"理念与立场，而且还在"立法院"审议过程中以种种手段（包括阻挠投票、强占主席台等）强力阻挠与两岸议题相关的议案通过，致使服贸协议、两会互设办事处等议题久拖不决，难以发挥应有的效力，成为阻碍两岸交流交往正常有序发展的主要障碍。民进党这种破坏民主规则、罔顾民意、粗暴干扰两岸关系和平发展的做法必将遭到民众的唾弃，也将无法逾越"通往执政的最后一哩路"②。

二、2013 年的两岸关系：稳中有进与克难前行

2013 年的两岸关系继续以"巩固深化、稳中求进"为主基调。但较之 2008 年以来两岸关系发展的总体进展，其特点不仅体现为"稳中求进"，更反映出在逐步涉入"深水区"的大背景下，为实现两岸关系的进展与突破，大陆"难中求进"的主动积极姿态。

2013 年新年伊始，习近平总书记会见国民党荣誉主席连战一行时就明确指出，"我们也清醒地看到，两岸关系中还存在着历史遗留问题，前进道路上还会遇到各种新问题，解决这些问题需要时间，需要耐心，需要共同努力"③；显示出新一届中央领导集体对于两岸问题的复杂性、艰巨性和长期性有着清晰的认识。同时，习近平也表示，"展望未来，我们将有更大能力推动两岸关系和平发展"。正基于此，2013 年是两岸关系稳定发展、局面领域有所突破的重要阶段，其中既有经过两岸双方各界共同的努力，也深蕴着大陆"克难前行"的积极姿态，从而为两岸关系的持续推进提供了有力的保障和坚实的基础。

1. 两岸政治对话与协商有所突破

随着协商议题的深入与协商机制的逐步形成，2013 年两岸关系发展已经步入"深水区"，在两岸双方与国共两党的共同努力下，尽管在政治议题上尚无突破性进展，但彼此之间的政治互信则进一步增强，协商谈判机制日趋完善和机制化，而经济合作和各领域交流持续推进，在"巩固深化"的基础上，总体呈现"稳中有进"的发展态势。

---

① 人民网：http://tw.people.com.cn/n/2014/0111/c/04510-24087942. html。
② "最后一哩路"的概念参见蔡英文辞去民进党主席时的演讲，台湾《联合报》2012 年 1 月 15 日。
③ 李寒芳：《习近平会见连战一行》，《新华每日电讯》2013 年 2 月 25 日。

　　需要指出的是，在当前两岸关系的发展进程中，最突出且亟待解决的政治问题，包括两岸政治性质与定位、两岸关系的走向、领导人会晤的安排、公权力交往等一系列问题，也包括两岸政治协商的启动及"和平协议"的商谈等，而其中作为解决政治分歧最关键的政治对话与协商至今没有实质性的启动，显示两岸政治问题解决过程中仍存在着巨大的困难与障碍，仍需要通过双方的共同努力为政治问题的解决创造有利条件。

　　首先，对于两岸关系发展过程中存在的各方面问题，大陆方面始终保持清醒而务实的态度，在不回避矛盾的同时也展示了充分的信心与耐心。2013 年 4 月 8 日，习近平总书记在"博鳌论坛"期间会见了台湾"共同市场基金会"董事长萧万长，着重指出，"两岸同胞共同推动两岸关系和平发展，就是在为实现中华民族伟大复兴作贡献。只要两岸凡事都从中华民族整体利益考虑，就一定能克服前进道路上的各种困难和阻碍，推动两岸关系和平发展不断取得新成就"。10 月 6 日，习近平总书记在参加 APEC 峰会期间，年内第二次会见萧万长时强调，"着眼长远，两岸长期存在的政治分歧问题终归要逐步解决，总不能将这些问题一代一代传下去"。

　　其次，政治对话有所进展，为两岸关系的进一步推进创造了有利的条件。两岸关系新的发展形势以及岛内要求深化两岸合作的积极推动，两岸政治对话出现了一系列积极进展。在党的十八大上，为进一步巩固"九二共识"① 这一两岸政治对话的共同基础，党中央首次将"增进维护一个中国框架的共同认知"写入报告，使之成为大陆发展两岸关系政策的基础。"一中框架"② 是对"九二共识"的发展，更加开放、更具弹性：

---

　　① 九二共识，是用于概括海峡两岸在 1992 年香港会谈中就"一个中国"问题及其内涵进行讨论所形成之见解及体认的名词。其核心内容与精神是"海峡两岸均坚持一个中国原则"。其形成过程是：1992 年 10 月 28—30 日，两会在香港举行商谈，集中讨论两岸事务性商谈中如何表述坚持一个中国原则的问题。在商谈中，海协会提出了 5 种文字表述，海基会先后提出 5 种文字表述方案和 3 种口头表述方案，其中最后一种口头表述方案的内容为："在海峡两岸共同努力谋求国家统一的过程中，双方虽均坚持一个中国的原则，但对于一个中国的含义，认知各有不同……"双方表述文字都包含坚持一个中国原则的内容，但因文字表述有歧义，以致会谈结束后两会仍没有达成协议。11 月 3 日，海基会正式致函海协会，建议"以口头声明方式表述一个中国原则。"海协会 16 日正式回函通知海基会，海协会的口头表述要点是："海峡两岸都坚持一个中国的原则，努力谋求国家的统一。但在海峡两岸事务性商谈中，不涉及'一个中国'的政治含义。"该函还附上海基会增列的第 3 项口头表述文字。12 月 3 日，海基会函复海协会，对达成共识未表示异议。从以上两会来往的信函中可以看出，双方的共识是"海峡两岸均坚持一个中国原则，努力谋求国家的统一"（简称"九二共识"）。"海峡两岸均坚持一个中国原则"的"九二共识"确立后，从原则上排除了事务商谈中的主要障碍，使双方很快就有关事务性协商问题达成协议，并为 1993 年的第一次"汪辜会谈"铺平了道路。在李登辉提出"两国论"、陈水扁提出"一边一国"后，两会协商因缺乏对话的基础而中断。2008 年 5 月，台湾方面再次确认以"九二共识"作为协商对话的基础后，两会交流才得以全面恢复，并相继签署 15 项协议（包括"两岸经济合作框架协议"）、达成 1 项共识。参见新华网：http：//www.sina.com.cn，2005 年 3 月 4 日 17：22。

　　② "一中框架"首次出现于 2012 年 2 月贾庆林在"2012 年对台工作会议"上的讲话，原文为：下一阶段要巩固和台湾同属一个中国的框架，努力增加两岸政治互信。这一提法的公开提出是在 2012 年 7 月 28 日的"第八届两岸经贸文化论坛"上，贾庆林在开幕式讲话中提出：增进政治互信就是要维护和巩固一个中国框架；参见"第八届两岸经贸文化论坛开幕式的致辞"，《人民日报》2012 年 7 月 29 日。而这一提法正式成为中共对台政策则见于胡锦涛 2012 年 11 月 8 日在十八大开幕式上的讲话，"坚持'九二共识'的共同立场，增进维护一个中国框架的共同认知，在此基础上求同存异"。

"一中框架"在"九二共识"基础上更强调求"一中"之同、存"各表"之异，并在内涵上将两岸之间历史、文化、血缘、地理和各自的规定等等方面的"一中"全面囊括在内，从而为两岸解决政治问题打开广阔空间。5月3日，台湾地区领导人马英九在"辜汪会谈"20周年会上对会谈的意见进行了充分的肯定，并强调在任内不会推动"两个中国"、"一中一台"和"台湾独立"①。这后来被归之为"新三不"，较之以往所提的"旧三不"② 向前迈出了积极的步伐。从一定意义上看，这可以被视为对大陆提出的"一中框架"的回应，从而为两岸关系的进一步推进提供了相应的基础。6月13日，习近平总书记在人民大会堂会见国民党荣誉主席吴伯雄。习总书记在会面中提出了发展两岸关系的四点主张③，而吴伯雄则阐述台湾方面在两岸关系方面的举报主张，即坚持"九二共识"，反对"台独"是国共两党的一致主张，是两岸关系和平发展的基础；连干各自的法律、体制都是先一个中国原则，都用一个中国框架定位两岸关系，而不是"国与国"的关系④。这是台湾方面首次对于大陆提出的"一中框架"给予正面的回应。通过一系列的良性互动，2013年的两岸关系在"九二共识"基础上较之以往有相应的进展，从而为开展政治对话创造了有利的条件。

值得一提的是，在两岸高层良性互动的情况下，两岸事务主管部门负责人之间的会面也是政治领域一个重要突破。2013年10月6日，中共中央台办、国台办主任张志军与台湾方面大陆事务主管部门负责人王郁琦在巴厘岛进行了简短寒暄，张志军称王郁琦为"郁琦主委"，王郁琦称张志军为"张主任"，这是两岸事务部门负责人在公开场合首次口头以职务相称。在交流中，双方同意建立直接联系，加强交流沟通，并推动双方主管部门负责人互访⑤。尽管大陆媒体在事后报道中仍称王郁琦为"台湾大陆事务部门负责人"，但台湾媒体对此事给予大幅度报道，认为是两岸关系发展中的一个重要突破。从一定意义上讲，"'张王会'写下60年来双方两岸事务主管部门负责人首度直接会面的历史新页"，标志两岸在推动政治对话商谈进程方面迈出重要一步。此后，经过4个月的沟通与准备，2014年2月11日至14日，台湾大陆事务部门负责人王郁琦就率团到南京、上海参访，并与国台办主任张志军进行会谈。双方就国台办与陆委会的常态

① 台湾《中国时报》2013年5月4日。
② "旧三不"一般是指马英九在2007年11月22日到日本众议院与日本议员"日华恳谈会"会长平沼赳夫等会面时，提出的在处理台海问题中"不统不独不武"的政策，这是马英九作为台湾地区领导人候选人首次正式提出的两岸政策主张（台湾《中国时报》2007年11月23日）。
注：所谓台湾最早处理台海问题的"三不"（不妥协、不接触、不谈判）的政策首次出现在时任台湾"行政院长"孙运璇就大陆的《告台湾同胞书》所发表的声明（台湾《"中央"日报》1979年1月13日）；而正式行诸文字的则是时任台湾"外交部长"的朱抚松1986年3月30日在国民党十二届三中全会上的报告（台湾《中国时报》1986年3月31日）。
③ 四点主张包括：坚持从中华民族整体利益的高度把握两岸关系大局；坚持在认清历史发展趋势中把握两岸前途；坚持增进互信、良性互动、求同存异、务实进取；坚持稳步推进两岸关系全面发展。
④ 吴亚明：《中共中央总书记会见国民党荣誉主席吴伯雄》，《人民日报》2013年6月14日，第1版。
⑤ 台湾《工商时报》2013年10月7日。

化沟通联系机制以及张志军到台湾参访达成共识①，由此形成两岸事务主管部门之间机制化沟通的起点，为两岸关系的进一步发展创造了有利的条件。

伴随政治问题而来的是军事难题。两岸迄今没有建立军事互信与合作机制。2013年6月，两岸民间团体共同主办研讨会，两岸退役将领和专家学者研讨军事议题，期望谋取各种有助于立信的军事安全作为，以逐渐化解彼此在军事安全上的疑虑，并在维护中华民族海域权益上相互合作。

分析认为，作为两岸民间就军事安全互信议题的第一次对话，此次会议成果得到台湾舆论高度肯定，认为这将是未来制度性互动的成功一步。

2. 两岸经济合作持续有效推进

2013年两岸经济合作不断深化，ECFA（指海峡两岸经济合作框架协议，简称ECFA）后续商谈继续推进，两岸经济合作总体框架初步形成。其中，两岸贸易保持较快增长，全年总额达1972亿美元，同比增加16.7%，高于大陆当年进出口7.6%的整体涨幅；占同期大陆外贸总值的4.7%；大陆逆差为1160亿美元，增幅达21.6%②。

在投资与贸易的推动下，两岸产业合作不断深化，尤其是LED、无线城市、冷链物流等的合作试点稳步推进。在《两岸金融合作协议》、《两岸金融监理备忘录》和《两岸货币清算合作备忘录》签署后，两岸的金融监管合作不断推进，货币清算机制运作良好，两岸贸易以人民币结算的规模不断扩大，2013年两岸的跨境人民币结算规模达到2590亿元③，成长迅速，但与人民币总体跨境结算的规模相比仍有巨大的提升潜力（占2013年大陆整体人民币跨境4.63万亿元的17.88%④，而两岸贸易额已接近2000亿美元）；岛内人民币业务也得到快速发展，截至2013年年底，台湾65家外汇指定银行办理的人民币存款达1382.2亿元（较2月6日开办此一业务起扩大14.35倍），再加上57家国际金融业务分行的443.8亿元，合计存款规模达1826亿元⑤。

与经贸合作深化相呼应，两岸相关经贸交流平台层次不断提升，不仅实现了两岸经贸团体互设办事机构，还各自正式成立了两岸企业家峰会，并在紫金山峰会这一平台上推动了两岸经济领域高端对话和两岸企业深度合作。为切实维护台商权益，大陆各地积极推动"台胞投资保护法"执法检查，支持台资企业的转型升级与持续健康发展，妥善处理涉台投诉案件和突发事件。两岸签署服务贸易协议，货物贸易协议和争端解决机制的商谈也在积极进行中。经过共同的努力，两岸经济合作在既有基础上持续推进，也

---

① 赵京安、吴亚明：《张志军王郁琦会面达成积极共识》，《人民日报（海外版）》2012年2月12日，第3版。

② 新华网：http://news.xinhuanet.com/tw/2014-01/10/c_118920923.htm。

③ 卫容之、陈楚薇：《人民币离岸中心下一站？台湾还需要各种加油》，《国际金融报》2014年2月18日。

④ 东财网：http://forex.eastmoney.com/news/1133,20140217360735214.html。

⑤ 新华网：http://news.xinhuanet.com/tw/2014-01/16/c_119001296.htm。

有助于两岸在全球经济相对低迷的状态下保持稳定增长。

3. 两岸民间交流稳步有序发展

2013 年，两岸的交流交往与民间往来络绎于途，呈现出"深广"与"量增"齐增的特点。从深度上看，2013 年两岸间既有政党高层、省区市官员主导的交流，也有民间的密切互动。大陆省区市官员率领的赴台经贸、文化或农业交流团多达 20 余个；而已成为两岸交流品牌项目的海峡论坛，第五次举办吸引了来自台湾 22 个县市、37 家主办单位、30 多个界别代表和基层民众近万人出席，呈现出"更新（增设新论坛、拓展新议题）、更深（贴近基层民众）、更实（为民众办实事、做好事）"的特点；论坛发布的 31 项惠民政策，也进一步促进了两岸交流合作，给台湾同胞带来更多实实在在的利益①。从交流的议题与地域看，年内的两岸交流领域涵盖经贸、文化、教育、体育、宗教等多个领域；地域也从以大陆东部沿海城市和台湾北部城市民众交流扩展到大陆中西部城市和台湾中南部城市民众交流，交流人士"背景"也更加宽泛广泛，除"红"、"蓝"人士外，谢长廷、陈菊、吴荣义等"绿营"人士也以适当身份"登陆"开展各种形式的交流。

从数量上看，交流人数持续增长。2013 年，两岸人员往来规模达 808 万人次，再创历史新高，其中大陆居民赴台 292 万人次，同比增长 11%；随着大陆居民赴台个人游试点城市增至 26 个，个人游也呈现快速增长，当年赴台"自由行"达 52.3 万人次，激增 174%②。

与此相适应的是，两岸交流平台与日俱增。除海峡论坛、两岸两会会谈、两岸经贸文化论坛、两岸企业家紫金山峰会、台胞青年千人夏令营活动等品牌交流项目外，其他定期交流平台持续发挥作用，新的沟通平台如"首届两岸和平论坛"、"首届两岸媒体前瞻论坛"③ 等也陆续出现，两岸各大交流平台发挥各自特色，务实促进两岸民众的沟通，增加彼此的互信，从而进一步扩大两岸交流交往的领域和范围。此外，海峡两岸交流基地新增山东曲阜孔庙、湖北武汉辛亥革命遗迹遗址等 11 处（总计达 28 个）④。在交流中过程中，两岸同胞血浓于水的感情也得到进一步的体现，2013 年 4 月 20 日大陆四川芦山雅安地震后不到十天，台湾同胞就捐赠了折合超过 3.2 亿元人民币的款项⑤。

从整体发展情况看，两岸民众的密切往来不仅带来巨大的经济利益，更有助于两岸

---

① 《第五届海峡论坛成果丰硕》，参见中国台湾网：http://www.taiwan.cn/hxlt/yaowen/ywfive/201306/t20130626_4372965.htm。

② 国台办：《2013 年两岸人员往来创历史新高》，http://www.xinhua.com/。

③ "首届两岸媒体前瞻论坛"由中央电视台于 2013 年 12 月 22 日在北京举办，论坛以"两岸关系和平发展：媒体的责任"为主题，两岸 70 多家媒体负责人和 100 多位学者专家出席，论坛达成 6 项共同倡议。国务院新闻办网站：http://www.scio.gov.cn/。

④ 中国新闻网：http://www.chinanews.com/tw/2013/06-16/4931509.shtml。

⑤ 《台湾同胞向芦山灾区捐助达 3.2 亿元人民币》，中国新闻网：http://www.chinanews.com/2013/04-27/579309.shtml。

民众相互学习、加深了解、消除歧见、增进感情、扩大共识。在此需要指出的是，尽管已经形成了巨大的交流规模，但两岸民众往来的潜力还很大，还有很多台湾和大陆的民众至今尚未踏足对岸（据台湾《旺报》民调中心的调查，56% 的台湾民众从未涉足大陆，甚至有 35% 的民众表示从未想过要去大陆①），这种格局如果不加以改变，则两岸民众之间的相互了解与认知就很难得到提高和深化，因此，"万事莫如交流急"仍是当前进一步扩大两岸交流合作的重点所在。循序渐进和自下而上的交流是两岸关系和平发展的最稳健路径。在交流的过程中，彼此都在学习、提高认识、增加理解，都会在很大程度上理性地调整自身的认知、情感和价值观念，推进两岸心理和文化层面的趋同进程，而两岸政治难题与分歧也将在这一过程中逐步得到克服和解决。

临近年终，在由大陆《海西晨报》、新浪网与台湾《旺报》共同主办、574 万多网友参与的"2013 海峡两岸年度汉字"评选中，"进"字以 39 万多票最终当选"年度汉字"。这正传达了两岸同胞对一年来两岸关系取得新进展、新成果的普遍肯定②。

三、2013 年的两岸经贸关系：稳中有升、创新转型

2013 年是两岸经济合作中具有标志性意义的一年。在"九二共识"基础上，两岸政治互信有所增强、ECFA 的后续协商持续推进、合作领域不断延伸拓展，从而使两岸经济在全球经济相对低迷的形势下，仍保持稳定增长。但是，不可讳言，随着两岸经济合作进入"深水区"，两岸政治关系方面的结构性矛盾必然会对经济合作的实质性突破形成阻碍，各类制约性因素也相继浮现，在一定程度上影响到两岸经济合作的实际效应，而"服务贸易协议"受阻正是这种情况的现实反应。在这种情势下，进一步增进两岸政治互信、全面落实与推进 ECFA 的后续协商与已达成的协议、提升在相关领域的合作层次、通过机制化的合作厚植民众福祉，就成为下一阶段促进两岸经济发展、实现共同繁荣的关键所在。

1. 2013 年两岸经济合作的特点

（1）两岸贸易保持增长、贸易结构持续优化

2013 年，全球经济一直笼罩在发达经济体持续停滞与新兴经济增长乏力的阴影下（见表 16-1 和表 16-2），而两岸贸易仍保持相对强劲的增长，成为"瑟瑟寒风"中令人印象深刻的"暖色调"。据海关总署 12 月 10 日公布的最新统计数据显示，2013 年，大陆与台湾进出口贸易额为 1972.8 亿美元，占大陆外贸货值的 4.7%，同比增长

---

① 台湾《旺报》2013 年 8 月 8 日。
② 李寒芳：《勇涉深水、稳中有进——2013 年两岸关系盘点》，新华网，2013 年 12 月 27 日。

16.7%，明显高于大陆外贸整体 7.6% 的增速①；其中，大陆对台湾出口 406.4 亿元，同比增长 10.5%；自台湾进口 1566.4 亿元，同比增长 18.5%，占台湾的对外出口比重继续保持在 34% 的较高水平（含港澳则为 40%）。台湾已成为大陆的第七大贸易伙伴和第五大进口来源地②。海关总署发言人、综合统计司司长郑跃声特别指出，2013 年大陆自台湾进口 ECFA 项下的商品货值达到 113 亿美元，关税优惠则超过 49 亿元人民币③，成效明显。

表 16-1　2011—2014 年世界贸易增速对比　　　　　　　　（单位：%）

年份	2011	2012	2013	2014
世界货物贸易量	5.4	2.3	2.5	4.5
出口：发达经济体	5.1	1.1	1.5	2.8
出口：发展中经济体	5.9	3.8	3.6	6.3
进口：发达经济体	3.2	0	-0.1	3.2
进口：发展中经济体	8.1	4.9	5.8	6.2

资料来源：WTO：《贸易快讯》，2013 年 9 月 19 日。其中 2013 年、2014 年均为预测值。

表 16-2　2011—2014 年世界经济增速　　　　　　　　　（单位：%）

年份	2011	2012	2013	2014
世界经济	3.9	3.2	2.9	3.6
发达经济体	1.7	1.5	1.2	2.0
美国	1.8	2.8	1.6	2.6
欧元区	1.5	-0.6	-0.4	1.0
日本	-0.6	2.0	2.0	1.2
新兴市场和发达经济体	6.2	4.9	4.5	5.1

资料来源：IMF：《世界经济展望》，2013 年 10 月。其中 2013 年、2014 年均为预测值。

从 2010—2012 年两岸贸易的产品结构分析，大陆是台湾最大的外销市场，台湾对大陆出口的产品主要有三大类：一是电机与设备及其零件，如集成电路、二极管、电晶体、发光二极管、印刷电路等；二是光学照相仪器及器具，如液晶装置（液晶面板的相关组件）、光纤、电线电缆等；三是化工原料等等。大陆则是台湾第二大进口来源地，大陆对台湾的出口产品中位列前三位的主要是：电机与设备及其零件，如集成电路、有线电话或电报器具、可视电话机、电子音响或视觉信号器具等；机器及机械用具，如自动资料处理机及其附属单元、信息产品零附件等；钢制品，如宽度 600 厘米以

---

① 中国新闻网：http://www.chinanews.com/tw/2014/01_10/5722456.shtml。
② 中国台湾网：http://gig5.depts.taiwan.cn/yw/201402/t20140210_5641748.htm。
③ 中国新闻网：http://finance.chinanews.com/cj/2014/01-10/5721863.shtml。

上不锈钢扁轧制品等。从进出口主要产品结构的比较可见，两岸间的产业内贸易已相当普遍，显示两岸产业分工与合作呈现出日益紧密互动的态势。

（2）两岸双向投资的水平与层次不断提升

从两岸投资的实际情况看，大陆赴台投资已成为两岸经济合作中的新"亮点"。根据台湾"经济部投审会"的统计，截至 2013 年年底，大陆总计批准陆资赴台投资金额 3.6 亿美元，比 2012 年增长 10%；赴台投资件数 141 件，年增长 2.17%。为 2009 年 6 月台湾开放陆资赴台以来新高。累计核准陆资投资件数 483 件，投资额 8.65 亿美元[1]。2013 年台湾方面核准陆资重大投资案件，包括厦门市三安光电科技有限公司以 7832 万美元投资璨圆光电股份有限公司，中国建设银行股份有限公司以 4685 万美元赴台设立分行等[2]。上述进展显示，两岸双向投资的总体格局基本形成。今后陆资企业赴台尤其是投资参股台湾上市上柜企业将很快呈现出新一波的高潮。与此相比较，根据台湾"经济部投审会"1 月 20 日发布 2013 年投资统计数据，侨外赴台投资方面，总计核准 3206 件，投资件数增加 17%，但投（增）资金额仅为 49.3 亿美元，较 2012 年同期减少 11.25%。"投审会"执行秘书张铭斌说，随着台湾"自由经济示范区政策"的启动，境外赴台投资意愿将有所提升，2014 年侨外投资前景相对乐观[3]。

需要指出的是，从 2011 年起，台商投资大陆已连续三年出现负增长，台湾"经济部投审会"指出，2013 年核准台商赴大陆投资 440 件，投资额 86.85 亿美元，较 2012 年分别衰退 3.08% 和 20.5%[4]。就台商投资而言，尽管投资项目数有所下降，但总体呈现出投资层次、实际到位资金不断提升的特点。截止到 2012 年 10 月，大陆共批准台商投资项目 1768 个，同比下降 16.5%，但实际到位金额达到 23.3 亿美元，同比上升 31.8%，投资结构进一步呈现出向中西部转移以及服务业领域集聚趋势。其中，2012 年 10 月，大陆共批准台商投资项目 181 个，环比上升 23.1%，实际使用台资金额 1.7 亿美元，环比上升 30.8%，呈现出质量双增的格局。截至 2012 年 10 月底，大陆累计批准台资项目 87540 个，实际利用台资 565.3 亿美元，按实际使用外资统计，台资占大陆累计吸收境外投资的 4.5%[5]，位居境外投资来源地的第四位，继续在大陆吸引外资中占据重要的地位。

（3）ECFA 协商进展顺利、效应日益显现

2010 年 6 月 29 日，两岸两会领导人签订《海峡两岸经济合作框架协议》（ECFA）。根据框架协议规定，两岸在框架协议生效后陆续商签货物贸易、服务贸易、投资等多个单项协议，逐步推进两岸间的进一步开放，最大限度实现两岸经济优势互补，互利双赢。在 ECFA 后续商谈的四个单项协议中，《海峡两岸投资保护和促进协议》、《海峡两

---

① 台湾《经济日报》2014 年 1 月 21 日。
② 华夏经纬网：http://www.huaxia.com/tslj/lasq/2014/01/3714935.html。
③ 华夏经纬网：http://www.huaxia.com/tslj/lasq/2014/01/3714117.html。
④ 华夏经纬网：http://www.huaxia.com/tslj/lasq/2014/01/3714935.html。
⑤ 商务部网站：http://www.mofcom.gov.cn/。

岸服务贸易协议》分别于 2012 年 8 月、2013 年 6 月签署。截至目前，投保协议实施情况良好，而服贸协议则由于台湾民意机构尚未通过审议，所以还未实行。此外，有关《海峡两岸货物贸易协议》和《海峡两岸争端解决协议》正在商谈之中。其中，货物贸易协议已举行 8 次正式商谈，取得了相应的阶段性成果，两岸已就协议文本的大部分条文内容和产品降税模式等达成了一致，并就彼此关注的重点产品进行了充分的沟通；争端解决协议已举行 6 次正式商谈，两岸已就前言、适用范围、争端解决程序、专家审议组职能、专家审议组报告的提交等方面达成诸多共识①。随着 ECFA 协议协商的进展，两岸经济合作的制度化框架已逐步完善。

在 ECFA 协商不断深化的大背景下，相关协议的落实情况也日益为民众及企业界所关注，两岸在两会平台上就此议题展开的一系列协商与工作交流，取得了相应的成效。2013 年 11 月 5 日，两岸企业家峰会（大陆）理事长曾培炎在两岸企业家峰会紫金山论坛上指出，两岸应进一步加强政治互信，秉承"两岸一家亲"的理念，加强对两岸企业合作的支持，排除干扰，共同落实两岸经济合作框架协议（ECFA）及其后续协议，推动双方已达成协议的批准实施，并积极拓展新的合作领域，为两岸经济合作不断注入新动力②。两岸企业家峰会（台湾）理事长萧万长则表示，他非常期待两岸能在 ECFA 架构下尽早完成"两岸服务贸易协议"的实施程序，加速完成"两岸货品贸易协议"及"两岸争端解决机制协议"，进一步强化及扩大两岸货币清算机制，为两岸贸易与企业合作奠定稳固基础③。

2013 年 11 月 13 日，国台办发言人杨毅在回答记者就 ECFA 相关提问时介绍说，海峡两岸经济合作框架协议生效实施三周年来，两岸货物贸易的规模持续扩大，服务贸易自由化进程不断加速，产业合作进一步密切，两岸经济关系正常化、自由化获得机制性保障，有力地促进了两岸经贸合作的进程。ECFA 为促进两岸经济交流和合作，搭建了一个总体框架，规划了方向和目标。事实证明，ECFA 是一份惠及两岸同胞，符合中华民族整体利益的好协议，得到大多数两岸民众的普遍肯定和支持。我们希望已经签署的协议尽快生效、实施，后续的协商抓紧进行，签署一项就落实一项，使两岸关系和平发展的红利更多地惠及企业和民众，从而为两岸同胞谋取更多更实在的利益④。

为进一步检验 ECFA 协商的相关落实情况，海协会与台湾海基会于 2014 年 20 日至 21 日在长沙举行两会协议执行成果总结会。在会上，两岸与会人员一致认为，两会实时总结已生效协议的执行情况与经验，有利于两岸民众增进对两岸协商成果的了解，增强对两岸协商谈判及两岸关系和平发展的信心，具有重要意义。海协会副会长郑立中在会后的新闻发布会上具体介绍了两会协议执行情况，具体包括：大陆居民赴台旅游总人

---

① 摘自商务部发言人沈丹阳在新闻发布会上的讲话内容，东方网：http://news.eastday.com/c/20140224/u1a7947352.html。

② 海峡两岸关系协会网站：http://www.arats.com.cn/luoshi/201311/t20131128_5281440.htm。

③ 海峡两岸关系协会网站：http://www.arats.com.cn/luoshi/201311/t20131128_5281428.htm。

④ 海峡两岸关系协会网站：http://www.arats.com.cn/luoshi/201311/t20131128_5281388.htm。

数从 2008 年的 6 万人次，快速增加到 2013 年的 219 万人次；据台湾方面的测算，累计为台湾带去约 2433 亿元新台币的旅游收入。大陆稳居台湾第一大入境客源市场，空运直航历经周末包机、常态包机和定期航班三个阶段，形成了两岸诸多城市间的"一日生活圈"。在海上直航方面，两岸航线截弯取直，直航港口达 85 个，海运客运量和集装箱运量每年平均增幅都在 12% 以上。两岸警方则联合侦破上万起电信诈骗案件，抓获犯罪嫌疑人 5000 多名；台湾电信诈骗发案数下降近半，民众被骗金额从最高峰的 200 多亿元新台币下降到 2012 年的 40 多亿元新台币。ECFA 实施后，自台湾进口 ECFA 早收计划产品累计减免关税超过 12 亿美元，自台湾进口享受 ECFA 关税优惠商品贸易额增长了 1.7 倍[1]。由此可以，ECFA 相关协议的落实与执行，不仅回应两岸广大民众的期待和诉求，而且有效推进了两岸经济合作的提升与往来的便利，进一步深化了协议执行效益。

（4）两岸金融合作继续取得突破

首先，随着两岸人民币清算机制的正式运行，两岸实现直接通汇。2012 年 8 月两岸金融主管部门负责人签署《海峡两岸货币清算合作备忘录》，标志着两岸货币清算机制的正式建立。在这一合作框架下，2013 年 1 月 25 日，中国人民银行与中国银行台北分行签订《关于人民币业务的清算协议》，中国银行台北分行成为大陆在台湾的人民币指定清算行，海峡两岸金融机构除可通过代理行渠道为客户办理跨境人民币业务结算业务外，也可通过清算行渠道为客户办理跨境人民币结算业务[2]。4 月 2 日，两岸金融台湾银行上海分行柜台正式开启现钞兑换，大陆居民无须预约随到随兑；随后，国家外汇管理局发布通知，明确大陆商业银行备案后也可办理新台币兑换业务[3]。台湾"金管会" 9 月 25 日宣布，已同意财金公司及中国银行台北分行在财金公司所建的"外币结算平台"提供人民币结清算服务，自 9 月 30 日起通过该平台进行境内人民币汇款，无须绕道第三地，且可当日全额到汇，这标志着两岸金流平台建构迈入新里程碑[4]。其次，台湾人民币存款突破千亿元大关。2013 年年初，台湾正式开放人民币存款业务后，岛内金融机构人民币存款迅速增加，并成为仅次于美元的第二大存款；截至 12 月底，根据台湾"央行"统计，台湾银行的人民币存款余额再创新高，达到 1826 亿元，与上月相比明显增加 274.77 亿元，连续 3 个月增加超过 200 亿元[5]；通过清算行中国银行台北分行结算的人民币金额达到 6874 亿元，人民币汇款累计 2900 亿元[6]。基于两岸贸易规模超过 1600 亿美元、两岸年资金流量约 5000 亿美元及岛内银行开办人民币业务日益

---

① 东方网：http://news.eastday.com/tga/2014-02-21/929303.html。
② 中国人民银行网站：http://www.pbc.gov.cn/publish/goutongjiaoliu/524/2013/201301251451500863 75837/20130125145150086375837_.html。
③ 中国新闻网：http://www.chinanews.com/tw/2013/04-12/4726887.shtml。
④ 台湾《工商时报》2013 年 9 月 26 日。
⑤ 参考消息网：http://tw.cankaoxiaoxi.com/2014/0116/332243.shtml。
⑥ 齐相辉、陈建兴：《台人民币存款余额破千亿》，《人民日报（海外版）》2013 年 11 月 11 日，第 3 版。

广泛的形势，为实现资产币别多样化，经过台湾货币管理机构理监事会议协商讨论，台湾"央行"负责人彭淮南宣布将人民币纳入外汇储备①（但未指定具体时间点与在外汇储备中的占比），这是两岸金融合作中的又一重要进展。再次，人民币"宝岛债"在岛内受到"追捧"。2013年2月5日，台"金管会"公告，同意由中国信托商业银行发行新台币50亿元等值的外币（人民币10.55亿元）的一般金融债券，以人民币计价，从台湾证券柜台交易中心申请国际债券柜台买卖，买卖对象为机构法人，以提供新的融资渠道和金融商品，提升台湾的金融国际化程度与竞争力②。由此引发人民币债券热，台湾银行纷纷发行以人民币计价的"宝岛债"。6月5日，德意志银行发行总额均为11亿元人民币"宝岛债"，在台湾柜台交易中心挂牌，买卖对象为个人投资者，这是台湾首次由外资银行发行、销售对象为个人投资者的人民币债券③。台湾兆丰银行于11月发表针对前100大授信企业进行调查问卷显示，32%的企业有意发行香港"点心债"，25%的企业有意发行"宝岛债"④。11月26日，台湾"金管会"又开放大陆企业在台发行"宝岛债"，即开放大陆注册法人在台发行以人民币计价普通公司债券（"宝岛债"），主要开放三类大陆法人，分别为：大陆政策性银行、国有银行、股份制银行及其海外分行或子行；台湾金融机构在大陆的子行；大陆注册公司且为台湾上市（柜）公司的从属公司。首批符合条件的大陆银行共有20家，很快就有多家大陆银行表示了意愿。其中，大陆交通银行通过香港分行与农业银行分行已向台湾主管机关递交了"宝岛债"发行申请，发行规模分别为12亿元人民币（分3年期和5年期，分别为3.4%与3.7%）与15亿元人民币（分3年期和5年期，利率分别为3.3%和3.6%）⑤，市场反应积极。随后，中国银行与中国建设银行也获准发行20亿元人民币额度的"宝岛债"。"宝岛债"的扩大发行，有助于扩大台湾债券市场规模、活跃台湾的资本市场，提供新的金融产品，也有利于人民币资金回流机制及推进台湾人民币离岸中心的建设进程。

从未来发展趋势看，两岸金融合作将继续呈现快速发展，包括两岸货币互换协议有望签署、大陆发行的T股将要挂牌、两岸有望推进共同设立两岸股权募集基金等，随着金融合作的深化，两岸经济合作将在既有基础上得以进一步提升。

（5）两岸人员往来再创新高

为进一步促进两岸民众交流，扩大大陆游客赴台"自由行"的范围，2013年6月16日，在第五届海峡论坛上，国家旅游局局长邵琪伟宣布在原先开放的基础上，再将沈阳、郑州、宁波、武汉、合肥等13个城市列为开放对台"自由行"的试点城市，使

374

---

① 台湾《经济日报》2013年10月4日。
② 台湾《工商时报》2013年2月6日。
③ 台湾《经济日报》2013年6月6日。
④ 台湾《中国时报》2013年11月9日。
⑤ 中国农业银行网站：http://www.95599.cn/cn/aboutABC/media/201312/t20131219_416753.htm。

试点城市总数增加到了 26 个①。随着"自由行"政策的放宽及旅游宣传的推动，大陆赴台"自由行"掀起一波高潮，据大陆旅游总局的统计，截至 2013 年年底，两岸人员往来达到创纪录的 808 万人次，而大陆赴台人数达到 292 万人次（其中赴台旅游 218 万人次，占当年境外赴台人数的 27%②），较 2012 年增长 11%；其中个人游 52.3 万人次，较同期增长 174%③，遥遥领先于日本，稳居台湾第一大入境客源地的"宝座"。台湾旅游部门负责人张锡聪表示，为进一步推动大陆赴台旅游，台湾方面已将赴台游额度从每天 2000 人上调至 2013 年 12 月的 3000 人次，到 2014 年将达到 4000 人次的规模④。而据台湾旅游部门的统计，大陆居民赴台观光的人均购物消费最高，其中在台北的单日消费平均超过 1 万元新台币⑤，以此推估，2013 年约带动岛内直接消费约 300 亿元新台币，这还不包括旅游消费在内。需要指出的是，尽管大陆游客赴台人数不断攀升，但由于开放时程有限，两岸游客往来仍呈现不对称格局，相信随着开放政策延续与发展，两岸旅游市场大交流、大合作格局将很快形成，从而进一步带动两岸的人流、资金流与信息流的扩展，并助推两岸经济合作的深化。

2. 两岸经济合作中面临的瓶颈与障碍

需要指出的是，随着两岸经济合作逐步进入"深水区"，相关的结构性障碍与政策性制约因素也日益凸显，从而影响到两岸经济合作的深化与发展。这些瓶颈与障碍主要体现在以下五方面：

（1）ECFA 后续协商中的不确定因素

虽然从客观上讲，两岸经济合作的新路径已经开启，两岸经贸交流中的结构性冲突已经随着 ECFA 的签署而逐步化解，未来两岸经济合作已成为大势所趋，但也必须看到，在 ECFA 的协商与具体实施过程仍存在诸多不确定因素，尤其是其后续发展将在很大程度上受制于台湾政局变化、两岸政治关系的形势发展，以及亚太区域经济合作格局的调整。具体而言，包括以下方面：

1）台湾政局变化可能对 ECFA 产生的影响。台湾的蓝绿对抗及"台独"势力的干扰不可避免地会对 ECFA 产生一定的影响，这不仅是因为 ECFA 本身是以"九二共识"为政治基础，需要两岸具备足够的政治互信，而且 ECFA 的后续执行与落实仰赖于两岸持续的沟通与协商，从这方面看，两岸经济关系发展中仍存在着变数，从而也给 ECFA 的后续发展增添不确定因素。

2）ECFA 在助益台湾经济增长的同时，也面临其收益如何在岛内不同区域、不同群体、不同阶层之间进行分配的问题，而这极有可能带来台湾岛内对 ECFA 及其后续发

---

① 《31 项对台惠民新政发布》，《人民日报（海外版）》2013 年 6 月 17 日，第 1 版。

② 中国新闻网：http：//news.china.com/taiiwan/11068155/20140122/18308368. html。

③ 国家旅游局网站：http：//www.gov.cn/。

④ 《上限增至每天 4000 人》，《人民日报（海外版）》2014 年 1 月 15 日，第 3 版。

⑤ 台湾《经济日报》2013 年 7 月 16 日。

展产生不同的看法和解读，无法排除有反对和抵触的声音影响到 ECFA 的后续发展与深化。

3）台湾方面长期以来在两岸经济交往中形成了"台湾优先"的单边思维模式，片面要求大陆在两岸经济合作中多"让利"，而完全忽视大陆的主张与经济利益，不愿对大陆开放市场。这种思维如不改变，将对 ECFA 后续发展产生不利影响。因此，如何真正做到"互利互让"与"合作共赢"，仍需双方作出艰苦的努力。

（2）两岸贸易结构有待进一步优化

在全球经济持续低迷的总体环境下，两岸贸易规模保持增长并达到近 2000 亿美元的规模，显示出两岸经贸往来强烈的互补互利性和两岸深化合作的积极成效，对于提振岛内企业信心发挥了重要的作用。但从贸易结构看，两岸进出口则仍以加工装配为主，且市场主要依赖欧美。根据大陆海关统计，长期以来，目前两岸贸易结构中属于一般贸易的比重始终较低，自 2011 年以后一直在 30%，而广义的加工贸易比重则超过 65%[①]，附加价值低，这一结构的变动不大，并在很大程度上导致两岸贸易条件恶化，不利于两岸经济合作水平与产业国际竞争力的进一步提升。由此分析，今后两岸需要加快在产业领域的合作，尤其是在加强研发、建构品牌、制定产业标准、拓展大陆内销市场等方面通力合作，进一步提升产品的附加价值，从而有效摆脱对跨国企业技术与市场的过度依赖，实现贸易结构的优化和产业竞争力的提升。

值得注意的是，随着两岸贸易金额的扩大，必然面临增速下降的趋势，因此，如何在既有基础上，进一步调整两岸贸易结构、扩大贸易领域、寻找出新的合作亮点，将成为今后两岸经贸关系发展中亟待解决的问题。

（3）台资企业仍面临着巨大的转型压力

从目前的情况看，台商对大陆的投资仍处于稳步增长期，但随着大陆经济发展水平的提高和劳动力成本的上升，台资企业的整体投资有所下降，但由于上半年国际经济景气有所回升，在加上钢铁、粮食等原材料价格有所下降，大陆台资企业获利有所增加。据台湾"金管会"公布的数据，2013 年第一季度，台湾上市上柜公司赴大陆投资的合计 1089 家，较 2012 年减少 4 家，这是台湾首次出现上市（柜）企业投资大陆减少的情况；但收益有所上升，上市（柜）公司认可编列的大陆投资收益为 255 亿元新台币（下同），亏损 11 亿元，合计获利 244 亿元，较 2012 年同期增加 26 亿元[②]。而获利的主要来源是电子代工企业的盈利有所增加，鉴于全球电子产品缺乏革命性的突破，市场总体需求波动大，价格敏感度高，因此，这种获利增长难以为继。在这种情况下，台资企业被迫加快转型步伐，从目前情况看，主要有两大类型，一是"多角化"（转行），即调整投资的产业领域，进一步向服务业扩展，据统计，自 2008 年以来，台湾制造业

---

① 张冠华：《2012 年两岸经贸回顾与展望》，中国台湾网：http://www.taiw.cn/plzhx/zhjlw/201301/t20130115_3546135.htm。

② 台湾《工商时报》2013 年 6 月 5 日。

投资大陆比重从 81.2% 下降至 2012 年的 76.3%，下跌 5 个百分点①。而根据台湾"经济部投审会"的统计，2013 年上半年，台商投资大陆的金额中，金融保险业增长 83.5%，而电子零件及组装业的投资减少了 38.8%，主要服务业比重增至 13%②，显示企业转向多角化经营的力度颇大；二是"逐草而居"（转移），即向劳动力成本更低的区域，包括中西部地区和东南亚，而其中对东南亚的转移趋势更为明显，2011 年以来鸿海集团（富士康）、仁宝、英业达等企业纷纷加大在东南亚、南亚的投资就是显著的迹象。但上述做法难以从根本上解决台资企业面临的困境，从发展趋势看，如何实现"就地转型"、提升产业结构、转变企业发展模式才是克服企业发展瓶颈的根本路径，唯此，台资企业达到永续发展的目标。

有迹象显示，台湾产品在大陆的市场占有率呈现逐步降低趋势，这与台湾对大陆的出口有密切关联。据商务部的统计，2010 年，台湾的市场占有率为 12.9%，2011 年市场占有率为 7.2%，2012 年市场占有率为 6.5%③，而韩国与东盟在大陆市场的市占率则有所上升，这一态势的走向值得进一步观察。

（4）两岸 ECFA 后续协商中相关协议的落实有待进一步强化

需要指出的是，ECFA 的签署只是两岸经济合作制度化的新起点，其后，还有许多更加错综复杂的问题需要解决。首先，ECFA 按照现行的内容还属于框架性的协议，除早期收获计划和"投资保护与促进协议"外（两岸虽已达成"服务贸易协议"，但由于岛内政治争斗因素的干扰，至今没有生效），尚未涉及合作的具体内容（包括货物贸易协议和争端解决机制），因此，进程与推进尚待后续性协商的深化与落实。其次，ECFA 在性质上属于 FTA，但考虑到两岸关系的特殊性及两岸经济合作的实际需要而进行了相应的设计与规划，因此，如何符合 WTO 的规范、使之既能够惠及台湾全体民众和各项产业，又有利于促进两岸经济的双向直接交流，这方面的内容和政策实施尚待进一步的完善。正基于此，今后在 ECFA 框架下和落实"早期收获"措施基础上，继续展开货物贸易协议、服务贸易协议及其他经济合作事项等议题的磋商，尤其是"经合会"的有效运作，并签署相关协议，有赖于两岸在"九二共识"基础上，进一步增强互信、化解分歧与歧见、互谅互让、厚植共同利益，从而使后续的协商与相关协议的落实得以顺利进行，唯此，才能共同克服障碍，推进合作的深化。

（5）两岸经济合作的方式与路径有待调整

由于两岸经济合作有利于两岸经济的共同发展，特别是大陆市场及持续增长的态势对台湾经济复苏与发展的意义尤为重要，而大陆在调结构的过程中也需要有效引进与借

---

①　商务部台港澳司司长陈星在第十七届国际投资贸易洽谈会上的发言，新华网：http：//news. xinhuanet.com/fortune/2013_ 09/10/c_ 117301998. htm。

②　朱磊：《两岸服务业合作现状分析》，中国台湾网：http//www.taiw.cn/jinrong/zjzl/201309/t20130916_ 4887767. htm。

③　王建民：《海峡两岸贸易及台湾对外贸易格局新变化》，中国台湾网：http：//www.taiw.cn/plzhx/zhjzhl/zhj1w/201303/t20130321_ 3934829. htm。

鉴台湾的优势资源，因此，两岸经济合作实乃大势所趋、人心所向，也难以逆转。这是 ECFA 签署及其后续发展的最直接的动力。从两岸经济合作的发展态势看，随着大陆经济发展水平与层次提升，以及台湾力图建构"创新型经济体"发展目标的确定，需要两岸从新的角度确定和创新合作模式，以适应新的发展格局。具体而言，需要从以下角度进行调整：

1）加速 ECFA 的后续协商①。随着两岸投保协议完成签署，服务贸易协议达成并等待双方最终落实（尚在台湾民意机构等待审议），和货物贸易协议正在进行谈判，这些将直接涉及两岸产业利益和相关市场份额，协商的难度可想而知，但由于上述进展属于两岸经济一体化中的关键性环节，需要双方秉持"搁置争议、共创双赢"的原则，力争在中日韩 FTA 协商取得具体进展前达成共识，避免因相关分歧而导致协商延宕，从而影响到两岸经济整合的进程，在这方面两岸均有着相当的急迫性。

2）深化在服务业领域与大陆的合作。就当前的国际经济形势而言，台湾可能面临较长时期的出口困境，在这种情况下，在服务贸易方面积极拓展大陆市场的重要性就日益凸显。首先，台湾快速进入后工业化社会，服务业增加值占生产总值比重超过70%②，但与发达经济体相比，则存在着明显的差距，主要体现在以内需服务为主、国际竞争力有限、传统服务业态比重高、新兴服务业的发展空间有限等；更重要的是，台湾服务业比重的迅速提升与制造业加速外移、海外生产比重高密切相关，再加上政策与功能的限制，缺乏延伸服务，制约了台湾服务业规模经济的形成和竞争力的提升，因此服务业进入大陆的需求很大，有必要加速协商的进程，以降低市场进入门槛、扩大准入领域、抢占市场先机。其次，通过服务业市场的拓展，有助于台资企业的品牌和通路建设，从而可以加快推进台湾产业结构调整与产业升级的进程。在这一问题上，两岸可以参照 CEPA 的经验，服务业的开放项目按照年度逐步进行协商和落实。

3）有效推动两岸间的双向经济交流，建构更加合理两岸经济关系。以两岸直接双向经济往来所形成的新的经济交流交往格局为基础，进一步推进两岸经济合作的深化，具体的推进方式可以包括以下方面：第一，通过两岸实现相互投资的实践，加快解除对大陆企业赴台投资的限制，推动两岸要素资源更合理的配置；第二，在 ECFA 的后续协商过程中，加强在经贸法规方面的协调与对接，包括协商强化"两岸司法互助"体系，解决两岸在"劳工权益保障"、"避免双重征税"、"社会保障体系"等方面的衔接和"两岸民众往来便利化"等问题，推进两岸经济合作的深化；第三，将台湾的"黄金十年蓝图"与大陆的新一轮改革开放尤其是十八届三中全会的改革方案有机结合起来，实现优势互补、合作共赢，从而有效提升合作的层次与效益。

"两岸猿声啼不住，轻舟已过万重山"，经过五年多的发展两岸关系将进入新一轮

---

① 根据两岸达成的共识，力争在 2014 年前完成相关后续协议的谈判，但尚需化解相关分歧，尤其是市场双向开放方面的歧见。2013 年 6 月达成的"两岸服务贸易协议"迄今仍在台湾"民意机构"延宕，不能不使人们对两岸经济合作的提升进程产生担忧。

② 根据台湾《经济年鉴》2009 年的相关统计数据整理。

的发展阶段，和平发展也将面临三方面的全新机遇：首先，两岸制度化协商持续开展。协商的范围越来越广、议题越来越深入，与两岸同胞实际关联度也将越来越密切。ECFA 的总体框架将逐步完成，随着两岸两会互设办事处的推进和两岸事务主管机构往来的常态化，有关政治议题的写实也将有序开展。其次，两岸关系将进入经济、文化双轮驱动的新阶段。在两岸关系日益深化的大背景下，两岸关系的发展主动力将由经贸导向为主逐渐转向经济、文化双轮驱动的方式，两岸文化教育交流协议应被尽快提上两岸协商的议事日程。最后，两岸全面双向往来，社会融合进程加快。随着全面"三通"的推进，两岸交往已经由"单向、局部、垂直整合"转入"双向、全面、水平整合"，两岸间的人流、物流、资金流、信息流将呈现更加良性、合理、均衡的状态，从而推动两岸经济、人文、社会等要素的重组与聚合，两岸相互依存、相互影响的深度和广度将进一步提升。

在此前提下，两岸民众价值观念必将相互融合、逐渐趋同，以两岸为主体的思维模式逐渐影响单一面向的台湾主体意识，两岸同胞之间的误解、埋怨、敌视将逐步减少，了解、理解、同情将日益增多，两岸民众的生活方式、思维观念逐渐趋同。

总之，经过两岸同胞共同努力，两岸关系历史面貌产生巨大而深刻的变化，形成六十年来从未有过的全新格局，和平发展成为两岸关系永恒的主轴，成为两岸的主流民意与核心价值，融入两岸同胞日常生活之中，也将为两岸关系的后续发展积累经验、奠立基础、储备动力，赢得了实现和平统一的时间和空间。

主要参考文献

一、英文部分

1.ADB,*Asian Development Outlook 2011 Update:Preparing for Demographic Transition*,September 2011.

2.Austin Strange,Bradley Parks,Michael J.Tierney,Andreas Fuchs,Axel Dreher,and Vijaya Ramachand-ran,"China's Development Finance to Africa:A Media-Based Approach to Data Collection",Center for Global Development(CGD),Working Paper 323,April 2013.

3.Donald Kaberuka,"Boosting Infrastructure Investments in Africa",*World Economics*,Vol. 12,No. 2,2011.

4.European Commission,"Towards A Comprehensive European International Investment Policy",COM(2010)343 Final.Brussels,July 7 2010.

5.Gregory Chin,"The BRICS-Led Development Bank",*Global Policy*,Vol. 28,No. 2,2014.

6.GTA,"The 14th GTA Report on Protectionism",December 2013.

7.GTA,"The 14th GTA Report on Protectionism",June 2012.

8.IMD,*IMD World Competitiveness Yearbook*(2014).

9.IMF,*Regional Economic Outlook*(*Asia and Pacific*):*Navigating an Uncertain Global Environment While Building Inclusive Growth*,October,2011.

10.IMF,*World Economic Outlook*,April 2014.

11.INSEAD,*The Global Innovation Index 2013*.

12.John Kirton,*G20 Governance for a Globalized World*,Ashgate,2013.

13.Kenneth Neil Cukier,"Who will Control the Internet?",*Foreign Affairs*,Vol. 84,No. 6,2006,p. 7.

14.Masahiro Kawai and Ganeshan Wignaraja:"The Asian 'Noodle Bowl':Is It Serious for Business?",ADBI Working Paper No. 136,April 2009.

15.OECD,WTO and UNCTAD:"The 14th Report on G20 Trade and Investment:Mid-May to Mid-November 2013",December 2013.

16.OECD,*Economic Outlook*,No. 89,November,2011.

17.Raquel Fernandez:"Returns to Regionalism:An Evaluation of Non-Traditional Gains from RTAs",NBER Working Paper No. 5970,March 1997.

18.Richard Baldwin:"The Spoke Trap:Hub and Spoke Bilateralism in East Asia",NCCR Trade Working Paper No.2009/28,May 2009.

19.Robert Costanza,etc.Time to Leave GDP behind,*Nature*,16 January 2014,Vol.505.

20.Thomas Wilkins,Australia and Japan:Allies in the Making,*East Asia Forum*,July 30th,2001.

21.UNCTAD,*Global Investment Trends Monitor*(*No.*15),28 January,2014.

22.UNCTAD,*Global Investment Trends Monitor*(*No.*16),28 April,2014.

23.UNCTAD,*World Investment Prospects Survey* 2013-2015,October 2013.

24.UNDP(1990),*Human Development Report 1990*,Chapter 1 Defining and Measuring Human Development,http://hdr.undp.org/reports/global/1990/en/pdf/hdr_1990_ch1.pdf.

25.UNDP,*Human Development Report 2013*.

26.WEF,*The Global Competitiveness Report 2013-2014*.

27.World Bank,*World Development Indicators*,May 6 2014.

28.Yale Center for Environmental Law & Policy,Measuring Progress："A Practical Guide from the Developers of the Environmental Performance Index(EPI)".

29.Yale Center for Environmental Law & Policy,Yale University,Center for International Earth Science Information Network,Columbia University,2014 *Environmental Performance Index*,http://epi.yale.edu/.

二、中文部分

1.[美]米格尔·森特诺、约瑟夫·科恩：《全球资本主义》,郑方、徐菲译,中国青年出版社2013年版。

2.[美]伊恩·布雷默：《零国集团时代:谁是新世界格局中赢家和输家》,孙建中译,新华出版社2013年版。

3.[西]安东尼·埃斯特瓦多道尔、[美]布莱恩·弗朗兹等：《区域性公共产品:从理论到实践》,上海人民出版社2002年版。

4.[赞]丹比萨·莫约：《援助的死亡》,世界知识出版社2010年版。

5.《博鳌亚洲论坛亚洲经济一体化进程2012年度报告》,对外经济贸易大学出版社2012年版。

6.《第五轮中美战略与经济对话框架下战略对话具体成果清单》,《人民日报》2013年7月13日。

7.《中德关于李克强总理访问德国的联合新闻公报》,2013年5月26日,新华社柏林2013年5月26日电。

8.《中共中央关于全面深化改革若干重大问题的决定》,人民出版社2013年版。

9.《中华人民共和国国民经济和社会发展第十二个五年规划纲要》,人民出版社2011年版。

10.《中美气候变化联合声明》,《人民日报》2013年4月14日。

11.曹云华等：《新中国—东盟关系论》,世界知识出版社2005年版。

12.陈须隆：《2013年中国外交总结与未来展望》,《领导科学》2014年1月(下)。

13.程天权主编：《中国之路》,中国人民大学出版社2013年版。

14.崔立如：《中国的东亚政策如何转型》,《东方早报》2013年10月23日。

15.邓慧慧、桑百川：《我国开放型经济发展路径选择:包容性增长》,《国际贸易》2010年第12期。

16.冯绍雷等主编：《大格局——2020年的亚洲》,华东师范大学出版社2010年版。

17.郭丽君：《潘基文高度评价中国应对气候变化做出的努力》,《光明日报》2013年11月21日。

18.国家统计局：《2012年中国创新指数》,国家统计局网站,2014年2月18日。

19.国家统计局：《国际统计年鉴(2013)》,中国统计出版社2013年版。

20.国务院新闻办公室：《中国与非洲经贸合作(2013)白皮书》,国务院新闻办公室门户网站,2013年8月29日。

21.何必成：《2013:中国的周边外交》,《新民周刊》2013年第41期。

22. 贺文萍：《多样非洲：2013 年的非洲政治、安全与经济发展》，《亚非纵横》2014 年第 1 期。

23. 贺晓琴：《国际并购与中国对外投资面临的国际环境》，《国际关系研究》2013 年第 5 期。

24. 贺晓琴：《全球金融危机背景下的中国企业"走出去"战略》，《国际关系研究》2010 年第 2 期。

25. 胡晓炼：《我国外汇管理体制改革的历程和经验》，《中国金融》2008 年第 7 期。

26. 黄定天：《中俄关系通史》，人民出版社 2013 年版。

27. 黄仁伟：《用新思维创造有利的国际环境》，《解放日报》2013 年 7 月 19 日。

28. 孔丽频：《南南合作 为应对气候变化注入新活力》，《中国改革报》2013 年 11 月 22 日。

29. 雷墨：《回应与塑造：中国外交 2013》，《南风窗》2013 年 12 月 19 日。

30. 联合国开发计划署编：《2013 中国人类发展报告》，中国对外翻译出版有限公司 2013 年版。

31. 联合国开发计划署编：《中国人类发展报告 2007—2008：惠及 13 亿人的基本公共服务》，对外翻译出版社 2008 年版。

32. 林华生：《东亚经济圈》，世界知识出版社 2005 年版。

33. 林毅夫：《繁荣的求索：发展中经济如何崛起》，北京大学出版社 2012 年版。

34. 刘鸿武、卢凌宇：《"中国梦"与"非洲梦"：中非命运共同体的建构》，《西亚非洲》2013 年第 6 期。

35. 刘立力：《后金融危机中国企业的海外并购对策》，《商业经济》2010 年第 9 期。

36. 刘延棠：《全球变局中的中俄关系》，《瞭望》新闻周刊 2013 年第 12 期。

37. 马振岗：《G20 峰会：习近平展现大国风范》，《人民论坛》2013 年 9 月（下）。

38. 梅平主编：《东亚合作还是亚太合作——亚太地区合作的机制与方向研究》，世界知识出版社 2010 年版。

39. 潘颖等：《金融危机背景下中国企业海外并购分析》，《未来与发展》2010 年第 2 期。

40. 曲星：《中国外交的顶层设计与底线思维》，《国际先驱导报》2013 年 9 月 16 日。

41. 曲星：《周边外交需要顶层设计》，《环球时报》2013 年 10 月 26 日。

42. 沙伯力、严海蓉：《非洲人对于中非关系的认知（下）》，《西亚非洲》2010 年第 11 期。

43. 沈丁立：《打造升级版周边外交》，《东方早报》2013 年 11 月 25 日。

44. 苏晓晖：《中国外交凸显顶层设计》，《人民日报（海外版）》2013 年 12 月 12 日。

45. 苏长和：《气势磅礴的 2013 年中国外交》，《中国社会科学报》2014 年 1 月 3 日（第 544 期）。

46. 汪晓风：《中美关系中的网络安全问题》，《美国研究》2013 年第 3 期。

47. 王缉思主编：《中国国际战略评论 2013》，世界知识出版社 2013 年版。

48. 王见业、李水凤：《中国企业"走出去"的思路与对策思考》，《时代金融》2011 年第 4 期。

49. 王涛：《论非洲的中国非法劳工问题》，《国际关系研究》2013 年第 6 期。

50. 王毅：《2013 年中国外交回顾》，《光明日报》2014 年 1 月 11 日。

51. 王正毅、迈尔斯·卡勒等主编：《亚洲区域合作的政治经济分析》，上海人民出版社 2007 年版。

52. 吴雪明：《北极治理评估体系的构建思路与基本框架》，《国际关系研究》2013 年第 3 期。

53. 吴雪明：《多维视角下的中国国际地位分析》，《上海行政学院学报》2004 年第 4 期。

54. 习近平：《在第十二届全国人民代表大会第一次会议上的讲话》，《人民日报》2013 年 3 月 18 日，第 1 版。

55. 胡锦涛：《坚定不移沿着中国特色社会主义道路前进，为全面建成小康社会而奋斗》，《人民日报》2012 年 11 月 9 日。

56. 习近平：《共同维护和发展开放型世界经济——在二十国集团领导人峰会第一阶段会议上关于世界经济形势的发言》，《人民日报》2013 年 9 月 6 日。

57.谢贞发:《产业集群理论研究述评》,《经济评论》2005 年第 5 期。

58.邢厚媛:《新形势下中国企业"走出去"的战略思考》,《中国经贸》2010 年第 8 期。

59.[日]野口悠纪雄:《日本经济改造论》,东洋经济新报社 2005 年版。

60.余振:《东亚区域贸易安排:福利效应与中国的参与战略》,科学出版社 2010 年版。

61.原磊:《中国企业"走出去"战略研究》,《中国经贸导刊》2010 年第 8 期。

62.张春:《新形势下中非关系的国际贡献研究》,中非联合研究交流计划研究项目专题研究报告,2012 年 11 月 30 日。

63.张建:《中国周边外交再思考》,《当代世界》2013 年第 6 期。

64.张建红、周朝鸿:《中国企业走出去的制度障碍研究——以海外收购为例》,《经济研究》2010 年第 6 期。

65.张建新主编:《国际体系变革与新型大国关系》,上海人民出版社 2013 年版。

66.张全:《从蓄势到谋势,中国外交顺势发力》,《解放日报》2013 年 12 月 23 日。

67.张学昆:《中俄关系的演变与发展》,北京大学出版社 2013 年版。

68.张永蓬:《西方对非洲影响深化与扩大新态势——中非关系面临的新挑战》,中非联合研究交流计划研究项目专题研究报告,2013 年 4 月 16 日。

69.张幼文:《包容性发展:世界共享繁荣之道》,《求是》2011 年第 11 期。

70.张幼文:《扩大内需与对外开放——论生产年要素从引进、释放到培育的战略升级》,《毛泽东邓小平理论研究》2009 年第 2 期。

71.张幼文等:《金融危机冲击下的世界经济格局》,上海社会科学院出版社 2010 年版。

72.张幼文等:《金融危机后的世界经济:重大主题与发展趋势》,人民出版社 2011 年版。

73.张蕴岭等:《东亚、亚太区域合作模式与利益博弈》,经济管理出版社 2010 年版。

74.中国国务院新闻办公室:《中国对外贸易》白皮书,2011 年 12 月。

75.中国国务院新闻办公室:《中国的和平发展》,人民出版社 2011 年版。

76.中国人民银行:《人民币汇率形成机制改革进程回顾与展望》,2011 年 10 月 12 日。

77.中国人民银行:《中国货币政策执行报告》,中国人民银行网站,2013 年各季度。

78.中国商务部:《2012 年商务工作年终述评之十二:推动机电和高新技术产品进出口平稳增长和发展方式转变》,2012 年 12 月。

79.中国商务部:《2013 年商务工作年终述评之十四:加强品牌建设 加快培育外贸竞争新优势》,2012 年 12 月。

80.中国商务部:《十六大以来商务成就综述之二:加工贸易转型升级取得明显成效》,2012 年 10 月。

81.中国统计学会、国家统计局统计科学研究所:《2012 年地区发展与民生指数(DLI)统计监测报告》,中国统计局网站。

82.中华人民共和国国务院新闻办公室:《中国武装力量的多样化运用》,2013 年 4 月。

83.周小川:《要增强人民币汇率双向浮动弹性》,《中国金融》2012 年 3 月 20 日。

84.周宇:《人民币汇率机制》,上海社会科学院出版社 2007 年版。

后　记

　　2013 年，党的十八届三中全会描绘了中国的改革蓝图，"两个一百年"目标和中华民族伟大复兴中国梦的路线图、时间表越来越清晰。中国国际地位报告编写也进入了第十二个年头，作为国际政治经济问题的研究者，我们深感继续编写本报告、客观记录中国强国梦实现进程的意义和自身工作的价值。

　　本报告依然是集体努力的成果，这不仅因为工作量大、学科跨度大而需要多人合作，而且是因为本院世界经济、国际关系的研究工作者都越来越深刻地体会到参与这一工作和从这一视角研究的意义。报告编写团队多次讨论、对稿件的一再修改是报告能够达到目前质量水平的关键。

　　各章节的作者分别是：

　　导论：张幼文（第一、三、四节）、黄仁伟（第二、五节）；

　　第一章：李安方；

　　第二章：李刚；

　　第三章：吴雪明；

　　第四章：唐杰英；

　　第五章：赵蓓文、贺晓琴；

　　第六章：周宇；

　　第七章：薛安伟；

　　第八章：苏宁；

　　第九章：黎兵、何曜、张天桂；

　　第十章：赵国军、赵建明；

　　第十一章：孙震海、尤安山、张天桂；

　　第十二章：张屹峰；

　　第十三章：焦世新、张屹峰、崔宏伟；

　　第十四章：黄超、朱杰进；

　　第十五章：李因才；

　　第十六章：盛九元。

　　目录编译：梅俊杰。

　　本报告的第一至第八章由李安方修改并统稿，第九至第十六章由吴雪明修改并统稿。

　　作为主编，我们感谢所有科研人员的真诚合作，同样期待各位读者对我们的工作提出宝贵意见，以帮助我们将这一工程持久推进下去。

张幼文、黄仁伟

2014 年 6 月

于上海社会科学院